LE CHEVAL D'ORGUEIL

PIERRE-JAKEZ HÉLIAS

Né en 1914 au bourg de Pouldreuzic, sur la baie d'Audierne, entre la pointe de Penmarc'h et la pointe du Raz. Parents ouvriers agricoles, cultivateurs sans terre. La seule langue utilisée hors de l'école est le breton.

Boursier au lycée de Quimper, étudiant à Rennes, enseigne les humanités classiques dans divers établissements publics de l'académie sans jamais vouloir en sortir. Actuellement professeur agrégé de lettres à l'Ecole Normale du Finistère, chargé de cours de celtique à l'Université de Bretagne Occidentale.

Enfant, il a été élevé au sens propre du terme par ses deux grands-pères, conteurs impénitents l'un et l'autre, le premier fort connu pour son répertoire traditionnel et ses inventions humoristiques, le second atteignant au surréalisme en suivant la pente naturelle de son esprit. En breton, bien sûr !

A la Libération, après avoir été rédacteur en chef de l'hebdomadaire *Vent d'Ouest*, organe du Mouvement de Libération Nationale, il est chargé d'assurer à la radio les émissions en breton à l'intention des auditeurs de basse Bretagne. Il écrit des centaines de dialogues illustrant les traits les plus originaux de la vie quotidienne des bretonnants; il promène son magnétophone dans les fermes et les bourgs, recueillant une masse de documentation de toute sorte et se familiarisant avec les divers dialectes de sa langue maternelle. De petites compagnies d'amateurs représentent dans les campagnes et même dans les villes de la zone bretonnante ses sketches radiophoniques les plus célèbres.

Président de la Commission Nationale de Folklore à la Ligue de l'Enseignement, l'auteur dirige pendant plus de vingt ans des stages régionaux et nationaux de civilisation populaire à travers la France. Il fait paraître de nombreux livrets d'études et de contes (éd. Jos Le Doare, Châteaulin), et deux grands recueils de synthèse : *Le Pays Bigouden* et *Vivre en Cornouaille* (éd. de la Cité, Brest). Enfin, deux livres de poèmes : *Manoir secret* (1965, Prix Bretagne) et *La Pierre noire* (1974), rassemblent, en éditions bilingues, l'essentiel de son inspiration poétique bretonnante.

TERRE HUMAINE/POCHE
CIVILISATIONS ET SOCIÉTÉS
COLLECTION DIRIGÉE PAR JEAN MALAURIE

LE CHEVAL D'ORGUEIL

Mémoires d'un Breton du pays bigouden

Traduit du breton par l'auteur

PIERRE-JAKEZ HÉLIAS

PLON

La présente édition reproduit dans son intégralité le texte original, à l'exception des illustrations hors-texte, des annexes et des index.

L'édition complète dans TERRE HUMAINE PLON est toujours disponible. Le lecteur trouvera en fin de volume la liste des titres de la collection TERRE HUMAINE PLON.

ISBN : 2 - 266 - 04151 - 7

Trop pauvre que je suis pour acheter un autre cheval, du moins le Cheval d'Orgueil aura-t-il toujours une stalle dans mon écurie.

Alain Le Goff l'Ancien.

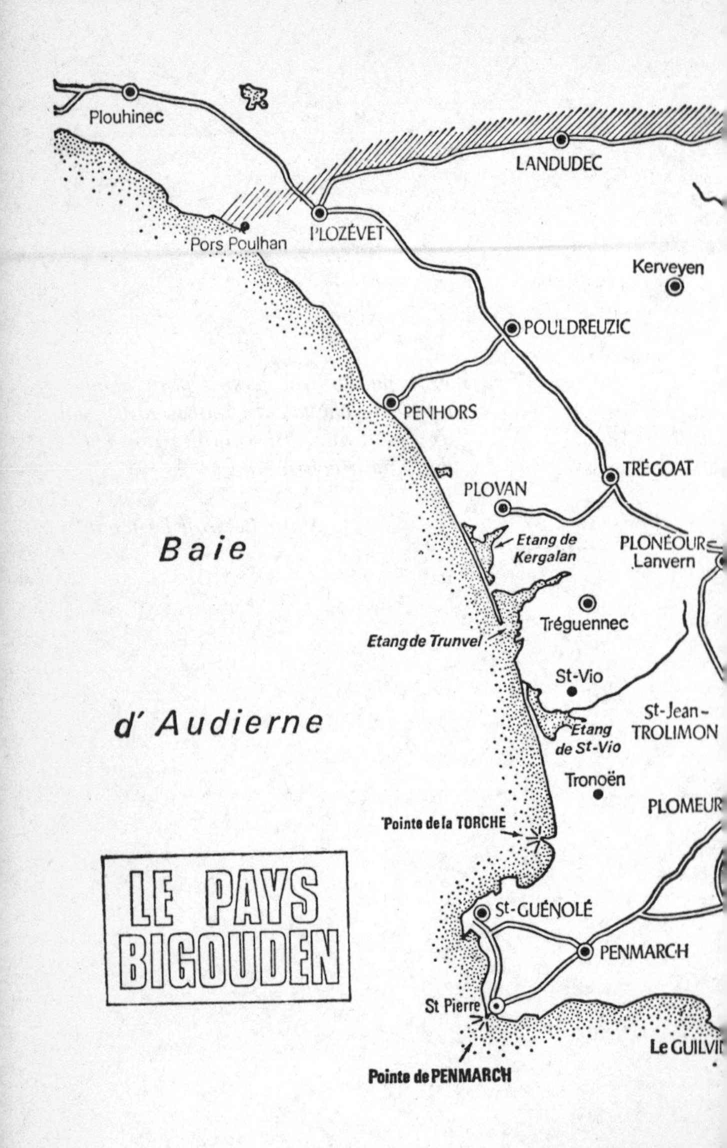
Plouhinec
LANDUDEC
Pors Poulhan
PLOZÉVET
Kerveyen
POULDREUZIC
PENHORS
TRÉGOAT
PLOVAN
Etang de
Kergalan
PLONÉOUR-
Lanvern
Baie
Tréguennec
Etang de Trunvel
St-Vio
St-Jean-
TROLIMON
d' Audierne
Etang
de St-Vio
Tronoën
PLOMEUR
Pointe de la TORCHE
LE PAYS
BIGOUDEN
St-GUÉNOLÉ
PENMARCH
St Pierre
Le GUILVI
Pointe de PENMARCH

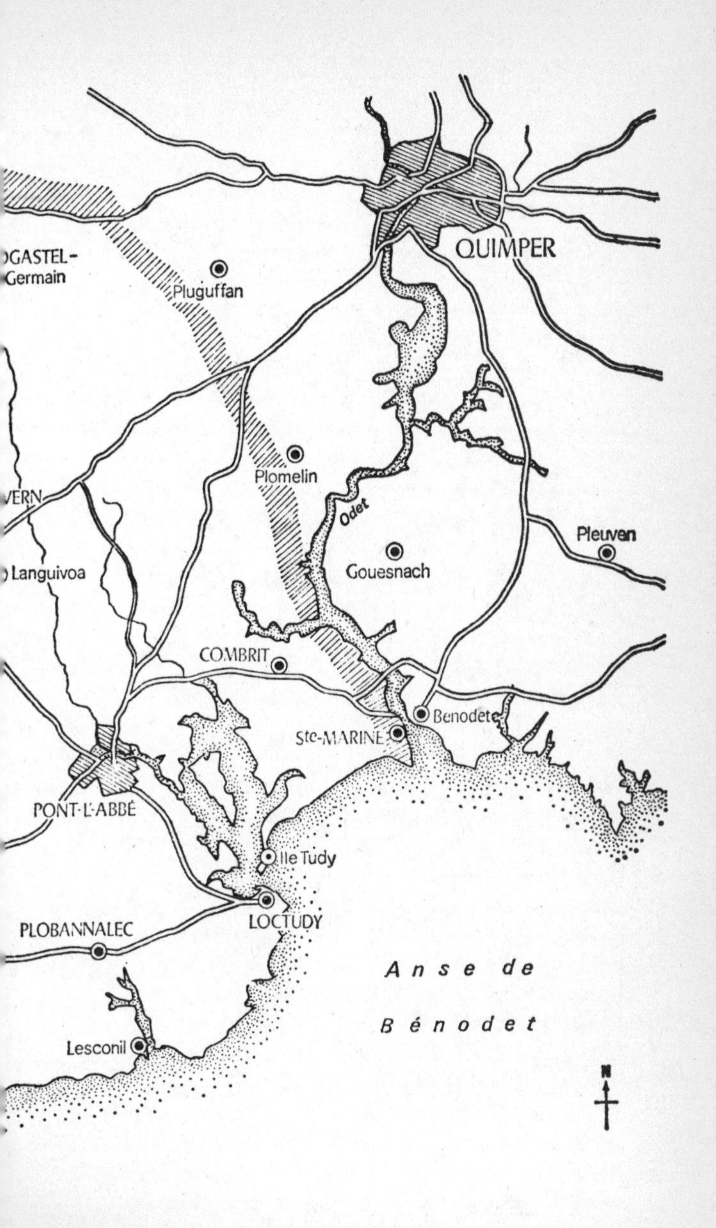
QUIMPER
GASTEL-
Germain
Pluguffan
Plomelin
VERN
Odet
Pleuven
Gouesnach
Languivoa
COMBRIT
Benodet
Ste-MARINE
PONT-L'ABBÉ
Ile Tudy
LOCTUDY
PLOBANNALEC
Anse de
Bénodet
Lesconil
N

CHAPITRE PREMIER

COMME PÈRE ET MÈRE

> *Leur part d'honneur leur est dérobée et le sera toujours tant qu'ils n'écriront pas les bulletins eux-mêmes* (1).
>
> T.E. LAWRENCE.
> (Les Sept Piliers de la Sagesse)

Quand Pierre-Alain, mon père, épousa Marie-Jeanne Le Goff, il n'avait qu'une lieue à parcourir pour passer de la ferme de Kerveillant, en Plozévet, au bourg de Pouldreuzic où il allait vivre désormais avec sa femme. Il vint à pied, le torse bien droit, parce qu'il portait, sur la tête, une pile de vingt-quatre chemises de chanvre qui constituaient le plus clair de son avoir. En effet, ces chemises étaient à peu près tout ce que sa mère, Catherine Gouret, avait pu lui préparer pour son mariage. Le chanvre en avait été récolté, roui, broyé à Kerveillant et filé au rouet par Catherine elle-même. Comme d'habitude, ni plus ni moins. Avec le fil obtenu, on avait fait deux écheveaux qu'on avait portés au tisserand. Le premier, de chanvre pur, devait servir à faire des sacs de pommes de terre. Au second étaient mêlés des fils de laine pour adoucir le tissu. Celui-là fournirait les chemises de la maisonnée. Ensuite, les chemises et les sacs devaient se rencontrer immanquablement sur le dos des gens, les unes supportant les autres et généreusement rapiécées comme eux lorsque l'usure montrerait la peau de l'homme ou celle de

(1) Les simples soldats.

la pomme de terre. Et les sacs vides, au surplus, repliés un coin dans l'autre, serviraient encore de capuchons et de dossards pour les temps de grosses pluies parce que les pauvres bougres de l'époque ne connaissaient pas d'autres survêtements. Quand mon père eut fait la guerre de Quatorze d'un bout à l'autre, l'armée lui laissa son dernier manteau d'artilleur dans lequel il se fit tailler son premier pardessus pour dix ans.

On avait pourtant des chemises de toile pour le dimanche. Une, quelquefois deux. Mais on ne se plaisait pas trop dedans. Elles ne tenaient pas au corps, elles glissaient dessus. Elles étaient trop minces, on avait l'impression d'être nu. Heureusement, il y avait le gilet à deux pans croisés, montant au ras du cou et descendant largement jusqu'aux reins, pour vous garantir en toutes saisons, les jours de fêtes. Mais rien ne valait les chemises de chanvre pour le travail quotidien. Elles buvaient votre sueur généreusement et sans vous refroidir. Elles étaient les cottes de mailles des misérables chevaliers de la terre. A être portées jour et nuit, elles n'apparaissaient guère plus grisâtres à la fin de la semaine qu'au début. Une bénédiction, je vous dis. Mais il fallait en avoir beaucoup parce qu'on ne faisait la lessive que deux fois par an, au printemps et à l'automne. Quand on en dépouillait une, toute raidie par la terre et l'eau de votre cuir, on la jetait sur le tas des autres, dans quelque coffre ou un coin d'appentis. Là, elle attendait la grande lessive d'avril ou septembre. Et tout recommençait.

La grande lessive était une corvée d'importance pour les femmes. Comme toutes les besognes sérieuses, elle durait trois jours qui correspondaient, dans l'ordre, au Purgatoire, à l'Enfer et au Paradis. Le premier jour, on entassait le linge dans d'énormes baquets de bois que l'on recouvrait d'une *linsel skloagerez,* sorte de drap de chanvre tissé très gros et donc poreux. Sur ce linceul, on répandait largement une couche de cendres préalablement tamisées avec soin. On faisait chauffer des chaudronnées d'eau et on jetait cette eau bouillante sur les cendres qui allaient tenir lieu de lessive à défaut de savon ou d'autres produits, alors inconnus ou trop chers. L'eau se chargeait de cendres et passait à travers le tissu grossier pour aller imprégner et détremper les linges à laver. On laissait la chimie faire son effet pendant la nuit. Le jour suivant, on chargeait le tout sur une charrette et on le conduisait au lavoir.

Là, les femmes du village et des environs, armées de leur battoir, venaient apporter leur aide, à charge de revanche. Elles battaient le linge depuis l'aube jusque vers les quatre heures de l'après-midi, sans autre chose dans le corps que la soupe maigre qu'elles avaient avalée avant de partir. Mais les langues ne cessaient pas d'aller bon train. A mesure que les affaires étaient décrassées dans une première eau, elles étaient jetées dans un second lavoir plus petit et plus propre. Quand c'était fini, une femme se dépouillait le bas du corps et descendait dans le lavoir, retroussée jusqu'aux reins, pour ramasser le linge et le tendre aux autres qui l'essoraient. Il y en eut plus d'une qui prit le coup de la mort pour s'être aventurée, suante, dans l'eau froide.

Puis, la lessive était étendue sur le pré ou la lande voisine, de préférence accrochée aux bouquets d'ajoncs nains où elle séchait mieux qu'à plat, disait-on, où elle blanchissait mieux. Alors seulement on allait manger. Le lendemain, une femme ou deux passaient la journée à surveiller le linge et à le retourner. Quelquefois, la cendre mal tamisée y avait laissé des taches malgré le travail des battoirs. Il fallait y remédier sous peine de perdre la réputation des lavandières.

Chaque village avait son lavoir, souvent double comme je l'ai dit. Il y en avait plusieurs autour du bourg, chacun d'eux au compte d'une « compagnie » qui y avait ses habitudes et se chargeait de l'entretenir. Les ruisseaux ne manquaient pas. En avril, on entendait retentir les battoirs dans les vallons. Quand les enfants demandaient quels étaient ces bruits et ces éclats qui les réveillaient de bon matin, on leur disait que c'était le Cavalier du Printemps qui arrivait sur son cheval pour ouvrir les fleurs, faire éclater les bourgeons, aider les plantes à sortir de terre et accomplir mille autre tâches dont ils verraient les effets s'ils savaient se servir de leurs yeux. Peut-être même pourraient-ils voir le Cavalier à condition de se lever avant le soleil et d'avoir dans la main une certaine graine dont on ne disait pas trop bien ce que c'était. En septembre, le même tapage recommençait, mais plus assourdi. Le Cavalier du Printemps s'en allait, la bonne saison était finie jusqu'au prochain appel du coucou. Et voilà!

Les vingt-quatre chemises de chanvre de mon père ne firent pas connaissance avec son corps. Ma mère y tailla seulement des torchons sans oser le dire à Catherine Gouret qui en aurait pris de l'humeur. C'était en 1913. Déjà, le chanvre était entré en désuétude. On pouvait se procurer des chemises de toile grossière *(rochedou briz)* dans les foires, les marchés, auprès des merciers ambulants qui parcouraient la campagne. Seuls, les vieillards restèrent fidèles au chanvre jusqu'à la fin, avec les farauds de village et les hommes forts qui se mesuraient encore à la lutte bretonne. La chemise de chanvre était la partie essentielle de leur équipement sportif. On pouvait s'y accrocher à pleines mains sans risque de la déchirer comme on aurait fait d'un quelconque tissu bourgeois. Mais enfin les tisserands, honorables hommes, disparurent les uns après les autres, faute d'ouvrage. Et aujourd'hui, beaucoup de Bretons ne sont plus capables de retrouver leur profession derrière le nom propre *(gwiader)* qui est porté par leurs descendants. Les temps vont vite.

Mon père possédait aussi une montre qu'il avait achetée de ses propres deniers au bourg de Plozévet. Il en était très fier et il avait lieu de l'être puisqu'elle marche toujours après plus d'un demi-siècle. Il faut dire qu'elle lui avait coûté quinze francs, ce qui était une forte dépense pour un grand valet qui gagnait deux cent vingt francs dans son année. A ne rien vous cacher, cette montre était seulement la seconde. La première n'avait pas duré longtemps. Elle s'était détachée de sa chaîne alors que mon père garnissait le râtelier des chevaux, à la ferme de Kergivig. Quand il s'en aperçut, il était trop tard. Il revint à l'écurie pour voir briller les débris de sa montre sous les sabots du cheval bai. Ce fut une perte cruelle qu'il lui fallut bien du temps et bien des soupirs pour effacer.

Il était le fils aîné d'un pauvre ménage qui se tirait péniblement d'affaire avec la location d'un bout de maison et de quelques champs dans les dépendances de la grande ferme de Kerveillant. Derrière lui six frères et une petite sœur pour finir la nichée. On vivait dans une pièce unique où l'on entrait par le pignon. Terre battue, grande cheminée, petite fenêtre à barreaux. C'est le seul endroit où il m'ait été donné de voir et d'expérimenter un lit clos à deux étages et quatre places. Une couche de genêts tenait lieu de sommier et les couettes étaient garnies de balle d'avoine. Au-dessus de la pièce, un grenier auquel on accédait par une échelle et qui servait à tout, y compris à dormir. On disposait aussi d'une crèche pour deux ou trois vaches et autant de cochons, souvent moins, jamais plus. Le gras lui-même était maigre dans cette maison. Mes grands-parents s'échinaient à travailler trois pièces de terre. Au surplus, ils devaient aller en journées dans les grandes fermes d'alentour pour voir la couleur de quelques sous ou simplement rembourser de leur sueur le prêt d'un cheval ou d'une charrette. Ils n'arrêtaient jamais. Quand ma grand-mère Catherine en avait fini avec ses champs, ses animaux, son ménage, ses enfants, elle s'attaquait à filer au rouet. Mon grand-père Alain faisait des sabots qu'il allait vendre pour joindre les deux bouts. On ne l'appelait jamais que le sabotier, sauf quand on le demandait pour débiter ses contes sous les manteaux de cheminées. Alors, il était Jean des Merveilles *(Yann ar Burzudou)*. Mais ceci est une autre histoire.

Cependant, mon père put fréquenter l'école communale de Plozévet jusqu'à l'âge de onze ans. Le sabotier aurait voulu que tous ses enfants eussent de l'instruction. Lui-même lisait dans les livres et c'était assez rare, à l'époque, pour un homme de sa condition. Il lisait en breton et en français, de préférence à haute voix. Quelqu'un m'a dit l'avoir entendu déclamer dans son champ, un livre à la main, en guise de récréation. Moi, je l'ai vu manier mes livres de classe comme un prêtre les Evangiles. Un tel homme ne pouvait qu'ambitionner de l'instruction pour ses enfants.

A Kerveillant, on n'était pas loin de l'école. Même pas trois quarts de lieue à naviguer dans la boue des chemins creux, puis les nids-de-poule de la grand-route et on arrivait au bourg tout de suite, malgré les vents et les pluies. L'hiver, on partait de nuit, on revenait de nuit. Nous étions, dit mon père, les enfants de la chandelle de résine. A midi, on mangeait un quignon ou une soupe dans une maison amie ou parente pour les plus chanceux, dans l'encoignure d'une porte pour les autres et c'était fait. Mon père étant l'aîné, ma grand-mère lui confiait quelques sous avec lesquels il se chargeait de nourrir les quatre autres au mieux. Mais, quelquefois, on se laissait séduire par une boutique à bonbons, les pauvres eux-mêmes ayant besoin de mener la grande vie de temps à autre, et il fallait durer, le ventre vide, jusqu'à la soupe de pommes de terre ou la bouillie du soir. Le ventre vide et les hardes mouillées sur le cuir humain. Quelle importance! On avait l'âme chevillée au corps. Quant au froid, on n'en avait cure. La fable du bourg était cette femme délicate, tavernière et boulangère, qui tirait de son four une marmitée de braises pour se chauffer. Elle posait ce brasero par terre, se plantait debout au-dessus, faisait bouffer ses lourdes jupes et laissait monter la chaleur le long de ses jambes vers d'improbables dessous.

L'épreuve la plus redoutable, pour les petits, était de traverser, dans le noir ou l'aube sale, un endroit terrible qu'on appelait Pont-Ebeul. La route descendait dans un vallon étroit avant de franchir une voûte en pierres sous laquelle coulait un ruisseau. Là se passaient toutes sortes de prodiges. Le plus commun était de voir l'eau s'éclairer soudain en vert pendant que se dressait devant vous un autel recouvert d'une nappe et porteur de deux bougies allumées. L'autel barrait le pont. Inutile d'essayer de vous glisser à droite ou à gauche. Vous risquiez de tomber dans l'eau ou dans la boue comme quelques-uns l'ont appris à leurs dépens. Le mieux était d'avancer sans peur. L'autel reculait à mesure que vous marchiez. Il finissait par disparaître à la hauteur d'un moulin qui s'élevait à l'entrée du Bourg. Quelqu'un racontait un jour, à l'auberge de Ti-Lonk, qu'il suffisait de se retourner et de faire trois pas en arrière. Quand on revenait sur le pont, il n'y avait plus rien.

Cet autel n'a jamais fait de mal à personne, semble-t-il. Lorsqu'un noctambule était tombé à cet endroit dans la vasière, on l'accusait volontiers d'avoir trop forcé sur la boisson. La lueur verte n'était pas autre chose que le reflet dans l'eau des vers luisants qui rampaient par dizaines sous la voûte. Mais, quand mon père était domestique à Kergivig, il avait aussi pour mission d'aller faire franchir Pont-Ebeul aux femmes de la maison qui se rendaient, chaque dimanche, à la messe de six heures. Il en profitait pour descendre sous le pont et cueillir une poignée de vers luisants pour persuader les femmes qu'elles n'avaient rien à craindre. Mais elles ne le croyaient pas tout à fait.

L'important était de ne pas trouver en chemin l'Homme aux Doigts de Carottes qui avait une préférence pour ces lieux. On me l'a décrit comme un personnage de haute stature, enveloppé dans un grand manteau, le chef couvert d'un chapeau qui lui dissimulait la figure et dont les bords retombaient largement sur ses épaules. Quelquefois, il se bornait à vous jouer un mauvais tour, à vous pousser dans l'eau, par exemple, d'un bon coup de pied à l'endroit exact où le dos perd son nom. D'autres fois, il arrêtait un charretier qui allait à la foire, il montait à côté de lui sur le siège. C'est alors qu'on pouvait voir ses mains. Elles avaient des doigts très longs et effilés, pareils aux carottes blanches dont on nourrissait les vaches, avec des poils roux en guise de radicelles. Quelques minutes après, la bâche de la charrette s'envolait sans qu'il y eût le moindre souffle de vent. Le charretier descendait en jurant les sept cents barriques de tonnerre, rattrapait sa bâche et l'assurait fermement par quatre de ces nœuds comme on savait en faire à Plozévet. Cent pas plus loin, la bâche glissait à terre. Le malheureux conducteur la ramassait de nouveau, doublait ses nœuds, les serrait de toutes ses forces. Peine perdue. Un instant plus tard, la bâche quittait la charrette en douceur. Et le pauvre homme de recommencer une fois de plus. Quand il remontait sur son siège, il n'y avait plus personne.

Passe encore pour des tours pareils. Mais il pouvait vous arriver, marchant à pied, d'entendre des pas sonner derrière vous. A peine le temps de vous retourner et l'Homme aux Doigts de Carottes était à votre hauteur. Il marchait un moment avec vous et il vous pompait votre sagesse, vous entendez, il vous rendait innocent pour le reste de votre vie. Mon père connaissait bien un homme qui était dans ce cas. Un autre s'en tira mieux. Il en fut quitte pour le cou tordu et la bouche de travers comme quelqu'un qui s'est trouvé au mauvais centre d'un courant d'air en temps de moisson. Mais il ne guérit jamais.

Or, vers 1910, il y avait à Plozévet deux vicaires qui passaient pour se livrer volontiers à des « tours de physique ». On racontait qu'ils détenaient un livre de magie qui était peut-être un Agrippa, ce grimoire qu'il faut attacher avec une chaîne et corriger à tour de bras pour le faire tenir tranquille. L'un d'eux surtout, monsieur C..., avait un ascendant considérable sur la population, y compris les esprits forts qui ne manquaient point par là-bas. On allait jusqu'à insinuer à voix basse que l'Homme aux Doigts de Carottes pouvait être lui. L'histoire qui avait le mieux établi sa réputation est celle-ci : un jour, il s'en allait déjeuner chez le recteur de Lababan, à moins d'une lieue de Plozévet. A la sortie du bourg, il passa devant une forge. Le maréchal-ferrant et son aide faisaient leurs sept possibles pour venir à bout d'un cheval qui ne tenait pas tranquille. Vous avez bien du mal avec cette bête, dit gentiment monsieur C... en passant. Le maréchal, de mauvaise humeur et qui n'avait aucune révérence particulière pour le clergé sur la semaine, grommela entre son nez et son menton : j'aurai le temps de le ferrer cent fois avant que vous n'ayez fini de vous bourrer le ventre à Lababan chez votre compère, sac à mangeaille que vous êtes. Monsieur C..., qui avait l'oreille fine, l'entendit. Je vous parie, dit-il, qu'à mon retour ce pauvre cheval aura encore le pied nu. Et là-dessus il continua sa route. Allez au diable, criait le maréchal, tout suant de colère et d'énervement.

Croyez-moi si vous voulez, mais il s'épuisa tout l'après-midi contre un animal de mauvaise volonté. La bête, qu'il connaissait bien pourtant, se montra nerveuse et sournoise au point qu'il risquait sa vie à chaque fois qu'il voulait lui prendre seulement le sabot. Tout l'après-midi, devant la forge, on vit une lutte sans rémission entre le maréchal ruisselant et le cheval dont le cuir fumait au soleil comme une lessive. Entêté comme seul un bigouden peut l'être quand il s'y met, l'homme s'acharnait à maîtriser par tous les moyens une espèce d'animal sauvage qui hennissait à mort, encensait de la tête, la crinière hérissée, bottant des quatre fers moins un et virant comme l'éclair autour de sa longe. Un vrai cheval d'Apocalypse.

Quand le soleil se mit à descendre dans la mer, monsieur C... repassa devant la forge. – Alors, maréchal, je vous l'avais bien dit. – Vous m'avez jeté un sort, brailla l'autre avec ses dernières forces. – Un sort? Qu'est-ce c'est? Au lieu de lâcher des sottises, vous feriez mieux de patienter un peu, mon ami. Continuez à travailler ce cheval. Quand sonnera l'angelus du soir, il se calmera tout seul.

Et il advint comme il avait dit.

Il arrivait à mon oncle Alain de ne pas apprendre son catéchisme, particulièrement en hiver. Comment aurait-il pu s'en tirer? Tous les instants de jour étaient voués à l'école qui se trouvait à trois quarts de lieue, par-delà les chemins de boue. Il y allait de nuit avec ses frères, il en revenait de nuit comme je l'ai dit pour gribouiller vaguement quelques exercices à la lueur d'une chandelle de résine. Et les jours où il n'y avait pas d'école, il lui restait mille travaux à faire dehors et dedans sans compter les vaches. Rien d'étonnant donc si le livret de catéchisme ne sortait pas souvent de la musette.

Un jour de décembre, au début du siècle, monsieur le vicaire de Plozévet chargé du catéchisme fut si outré de l'ignorance d'Alain qu'il le mit en pénitence dans un coin de l'église où il l'oublia de propos délibéré. Le pauvre Alain, planté les mains au dos sous la statue de saint Isidore, demeura longtemps à méditer sur son indignité, ce qui montre qu'à défaut de connaître par cœur son catéchisme il en pratiquait la doctrine. La nuit était tombée quant le vicaire réapparut pour chasser hors du lieu saint un pénitent décidé à s'y battre la coulpe jusqu'à l'aube. Et Alain reprit le chemin de son *penn-ti* de Kerveillant, assez inquiet en songeant à la réception qui l'attendait là-bas et à laquelle saint Isidore lui-même ne pouvait rien.

La nuit était sombre, à peine éclairée vers l'ouest par cette faible lueur de purgatoire qui règne toujours sur la mer quand elle est en rumeur et qui ne laisse pas de mettre mal à l'aise les plus audacieux marcheurs nocturnes. Ce fut sans doute pour la chasser de sa tête en l'effaçant de sa vue que le petit gars quitta la route pour se jeter dans le premier raccourci venu. Désormais à l'abri des hauts talus et des boqueteaux familiers, il avançait d'un pas rapide, courant presque de temps en temps, tenaillé qu'il était par une faim longuement mûrie sous les pieds de saint Isidore. Et voilà qu'au détour d'un sentier il aperçoit soudain, à quelque dix pas devant lui, un personnage en train de souffler sur un maigre feu de ronces et d'ajoncs. Si puissant est le souffle qu'Alain l'entend fort et bien et pourtant le feu refuse de flamber. Le gamin s'arrête pour mieux s'étonner sur ses jambes : allumer un feu de nuit au milieu d'un chemin de campagne, quelle drôle d'idée! Et d'abord qui est cet homme? On ne voit de lui qu'un large dos couvert d'un vieux *chupenn* en loques et un chapeau énorme dont les bords retombent sur les épaules et dissimulent le visage. Mais le petit Alain connaît déjà tous les dos, tous les haillons et tous les chapeaux d'entre Kerveillant et Plozévet. Il n'a pas besoin de voir le devant de l'homme pour jurer qu'il n'est pas du pays. D'ailleurs, il ne saura jamais la couleur de sa peau. Car un enfant bigouden qui rencontre de nuit un étranger sur son territoire, que fait-il, s'il vous plaît ? Il prend ses jambes à son cou pour aller avertir son père. Alain se retourne et va fuir quand tout s'enflamme autour de lui d'un seul coup. L'inconnu disparaît, laissant derrière lui un rire diabolique. Le feu court sur les talus de part et d'autre du chemin. Les ajoncs craquent, les ronces grésillent. Tout se tord en rouge ardent autour du gamin affolé. On dirait bien que les flammes sont vivantes et cherchent à le lécher comme des langues monstrueuses. Alors il lâche un long cri et fonce dans l'enfer en fermant les yeux.

Il n'a jamais su comment il était rentré à Kerveillant. Mais il était si hors de lui et dans un état si lamentable que son père le sabotier (mon grand-père à moi) dut croire la moitié de ce qu'il racontait, bien qu'il n'eût pas à montrer le moindre poil roussi. Main dans la main, ils retournèrent tous les deux à l'endroit où s'était passé le prodige. Alain renâclait bien un peu, mais son père était d'avis qu'il ne faut jamais laisser un enfant sur sa peur, non plus qu'un animal. Dans le chemin d'enfer, il n'y avait pas la moindre trace de feu.

– Vous avez été victime du lutin, mon fils, dit le sabotier. – Ce n'est pas vrai. J'étais bien éveillé. J'ai tout vu de mes yeux vivants. Cela flambait devant, derrière et autour, je le jure. – Hum! Et dites-moi pourquoi vous étiez si tard à rentrer! L'enfant dut raconter le catéchisme pas su, le prête mécontent, très mécontent, la pénitence sous les pieds de saint Isidore et la lueur de purgatoire sur la mer. – C'était bien monsieur L... qui faisait le catéchisme, demanda le sabotier. – Oui. – Alors il a monté un tour de physique pour vous, mon fils. Monsieur L... sait comment les faire. Il a le Livre. Et vous n'avez rien à dire. Il a voulu vous punir de votre ignorance. Bien fait pour vous.

Quand il arrive à mon père de parler de ses études à l'école communale, il évoque toujours un instituteur originaire de Peumerit, excellent pédagogue selon lui, mais volontiers brutal et réputé injuste. Or, les enfants bigoudens de haute roture n'aiment pas recevoir des coups, même de la part de leur propre père. D'un autre côté, l'injustice les met très mal à l'aise quand ils en tirent le bénéfice et les révolte net quant ils en sont les victimes. Le maître était pourtant bigouden, mais sa maîtrise avait dû lui tourner la tête. Quoi qu'il en soit, quand il avait abusé de ses pouvoirs au cours de la semaine, ses élèves l'avertissaient sérieusement le samedi soir. Il avait l'habitude de rentrer chez ses parents à Peumerit, ce qui ne faisait guère que trois lieues à pied, une misère. Mon père et les autres garnements se postaient à la sortie du bourg, dans un champ de genêts qui donnait sur la route. Quand le maître d'école venait à passer, les cailloux de tout calibre grêlaient autour de lui, les uns tirés à la main par l'avant-garde, d'autres à la fronde par la seconde ligne. Tel était l'entraînement des enfants à « caillouter », en ce temps-là, qu'ils arrivaient à ne pas le toucher, sinon par ricochet. Ils ne voulaient pas la mort du pécheur, ils se vengeaient simplement des avanies de la semaine. Que pouvait faire l'autre? A quoi bon s'enfoncer dans les grands genêts! Il n'avait aucune chance d'attraper le moindre fantassin. Alors, il détalait à toute allure, les coudes au corps. La troupe le poursuivait quelque temps, chouannant de part et d'autre de la route. Et puis, on le laissait aller quand on estimait avoir eu son content de revanche. Le lundi matin, il élevait sa plainte auprès du « grand maître d'école » *(ar mestr-skol braz)* qui est le directeur. Et celui-ci répondait sans s'émouvoir : « Maintenant, vous savez quelle est votre réputation auprès des élèves. A vous de la changer. »

Mon père, hélas, dut quitter l'école sans pouvoir ambitionner le certificat d'études qui était, autant dire, l'agrégation du pauvre bougre. Le directeur, sans trop d'illusions, vint trouver le sabotier de Kerveillant. – Laissez-moi votre fils encore un an. Seulement un an. – Je ne peux pas, monsieur. Un an, c'est beaucoup trop pour le pauvre homme que je suis. C'est mon aîné, il y en a six autres derrière sans compter la petite. J'ai besoin de lui pour m'aider à les nourrir. Si je pouvais faire autrement...

Le fils aîné fut gagé d'abord à Kerfildro, la ferme d'où

venait sa mère. Il y acheva son apprentissage de la terre sur le tas. L'année suivante, il était domestique à Lestrougi. Puis il passa quatre ans à Kervinou et deux ans à Kergivig où il était grand valet, c'est-à-dire qu'il avait son bâton de maréchal. Ces quatre fermes sont peu éloignées les unes des autres et par rapport à Kerveillant, le berceau. Si mon père changeait de place, ce n'était point par mécontentement ou instabilité. C'était pour avancer dans la hiérarchie des domestiques et obtenir un meilleur salaire à mesure que sa réputation croissait. Quelquefois aussi pour travailler chez un patron qui connaissait mieux son affaire. Les maîtres de ferme étaient parfaitement au courant de la valeur des commis du voisinage et même des communes limitrophes. Ils pouvaient les juger soit au cours des grands travaux en commun, défrichements ou battages, soit par la tenue des champs ou l'état des bêtes qui leur étaient confiées, soit à partir de certains critères plus subtils encore comme les répertoires des chansons bretonnes ou françaises, l'art de danser la gavotte, la force et l'adresse aux jeux populaires qui étaient autant de mises à l'épreuve en public, l'assiduité aux offices, la plus ou moins grande fréquentation des auberges. Tout entrait en compte dans le bilan d'un homme ou d'une femme. A tout moment, chacun pouvait s'attendre à être mis, en bien ou en mal, « sur la langue des gens ». Et la langue des gens n'arrêtait pas de vous tresser des couronnes ou de défaire votre robe de candeur. Il suffisait d'un trait de caractère ou de comportement un peu accusé et vous attrapiez un surnom qui vous collait à la peau votre vie durant. Moyennant quoi, on savait à qui on avait à faire, on n'achetait jamais chat en poche.

C'est ainsi que le fils aîné du sabotier gagna peu à peu sa renommée de « travailleur magnifique » *(labourer kaer)*. De contrat en contrat, ses gages augmentaient sensiblement. Les premières années, c'était son père qui venait les toucher. Ils amélioraient un peu le condition de la famille qui en avait bien besoin. Mais les autres enfants n'en durent pas moins quitter le nid très tôt et chercher fortune ailleurs. Cela leur vaut d'être appelés, dans la famille, Corentin de la Marne, Alain de la Somme, Jacques de Lorient, Michel de Rezé, Guillaume de Rennes et Henri de Paris. Seule Marie-Jeanne, la petite sœur, s'est mariée à Plozévet et y habite toujours la maison que le sabotier fit construire à l'orée d'un bois de pins, dans les dernières années de sa vie.

Mieux encore que les gages, il y avait la nourriture et la considération, l'une n'allant pas sans l'autre. En ce temps-là, les enfants de la campagne vivaient souvent avec un bout de boyau vide. Toutes les plantes plus ou moins comestibles sans flux de ventre, de l'oseille sauvage à la primevère, toutes les baies qui poussaient au bord des chemins, tous les fruits des vergers et tous les légumes des champs ouverts étaient pour eux objets de convoitise. Ils chapardaient moins par gourmandise que par nécessité. Les châtaignes d'octobre, en particulier, fournissaient le plus clair des repas du soir. Les enfants allaient « châtaigner » pour toute la famille. Mais les arbres étaient sévèrement gardés par certains propriétaires jaloux de leurs biens. Mon père conte comment il fut surpris, une fois, par le meunier du voisinage au moment où il récoltait frauduleusement les bogues dans le bois du moulin. Il se trouvait dans les branches hautes du châtaignier quand l'autre survint et se mit à le tirer à coups de cailloux comme un écureuil. L'enfant dut s'affaler en bas. Là, il fut cueilli au collet par l'énergumène et traîné au-dessus d'un déversoir qui alimentait la grande roue du moulin. Hors de lui, l'homme le traitait de tous les noms malsonnants et menaçait de le laisser tomber sur la roue au risque de lui rompre les os. Peut-être l'aurait-il fait sans l'intervention de sa femme, une bonne personne. Celle-ci l'avertit que s'il arrivait malheur à l'enfant par sa faute, le sabotier de Kerveillant viendrait lui demander raison avec sa hache. Mon père en fut quitte pour la peur et pour la perte de son sac, ce qui était fort dommage pour un petit misérable.

Dans sa condition de valet de ferme, il était d'autant mieux nourri qu'il travaillait mieux. C'était une justice à peu près générale. Chacun recevait non pas selon son appétit, mais selon le travail qu'il abattait. Même la taille des écuelles de soupe était proportionnée au rendement de chacun. Il arrivaït que celle du maître fût moins importante que celle du grand valet quand celui-ci répandait sa sueur avec plus de générosité que celui-là. Il arrivait aussi que la plus grande écuelle à figurer sur la table fût celle du cheval qu'on engraissait pour la foire de la mi-avril. N'allez pas comprendre que le cheval y venait manger. On allait la déverser dans son auge quand la soupe avait bien trempé. Mais la présence de cette soupière chevaline témoignait de l'importance accordée au cheval qui représentait un capital important.

Du reste, la prééminence du grand valet, en certains endroits, venait du fait qu'il était responsable du cheval ou des chevaux, capable d'en tirer le meilleur en les tenant en bon état. En particulier, on lui demandait de savoir siffler d'une certaine façon pour les faire pisser en temps voulu, les dégonfler comme on disait. Ce n'était pas une mince affaire. Certains n'y sont jamais parvenus. C'était aussi le grand valet qui montait la plus belle bête de la ferme quand il y avait des courses, épreuves de prestige, lui qui les faisait entrer dans la mer, en baie d'Audierne, pour le bain rituel de l'année.

En somme, le grand valet représentait la ferme où il avait fait contrat presque autant que le propriétaire ou le tenancier de celle-ci. A l'extérieur, il devait faire honneur à ses maîtres en toute occasion. C'est pourquoi il essayait toujours d'être le meilleur dans les grands travaux en commun, particulièrement les moissons et les défrichements.

On défrichait encore les landes et les taillis pour en faire des champs de rapport. Mais on remettait surtout en état des terrains qui avaient été laissés au repos pendant plusieurs années. Dure tâche pour les bras. Il fallait ouvrir une herbe rude et serrée où l'ajonc nain avait enchevêtré ses racines. On le faisait à l'aide d'une grande houe appelée *marre*. Chacun avait la sienne qu'il entretenait de son mieux par des procédés connus de lui seul.

Avant chaque corvée, on allait la passer au feu de la forge, on la battait sur l'enclume. Son fer, spécialement trempé, cassait quelquefois, ne pliait jamais.

Le jour venu, dès la prime aube, les hommes se rassemblaient au bout du champ à défricher. Chaque ferme avait délégué son maître ou son grand valet, quelquefois les deux. Le propriétaire les mettait en ligne, prenant soin de répartir habilement les plus forts et les plus courageux pour entraîner les autres. On attaquait au signal *eom de'i!* (Allons-y!) et on n'arrêtait plus que pour manger, boire ou pisser jusqu'à ce que l'on fût arrivé nez à nez avec le talus d'en face. Les meilleurs faisaient tout leur possible pour rester en tête, les autres mettaient leur point d'honneur à suivre de leur mieux. Un nuage de terre fine enveloppait les gars qui s'escrimaient de la *marre*. De temps en temps, quand l'outil se relevait, il accrochait une racine qui volait en l'air et retombait sur quelque chose. Il y avait peu de paroles. Soudain, un patron ou un valet, soucieux de sa gloire, se déchaînait de toutes ses forces et prenait de l'avance. Il y avait toujours un autre qui ne pouvait supporter le défi et se démenait à son tour comme un beau diable pour dépasser le premier. Le reste de la troupe, à grandes clameurs, encourageait les concurrents. Mais le jeu ne durait pas longtemps. Il fallait ménager ses forces pour aller jusqu'au bout de la journée. D'ailleurs, ce n'était pas le tout d'aller vite. Il valait mieux défoncer profond et ramasser soigneusement les racines pour les mettre de côté au fur et à mesure qu'on avançait. On en ferait un tas dans la cour de la ferme. Cela servirait de combustible pour chauffer la nourriture des animaux. Le bois à brûler était rare et cher. On ne laissait rien perdre.

Cependant, à la maison, les femmes s'affairaient à préparer des crêpes pour tout ce monde. Et, croyez-moi, il en fallait plus de douzaines qu'il n'y avait de *marres* en action. On devait attendre son tour pour se remplir la panse. Les vieux mangeaient d'abord, puis laissaient les bancs aux jeunes. Parmi les crêpières, il y avait toujours quelques filles de bonne tournure, choisies par la maîtresse de maison pour l'agrément des gars. Ceux-ci ne manquaient pas de plaisanter avec elles et de les serrer d'un peu près. Alors, pour se dégager, les filles leur plaquaient sur la figure le torchon à graisser la tuile. Cette marque d'intérêt (ou peut-être, qui sait, de tendresse?) transportait de joie ceux qui l'avaient obtenue. Ils retournaient au champ tout farauds et plus noirs que des charbonniers. Ni pour or ni pour argent, ils ne se seraient lavé la face avant le soir.

Les pauvres gens qui travaillaient sous les autres pendant la journée s'arrangeaient entre eux pour défricher leur terre sauvage pendant la nuit, à la lueur de la lune. Ils s'étaient déjà brisé les reins du lever au coucher du soleil. Mais aucun d'entre eux ne rechignait à sacrifier son temps de repos pour aider quelqu'un du même état que lui. Quelquefois, les grands maîtres allaient se coucher, mais les grands valets se trouvaient toujours à pied d'œuvre, sur ordre ou de bonne volonté. On dit même que ces défrichements de nuit étaient des parties de plaisir parce qu'on s'y trouvait entre égaux.

J'aurai l'occasion de revenir, et à maintes reprises, sur cette civilisation de la terre qui fut la nôtre. Pour le moment, je ne fais que rapporter les confidences de mon père relatives à l'époque où je n'étais pas encore né. Alors, on voyait caracoler, à travers le canton, un étrange docteur N..., monté sur un cheval fringant et redoutable. Il n'arrêtait pas de chanter et de siffler sur le même ton après avoir signifié un arrêt de mort ou aidé un enfant à venir au monde. Les gens disaient de lui qu'il était un farfelu-savant *(eun droch desket).* Il parlait à son cheval avec des mots de son invention et son cheval lui répondait dans le même langage.

Cependant approchait le temps du service militaire. Mon père le fit au 35e d'Artillerie, à Vannes, et dans les écuries comme il sied à un grand valet. De cette époque de sa vie, il lui reste un gros cahier de chansons bretonnes et françaises qu'il se fit copier et illustrer par un sous-officier en lui abandonnant les quelques sous de son prêt. Quand il revint à Plozévet, il n'avait plus qu'à se pourvoir d'une femme. Il rencontra Marie-Jeanne Le Goff.

Ainsi parle mon père.

La vie des pauvres gens ressemble assez souvent à ces romans ou à ces pièces de théâtre que les critiques bourgeois, dans leur confortable suffisance, appellent de mauvais mélodrames. Ma mère avait dû prendre sa famille en charge à l'âge de onze ans. Sa propre mère venait de mourir à trente-huit ans pour avoir pris le coup de la mort au lavoir où elle était allée trop tôt après un dernier accouchement. Elle laissait derrière elle huit enfants vivants, ma mère étant l'aînée des filles. Au berceau, il y avait ma tante Lisette, âgée de trois mois. La veille de sa mort, ayant brûlé pendant trois semaines sur son lit, ma grand-mère fit venir ma mère à son chevet. Elle lui remit le ménage en pleurant ses dernières larmes. Elle lui fit ses recommandations que la fillette enregistra sérieusement malgré sa détresse. Lorsque sa femme eut rendu le dernier soupir, mon grand-père Alain Le Goff s'évanouit sur le banc du lit clos. C'était le meilleur homme qu'il m'ait été donné de connaître en ce bas monde. Il allait s'évanouir encore à la mise en bière et à la descente du corps dans la fosse. On peut dire, sans nulle exagération et sans aucune littérature, qu'il perdait la femme de sa vie. Au cours des années qui suivirent, malgré son état plus que précaire et sa maisonnée d'enfants, il fut demandé en mariage au nom d'une femme du voisinage qui passait pour un bon parti. Il déclina l'honneur en arguant de son indignité. Jamais il ne voulut se remarier. Au reste, tous ses enfants et leurs familles l'ont entouré jusqu'à la fin de reconnaissance et d'affection. Cet homme-là décourageait l'ingratitude. Je ne sais pas de quelle argile il était fait, mais il avait une telle sérénité dans la droiture qu'on aurait juré qu'elle ne lui coûtait rien. J'entrais dans mes vingt ans quand il mourut et je faisais des études dites supérieures. Mais jamais aucun philosophe ne m'a impressionné autant que lui. Quand je suis trop tenté d'admirer quelqu'un, je revois le visage d'Alain Le Goff et je m'en tiens à la juste mesure. Ne me parlez pas de héros, je vous prie.

Désormais, ma mère s'occupa de tout. Elle commença tout de suite. La morte était encore sur son lit que la fillette recevait les gens au nom de son père abîmé dans la douleur. Elle se pourvoyait de ce qu'il fallait pour la veillée mortuaire. Le jour de l'enterrement, elle dut nourrir, selon la coutume, toute la famille venue des quatre coins du canton. Elle abandonna l'école des sœurs où elle donnait des espérances de certificat. Dans les semaines qui suivirent, les voisines venaient s'enquérir de la petite Lisette au berceau. C'était une enfant maigriote qui menaçait souvent de dire adieu. L'une ou l'autre des femmes, qui nourrissait son propre rejeton, ôtait les épingles de son gilet et donnait le sein à l'orpheline, généreusement. Elle finit par choisir de vivre. Dès lors, il n'y eut plus guère de visites. Que voulez-vous! Tous ces gens-là, ou presque, luttaient nuit et jour pour leur pain. Et puis il y avait d'autres misères à soulager ailleurs. La belle-mère d'Alain Le Goff n'était restée que quelques jours après la mort de sa fille. Au lieu de rendre service, elle ne cessait de se plaindre bien qu'elle eût un robuste appétit. Elle était une gêne constante pour ma mère qui avait déjà de quoi s'occuper avec les cinq petits. Heureusement, elle retourna chez elle très vite en prétextant une fatigue mortelle. Son gendre et ses petits-enfants ne la revirent plus pendant plusieurs années. Quand elle fut trop vieille pour pouvoir se suffire à elle-même, elle voulut venir vivre avec eux. Mon grand-père, le bon homme, l'aurait accueillie bien volontiers, mais ma mère s'y opposa fermement. Non point par rancune, mais parce que sa famille, désormais, ne remontait pas plus loin que son père. Il n'y avait rien d'autre à dire.

Alors commença une lutte sans répit contre la Chienne du Monde.

Au Pays Bigouden, la misère était encore le lot de bien des gens au début du siècle. C'était une calamité comme une autre et contre laquelle on ne pouvait pas grand-chose. Le moindre coup du destin suffisait à y faire tomber ceux qui étaient déjà en proie au diable sans le loger dans leur bourse ni le tirer par la queue, comme on dit en français. Le naufrage, l'invalidité, la maladie sur les hommes ou sur les bêtes, le feu dans la paille, une mauvaise récolte, un maître trop dur ou simplement les sept malchances quotidiennes vous jetaient pour un temps sur les routes, vous obligeaient à tendre la main au seuil des portes, la prière entre les dents et les yeux fermés sur votre humiliation. Quelquefois, les hommes choisissaient de se pendre et il y avait toujours, dans l'appentis, une corde qui ne demandait que cela. Les femmes préféraient se noyer et il se trouvait toujours un puits dans leur cour ou un lavoir au bas de leur champ. Telle était la hantise de la misère qu'on s'attendait à la rencontrer, au détour d'un chemin, sous la forme d'une chienne efflanquée, hérissée, les babines retroussées sur des dents jaunes : la Chienne du Monde. Elle était muette, sournoise, et rien ne vous prévenait de son arrivée, voilà le malheur.

Prenez garde à la Chienne du Monde
Qui vous saute dessus et n'aboie jamais.

Il était inutile de lui jeter la clé de saint Tujen, la clé bénie qui vous sauvait des chiens enragés. Inutile aussi de la tirer au fusil comme le *Code Paysan* recommandait de le faire pour la Gabelle et ses enfants, deux siècles plus tôt. Quand la Chienne du Monde avait jeté son dévolu sur quelqu'un (et peut-être obéissait-elle à un maître tout-puissant!) elle le suivait aussi étroitement que son ombre. Il arrivait que sa victime ne la vît pas. C'étaient les autres qui la voyaient et ils savaient, dès lors, que l'homme était marqué. Quand il était arrivé à l'extrême bout de sa pauvreté, l'animal lui sautait sur l'échine et c'en était fait du misérable.

Il y en eut un, dont on parle encore, qui n'arrivait pas à lever le dos, comme on dit. Il avait beau se débattre, sa mauvaise planète était la plus forte. Quand il vit qu'il n'y avait plus rien à faire pour y échapper, il décida de quitter le pays, espérant qu'à Brest ou à Nantes il pourrait se cacher dans la foule. Il fit son baluchon et marcha vers la gare de Quimper avec un peu d'allégresse au cœur. Devant la gare, la Chienne du Monde l'attendait, plus maigre et plus muette que jamais. Le pauvre homme fit demi-tour et revint chez lui pour subir ce qui lui était promis. Personne n'a jamais pu me dire ce qu'il était devenu.

Mon grand-père Alain Le Goff a longtemps redouté la Chienne du Monde, mais il a toujours réussi à s'en garder. Plusieurs fois, il m'a raconté comment, se trouvant seul en pleins champs, il n'osait pas s'arrêter de travailler parce que la Chienne du Monde se glissait dans le premier silence venu. Il disait aussi : « Quand vous entendez crier au secours et qu'il n'y a personne autour de vous, c'est votre propre malheur qui hurle à l'intérieur. Ou bien c'est la Chienne du Monde qui vient de sauter sur quelqu'un que vous connaissez. Quand cela m'arrivait, j'empoignais ma bêche et je défonçais la terre comme si je voulais tuer quelqu'un. » C'était un homme tranquille et doux, mon grand-père. Ce sont parfois les plus redoutables. La Chienne du Monde devait le savoir, la maudite garce.

Alain Le Goff n'arrêta plus de se démener pour nourrir son monde. Il y arriva si bien que jamais aucun de ses enfants ne connut la faim. Quant à lui, il s'arrangeait pour glaner sa nourriture comme il pouvait en dehors de la maison et toujours sans faire de tort à personne. La plupart du temps, quand il rentrait, il prétendait avoir déjà mangé. Et comme par hasard, il manquait totalement d'appétit quand le pain de dix livres tirait vers le croûton. Les enfants ne posaient jamais de question.

Il était né à une lieue de là dans la paroisse de Landudec, de pauvres journaliers qui avaient leur logis au hameau de *Poull ar Markiz*. Orphelin de très bonne heure, il avait été recueilli par son parrain, sorte de garde-chasse au grand manoir de Guilguiffin et qui tenait en outre une petite ferme non loin de l'église paroissiale dont il était aussi le bedeau. Mon grand-père avait plusieurs sœurs qui furent dispersées chez leurs parrains ou marraines, comme c'était la règle, en ce temps-là, quand les parents venaient à faire défaut. Après deux ou trois ans d'école, il travailla sur la ferme de son tuteur, s'acquittant également d'une partie des autres tâches de celui-ci. Il passait des vaches à la charrue et de la charrue aux cloches de l'église. Puis il s'en fut au service militaire, ce qui lui valut de connaître l'Afrique et spécialement la ville sainte de Kairouan dont le souvenir lui remontait régulièrement à la mémoire, je n'ai jamais su pourquoi parce qu'il n'en disait pas plus. De retour au pays, il prit femme dans la ferme de Kerdaniel, dépendance du manoir de Guilguiffin. Et bientôt les enfants se succédèrent dans le berceau de châtaignier.

Au bout de quelques années, il vint habiter la commune de Pouldreuzic, ayant obtenu un petit emploi d'aide-cantonnier. Mais son contrat était tel qu'il dut, pendant des années, travailler hors de la commune, à Peumerit et Treguennec. Il partait dans la nuit après avoir avalé une soupe. Il faisait de trois à neuf kilomètres en sabots dans l'obscurité et les mauvais chemins pour se trouver à pied d'œuvre au lever du jour. Il revenait de nuit, ayant fait un détour par quelque bois ou quelque ferme connue. Dans son sac, il rapportait souvent des légumes, des fruits, des châtaignes, des nèfles, des pommes de pin, du bois mort. Tout cela, il l'avait demandé et obtenu de bonne amitié pour sa maisonnée car il n'aurait pas voulu prendre une poignée de prunelles sauvages sans demander la permission du propriétaire.

Ma mère se levait avec le jour d'été et bien avant celui d'hiver. Elle commençait par mettre soigneusement sa coiffe, opération qu'elle avait appris à réussir dès l'âge de six ans, faisait la pâtée du cochon, trayait la vache, préparait le déjeuner des petits, les faisait se lever, les envoyait à l'école, menait la vache au champ qui était à une demi-lieue, revenait en tricotant, faisait le ménage, lavait les frusques, s'occupait du repas de midi, retournait au champ en battant du crochet, travaillait la terre selon ses forces, revenait avec la vache au bout de sa corde et un faix d'herbe sur le dos ou un lourd panier à la main, retrouvait les enfants, maintenait la discipline du petit monde, faisait faire les devoirs, raccommodait les hardes, tempêtait ou riait à pleine gorge selon l'occasion, gavait de nouveau le cochon, trayait une seconde fois la vache, cuisait la bouillie ou les pommes de terre, faisait la vaisselle, couchait la troupe, rangeait tout, reprenait son crochet ou son aiguille à la lueur d'une lampe-pigeon, attendait son père et ne gagnait son lit qu'après lui.

Ainsi de onze à vingt ans sans arrêt. Le samedi, elle frottait ses meubles à tour de bras, astiquait un par un les clous de cuivre. Tous les trimestres, munie d'une procuration, elle allait toucher le mandat de son père à Plonéour. Cela ne faisait que dix-huit kilomètres pour aller et revenir à pied et ce n'était pas du temps perdu. En trottinant, elle faisait de la dentelle au crochet qui lui rapportait quelques pièces blanches pour s'acheter des mouchoirs et des tabliers quand elle avait réussi à joindre les deux bouts. Elle trouvait quelquefois le temps, aux jours de fête, d'aller parader avec les autres jeunes filles sur la place du bourg après s'être piqué sur le ruban de la coiffe, à hauteur d'oreille, cette grosse cocarde rouge qu'on appelait *la Pompadour* et dont le nom était synonyme d'orgueil.

L'éblouissement de ses quinze ans fut le mariage de Marie-Louise Le Rest qui mit tout le bourg en révolution, écrémant par tout le canton les personnages qui avaient du bien. Ils étaient neuf cents au fricot de la noce. Le brodeur Baptiste Alanou et son frère Sylvestre avaient travaillé des mois pour établir les grands habits bigoudens brodés de vert et de jaune. Ce fut la dernière fois où l'on en vit six douzaines en même temps. Les jeunes filles pauvres n'avaient pas assez de leurs yeux pour ramasser tout le spectacle. Hélas, quand elle rentra chez elle, Marie-Jeanne Le Goff découvrit qu'un voleur avait passé par là, sachant la maison vide comme l'étaient toutes les autres à l'occasion de ce mariage de première classe. Il avait emporté la moitié du pain, la moitié du beurre et un réveille-matin qui était l'orgueil du ménage. Affolée, elle courut trouver son père qui servait le vin à la noce en raison de sa réputation d'homme sobre. Alain Le Goff ne fut pas autrement ému du désastre : « Eh bien, dit-il en souriant, en voilà un de plus qui a le ventre plein. Et je suis content de savoir qu'il lui reste un peu de conscience puisqu'il nous a laissé de quoi manger pour demain. – Mais le réveil, père ? – Bien sûr, le réveil. Mais il faut bien se dire qu'il ne pouvait pas en emporter seulement la moitié. »

On apprit plus tard que le voleur, un homme du canton voisin, avait voulu vendre le réveil aux fermiers de Laraon, vainement d'ailleurs. Quand il fut arrêté, le réveil avait disparu. Mon grand-père entreprit d'économiser aux dépens de son estomac pour acheter une pendule à sa fille. Dix-huit mois plus tard, il avait mis de côté les vingt francs qu'il fallait. La pendule fut vissée au vaisselier. Elle y est toujours.

Quelquefois, le mandat n'était pas arrivé à Plonéour. L'homme aux écritures expliquait qu'il fallait aller le chercher à Quimper. Peu importait pourquoi, il fallait y aller. Onze lieues à pied, c'était quand même un peu trop. Alain Le Goff les aurait bien faites, mais il ne pouvait pas perdre sa journée. Alors, les jours suivants, Marie-Jeanne guettait, sur sa porte, les chars à bancs qui allaient au chef-lieu pour le marché ou la foire. On la casait derrière, entre les cages à poulets et les paniers à beurre et fouette cocher ! Trois ou quatre heures après, elle débarquait à Quimper toute percluse et moulue par les cahots. Dans un bureau crasseux du Pont-Firmin, elle touchait son argent, l'enfouissait avec soin dans la profonde poche de sa robe. Puis elle allait aider ceux qui l'avaient voiturée à faire leurs affaires. Elle déjeunait de quatre sous de ragoût, luxe suprême, dans une gargote de la place Saint-Mathieu. Au retour, le conducteur avait quelquefois le nez un peu sale. Il faisait prendre le galop à sa bête malgré les adjurations des femmes. Un soir, une roue descendit dans le fossé, le char à bancs se renversa, Marie-Jeanne fut expédiée au vol dans le champ voisin par-dessus le talus sommé d'ajoncs en fleur. Elle tomba comme elle put, tenant à pleines mains la poche où se trouvait l'argent.

Elle avait des tas de soucis en dehors du train journalier. Les maladies des enfants, la vache qui menaçait de perdre son veau, le cochon qui ne profitait pas comme il aurait dû, les récoltes gâchées par l'orage et toujours les dix-neuf sous qui manquaient pour faire un franc. Un jour, elle avait treize ans, en faisant la galette pour la maisonnée, elle tomba sur la tuile brûlante, les mains en avant. Sur les conseils d'une commère, on la soigna en lui appliquant, sur ses paumes à vif, de l'encre violette qu'on avait été chercher à l'école. Le tanin de l'encre, dit-elle, mangea les cloques. Elle n'en continua pas moins à faire son travail, vaille que vaille, les mains enveloppées de chiffons. Seulement, les premiers jours, ce fut le père qui fit cuire les galettes pour tout le monde.

Le chantier principal de Marie-Jeanne Le Goff était la maison qui est toujours la sienne. La famille venait à peine de s'y installer quand la mère mourut. Auparavant, ils habitaient un logis sommaire dans la cour de Jean-Marie Guichaoua, machines agricoles et ficelles. Ce logis, qui devint une forge quand ils le quittèrent, comprenait une pièce réservée aux humains et un réduit plus petit où créchaient la vache et le cochon. Entre les deux appartements, une cloison à claire-voie, établie en mauvaises planches d'écorce, n'empêchait pas les animaux de réchauffer les gens. Il y avait encore un galetas sous le toit. Quant aux poules, elles avaient leur perchoir au-dessus de la porte d'entrée. Leur fiente tombait de là-haut sur la terre battue du couloir. Elles éprouvaient, paraît-il, un particulier plaisir à graisser les chapeaux qui passaient sous elles. Elles respectaient les coiffes, on ne sait pas bien pourquoi. Les chapeaux de tous les jours ne s'en portaient pas plus mal, ils en voyaient bien d'autres. Mais, quand c'était dimanche, quand on avait en tête le chapeau presque neuf aux six rubans de velours qu'on appelait le « chapeau de soie » *(an tog seiz)*, on prenait soin de chasser les volatiles avant d'entrer ou de sortir.

Il y avait, à Pouldreuzic, bien d'autres gens honorables qui n'étaient pas mieux logés. Mais on comprendra que lorsque Alain Le Goff loua d'abord notre maison actuelle, toute la famille eut l'impression de se transporter dans un palais. Et ce palais devint leur bien quelques mois plus tard. Il faut dire que la chance, pour une fois, avait servi le grand-père. Tout ce qui était à vendre, en ce temps-là, tombait inévitablement entre les mains de quelques familles de notables qui possédaient déjà une bonne moitié du bourg, à défaut de la campagne où les fermes dépendaient encore de manoirs nobles ou appartenaient à des bourgeois de Quimper. A la richesse en argent, on préférait les biens au soleil. On achetait toujours, on ne vendait que contraint ou forcé. Vendre de la terre était considéré comme un signe avant-coureur de déchéance. On alertait le notaire dès qu'on apprenait que la moindre bicoque, la plus mauvaise lande, étaient au risque de changer de mains.

Or, il se trouva que mon grand-père fut le premier à savoir que les propriétaires de notre maison étaient réduits à s'en séparer tambour battant pour avoir de quoi vivre leurs derniers jours à l'abri de la faim. Il n'avait pas un sou vaillant, mais il trouva des prêteurs sur sa bonne réputation et l'affaire fut faite avant que la nouvelle n'eût transpiré. Quand il apprit la chose, un des plus gros notables, qui était malade sur son lit, fit une scène terrible à ses enfants, les accusant de vouloir le ruiner en laissant échapper une affaire qui eût été la sienne si la fièvre ne lui avait pas épaissi l'oreille. C'était trop tard. Mais Alain Le Goff s'était mis sur le dos quinze cents francs de dettes, autant dire une fortune pour un homme de son état. Il n'en dormit pas tranquille pendant des années. Et puis Jean, son fils aîné, s'engagea pour l'Indochine. Il fit remettre intégralement sa prime à son père. Le facteur l'apporta dans un sac de toile, en pièces de cinq francs. Tous les trésors de Golconde ruisselèrent sur la table. Le restant de la dette fut liquidé le lendemain. Dès lors, Alain Le Goff se permit un paquet de tabac par semaine ou presque.

Il y avait une crèche séparée pour les animaux. Il y avait une cour derrière, assez grande pour contenir le tas de paille et un appentis pour les lapins, les outils et les « commodités ». Il y avait, dans la maison, deux pièces franches de part et d'autre du couloir, avec une grande cheminée dans celle de l'est. Il y avait un grenier pour le blé blanc, le blé noir, les haricots, les pommes de terre. Il y avait même une autre cheminée de pierre, dans ce grenier, autour de laquelle on ferait peut-être une chambre plus tard, quand on aurait de quoi. Le roi n'était pas le cousin des Le Goff.

Bien sûr, il y avait encore un locataire dans la pièce de l'ouest, un tisserand du nom d'Hénaff dont le métier claquait à longueur de jour et parfois de nuit quand le travail pressait. Mais c'était un homme honnête et tranquille. D'autre part, les quelques sous qu'il donnait en loyer étaient si nécessaires, si attendus qu'on guettait ses clients quand ils venaient lui payer son ouvrage. Le tisserand, d'ailleurs, ne manquait jamais de régler son dû dès qu'il était en mesure de le faire. Quand il étalait l'argent sur la table, ma mère soupirait un bon coup. Sa dernière pièce à elle venait quelquefois de partir. Elle ouvrait une bouteille de vin pour régaler le bonhomme. La bouteille de vin était toujours la seule. On buvait de l'eau, le luxe étant un baril de piquette que Marie-Jeanne préparait, dans les périodes fastes, avec un bol de mélasse ou de l'orge que l'on colorait à la chicorée.

Ils eurent bien de la peine quand il fallut dire au tisserand de partir. Mais quoi! Les enfants grandissaient, les filles avaient besoin d'avoir une pièce à elles. Or, il se trouva justement qu'une moitié de la maison voisine était à louer. On démonta donc le métier, pièce par pièce, on le remonta vingt mètres plus loin et ce fut tout. Mais le malheureux tisserand ne put jamais s'habituer à sa nouvelle demeure, allez donc savoir pourquoi! Peu de temps après, il vint revoir son ancien logis. En partant, il dit à ma mère : « Marie-Jeanne, je ne peux vraiment pas vivre là où je suis. » Le lendemain, on le trouva pendu au-dessus de sa table. Il avait revêtu son meilleur habit et soigneusement ciré ses souliers pour le voyage, comme un chrétien convenable qu'il était. Aucun Breton, c'est bien connu, ne peut être tenu pour responsable de son désespoir que l'on doit attribuer à sa « planète ». Et tout le monde espéra que, malgré son entreprise sur lui-même, l'honnête artisan serait admis à s'asseoir à la droite du Père. Ainsi soit-il!

Cependant, notre maison méritait encore trop souvent d'être appelée le *Manoir du Sifflet.* C'est le nom que lui donne ma mère quand elle revient sur cette époque. Si je lui demande ce que cela signifie exactement, elle se met à pouffer de rire : « Courir le sifflet, c'est aller à l'aventure, vous le savez bien. Il fallait vivre d'un jour sur l'autre sans savoir où l'on allait. Le sifflet, c'est de l'air qui fait du bruit dans le vide. Il n'y avait presque rien dans les armoires, presque rien dans la maie. Du vent. Il fallait chercher l'aubaine sans être sûr de la trouver. Est-ce que je sais, moi! On siffle aussi avec le ventre vide pour dire qu'on s'en moque. Et pourquoi, quand on veut se débarrasser des gens, les envoie-t-on siffler aux grives dans l'eau de source? Vous le savez, vous? »

On avait calculé trop juste pour vivre sans le loyer de la pièce de l'ouest. Peu de temps après que les filles en eurent pris possession, il fallut arranger tant bien que mal le bout de grenier autour de la cheminée de pierre. On trouva aussitôt un locataire pour ce réduit, mais il n'était pas de la même farine que le tisserand. C'était un Jeannot-les-mille-métiers qui trouvait vaguement à s'occuper chez le boulanger de la place quand il y avait du travail facile à faire et quand il était décidé à travailler. Les deux conditions se rencontraient rarement ensemble. C'est dire qu'il était difficile de voir la couleur de son argent, d'autant plus qu'il préférait l'investir en boissons fortes. Dans son état normal il était supportable, bien que l'on ne sût jamais très bien comment le prendre. Mais quand il avait de l'alcool dans le corps, il devenait violent. Mes premières années ont été empoisonnées par les peurs qu'il me faisait avec un malin plaisir. J'en parle tout de suite pour ne pas avoir à revenir sur ce personnage déplaisant.

Il m'arrivait de me trouver seul dans la maison quand il rentrait à l'improviste. Alors, j'allais me terrer sous le manteau de la cheminée. Je l'entendais traîner ses sabots dans le couloir en marmonnant. Il frappait la cloison de bois avec son bâton, violemment, par méchanceté pure, parce qu'il savait que j'étais à trembler au coin de l'âtre, tout ramassé contre les pierres patinées de suie. En passant devant ma porte, il mettait le pouce sur le cliquet et le faisait claquer plusieurs fois comme s'il allait entrer. Mais il n'entrait pas. Il montait lourdement l'escalier en frottant son épaule contre la cloison. J'attendais qu'il ouvrît sa porte en haut avant de sortir péniblement sur des jambes de laine et j'allais me réfugier dans le champ d'en face jusqu'au retour de mes parents. Mais le bougre avait plus d'un tour tordu dans son sac. Une fois, j'avais entendu le bruit de sa serrure, je le croyais enfermé dans sa tanière. Après un moment, j'ouvris ma porte pour m'évader. Alors je le vis, accroupi au tournant de l'escalier, qui me regardait avec des yeux terribles. Il avait manœuvré sa clé, mais, au lieu d'entrer chez lui, il était redescendu pour me faire peur. J'avais autour de six ans. Si je ne suis pas tombé raide, ce jour-là, c'est que j'ai le cœur bien calé entre les côtes. Il ricanait au haut des marches en bavant la salive de sa chique : « Vous allez le dire à votre père, hein, morveux! » Devant mon colosse de père, il filait doux. Je n'ai rien dit au grand chef pour ne pas me faire accuser de manquer d'orgueil. Mais ensuite, quand son arrivée me surprenait dans la maison, je m'enfuyais par la fenêtre.

De temps en temps, il lui arrivait de m'apporter une grosse pomme qu'il avait dérobée à mon intention dans le jardin du boulanger. J'aurais bien voulu ne pas manger la pomme parce que je détestais le vieux. Mais quoi! Cette pomme était une aubaine, d'autant plus qu'il savait la choisir, le bougre. Et puis, je me disais que le jour suivant il trouverait le moyen de m'appliquer sournoisement un revers de main, quitte à s'excuser à grand bruit en arguant de sa maladresse. Alors, je dévorais la pomme après l'avoir essuyée longuement contre ma manche, non pour la faire briller comme c'était notre habitude, mais parce qu'elle sortait de mains sales. « Ne la respirez pas trop sous la queue, ricanait-il, sans quoi il va vous arriver comme à moi hier soir. » La veille, il s'était trop mouillé la gorge. Plusieurs fois, il était tombé dans l'escalier en montant. La pauvre cloison de bois résonnait de ses chutes et nous comptions les coups jusqu'au moment où mon père, impatienté, alla le prendre par le col et le traîna dans son taudis puant comme un sac de chiffons.

En vérité, ce vieux-là nous couvrait de vergogne. Il urinait dans un vieux pot qu'il vidait par la fenêtre de sa mansarde sur la route. Cela faisait une traînée noirâtre sur les ardoises du toit. Notre maison en était déshonorée aux yeux des passants. Bien entendu, les remontrances timides de mon grand-père n'y faisaient rien. Enfin, la vieillesse eut raison du lascar. Il devint grabataire, fut transporté à l'hospice de Pont-l'Abbé où il mourut peu après. Alain Le Goff aurait pleuré sur Judas lui-même. Dès que le locataire eut vidé la maison, mon père n'eut rien de plus pressé que de poser une échelle contre la façade et de nettoyer le toit. Une fois la mansarde brossée à l'eau de Javel, nous respirâmes tous librement. De nouveau, le champ d'en face se mit à sentir bon. La mansarde, beaucoup plus tard, allait devenir ma chambre.

Tout compte fait, les affaires des Le Goff ne cessèrent d'aller de mieux en mieux dans les dix ans qui suivirent la mort de ma grand-mère. L'aîné des garçons, soldat en Indochine et qui, devenu officier, allait en revenir pour se faire tuer sur le front en 14-18, déléguait à son père une grosse partie de sa solde. Le second devint commis-charcutier à Quimper et fut bientôt en mesure de ravitailler la famille sur son salaire, ce qu'il ne manqua jamais de faire. Les deux autres s'engagèrent dans la marine. A ce moment-là, deux des filles, Marguerite et Marie, étaient déjà servantes dans de bonnes maisons. Etant donné la civilisation qui était la nôtre c'était une condition honorable. Quand ma mère eut vingt ans il ne lui restait à charge que sa petite sœur. Il lui arrivait quelquefois de se croiser les mains pour ne rien faire en se disant que personne dans la maison, sauf peut-être son père, n'avait eu faim sous son gouvernement. Il paraît même que l'armoire avait enfermé, un moment, une pièce d'or à l'effigie de l'empereur Napoléon le Petit. On n'avait pas pu la garder, bien sûr, mais on l'avait tenue en main.

Déjà plus d'une fois, ma mère avait été demandée en mariage quand mon père se présenta. De dot, évidemment, il n'y avait pas la moindre, ni d'espérances non plus. C'était bon pour les bourgeois, terriens ou non. Mais une jeune fille pauvre était jugée sur son travail et sa tenue. A cet égard Marie-Jeanne Le Goff n'avait de leçon à recevoir de personne dans une paroisse où tout le monde tenait tout le monde à l'œil. Inutile, donc, de vouloir faire prendre à quiconque des vessies pour des lanternes. Au reste, elle était libre de ses décisions. Son père se plaisait à répéter : elle est maîtresse de la maison, il est juste qu'elle soit maîtresse d'elle-même. L'usage du marieur (*kouriter*) n'avait pas encore disparu, bien que cet entremetteur officiel eût abandonné le bâton de genêt (*bazvalan*) qui lui valait un de ses noms. Ma mère n'eut pas à recourir à ses bons offices. Son mari et elle se rencontrèrent et se choisirent sans intervention de qui que ce fût. Au reste, comme cela se dit dans le style des petites annonces, les situations des deux conjoints étaient on ne peut plus en rapport.

Le mariage eut lieu en 1913. Ce fut une noce de pauvres gens. Il n'y avait guère que cent vingt convives. Il en coûta à chacun la somme de cinq francs pour deux jours entiers de ripailles entrecoupées de gavottes, jibidis et jabadaos. Selon la coutume, le traiteur invita la famille le troisième jour pour manger les restes. Au soir du premier jour, il y eut une bataille rangée entre les jeunes gens de Pouldreuzic, pays de ma mère, et ceux de Plozévet d'où venait mon père. Ces derniers avaient été invités aux danses par le nouveau-marié. Or, les jeunes filles de Pouldreuzic trouvèrent qu'ils dansaient mieux que les garçons de leur paroisse. Elles témoignèrent, paraît-il, d'une préférence un peu trop marquée pour les Plozévétiens. Il y eut des paroles aigres, des défis, quelques empoignades individuelles, des échanges de ces injures qu'on ne peut laver que dans le premier sang. On se traita mutuellement de pieux, de veaux, de gobeurs de lune, de compisseurs de sabots, d'embrenneurs de braies et, pour finir, de chiens à cul jaune. Au bout du compte, les jeunes gens de Pouldreuzic, qui étaient en nombre, chassèrent ceux de Plozévet à coups de cailloux vers leur douar d'origine. Ils n'abandonnèrent la poursuite qu'à une demi-lieue du bourg. Encore le firent-ils parce que l'alerte avait été donnée à Plozévet au début de l'algarade et que les éclaireurs annonçaient le rassemblement d'une compagnie de renfort pour la contre-attaque dans la Vallée des Moulins. Pendant ce temps, mon père était au supplice. Il aurait bien aimé en découdre aussi, mais il devait rester auprès de sa jeune femme. Et puis, de quel parti devait-il se mettre? Ou il prenait fait et cause pour son pays et il offensait sa nouvelle famille, ou il allait à la rescousse de Pouldreuzic et il passait pour un judas. Il choisit d'être Ponce-Pilate. Les pouces aux entournures de son gilet, il compta les coups. C'était quand même une belle noce.

La coutume voulait encore qu'on ne laissât les jeunes mariés ensemble que le soir du troisième jour. La première nuit était consacrée à la Vierge, la seconde à saint Joseph. Et puis, il y avait la cérémonie à la fois symbolique et gaillarde de *la soupe au lait.* La recette de cette soupe variait d'un pays à l'autre et selon la fantaisie de la jeunesse, mais elle comportait toujours un chapelet de gousses d'ail. Le lait de la soupe proclamait que la vie de ménage est douce, l'ail vous avertissait qu'il faut en attendre bien des déboires. Les jeunes gens de la noce l'apportaient aux époux, à la table du banquet, en chantant à pleine voix la chanson des ancêtres, triste complainte qui devait faire pleurer d'un œil et rire de l'autre toute mariée de bonne race. En voici le premier couplet retenu par ma mère et traduit du breton :

Ce matin même on vous a vue
Devant l'autel agenouillée.
Adieu mon père, adieu ma mère,
Adieu mes frères et mes sœurs!

De leur côté, les sonneurs de bombarde et de biniou attaquaient un autre air de soupe au lait, celui-là plus vif et réputé propre à « sécher les larmes ». Et toutes les tablées de se réjouir bruyamment.

En vérité ce n'était là que la formule officielle et publique à laquelle on se soumettait par un restant de superstition, pour essayer obscurément d'éviter que « la soupe n'aigrît » par la suite, c'est-à-dire que la mauvaise entente ne se mît dans le ménage. C'était, en somme, le sommet des agapes qui correspondait à l'échange solennel des anneaux à l'église. Or, les meilleurs amis des époux attendaient souvent qu'ils fussent couchés ensemble, au soir du troisième jour, pour leur apporter au lit la fameuse soupe au lait, assaisonnée des ingrédients les plus inattendus. Et les plus douteuses plaisanteries de pleuvoir à propos de la troisième personne de la Trinité. En prévision de quoi, traditionnellement, les nouveaux mariés entraient dans leur lit clos sans s'être déshabillés, guettant l'arrivée de la troupe soupière sous la conduite du garçon d'honneur. Mes parents déclarent avoir échappé à ce côté païen du rite. Marie-Jeanne Le Goff ne laissait jamais passer une occasion de rire à condition qu'elle fût franche. Mais une ombrageuse dignité, fortifiée par douze années de lutte quotidienne pour établir sa famille dans la considération des gens, lui avait fait une telle réputation, il faut croire, que le plus déluré des coqs de village n'aurait pas osé mettre une telle soupe en train pour elle. Et quant à mon père, il était étranger, tout compte fait, puisque né à l'ombre du clocher voisin, donc rival. Au reste, en ce temps-là déjà, la vieille tradition avait si bien tourné en carnaval que bien des jeunes mariés la récusaient fermement. Et pourtant, j'ai assisté moi-même, beaucoup plus tard, à sa célébration. S'il faut être franc, j'y ai tenu ma partie sans trop de vergogne.

Donc, le jeudi, on amena l'armoire que ma grand-mère Catherine Gouret avait fait établir à Plozévet pour que son fils aîné pût y empiler ses chemises de chanvre à côté du trousseau que sa bru s'était constitué de ses propres mains. Elle arriva à Pouldreuzic dans une charrette fraîchement lavée pour l'occasion, tirée par un cheval qui sortait de la grande toilette, la queue tressée, une cocarde à la têtière. Le menuisier conduisait lui-même cet attelage d'apparat. Il avait hissé son meilleur habit, coiffé son meilleur chapeau. Quand il fut en vue de la place où l'attendaient les jeunes gens, il poussa un long cri d'allégresse. Les autres lui répondirent par une énorme clameur. Tous les gens valides se tenaient sur les seuils des portes. La charrette remonta jusqu'à la maison de la mariée suivie d'une escorte gesticulante qui braillait une chanson spécialement composée par quelqu'un qui savait mettre de l'encre sur le papier. On descendit l'armoire dans une joyeuse bousculade, chacun tenant à l'honneur de toucher le meuble dont c'était la fête. On le fit entrer dans la maison où il fut dressé à la place qu'il ne devait jamais quitter. Alain Le Goff mouilla libéralement les gorges de tous ces amis de bonne volonté ainsi que des voisins les plus proches. Après quoi, les jeunes hommes reconduisirent jusqu'aux dernières maisons du bourg le brave menuisier, honorablement éméché, qui fut laissé à la discrétion de son cheval. Ce soir-là, pour la première fois, mon père passa la nuit dans sa nouvelle maison. L'armoire avait coûté quatre-vingt-dix francs.

Ainsi parlent mes parents.

II

PRIME ENFANCE

J'ai vécu longtemps dans les régions rurales, avec les paysans, et j'ai été profondément touché de voir combien de choses ils savaient. Leur connaissance était riche. Je n'étais pas de taille à me comparer avec eux.

MAO TSÉ-TOUNG.

Cette année-là, qui est la quatorzième de notre siècle, les premiers jours du mois d'août répandent une chaleur à faire s'évanouir les vaches dans les champs. Les hommes, toute leur eau suée, ne sont plus capables de cracher jusqu'à leurs sabots. Entre leurs talus où se dessèchent les ajoncs couleur de poussière, les pièces de terre sont autant d'auges où croupit un air mou, à consistance d'étoupe, bon à entasser à la fourche, comme me le répétera souvent, plus tard, Joz Ma-Liorz. La blancheur du ciel à midi est celle de la mer étale à la prime aube. S'il y vole des oiseaux, ils sont aussi muets que des poissons. La mer habite toujours, sans doute, la baie d'Audierne, bien qu'elle soit trop faible pour gonfler des vagues et prendre une couleur de vie, confondue qu'elle est avec le sable de la grève. Il faudrait monter sur son dos pour ne pas douter de sa présence. Mais il n'y a pas un souffle de vent pour mettre à la voile. Les choses ne sont pas tranquilles, mais frappées de stupeur. Il n'y a pas d'orage dans l'air, mais une sourde crainte serre les épaules des vivants.

Rien ne bouge nulle part, sauf les pauvres paysans tenus par la moisson et le souci du pain. Alors, on apprend ce que ce monde avait dans le ventre : c'est la guerre. Je suis né depuis six mois.

Mon père et ma mère peinent à couper le blé à la faucille dans le champ de Meot. Il est grand temps. Les épis trop mûrs sont tout près de laisser tomber le grain. A qui la faute, sinon aux Gars du Gouvernement qui ont donné l'ordre à mon père d'aller faire ses vingt-huit jours à Vannes, dans l'artillerie, juste après le temps des foins. Depuis qu'il est revenu, la mine assombrie, le pauvre homme rattrape son travail de son mieux, sachant que, désormais, son temps de paysan lui est mesuré. Sa chemise de chanvre lui colle à l'échine, plus lourde que du plomb. Le crissement de sa faucille, ravageant à brassées la paille sèche à craquer, lui assourdit les oreilles et engourdit heureusement son esprit. De temps à autre, le moissonneur lève le dos pour aiguiser un peu sa faucille et celle de ma mère qui coupe derrière lui sans pouvoir le suivre. Les deux époux reprennent haleine un moment, l'un à côté de l'autre, sans dire un mot. Et quoi dire? Leur destin tout entier est sous leurs yeux : le champ dont ils doivent tirer leur pain quotidien; à un quart de lieue, vers la mer, le clocher de la paroisse qui est leur seule capitale; à l'ombre du clocher, une maisonnette blanchie à la chaux où attend le lait de sa mère un enfant de six mois qui n'est gardé par personne, moi-même si vous permettez. Et cette chaleur terrible, ce calme redoutable, présage d'un malheur qu'il faudra supporter sans rien y faire. Un insecte ailé se lève lourdement du chaume dans un bourdonnement de batteuse, ma mère me l'a dit, je ne l'invente pas. Il traîne péniblement sous lui un abdomen énorme, noir et velu, plus laid que les sept péchés mortels. Quand elle le voit ma mère tourne la tête sous prétexte de rajuster une épingle fichée de travers dans sa coiffe. Peut-être seulement à cause de l'insecte de mauvais augure. D'un preste revers de main, mon père abat le bourdonneur et l'écrase sous le talon de son sabot.

A cinq heures de l'après-midi, les cloches de l'église paroissiale entrent en branle sur un mode à faire croire que le sacristain a perdu la tête. En vérité, le pauvre diable sonne le tocsin d'un incendie qui va durer plus de quatre ans à travers le monde. Comment pourrait-il trouver le ton juste? Il va d'une cloche à l'autre, frappant avec la maladresse du désespoir. Mais tous comprennent bien son langage inouï.

Mon père donne encore quelques coups de faucille, de plus en plus lentement. Il met un genou en terre et baisse la tête. Et soudain, le voilà qui se lève tout droit, jette son outil loin de lui et s'en va vers le bourg à travers champs sans desserrer les mâchoires. Ma mère s'est assise par terre et pleure dans son tablier.

Et alors! Il faut bien finir de couper le blé, ce qu'elle fait avant de rentrer à la maison et après avoir recherché la faucille de son mari parmi les noisetiers du talus. Quand mon père sera parti à la guerre, c'est cette faucille-là qui lui servira à elle. Le travail ira plus vite avec cet instrument d'homme. Souvent, il sera aiguisé à l'aide d'une pierre humectée par l'eau des yeux et son fil n'en coupera que mieux. Nous aurons vingt sous par jour, ma mère et moi, pour rester vivants.

Lorsque mon père reviendra des champs de bataille, il laissera la faucille entre les mains de sa femme. Il n'en était plus le maître, pensait-il, car elle avait été bien gagnée par la mère. Elle a encore fauché bien des moissons depuis. A la fin, sa lame ne sera pas beaucoup plus large que celle d'un couteau de poche. A mon idée, les larmes sont plus efficaces que la pierre pour venir à bout d'une faucille.

A ma naissance, il fallut avoir recours au médecin. Une dépense dont mes parents se seraient bien passés, outre que ma mère fut un peu humiliée de ne pouvoir accoucher avec la seule assistance de la « vieille commère » qui faisait office de sage-femme. Quand ma sœur viendra au monde, quelques années plus tard, on ne fera pas autant d'histoires. Marie-Jeanne Le Goff quittera vers onze heures le lavoir où elle a décrassé une montagne de linge.

Elle trouvera la force de mettre au feu le repas de midi avant de faire appeler par une voisine la commère Marie-Jeanne Le Rest qui la délivrera vers trois heures. Après quoi, elle se préoccupera fortement de son linge et serait vraisemblablement partie le chercher si on l'avait laissée seule. Elle n'acceptera de se détendre que lorsque quelqu'un aura empoigné la brouette pour ramener tambour battant tout ce qui était resté au lavoir et dont la présence sur la pierre était offensante pour sa réputation de ménagère : on ne laisse pas en plan un travail à moitié fait.

Mais mon arrivée au monde, premier enfant que j'étais, se présentait sous des auspices tels qu'ils inquiétèrent la vieille commère. Elle conseilla d'aller quérir le docteur à Plogastel, le chef-lieu de canton, à sept kilomètres de là. Mon père emprunta donc une bicyclette à caoutchoucs pleins et fonça dans la nuit sans lumière d'aucune sorte. Il revint avec le docteur, à bicyclette lui aussi, mais qui avait une lampe à carbure sur son guidon. Et je fis mon apparition sans trop me faire prier, fort gaillard paraît-il, mais parfaitement dépourvu d'ongles. « Il ne sera pas méchant », dit Alain Le Goff.

Le matin suivant, la commère montra de nouveau ses lunettes. Elle voulut bien proclamer que le médecin avait fait un travail convenable pour un homme si jeune. Mais elle ne tint guère compte des recommandations qu'il avait faites sur la façon de m'accommoder. Je fus donc emmailloté très serré, surtout pour le bas du corps afin de me fortifier les jambes et les reins. On redoutait la boiterie, mal réputé congénital au Pays Bigouden. Mes bras eux-mêmes furent plaqués contre mes hanches, si bien que je ressemblais à une momie en miniature ou, plus exactement, au bébé de la Nativité du peintre La Tour que l'on peut voir au musée de Rennes. La momie et La Tour étant parfaitement inconnus dans le pays, les gens comparaient le bébé ainsi conditionné à « une botte de paille égalisée ». Ces bottes, bellement rangées sur une couche de genêts, servaient alors de premier matelas dans les lits clos. Je puis affirmer du moins (on m'a souvent posé la question) que la vieille commère Franseza ne m'a pas remodelé le crâne à la main comme cela se faisait encore à la fin du dix-neuvième siècle si l'on en croit certains témoignages. Cette opération esthétique était abandonnée depuis longtemps. Marie-Jeanne Le Rest ne se souvenait pas l'avoir vu pratiquer jamais. « Ce sont des manières de rebouteux, disait-elle avec une moue. De rebouteux ou de sorciers. Ces gens-là n'ont rien à faire avec les nouveau-nés. » Et, ce disant, Marie-Jeanne faisait une telle grimace de mépris que ses lunettes de fer manquaient de lui tomber du nez. Or, les lunettes, pour elle, valaient tous les diplômes.

A cause de cette présence d'un vrai docteur au chevet de sa bru, mon grand-père le sabotier se plaira plus tard à m'appeler *le Fils du Roi d'Hibernie* et à me prédire un avenir chargé de gloire et d'honneurs. En attendant, mon autre grand-père, Alain Le Goff, m'avait fait confectionner, par le menuisier Piton, un berceau neuf en châtaignier de première qualité, clouté de cuivre comme il faut, et que ma tante Lisette cirait et faisait briller à pleins bras avant même que je ne vienne l'occuper. Ce berceau (qui est, au moment où j'écris, celui de mon petit-fils) est exactement la réplique de l'unique berceau dans lequel avaient dormi successivement ma mère, mes oncles et mes tantes. Et pendant tout le temps qu'il servit, on pouvait se mirer dans son bois. Alain Le Goff le prêta ensuite à un voisin, Jean-Marie P..., qui n'avait pas de quoi en acheter un pour ses enfants. Jean-Marie le garda des années, le temps d'y héberger et d'en faire sortir sa propre marmaille. Deux mois environ avant ma naissance, grand-père alla redemander le meuble à l'emprunteur. Celui-ci, n'en ayant plus l'usage, l'avait relégué dans son poulailler. Le berceau était en triste état, je vous le dis, après avoir servi de nid et de perchoir à la volaille. Alain Le Goff ne voulut pas le reprendre : « Je ne souffrirai pas, dit-il, que mon petit-fils soit élevé sur de la fiente de poules. » Il compta ses sous et s'en fut incontinent chez le menuisier Piton.

Deux jours après, ce fut la cérémonie du baptême. Les trois ou quatre femmes volubiles qui s'affairaient autour de moi m'attifèrent de robes à dentelles, me mirent en tête le bonnet blanc sans lequel il n'y a pas de rachat valable du péché originel. Ma mère m'avait fait de ses mains une couverture au crochet, réduction de celles qui décoraient les lits de la maison. Cette couverture prendrait place plus tard sur mon berceau. Pour le moment, elle était destinée à me recouvrir complètement dans les bras de la femme qui me conduirait à l'église. Cette femme était celle qui m'avait donné son lait en attendant que celui de ma mère fût monté. Elle avait mis ses meilleurs vêtements et sa plus belle coiffe, de même que ma tante Marie, sœur de ma mère, qui devait me servir de marraine. Le parrain était mon oncle Jakez, frère de mon père, un peu ému derrière sa moustache blonde à l'idée des responsabilités qui lui incombaient.

Le parrainage n'est pas un honneur vain ni gratuit. En cas de nécessité, Jakez Hélias me devait refuge et nourriture et, Dieu le sait, dans notre famille comme dans d'autres, cette nécessité s'était souvent présentée si bien qu'on ne comptait plus, dans la paroisse, les orphelins qui avaient été recueillis, pour un temps du moins, par leur parrain ou, à défaut, leur marraine. D'autre part, le baptême établit un lien de parenté spirituelle entre le parrain et la filleule, entre la marraine et le filleul, parenté qui leur interdit de se marier entre eux. Parrain et marraine doivent être chrétiens catholiques. Il importe que l'un d'eux ait fait sa première communion, que l'autre soit âgé de sept ans. Tout cela a été abondamment rappelé à mon oncle Jakez et à ma tante Marie qui le savent fort bien.

Le cortège, une dizaine de personnes, partit donc pour l'église paroissiale de Saint-Faron et Saint-Fiacre. En tête, la femme qui m'avait donné son lait et s'apprêtait à le faire encore après le baptême pour me remettre de mes émotions. Elle s'avançait avec toute la majesté qu'elle pouvait rassembler de pied en cap, me portant précautionneusement sur le bras droit, le gauche étant plus favorable aux entreprises de Satan. De part et d'autre, le parrain et la marraine s'efforçaient de marcher à son pas.

Jakez Hélias avait son pouce à l'entournure du gilet, ce qui est la marque de la dignité. De la main droite, il tâtait, au fond de sa poche, l'argent destiné au prêtre, au bedeau et aux enfants de chœur. Il avait d'autres petits sous dans une autre poche pour l'usage que l'on verra. Marie Le Goff, dans ses plus beaux atours, sa grande chaîne de montre autour du cou, s'inquiétait des dragées et des bonbons que portait derrière elle ma tante Lisette. Mon père suivait modestement avec quelques membres de la famille. Sur le passage du cortège, les gens s'empressaient sur le pas des portes et les enfants couraient d'une maison à l'autre pour s'alerter mutuellement.

A l'église, tout se passa le mieux du monde. Parrain à droite, marraine à gauche répondirent fort bien aux demandes du prêtre. Celui-ci souffla sur ma frimousse pour en écarter le Mauvais Esprit, multiplia les signes de croix, m'imposa la main, bénit le sel avant de le mettre sur mes lèvres, posa l'étole sur le paquet que j'étais, me fit amener au baptistère, me mouilla de sa salive les organes des sens, m'oignit de l'huile des catéchumènes, changea son étole violette pour une blanche, m'aspergea de l'eau du baptême, me traça la croix sur la tête et donna un cierge allumé à mon parrain. Le tout dans un murmure alterné de latin et de breton. Amen. Puis on se rendit à la sacristie pour les signatures.

Les cloches sonnaient à toute volée quand nous sortîmes. Dehors attendait une troupe d'enfants qui se bousculaient pour mieux se placer. A poignées, mon parrain et ma marraine leur jetèrent dans toutes les directions des bonbons et des dragées qu'ils se disputèrent avec acharnement à même le sol devant le cimetière. Le bouquet de ce feu d'artifice fut la douzaine de pièces de monnaie que mon parrain sortit de sa poche de gilet et dispersa adroitement en l'air pour terminer le jeu ou plutôt la bataille. Quelques années plus tard, je serai au nombre des combattants. Cependant, ma marraine distribuait aux plus petits et aux plus faibles quelques bonbons et quelques petits sous qu'elle avait conservés pour eux, sachant très bien que les plus forts et les plus habiles s'étaient adjugé les quatre quarts de la pluie baptismale.

Il ne restait plus qu'à bénir civilement le nouveau chrétien devant quelques comptoirs avant de rentrer à la maison où était préparé le repas plantureux qui est de tradition dans les grandes circonstances. Et je fis la tournée des buvettes avec la compagnie sans aucun dommage. Je connais au moins quelqu'un qui a été oublié par sa porteuse au cours de ce pèlerinage obligé. Après quoi, il fallut refaire le chemin en sens inverse pour récupérer le poupon. Ma compagnie à moi n'était pas trop portée sur les boissons fortes et douces. Elle était seulement pour le respect des usages. Pendant que les gens se mouillaient la gorge, ma *mère de lait,* assise sur un banc, se tourna un peu vers le mur, défit son corselet et me donna le sein pour apaiser la morsure du sel.

Quelques jours plus tard, ma mère à son tour se rendit à l'église pour la cérémonie de relevailles. Il est bien précisé dans le livre de messe qu'il s'agit là de remercier Dieu et de lui demander ses grâces, non pas de solliciter pardon ou purification, le sacrement du mariage ayant déjà donné le droit à la femme d'être mère. On recommandait donc à celle-ci de se réjouir. Et pourtant, un obscur sentiment de culpabilité, certains tabous venus du fond des âges, le rite calendaire de la Chandeleur lui-même faisaient que les femmes s'éprouvaient malgré elles en état de disgrâce jusqu'à ce « retour à l'église » et cette nouvelle bénédiction qui leur rendait leur place au nombre des fidèles. Elles se montraient en public pour la première fois depuis l'accouchement. Cela aurait pu paraître une dure épreuve si la complicité générale ne leur avait pas facilité les choses.

Voici comment cela se passait. Celle qui *avait eu du nouveau* s'habillait *entre dimanche et tous les jours,* c'est-à-dire proprement mais sans aucune ostentation. Elle mettait sur ses épaules le manteau de deuil, lourde pèlerine de drap aux fermoirs d'argent dont elle ramenait le capuchon sur sa coiffe pour se dissimuler la figure. Elle sortait de chez elle, demeurait un moment sur le seuil pour donner aux gens le temps de se retourner. Bien entendu, tout le monde savait, de bouche à oreille, qu'elle irait se faire bénir vers trois heures. La voilà qui descend vers l'église, marchant au ras des maisons. Toutes les femmes sont rentrées chez elles. A peine si la plus curieuse ose soulever un coin de rideau. Quant aux hommes qui se trouvent sur la route, ils font toujours semblant de s'occuper d'autre chose pour ne pas la voir.

La femme entre au cimetière en enjambant l'échalier, non point par la grande porte. Elle tourne autour de l'église et se présente devant le Porche du Baptême. Le prêtre, averti d'avance, l'attend en surplis et étole blanche. Il lui donne un cierge allumé avant de la bénir au goupillon. *Adjutorium nostrum in nomine Domini.* Après un bout d'antienne en latin, il met l'extrémité de son étole dans la main de la mère qu'il fait entrer dans l'église. C'est comme un second baptême. La femme s'agenouille devant l'autel, remercie Dieu, le prêtre continue à débiter ses versets. Puis il fait sur elle une aspersion d'eau bénite en signe de croix. *Pax et benedictio Dei omnipotentis... Amen.* C'est fini.

Alors la femme se relève, abaisse son capuchon, détache son fermoir d'argent et sort de l'église la tête haute. Elle enlève son manteau, le plie sur son bras. Il est d'usage qu'elle aille se recueillir quelques instants sur la tombe de ses parents, maintenant qu'elle est en règle avec les morts et les vivants. Elle quitte le cimetière par la grande grille. Comme par hasard tous ceux qui ne voulaient pas la voir avant se trouvent sur son passage pour parler joliment de choses et d'autres, mais surtout pas de la raison qui l'a fait venir à l'église, un jour de semaine, toute seule, sous la cape des enterrements, alors que le glas n'a sonné pour personne. Seulement au moment de la quitter, chacun lui demande, en regardant ailleurs : « Comment va votre maisonnée ? » Et elle répond : « Très bien. Il n'y a pas mieux. » Inutile de poser d'autres questions. Toutes les femmes du bourg connaissent par le menu tous les incidents qui ont jalonné les derniers jours pour l'enfant et la mère. Ainsi que l'ordonnance du repas de baptême. Les voisines qui ont leurs entrées dans la maison ont eu à cœur de tout raconter.

Avant de rentrer chez elle, la mère fait ses commissions dans les commerces qu'elle fréquente. Elle s'excuse : je n'ai pas eu l'occasion de venir ces jours-ci. Et j'ai eu tellement de monde qu'il ne me reste quasiment rien chez moi. Comme de juste, dit la boulangère. Et l'épicière : cela arrive, ces choses-là. Le boucher grogne avec un sourire : j'ai entendu dire. Bref, la sacoche est pleine quand la femme franchit son seuil à la hâte, pour donner le sein au poupon, laissé à la garde d'une tricoteuse obligeante.

Encore quelques jours et ce sera le défilé des femmes qui viendront s'extasier sur le nouveau-né en savourant le café de la mère à pleins bols. A moins que les temps ne soient trop durs et la bourse si maigre qu'il faille attendre plusieurs semaines ou plusieurs mois pour cette politesse. Mais elle sera faite, comptez-y.

Dans mon berceau de châtaignier tout neuf, je me fais la voix. Je suis posé sur le banc du lit de mes parents de sorte que ma mère, en étendant le bras, peut me bercer au cours de la nuit si je me fâche. Mais tout au long du jour, je reste seul pendant des heures et des heures, même si je reçois la visite rapide d'un ou deux enfants du voisinage à qui l'on a demandé de passer voir ce que je deviens. Ma mère est aux champs, mon grand-père à casser des cailloux sur les routes, mon père abat des arbres dans quelque bois ou fait le scieur de long depuis qu'il a laissé son métier de grand valet qui ne convient guère à un homme marié. Il faut bien tirer quelques sous de quelque part. Bientôt, la guerre éclate, les hommes s'en vont pour quatre ans et plus, tout le travail de la terre retombe sur les épaules des femmes et des vieillards. Ma mère part le matin pour le champ de Meot avec sa vache après m'avoir gorgé de son lait. Elle revient à l'angelus de midi pour un repas hâtif, me change et m'allaite de nouveau, repart pour remuer la terre jusqu'à quatre ou cinq heures.

Alors, je prends une autre tétée, puis elle s'occupe de la vache et du cochon (nous n'en avons qu'un, mais nous espérons en avoir deux un jour, quand le père sera revenu). A la nuit tombée, le grand-père est là. Il me prend un moment dans ses bras. Ma mère rit. Il me semble que je l'entends rire sans arrêt depuis que je suis au monde. Elle rira toute sa vie chaque fois qu'il lui sera possible de se laisser aller au rire sans nuire à personne ni perdre son temps. Epuisée de fatigue, bourrée de soucis, elle trouvera en elle assez de ressort pour s'étouffer de joie à la moindre occasion, au point qu'elle devra souvent s'asseoir pour reprendre haleine. Merveilleuse mère.

Quand il lui arrive d'avoir une heure dans la journée pour rester tranquille dans sa maison, elle s'empare de ses aiguilles à tricoter. Je les entends cliqueter à intervalles irréguliers. Il n'y a rien de mieux que ce bruit pour m'assoupir. Ou bien c'est le crochet à picot, manœuvré de sa main experte, qui tire d'une pelote de fil des fleurs merveilleuses dont on ne fera pas de bouquets, non, mais des couvertures de lit.

Tricotant ou crochetant, ma mère chante d'une voix claire et un peu tremblante (c'est le fin du fin) une chanson qui s'appelle *Labousig ar hoad* (Le petit oiseau du bois). Cette chanson a le don de faire cesser mes chagrins ordinaires. Quand mes dents me tracassent fortement, ma mère attrape une des poignées du berceau posé sur le banc du lit. Elle me berce ou plutôt me secoue aussi vite qu'elle peut en scandant aussi souvent qu'il le faut les paroles suivantes qui devraient m'inciter à la patience :

Vin vin vin
Il va v'nir à bien
Vou vou vou
Il va t'nir debout.

D'après elle, c'est assez souverain contre les rages de dents. Si tout va bien, pour m'aider à dormir, elle me berce du pied, le berceau étant descendu sur la terre battue, avec l'accompagnement d'une *rimodell* (rimaillerie) d'animaux plus lente que le *vin vin vin, vou, vou, vou.* Cela s'appelle *chanter dibedoup*. Je n'y résiste pas.

Dibedoup, dibidi
Voilà le chien qui entre ici
Dibedoup dibedein
Avec le chat sur les reins
Dibedoup dibedeu
La souris entre les deux.

Enfin, quand elle voit que je m'endors tout seul, elle lâche le berceau du pied et se contente de murmurer un cantique pour me conduire à *Kerhun,* le pays des Songes, le pays sans lune. Pourquoi sans lune ? Vous le savez bien. Si l'on garde la bouche ouverte et si la lune brille dans la gorge, on reste niais toute la vie. A *Kerhun,* il n'y a pas de risque.

Quand ma sœur viendra au monde, quelques années plus tard, j'entendrai ma mère lui débiter les mêmes rimailleries et lui chanter les mêmes chansons avec quelques autres qu'elle aura apprises entre-temps et dont certaines seront en français, s'il vous plaît. Ces dernières lui plairont beaucoup parce qu'elle sera en train de se familiariser avec cette langue pour pouvoir s'entretenir avec ses belles-sœurs qui ne savent pas un mot de breton. D'autre part, les sons du français enchanteront Marie-Jeanne Le Goff qui aimera employer certains mots pour le bruit qu'ils feront dans sa bouche et à ses oreilles. Enfin, elle aura le désir de préparer sa fille à s'arranger avec un monde où la langue des bourgeois des villes aura déjà partie gagnée dans les campagnes. Mais le breton n'abdiquera pas pour autant. Il n'abdiquera jamais. Moi-même, au retour de l'école, je n'aurai rien de plus pressé que de bercer ma sœur avec les anciennes berceuses. Elles ne produiront pas toujours de l'effet. « C'est parce que c'est une fille », me dira grand-père pour me consoler. Je ne demanderai qu'à le croire.

Marie-Jeanne Le Goff commence à me lever à l'âge de trois mois. Le bonnet blanc à trois quartiers de mon baptême a été remplacé par un bonnet noir de même façon sur lequel on a cousu des cabochons et des perles de verre. On me revêt d'une robe violette plus longue que moi, mais il faut bien penser que je grandirai. Là-dessus un tablier ivoire avec des poches, oui messieurs! Des collerettes, j'en ai bien une demi-douzaine, sorties du crochet de ma mère et prévues, elles aussi, pour aller jusqu'à mes trois ans. Ces collerettes ne peuvent servir à baver à cause des dessins à jours qui laissent passer tout ce qu'on veut. Elles sont là seulement pour l'orgueil. L'ennui, c'est que ma mère, en dehors des dimanches, n'a pas beaucoup le temps de m'habiller. Et la cérémonie de l'habillage est si longue, avec toutes ces épingles, qu'à la fin de l'opération nous sommes fatigués tous les deux. Alors, elle me déshabille et me remet au lit dans mon maillot serré. Ce maillot, je l'ai gardé jusqu'à un an.

Et pourtant, j'ai pourri ma famille de fierté en marchant tout seul à moins de dix mois grâce à ma tante Lisette qui me faisait naviguer en cachette quand nous étions seuls à la maison. Dès que j'ai eu les reins assez solides, elle m'a pris sous les bras par-derrière, m'a posé mes petons sur ses sabots de bois et s'est mise à marcher à tout petits pas en me tenant comme il faut. Et mes petons ont suivi ses sabots de mieux en mieux. Quelques semaines plus tard, je traîne déjà derrière moi le premier jouet des « marchants » qui est une pomme de pin au bout d'une ficelle. En breton, nous disons un *cochon de pin* et pour moi c'est bien un animal. D'ailleurs, les *cochons de pin*, pour en faire vraiment des cochons, on leur met quatre pattes en bûchettes, une queue en écorce vrillée et deux oreilles en feuilles de laurier. Après quoi, ils servent à décorer le vaisselier ou le haut des armoires. Naturellement le cochon de pin-jouet n'a ni pattes, ni queue, ni oreilles. Ce qui me plaît en lui, c'est le bruit qu'il fait en sautant et roulant sur le sol au bout de sa ficelle quand il est bien sec et bien ouvert. Auparavant, mon hochet préféré était une cueillère en bois hors d'usage. C'est sur elle que je me suis fait les dents.

Ma mère me donne le sein jusqu'à dix-huit mois. Ensuite, elle ferme définitivement sa chemise et son corselet. Je suis un peu mortifié, mais on m'explique que c'est la date limite si je veux devenir un homme. Bon, c'est entendu. Mais comme la vie est dure! Il y a déjà quelque temps que je dois manger ma bouillie tout seul, sans que la cuillerée chaude passe d'abord par la bouche de ma mère qui me la donne ensuite. Tout le monde sait que la salive maternelle aide l'enfant à digérer la bouillie de blé. Et de fait, outre que je me brûle assez souvent, il me semble que je digère plus difficilement depuis que je suis réduit à mes propres moyens. Je suis victime des règles traditionnelles de la puériculture que personne n'oserait mettre en doute sous peine de finir sur les grands chemins avec la musette à aumônes sur le dos.

Entre-temps, j'ai gagné un frère de lait. Je vais sur mes dix mois quand une femme du bourg, épouse d'un notable, demande à ma mère de l'aider à nourrir son nouveau-né. Une excellente femme, mais d'assez petite santé à l'époque. Elle n'a pas de quoi dans son gilet, comme on dit. Ma mère accepte aussitôt. Il ne lui viendrait pas à l'idée de refuser un pareil service. Elle a toujours trouvé le moyen de venir à bout de ses multiples tâches. Ses frères et sœurs sont tirés d'affaire et elle n'a d'enfant que moi. Pour un peu, elle trouverait qu'elle manque parfois d'occupation. Mais il n'est pas question qu'elle demande la moindre rétribution pour donner le sein au petit Emile. On peut vendre son travail, mais non pas son lait. D'ailleurs, elle qui, malgré sa pauvreté, n'a jamais supporté d'avoir des obligations envers quiconque, elle n'est pas fâchée d'obliger plus riche qu'elle. Et enfin, la mère du nourrisson et elle sont des amies. Voilà comment, tous les jours, après quatre heures, elle descend dans cette grande maison de la place pour allaiter généreusement l'enfant dépourvu. Et à chaque fois c'est le café sur la table, le pain et le beurre après la tétée tandis que moi, qui commence déjà à me déplacer seul d'une chaise à l'autre ou le long du banc, je suis complimenté par l'autre mère sur ma bonne mine, bourré de gâteaux et de gros chocolat grenu. Moyennant quoi je ne fais jamais de difficulté pour prêter ma mère à Emile.

Quand il a pris le dessus pour de bon, nous sommes

invités encore, à des intervalles de plus en plus espacés, et toujours autour de quatre heures, à aller nous rendre compte des progrès de mon frère de lait. Je ne me fais jamais prier quant à moi, mais ma mère estime qu'elle n'a plus à profiter du café de l'autre femme. Et celle-ci ne sait pas comment s'acquitter envers elle puisque Marie-Jeanne Le Goff s'indigne à grand bruit chaque fois qu'elle veut la récompenser sous une forme ou une autre. Et voici le stratagème qu'elle imagine. Un jour, pendant le café de quatre heures, la mère d'Emile trouve le moyen de me prendre sur ses genoux et de me dorloter dans son giron quelques minutes. Cela fait que ma mère, en me déshabillant le soir, trouve un billet de cinquante francs plié menu dans ma poche de tablier. Elle en devient toute pâle, ne sait pas d'abord si elle doit pleurer ou se mettre en colère. Cinquante francs, c'est une somme. Grand-père et elle tiennent conseil pendant que je dors. Comment faire? Ce serait un affront de rendre le billet. Ma mère s'en veut de ne pas m'avoir surveillé d'assez près. Garder le billet, ce serait accepter le prix du lait. Les cinquante francs, ce n'est pas pour le lait, dit grand-père, l'homme le moins intéressé du monde, c'est pour le temps que vous avez perdu chez elle au lieu de travailler chez vous. D'ailleurs, c'est le petit Pierre qui a reçu le billet, pas vous. Le billet est à lui comme est à lui votre lait dont vous avez détourné une part pour Emile pendant des mois et des semaines. – Mais il faudra remercier, père! – Ce n'est pas vous qui remercierez, mais lui. A son âge, cela n'a pas encore d'importance.

Ainsi fait-on. Je suis mené près de la mère d'Emile et je lui donne trois baisers en balbutiant la plus courte litanie que je connais. Et tout le monde respire à l'aise. Mais voilà que quelque temps après, la servante du notable se présente chez nous. De la part de sa maîtresse elle m'apporte à moi, non pas à ma mère, une robe violette à poignets froncés et un tablier. La robe est superbe, le tablier de première classe. Seulement, comme mon oncle Jean a été tué récemment à la guerre, le tablier a des raies noires. Riche cadeau que la mère d'Emile n'aurait pas osé apporter elle-même de peur d'offenser Marie-Jeanne Le Goff. Elle a chargé sa servante qui est du même rang que nous et qui pourra témoigner d'une part que sa maîtresse s'est acquittée de la meilleure façon possible, d'autre part que ma mère n'a rien reçu pour elle. L'impair à commettre aurait été d'offrir des coiffes neuves.

Du coup je suis emmené à Quimper en char à bancs, chez le photographe Villard, pour fixer sur le papier cette splendeur vestimentaire. Les cartes sont distribuées à toute la famille qui se réjouit de me voir si bien accoutré parce que je lui fais honneur. Ainsi le lait de ma mère me vaut-il ma première grande tenue que les finances de mes parents, à l'époque, sont bien trop maigres pour me procurer. Mais ma mère tient à y apporter sa contribution sous la forme d'un petit panier fermé qu'elle m'achète sans marchander le moindrement. Moi, j'ai des ailes. La tête me tourne si bien sous les compliments de tous que j'avalerais des poireaux crus en croyant déguster du rôti.

Il y a déjà longtemps que j'ai commencé à voyager. D'abord sur le bras de ma mère qui m'a emmené à la messe aussitôt qu'elle a pu, par un orgueil que le Seigneur Dieu lui pardonnera comme aux autres. Toujours sur son bras, j'ai visité toutes les maisons de la paroisse où elle a des fréquentations. Dès que j'ai pu me tenir à son cou, elle m'a mis sur son dos pour aller voir mes grands-parents à Kerveillant, ce qui fait deux lieues aller-retour. Et moi, mauvais garnement, je lui tirais sur ses lacets de coiffe pour en défaire le nœud. Sur son dos je suis allé au champ quand il faisait beau. S'il pleuvait en revenant, elle m'enveloppait de son tablier. Elle sait que dans les villes il y a des petites voitures pour promener les enfants. Il est même question qu'il en vienne une dans le pays, mais chez une grosse tête, on ne sait pas encore laquelle. Quand mon père reviendra de la guerre, peut-être même avant, nous aurons une brouette.

En attendant, quand mon grand-père est libre, il m'arrive d'aller à Pont-Gwennou, le petit champ, ou à Meot, le grand champ, à califourchon sur son cou. C'est là qu'on est bien. Alain Le Goff a une bonne odeur de terre, de poussière et de sueur. Il marche à son pas, ne s'arrête jamais, me demande ce que je vois là-haut, par-dessus le talus. Et moi je lui raconte. De temps en temps, il pique un petit trot pour me secouer un peu et me faire rire. Ou alors, je lui bouche les yeux avec mes deux mains et il tourne en rond sur les clous de ses sabots. Nous rencontrons toute sorte de gens : « Qu'avez-vous là sur votre échine, Alain Le Goff? – Un sac de quelque chose, je ne sais pas trop quoi – Je ne suis pas un sac, je suis le petit-fils de grand-père. – Allons, bon, dit l'autre, voilà la première fois que j'entends parler un sac. » Et il tend la main pour serrer la mienne. Je suis encore trop timide pour articuler bonjour tonton, mais cela viendra. « Pourquoi lui avez-vous dit que j'étais un sac, grand-père? – C'est parce qu'il n'a pas été poli. Il aurait dû s'adresser à vous d'abord. » Je suis bien de cet avis. D'un revers de main, j'essuie les cloches de Pâques qui me pendent au nez et je regarde autour de moi d'un air sévère. « Il ne faut pas lui en vouloir, dit grand-père. Il a parlé sans réfléchir, mais c'est un bon homme. » Va pour le bon homme.

Une autre façon d'aller au champ, c'est le panier à deux anses. On met à l'intérieur un sac plié en quatre et je m'assois dessus. Ma mère et mon grand-père prennent chacun une poignée et nous voilà partis, moi m'accrochant au rebord d'osier. Tenez bon, petit! Et les deux porteurs, tout en marchant, me balancent de plus en plus fort jusqu'à me donner le vertige. Je suis ravi. Quelquefois, surtout au retour, quand j'ai bien joué dans le champ, je m'endors dans le panier.

C'est justement dans le champ de Meot que j'ai éprouvé la première grande émotion de ma vie. C'est là qu'à trois ans je vole sur les cornes de la vache rouge. Ce n'est pas de sa faute ni de la mienne. Je cueille des boutons d'or dans l'herbe. Elle broute cette herbe. A un moment, elle vient si près de moi que l'une de ses cornes s'engage dans la manche de ma robe qui est serrée par un élastique.

L'animal essaie de se dégager, se met à secouer furieusement la tête. Et moi de me mettre à hurler, affolant la pauvre bête qui me soulève de terre et prend le galop du mieux qu'elle peut. Ma mère et mon grand-père, qui bêchent la terre un peu plus loin, accourent. Je n'ai aucun mal quand on me décroche, mais l'émotion m'a fait mouiller ma robe. Ce n'est pas la première fois. Grand-père n'en voudra pas à sa vache, il est incapable d'en vouloir à quelqu'un, encore moins à un animal. Mais, sur le coup, ma mère, furieuse, donne de la corde sur l'échine de celui-ci. Et elle pleure en gémissant : que dirait son père s'il avait été estropié! Mon père conduisait ses chevaux sur les chemins de guerre, un canon derrière lui.

Après cette affaire, je continue à battre le pays sur le dos de ma mère, de mon grand-père, de mes tantes et des oncles qui passent par le pays en bleu horizon ou en col de la marine. Je rends visite à tous les membres de la famille, disséminés de Plozévet à Landudec et jusqu'à Pouldergat. Je vais à tous les pardons des environs où l'on prie le Seigneur Dieu pour qu'il mette fin à la guerre. A mesure que le temps passe, je me fais porter de moins en moins, j'essaie de faire le plus de route possible sur mes propres jambes. J'aspire au jour où je pourrai aller tout seul voir mon grand-père le sabotier et ma grand-mère Katrina Gouret à Kerveillant. Ce n'est pas encore pour demain. Pourtant, je suis déjà un grand garçon. Il y a un siècle que j'ai abandonné mon berceau trop court pour prendre place dans le lit clos d'Alain Le Goff, séparé de lui par une sorte de gros traversin rempli de balle d'avoine. Derrière ce rempart, je peux batifoler à mon aise tandis que grand-père, de l'autre côté, repose majestueusement sur le dos, immobile, pareil au chevalier de pierre Troïlus de Mondragon dont je ferai la connaissance plus tard, au musée de Quimper.

Un jour, je suis en train de jouer avec mes petits camarades devant la maison de Guillaume Le Corre, le cordonnier, à quarante pas de chez moi. Et soudain il y a sur la rue des exclamations, des fenêtres qui s'ouvrent, des bruits de sabots pressés, des chuchotements entrecoupés de curieux silences. Nous savons ce que c'est : un soldat qui vient en permission sans avoir averti du jour ni passé par la gare. A la gare, il y a toujours un groupe de femmes et d'enfants qui attendent à tout hasard. Quand un soldat descend du train, une volée de petits coureurs se disperse à travers le pays en criant : le père de tel ou tel est revenu! Mais quelquefois le permissionnaire arrive de Quimper à pied. Il n'a pas eu la patience d'attendre le train qui aurait pu l'amener en faisant le tour par Pont-l'Abbé. Qu'est-ce que cinq ou six lieues pour un soldat paysan! D'autres fois, il a trouvé à point nommé un char à bancs qui s'est détourné de sa route pour le rapprocher de son but. C'est ainsi que les *gars du front* peuvent apparaître quand on les attend le moins.

Celui-ci est apparu au milieu de la place. Il est là, tout raide dans son grand manteau bleu aux boutons brillants, le calot bien droit sur la tête, ses deux musettes croisées en bandoulière. Les femmes l'entourent, l'interrogent à voix basse pour essayer de savoir s'il a vu leur mari et quand. L'une d'elles glisse quelque chose à l'oreille d'un gamin d'une dizaine d'années qui se précipite vers moi au galop, rouge : « Petit Pierre, allez vite dire à votre mère! Votre père est arrivé. » Je sais que j'ai un père au front. Il est souvent question de lui et de tout ce qu'on pourra faire quand il reviendra. Mes prières sont pour lui et pour mes oncles avant d'être pour tous les autres. Mais je n'ai aucun souvenir de lui. Et voilà qu'il est là, voilà qu'il remonte la rue. Mon Dieu, qu'il est grand! Mais pourquoi n'a-t-il pas amené ses chevaux? C'est vrai que nous n'avons pas d'écurie. Le manteau flotte lourdement sur les houseaux de cuir. Jamais je ne pourrai devenir aussi grand que lui. Il approche, les femmes me désignent du doigt. Alors, je m'enfuis vers la maison, je me rue dans la cuisine où ma mère prépare la pâtée du cochon et je hurle : « Ma mère, il y a là un homme! »

Le lendemain, j'ai fait connaissance. Ma mère se met presque en dimanche, pas tout à fait, et nous partons rendre nos devoirs au chef de la branche paternelle, mon grand-père le sabotier. Nous allons voir ensuite, le grand-père avec nous, quelques autres parents de Plozévet.

En passant, mon père donne des nouvelles aux familles de ses camarades de guerre. Pendant presque tout ce temps de marche, je suis campé sur son échine. Plus bas, je vois bouger la coiffe de ma mère qui marche à côté de nous, son parapluie neuf sous l'aisselle. La tête me tourne un peu d'être juché si haut. Au moment de retourner, il fait nuit. Je n'en peux plus. Je me réveille le lendemain dans le lit clos de Kerveillant. Ma grand-mère me donne deux sous, bien que j'aie complètement embrouillé son fil en jouant avec le rouet. Mon grand-père m'enlève sur son échine et me ramène à la maison pour midi. Et là je retrouve mon père qui revient tout juste du champ de Meot dans ses habits de paysan, sa grande bêche sur l'épaule. Encore quelques jours et le voilà reparti, ayant retourné toute la terre qu'il fallait et réparé tout ce qui n'allait pas. Il a même attrapé un rat qui menait depuis quelque temps une infernale sarabande entre la crèche et le grenier, prélevant sa dîme et gâtant nos provisions, la sale bête. Le rat s'est fait prendre dans une nasse de fil de fer appâté au lard. On a allumé un grand feu dans l'âtre, on y a fait griller la bête dans son piège. C'est la seule façon de se débarrasser de ses congénères s'il leur venait envie de prendre sa place. En brûlant, il a poussé des cris si horribles qu'aucun rat jamais plus, dit-on, ne hasardera museau ni queue dans la maison ni autour. On agit de la même façon avec les vipères.

Depuis la capture du rat, ma mère n'appréhende plus de monter au grenier. On a beau être une femme forte, ces bruits sournois qui décèlent la présence d'un rongeur invisible ne sont pas sans vous mettre mal à l'aise. Et puis ces larrons font leurs saletés dans le grain étalé là-haut. Le rouge de la honte envahit le front de ma mère quand elle pense que le garçon meunier qui vient nous prendre le grain à moudre pourrait s'apercevoir qu'il n'est pas aussi propre qu'il devrait l'être dans une maison bien tenue.

Je ne reverrai plus mon père avant la fin de la guerre. Il y a trop de travail au front pour qu'il puisse se tirer de là-bas. *Le front!* Quel drôle de mot! Il ne ressemble à aucun de ceux que nous connaissons. C'est un mot *français*, un de ces mots que l'on n'apprend qu'à l'école. En voilà au moins un que nous saurons d'avance en y allant quand le temps sera venu d'y aller.

Pour le moment, assis sur mon seuil, je regarde passer sur la route de vieux hommes conduisant de vieux chevaux attelés à de vieilles charrettes. Un soir les habitants de la rue, avertis on ne sait par quoi ni qui, sont derrière leurs rideaux pour épier un équipage assez surprenant : un tombereau de sable monte de la mer, tiré par deux chevaux, l'un dans les brancards, l'autre sous les rênes. Les rênes et le fouet sont dans les mains d'un garçon d'une douzaine d'années qui mène l'ensemble d'une voix sèche. Il a chargé tout seul à la pelle. C'est lui le maître maintenant.

Des familles entières, en velours noir ou drap noir, descendent à l'église sur la semaine sans que tinte la cloche des Trépassés. Le dimanche, à la messe (elle est interminable à cause des services et de l'appel des morts) il n'y a de coiffes blanches que celles de quelques toutes jeunes filles. Les autres sont brunies en signe de deuil. Si les habits brodés de jaune, de rouge ou de vert, existent encore, c'est au fin fond des armoires riches. Ils n'en sortiront plus guère, du moins pour valoir ce qu'ils valent. Dans notre armoire à nous, une seule fois, j'ai vu briller deux larges rubans rouges moirés, terminés par une cocarde au cœur de verre. Laquelle des filles Le Goff a porté cette « pompadour » sur l'oreille avant l'année quatorze? J'ai voulu la toucher, je me suis fait taper sur les doigts par ma mère. Depuis que mon oncle Jean a été tué, la cocarde a disparu. On a déjà dépendu des solives les grosses boules de pardon, une verte et une jaune, qui brillaient au plafond quand je suis né. Les clous sont restés.

Le bedeau monte sur le mur du cimetière, après la grand-messe, pour proclamer des nouvelles et des règlements. Des messieurs en chapeau melon passent en charrette anglaise, se rendant à la mairie. On dit que le maire a beaucoup de travail, le pauvre homme. Passent sur nous les mois et les semaines. La guerre, le front, les morts. Où est-ce, tout cela? et pourquoi? Nous luttons contre des gens détestables qui s'appellent des *boches.* Des ennemis jurés. Il y a des images qui les représentent avec des casques à pointe. J'en ai vu une collée derrière la vitre du bureau de tabac. A l'école, dans le bas du bourg, il y en a d'autres, dit-on. Ces *boches,* il faut qu'ils aient le cuir solide pour résister à nos pères. Ou peut-être sont-ils si nombreux que les plus forts bûcherons se fatigueraient les bras à les abattre. Nous apprenons d'autres mots français : tranchées, obus, soixante-quinze. Il n'y a pas de mots bretons pour dire ce qu'ils signifient.

Plus je grandis et plus je trouve que les vêtements des gens sont misérables. Même le dimanche, les pantalons rayés ont des pièces aux genoux. Les femmes ont décousu le velours de leurs jupes pour le mettre sur leur corselet. C'est plus propre. Et l'épicier n'a plus grand-chose dans sa boutique. « Allez demander à tonton Daniel s'il y a du sucre! » me dit ma mère. J'y vais. Tonton Daniel l'épicier n'a pas de sucre, tonton Guillaume Le Corre n'a même plus de cuir pour brider les sabots, d'ailleurs il n'a pas de clous non plus. Il paraît qu'il y a un maréchal-ferrant, du côté de Plovan, qui en forge lui-même et les vend par demi-douzaines.

A la maison nous avons une table à ventre qui contient notre provision de farine. Le plateau de la table se pousse et tire. C'est là que ma mère pétrit le pain noir, celui qui bourre le plus et qui tient le mieux au corps. Quand la pâte est prête, mon grand-père la met dans un sac blanc de gros chanvre et la porte chez le boulanger. La tourte revient, cuite et chaude, c'est jour de fête. Mais il faut quelquefois y mélanger quelques autres ingrédients qui étaient naguère la part des animaux.

Et l'argent est rare. Maintenant que je suis grand, on me donne une pièce de cinq sous pour aller chercher, chez tonton Daniel, dans un petit seau, une sorte de mélasse brune qui se met sur le pain. La portion en coûte trois sous. Attention, dit ma mère, on vous rendra une pièce rousse. Tonton Daniel me la rend, en effet, et il me referme bien les doigts dessus en recommandant : ne la perdez pas !

Un jour, la révolution éclate sur nous. Tout le monde se rassemble sur la place. Des cris, des rires fous, des larmes, les auberges pleines. Les gens de la campagne accourent au bourg en fouettant leurs attelages comme des déments. Les cloches d'un immense baptême résonnent à faire s'écrouler le clocher. Nous apprenons un mot français de plus, encore plus bizarre que les autres et qui retentit dans toutes les bouches comme un applaudissement : *armistice*.

Les soldats et les marins reviennent, les uns après les autres. Il a bien fallu leur laisser leurs uniformes, ils n'ont rien d'autre à se mettre. Ils ne reviennent pas tous. Je ne parle pas des morts, bien entendu, ni des grands blessés qui traînent dans les hôpitaux avec une seule jambe, un seul bras ou un seul œil, mais des gaillards entiers bien portants qui ont trouvé, sur le chemin du retour, un travail à leur convenance. Quatre ans de guerre, sans les détacher de leur pays ni de leur famille, ont élargi pour eux le monde et leur ont donné l'occasion de tirer des plans sur leur avenir. Avant de partir au front, beaucoup étaient déjà condamnés à l'exil. Maintenant, même la place des morts est déjà occupée au pays natal, il n'y a pas beaucoup plus de terres qu'avant ni plus de moyens de gagner sa vie. Alors, les célibataires sont restés là où ils ont trouvé de l'embauche, quelquefois attirés par un copain de tranchées qui leur a vanté les mérites de son pays. Et puis, les filles à marier avec quelque bien, ce n'est pas cela qui manque partout ailleurs.

Mon père est revenu sans trop de mal. De toute cette aventure, il lui est resté la satisfaction d'avoir vaincu ces fameux *boches* et un écœurement qui ne faiblira pas au long des années quand il évoquera les trois chevaux qui furent tués sous lui et les misères subies par les autres : « C'est une pitié de faire souffrir les animaux pareillement », dira-t-il. Quant à ses propres misères à lui, il n'en sera question que beaucoup plus tard, au bord de la vieillesse. La Marne, Verdun, Le Chemin des Dames, il n'en parlera jamais qu'avec ceux qui y sont allés comme lui. Et hors de portée des oreilles indiscrètes. Le souvenir de guerre que nous entendrons le plus souvent sera celui d'une halte mémorable, passée par sa batterie à se gaver de champagne dans les caves désertées d'Epernay. Le plus beau, c'est que le père n'aime pas du tout cette boisson.

Ma mère a rangé l'uniforme d'artilleur. Du manteau, on fera un « pardessus » dans dix ans, quand la vie sera devenue telle qu'un homme de bonne réputation se devra d'avoir quelque chose sur son paletot dans les grandes occasions. Et le pardessus va durer jusqu'à la fin de la Seconde Guerre mondiale. Il est vrai qu'il n'a sûrement pas été mis autant de fois que le siècle a eu d'années.

Les hommes ont repris leur place à la maison et dans les champs, un peu surpris des changements intervenus ici et là. Un peu irrités aussi d'avoir à obéir de nouveau à leurs pères qui ont continué à mener la ferme en leur absence. Il faudra que ces pères-là leur laissent bientôt les rênes. D'avoir parlé pendant des années de guerre avec des tas de gens de leur condition a donné des idées aux combattants. Ce n'est pas qu'ils aient encore de grands projets, mais ils sont prêts à en avoir. Ceux dont la femme a eu la charge de tout pendant quatre ans ont plus de mal à reprendre le train d'avant. Il leur faut s'imposer de nouveau à leur place. Et la femme a pris de telles habitudes, a tellement peiné nuit et jour qu'elle abandonne difficilement ses prérogatives. Quelques héros couverts de médailles n'arriveront jamais plus à commander. Il est vrai que nous avons des femmes fortes, c'est bien connu.

Alors les anciens combattants jouiront de leur gloire en public et entre eux. Pendant des années, le 11 Novembre, anniversaire de l'Armistice, ils seront les maîtres du bourg, à la fois respectueux et orgueilleux aux offices, déchaînés dans les auberges. Et malheur aux « embusqués » qui ne raseront pas les murs ce jour-là! A l'école, les instituteurs exalteront le sacrifice des combattants qui seront les derniers, c'est juré. Ils ont tout réglé pour mille ans et pour la triple parole : Liberté, Egalité, Fraternité (en français). Bientôt, on commencera à élever des monuments à la mémoire des morts. Des statues. Non pas de grosses têtes, des généraux qui paradent en bronze sur les places des villes. Des simples soldats de deuxième classe, oui. Dans les attitudes mélodramatiques popularisées par les journaux du temps de guerre. Les anciens combattants trouvent cela bien. Ils ont le droit. C'est ainsi qu'ils étaient, de corps et d'esprit, pas autrement. Il y a peut-être mieux. Le sculpteur Quillivic, qui a gardé les vaches à Plouhinec, pas loin d'ici, préfère rendre hommage aux morts en représentant la douleur des vivants, celle des pères, des mères, des épouses. Les anciens combattants sont d'accord aussi. Cependant, au coin du mur de notre cimetière on maçonnera un haut piédestal pour supporter un soldat infirmier de pierre qui relève un blessé. C'est une nommée Jeanne Itasse qui a sculpté cette œuvre d'art.

Sur les plaques du piédestal, il y a des dizaines et des dizaines de noms. Cent huit en tout.

Mon père a maintenant un costume de coton bleu, la veste droite boutonnée jusqu'au cou, et une casquette pour tous les jours. Il parle de passer son permis de conduire les automobiles. Bientôt j'aurai l'orgueil de le voir au volant d'un vieux camion Paccard chargé de bois de construction. Au lendemain de son retour, il a déposé dans l'armoire son livret militaire, divers papiers et citations, et une croix de guerre. La croix, il l'a retournée dans sa main, pensif, il a regardé timidement ma mère comme pour s'excuser :

– Je ne crois pas qu'elle vaille quelque chose chez le boulanger, a-t-il dit.

– Nous allons quand même lui acheter un cadre, a répondu ma mère. Pour le boulanger, on s'arrangera comme avant.

Et quelque temps après, ils décident de commencer la nouvelle vie en refaisant le sol de la maison qui a des trous si profonds qu'on s'y tord les chevilles. C'est un sol en terre battue. Je le connais d'un bout à l'autre. J'y suis tombé assez souvent, quand je commençais à marcher, à cause de ces maudits trous justement. Mais on ne se fait jamais grand mal sur la terre battue. Elle est froide, bien sûr, quand on s'assoit dessus les fesses nues, mais comme elle est facile à entretenir, comme elle est commode à vivre! Nul besoin de nettoyer les sabots avant d'entrer. La boue que nous apportons sous nos semelles ne salit rien du tout. Ou elle s'amalgame au reste ou elle est balayée dehors, une fois sèche, à l'aide d'une branche de genêt. On jette sur le sol, sans aucune gêne, les os et les débris pour le chien quand on en a un. Le chat peut y renverser son lait sans s'attirer les foudres de la ménagère. Une bolée d'eau lave le tout et la terre ne s'en porte que mieux. Il faut la faire boire, que diable! Il me souvient même, à ma petite confusion, que je lui ai fourni de ma propre source, en mon tout jeune âge, quelques flaques de pissat dont une poignée de sciure de bois et un vigoureux coup de balai ont eu raison sans dommage pour *l'argile à crapaud.*

Car cette terre dure, sur laquelle les gens vivent leur vie quotidienne à l'intérieur des maisons que je connais, porte le nom *d'argile à crapaud,* je ne sais trop pourquoi. Est-ce à cause de sa couleur grisâtre, de ses pustules caillouteuses, ou parce que l'animal en question se plaît à vivre dans la terre et les ténèbres alors que la grenouille préfère l'eau et le soleil? Cherchez vous-même. Ce que je peux dire, c'est qu'il s'agit d'un mélange de sable, d'argile et de terre commune avec un peu de cendre quelquefois. Chaque chef de ménage a sa recette pour préparer son sol comme chaque cuisinière a la sienne pour faire son ragoût. Il arrive à l'un ou à l'autre de rater son coup et le sol tourne en poussière ou refuse de sécher. Une maison bien tenue se reconnaît à son sol plat et lisse, légèrement brillant et net. Assez souvent, ce sol est un peu inégal aux endroits où reposent les pieds des bancs et des chaises, les seaux, les marmites et la baratte. En somme, il s'use comme un vêtement ou un outil, selon le travail qu'on lui demande. On le rapetasse, de temps en temps, avec une bêchée de la même matière qui prend rapidement la couleur de l'ensemble. Mais on ne retrouve pas toujours la même argile ni le même sable exactement. Alors, on voit s'étaler par terre une mystérieuse mappemonde dont les continents noirs, gris ou jaunes, ne rappellent aucun pays connu.

C'est pourquoi mon père s'attaque à refaire complètement le sol. Quelle aventure! Il a fallu sortir tous les meubles, les replier de l'autre côté du couloir, lequel sera refait aussi pendant qu'on y est. La vieille terre battue a été piochée, chargée dans une petite brouette, emmenée au diable pour laisser la place à la nouvelle *argile à crapaud* dont le mélange est déjà grossièrement fait. Alors les sabots entrent en danse. Mes parents, les voisins appelés à l'aide, moi-même et mes camarades plus âgés, nous pétrissons avec nos pieds pendant une heure ou deux cette pâte ni trop dure ni trop molle, jusqu'à ce qu'elle devienne onctueuse et un peu élastique. Mon père en égalise la surface avec un gros pilon de bois et un drôle de petit rouleau qu'il a emprunté je ne sais où. Crotté jusqu'aux reins, y compris la peau sous ma vieille jupe (on parle de me mettre des pantalons) je m'en vais dévorer un gros quignon de pain gris avec ce qu'il faut de pâté pour le faire descendre en douceur. Ma mère en taille autant aux autres enfants. Les hommes cassent une croûte et boivent un coup avant de retourner à leurs occupations. Mon père arrange des coussinets de bois qui seront glissés sous les pieds des meubles pour les empêcher de pourrir sur la terre. Ma mère a offert aux femmes un petit verre de madère, la boisson douce. Elle pense déjà à acheter un de ces balais nouveaux en paille de riz dont on dit qu'ils ne laissent rien derrière eux.

Il y a maintenant deux hommes assis à table pour manger. Alain Le Goff siège au haut bout, à droite, près de la fenêtre, sur le banc à dossier. C'est la place du maître et le maître c'est toujours lui. Il le restera jusqu'à sa mort. En face de lui, mon père s'assoit sur le banc du lit clos, là où j'étalais volontiers mes jupes sur le bois ciré avant son retour. Le bas de la table est à ma mère qui ne s'assoit pratiquement jamais. Elle y pose ses pots à lait, ses jattes, ses bols, ses bassines, tout ce qu'il faut pour faire la cuisine. C'est là aussi qu'elle se coiffe le matin de très bonne heure. Quant à moi, je me suis replié près de mon grand-père qui est chargé de l'essentiel de mon éducation.

Ma grande affaire est ma promotion au rang de petit homme. Il y a déjà quelques mois qu'on me promet de me mettre un pantalon. J'avoue que je trouve le temps long et que je n'arrête pas de revendiquer, parfois avec des larmes. Depuis mon âge de cinq ans, je me trouve trop grand pour supporter la jupe. Certains de mes petits camarades arborent déjà des pantalons de panne qu'ils ont quelquefois hérités d'un grand frère devenu trop fort pour s'y introduire. Et ils ne se gênent pas pour me faire avaler des couleuvres. Du genre de celles qu'avaleront plus tard ceux de mes condisciples qui garderont les culottes courtes jusqu'à la classe de philosophie.

Tous les enfants sont en jupes depuis leur naissance jusqu'à cinq ou six ans. C'est très commode pour faire ses besoins, d'autant plus que nous n'avons pas le moindre linge sur les fesses. Seulement, à rester trop longtemps dans cet état, nous risquons de faire croire que nous ne sommes pas assez propres pour nous accommoder d'un pantalon. Ce sont en général les mères qui retardent la cérémonie du pantalonnage, peut-être parce qu'elles y voient le signe que leur enfant leur échappe pour entrer dans le monde masculin. Tout cela est très beau, mais nous sommes accoutrés comme des filles et nous savons pourtant, par certaines particularités de l'entrecuisse, que nous n'en sommes pas. Nous avons une cheville là où elles ont une cicatrice. La seule marque vestimentaire qui nous distingue d'elles, c'est ce gland de fil et verroterie qui orne par-derrière notre bonnet à trois quartiers, alors que les fillettes ont, à cet endroit, une cocarde et deux longs rubans qui leur descendent dans le dos. Ce n'est pas assez. Et puis les filles, après tout, garderont leurs jupes toute leur vie, elles n'auront pas à s'habituer à autre chose. Nous, il nous faut satisfaire à un rite de passage qui ne laisse pas de nous inquiéter un peu. Comment nous y prendrons-nous avec ces boutons et ces bretelles? Et il ne sera plus question de demander secours à la mère dès que notre jupe aura regagné l'armoire avec le tablier, la dentelle de cou et le bonnet à gland. Je compte sur grand-père pour me tirer d'affaire sans souffler mot à personne. De toute façon, puisqu'il y a cet examen à passer, le mieux n'est-il pas d'y aller le plus tôt possible!

Ma mère s'est décidée. Un jour, nous montons avec appréhension dans la voiture d'Alain Le Reste, le patron de mon père. C'est une *De Dion-Bouton,* la seconde automobile du pays. Il n'y a pas encore longtemps que les femmes se signaient en la voyant passer. Les vaches, dans les champs, arrachaient leurs pieux et s'en allaient au diable, affolées pas son bruit. Alain Le Reste tient le volant, vêtu d'une peau de bête, des lunettes de mica sur le nez. Il n'y a que deux places. Je suis à côté de lui, sur les genoux de ma mère. Je tiens dans la main l'anse d'un broc d'eau placé sur le marchepied extérieur pour donner à boire à la machine. Celle-ci roule plus vite qu'un char à bancs, mais les cahots dans les ornières et les nids-de-poules nous éprouvent beaucoup. « Ne regardez pas la route, petit Pierre, dit Alain Le Reste. La tête vous tournerait et vous risqueriez de tomber. » Je prends le parti de fermer les yeux.

A Quimper, nous hésitons entre *Charles Leduc habille bien et pas cher* et *Saint-Rémy habille mieux et meilleur marché.* Finalement, je me trouve pourvu d'un habillement de petit bourgeois en drap marron, choisi trop grand en prévision de ma croissance. Depuis la guerre, on n'habille plus les petits Bretons dans une réduction du costume de leurs pères.

Il ne reste plus qu'à convier la proche parenté à la fête du pantalonnage. Ils sont dix ou douze autour de la table, ayant déjà attaqué la viande rôtie, quand ma tante Lisette, qui m'a soigneusement paré dans l'autre pièce, m'amène devant eux dans toute ma gloire et souriant courageusement malgré une bretelle qui tourne. Exclamations et compliments à n'en plus finir. On m'appelle jeune homme. Et quelqu'un dit : « Maintenant, il va pouvoir aller à l'école. »

Me voilà fier et anxieux à la fois.

Du moins n'irai-je pas devant l'instituteur avec une tête vide. Mon grand-père a déjà bien commencé mon éducation depuis que je suis sorti du berceau. D'ailleurs, c'est le devoir des grands-pères de s'occuper des petits-fils. Leur âge les dispense désormais des travaux pénibles et réguliers comme de l'administration de la maison qui est le souci du père et de la mère. Ils se bornent à conseiller et seulement quand on leur demande conseil. Je sais qu'il y en a qui commandent encore, mais ceux-là ne sont pas des vrais grands-pères. Ils ont besoin de tout leur temps pour exercer leur autorité dans de multiples tâches. Il leur est donc difficile d'en distraire pour éduquer leurs petits-enfants. Un vrai grand-père est quelqu'un qui n'a plus de responsabilité, ce qui le rapproche naturellement des enfants qui n'en ont pas encore. L'âge tendre et l'âge avancé sont complices. Les parents sont d'accord pour les laisser ensemble pendant quelques années, jusqu'à ce que le père juge le temps venu de prendre le fils en main. Et c'est la fin du vert paradis.

Sur les genoux d'Alain Le Goff, je fais mes premières chevauchées rythmées par le talonnement de ses sabots sur la terre battue pendant qu'il me scande une sorte de comptine que je n'oublierai plus aussi longtemps que je vivrai parce que je l'entendrai la dire, au long des années, à d'autres enfants que moi :

Hue à Quimper, hue à Pont-Croix!
A Pont-l'Abbé aller on doit
Chercher du gruau pour la dame.
La dame des champs, s'il vous plaît,
N'aime pas trop la soupe au lait
Et le monsieur, sur son cul,
Au milieu d' la mare a chu.

A la fin de cette râtelée de paroles galopantes, grand-père écarte les genoux, je tombe entre ses jambes, mais il me tient les bras pour m'empêcher de m'enfoncer dans la mare comme le monsieur de la dame. Et de rire. Et de recommencer jusqu'à plus soif.

C'est lui aussi qui m'apprend à chasser le lièvre au creux de ma main. Il ouvre cette main, en chatouille le creux avec son doigt en disant :

C'est ici qu'est le pré
Où le lièvre a brouté.

Ensuite il me pince les cinq doigts l'un après l'autre en commençant par le pouce :

Celui-ci l'a vu
Celui-ci l'a couru
Celui-ci l'a eu
Celui-ci l'a goulu,
Et celui-ci, pauv' petit boitant
Est allé dire à sa maman
Qu'il n'avait eu morceau vaillant
Et qu'il voulait beurre et pain blanc.

C'est ainsi que je fais, chemin faisant, meilleure connaissance avec mes doigts : celui qui mesure (le pouce), encore appelé *morzolig al laou* (le marteau à poux), celui de la bouillie (l'index), le grand doigt (le médius), le doigt du cœur (l'annulaire) et le doigt à danser (l'auriculaire). Grand-père n'en reste pas là, il commence à m'apprendre les nombres en référence avec mon propre corps. Il fait les questions et les réponses, mais c'est à moi de lui expliquer celles-ci en montrant les parties du corps qu'elles désignent et en ouvrant autant de doigts qu'il faut :

Qui fait un ? – Moi tout seul
Qui fait deux ? – Les oreilles du vieux
Qui fait trois ? – Les yeux et le nez
Qui fait quatre ? – Les genoux et les coudes
Qui fait cinq ? – Les genoux d'une main
Qui fait six ? – Les narines, les jambes, les bras
Qui fait sept ? – Les trous dans la tête.

Quand je demande pourquoi nous n'allons jamais plus loin que sept, grand-père me dit que c'est le chiffre des jours de la semaine et que le septième jour est fait pour se reposer. Là-dessus, il m'apprend ces jours de la semaine qui commencent tous par *di,* c'est drôle : *dilun, dimeurz, dimerher, diriaou, digwener, disadorn, disul.* Je m'étonne que sa tête, avec tout ce savoir, n'éclate pas en morceaux.

« Le maître d'école, dit grand-père, ira jusqu'à dix et beaucoup, beaucoup au-delà. Mais ne vous étonnez pas s'il ne compte pas de la même façon que nous. C'est parce qu'il parle ainsi en français. Ecoutez.

Un, deux, trois
Bez e vo c'hoa (Y'en aura encore)
Quat', cinq, six
Konta neo piz (Comptez-les de près)
Sept, huit, neuf
Diwall d'ober treuf (Et ne trichez pas)
Hag e chom eur biz (Et il reste un doigt)
Setu a ra dix (Ce qui fait dix).

Ce qui me plaît, avec mon grand-père, c'est que les mots, dans sa bouche, jouent à saute-mouton, se cognent comme des billes et il y en a toujours quelques-uns qui font le même bruit à intervalles réguliers. Il n'y a pas beaucoup de gens qui parlent de cette façon autour de moi. Peut-être ne savent-ils pas? Peut-être n'ont-ils pas eu de grand-père comme Alain Le Goff? – Où avez-vous appris ces choses, grand-père? – A Poull-ar-Markiz. Avec un maréchal-ferrant qui n'ouvrait pas souvent la bouche, mais ne parlait jamais autrement. »

Grand-père lui-même préfère écouter les autres, même quand les autres aimeraient l'entendre parler. Mais il répond toujours avec beaucoup de courtoisie quand on l'interroge sur quelque chose qu'il sait, sauf si sa réponse est susceptible de nuire à quelqu'un. Alors, il esquive en disant : « Je suis trop vieux. » Je crois que je suis son meilleur ami comme le seront plus tard ses autres petits-enfants à tour de rôle quand je serai devenu trop grand pour être totalement son complice. Il me dira : « Maintenant, il vous faut écouter vos maîtres qui sont beaucoup plus savants que moi. » Je n'en serai jamais persuadé.

Pour le moment, je guette ses moindres paroles, je tâche de les garder dans ma tête. C'est possible parce qu'il répète souvent les mêmes. Il le fait exprès, bien sûr. Il prend le seau pour aller au puits de Marie-Jeanne Kerveillant et il dit :

Allons tirer sept seaux
Pour remplir le cuveau.

Ou bien il monte sur la pierre du foyer, il s'assoit sur le banc de gauche pour se chauffer et il s'adresse au feu :

Brûle donc, trou chaud!
Chauffe donc, trou-brûlot!

Je fais mes sept possibles pour répéter après lui cette incantation. Je n'y arrive pas, je mélange les syllabes. Je m'énerve. Une autre fois vous y arriverez, dit Alain Le Goff. Ne vous pressez pas. Nous allons essayer autre chose.

Karr uz men (Char use pierre)
Men uz karr (Pierre use char).

Voilà qui est difficile, n'est-ce pas! Doucement, il m'explique. La prochaine charrette que je verrai cahoter sur la route, je la suivrai dans les ornières pour vérifier le phénomène. Ou alors, il dira :

To ti pa ri (Couvre maison quand tu bâtis)
Ne lez disto ti (Ne la laisse pas sans toit).

Je ne suis pas assez bête pour ne pas me rendre compte que cette façon de parler évite le bavardage et fournit des comprimés de sagesse quand on prend son temps pour digérer le contenu et d'abord pour bien former les mots et les séparer les uns des autres. Mes petits camarades connaissent aussi de ces formules. Nous les échangeons entre nous : *had pe lez dihad* (sème ou laisse sans semer), *râl e gad du* – (rare est un lièvre noir) et une demi-douzaine d'autres. Mais je crois bien que c'est grand-père qui en connaît le plus grand nombre. Ce que je ne sais pas encore, et qu'il me dira plus tard, c'est qu'elles sont destinées à nous mettre la bouche en état de bien parler. Les enfants bredouillent volontiers. Les bruits qu'ils sortent ne sont que l'à-peu-près des sons. D'où vient que nos ancêtres illettrés ont imaginé ces exercices pour affirmer le parler de leurs enfants? On dirait bien qu'ils en ont plus connu en pédagogie que les pédagogues professionnels.

Depuis les lèvres jusqu'au fond de la gorge, je serai prêt à tout exprimer quand j'arriverai à sortir sans faute et sans hésitation la très ancienne ratelée des six moines poursuivant six filles montées sur six chevaux : *c'hweh merh gwerh war c'hweh marh kalloh ha c'hweh manah war o lerh.* Que les filles soient vierges, les six chevaux entiers et les six moines lubriques si cela leur plaît, voilà qui ne me pose, pour le moment, aucun problème. Mais que le langage des hommes est donc une invention diabolique!

Alain Le Goff sait fort bien lire, il ne lit jamais. C'est ma mère qui déchiffre à haute voix les lettres des oncles et des tantes et qui leur fait réponse, mais il sait. Il sait aussi compter très vite de la tête en breton, beaucoup moins vite avec le crayon et le papier. Quand il travaillait encore sur la route, j'ai vu les autres cantonniers venir lui demander d'arranger leurs comptes. Je l'ai vu s'entraîner avec son bâton, à tracer des lettres et des chiffres dans la poussière. D'ailleurs, c'est lui qui me prépare à l'école en m'apprenant quelques-uns des sons et les dessins qui les représentent, avec le mouvement de la main pour les former :

A, *rampa ra* (il écarte les jambes, c'est le A majuscule),

I, *eur pintig war e fri* (I, un trait sur le nez, il se le touche avec l'index droit),

U, *lost ar marh du* (U, la queue du cheval noir)

Savet war an daou du (relevée des deux côtés),

O, *tro ar billig ho po* (O, vous aurez le tour de la galettière),

Ar grampouezenn ra ket an dro (La crêpe qui ne fait pas le tour),

Din-me vo (elle sera pour moi), c'est le petit o.

Je ne me rappelle pas avoir appris le e, peut-être parce qu'il ne sert pas beaucoup en breton. Quant à l'alphabet, grand-père essaye bien de me le faire entrer dans la tête en bon ordre, mais je suis rétif, je reste en panne au bout de la douzaine :

A B C D
Em botez-me (dans mon sabot)
E F G H
Ez eus eun tach (il y a un clou)
I J K L
Ne bad ket pell (qui ne dure pas).

D'un jour à l'autre, j'oublie aussi les proverbes sur le temps qu'il va faire. Je confonds les prédictions de la lune quand son halo est large *(kelh a-bell)* ou étroit *(kelh a-dost).* « Nous attendrons plus tard, dit Alain Le Goff. Le plus vexant, c'est que je ne suis pas capable de redire la rimaillerie que grand-père débite pour m'endormir. Cela prouve au moins qu'elle était efficace puisque je ne résistais pas au bruit qu'elle faisait. Mon ami Le Dé a retenu celle que sa grand-mère utilisait pour l'envoyer promptement à Kerhun, le Pays des Songes. Elle sort du même sac que celle d'Alain Le Goff :

Deom d'ar gweleou	Allons dans nos lits
Lar'n hini bliou.	Dit le dégourdi
Grêt deom yod.	Donnez-nous la bouillie
Lar'n hini bloud.	Dit le ramolli (?)
N'eus tamm lêz?	Il n'y a pas de lait?
Lar'n hini vêz.	Dit le paltoquet.
Ar jidourenn zo toull.	La marmite a un trou
Lar'n hini sioul.	Dit le va-tout-doux
Hag an tan a zo maro.	Et le feu est éteint
Lar'n hini faro.	Dit le muscadin.

Comment voulez-vous ne pas croître en force et en sagesse avec un grand-père qui travaille sur vous de cette façon ! Et encore, les rimailleries que je viens de dire sont seulement des exercices pour me délier d'un bout à l'autre pendant mon âge tendre. Quand je suis en âge d'aller à l'école, Alain Le Goff change de méthode et de moyens. Voulez-vous savoir comment ? Voilà ! Je suis trop grand pour qu'il m'endorme avec des fatrasies comme celle de la grand-mère Le Dé. Et c'est pourquoi grand-père ne veut plus les débobiner. On ne revient pas en arrière. Pourtant, il y a encore des soirs, je ne sais pourquoi, où il est difficile de me faire aller au lit. Ma mère a beau ouvrir les portes du lit clos, en déborder le fond, y mettre la bouillotte en terre quand il fait froid, je ne vois rien, je ne veux rien savoir. Et il vient un moment où mes parents sont sur le point de se fâcher.

Alors, grand-père vide sa pipe contre son sabot et se met à rire tout seul. A rire doucement en secouant la tête comme s'il se réjouissait de quelque chose qu'il est seul à savoir. Je ne peux pas résister.

– Qu'est-ce qu'il y a grand-père ?

– Vous ne me croirez pas, dit-il. Ce n'est pas la peine que je commence à le raconter. Peut-être même allez-vous me traiter de menteur. Ce serait déplaisant pour moi.

Je proteste vigoureusement. Je suis presque au bord des larmes à l'idée que grand-père peut s'imaginer que je suis capable de le prendre pour un menteur. Pour moi, un menteur, c'est quelqu'un qui cherche à vous faire du mal ou à dissimuler le mal qu'il a fait. Les mensonges de grand-père, je sais ce que c'est : il a vu des choses que les autres ne verront jamais, surtout pas moi si je m'entête à ne pas aller au lit.

– Racontez-moi, grand-père. Et vous aurez à peine fini que je serai déjà sous l'édredon.

– C'est le meilleur endroit pour digérer ce que je vais dire et qu'on ne voit pas tous les jours, j'ai vu...

Voilà ! Je m'en doutais. Nous allons jouer à *j'ai vu*. Notre plaisir va durer autant que la semaine et beaucoup plus loin si nous savons nous y prendre.

– J'ai vu, dit grand-père, pendant que j'allais au champ de Meot ce matin, une poulette blanche de Kerzouron qui marchait si joliment sur la route que je lui ai demandé : – Demoiselle, où allez-vous donc en robe blanche? – Me marier, dit-elle, avec un coq de Laraon, le plus beau. Elle ne dit rien de plus, elle ne pensait qu'à son mariage. Et la voilà qui saute par-dessus le talus pour prendre par le plus court. Un peu plus loin, du côté de notre prairie, j'ai vu un cochon gras qui sonnait la gavotte sans autre instrument que lui-même. Il était devenu biniou sans avoir besoin de rien d'autre que de son propre sac et de ses propres trous. – Voulez-vous que je vous torde la queue pour vous aider, lui dis-je. – Merci bien. Mon maître à Kersaudy l'a déjà fait tant qu'il a pu. Je crois que je suis prêt à sonner vingt-sept aubades entières pour la noce du coq de Laraon à Pont-Salade. Mais il faut que j'aille. Là-dessus, il prit le trot en s'aidant de ses oreilles (et grand-père de mimer le trot du cochon, et moi de l'imiter de mon mieux, et ma mère d'étouffer de rire, jamais autant!). Moi, je fais trois pas dans le chemin du bois pour allumer ma pipe à l'abri et qu'est-ce que je vois venir, son air sournois sous sa casquette! Le renard roux de Waremm-Wiz après qui courent tous les chasseurs sans jamais en voir la couleur. – Où allez-vous de ce côté, renard roux? Ce n'est pas votre chemin. Il se mit à tousser comme toussent les renards quand la malice les étouffe. – Je vais à Plozévet échanger ma queue contre une bombarde. Quand je dis échanger, je ne ferai que la promettre pour le jour où les chasseurs m'auront pris. Mais je dois sonner au mariage de la poule de Kerzouron et du coq de Laraon. Tenez-vous en bonne santé!

J'ai monté la dernière côte avant le champ de Meot. Vers le haut, j'ai été rejoint par le coq de Laraon, une chaîne de montre neuve en travers de son jabot, qui marchait à moitié en volant pour le reste. – Vous êtes bien pressé, coq de Laraon. – C'est à cause de cette montre que je ne sais pas encore lire. J'ai peur d'être en retard à Pont-Salade où je dois me marier avec la poule de Kerzouron, la plus belle. Quelle heure est-il? – Entre un petit peu plus et un petit peu moins. Mais une moitié de retard vaut mieux qu'un jamais tout entier.

Je ne sais pas ce qu'il a compris, mais il s'est mis à voler six coups pour trois pas. Allez! Au lit, mon fils!

– J'enlève mon patelot. Je monte sur le banc. Vous êtes allé à Pont-Salade, grand-père?

– Je suis allé. Il y avait là-bas sept douzaines de volailles qui caquetaient comme autant de femmes au lavoir. Une belle noce. Mais, quand elle sera finie, le pauvre coq sera veuf, j'en ai peur. Vous savez pourquoi?

Je ne sais pas pourquoi. Je préfère enlever mon pantalon.

Qu'est-ce que vous avez vu, grand-père?

Je suis dans les draps de chanvre, je cherche des pieds la bouillotte de terre. La voilà! J'entends de loin une voix qui débite, en scandant des sabots sous la table. J'ai vu...

J'ai vu, à Pont-Salade
Coq de Laraon menant l'aubade
Avec sa poule comme il faut
Et, attaquant le jabadao,
Notre cochon, dans la gadoue
Qui sonnait l'air par les deux bouts
Pendant qu'en un trou du pailler
Le renard roux était caché
Gare, la pouououououle!

Voilà qui me plaît mieux que le jeu des devinettes. Il est vrai que ce dernier n'est pas fait du tout pour m'endormir, mais pour me tenir en éveil. Avec lui, il n'y a pas moyen de se laisser aller. Bien sûr, grand-père finit toujours par me donner la réponse, et puis il m'aide de toutes les manières, surtout avec des gestes, des mimiques, en manipulant des objets, en regardant un endroit où se trouve la solution du problème, en proposant deux devinettes différentes pour la même solution. Par exemple : quel est le plus grand paresseux du monde, qui va toujours au travail à reculons? Comme je ne trouve pas, il continue : qui est-ce qui rit en descendant et qui pleure en remontant? Et il fait le geste de descendre et de monter de telle manière que je finis par voir que c'est le seau au bout de sa chaîne et de sa corde manœuvrant sur le puits. Ou bien il ôte son sabot et le regarde pensivement : qui est-ce qui part toujours en voyage sur la tête? C'est facile, ça : le clou, bien sûr. Ou bien nous sommes dans la crèche, grand-père nettoie sa vache qui s'est crotté les flancs dans sa propre boue : quatre demoiselles vont dansant sur la route. Même s'il pleuvait des gouttes grosses comme ma tête, il ne leur en tomberait pas une seule dessus. Qui sont-elles? – les tétines de la vache. Ou bien nous sommes dans le petit champ de Pont-Gwennou, Alain Le Goff est occupé à mettre des plants en terre : qu'est-ce qui grandit à mesure qu'on en retire quelque chose? Bon. A force d'observer, je trouve : le trou.

Mais il y a des moments pénibles. C'est quand il n'y a pas de geste possible ni rien autour de vous pour vous guider. Qu'est-ce que faire quelque chose sans avoir rien du tout? Il faut être plus malin que je ne suis pour trouver la réponse : c'est jeûner. Ou bien, pis encore : qu'est-ce que vous avez et qui est à vous et qui ne vous sert pas, mais me sert à moi et à d'autres? Je suis au bord des larmes quand Alain Le Goff me tire d'embarras : c'est votre nom. Puis le brave homme revient à des choses plus faciles pour me réconforter : qu'est-ce qui est toujours humide et pourtant il ne tombe jamais une goutte de pluie dessus? Et grand-père me regarde en tirant la langue. Là-dessus, ma mère revient du lavoir avec un chargement de linge humide sur le dos et enchaîne : qu'est-ce qui vient du bois pour s'en aller travailler dans l'eau? Dans le nœud de la serpillière, tout au haut du tas, je vois le battoir. Je finirai bien par me déniaiser. Et ces devinettes, à mon tour, je les poserai à mes petits camarades pour jouir de leur confusion.

C'est égal, je préfère encore les leçons de morale d'Alain Le Goff qui me semblent plus sérieuses pour le petit homme que je crois être. Grand-père s'arrête à l'abri d'un talus sommé d'ajoncs pour allumer sa pipe : soyez semblable à l'ajonc, dit-il, il est heureux d'un bout à l'autre de l'année avec ses fleurs qui montrent sa force et sa santé. Il est couvert de piquants pour se défendre contre ceux qui l'approchent de trop près sans demander la permission. Sa peau et sa moelle sont dures, bonnes à nourrir un cheval. Car l'ajonc est pareil à l'homme, tout à fait. Ce n'est pas comme le genêt. Le genêt est à l'image de la femme, toujours à faire des manières, à s'incliner devant le premier passant venu pour peu qu'il y ait un souffle de vent. Le genêt ne fleurit pas longtemps, il manque de force. Il est bon à faire des balais pour nettoyer la maison. Et qui se sert des balais, mon fils, voulez-vous me le dire ? Les femmes.

A ma petite sœur, je l'entendrai dire, avec la même voix sérieuse et posée : soyez semblable au genêt, ma fille, au genêt poli et convenable qui fait la révérence à tous ceux qui passent. Le genêt est beau à voir, élégant, net et doux, avec des fleurs délicates. Le genêt est pareil à ce qu'une femme doit être. Voilà pourquoi on en fait des balais pour nettoyer la maison sans écorcher l'argile-à-crapaud. Pourrait-on balayer avec une touffe d'ajoncs ? La moitié de la poussière resterait derrière. Mauvais travail. L'ajonc est rude comme un garçon sauvage, plein de piquants, si bien qu'il faut le broyer pour le donner aux chevaux. Et les chevaux, c'est l'affaire des hommes, n'est-ce pas !

Ma petite sœur est d'accord. Moi aussi, de mon côté. Quand nous sommes fâchés l'un contre l'autre, nous nous traitons mutuellement de genêt-mièvre et d'ajonc-piquant. Et chacun tient à mériter son symbole. Quand les deux se mélangent, quelque chose est dérangé dans le monde.

Le mois de novembre est le mois des contes. Comme la nuit tombe vite, mon grand-père ramène sa vache au logis avant six heures. Encore une heure pour vaquer aux besognes de la maison éclairée par un feu de souches et l'on allume la lampe à pétrole pour expédier un semblant de souper. Aussitôt après commence la veillée. Ma mère descend la mèche au plus juste. Le pétrole est trop cher.

Les flammes du foyer luttent courageusement contre l'obscurité. Les clous de cuivre des armoires et du lit clos brillent autour de nous, pareils aux vers luisants des chemins de nuit. On entend aller et venir, sur la terre battue, les sabots de mon père. Taciturne à son habitude, il rassemble ses outils pour tailler des pieux, rabouter de vieilles longes. Il trie des brins d'osier pour tresser des paniers ronds. Déjà ma mère est installée sur une chaise basse devant le feu, des hardes plein son tablier. Moi, j'attends mon grand-père qui s'attarde toujours trop avec sa vache, dans la crèche. Le voilà arrivé, à la fin! Le vieillard monte sur la pierre du foyer et s'assoit sur son banc, l'épaule appuyée contre le mur noir. Quelquefois, son chapeau heurte une andouille qu'on a mise à fumer dans la cheminée, avec une demi-douzaine d'autres, après la fête du cochon. L'andouille se met à tourner tout doucement sur sa ficelle. Les autres l'imitent, l'une après l'autre, parce qu'elles sont attachées sur le même bâton. Grand-père les regarde qui tournent pour lui montrer leur peau griffée de cicatrices profondes. Allons! Elles se dessèchent comme il faut.

Avec le soin qu'il apporte aux moindres choses, grand-père choisit un tison à demi consumé dont il se sert pour séparer la cendre de la braise vivante en s'aidant de ses sabots. Il modèle ainsi une grande bernique, tout à fait pareille à l'image du livre de géographie sur les monts volcaniques d'Auvergne. Cette bernique, il la creuse en forme de cratère (voyez comme je suis savant)! Ce cratère, c'est pour cracher dedans, car grand-père est un homme plutôt méticuleux et propre. Propre au-dessus de son état. Ce n'est pas lui que vous verriez expédier la salive partout comme tant d'autres. Ah, mais non!

Cela fait, le vieillard se frotte vigoureusement les mains, avec un rire de satisfaction. Il tire sa pipe, une grosse pipe de bruyère baguée de cuivre rouge, son orgueil annuel. De Paris, où vivent deux de ses fils, il lui parvient une pipe neuve dans les derniers jours de décembre. Quand le paquet arrive par la poste, grand-père l'ouvre de ses mains tremblantes et ne manque jamais de s'extasier en disant : « Une pipe comme en voilà une, il n'y en a pas d'autre dans le canton. »

Alors, il regarde longuement sa vieille pipe qu'il a extraite de sa poche en même temps qu'un bout de ficelle cotonneuse, une pierre à aiguiser et un assortiment de rondelles et d'écrous ramassés sur les routes. Elle est toute noire, son fourneau toujours brûlé du même côté parce qu'il la fume habituellement en gardant sa vache à la pâture, assis sous le même talus éventé par le suroît. Au moment de la reléguer au fond de l'armoire, avec ses autres pipes dont chacune représente une année de sa vie, un remords le prend. C'est un homme qui s'attache. Et, naïvement, « tout de même, tout de même, j'aimais mieux celle-ci ». Le vieux facteur, dégustant son verre de vin rouge à petites gorgées polies, l'approuve d'un clin d'œil. Il n'y a pas d'offense pour la nouvelle pipe. Encore un an et le même hommage lui sera rendu. C'est dans l'ordre. La maisonnée dit amen, moi le premier.

Donc grand-père bourre sa pipe, sans hâte, avec l'attention grave qui est due à une opération de cette importance. Un tison s'est échappé du cratère sur le foyer. Il le ramasse dans ses mains dures, le pose sur le fourneau de sa pipe et aspire, aspire, et pop, pop, pop! La fumée claire noie son visage bienveillant. Le vieillard se râcle la gorge et crache dans la cendre. Aussitôt, me voilà d'un bond près de lui, sur le banc. Il m'appartient. J'ai oublié les dix-huit clous et les sept boutons (quatre en corne, trois en verre bigarré, quelle catastrophe!) que j'ai perdus en jouant aux billes contre le grand Goyat, ce tricheur. Je ne redoute plus les gros yeux de l'instituteur ni sa règle de fer qui me tombera demain sur les phalanges parce que je ne suis pas venu à bout de la conjugaison du verbe *dactylographier*, ce piège à chrétiens. Au diable! Grand-père commence à parler, grand-père selle son cheval de fumée et me donne un poulain bleu pour le suivre à la recherche d'un pays étrange où je connais tout le monde. Et hue!

Hue à Quimper, hue à Pont-Croix!
A Pont-l'Abbé je vais tout droit
Quérir du gruau pour la dame.

Le grand-père ouvre son sac. Ses marionnettes commencent à vivre sur sa langue. La première, c'est lui-même, la seconde moi, les autres sont les gens du quartier. Chaque soir, nous poursuivons toutes sortes d'aventures dont personne, pas même le conteur, ne sait où elles vont nous mener. Personne de vivant, sinon peut-être le premier rôle, Yves Mensonge, et cette obscure puissance nommée le Bureau par le grand-père qui n'a pas lu les œuvres de Kafka, je le jure. Yves Mensonge nous traîne après lui, béats que nous sommes, nous jette au cœur du danger, si étroitement ligotés que nous ne pouvons pas nous en tirer. Et soudain, il n'y a plus d'Yves ni de Mensonge. Il faut aller chercher le Bureau pour dénouer une affaire qui tourne mal. Et l'on recommence le lendemain. Nous sommes des joueurs fieffés, sans mémoire et sans rancune. Yves Mensonge le sait bien.

Notre meilleur ami est Herri Brun, le facteur, celui qui vient à pied du chef-lieu de canton avec un grand sac de cuir sur le dos, son flacon d'encre violette et sa plume pour faire signer les mandats. Un homme instruit. C'est lui qui alerte Le Bureau quand c'est nécessaire. Herri a perdu sa langue sur la grand-route quelque part, il y a bien longtemps. Il n'en sort pas trois mots par jour. Quelquefois, on le rencontre assis sur un talus, en train de siffler aux oiseaux un bout de catéchisme à la manière de saint François. Il y a aussi Joseph Sculller, qui sait si bien rafler par les narines le tabac sur le dos de sa main, Joseph qui ne laissera jamais une mouche venir autour de lui sans l'avaler avec les ailes et le bourdon. Et les deux compères dont les noms changent tous les soirs parce que grand-père a beaucoup d'amis dans son entourage et les fait prendre part au jeu deux par deux. Ils sont trop.

Le plus difficile, quelquefois, c'est de mettre le grand-père en route. Sa tête est assombrie d'une inquiétude que je dois respecter. Le sourire est maigre, la pipe boude plus d'une fois avant de prendre le feu. Je comprends. Le beurre a été rare, cette semaine. Je ne me rappelle pas avoir vu de « viande douce » sur la table depuis assez beau temps. L'herbe d'oubli est étouffée dans le chiendent. Grand-père approche son oreille du mur. Derrière le mur, il y a la crèche : « Ecoutez donc! N'est-ce pas la vache qui tousse? – Si, je crois bien. – Elle est peut-être malade. Je vais voir! » Je n'ai rien entendu, souvent, mais sa sollicitude est aussi la mienne. Pauvres comme nous sommes, la vache constitue le plus clair de notre bien. Le vieillard descend sur la terre battue, entre dans ses sabots après avoir ajusté les coussinets de foin. Arrivé à la porte, le bon homme s'arrête : « Je reviens tout de suite. Et justement, Lom Tagat a imaginé un autre tour, cet après-midi. Je vous le conterai. » Là-dessus, il fait une grimace pour savourer d'avance la farce de Lom. La porte se referme sur lui.

Dehors, grand-père soupire. En vérité, il y a des soirs qui sont durs à vivre. Les petits pois n'ont pas assez rendu pour payer le fermage des champs, il faudrait acheter un sac de superphosphate pour nourrir la terre épuisée. Avec quel argent? Et voilà qu'il marche sur ses soixante-dix ans, que la bêche pèse plus lourd dans ses mains d'année en année. Grand-père éprouve sa vieillesse avec crève-cœur. Il aurait aimé travailler jusqu'au dernier jour, jusqu'à mourir au printemps, quand frémiraient dans la vitre de sa fenêtre les milliers de pousses vertes du champ d'en face, une pièce de blé dur et tendre à faire monter des larmes aux yeux du paysan le plus sec. Mais il lui faudra dételer son sac d'os avant, c'est sûr. Comme les autres vieux, il promènera sa vache au bout d'une corde, le long des fossés herbus, guettant les gendarmes à chaque tournant. Il est défendu de paître sur le communal.

La vache noire! Grand-père se souvient qu'il est sorti pour elle. Un prétexte, bien sûr. Il entre pourtant dans la crèche parce qu'il aime sa vache. Celle-là plus que toutes les autres. Elle lui a valu le premier prix au concours agricole du canton, oui! Et loin devant les gros bonnets qui élèvent quinze à vingt bêtes à cornes. Une honte rouge pour eux. Grand-père rit sans bruit. Dans l'ombre, il lustre le poil de sa vache avec sa paume, il lui caresse le mufle pendant qu'elle lui pousse au visage un souffle humide et que sa queue vient claquer sur son bras. Petite noire, noiraude, fille de la soie, vache d'un riche maître! Grand-père tremble d'émotion en songeant à l'heureux destin qu'il a sur la terre. Il sort de la crèche, non sans avoir égalisé la litière avec son sabot. C'est quelque chose, d'avoir une vache noire! Ragaillardi, l'esprit clair, peu s'en faut qu'il ne se trouve pourri de fortune. Les pommes de terre s'annoncent bien. Elles seront faciles à vendre. Quelques arrérages de pension doivent lui venir et paieront le superphosphate, largement. D'ailleurs, peut-être pourra-t-il louer un champ, plus près du bourg, qui ne fatiguera pas trop ses pauvres jambes. Il sait lequel. Et il sait aussi qu'il en viendra à bout tout seul. Allons, il ira bien encore quelques années. Et quelques années c'est l'éternité autant dire. Tout est pour le mieux.

Le nez aux étoiles, grand-père se frotte les mains. « Coquines d'étoiles, dit-il, est-ce qu'elles ne me font pas des signes d'encouragement? » Il leur cligne de l'œil en retour. C'est sa fille qui a raison quand elle le prend pour un vieil enfant. Va pour le vieil enfant! Le bon homme rentre dans la maison et monte sur la pierre du foyer, à côté de son petit-fils, pour inventer quelque histoire avec l'expérience de sa longue vie. La vie d'un être qui n'a cessé d'attacher sur le monde un regard pur et se reconnaîtrait volontiers poète s'il savait ce que c'est.

Yves Mensonge est monté avec le grand-père sur le foyer. Ce n'est même pas une ombre et pourtant sa place lui est gardée, chaque soir, sur le banc de gauche, auprès de moi. Je ne suis pas à l'aise, je vous le dis. Je serre les fesses et je ramène le bras, de peur de le toucher. Mais il est là, je le sais. Quelquefois, le banc craque sous lui. D'ailleurs, le grand-père lui fait la conversation, le regarde droit dans les yeux, lui demande ceci ou cela. Je n'entends la réponse que sur les lèvres du vieillard qui me répète ses paroles pour me prendre à témoin. Moi, je n'ose pas contredire Yves, je suis trop près de lui. Il serait capable de me jeter au collet sa main crochue et que deviendrais-je alors, suspendu à une main invisible! J'entendrais rire sans pitié « l'Autre Cornu ».

« L'autre Cornu », c'est le nom que nous donnons au diable. Un diable assez particulier. Ce n'est pas le diable commun, représenté sur les tables peintes que le père Barnabé suspend à une corde en travers du chœur, pendant les retraites, pour expliquer le Jugement dernier. Vous savez bien! Une espèce de bête rouge à longue queue, acharnée à piquer le cuir des réprouvés hurlants. Non! C'est un diable bien humain, avec toute l'allure d'un bon Breton de Basse-Bretagne qui aurait mangé son bien, un juif errant qui traînerait ses chausses par le pays, adonné aux besognes nobles: conclure les mariages, semer la réjouissance dans les repas de noces et les veillées, saler les cochons. Quelquefois, j'ai assez envie de faire amitié avec lui, malgré ses yeux brûlants. « Halte-là, mon fils, dit le grand-père, celui-là c'est l'esprit mauvais, le maître de scélératesse! Gardez-vous de vous abandonner à lui! » Je soupire. Tant pis! A la suite de « l'autre Cornu », que de choses on pourrait apprendre! « L'autre Cornu », c'est grand-père et Yves Mensonge à la fois.

Ils content tous les trois pendant une heure, deux heures, avec une seule voix. Le père et la mère ne sont plus là. Je ne m'étonne pas qu'ils aient abandonné la place à cette foule. Il y a de grandes ombres dans tous les coins. Sous le manteau de la cheminée sont réunis les voisins avec d'autres gens du bourg. Il est difficile de les distinguer les uns des autres, mais on reconnaît ici un sourire, là des favoris, plus loin une main où manque le majeur. Errant au long du jour, Yves Mensonge les a rencontrés et voilà qu'ils sont là. Lui-même est parmi nous, assis à côté de moi, avec sa bouche tordue à droite. Quelle farce est-il en train de méditer encore? Il a le gros nez de Joseph Scuiller, les jambes nerveuses de Herri

Brun, les doigts déliés du grand Goyat qui est si habile au jeu de billes (sept boutons perdus, malheur, quand la mère le saura!). Dans le fond, autour de la tuile à galettes, une douzaine de figures mouvantes, indistinctes, parmi lesquelles Jean de Beurre et Noël Pied-de-Pin, son compère. Mais qu'est-ce donc? Il faut que je me frotte vigoureusement les yeux. Nul doute possible. Près de moi, là où se trouvait Yves tout à l'heure, est assis le maître d'école avec son chapeau melon, ses binocles, sa barbe en queue de paon, ses manchettes blanches dont les boutons figurent des têtes de bouledogues (pourquoi ce monsieur-là ne relève-t-il pas ses manches de chemise, comme tout le monde?). Et le maître d'école, du bout de sa règle terrible, disperse les cendres grises où ne subsistent plus que deux braises vives, à l'éclat sarcastique, qui ne sont pas autre chose que les yeux ardents de « l'Autre Cornu » (tiens! Que vient-il chercher, celui-là.)

Je dodeline de la tête, doucement, doucement. Oh, comme j'ai grande envie de dormir! Mais je ne peux pas, justement, à cause des yeux ardents, le regard de l'Esprit Mauvais. On a beau dire que les Bretons sont proches cousins du diable, c'est égal, mieux vaut rester en éveil, le cousin s'est fait mauvaise réputation. La pipe de grand-père fume encore. Il parle sans arrêt et ce n'est pas pour moi, mais pour les autres. Et les autres, si je vois clair, lui répondent. En tout cas, il y a sous le manteau de la cheminée, un murmure confus qui grossit, grossit...

Je me réveille en sursaut. On frappe de grands coups contre la cloison. C'est ma mère, au lit depuis longtemps, qui nous rappelle à l'ordre : « Père, il est temps de coucher l'enfant. Comment se lèvera-t-il demain pour aller à l'école? Vous n'êtes pas plus raisonnable que lui. Je vais me décider à lui faire un lit au grenier. »

Tous les soirs, c'est la même chose. Il viendra un jour où le conseil de famille nous séparera l'un de l'autre. Terrifiés, les deux complices gagnent leur lit clos dans un coin de la cuisine. Grand-père m'aide à me déshabiller. Les deux dernières braises sont éteintes. Nous escaladons le lit en faisant le plus de bruit possible pour montrer notre bonne volonté. Je m'engourdis déjà quand le pouce de grand-père me frappe à l'épaule. J'entrouvre un œil : « Il est là de nouveau, souffle Alain Le Goff. – Où ? – A califourchon sur le haut du lit. Regardez-le qui joue avec ma ceinture ! – Je vois. Mais qui est-ce ? – Qui ? l'Autre Cornu ! »

Je ramène la couverture par-dessus ma tête pour rire tout mon soûl (cht ! Gare à ma mère qui nous guette). Quand j'ai fini, j'entends encore grand-père, tourné contre la cloison, qui s'étouffe de joie.

Un grand-père comme en voilà un, il n'y en a sûrement pas d'autre dans tout le canton. Et comme on se sent rassuré avec lui ! Comme le monde tourne sans heurt avec ses personnages réels qui s'engagent, par votre volonté, dans des aventures imaginaires et ses puissances invisibles qui deviennent à ce point familières que, pour un peu, on leur manquerait de respect sans y penser. Tenez, l'Autre Cornu par exemple. Au catéchisme, monsieur le curé nous le peint comme notre ennemi juré, celui qui veut notre perte et arrive immanquablement à ses fins si nous cessons un moment d'être sur nos gardes. « Qui est dans le miroir et qu'on ne voit jamais ? interroge le prêtre. Et nous de répondre en chœur : Le Diable ! Eh bien, le Diable en question, dans les histoires de grand-père, rien ne lui réussit jamais. Tout ce à quoi il est parvenu, dans notre famille, c'est à faire éclater l'armoire de l'oncle Corentin le Vieux. Alain Le Goff m'a raconté l'affaire dans tous ses détails devant ce qui reste du meuble détruit.

C'est entendu, une fois pour toutes : l'armoire de l'oncle Corentin le Vieux a dix-sept cents ans. La date de 1867, clairement inscrite en clous de cuivre sur le fronton n'y peut rien. Absolument rien. On sait bien, dit le grand-père, qu'il n'y a pas comme les chiffres pour tromper le pauvre monde. Les chiffres sont de l'écriture. Il n'y a de vrai que la parole, celle d'un grand-père en particulier. Et gardez-vous de mettre ces choses-là en doute si vous ne voulez pas que la lune vous tombe dans la bouche avec son goût de vieux beurre.

Comment ne serais-je pas d'accord avec le grand-père! Il est ma loi et mes prophètes. D'abord, les chiffres m'ont déjà joué bien des mauvais tours (et jamais, depuis, nous n'avons réussi à faire amitié). Ensuite, tout ignorant que je sois, je suis tout de même capable de reconnaître que le sept est dessiné à l'envers. Allez donc faire confiance à un lascar qui ne savait pas dresser un sept sur sa patte! Pour moi, il y a longtemps que j'ai fini de faire des nœuds dans de la bouillie et jamais je n'ai raté un sept, même sur l'ardoise. Un neuf, je ne dis pas, il ressemble trop à un six ou le contraire. L'armoire de l'oncle Corentin le Vieux a dix-sept cents ans et elle a été faite peu de temps après que les coqs eurent cessé de chanter la nuit. Le grand-père s'en porte garant.

Est-ce vraiment une armoire? Si quelqu'un se trouvait devant ces morceaux de meubles sans le moindre grand-père pour lui en expliquer l'histoire véritable, il aurait quelque raison de rester la langue pendante. Ces morceaux de meuble, oui, car l'armoire de l'oncle Corentin est représentée, au grenier, par deux énormes coffrages constitués de je ne sais combien de panneaux de chêne, autrefois cirés, mangés depuis longtemps par la moisissure et les vers. Ils sont ajustés à la diable avec des planchettes de bois tendre. Sur l'une d'elles, on peut lire encore : *Chicorée Leroux*. On reconnaît là de lourds battants de portes avec un portrait de saint collé à l'intérieur, des étagères encore recouvertes de lambeaux de papier à tapisser, des garnitures de cuivre d'un vert vénéneux, des gonds, des plaques de cuivre ornant des trous de serrures, des clous innombrables dessinant le Saint Sacrement ou le monogramme du Christ. Uniforme serait la ternissure sans quelques clous qui jettent un éclat inattendu, ceux précisément qui composent la trompeuse date de 1867, avec cet âne de sept attelé à l'envers des trois autres chevaux. Cela montre bien que le mensonge vous crève les yeux alors qu'il faut aller chercher la vérité à l'endroit où elle se trouve. Et où? La vérité, la voici : ces clous-là ornent la plus haute planche du coffrage de droite, celui où l'on décharge, tous les ans, les pommes de terre « saucisses », les meilleures, réservées aux chrétiens baptisés. Deux fois par semaine, le grand-père vient en prélever un plein panier. Il doit se pencher contre la planche, surtout quand le tas diminue dans la réserve, à la fin du printemps. Dans les efforts qu'il fait, son gilet de velours frotte contre le bord de bois, cire le chêne, allume les clous.

Dès ma première enfance, je suis attiré par cette lueur insolite dans l'ombre du grenier. Une fois, ma mère me surprend pendant que je polis les clous avec ma manche après avoir craché dessus de bon cœur. Cela me fait une fessée de plus au torchon à vaisselle. Non pas à cause du crachat, mais de la précieuse manche. A-t-on idée d'être prodigue à ce point d'un vêtement unique et qui doit servir jusqu'à ce qu'il craque sous la croissance du petit bonhomme qui est dedans ! Or, la table de multiplication apprise, je me trouverai définitivement désenchanté à l'égard des chiffres. Et le sept à l'envers, comme je l'ai dit tout à l'heure, ne m'inspirera plus que du mépris.

Mais comment diable est faite l'armoire de l'oncle Corentin le Vieux ? Il n'est pas facile d'imaginer comment toutes ces pièces disparates, disjointes, reclouées au petit bonheur, marquées de coups de scie maladroits, rapetassées des débris de la caisse à chicorée, peuvent provenir d'une seule et même armoire. Et pourtant, j'en connais, des armoires monstrueuses. Celle des parents du rouquin Daniel Piron, tenez ! Daniel et son frère Jef y ont couché jusqu'à leur âge de cinq ans, bien à l'aise, sur une énorme couette de varech qui endort les petits, tous les soirs, à l'odeur et au bruit de la mer. On ferme seulement les portes au crochet, avec un entrebâillement pour donner une haleine fraîche aux dormeurs. Ceux-ci disposent d'un pot de faïence pour leurs besoins de nuit, à cause des ventrées de pommes de terre et de lait baratté qu'ils font au repas du soir, les gaillards. Et, malgré cela, il se produit parfois de petits accidents. Bah ! Un peu d'eau ne fait pas de mal au goémon.

J'ai beau essayer de remonter l'armoire (dans ma tête, bien sûr) à partir des morceaux, en choisissant les meilleurs et ceux qui se conviennent le mieux, quand j'ai fini je me trouve devant un meuble si énorme que j'en suis épouvanté. Et encore, il me reste assez de bois pour en composer une autre légèrement plus petite sans avoir recours aux tiroirs entassés dans le coin du grenier, remplis de semences. Une voix secrète me souffle qu'on a peut-être rassemblé là toute l'antiquaille et les laissés-pour-compte de notre famille depuis cent ans, je ne peux pas écouter cette voix-là. C'est l'armoire de l'oncle Corentin le Vieux que j'ai devant moi, aucun homme né ne le sait mieux que mon propre grand-père. Et il sait aussi que le diable lui-même a laissé sa marque maudite sur la porte gauche, une empreinte noire et luisante qui dégage encore, quand on la frotte, une odeur d'enfer. Je peux le dire, j'ai essayé.

Alors, je me raconte l'histoire de Corentin le Vieux mot à mot, comme le grand-père me l'a dite combien de fois!

La première personne connue de notre famille a été l'oncle Corentin le Vieux. Un jour, après la Grande Révolution, cet homme-là se montra au milieu du bourg de Landudec vers le soleil levant. D'où venait-il? On ne l'a jamais su. Mais il avait du bon breton sur la langue et cela vaut mieux, en Bretagne, que toute paperasse écrite.

Corentin était à la tête d'un cheval au front taché de blanc, assez maigre à première vue, suffisamment vigoureux, cependant, pour traîner une pièce de longue charrette avec des ridelles. Et la charrette portait toute la fortune de Corentin : une armoire et une femme. La femme était si menue qu'elle devait s'accrocher à la clé de l'armoire pour ne pas se laisser emporter par le vent de galerne. L'armoire était si longue, si large et si profonde qu'elle contenait dans son ventre tous les objets qui sont utiles dans une maison, le lit clos avec son équipement, la table-maie avec les deux bancs, trois paniers d'osier remplis de pots et de vaisselle, un sac de chanvre à moitié vide parce qu'il n'y avait pas assez de linge pour le remplir. Quand on eut sorti toutes ces choses de l'armoire, il n'y restait plus qu'une brouette, une charrue de bois, quelques outils à main et... le chat Laouig, assez hargneux d'être dérangé en plein sommeil. Certains ont prétendu que le gars Corentin tira de l'armoire quinze sacs de pommes de terre. C'est un pur mensonge. En ce temps-là, les Bretons n'étaient pas encore gagnés à la pomme de terre. D'abord, il s'agissait de sacs de grains à porter au moulin. Ensuite, ils étaient entassés dans le corps de la charrette, sous l'armoire et non dedans. Foin des menteurs! Moi, je n'ajouterai pas seulement un grain de sel à la vérité. Et justement, à propos de sel, j'ai oublié le grand saloir en terre cuite qui se trouvait aussi dans l'armoire, avec deux cents livres de viande de cochon dedans. Et voilà le meuble de Corentin complètement vidé, à l'exception de la baratte, bien sûr, et d'une poule noire qui couvait une douzaine d'œufs.

Quand l'armoire fut descendue à terre et levée sur ses pieds, ce fut une autre affaire. L'homme le plus grand de la paroisse n'était pas assez haut sur ses talons pour regarder par le trou de la serrure. Où trouver une maison pour loger cette énorme masse de machin? Même au manoir du Hilguy, le plafond de la grand-salle eût été trop bas d'un bon pouce.

– Il faut la couper en deux, disait le plus sage.

Corentin secouait la tête. Il ne voulait pas offenser l'âme du menuisier sans pareil qui avait construit cette armoire.

– Il faut l'offrir à quelque roi, s'il s'en trouve encore, disait le plus fou.

Et Corentin secouait la tête encore. Il ne voulait pas non plus faire affront à ses ancêtres en laissant aller l'armoire avec un roi qui n'était pas son cousin.

– Alors, il vous faudra bâtir une maison exprès pour votre armoire, s'exclamèrent le sage et le fou en même temps.

– Si je comprends bien, dit Corentin, vous êtes prêts à me vendre un morceau de terre?

Le plus sage lui vendit la moitié d'une colline pierreuse et le plus fou l'autre moitié, ce qui prouve bien qu'il n'y a pas un travers de main entre la sagesse et la sottise. Ceux qui n'étaient ni sages ni fous furent heureux de conserver l'armoire dans leur paroisse où il n'y avait aucun autre monument d'importance à voir.

Corentin loua un bout de chaumière pour abriter sa femme, son chat, sa poule pondeuse et son ménage, sans compter les quelques souris qu'il faut nourrir quand on est homme de bien. Il transporta sa caisse de chêne sur la colline pierreuse jusqu'à mi-pente. Là, on mit cette masse debout à force de travailler des bras et de la langue, de se fatiguer la tête à tourner autour du char, de courir chercher de l'aide et de sécher des bolées de cidre entre les trois opérations précédentes pour se calmer le corps et l'esprit. L'armoire tournée vers le midi et solidement calée, la femme de Corentin appuya une échelle sur la façade et y monta avec le chiffon de laine et le pot de cire. Il lui fallut mouiller sa chemise pendant un jour entier pour astiquer les garnitures de cuivre et faire briller la muraille de bois. Mais le lendemain, quand le soleil se leva sur la colline pierreuse, les gens de sept paroisses, rassemblés sur le chemin de la vallée, virent rayonner à mi-pente une espèce de sanctuaire sombre qui eût été une offrande à quelque dieu barbare sans les clous d'or qui flambaient victorieusement à la marque du Sauveur.

Et les maçons commencèrent à élever des murs de pierre autour du mur de bois. C'est alors que Paul Cornu, le seigneur de Kersatan, dépêcha le diable du Juch pour voir ce qui se passait du côté de la colline de Landudec. Le diable du Juch n'est pas un gars bien malin, comme on sait. Il se figura qu'on allait bâtir une église neuve avec la grande armoire pour tabernacle. Et il ne trouva rien de mieux que de détruire, pendant la nuit, le travail que les maçons avaient fait pendant le jour. Mais, la troisième nuit, Corentin était à l'affût derrière une touffe d'ajoncs. Le diable se montra bientôt et se mit à démolir le mur. Corentin donna un coup de sifflet. L'autre prit peur et sauta dans la grande armoire pour s'y cacher. Et voilà Corentin qui s'approche et qui donne un tour de clé. Ensuite, il ôta la clé de la serrure et, avec une paille, à travers le trou, il souffla sur l'habitant de l'armoire des bouchées de l'eau bénite qu'il avait puisée au bénitier de l'église. Quel ravage, messeigneurs! Le diable se démena si bien qu'il fit éclater l'armoire en morceaux.

Il n'était plus nécessaire de bâtir maison pour le meuble sans pareil. Voilà pourquoi le manoir de nos ancêtres a été un bout de chaumière au bourg de Landudec, et leur héritage une charretée de panneaux de chêne cloutés de cuivre. Et croyez-moi si vous voulez : il n'y a pas un poil de mensonge dans cette histoire, du moins de ma part à moi.

Un jour, Alain Le Goff me demande : « Seriez-vous capable de me trouver avant ce soir deux bâtons qui n'ont qu'un seul bout chacun? J'en ai grand besoin et le temps me manque pour les chercher moi-même. Vous aurez une pièce de deux sous pour votre peine. »

Je ne réponds pas tout de suite. Depuis que j'ai attrapé mes six ans, je consulte mon bonnet. Je sais que grand-père ne parle jamais pour faire du bruit avec sa langue. Et qui ne fait pas attention à ses paroles risque de se trouver béjaune un peu plus tard. Je sais aussi qu'il a la charge de mon éducation première et qu'il fait les sept possibles pour que la famille n'ait pas à rougir de moi quand je me présenterai bientôt devant le maître d'école qui m'apprendra le français. Les maîtres d'école se plaisent, paraît-il, à vous tendre des pièges. Alain Le Goff veut m'habituer à leurs tours pour que je me garde en méfiance. Lui-même a été dressé de la même façon par un oncle-tuteur et c'est pourquoi il est si sage aujourd'hui sans rien devoir à l'école. Mais avec ses deux bâtons à un seul bout chacun il me prend de si court que je suis sur le point de me tirer d'affaire en inventant quelque prétexte sur le chaud. Si je ne le fais pas, c'est parce que j'appréhende de voir les yeux bleus du grand-père se détourner de moi pendant qu'il dira en soupirant quelque chose comme ceci : « Alors, il faudra que je donne mes deux sous à quelqu'un d'autre. »

Jamais de la vie! Les deux sous, je m'en moque, mais le quelqu'un d'autre je ne veux pas en entendre parler. Voyons donc! Le prochain mois d'avril, le mois du poisson, est encore loin devant parce que le dernier n'est pas loin derrière. Rétrospectivement je rougis. Le premier jour de ce fameux mois, ne suis-je pas resté des heures dans le cimetière, avec deux autres bobiats de mon espèce, attendant, le nez en l'air, que le coq du clocher perde les plumes de sa queue, ce qu'il ne fait que ce jour-là et ce qu'il refusa de faire pour nous, le teigneux. Or, c'est Alain Le Goff à lui tout seul qui nous avait bernés tous les trois. L'année d'avant, pourtant à quelqu'un qui m'avait proposé une fortune si je voulais bien aller à Kervigit, à une demi-lieue du bourg, et lui ramener un demi-quart de graines de bols, j'avais répondu que j'étais prêt à partir dès qu'il m'aurait fourni la corde à virer le vent. Ah, mais! Seulement, d'une année à l'autre, on oublie parce que le premier avril est le jour le plus « glissant » qui soit, plus difficile à garder en mémoire qu'une aiguille en main. Et savez-vous ce que nous dit grand-père après le coup du coq? « Il n'y avait pas assez de vent aujourd'hui pour le déplumer. Maintenant, il faut attendre l'an prochain. Mais nous enverrons quelqu'un d'autre pour faire le guet, vous ne croyez pas? » Et nous d'éclater de rire tous les quatre, sur quatre sons différents.

– Alors, dit Alain Le Goff en tirant sur sa pipe, je ne peux pas vous faire confiance? – Deux bâtons à un seul bout chacun, c'est difficile à trouver. Mais peut-être, si vous pouviez vous contenter d'un seul... – Ils vont toujours deux par deux, c'est tout ce que je sais. Si vous mettez la main sur l'un, vous tenez l'autre en même temps. – Et de quel côté sont-ils les plus nombreux? – De tous les côtés, dit Alain Le Goff. – Mais comment reconnaît-on qu'un bâton n'a qu'un seul bout? – Comment? Vous ne savez pas? C'est quand l'autre bout n'est pas là.

Il ne dira pas un mot de plus. Le voilà parti pour les champs sans tourner la tête car il sait que je vais me mettre en campagne. Je commence par examiner de près le bâton à bouillie qui est dressé dans le coin de l'âtre. Il a une queue pour le tenir et une tête (bout) pour remuer la pâte. Serait-ce lui? Mais grand-père n'avait qu'à le prendre. Et d'ailleurs il n'y en a qu'un. Comment serait-il plus facile d'en trouver deux? Je m'en vais dans l'appentis. Là, il y a des bêches, des pelles, des râteaux, des fourches, des pioches, tous emmanchés. Un manche n'a qu'un bout puisque l'autre est pris par le fer et l'outil. Mais un manche peut-il passer pour un bâton? Je prends sur moi de répondre non. Dix minutes plus tard, je remonte le sentier qui borde le Champ du Recteur, je descends dans les prairies. Sur tous les talus, il y a des douzaines de rameaux qui attendent de devenir bâtons. Tenez, ces deux-là qui ont l'air d'êtres frères ou sœurs. Dans ma tête, je les vois coupés, mais ils ont quatre bouts à eux deux.

Alors je reviens vers la maison pour regarder aller les choses. Je laisse le soleil tirer le jour derrière lui. Certes, je n'ai pas moins de courage qu'un autre. Les bâtons qui n'ont qu'un seul bout chacun, je suis prêt à franchir toutes les limites de mes six ans et demi pour mettre la main dessus. Mais je sais déjà que si je ne les trouve pas avant ce soir, grand-père les aura trouvés lui-même. Et j'éprouve un étrange plaisir à savourer mon échec en escomptant ma surprise quand le vieil homme m'apportera la « clé du château » C'est ainsi qu'il appelle la solution des embrouilles qui nous cernent de toutes parts pendant tout le temps que nous avons les yeux ouverts. Lui, cette clé, il la trouve à tous les coups.

Justement, le voilà qui revient du champ de Méot. A son pas, comme d'habitude, et le chapeau ramené sur les sourcils parce que le couchant, ce soir, est rouge-braise, trop rouge pour les yeux bleus qu'il a. Il manie un bâton qui lui sert, de temps à autre, à aider une jambe gauche devenue paresseuse à force d'aller. Un seul bâton, pas deux, sinon je jurerais qu'il a trouvé ce qui lui manquait. Car ce bâton n'est pas celui qu'il a pris pour partir. Des bâtons, grand-père en a plus de sept de sa fabrication, sans compter la canne du dimanche pour aller à la messe et qui a été achetée en magasin, s'il vous plaît. La canne est dans l'armoire, étalée sur le beau pantalon à rayures, les bâtons sur les solives de la crèche, vivifiés par le souffle des animaux. Il y a d'abord un *penn-baz* en forme de massue et dont la poignée est pourvue d'un lacet en cuir qui le rattache à l'homme. Car c'était là, naguère encore, une arme de défense en cas de mauvaise rencontre. Jamais il n'a servi au pacifique Alain Le Goff qui a pourtant appris à le manœuvrer fort bien. Il y a le gros bâton de houx pour les randonnées de quatre lieues et plus. Droit comme un trait, celui-là monte jusqu'à l'épaule d'un homme fort et il le faut bien car on a besoin de lui pour sauter d'un talus à l'autre par-dessus les chemins de boue. Il y a le *bâton-sifflet,* ainsi appelé parce qu'en soufflant dans un trou de la poignée on en tire le sifflement d'un reptile sculpté sur les torsades du bâton lui-même. Il y a le *bâton-métreur* dont les encoches donnent le pouce, le pied, l'aune et les diverses mesures dont le grand-père tire parti. Et il y a les *bâtons-prétextes,* beaucoup plus minces que les précédents et parfaitement incapables de vous aider à chasser la route sous vos pieds, des badines tout juste bonnes à faire sauter une tête de chardon, ou à se gratter le dos quand il démange. C'est l'un de ceux-ci qu'Alain le Goff a pris ce matin. Et voilà qu'il revient avec un chef-d'œuvre de bâton dont le haut est rouge et le bas gris, tandis que le milieu est étroitement gainé de gros fil poissé qui doit venir tout droit de chez Guillaume le cordonnier.

Alors! Ces deux bâtons à un seul bout chacun! Où sont-ils? – Je n'en ai pas vu la couleur, grand-père. – C'est de ma faute, dit-il avec un sourire. Il vous fallait un couteau et vous êtes trop jeune encore. Mais le jour de vos sept ans, par ma foi, vous en aurez un. – Mais vous aviez besoin de ces bâtons avant ce soir! – Les voilà. Regardez bien.

Il tire brusquement sur une sorte d'anneau de fil poissé qu'il tient dans une main pendant qu'il fait tourner le bâton de l'autre et le fil se déroule à mesure. Je vois tomber la moitié du bâton, la moitié rouge, qui est taillée en biseau sous le fil. « C'est du châtaignier », dit Alain Le Goff. Et la moitié grise se découvre complètement à son tour, taillée de la même façon. « C'est du chêne maintenant. » Je regarde si fort que j'ai bien du mal à retenir mes yeux dans mes paupières.

– Tout à l'heure, j'avais deux bâtons en un seul. Quand je tenais le chêne en main, c'était le châtaignier qui touchait le sol. Chacun d'eux était bâton, comprenez-vous! Le plus difficile est de trouver deux branches de la même épaisseur et de deux bois différents pour que personne n'aille prétendre que c'est le même bâton. Vous savez comment sont les gens : ils ne veulent jamais croire avant d'avoir vu et tâté. Quand vous avez les deux bâtons, vous les biseautez avec un cran de façon qu'ils s'ajustent parfaitement l'un sur l'autre sans pouvoir glisser et vous ligaturez tout du long des biseaux avec un fil assez fort pour mordre profondément l'écorce et tenir solidement le tout. Comme je fais.

Et le grand-père, ce disant, refait le bâton rouge et gris en conservant deux bouts sur quatre. Quand c'est fini, le bon homme dépose l'objet sur mes genoux :

– C'est pour vous. Approchez-le de votre oreille et vous entendrez tourner la « clé du château ».

Il n'y a rien de plus beau qu'un arbre, se plaît à dire Alain Le Goff. Le pauvre homme ne possède aucun arbre à lui, mais tous ceux qu'il peut voir de ses yeux sont ses complices dans le grand jeu de la Création. Il y en a certains qu'il aime mieux que les autres. Ce ne sont pas les plus triomphants, mais ceux qui peinent à survivre dans le vent sauvage. Il va les voir en hiver, quand ils sont nus. « Regardez-les qui travaillent, dit-il. – Et qu'est-ce qu'ils font, grand-père? – Ils rattachent la terre au ciel. C'est très difficile, mon fils. Le ciel est si léger qu'il est toujours sur le point de prendre la fuite. S'il n'y avait pas d'arbres il nous dirait adieu. Alors, il ne nous resterait plus qu'à mourir. Dieu nous en garde. – Mais il y a des pays où il ne pousse pas un arbre. Je l'ai appris à l'école. On les appelle déserts. – Justement mon fils. Il n'y a pas d'hommes par là-bas. Le ciel s'est décroché.

Je fais semblant de ne pas comprendre. Lui il allume sa pipe en souriant. Personne n'a jamais souri comme Alain Le Goff et voilà pourquoi les hommes sont malheureux sur la terre. Il frappe le tronc rugueux de sa main ouverte : « Vous voyez bien que c'est une grosse corde, le tronc de l'arbre. Il y a même des nœuds dedans, quelquefois. Les torons de la corde se desserrent à chaque bout pour s'accrocher au ciel et à la terre. On les appelle des branches en haut et des racines en bas. Mais c'est la même chose. Les racines cherchent leur chemin dans le sol de la même manière que les branches s'introduisent dans le ciel. – Mais c'est plus difficile d'entrer dans le sol que dans le ciel. – Hé non! Si c'était vrai, les branches seraient droites. Et voyez comme elles sont tordues sur le pommier que voici! Elles doivent chercher leur chemin, je vous dis. Elles poussent, le ciel résiste, elles changent de direction aussi souvent qu'il le faut. Elles ont bien du mal, vous savez. Peut-être plus de mal que les racines en bas. – Et qu'est-ce qui leur donne tant de mal, grand-père? – C'est le vent, le vent pourri. Le vent voudrait séparer le ciel de la terre. Il pousse sa langue entre les deux. Et, derrière lui, la mer attend pour tout recouvrir. Mais il y a les arbres qui tiennent bon de part et d'autre. Le soleil béni porte secours aux branches, tandis que la pluie réconforte les racines. Une sacrée bataille, mon fils. Cela n'arrête pas de se battre, en ce monde. – Et nous, alors! Qu'est-ce que nous devons faire? – Avoir confiance dans les arbres contre le vent.

Si pacifique est le sourire d'Alain Le Goff que j'ai peine à croire que le monde est l'enjeu d'un combat entre les éléments. Je vis en sécurité à la hauteur du tronc des arbres, tandis que les oiseaux surveillent de près les racines célestes et que toutes sortes de bestioles muettes s'activent obscurément autour des branches souterraines. Mais, quand le suroît hurle sur ma campagne, il m'arrive plus d'une fois, d'aller patrouiller parmi les grands ormes qui bordent le Champ du Recteur. J'ai peur de voir se détacher le ciel sous la langue du vent et de rester tout nu sur une terre décoiffée. Les arbres m'ont évité cette apocalypse jusqu'au jour où j'ai perdu ma sagesse d'enfant sans trouver une autre explication du monde.

De rimailleries en contes borgnes et de proverbes en devinettes, le temps continue à passer sur nous. J'affronte l'examen des bourses, me voilà au lycée pour sept ans de pensionnat dont les heures sont rythmées au tambour. Quand je dois aller à Rennes pour passer l'oral du bachot, Alain Le Goff m'accompagne sur son trente et un : souliers de cuir, pantalon mat-et-brillant, gilet de velours au ras du cou, chapeau à rubans et chaîne de montre. Je ne sais pas lequel de nous deux est le plus misérable. Grand-père attend le verdict chez sa plus jeune fille, ma tante Lisette, mariée à mon oncle Guillaume, le frère de mon père. Il s'enferme dans une chambre pour dévorer son anxiété pendant que je vais souffrir à la Faculté des Lettres. Mais il m'a d'abord soufflé le moyen de réprimer mes tremblements devant mes juges. C'est vieux, paraît-il, comme le monde.

– Si vous avez peur du monsieur qui est devant vous, mon fils, essayez de l'imaginer tout nu. Une grenouille à grosse tête n'est jamais qu'une grenouille.

Je suis reçu. Réjouissance dans le modeste logis de la rue Bara. Grand-père sort de son vieux portefeuille un gros billet.

– Je ne sais pas trop bien ce que c'est que le champagne, dit-il à Lisette, mais allez tout de suite en chercher une bouteille. Nous allons faire comme les grosses têtes.

Et cet homme que personne n'a jamais vu devant un comptoir a bu un plein verre de ce breuvage dont il dira plus tard que si on l'introduisait dans le derrière d'un chien, la pauvre bête ferait le tour de la terre en aboyant de douleur. En passant par l'avenue de la gare pour reprendre le train, grand-père bombe le torse, le pouce à l'entournure du gilet, le chapeau rejeté en arrière comme un conseiller général qui fait campagne. Je comprends que mon bachot à moi, c'est le sien aussi puisque mon vrai maître, c'est lui.

De temps à autre, à des heures et des jours inattendus, un grand diable d'homme apparaît sur la place du bourg, venant de Plozévet. Il est vêtu de hardes blanchies par l'usure et qui furent jadis bleues. Sur la tête un chapeau délavé, sans ruban, mais fièrement rejeté sur la nuque. Aux pieds, de gros sabots de hêtre dont le coussinet de paille, sur la cheville, est le double de celui des autres. Dans la main, un bâton dont il fait un moulinet tous les six pas. L'homme a des favoris grisâtres comme les trois Jules, Grévy, Ferry et Simon, et le même nez que les rois de France de la famille des Bourbons. De la démarche d'un roi qui aurait quelque difficulté avec sa jambe gauche, le front haut et les épaules dégagées, il monte vers notre maison, saluant du bâton, à droite et à gauche, toutes les têtes de connaissance qui apparaissent aux ouvertures des maisons. C'est mon autre grand-père, le premier des deux puisqu'il est le père de mon père, c'est le sabotier de Kerveillant que j'ai entendu un jour, entre Meros et Kervinou, appeler *Jean des Merveilles.*

Quand je suis à jouer sur la route, je descends à sa rencontre car je ne manque jamais de le voir arriver ni les autres enfants non plus. Je ne sais pas comment il fait pour attirer les yeux sur lui aussitôt qu'il paraît. Dès qu'il me voit, il brandit son bâton très haut et se met à rire. Sans se baisser le moindrement, il me met sa main sur l'épaule : « Vous avez encore grandi, vous êtes un bon garçon, petit Pierre. » Il me prend la main, il lève un doigt prophétique, il profère une de ces sentences qui ne sont qu'à lui et qui me plongent dans le ravissement parce que je sens que c'est là une sorte de sésame pour refaire connaissance après quelques semaines.

Je ne sais pourquoi ni comment
Jakez Perros perdit ses dents.

Je le tire derrière moi jusqu'à la maison. Nous entrons tous les deux après qu'il a proclamé sur le seuil : « Voilà les deux plus beaux animaux qui sont au monde ! » Quand Alain Le Goff est là, il se lève pour accueillir son compère.

Les deux hommes sont très différents l'un de l'autre. Mais il y a justement entre eux une sorte de complicité qui fait qu'ils ont besoin de s'accorder de temps en temps sur les choses essentielles qui n'ont rien à voir avec le comportement quotidien. Le sabotier parle, Alain Le Goff écoute, mais le sabotier sait bien ce qu'il dirait s'il voulait bien parler et il parle donc pour les deux à la fois. Cela fait pour mes oreilles quelque chose de neuf et de familier en même temps. Je ne suis pas loin de croire qu'il faut exactement les deux grands-pères que voilà pour faire un petit-fils de bonne race. Comme j'ai pris ma place habituelle auprès d'Alain Le Goff, celui-ci me dit : « Allez donc auprès de votre premier grand-père! » Je fais le tour de la table sans discuter. Le sabotier met un bras autour de moi : « Voulez-vous venir à Kerveillant passer un jour ou deux ou plus? Votre grand-mère ne vous a pas vu depuis longtemps. – Bien sûr qu'il ira, répond Alain Le Goff. Le sabotier explique que le porteur du moulin de Meill-Douget passera dans la soirée avec sa charrette vide et nous emmènera tous les deux dedans comme des seigneurs. Une autre charrette me ramènera plus tard. Mon grand-père premier connaît tous les charretiers du monde. Il jure que je ne m'ennuierai pas et je sais bien qu'il dit vrai. Et il parle de ses abeilles.

Là-dessus rentre ma mère qui s'exclame de surprise, sort de l'armoire les verres et les bouteilles, met le café en train et charge la table de mangeailles avant de rassembler quelques petites affaires pour moi. Je reviendrai peut-être dans trois jours, peut-être dans une semaine, personne ne sait, surtout pas le sabotier, mais elle aura de mes nouvelles par tous les cheminants qui parcourent le pays. Au besoin, elle pourra venir me chercher à pied. Deux lieues, ce n'est rien. Peut-être même pourrai-je revenir tout seul.

Le sabotier sort son couteau et lève son verre.

Bonne santé à tous les êtres!
Celui-ci va disparaître.

Il boit, repose son verre, s'essuie la bouche d'un revers de main.

Le Paradis aux Trépassés!
Voilà celui-ci avalé.

Le soir tombe quand le porteur du moulin vient se mouiller la gorge avant de nous embarquer dans son char farineux. Mon père revient trop tard pour que nous puissions l'attendre. Mais il a l'occasion, assez souvent, de s'arrêter à Kerveillant depuis qu'il conduit le camion. Nous voilà cahotant sur la route, moi tout fier de tenir les rênes entre les genoux du conducteur. Quand je serai grand, si je suis assez fort, je serai porteur de moulin et je n'arrêterai pas de siffler de l'aube au crépuscule.

A Kerveillant nous attend ma grand-mère Katrina Gouret. C'est une petite femme toute ronde dans ses gros jupons, sous une coiffe beaucoup plus basse que celle de ma mère en raison de son âge. Elle a des joues toutes rouges qui font plaisir à voir et un sourire bienveillant qui ne la quitte guère après une vie de travail et d'épreuves. Elle m'a préparé une soupe au café dans un bol recouvert d'une assiette qu'elle tient au chaud sur l'âtre, près du feu. Une écuelle beaucoup plus grande contient la soupe aux pommes de terre du sabotier. Après la soupe, il y a une omelette qui est de trop car je m'endors dessus. On me déshabille, on m'emporte au lit clos.

Ce lit clos est le seul de son genre que je connaîtrai jamais. C'est une caisse à deux étages dans laquelle mon père et ses frères ont dormi à quatre jusqu'à leur départ de la maison. Mais il m'arrivera d'y dormir avec trois autres lors des réunions de famille. Avec mon parrain Jakez, mes oncles Guillaume et Henri, peut-être Corentin, je ne sais plus. Ce que je sais, c'est que l'énorme caisse craque de toutes parts quand quelqu'un se retourne dedans. Et elle émet des bruits de paille, des froissements de balle d'avoine. Elle est pleine de rires et des plaisanteries des frères qui se sont retrouvés. Les deux oncles du haut font exprès de donner des coups de reins sur les paillasses, menaçant de faire tout s'écrouler sur les deux occupants du bas dont je suis l'un et qui cognent à coups de poing contre les planches pour les faire se tenir tranquilles. J'ai un peu peur quand cela craque trop fort, mais la caisse est solide, marchez toujours!

Le lendemain, quand j'ouvre les portes pour me lever, grand-père taille déjà ses sabots devant la maison, sous les arbres. Vite, mon pantalon, mes bas, mes chaussons et je parais sur le seuil. Grand-père plante son outil dans l'énorme billot qui lui sert d'établi. Il enlève son bonnet phrygien bleu (un bonnet républicain, mon fils!) pour s'en essuyer le front. « J'entends d'ici chanter vos boyaux, dit-il. Allez manger votre soupe. Un sac vide ne tient pas debout. » Ma grand-mère est quelque part aux champs, mais mon bol de soupe m'attend au chaud près des braises. Il est neuf heures. Le sabotier rentre à la maison pour casser une croûte. Il travaille depuis l'aube. Au haut bout de la table, il y a une sorte de grand panier plat en osier qui repose sur son ouverture. Au centre est attachée une corde qui monte au plafond pour s'enrouler sur une poulie. Grand-père tire sur la corde, la *koloenn* s'élève et découvre la tourte de pain. La corde nouée à un clou du mur, grand-père prend le *plên,* un tranchoir à deux poignées dont il se sert pour couper une tranche de pain bien régulièrement sur toute la longueur de la tourte. « Ce n'est pas trop pour vous », dit-il. Je proteste, tout confus. Alors, avec son couteau, il me coupe le quart de la tranche, m'étend du beurre dessus. « Vous mangerez le reste plus tard. » Mais c'est lui qui le mange tout de suite. J'ai bien du mal à finir ma part. La corde est détachée du clou, *la koloenn* redescend sur le pain.

La matinée, pour moi, se passe à regarder grand-père tirer des sabots de morceaux de hêtre. Je me demande comment il y arrive avec des outils si lourds et si gros. Bien sûr, ses sabots ne sont pas pour les demoiselles. Trop massifs, avec un bout en groin de cochon; bons pour les laboureurs et propres à naviguer dans la boue. Mais comme les copeaux de hêtre sentent bon!

– Vous m'apprendrez à faire des sabots, grand-père?

– Non, mon fils. Votre nourriture serait trop maigre. Cordonnier, je ne dis pas. Mais il vaut mieux apprendre à lire, à écrire et à parler en français. Vous en aurez du pain et de la viande tous les jours. Et vous marcherez sur du cuir. Sur du cuir, je suis allé de Châteauroux à Belfort pendant mon service qui a duré sept ans. J'aurais fait le voyage en sabots s'il avait fallu le faire, mais sur du cuir, j'avais l'impression d'avoir des ailes. Les gars des villes qui étaient dans le même régiment nous ont bien retardés. Ils ne savaient pas bien se servir de leurs jambes. Mais tout le reste, ils le savaient, du moins à les entendre. Moi, je n'ai pas été à l'école. J'ai appris à lire au régiment si bien que j'arrive à me reconnaître dans la *Vie des Saints*. Votre grand-mère, elle, a été trois mois chez les sœurs. Hélas, cela coûtait trop cher. Il a fallu la retirer de là. Alors, elle a continué à apprendre plus tard, en même temps que ses enfants. Elle regardait dans leurs livres et leurs cahiers quand ils étaient allés dormir. Moi je n'ai pas une tête comme elle. Je ne retiens que ce qui ne sert à rien. Ou alors des choses très utiles, mais qui ne plairaient pas à votre mère si elle m'entendait vous les dire.

– Dites toujours, grand-père. Elle n'est pas là.

Grand-père arrête son paroir. Il jette un coup d'œil méfiant autour de lui.

– Eh bien, voilà! Lorsque vous allez faire vos besoins, rappelez-vous ceci. Quand il est question de ch..., mettez-vous le nez au vent pour qu'il chasse la mauvaise odeur derrière vous. Quand il est question seulement de pisser, mettez-vous le cul au vent pour qu'il chasse l'urine devant vous. Si vous ne faites pas attention à cela, vous risquerez de prendre la mauvaise odeur plein votre nez et l'urine plein votre pantalon.

C'est entendu. Je ne soufflerai mot de cette leçon à ma

mère, mais j'en ferai mon profit, croyez-moi. Comme je tâcherai de faire mon profit d'une autre recommandation plus grave qu'il ne cessera de me faire jusqu'à sa mort : « Courbez l'échine du côté de la nourriture autant qu'il le faut pour avoir votre pitance et celle de votre maisonnée, mais jamais plus bas, vous entendez, jamais plus bas, quand même vous le commanderait la plus grosse tête qui vit en ce monde. »

Alain Le Goff dit la même chose, mais lui n'a aucun mal à vivre tranquille car il ne connaît pas de tentations capables de le faire tomber, ne serait-ce que pour quelques moments, dans la dépendance des autres. Mon grand-père premier a un ver qui lui travaille la tête et dont il n'arrive à faire taire le bruit qu'en se jetant dans le travail à corps perdu. Le ver en question, de temps à autre, entraîne le sabotier à l'aventure. Il a toujours envie d'aller voir ce qui se passe dans le monde, envie de fréquenter toutes sortes de gens et d'en apprendre du neuf, ce neuf serait-il déraisonnable. En retour, il ne résiste pas au plaisir de faire partager aux autres les deux sous de sagesse qu'il a amassés à ses dépens et les quelques écus de folie qu'il recèle par héritage naturel, quitte à imaginer certains tours qui l'ont rendu célèbre dans le canton et dont on parlera encore quarante ans après.

Dès qu'il a fini son travail dans les champs ou sur son billot de sabotier, il tâche de s'échapper plus loin pour endormir le ver. Il lui suffit de charger sur sa tête, dans un sac de chanvre, la pâte d'un pain de seigle à faire cuire dans un four de Lababan pour que s'ouvrent tous les chemins du hasard, le plus hasardeux étant celui du retour. La nuit est tombée depuis longtemps et, à Kerveillant, on ne voit toujours pas la couleur du sabotier. Il conte les merveilles quelque part sous un manteau de cheminée. Ou bien il arpente les chemins creux pour se rendre dans quelque endroit où l'attend une compagnie de gens de bien qui ont besoin de lui pour se tenir en joie.

Une nuit, mon oncle Guillaume qui couche dans le lit

clos à étage est réveillé par sa mère. Le sabotier n'est pas rentré et on a besoin de lui le lendemain sans faute. Ils partent à sa recherche, guidés par le chien Vaouig qui connaît les itinéraires habituels du baladin. Les voilà rendus à Pouldreuzic, devant chez mes parents. Pas de lumière, tout est clos. Ils n'osent pas réveiller les gens, ces choses-là ne se font qu'en cas de feu ou de danger de mort. Seulement, ils déposent sur le seuil un paquet de carottes nouvelles et de haricots qu'ils ont emporté à tout hasard. Ils continuent par la paroisse de Lababan où le sabotier a des fréquentations. Tout dort. Ils rentrent bredouilles et fourbus à Kerveillant. A l'aube, le sabotier paraît dans sa cour, fort gaillard, ayant passé la nuit à refaire le monde quelque part à l'abri, avec des compagnons de rencontre. Il n'a pas perdu son temps, dit-il, les autres lui ayant déballé des tas de choses dont il n'avait jamais eu nouvelle.

Une autre fois, l'aventure nocturne risque de mal tourner. Un matin d'hiver, Guillaume se rend à l'école à Plozévet. Il a neigé fortement dans la nuit. En passant à la hauteur de la ferme de Kergivig, le jeune garçon aperçoit sur le bord de la route un tas de neige à la ressemblance d'une tombe fraîche. Il s'approche, reconnaît un homme étendu en position cadavérique. C'est son père. Au galop, il revient à Kerveillant pour alerter les propriétaires, les Le Guellec. Ceux-ci s'en vont chercher le sabotier qu'ils ramènent sur une charrette à bras dans son *penn-ti*. Ma grand-mère Katrina, sans s'émouvoir outre mesure, allume dans l'âtre un feu d'enfer. Elle fait installer son mari sur le banc de la cheminée. Il est neuf heures. Une demi-heure après, le sabotier dégèle, revient à lui avec un grand soupir. Le ressuscité gagne son lit clos dans lequel il dort jusqu'à midi. Après quoi, il mange ce qu'il y a à manger et se met au travail comme si de rien n'était. Les gens diront que s'il n'avait pas été un tel « chat de nuit », il était taillé pour vivre cent vingt ans.

Or, ces équipées imprévues sont rares. Grand-père a d'autres moyens d'apaiser son ver rongeur. Il n'a pas souvent besoin de se mettre en chemin à la recherche de l'occasion ni de se laisser entraîner d'un carrefour à l'autre et de ferme en auberge à la suite de bons ou mauvais compagnons, qui comptent sur lui pour se délivrer d'eux-mêmes. Il est réputé pour avoir en mémoire une provision de contes qui lui viennent d'abord d'un héritage de famille et qu'il ne cesse d'enrichir précisément au contact des batteurs de pays aussi fortunés de la tête que dépourvus de la bourse et n'hésitant pas à distribuer leur bien par la langue à qui veut les écouter. Alors, dès la fin des moissons, on vient le chercher dans son *penn-ti* de Kerveillant pour qu'il transforme une assemblée de paysans dans une salle de ferme en autant de chevaliers et de dames de la Table Ronde qui parleraient miraculeusement le breton de Plozévet à la cour des rois.

Un de ses amis est le chiffonnier de Brennilis que je connais bien car il ne manque pas de venir nous saluer tous les hivers. Cet homme des montagnes d'Arrée sait conter comme pas un. Et bien sûr il cultive cet art qui le fait bien venir des petits et des grands à travers la campagne. Son commerce ne s'en porte que mieux et son ventre pareillement. Il arrive que lui et le sabotier se livrent des assauts sous les manteaux de cheminée, se relayant mutuellement pour débiter les contes à la grande joie des assistants. Ceux-ci savent bien que lorsque deux conteurs sont en présence, chacun d'eux fait les sept possibles pour triompher de l'autre. C'est alors que la veillée devient un véritable spectacle dont les conteurs sont les maîtres absolus. Ordinairement, c'est une soirée où chacun s'occupe à un travail quelconque tout en écoutant. Les femmes peignent le chanvre, filent, tricotent, cousent, brodent, ravaudent. Les hommes tressent des paniers, réparent des harnais ou des outils, taillent le bois, condescendent même à écosser des haricots verts entre deux bolées de cidre. Mais quand le conte tourne bien, quand le conteur, sur sa lancée, y introduit des épisodes nouveaux qu'il a empruntés à d'autres et qui se fondent merveillement dans le sien, quand il est si maître de sa parole qu'elle semble se former d'elle-même selon sa propre nécessité, alors cessent tous les travaux, chacun se rend vers le conteur pour ne rien perdre de ce qui se passe et qui est exceptionnel. Les enfants pleurent et protestent quand l'heure est venue pour eux de se coucher. Et pourtant, il faut bien qu'ils se couchent car, après la série des contes merveilleux, il en viendra d'autres qui ne sont pas à mettre dans toutes les oreilles.

Je n'ai jamais entendu grand-père lutter contre le chiffonnier. Mais, en lisant les livres de contes que ni l'un ni l'autre n'avait jamais lus, je retrouverai une partie du répertoire du sabotier et je m'apercevrai bien que le Léonard lui avait appris certaines légendes qui ne pouvaient venir que du Léon ou du Trégor tout proche. Je ne saurais dire si le chiffonnier, de son côté, a contaminé ses vieilles histoires léonardes par des épisodes bigoudens. Le conteur prend son bien où il le trouve.

Mais je sais que conter est un métier qui se perd si on ne le pratique pas. Il faut d'abord entrer en méditation pour faire revenir le conte en vous de temps à autre, histoire de vérifier s'il ne s'est pas dispersé. Grand-père sait méditer très bien en taillant ses sabots, à condition de n'entendre que ses coups et le chant des oiseaux qu'il ne manque jamais de me traduire. Ecoutez celui-ci, mon fils? *N'eus ket a vutun, pôtr! Be po, be po!* (Pas de tabac, mon gars? T'en auras, t'en auras!) Mais il n'aime pas être dérangé par des cris ou de l'agitation autour de lui. Quand ses sept fils sont encore enfants et qu'ils s'amusent autour du billot, il n'arrive pas à mettre de l'ordre dans sa tête où les éléments des contes jouent à saute-mouton. Alors, il va chercher le chapelet de Katrina Gouret, le met entre les mains de l'aîné avec ordre de faire réciter à toute la troupe quelques dizaines de *Pater* et d'*Ave*. Le marmottement des prières l'aide à se recueillir.

Ses contes, il en fait l'essai sur les enfants. On récolte les pommes de terre chez Naïg Joz, à Ti-Lonk. Toute la compagnie est là, y compris les enfants, ramasseurs émérites. Quand le soir tombe, grand-père commence à conter pour deux ou trois galopins qui sont bientôt six ou sept autour de lui avec leurs paniers. Les femmes d'abord, puis les hommes, rentrent chez eux pour la soupe. Ne voyant pas revenir les garçons et les filles, ils s'inquiètent, retournent au champ. Les enfants sont agglutinés contre un talus, au milieu le sabotier qui raconte « comment un Breton devint roi d'Angleterre ». Les parents, n'osant pas interrompre le conteur, s'assoient un moment pour l'écouter. Après quoi ils ne songent plus à se lever. Si bien que ce sont les petits, à la fin, morts de fatigue et affamés, qui tirent sur la robe de la mère ou le veston du père en suppliant : allons à la maison! Mais les parents, à leur tour, font la sourde oreille. Ils ont mangé, eux.

Il suffit que le sabotier ait quelqu'un pour l'écouter, quelqu'un qui peut s'intéresser à autre chose que la terre, les biens de toute sorte, le prix des cochons de lait, le pain quotidien, la soupe grasse du dimanche et autres fariboles de ce genre, le voilà qui se met en train d'échafauder ses merveilles à voix haute. Il n'est pas étonnant que les enfants soient son meilleur public. Et le plus privilégié des enfants, pour le moment, c'est moi-même, le petit-fils aîné. Quand je suis à Kerveillant, je ne le quitte pas d'une semelle. Quand il répète ses contes à son billot ou dans ses champs, à genoux par terre ou manœuvrant la bêche, acteur et metteur en scène à la fois, c'est à moi qu'il demande conseil : « Est-ce que je fais tourner Yann à droite ou à gauche? A droite, il y a ceci, à gauche, il y a cela! Qu'en pensez-vous? » Moi, je pense que Yann doit aller voir des deux côtés. C'est aussi l'avis de grand-père.

Certains soirs grand-père, après la soupe ou la bouillie, se met en devoir d'allumer dans la cheminée un feu dont lui seul a le secret. Il le fait partir des copeaux de hêtre qui tombent autour de son billot. Et les copeaux lèchent de leur flamme trois bûches (la troisième pour soutenir les deux autres) jusqu'au moment où elles s'enflamment à leur tour pendant que les copeaux tournent en lit de braise. Et pendant ce temps-là, il y a des gens qui entrent dans le *penn-ti* avec mille politesses et s'encourageant mutuellement. Comment savent-ils que le sabotier est en vaine de conter ses merveilles ce soir-là précisément? Parce que la cheminée fume en dehors dans la nuit alors qu'elle ne devrait plus le faire. La pauvre pièce où l'on accède par le pignon n'est pas assez grande. Et pendant deux ou trois heures d'automne ou d'hiver, la voix du grand-père s'empare de tout ce monde pendant que ses mains font surgir des ombres étonnantes sur le fond de la cheminée.

Je l'accompagne plusieurs fois, ce Jean des Merveilles, quand il va « tenir boutique de contes », comme il dit, dans les grandes fermes des environs, à Keldreg, Brenizenec, Lestrougi, Kervinou aussi. Mais c'est du moulin de Kerzuot que je me souviendrai toute ma vie. Peut-être à cause de la majesté des lieux où rôde encore le fantôme du Vieux Guellec qui avait érigé un moulin pour chacun des douze enfants qu'il avait eus de quatre femmes et bâti quatre ou cinq demeures avec les ruines des manoirs de la noblesse. Peut-être parce que là-bas mon grand-père premier, le pauvre diable, siège en majesté à la place même du Vieux Guellec pendant tout le temps qu'il conte. Et moi, assis à ses pieds, je vois briller dans l'ombre, jusqu'au fond de la grande salle, des paires d'yeux qui me semblent innombrables. Peut-être aussi parce que, revenant tous les deux par les chemins profonds, il conte pour moi en prenant pour témoin l'Homme au Fagot d'Ajoncs qui habite la lune. Il me traduit le langage des meules de Kerzuot qui parlent toujours, que nous entendons parler dans la nuit. Elles sont quatre qui s'interrogent et se répondent :

Piou a fardo pa vo faoutet?	(Quand sera fendu, qui réparera?)
Sahad du-man, sahad du-hont.	(Une sachée par ci, une sachée par là.)
An hini paour, pa varvo,	(Le pauvre, quand il mourra,)
Plas a-walh a gavo.	(Assez de place il trouvera.)

Le sac d'histoires de grand-père est inépuisable. Il en trouve toujours d'autres. Un quart de siècle après sa mort, quand je serai moi-même une voix contant à la radio une demi-heure par semaine, quand j'irai contant en personne humaine par les bourgs et les villages, combien de fois les vieillards de mon canton me diront-ils : « Vous n'êtes pas tellement mauvais, mais bien loin encore derrière le sabotier. » Rien de plus vrai. C'est que lui, quand il est à court, il fait surgir des histoires du néant. Il les rend si crédibles qu'il est capable de mettre une paroisse entière en révolution. Il invente de toutes pièces, à plusieurs reprises, des anecdotes qu'il grossit à la dimension d'événements mémorables et cela en présence même des personnages qu'il met en scène. Et il donne de telles précisions de lieu, de temps et de manière que les héros malgré eux finissent par croire que la chose leur est réellement arrivée. Une fois au moins le sabotier, fabulant à pleine fantaisie, prend à témoin de ses dires Alain Le Goff, lequel est présent et tombe des nues. Et il arrive que le protagoniste supposé de l'histoire s'en aille ensuite racontant partout son aventure à qui veut l'entendre. Il la raconte même au sabotier qui fait semblant de ne pas la connaître, gardant un sérieux imperturbable et jouant l'incrédulité.

Si l'on veut un exemple de cet humour de mon grand-père premier, voici : une fois, il défriche à grand ahan une lande appartenant au moulin de Brenizenec et qu'il veut transformer en champ de pommes de terre. La lande en question se trouve en bordure de route. Tous les passants s'arrêtent pour demander au grand-père : « Que faites-vous là, Alain Hélias ? » Dix fois, vingt fois par jour, il répond avec patience : « J'abats des arbres, je dégage les souches, je nettoie le terrain, j'ameublis, etc. » Et puis, il en a assez. A une vieille femme fort connue pour ne pas savoir tenir sa langue, même sous peine de mort, il glisse dans le creux de l'oreille : « Je suis chargé par le maire de Plozévet de préparer un cimetière spécial pour les borgnes de la guerre de 1914. Gardez le secret, surtout ! »

Aussitôt la vieille poule s'empresse d'aller caqueter la nouvelle partout. Les borgnes l'apprennent et, comme il y en a un bon quarteron, hélas, ils s'en vont porter leur indignation à la mairie devant monsieur Le Bail lui-même. Celui-ci fait quérir incontinent le sabotier.

– Encore un de vos tours! Qu'est-ce qui vous a pris d'inventer cette histoire idiote?

– Est-ce de ma faute, monsieur Le Bail? Tous ces gens qui passent sur la route, aussi paysans que moi, savent très bien ce que je fais puisqu'ils me voient faire. La moitié d'un œil leur suffirait pour tout savoir. Au lieu de cela, ils me posent une question idiote. Alors moi, je leur ai fait la réponse la plus idiote que j'ai pu trouver.

Mais le petit champ dont je parle y gagne l'appellation de *Cimetière des Borgnes.* Dieu sait comment les savants de l'avenir expliqueront ce nom.

Entre deux affabulations de ce genre, mon grand-père premier m'a appris des tas de choses propres à me faciliter la vie. En particulier que dans notre pays, du moins dans les maisons bien tenues, les femmes arrivent toujours, en fin de compte, à diriger tout le ménage, même quand elles font semblant, humblement, d'obéir au chef de famille, mais seulement en public. Sachant cela, je vivrai toujours en paix dans mon logis et heureux dans ma chemise. Faites comme moi si vous ne voulez pas grossir votre voix et retrousser vos manches pour un combat douteux.

J'ai douze ou treize ans quand je m'en vais, au temps de Pâques, rendre visite à mes grands-parents de Plozévet. J'emmène avec moi ma sœur Lisette, beaucoup plus jeune. La grand-mère Katrina nous donne des œufs selon la coutume. Elle les met dans un mouchoir de couleur qu'elle noue bellement : « Lisette, dit-elle, ce mouchoir sera pour de bon à vous quand les œufs auront été mangés à condition que vous n'en cassiez aucun sur le chemin du retour. » Voilà comment on élève les filles. Sachez, au demeurant, que les œufs sont cuits et parfaitement durs, leur coquille colorée à la pelure d'oignon.

Le grand-père ouvre son armoire et y prend une petite pile de monnaie en bronze à l'effigie de l'empereur Napoléon le Jeune. Il me donne douze sous et seulement huit à ma sœur. « Il a plus que moi », gémit Lisette au bord des larmes et qui ne sait compter qu'à l'estime de la vue. « C'est parce qu'il aura bientôt du poil sous le nez, répond le grand-père. Est-ce que vous aimeriez avoir du poil sous le nez, ma fille? » Lisette n'ose pas souffler un mot de plus. Elle oublie de bouder en revenant à la maison derrière moi car elle doit s'appliquer à ne pas casser un seul œuf si elle veut avoir le mouchoir. Cependant, le soir même, le lendemain et les jours suivants, elle n'arrête pas de pleurnicher et de prétendre qu'il n'est pas juste de récompenser d'avance une moustache qui ne sortira peut-être jamais. A la fin, pour avoir la paix, je lui donne deux sous et elle me promet de me trouver un peu de fiente chaude de pigeon pour me faire pousser plus vite le poil sous le nez. Le plus beau, c'est qu'elle tient sa promesse.

La prochaine fois que nous retournons chez les grands-parents, le sabotier me tire à part.

– Qu'avez-vous fait des sous que je vous ai donnés, Perig?

– D'abord, j'en ai rendu deux à Lisette. De cette façon, nous en avions dix chacun.

– Vous n'avez pas bien fait, mon fils. Et à quoi ont servi vos dix sous à vous?

– A acheter des fouets de réglisse et des gâteaux-cœurs.

– Et ceux de Lisette?

– Celle-là est avare déjà. Elle les garde avec elle sous son oreiller, noués dans le coin du mouchoir de grand-mère.

Le sabotier ne dit rien. Mais, quand nous sommes sur le point de partir, il donne quinze sous à Lisette et à moi seulement une pièce de cinq sous en me glissant à l'oreille :

– Je crois que j'ai mieux fait, cette fois-ci, selon le train dont va le monde. Mais, au nom de Dieu, ne donnez jamais cette pièce à votre sœur, même si elle s'écorche les genoux par terre pour vous supplier.

Et voilà comment on élève les garçons.

III

NOTRE PÈRE QUI ÊTES AUX CIEUX

Le langage qu'un homme parle est un monde dans lequel il vit et agit; il lui appartient plus profondément, plus essentiellement que la terre et les choses qu'il nomme son pays.

Romano GUARDINI.

La fontaine Saint-Fiacre est érigée au milieu d'une prairie, au bas du bourg. Fiacre l'Irlandais partage avec Faron le parrainage de notre paroisse. Faron fut évêque, Fiacre ermite seulement et protégé par le premier qui commandait à Meaux. Il reçut de lui, pour en faire un jardin, autant de terre qu'il pourrait enclore en un jour par un fossé fait à la bêche. Fiacre prit la bêche, la traîna derrière lui et la terre s'ouvrait d'elle-même à mesure qu'il avançait. C'est à cause de ce jardin, presque aussi beau que le Paradis Terrestre, que le saint homme Fiacre devint le patron des jardiniers. Or, à ses autres vertus, il ajoutait le pouvoir de guérison. Il lui suffisait d'étendre la main sur les malades et aussitôt la maladie se tournait en santé. Ainsi parle, entre deux leçons de catéchisme, M. Pelleter, recteur de la paroisse. Il ne dit pas que saint Fiacre guérit les hémorroïdes.

Au fond de la niche en granit dans laquelle est prise la fontaine comme dans un grand bénitier où se reflètent les nuages, il reste une bûche de chêne curieusement crevassée, défendue contre les ravisseurs par un bout de chapelet mangé de rouille. Cette bûche est l'effigie du seigneur saint Fiacre dont les traits se sont effacés au cours des siècles. Mais il est encore là, n'en doutez pas. Or, dans l'eau claire de la fontaine, on voit briller des tessons de faïence colorée. Ce kaléidoscope fascine les enfants. De temps en temps, ils croient s'apercevoir que d'autres tessons sont venus se déposer sur ceux qui tapissent le fond. D'où viennent-ils? Personne n'a l'air de le savoir. Et pourquoi des tessons dans la fontaine de saint Fiacre? Quand nous interrogeons nos parents, ils prennent un air surpris. Et si nous insistons, la gifle n'est pas loin.

C'est Yann Audeyer, si je me souviens, qui me donne un jour le fin mot de l'histoire. Yann Audeyer, cantonnier de son état, est l'un des deux meilleurs amis d'Alain Le Goff avec un autre qui s'appelle Joz Scuiller. Grand-père les appelle ses frères. Quand le rouleau arrive par chez nous pour empierrer la route, il reste dormir dans notre maison car il habite très loin, à Meill-Bondeleg vers Plogastel. Il m'apprend des choses que les instituteurs ne savent pas. Un soir, comme je me trouve seul avec lui, je lui parle de la fontaine Saint-Fiacre. Il sourit.

– Je ne devrais pas vous le dire, mais je vous crois capable de tenir votre langue. Quant à moi, le seigneur saint Fiacre béni n'est pas le patron de ma paroisse, c'est saint Germain. Mais on raconte que dans votre fontaine, les femmes viennent en cachette jeter quelques débris d'une assiette ou d'un bol qu'elles ont cassé en faisant la vaisselle. Puis elles s'agenouillent pour faire une prière. Peut-être est-ce pour demander au saint de leur faire les mains plus adroites ou d'apaiser la juste colère de leur mari. Mieux vaut ne pas le demander à votre mère de peur de vous attirer sur le nez un coup de torchon humide.

– Et comment savez-vous cela, oncle Yann?

– Je le sais parce que, quand les hommes d'ici sont de bonne humeur, ils avouent volontiers que la prière à saint Fiacre est l'unique secret que les femmes savent garder.

Les enfants vont s'agenouiller quelquefois sur le rebord

de pierre de la fontaine. Et là, ils regardent longuement le puzzle multicolore. Ce n'est pas pour chercher à comprendre leur mère ou leurs sœurs. C'est pour repérer, au milieu des débris, quelques pièces de bronze marquées à l'effigie de l'empereur Napoléon le Petit. Il leur suffirait de retrousser une manche pour se voir enrichis de deux ou quatre sous. Mais une noire horreur de l'enfer leur fait des nœuds aux entrailles. Voler saint Fiacre, c'est perdre son âme immortelle. Alors, brusquement, l'un d'eux passe sa main dans l'eau et asperge les autres d'un revers avant de prendre la fuite au galop rouge. Les autres partent à ses trousses en criant des injures grossières et lui promettent des supplices raffinés. Mais la vertu de l'eau de saint Fiacre, dégoulinant entre la peau et la chemise, finit par les rendre angéliques et la poursuite dégénère en partie de saute-mouton.

On dit que les pièces de monnaie sont jetées dans la fontaine par quelques très vieilles femmes qui se souviennent d'un pouvoir obscur reconnu autrefois au saint ermite. Mais les générations nouvelles ont oublié. Tout se perd. Il n'y a plus de culte de saint Fiacre. Et pourtant, le père d'un nommé Kel ar Zaout qui est encore vivant a planté un jour une épingle dans l'œil de la statue pour voir si elle avait mal. Or, peu après, le sacrilège attrapa une taie sur l'œil. Le saint avait rendu la monnaie.

Voilà ce qu'on dit.

On dit aussi qu'avant la guerre de 1914 les gens avaient plus de foi qu'aujourd'hui, encore qu'ils ne fussent nullement meilleurs. De cela je puis porter témoignage en rapportant ce que j'ai entendu dans ma propre famille. Ecoutez-moi!

Quand ma grand-mère maternelle, la femme d'Alain Le Goff, tomba malade, elle promit d'aller à Rumengol si elle guérissait et d'allumer un cierge de quatre réaux devant la statue de la Vierge de Tout-Remède. Elle mourut. C'est donc qu'elle devait mourir. Alain Le Goff chargea ma mère d'aller en pèlerinage à sa place et de s'acquitter du vœu bien qu'il n'y eût pas guérison. On ne marchande pas avec un vœu. Ce fut une grosse dépense. Ma mère, de Rumengol, rapporta une image de la Dame Tout-Puissante, une image ovale sous verre qui fut installée sur le vaisselier. Elle y est toujours.

Ma mère, dans sa jeunesse, était sujette aux maux de tête. Elle se rendit plusieurs fois à la chapelle de Saint-Germain-en-Plogastel pour faire ses dévotions et boire l'eau de la fontaine. Trois ou quatre lieues à pied, ce n'est guère. Ses maux de tête disparurent si bien que plus tard, pendant la guerre de 1914, elle m'y emmena moi aussi. Ensuite, elle se mit à souffrir des dents. Alors, elle partit pour la grande chapelle de Saint-Tujen, au-delà d'Audierne, sur la route de la Pointe-du-Raz. Cette fois, elle trouva un char à bancs pour l'emmener avec deux autres femmes qui ne pouvaient pas durer avec les rages de dents. Saint Tujen est réputé pour ramener la paix dans les mâchoires. Mais il s'y entend surtout pour guérir une autre rage, celle qui vient de la morsure des chiens malades. De saint Tujen, Marie-Jeanne Le Goff rapporta de petites clés en plomb pour préserver sa famille de ce mal terrible. Si l'on se trouvait en présence d'un chien enragé, il suffisait de jeter devant lui la clé en question et il s'arrêtait net. J'ai porté au cou la clé de saint Tujen. C'est sans doute pourquoi je n'ai rencontré que des chiens en bonne santé.

La plus jeune de mes tantes Le Goff, Lisette, vers l'âge de douze ans, avait des croûtes dans la tête. A la suite d'un traitement approximatif avec une pommade de bonne femme, elle devint presque aveugle pendant quelques jours. Mon grand-père l'envoya d'urgence à la chapelle de la Clarté en Combrit pour boire l'eau de la fontaine. Elle prit le train-carottes jusqu'à Pont-l'Abbé et fit le reste à pied, en prière et recueillement. Les croûtes disparurent, la vue revint. Moi aussi, vers mes six ans, je suis allé à la Clarté.

Un de mes oncles avait des difficultés de parole. Il cassait les mots, comme on dit. Il fit le pèlerinage de la chapelle de Tréminou, près de Pont-l'Abbé. C'est là que l'on emmène les enfants qui tardent à parler ou parlent de travers. Mais il faut avoir dans sa poche des pièces de monnaie pour mettre dans le tronc après les avoir fait tinter le plus clairement possible. Si vous n'êtes pas guéri à la Tréminou en raison du trop grand poids de vos péchés, il vous reste la ressource de partir en char à bancs vers l'église de Comfort où il y a une roue à carillon à l'entrée du chœur. L'enfant muet secoue le carillon, le fait sonner cent fois plus haut que la menue monnaie. Et l'on raconte l'histoire de celui qui n'avait jamais soufflé mot de sa vie et qui, entendant le bruit des clochettes, s'écria soudain : « *Sell ta! Pegemend a drouz!* » (Tiens! Combien de bruit cela fait!) Miracle.

Je ne suis pas allé à Tréminou pour chercher le don de la parole. Ni à Comfort non plus. Il faut croire que c'était inutile. Mais non loin de chez mon grand-père, le sabotier de Kerveillant, en pleine campagne, il y a la chapelle de Saint-Ronan sous l'ombrage des grands arbres. Tous les ans, nous sommes invités au pardon du saint et au repas de famille qui suit. Nous y allons sans faute pendant mes dix premières années. Ce saint Ronan est le même que celui de Locronan près de Douarnenez ou de Saint-Renan dans le Léon. Un grand personnage. A Locronan, il avait été en butte aux persécutions d'une mauvaise femme, la Kében, dont le nom est devenu une injure que la plus acariâtre mégère ne peut supporter. Excédé, le pauvre Ronan décida de chercher un autre endroit où s'établir. Il prit une pierre (d'autres disent une boule) et la lança le plus loin qu'il put. Le projectile vint tomber dans la campagne de Plozévet. On ne sait pas bien si saint Ronan le suivit. Toujours est-il qu'on lui éleva une chapelle en cet endroit. Sur le placitre, il y a une grande pierre en forme de sarcophage. Le jour du pardon, on couche les enfants dans le creux de cette pierre pour écarter d'eux tous les maux qui peuvent frapper le corps. Ma mère n'a pas manqué de m'y mettre dans mon âge tendre. Bien sûr, elle m'a mené aussi, et plusieurs fois, au pardon de la chapelle de la Trinité en Plozévet et chacun sait que les Trois Personnages protègent de tout. Mais on ne prend jamais assez de précautions.

Le mal que nous redoutons par-dessus tous les autres,

au Pays Bigouden, c'est l'impuissance des jambes qui fait boiter tant d'hommes et encore plus de femmes. Un mal de famille, peut-être, mais dont nous nous passerions fort bien. Pourtant, nous avons, dans la contrée, de saints personnages dont on dit qu'ils protègent contre cette disgrâce. A Plogastel, qui est le chef-lieu de canton, dans un endroit nommé *le Pont du Voleur*, il y a une fontaine dédiée à saint Pierre dans laquelle on baigne les enfants faibles des reins ou qui tardent à marcher. Sur le palud de Tréguennec, près de la chapelle Saint-Vio, une autre fontaine a les mêmes vertus. Le jour du pardon, vers 1925, je vois des groupes de mamans bigoudènes attendre leur tour pour asperger de la *petite eau à guérir* leurs bébés dénudés de la taille aux pieds. En 1969 encore, quelques grand-mères frottent de cette eau leurs petits-enfants. Les dernières grand-mères qui tremblent un peu de l'ancienne appréhension et nourrissent un peu l'ancien espoir.

Or, dans le cimetière de Lababan, la paroisse-mère de Pouldreuzic, nous avons une sorte de petite fosse ou plutôt un trou qui est le dernier recours des enfants boiteux. Il est vrai que le seigneur Paban, protecteur de ce *lan*, est un plus puissant personnage que Faron et Fiacre. Ne dit-on pas qu'il fut pape à Rome! On l'appelle Pabu dans le Léon, preuve que sa sainteté s'étend au loin. Une pierre permet d'asseoir les petits infirmes au bord du trou. On les déchausse, on leur frotte les jambes avec de la terre du fond. Je le vois faire plusieurs fois, lors du pardon de Saint-Paban qu'on appelle curieusement le *Pardon des Pommes Cuites*. Une année arrive on ne sait d'où, dans une charrette à bras tirée par une femme, un pauvre bougre de trente ou quarante ans, si martyrisé des membres inférieurs qu'il boite plus, à lui seul, que trois tailleurs et autant de cordonniers peuvent le faire quand ils s'y mettent pour de bon. Il repart comme il est venu, entouré du respect des pardonneurs.

Sur cette même paroisse de Lababan, au nord de la grand-route qui mène de Pouldreuzic à Plozévet, il y a une fontaine qu'on appelle la *Fontaine des Maux Poi-*

gnants. On prend un étroit sentier au milieu duquel dévale un petit ruisseau qui le rend impraticable en hiver. On remonte ce sentier sur vingt pas et l'on passe sous une voûte de pierre supportant la voie ferrée du petit train-carottes. Tout de suite après, on découvre une grotte creusée dans la roche, tout humide et suintante. Sur la paroi, on a ménagé une niche pour la Vierge. L'eau de la grotte, dit-on, est souveraine pour les maux d'entrailles. Les femmes y vont laver les langes de leurs bébés qui ont le gros ventre ou la diarrhée. Mes langes à moi y ont trempé. Quand je suis asez grand pour aller tout seul chez mes grands-parents de Kerveillant, je ne manque pas souvent de m'arrêter à cet endroit qui est à mi-route. Ce n'est pas tellement par dévotion, mais parce que, juste en face de la fontaine, de l'autre côté du grand chemin, il y a une maison qui dépend du moulin de Kerdélec. Dans cette maison habite la tante Tina qui est de ma parenté. Quand elle me voit, elle m'appelle : « Petit Pierre, venez donc boire un bol de lait et manger une tartine. Mais auparavant, allez prendre une gorgée d'eau à *Feunteun ar Pistigou.* Cela ne vous fera pas de mal. » J'y vais. L'eau est fraîche, un peu rude. Sur son déboire, le lait de la tante Tina est plus doux que le miel. Elle passe pour un peu sorcière, la tante. Avec ses deux vaches, elle obtient plus de lait que les autres avec trois, donc plus de beurre à vendre. Alors, les autres insinuent volontiers que c'est à cause d'un chat noir qu'elle a. En réalité, la tante prend soin de mener paître ses vaches le long de la voie du chemin de fer au-dessus de la fontaine et de leur donner à boire l'eau des *Pistigou.* Et puis elle verse le lait dans de larges bassines posées sur des pierres fraîches au fond de la maison. Ainsi la crème monte-t-elle plus vite et plus complètement. Quant à ses chats, elle les préfère blancs avec des taches rouges.

Au mois de mai, qui est celui de Marie, la grotte de la Vierge des *Pistigou* est fleurie sur toute sa paroi. La guerre de 1914 n'est pas loin derrière nous. C'est encore avec solennité que le curé de Lababan monte à la fontaine, précédant une théorie de femmes qui portent toutes sortes de fleurs dans des boîtes en fer blanc. Une fois, alors que je passe par là, ma main dans celle de ma mère, je suis le cortège. Je ne vois rien, je n'entends qu'un bourdonnement de prières, coincé que je suis entre les lourdes robes des femmes dans l'étroit passage et attentif à ne pas remplir d'eau mes sabots neufs. En mai 1970, j'y retourne encore. Il n'y a personne. La tante Tina est morte. Pourtant, dans la grotte délaissée, trois bouquets de fleurs honorent la Vierge, trois bouquets de fleurs sauvages qui baignent dans des boîtes de conserve. Deux d'entre eux sont déjà fanés, le troisième semble avoir été apporté la veille ou le matin. Trois petites filles d'autrefois, qui sont maintenant grand-mères, ont gardé quelques dévotions (ou, qui sait, quelque reconnaissance!) à l'égard de la Dame des *Pistigou*.

Il semble que les maux de ventre soient parmi ceux qui affectent le plus les enfants bigoudens. On redoute de les voir tourner en « rage de boyaux », il faudrait appeler le médecin et entendre de sa bouche un de ces termes qui sentent l'Extrême-Onction. Mais la Vierge de Tronoen guérit aussi ces maux-là dans sa chapelle de la palud, assez loin d'ici, pas trop loin pour des pénitents à pied qui savent marcher sans défaillance sur leur cuir vivant. Cette chapelle de Tronoen, établie au désert face à l'océan, est un pèlerinage qu'il faut faire quand on est bon chrétien, même en bonne santé. C'est là que l'histoire du seigneur Christ est racontée tout au long en images de pierre sur les deux étages d'un calvaire de granit tellement usé par les siècles que les personnages sacrés n'ont plus de visage. Or, dans la chapelle même, une partie du sol est en terre battue. Avec un peu de cette terre, on peut faire des emplâtres contre les ulcères. Mais surtout, diluée dans l'eau, elle ramène le calme à l'intérieur du corps. Joz Scuiller s'en est servi une fois et s'en est bien trouvé.

Quant à moi, encore en jupes, je n'ai bu que l'eau de la chapelle de Lanvern, en Plonéour, qui guérit aussi les maux d'entrailles. Accolée au mur de la chapelle, à l'extérieur, il y a une fontaine dédiée à saint Philibert dont la statue trône en majesté dans la niche de pierre. Une vieille commère, venue dit-on de Saint-Guénolé, débite une formule qu'elle est seule à connaître pendant que les mères trempent dans l'eau les chemises de leurs enfants coliqueux. Depuis, saint Philibert a disparu, la chapelle de Lanvern est en ruines ouvertes, va crouler bientôt. Je passe par là en 1971. Près de la fontaine, sous un hangar de tôle, il y a un alambic en fonction. Le pourvoyeur de la machine m'assure que l'eau dont il se sert étant la même que celle de saint Philibert, le *lambig* qui sort de la pissette a les mêmes vertus, plus quelques autres qui viennent des pommes. Je ne peux faire autrement que d'en approcher la lèvre et la narine. Il sent la diarrhée.

D'autres sources miraculeuses sourdent à travers le canton. Elles sont trop nombreuses pour être toutes fréquentées. Certaines sont cachées dans la campagne profonde, difficiles d'accès, mais de très vieilles « paroles » affirment qu'elles font du bien aux pauvres gens. Les femmes en parlent entre elles, s'apprennent ou se confirment mutuellement les propriétés de telle ou telle eau qui n'est pas toujours sous l'invocation d'un saint. On sait aussi que les grosses têtes de villes, les gens riches comme la mer, s'en vont très loin à grands frais pour boire des eaux bénéfiques ou s'en asperger de diverses manières. Ces eaux-là, on les met même en bouteille pour les vendre aux délicats qui ne s'accomodent pas du cidre et du vin rouge. Vichy, Vittel, voilà comment on les appelle. Elles sortent de terre comme les nôtres, mais les nôtres ont meilleur goût pour nos gorges, vous ne trouvez pas, Mélanie! Et elles ne coûtent pas un liard. Quant aux fontaines des saints, il n'y a pas de raison de douter de leur pouvoir puisque ces saints-là paradent dans nos églises et nos chapelles. La Vierge, Madame Marie, se doit à tout le monde, c'est juste. Elle est donc partout. Il y a, paraît-il, un endroit qu'elle affectionne particulièrement. C'est dans le midi, plus loin que la Dordogne, une sorte de Terre Sainte qui s'appelle Lourdes. On irait bien, on ira un jour si l'on a de quoi, on rapportera de l'eau de ce pays-là. Pour le moment, Notre-Dame de Pehnors, dressée sur la mer qui baigne la paroisse, est bien capable de s'occuper de nous. Elle ne bouge pas de sa chapelle. Elle nous connaît. Nous pouvons lui demander toutes les grâces qui nous manquent et d'abord de sauvegarder les pêcheurs, nos frères, qui se hasardent sur la baie d'Audierne.

Et puis, nos saints à nous savent ce que sont les misères des paysans. Ils ne font pas que guérir. Saint Vio, par exemple, sur sa palud, peut faire la pluie et le beau temps. Il ne s'agit que de savoir tourner convenablement la grande pierre sur laquelle il est venu des îles et qui est toujours là. Mais il est encore plus sûr d'assister dévotement à son pardon et de chanter son cantique.

A votre fontaine pleine de miracles
De toutes parts viennent les mères
Pour vous présenter leurs enfantelets.

En vous, tout laboureur de terre
Met sa confiance, vous le savez,
Votre puissance est sans égale.

Lorsque son champ demeure sec,
Le bleu du ciel sans la moindre eau,
C'est vers vous, saint Vio, qu'il accourt.

Et s'il arrive que la nuée
Déverse trop d'eau sur sa tête.
C'est à travers vous qu'il se plaint.

On se ferait scrupule, cependant, d'aller quémander trop souvent auprès des saints. Passe encore pour l'occasion des pardons annuels qui sont des fêtes majeures. Mais s'il fallait courir le canton à chaque fois qu'il vous arrive un dérangement, on n'en finirait pas de manger son temps par les routes. Que les femmes se rendent en secret à la chapelle de Kergoat en Quéméneven quand elles ont des difficultés avec leur nature féminine, comment faire autrement! Mais la vie quotidienne apporte à chacun des blessures vénielles ou des maux passagers auxquels il faut bien remédier par ses propres moyens. Faire venir le médecin pour si peu, c'est presque un déshonneur, un signe de faiblesse et de pusillanimité qui vous fait passer pour des femmelettes. Et puis, immanquablement, les gens vous croient à la dernière extrémité. Sans compter la dépense qui n'est pas dans les possibilités de la plupart. Bien sûr, on est très content d'avoir un médecin au chef-lieu de canton. Un homme capable, paraît-il. Quand vous allez à la foire de Quimper, cela vous pose de pouvoir jeter aux paysans du nord ou de l'est : nous avons un médecin... sans préciser où il se trouve. Mais un canton sans médecin est toujours un canton de pauvres bougres, n'est-ce pas! Il n'y a pas si longtemps, il fallait aller chercher l'homme de l'art à Pont-l'Abbé ou à Pont-Croix. Ce dernier était le « médecin du haut », l'autre le « médecin du bas ». Maintenant qu'il y en a un à Plogastel, il est le « médecin d'à-côté ». C'est mieux, non! On commence à le voir quelquefois par ici, chez les instituteurs ou les gros bonnets. Mais les autres ne le dérangent qu'en désespoir de cause. Grand-père me parle quelquefois du « médecin du haut », M. Neiz, le docteur cavalier qui arrivait dans le bourg à bride abattue et commençait par demander au patient : « Vous dormez bien? Vous mangez bien? Vous ch... bien? Quand la réponse était oui pour les trois questions, M. Neiz regardait la maisonnée avec des yeux terribles et éclatait : « Alors, pourquoi me dérangez-vous? »

Pour les membres cassés, les foulures, les entorses, on préfère aller voir un rebouteux. Dans le canton, il y en a plusieurs, plus ou moins avoués. En général, ce sont des meuniers. Ces gens-là, dont le métier est d'endosser des sacs de grain très lourds, connaissent de père en fils les manières de remettre les os et les muscles en place. Quand ils n'y parviennent pas, il faut monter dans un char à bancs pour aller à Quimper un jour de foire. Là-bas, autour de la *Place des Chevaux Gras*, hors des murailles de la vieille ville, deux ou trois rebouteux célèbres reçoivent les méhaignés dans des arrière-salles de cafés. Jamais ils ne ratent leur coup.

Mais il ne viendrait à l'idée de personne d'aller voir « un médecin de papier ». Un jour, mon ami Mon, en faisant des acrobaties dans les arbres, tombe durement à terre de branche en branche. Il se casse le petit os de l'épaule. Pas question d'avouer la chose à ses parents. Le pauvre Mon souffre pendant plusieurs jours en serrant les dents et sans manquer l'école. Comme il ne peut plus tenir, l'un des plus grands d'entre nous (peut-être un des fils d'Alain Timen, l'horloger, je ne suis pas sûr) l'emmène dans la vallée des moulins. Ni l'un ni l'autre ne dira jamais où, sans doute sur la recommandation du rebouteux. Et la clavicule de Mon se répare tant bien que mal, encore qu'il se fasse houspiller presque aussi souvent qu'à son tour.

Entre le petit port de Poulhan, là où finit le Pays Bigouden, et la grève de Canté où un menhir s'élève face à la part de mer qui vit le naufrage du fameux navire *les Droits de l'Homme,* il y a un paysan qui guérit les déviations de visage, celles qui se produisent quand un tourbillon de vent vous attrape sans crier gare. C'est pourquoi nos parents nous engagent surtout à ne pas grimacer ni rire quand le vent tourne. J'ai vu quelqu'un qui avait eu recours à ce redresseur de figure. Sa mâchoire inférieure était encore un peu déformée, mais pas trop.

Les rebouteux, bien entendu, s'occupent aussi des animaux. Dans notre église, nous avons un saint protecteur des vaches et des chevaux. C'est saint Herbot, qui a sa statue à droite du chœur. Mais saint Herbot, s'il peut empêcher le mal d'arriver, ne le guérit pas souvent quand il est fait. Et les animaux sont bien précieux. Surtout les chevaux. Il y en a qui leur donnent une tranche de pain de seigle à dix heures pour leur faire un bon estomac. On dit aussi que, s'ils ont la diarrhée, il faut les conduire dans la paroisse voisine, jusqu'à la place de l'Eglise. Quand ils reviennent ils ont laissé la diarrhée de l'autre côté de la frontière. Quant aux cochons, lorsqu'on vide leur crèche, il est bon d'y mettre des branches de sureau que l'on mélange à la litière pour l'assainir. Je ne sais rien des vaches, sinon que mon grand-père le sabotier, qui est aussi castreur émérite, a quelques petits secrets qui les concernent. Je ne les connais pas.

L'expérience de nos pères nous a laissé un certain nombre de recettes pour nous débrouiller seuls. Les enfants savent que lorsqu'ils prennent un clou en courant pieds nus sur la route, il faut faire saigner la plaie et pisser dessus. Le creux de la main est bien utile, dans ce cas-là, quand on ne trouve pas tout de suite, dans la boue sèche d'un chemin de terre, la profonde empreinte d'un sabot de vache que l'on remplira d'urine pour y baigner la blessure. Après quoi on cherche une limace ou un escargot. La bave servira de collodion. D'ailleurs, elle sert aussi pour la chassie des yeux. Mais attention! Mon ami Youenn Broustal, qui est de Brasparts, me raconte (1972) qu'il y avait là-bas un vieux en train de dormir au coin du feu. En manière de plaisanterie, on lui oignit les yeux de cette bave. Quand le vieillard se réveilla, il lui fut impossible de décoller ses paupières. On dut les lui laver à l'eau très chaude pendant très longtemps pour les remettre en mouvement. C'est sans doute en raison de cette propriété de la bave de limace que je m'en sers moi-même, étant à l'école communale, pour faire partir des verrues qui m'offensent les mains et ont résisté jusque-là à l'encre violette dont on dit pourtant qu'elle fait merveille. Et de vrai elles s'en vont. La bave fait une pellicule très dure qui étouffe l'excroissance en quelques jours. Encore ai-je oublié une partie de la recette qui consiste à piquer la limace sur un bâton que l'on plante en terre. Quand la limace est desséchée, la verrue est partie. Je ne saurais vous dire si c'est vrai.

Seulement, elles reviennent, les maudites verrues. Sur la recommandation de Marie-Jeanne Bourdon, je m'en vais chez la « vieille commère » Marie-Jeanne Le Rest. Là, il y a une femme du village de Ménez-Fuez. Elle porte sur le nez des lunettes de fer qui sont la plus claire garantie de la science. Cette vieille sait *décompter* les verrues. Elle me prend la main, bredouille une certaine formule très rapide en faisant tourner sa propre main gauche dans le sens contraire des aiguilles d'une montre. Personne ne pourra jamais me dire quelle était cette formule. Elle en a d'autres, paraît-il, qui guérissent les brûlures. Il me semble que les verrues se dessèchent pendant quelques jours. Mais elles ne partent pas. Quelqu'un me dit que la vieille aurait dû me mettre autour du cou un collier de chèvrefeuille. Dommage! Finalement, j'ai raison des verrues en les liant très serré à la base avec du fil poissé que me donne généreusement le cordonnier Guillaume Le Corre. Auparavant, j'avais essayé le lait de chélidoine. Sans succès.

Pour les petites plaies, il y a aussi le nombril de Vénus que nous appelons *Krampouez-mouzig* et qui pousse dans les interstices des vieux murs. Avant de le mettre sur l'endroit dolent, il faut enlever soigneusement la petite pellicule transparente. Pour les plaies plus fortes, ou envenimées, c'est le pétale de lis qui est indiqué, à la condition qu'il ait macéré pendant quelque temps dans le premier jus qui sort de l'alambic. Le brûleur de cidre, qui a son appareil installé au bas de la grande côte de Tréogat, est assez souvent sollicité pour ce jus. Le pétale de lis ainsi préparé fait mûrir très vite les panaris. Et les panaris, à la campagne, on en attrape souvent à force de manier toutes sortes de végétations piquantes qui vous laissent leurs dards au bout des doigts. Quand on a un panaris, on prend une ou plusieurs feuilles de lis, on en coiffe le mal, on emmaillotte avec un morceau de linge propre, on serre bien avec du fil et on attend. Voulez-vous une recette encore plus raffinée! Engagez une bouteille sur une poire à peine nouée sur l'arbre. Attachez-la bien, orientez-la comme il faut en la protégeant du trop fort soleil par un paillon. Quand la poire a bien grossi dans la bouteille, détachez le tout, remplissez avec du *lambig* (toujours lui!) et bouchez ferme. Cela vous fera, bien sûr, une boisson revigorante et parfumée, mais aussi, quand quelqu'un de la famille ne peut pas durer avec un panaris, vous pouvez casser la bouteille, après en avoir transvasé le précieux liquide bien entendu. Le malade plonge alors son doigt dans la chair de la poire gorgée de *lambig*. Comment voulez-vous que le mal résiste, sinon à la porte, du moins à cette eau-de-vie de cidre qui est le meilleur « tueur de vers » que l'on connaisse. Quant à l'apothicaire, qu'il garde ses bocaux!

Le *lambig* sert presque à tout. Pour guérir le mal de dents par exemple. Il suffit d'y tremper une croûte de pain que l'on serre entre les mâchoires à l'endroit de l'élancement. Cela réussit à grand-père qui ne boit jamais d'eau-de-vie. En tout cas, cela vaut mieux que les cataplasmes de feuilles de noyer que l'on applique sur la joue et qui vous dévorent quelquefois la peau quand ils sont trop brûlants. Si bien que la barbe ne pousse plus sur la brûlure.

Une autre affection dont on souffre souvent par ici, c'est le mal d'oreille que les savants appellent *otite*. Ce n'est pas étonnant puisque la plupart des gens travaillent à longueur de journées et par tous les temps dans les champs ouverts, exposés à toutes les intempéries du monde et surtout aux sept vents de la rose qui n'arrêtent pas de tourner. Une très vieille recette consiste à trouver une femme qui nourrit son enfant au sein (pas difficile, c'est encore la règle) et qui veuille bien vous donner un peu de son lait que l'on vous introduira dans l'oreille. Je ne l'ai pas vu faire, mais le sabotier l'a vu dix fois. Sans dire du mal du lait de nourrice, on convient qu'il vaut mieux disposer d'un plant de joubarbe. On vous en fait couler le jus dans l'oreille. Cela fait mal, mais l'otite n'y résiste pas.

C'est pourquoi l'on peut voir, dans la plupart des fermes, un plant de joubarbe qui pousse au bord du toit d'une crèche basse, à portée de la main. Voici comment on peut s'en pourvoir. On se procure une bouture que l'on introduit dans un tas de bouse de vache bien moulée en taupinière sur une ardoise. On laisse sécher pendant quelques jours puis on décolle le tout pour le reporter sur un bord de toit bas (on recommande celui de la crèche, je ne sais pas pourquoi, mais il doit y avoir une raison). La taupinière est collée sur le toit au moyen d'un ciment de boue fraîche. La plante se plaît beaucoup à cet endroit, étant irriguée largement par le ruissellement du toit et bénéficiant également des chaleurs sèches. Tout cela la fait prospérer grassement. Quand quelqu'un souffre des oreilles, on prélève la plante à une bouture près, on la pile ou on la presse pour en extraire le jus. Et voilà! La joubarbe pousse aussi sur les toits de chaume, le terreau étant constitué par les poussières de l'aire.

Quelques vieillards utilisent encore le *chou-cochon* (rumex-patience) comme dépuratif une fois par an et s'en trouvent bien. Ils en font bouillir la racine et avalent le jus ainsi obtenu. La coqueluche se soigne au jus de carotte qui remplace le lait de jument blanche dont il est encore question quand la toux est coriace. Quant au *mal de grosse tête*, les oreillons, je me revois encore avec une serviette autour de la figure, le nœud en haut, qui me fait ressembler à un œuf de Pâques pour bourgeois de ville. Mon grand-père le sabotier m'apporte du miel roux de ses abeilles. C'est tout.

Une partie de ces recettes servent encore aux apothicaires. On peut même trouver, dans leurs boutiques, des *louzou* qui en viennent. A Quimper, sur la place des Halles, par exemple, où le pharmacien propose le *remède de Saint-Corentin* contre la gale (frotter deux fois et changer de linge complètement). Et dans les foires, les successeurs des marchands d'orviétan débitent encore quelques plantes souveraines. J'en achèterai un jour à Pont-Croix. Ni bouteilles ni cachets, mais des feuilles et des racines contre un mal dont j'ai perdu le nom.

Alain Le Goff déclare que la guérison de tous les maux de corps se trouve autour de nous, à notre portée, dans des herbes qui portent précisément en breton le nom du mal qu'elles guérissent ou celui du saint qui en protège. Seulement, nous ne savons pas toujours nous y prendre. Nous nous trompons souvent. Et alors! Il faut essayer autre chose. Les « médecins de papier » eux-mêmes ne sont pas infaillibles. Et quand on n'arrive à rien, il faut chasser le mal par ses propres forces. Comme fait le poisson. Quelqu'un qui est en bon état d'un bout à l'autre, gaillard et florissant, ne dit-on pas de lui qu'il est *sain-poisson!*

Avec les saints guérisseurs, il faut croire, c'est entendu, sinon ce n'est pas la peine. Les simagrées et les formules des « vieilles commères » et des « camelots de santé » ne sont pas autre chose que de la superstition ou de la sorcellerie de pacotille, mais rien n'empêche d'y aller voir, ne serait-ce que pour en rire. Et le rire fait toujours du bien. Les rebouteux savent leur métier et le font bien s'ils sont assez raisonnables pour ne pas en sortir. Et si vous êtes gravement malade, si vous avez un peu d'argent, faites venir un monsieur médecin. Voilà ce qu'assure Alain Le Goff.

Le père de Youenn Broustal, quand son fils ne pouvait pas tenir avec le mal de dents, lui disait ceci : « Mets un peu d'eau dans ta bouche, place-toi le derrière contre le feu. Quand l'eau se mettra à bouillir, le mal s'en ira. » C'est lui aussi qui savait bien guérir son fils de la peur quand il devait sortir seul dans la nuit. Il lui donnait son grand chapeau de paysan : « Prends mon chapeau! Celui-là n'a jamais eu peur de personne. » Youenn coiffait le chapeau et sortait en sifflant, prêt à faire le tour du monde.

Il n'y a pas que les maux de corps auxquels savent pourvoir, s'ils le veulent bien, les saints personnages qui nous protègent de toutes parts. Il y a le salut de l'âme, le salut éternel qui ne saurait s'obtenir sans une vie réglée par les préceptes de l'église. C'est pourquoi nos premiers instituteurs sont les prêtres et les sœurs. Ils sont là pour veiller sans cesse sur les pécheurs en puissance que nous sommes à tous moments, nous enseigner sévèrement le catéchisme et nous conduire sans faiblesse sur la voie étroite au bout de laquelle se trouve la récompense sans pareille du Paradis où nous retrouverons, en personnes vivantes, tous les saints des fontaines et les grandes images immobiles de notre famille spirituelle qui président aux offices avec mille fois plus de solennité que ne président à nos repas les portraits de notre famille de chair établis sur le vaisselier. C'est pourquoi nous apprenons de bonne heure que la communauté du bourg ne se réalise parfaitement qu'à l'église où se résolvent tous les antagonismes. Et nous apprenons aussi que le personnage le plus respectable, devant lequel s'inclinent respectueusement toutes les grosses têtes, est le recteur de la paroisse, *an aotrou person*.

Entre le haut du bourg et le bas s'élève donc l'église paroissiale de Saint-Faron et Saint-Fiacre au centre du cimetière. Mais cette église n'est pas sur la place, laquelle se trouve un peu plus au nord, si bien qu'il y a entre les deux une portion de rue que l'on appelle quelquefois le milieu du bourg pour signifier qu'il n'appartient ni au haut ni au bas. C'est une sorte de territoire neutre sur lequel donnent deux grandes fermes, l'une en face de l'église, l'autre sur le côté de la place que dominent de haut ses tas de paille. Cela fait que deux troupeaux de vaches vont et viennent pour gagner les champs ou en revenir. Les bouses éclatent à longueur de journée sur les rues, occasionnant des remarques aigres ou désolées de la part des femmes qui n'aiment pas voir décorer de la sorte le devant de leur maison. Cela ne les empêche pas d'empoigner la pelle pour prélever le corps du délit au profit de leurs pots de fleurs ou de leurs jardinets. La bouse ne vaut pas le crottin, mais elle est bonne à prendre. Grand-père connaît encore quelques maisons où l'on fait sécher ces bouses pour en tirer du feu. L'odeur du feu de bouse est un peu âcre, mais sa fumée est excellente contre le rhume de cerveau.

Le quartier général des garnements du haut du bourg est la place, celui des « chiens du bas » autour de l'église. Ceux qui habitent entre les deux, selon les circonstances embrassent l'un ou l'autre parti. Si les batailles rangées entre les deux camps se passent dans la campagne, les défis se font assez souvent au milieu du bourg, les uns et les autres s'accusant mutuellement d'avoir outrepassé les frontières. On se lance des quolibets qui mettent en cause des particularités anatomiques. L'un des chefs lance à celui d'en face : « Je vous ai vu faire vos besoins l'autre jour derrière le talus. Vous avez le cul couleur de navet. » Derrière lui ricane ou applaudit son chœur particulier. Et la réponse vient : « Il y a trop de souris dans votre maison. L'une d'elles est entrée dans votre pantalon et a mangé votre cheville de chair. Maintenant, vous ne pouvez même plus pisser debout. » Et voilà la guerre ouverte. Il y a toujours des oreilles de grandes personnes qui sont à l'affût de ces propos malsonnants. Des gens de bien et de dévotion qui ont souci de notre bonne renommée dans ce monde et de notre salut dans l'autre. M. le recteur, son vicaire ou la sœur Bazilize seront mis au courant de nos dévergondages oratoires. La prochaine séance de catéchisme sera orageuse.

Je ne saurais dire pourquoi nous autres du haut du bourg nous avons l'impression humiliante que l'église appartient à ceux du bas. Et ceux-ci s'arrangent pour nous le faire comprendre à chaque occasion. Est-ce parce que les maisons les plus importantes, les familles les plus riches, sont autour de l'église ? Est-ce parce que, dans cette église, les gens du bas et du milieu du bourg n'entrent pas par la même porte que ceux du haut, parce qu'ils siègent dans les cathèdres du chœur en plus grand nombre et en compagnie des grands maîtres de fermes qui ne sont ni du haut ni du bas ? Est-ce à cause de cette imposante maison presbytérale, mystérieuse, enclose de murs, et qui tourne le dos au haut du bourg, le côté nord ? C'est ainsi. Et puis nous avons la réputation, méritée ou non, de disposer d'un répertoire de mots malsonnants beaucoup plus riche que celui des « chiens du bas ». Cette supériorité langagière, si elle nous aide considérablement dans les conflits, ne doit pas arranger nos affaires auprès des célestes cohortes. Trop souvent, paraît-il, nous faisons se voiler la face aux fillettes de l'école des sœurs.

A défaut d'église et de presbytère, le haut du bourg possède le *Champ du Recteur*. C'est une grande pâture entourée de talus sur lesquels poussent des ormes entre des coulées d'ajoncs et de ronces. Les sept vents de la rose s'y donnent rendez-vous, mais il y a toujours un talus qui est à l'abri de leurs jeux. Contre ce talus, quelques femmes tricotent ou brodent en surveillant du linge qui sèche. A la première menace de pluie, elles donnent de la voix pour appeler les commères occupées ailleurs. On voit accourir celles-ci, pressées de ramasser leur linge. C'est alors un ballet rapide de coiffes et de jupes à travers le pré carré. Quand les femmes ne sont pas là, le *Champ du Recteur* est à nous.

Il y a peu d'années, M. le Moal, le recteur, possédait encore deux vaches et un cheval. Outre le grand jardin du presbytère, il disposait pour ses bêtes de plusieurs champs, le plus grand étant celui dont je parle. Il était servi par un journalier qui s'occupait de tout cela et lui servait en plus de cocher. Ce domestique, tous les ans, était chargé de mettre en bouteilles le vin que le recteur faisait venir en barrique. Ce jour-là, on le voyait pousser sa brouette sur la route beaucoup moins droit que d'habitude : « Le jour ne vient pas vite aujourd'hui », disait-il d'une voix pâteuse. Il était sept heures du soir. En fait, le pauvre homme ne buvait jamais une goutte de vin. L'odeur de la mise en bouteilles suffisait à désaccorder sa petite nature. Quand il avait fini, il empoignait sa brouette vide et s'en allait reprendre ses esprits dans le *Champ du Recteur*, avec le secours des sept vents.

Peut-être savait-il que ce champ-là est un lieu privilégié. Nous le savons aussi. Le plus mauvais d'entre nous ne se sentirait pas le courage d'y mûrir des sottises. Est-ce la trinité des ormes sous lesquels nous tenons habituellement conseil qui tourne nos esprits vers la gravité ? Quoi qu'il en soit, les parents sont délivrés de tout souci, ou à peu près, quand ils savent que leurs enfants patrouillent entre les quatre talus qui les séparent d'un monde où règnent les tentations. Jamais il n'arrive rien de mal dans ce champ-là. C'est à croire que son air est bourré d'anges gardiens. Les fillettes peuvent tranquillement broder à fils de couleur des balles de chiffons sans que les garçons leur tirent les cheveux pour se venger obscurément du péché d'Eve. Et quand un dénicheur tombe d'un arbre, il embrasse le sol sans casser un membre ni un œuf de pie.

Oui, il est dommage que les enfants n'aillent pas jouer assez souvent dans le *Champ du Recteur*. Le calendrier de nos petits-fils y gagnerait quelques nouveaux saints. Mais la sagesse leur pèse, un esprit malin les appelle à courir l'aventure dans les landes pierreuses où l'on trouve, dit-on, plus de sangliers que d'hommes, encore qu'aucun de nous n'ait jamais vu la moindre hure. Quand ils se résignent à rester dans le champ de paix, cela signifie qu'ils sont en train de cacher quelque faute, de digérer un remords ou d'accumuler des indulgences en prévision du Jugement dernier.

C'est là qu'apparaît, de temps en temps, la robe noire de la sœur Bazilize, le visage sévère encore durci par la guimpe blanche. Elle vient sûrement demander des explications à ses ouailles du haut du bourg. Quelqu'un de nous a dû transgresser l'un des dix commandements de Dieu ou des six commandements de l'Eglise. Ou des commandements particuliers de la sœur Bazilize qui sont la menue monnaie des premiers. Un espoir nous reste : c'est qu'elle veuille seulement donner une leçon supplémentaire de vie chrétienne aux fillettes de l'école des sœurs qui ont pris la place de leurs mères contre le talus protégé des sept vents. Loin de nous. Les filles et les garçons ne doivent pas jouer ensemble dans les champs clos. Les filles n'ont pas de culottes. Il suffit d'une chute et les garçons peuvent voir comment elles sont faites. Et les garçons s'y entendent pour faire tomber les filles sur le pré.

La vieille sœur Bazilize nous enseigne les rudiments du catéchisme dans une petite salle située au milieu du bourg, entre la place et l'église. Pour nous, les petits garçons du haut du bourg, c'est en somme le vestibule du sanctuaire. Cette salle est dans la maison particulière, celle du secrétaire de mairie, personnage important qui veut bien la prêter pour la bonne cause. Un réduit assez obscur, meublé de quelques bancs de bois. En plus de la porte, il y a une fenêtre qui donne sur un mur tout proche. La porte reste toujours ouverte, la fenêtre refuse de s'ouvrir. Piteuse est la lumière dans ce purgatoire où le catéchisme nous est expliqué tous les jeudis par une religieuse qui a promis à saint Faron et à saint Fiacre de nous mener au Paradis à coups de baguette au besoin. Elle fait tout son possible, la pauvre femme.

Le catéchisme est en breton, les explications aussi. Seulement, le vocabulaire de la religion est propice à certains malentendus. Même sous l'apparence d'honnêtes mots que nous employons tous les jours, il y a des traîtrises cachées. Plusieurs fois, nous en faisons l'expérience à nos dépens. Un jour, la victime est un bon garçon qui ne cherche pas à trouver cinq pattes à un bélier. Ce n'est pas lui qui se travaillerait l'esprit pour en tirer une plaisanterie bien cuite, capable de faire entrer la vieille sœur en furie pendant que ses condisciples ricaneraient en se poussant du coude. On ne peut lui reprocher que de répondre trop souvent en avalant sa salive et quelquefois avant d'avoir entendu la question :

Un jour, donc, la sœur brandit la longue tige de roseau qui est son arme ordinaire pour nous rappeler à l'ordre. Elle la brandit comme fit Jeanne d'Arc de sa bannière devant Orléans je suppose, je n'y étais pas.

– Faites attention, les enfants! Joseph va nous dire quelles sont les plus anciennes de toutes les créatures. Allons! Taisez-vous! Laissez répondre Joseph.

Malgré l'ordre formel, on entend courir un murmure d'un banc à l'autre : Adam et Eve, Adam et Eve. Mais Joseph a jailli debout, tout rayonnant de savoir et crevant de bonne volonté.

– Les plus anciennes de toutes les créatures, c'est Jean-Marie Le Goff et moi.

Il n'a pas fini de parler que la petite partie de l'assistance éclate de rire à pleine gorge. L'autre moitié, la plus nombreuse, serre les fesses en attendant le secours du Saint Esprit! Si vous ne savez que le français, il faut vous expliquer que le mot *Krouaduriou*, au catéchisme, désigne tous les êtres créés par le Seigneur Dieu, mais que, dans le langage quotidien, il s'emploie uniquement pour signifier les enfants. Et les deux plus vieux, parmi les enfants, sont effectivement Jean-Marie Le Goff et Joseph lui-même. Celui-ci ne demande pas son pourboire, croyez-moi hardiment. Vaguement inquiet de son succès, il attrape la porte en deux bonds, ne laissant derrière lui que le vent de son paletot. Là-dessus, un Corentin quelconque, surnommé Gros-Garçon, à force de se contracter le corps par désir de comprendre ce qui se passe, finit par casser le banc sur lequel il est assis. Une demi-douzaine d'enfants (ou de créatures, si vous préférez) culbutent pêle-mêle. Dans le silence terrifié qui s'installe du coup, on entend claquer au loin les sabots de Joseph qui prend le large avec sa honte dont il ignore l'étendue. Les épaules se courbent, attendant que la tige de roseau leur tombe dessus. Mais la vieille sœur n'est plus qu'une ombre noire, tournée vers la fenêtre et toute secouée de rire.

Une autre fois, à la question : qui est à la tête de l'Eglise ? la réponse est : Marie-Jeanne Brigand, la vieille ! Cette excellente personne, de fait, s'occupe avec vigilance de tenir le chœur en état, de renouveler les fleurs, outre qu'elle se rend très souvent à l'église pour ses dévotions personnelles. La tournure de la question, en breton, est telle que l'on peut comprendre : qui s'occupe de l'église paroissiale ? Bah ! Le Saint Père a sûrement pardonné, la communauté chrétienne tout entière aussi.

N'allez pas croire qu'il arrive des coups pareils chaque semaine. L'aventure de « M. Joseph », comme il fut appelé désormais par la sœur, est l'une des deux ou trois qui demeurent célèbres dans la paroisse après un demi-siècle. Elles émergent d'une longue série de leçons sévères et de récitations en chœur dans la lumière blême du réduit à recueillement. La houlette de roseau défend notre troupeau naïf contre les loups sournois du monde, même déguisés en Chaperons Rouges. De temps à autre, derrière la fenêtre qui ne s'ouvre pas, une mère montre un visage inquiet pour s'assurer que son fils, sa « créature », n'a pas choisi les chemins tortueux de l'école buissonnière.

Nantis, tant bien que mal, du catéchisme élémentaire de la sœur Bazilize, quand nous avons suffisamment appris à lire pour déchiffrer le livret dialogué en breton qui fera de nous des chrétiens à part entière, nous sommes admis à l'église où les deux prêtres enseignent le degré supérieur. Nous voilà devant le chœur, assis sur les mêmes bancs en bois, trop impresionnés par la majesté du lieu pour nous livrer à nos tours ordinaires. Suspendu au pilier au-dessus de nos têtes, un Christ en croix à la taille humaine penche vers nous sa tête souffrante. Il sera souvent pris à témoin de nos indignités. Devant nous, l'autel où habite le mystérieux Saint-Sacrement. Au centre du chœur pend une sorte de soupière d'argent sous une petite flamme immobile dans un hanap rouge. Et tous les saints sont là, établis en hauteur de part et d'autre du Sacrement et des autels latéraux : l'évêque saint Faron et sainte Fare aux trois épis de blé, saint Fiacre, l'ermite à la bêche, saint Herbot présentant son plat de beurre, et puis saint Corentin, saint Eloi, saint Mathurin, sainte Marguerite et un évêque saint Ubald qui eut autrefois une chapelle sur la paroisse. La chapelle a disparu jusqu'à la dernière pierre, la fontaine coule toujours. Elle guérit toutes sortes de maux, mais on ne sait plus bien lesquels. On l'appelle *Feunteun An Dour Diboan* (la fontaine de l'eau qui soulage).

Le recteur, M. Pelleter, est un gros homme rougeaud à double menton qui aime le tabac à priser et se mouche dans un immense mouchoir rouge. Il mène rondement son catéchisme, n'hésitant pas à tordre l'oreille de quiconque fait du bruit avec ses sabots. Son vicaire est plus doux, un peu papelard. Il ne faut pas trop s'y fier. Mais l'un et l'autre n'hésitent pas à nous envoyer en pénitence sous la statue de saint Herbot quand nous ne savons pas répondre. Saint Herbot est le patron des bêtes à cornes, n'est-ce pas! Et quelquefois, M. Pelleter nous oublie dans ce coin quand le catéchisme est fini. D'autre part, les grands nous ont dit, affirmé, juré, que le bras de saint Herbot qui présente le plat de beurre au-dessus de nos têtes est tout à fait pourri. Il ne serait pas étonnant qu'un de ces jours il se détache du reste et nous assomme en tombant. Le pénitent, donc, lève le nez de temps en temps pour surveiller le bras. Si le prêtre s'en aperçoit, le pauvret se fait ramener à l'ordre par de grands éclats de voix. Le nez en l'air, ce n'est pas une posture d'humilité ni de repentir.

Le dimanche, nous devons tous aller à la grand-messe et ensuite aux vêpres. Sans faute. Il y a trois sonneries de cloches pour appeler les fidèles. A la seconde, nous devons être en place pour une rapide revue de détail par le bedeau d'abord, ensuite par celui des deux prêtres qui n'officie pas. Les fillettes des sœurs sont déjà montées dans leur tribune au fond de l'église. Défense de se retourner vers elles. La porte nord, celle du haut du bourg, n'arrête pas de cliqueter sous la main des arrivants. Celle de la sacristie lui répond, mais non celle du porche du baptême par où entrent la plupart des femmes et qui reste ouverte jusqu'à la troisième volée. Quant à la porte du clocher, devant laquelle pendent les cordes des cloches, elle ne s'ouvre que dans les grandes occasions.

Les femmes se rangent devant les chaises du côté de l'Epître, les hommes en font autant du côté de l'Evangile. Les grosses têtes sont déjà dans le chœur, armées de leurs gros paroissiens à tranches rouges. Sous le grand Christ, l'harmonium gémit deux ou trois fois pour se mettre en voix. Un grincement de cordes au fond de l'église, la troisième volée de cloches se déchaîne là-haut. Elle n'est pas encore finie quand paraît le prêtre flanqué des enfants de chœur. Maintenant, il va falloir se tenir tranquille pendant une heure et demie avec ces pieds, ces genoux, ces coudes et ces mains qui refusent de vous obéir.

Ce qui nous aide beaucoup à rester sages, c'est le spectacle qui se déroule devant nous et dans lequel nous essayons de nous repérer. Au catéchisme, le vicaire a voulu nous apprendre la signification des couleurs que portent les prêtres pour la messe. Le blanc, c'est la joie et la pureté, le rouge, c'est le feu de l'amour pour le Créateur, le vert, c'est la confiance. Le violet, c'est la tristesse et la pénitence, le noir, c'est le deuil. Les trois premières couleurs peuvent se remplacer par le doré. Bon. Mais je crois bien qu'aucun de nous n'arrive à se rappeler quels dimanches on porte les uns et les autres.

Les enfants de chœur eux-mêmes, avant d'entrer en sacristie, doivent consulter en douce un petit livret qui est à demeure derrière l'autel. Encore faut-il se reconnaître dans l'Avent, la Pentecôte, le Carême, les Rogations et tous les « gésimes ». Quels drôles de mots!

Les langages de la messe, d'ailleurs, nous partagent entre l'étonnement et le respect. Encore une chance qu'il n'y ait pas un mot de français, nous avons assez à faire avec le breton et le latin. Au « breton de prêtre » les plus grands sont déjà habitués par leur livre de catéchisme rédigé en dialecte léonard. Nos prêtres eux-mêmes viennent généralement du pays de Léon, des séminaires de Saint-Pol et de Lesneven. Ils articulent soigneusement les mots, n'en laissent pas perdre la moindre syllabe alors que nos parents et nous, gens du sud, nous avons tendance à faire chanter les voyelles aux dépens des consonnes. Surtout les femmes à la cantonade. Dans l'ordinaire des jours, cela n'a pas beaucoup d'importance, le vocabulaire courant étant à peu près le même. Mais il y a des « mots d'Eglise » qui sont insolites, qui ne nous servent jamais. Le mot *priedelez* (mariage) par exemple et une douzaine d'autres, épars dans les cantiques, et qui recèlent sans doute une partie des mystères de la foi. Certains d'entre eux *(induljansou, ofis, sakramant)*, nous le saurons plus tard, sont empruntés au français, à ce français dont nous ne savons pas beaucoup plus que de latin. Ce latin, qui règne d'un bout de la messe à l'autre, il est pour nous le « breton du dimanche », celui qu'on n'entend jamais sur la semaine ni dans d'autres bouches que celles des prêtres. Même si les instituteurs n'en usent pas, eux qui parlent si facilement le français. Et pourtant les fidèles de la messe, le bedeau en tête, ont bien l'air d'être familiarisés avec ce langage puisqu'ils répondent en chœur à l'officiant sans jamais faillir. Alors, nous essayons de ramener ce breton de messe à notre breton de tous les jours grâce à quelques mots qui surnagent sur la musique latine et qui nous semblent être des nôtres.

C'est ainsi que nous donnons notre assentiment total au *Dies iræ, dies illa*. En breton, *diêz* veut dire difficile et nous sommes bien d'accord : tout cela n'est pas aisé, on a bien raison de répéter le mot. Hélas! Le reste nous échappe complètement. Par le catéchisme et le Chemin de Croix, nous savons quel triste personnage est le nommé Pilate. Aussi, dans le chant du *Credo*, forçons-nous nos voix sur *Pontio Pilato* pour bien montrer notre désapprobation de sa conduite. Les grandes personnes font de même. Comment se fait-il que ce nom de Ponce-Pilate sonne à jamais comme un nom étrange à nos oreilles alors que celui de Jésus-Christ y entre aussi facilement que s'il était breton? Peut-être à cause de *Kristen* (chrétien) que nous entendons à longueur de prônes, de prières et de cantiques. Mais *pilad* en breton veut dire renverser. Ce maudit Pilate est celui qui a jeté le Christ à terre. Judas, lui, c'est le traître. Voilà encore un mot qui est à nous. On dit « un temps de Judas » pour prévenir qu'il ne faut pas s'y fier.

Mais combien de problèmes nous reste-t-il à résoudre quand nous avons fait le compte de nos maigres connaissances! Par exemple, nous chantons le *Kiri eleison* avec ferveur, nous rivalisons avec les meilleures voix de la nef et du chœur, nous modulons les sons avec des étranglements si délicats qu'ils semblent descendre d'en haut sur nos visages au lieu d'émaner de nos bouches. Et cependant nous nous demandons ce que viennent faire toutes ces charrettes dans la célébration de la messe. C'est que nous entendons dans nos oreilles *Kirri eleiz 'so* (il y a des tas de charrettes) sans jamais voir la couleur d'une seule d'entre elles. Ni dedans ni dehors. Alors quoi!

Le plus difficile à supporter sans dissipation, c'est le prône. A chaque fois, il nous semble qu'il ne finira jamais. Le prêtre se fâche assez souvent, surtout M. Broc'h, le recteur au nom si désagréable (1) que nous n'avons même pas besoin de le déformer comme nous avons fait pour celui de son prédecesseur M. Pelleter, un bien brave homme, que nous appelions *Penn letern* (Tête de Lanterne) quand il nous réprimandait pour une leçon de

(1) *Broc'h* signifie blaireau.

catéchisme non sue. M. Broc'h ne nous fait grâce de rien. Aucune de nos fautes ne lui échappe. Il doit avoir des informateurs dans tous les coins. Il nous promet enfer et purgatoire. Pas seulement à nous, mais à toute l'assistance, chacun en prenant pour son compte. Nous baissons les épaules, le nez dans le gilet. De là où il se trouve, dans la chaire à prêcher accolée au premier pilier du côté de l'Evangile, rien ne lui échappe. Ce n'est pas le moment de bouger pied ni patte ou de glisser un mot au voisin. Le terrible prêtre serait capable de nous prendre nommément à partie.

Quand le prêcheur redescend à terre pour regagner le chœur, nous poussons discrètement un soupir de soulagement. L'harmonium reprend, les chants s'élèvent de nouveau. Les six fabriciens quittent solennellement leurs cathèdres pour aller dans la sacristie chercher les plats de la quête. Bientôt, ils passent l'un après l'autre à travers les rangs des fidèles. Le grand fabricien est celui de saint Faron, notre patron. Mais saint Faron ne recueille pas beaucoup de pièces, sauf le jour de son pardon comme de juste. Le plat le plus rempli est toujours celui des Trépassés. Au point que son fabricien doit quelquefois interrompre sa quête pour aller la vider à la sacristie. Les autres font de leur mieux pour encourager les donateurs en leur secouant le plat sous le nez. Quand la récolte de saint Herbot ou de saint Alar est vraiment trop maigre, le fabricien se plaint amèrement au recteur qui, le dimanche suivant, fait en chaire l'éloge du personnage sacré et le plat se remplit de nouveau convenablement pendant quelques dimanches. Par-dessus les paroles et les chants de l'office, nous entendons le bruit des pièces qui tombent et la voix des fabriciens qui murmurent à chaque fois : Dieu vous paiera! Sauf celui des morts qui dit : que Dieu pardonne aux Trépassés! Quelquefois, le fabricien prononce fortement sa formule sans qu'on ait entendu le moindre bruit de métal. Il a récolté un billet.

Ces fabriciens sont des gens d'Eglise, comme on dit, et occupent un rang honorable dans la paroisse. Ils se recrutent mutuellement, chacun choisissant son successeur avec, bien sûr, l'assentiment des prêtres. Après la moisson, ils partiront tous les six mois en trois chars à bancs pour collecter les dons en nature des cultivateurs. Dans une mesure spéciale, ils recueilleront le froment, l'orge et l'avoine qu'ils mettront en sacs à l'intention du presbytère. Quand les trois charrettes seront pleines, le soir, les six hommes auront fini eux-mêmes de « mesurer » trois bouteilles dans chaque ferme, à savoir le blanc, le rouge et le « fort ». Les chevaux les ramèneront au pas. La quête durera trois jours comme tous les ans : un pour le haut de la paroisse, un pour le bas et le troisième pour le bourg. Il est d'usage que le Grand Fabricien offre un repas à ses collègues pour clôturer l'exercice. Comme c'est à sa femme d'y pourvoir, elle ne voit pas d'un bon œil ces jours d'agapes, ayant assez à faire par ailleurs. Et généralement les autres fabriciens ne veulent pas demeurer en reste.

De son côté, le bedeau fera sa tournée, puis le vicaire et enfin le recteur. Et l'on estimera que la dîme est payée comme il faut. Quittes pour un an, à moins de désirer des indulgences spéciales. Il n'y a que Louis Deux-Sous qui ne quête rien. Louis Deux-Sous, comme son nom l'indique, touche l'argent des chaises. Il le fait dignement, sévèrement et sans bruit. Nous avons beau tendre l'oreille, jamais nous ne l'entendons monnayer un gros billet. Mais un jour, un maladroit l'a bousculé en retournant sa chaise. Un rouleau de pièces de bronze s'est répandu sur le paysage de pierre. Louis s'est arrêté, tout pâle et tout droit, pendant un long moment, les yeux tournés vers le tabernacle, attendant on ne sait quelle admonestation céleste. Le maladroit se serait bien caché dans le bénitier s'il avait pu. Il n'arriva rien du tout. Ni le Père, ni le Fils, ni le Saint-Esprit ne jugea bon de punir l'un ou l'autre pour avoir troublé l'office. Paix sur la terre...

Le dernier chant de la grand-messe, celui qui précède la sortie, nous le poussons avec un tel enthousiasme que les yeux méfiants des serviteurs de l'Eglise se tournent vers nous. Le bedeau Jean-Marie Plouhinec suit avec attention le mouvement de nos lèvres pour voir si nous ne parodions pas les paroles respectables. Les séminaristes, dit-on, le font bien. Lequel d'entre nous n'a pas remplacé, au moins une fois

Meulom oll da jamez	Louons tous à jamais
Jezuz hag e vadelez	Jésus-Christ et ses bien faits

par la version suivante, beaucoup plus actuelle et motivée :

Meulom oll da jamez	Louons tous à jamais
Gwelom piou ar henta 'r mêz	Voyons qui sera premier dehors!

A peine le prêtre a-t-il disparu, sur le son des cloches, par la porte de la sacristie que la troupe enfantine se rue dans l'étroit couloir qui débouche sur le cimetière. Les objurgations de la sœur Bazilize n'y peuvent rien. Nous avons hâte de dépenser un ou deux sous de bronze dans une boutique à bonbons. Les femmes sortent de leur côté, suivies des fillettes de l'école des sœurs, descendues sagement de leur tribune. Les hommes quittent l'église d'autant plus tard qu'ils sont plus considérés. Dehors, ils se rassemblent sur la petite place, à l'angle du cimetière, pour écouter le bedeau bannir les nouvelles du haut du mur, sous la croix. Puis ils se répandent dans les débits de boissons pour commenter ces nouvelles et parler de leurs affaires. Une odeur de soupe aux choux et au lard sort des portes ouvertes. Des femmes se pressent pour rentrer chez elles. D'autres s'attardent au cimetière sur la tombe de leurs morts. Celles qui habitent loin se rassemblent dans une arrière-salle d'estaminet pour déguster un bol de café avec du pain et du beurre. C'est bien suffisant pour les tenir en joie, surtout que les bavardages et les commérages nourrissent aussi, n'est-ce pas!

Moi qui suis voué à la grand-messe tous les dimanches, je voudrais bien, une fois de temps en temps, assister à celle de six heures. Pas seulement parce qu'elle est plus courte, mais pour savoir comment est le bourg entre dix heures et midi. Une image du désert sans doute. Car il est entendu que quiconque ne va pas à la grand-messe ne doit pas sortir dans la rue à moins d'absolue nécessité. Il n'est pas question pour les hommes d'aller boire un coup au comptoir. La plupart des débits de boissons n'oseraient pas servir de tels anarchistes, de peur d'encourir les foudres du recteur et de se faire citer en chaire pour leur plus grande vergogne. Il y a bien quelques jeunes gens, marins en permission ou contestataires jurés, qui arrivent à jouer aux cartes pendant la grand-messe dans quelques buvettes écartées, mais c'est à condition de passer dans l'arrière-boutique. Malheur à ceux par qui le scandale arrive! Quant à la messe de six heures, elle est réservée à ceux qui ne peuvent pas assister à la grande, particulièrement aux gens des fermes qui doivent s'occuper des animaux.

Le recteur de la paroisse mérite bien son nom. Il nous mène droit et ferme. Ce n'est pas chez nous que l'on verrait, comme dans la commune voisine, des hommes jouer aux quilles si près des portes ouvertes de l'église que le bruit des coups s'entend par-dessus les respirations du *Credo*. C'est là-bas aussi que certains, au lieu de prendre place dans la nef, restent à fumer leur pipe et à cracher par terre en discutant de politique devant le porche. Leur recteur, furieux, appelle cet endroit « la place des chevaux gras ». Mais les chevaux n'en ont cure. Et voilà comment on risque son salut.

Il est vrai que dans certains bourgs du canton il y a des commerçants assez oublieux de leurs devoirs pour organiser des bals à d'autres occasions que les noces. Mais pas chez nous. Les bals sont interdits sous peine de se voir refuser les sacrements. Et lorsque, exceptionnellement, les prêtres en autorisent un, ils ne laissent pas aller la bride pour autant. Ils mettent sévèrement en garde contre les danses immodestes, les danses « ventre-à-ventre ». Les jeunes gens qui veulent aller au bal ailleurs doivent se cacher pour quitter le pays. Il y a toujours quelqu'un aux aguets pour publier leur dévergondage.

Les jeunes filles, bien entendu, sont tenues encore plus serré que les jeunes gens. C'est pourquoi elles ne savent guère danser les danses modernes, ce qui fait d'elles la risée des « dégourdis » quand par hasard elles sont en mesure de mettre les pieds dans une vraie salle de danse. Si elles s'avisent de suivre timidement la mode en décolletant leur gilet de velours par-derrière ou en tirant des accroche-cœurs sous la coiffe, aussitôt elles entendent tomber du haut de la chaire des menaces de déchéances dont elles n'ont pas encore idée, les pauvrettes. Si quelques-unes d'entre elles ont été la proie du démon, la faute n'en est pas à leurs pasteurs. Etudiants de vingt ans et comme tels redoutables pour les bonnes mœurs, nous serons particulièrement surveillés par un personnage que nous appelons le préfet. Il saura mieux que nous à quelle heure de nuit nous serons revenus d'un bal à Plonéour ou Plozévet. C'est à croire qu'il ne dort jamais. Et pour aller à ce bal, il nous faudra pousser par des chemins détournés une moto dont nous n'oserons pas mettre le moteur en route par peur de nous faire repérer. Le préfet a l'oreille fine. Le recteur saura tout.

On ne travaille pas le dimanche, sauf pour les repas et l'entretien des animaux. Le recteur l'interdit formellement. Travail du dimanche, travail sans valeur dit son proverbe. On se rend visite en famille dans le plus grand apparat vestimentaire, celui de la grand-messe. Des hommes, les uns parcourent les champs pour juger de l'état des cultures, d'autres vont jouer au brelan dans une buvette de campagne, d'autres encore battent les quilles ou se mesurent à la galoche, mais l'après-midi seulement. Les femmes s'invitent à boire le café après les vêpres, ce qui les mène jusqu'au soir. Ou bien, quand il fait beau, elles se réunissent au pignon de quelque maison qui protège des vents, là où elles se plaisent à tricoter ou à faire du picot dans la semaine en bavardant. Mais attention! Le dimanche, elles n'ont ni crochet ni fil, leurs mains sont engagées dans leurs larges manches pour bien faire voir qu'elles respectent le jour du Seigneur.

Exceptionnellement, quand la moisson risque de se

perdre à cause de la pluie incessante, le recteur, dans sa mansuétude, autorise à travailler le dimanche et même le 15 Août, Fête de la Vierge, si la pluie a cessé. C'est une grâce que l'on doit reconnaître, plus tard, par un redoublement de dévotion.

Jusqu'à la première communion, et même après, les enfants doivent assister aux vêpres avec les femmes. Tous les enfants et toutes les femmes qui tiennent à leur réputation. Les hommes s'en dispensent déjà presque tous, à l'exception de ceux du chœur et des grands dévots. Cette absence des hommes nous humilie un peu. D'ailleurs, les grands adolescents ne se privent pas de nous faire sentir notre état d'enfance. « Vous allez aux vêpres avec les femmes! » Aussi avons-nous hâte de nous tirer de là. Mais curieusement, peut-être parce que nos pères ne sont pas présents, parce que nous sommes à peu près les seuls empantalonnés de l'assistance, les vêpres ne nous déplaisent pas. Nous y faisons même un peu les farauds, essayant notre voix et notre mémoire dans les cinq psaumes, l'hymne, le Magnificat et même l'Oremus. Et nous nous sentons bien au milieu de cette assistance de femmes et de fillettes. L'atmosphère est plus douce, plus sereine qu'à la messe. Le prêtre ne monte pas en chaire pour y tonner. Les vêpres commencent à trois heures, mais souvent nous sommes là un bon quart d'heure avant. Dans le bourdonnement *d'ora pro nobis* des litanies de la Vierge (trois cents jours d'indulgence à chaque fois), nous attendons le vrai départ qui est le *Dixit Dominus Domino meo.* Au *Magnificat*, c'est le triomphe. M. Pelleter nous a appris que, pour ce chant-là, il faut porter le front haut et ouvrir la poitrine, au contraire du *Dies Iræ* qui demande que l'on baisse la tête et serre les épaules. Oui, vraiment, les vêpres sont une belle chose quand il n'est pas possible de s'en passer. Et rares sont ceux qui méprisent assez leur peau pour faire les « vêpres des grenouilles » qui se sifflent dehors, dans les chemins creux.

Les vêpres finies, nous sommes en congé de religion jusqu'à la prière du soir. Je la fais à haute voix derrière la porte fermée de mon lit clos pour que ma mère entende mes patenôtres. Les jours de fêtes majeures, le scapulaire au cou, je dois me signer avec un rat-de-cave allumé et préalablement béni. Je ne jurerai pas m'être acquitté sans faute, jusqu'à mes dix ans, de mes prières du matin. Le manque de temps, n'est-ce pas, les leçons à retenir pour l'école. Et ensuite, quand M. Pelleter ouvre sur moi le volet du confessionnal, me suffoquant, à travers la grille, d'une odeur du tabac, il faut bien lui avouer mes déficiences. Difficile quand je sais déjà que ma famille, malgré la dévotion de ma mère, n'est pas du côté de l'Eglise. Mais je m'acquitte à peu près consciencieusement de mes devoirs de chrétien. Comment pourrais-je les oublier quand la maison est remplie de crucifix et d'images pieuses! Quand ma mère ouvre son armoire, je vois sur le battant gauche des chapelets qui pendent auprès de la fourragère de mon père tandis que sur le battant droit est clouée une image de sainte Thérèse de l'Enfant Jésus. Sur le dossier du banc au haut duquel siège mon grand-père, le menuisier a sculpté un Saint Sacrement en gloire. Dans chacun des panneaux qui ferment mon lit clos sont découpées à jour les trois saintes lettres IHS *(Jesus Hominum Salvator)*. Je suis protégé de tous les côtés. Apparemment mon père et mon grand-père comptent sur moi pour les protéger à mon tour car ils ne semblent pas se soucier outre mesure de la religion. Ils se contentent d'assister à la messe du dimanche, mon père quelquefois, mon grand-père sans faute.

Il n'y a pas si longtemps que la prière du soir en commun est sortie de l'usage. Avant la guerre de 1914, qui a changé bien des choses, elle était pratiquée encore dans les grandes fermes, même celles dont le propriétaire votait pour la République. Et depuis la fin de la guerre, dans quelques endroits, on la fait toujours. J'entends conter l'histoire d'un maître de ferme, toujours vivant, qui avait l'habitude de réunir sa famille et ses domestiques autour de lui tous les soirs. Il commençait par demander des prières pour les Trépassés : disons un *pater* et un *ave Maria* pour Pierre-Marie Boédec, décédé le mois dernier. Et il continuait : un *pater* et un *ave Maria* pour

Lucie Bourdon, très malade sur son lit et qui ne fait pas mine de se remettre debout, etc. Or, Guillaume M..., le grand valet, se fatigua de débiter ainsi des patenôtres après sa journée de travail, des patenôtres qui n'en finissaient plus. Surtout que le maître était un homme rude, porté à faire se tuer ses gens au travail tant au-dedans qu'au-dehors. Un soir, quand les prières furent finies, il éleva la voix : disons enfin un *pater* et un *ave Maria* pour que le pauvre Guillaume M... puisse aller reposer dans son lit jusqu'à demain matin.

Le maître resta la bouche ouverte sans trouver la moindre parole à rétorquer. Le grand valet travaillait plus que lui. Les autres attendaient une réaction violente. Mais le fermier était un fin renard. Il prit le parti d'éclater de rire et tous les autres, soulagés, firent comme lui. Le grand valet s'était permis une plaisanterie un peu forte, c'était tout. Mais le plaisantin ne riait pas. Il avait raté son coup. Alors, il décida de frapper plus fort. A quelques jours de là, les prières finies, on entendit de nouveau sa voix : disons trois *pater* et trois *ave Maria* pour que devienne aveugle celui qui n'est que borgne jusqu'à présent. Le maître avait perdu un œil à la guerre. Les paroles du grand valet étaient dures à entendre et cependant le borgne se contenta de soupirer profondément : peut-être vaut-il mieux, dit-il, que chacun de nous fasse ses prières dans son propre lit. Ainsi le Seigneur Dieu sera-t-il le seul à entendre les sottises qui s'échapperont de sa bouche.

Le grand valet avait gagné.

A la maison, outre le paroissien de ma mère et quelques recueils de cantiques, il y a deux livres importants. L'un, qui reste à demeure sur l'appui de la fenêtre, est le dictionnaire français de M. Larousse. J'en parlerai plus tard. L'autre est enfermé dans l'armoire de noces de ma mère que nous appelons la *presse*. C'est la *Vie des Saints*, rédigée en breton par M. Morvan, chanoine de l'église-cathédrale de Quimper, éditée pour la cinquième fois en 1913, revue et augmentée par M. Jean-Marie le Gall, recteur de Taulé dans le Léon. Dans ce livre, Alain Le Goff m'a montré mes premières lettres parce qu'elles sont plus grosses que dans celui de M. Larousse, lequel, au surplus, ne renferme que du français. Quand je commence à savoir lire couramment, à l'école, mon plus grand plaisir est de déchiffrer la *Vie des Saints*. J'y retrouve les mêmes mots étranges que j'apprends par cœur dans mon livret de catéchisme. Ils ne servent pas plus, dans la vie courante, que les mots contenus dans mes livres d'école, mais autour d'eux, dans les mêmes phrases, il y a les termes familiers que je me réjouis de reconnaître.

Et puis, la *Vie des Saints* est un livre d'histoires sans pareil. Il raconte les aventures miraculeuses de personnages qui ont mérité, par leurs vertus, de figurer en statues dans les églises. Tous ceux de la nôtre y sont, avec des dizaines d'autres qui doivent parrainer les paroisses autour de nous. Il y a même le grand saint Corentin de Quimper qui a donné son nom à deux de mes oncles et à beaucoup d'hommes et d'enfants que je connais. Chaque jour de l'année est sous l'invocation de l'un de ces saints. Mais comme ils sont trop nombreux, il a fallu en sacrifier quelques-uns qui n'ont droit qu'à une évocation rapide dans le récit de la vie d'un autre. C'est ainsi que saint Faron ne fait qu'apparaître, tout évêque qu'il a été, à côté de l'ermite saint Fiacre. Dans notre église, son image porte la mître tandis que celle de saint Fiacre n'a droit qu'à la bure et à la bêche. Cela montre bien, dit le recteur, que les grandeurs du monde n'ont pas d'importance. Chacun sert à la place qui lui est assignée par le Seigneur. Je trouve cela bien. Je ne serai jamais évêque à Quimper comme Mgr Duparc. Je l'ai déjà vu une fois, je le reverrai le jour de ma confirmation. Quand il vient nous visiter, toute la population s'avance à sa rencontre, clergé en tête, au bas de la côte de Pont-Gwennou. C'est un grand vieillard maigre à cheveux blancs, habillé comme notre saint Faron. Quand il parle, on dirait que c'est lui qui a écrit la *Vie des Saints*. Mais il y met un tel ton que les portes du Paradis, du Purgatoire et de l'Enfer sont capables de s'ouvrir à sa voix. Jamais je n'arriverai à parler comme Mgr Duparc.

C'est pourtant moi, tout indigne que je suis, qui lis la *Vie des Saints* pour les autres. Pas tous les soirs, mais assez souvent pendant l'hiver, au cours du mois de Marie et chaque fois que quelqu'un qui ne sait pas ses lettres demande à entendre l'histoire d'un saint dont il porte le nom ou qui préside au jour de sa naissance. Ma mère aussi lit très bien et avec beaucoup de plaisir, mais elle a scrupule à laisser sa couture ou son tricot pour une occupation qui n'est pas de son état. Et puis il faut bien que je m'entraîne si je veux être premier au catéchisme en breton comme je suis premier à l'école en français. D'ailleurs, ma mère est flattée des compliments qu'elle reçoit à mon propos de la part de gens qui n'ont fait qu'entendre dire que je lis bien. Elle invite quelquefois des voisines à la cérémonie. Et les femmes s'exclament d'admiration, prédisant que je passerai au moins le certificat d'études du premier coup puisqu'il n'est pas question que j'aille au séminaire. Mon père ne veut pas.

Mon livre sous le bras, je remonte quelquefois la route pour aller à Pouloupri, un hameau d'une demi-douzaine de maisons qui n'est guère à plus de cent pas de chez moi. C'est la belle saison. Le temps est si doux que Marie-Jeanne Bourdon, la dernière femme à fumer la pipe dans le pays, a tiré un banc devant son *penn-ti* pour bavarder avec ses voisins. Et une chaise de bois pour mon derrière de garçon instruit. Je m'assieds, j'ouvre mon livre à la page du saint du jour qui est marquée par un fil de laine. Silence. Je lis consciencieusement l'histoire de saint Gildas ou de saint Clet. Et je m'arrête un peu avant d'attaquer le dernier paragraphe intitulé *sonjit ervad* et qui est fait de « réflexions profitables » tirées du saint exemple par M. Jean-Marie le Gall. Quand j'ai fini, Marie-Jeanne et les autres font le signe de croix et proclament leur assentiment. En vérité, ce qui les étonne le plus, ce ne sont pas les miracles ni les leçons, mais d'entendre le fils de Marie-Jeanne Le Goff, ce petit bout d'homme, déchiffrer son gros livre presque aussi bien que le recteur lui-même. Quand je serai au lycée, Marie-Jeanne Bourdon me demandera de lui lire les Fables de La Fontaine :

« C'est pour écouter le bruit que ça fait, dira-t-elle. Mais comment diable font ces gens-là pour comprendre ce qu'ils disent?

Un jour de l'année 1923, si j'ai bonne mémoire, arrivent dans la paroisse deux ou trois moines à la robe de bure encordée. Large est leur barbe entre pommettes et menton, larges leurs pieds nus sur une semelle de cuir épais. Ils viennent faire une mission, vivifier les racines de la foi qui se dessèchent dans les âmes, a dit M. le recteur en chaire. L'un d'eux s'appelle Barnabé. Sa voix résonne d'une ampleur prophétique dans le chœur où nos saints de bois ont pris un air sévère, même le bon saint Fiacre dont les yeux semblent toujours nous pardonner d'avance. Ils sont très fâchés contre nous, c'est sûr. Mais quoi! Mieux vaut un saint mécontent qu'un pourceau satisfait. Chacun de nous est un pourceau.

Le père Barnabé s'attache surtout à reconquérir les hommes, ces contempleurs de vêpres, ces joueurs de cartes, ces proféreurs de jurons, ces rieurs ineptes aux relents de vin rouge, ces dissolus qui ricanent de la dévotion de leurs femmes et gâtent sans vergogne l'âme pure de leurs enfantelets. Ce terrible moine n'arrête pas de tonner contre eux de sa voix d'orgue. Et les hommes sombrent dans le tremblement et la contrition. Même M. le recteur ne se risque plus à tirer de sa soutane son grand mouchoir rouge par peur de montrer au père les traces de son péché mignon : le tabac à priser. Il en oublie d'ajuster sa barrette. Quant au vicaire, il n'est plus qu'une ombre blafarde qui rase les murs pour se faire oublier.

Nous, les enfants, nous cherchons refuge dans le *Champ du Recteur*. La paix mystérieuse de nos trois ormes préférés calme les battements de nos cœurs. Nous nous sentons tout à fait indignes, bien sûr, mais les quatre talus nous préservent provisoirement du châtiment et quelque chose dans l'air, un certain encens naturel, nous fait espérer le pardon.

Il faut faire pénitence, nous clame le père Barnabé au long des jours de retraite. Il secoue autour de lui ses manches de bure, il ébouriffe sa barbe dans son indignation contre la nature humaine. A peine est-on entré dans l'église que le moine commence d'arpenter le chœur de l'Epître à l'Evangile. Ses semelles de cuir claquent sur le pavage, sa main gifle la balustrade au rythme de ses paroles. Mais ce n'est pas le père courroucé qui nous fait serrer les fesses et rentrer nos épaules sur nos bancs. Ce tonnerre vivant menace toujours sans frapper jamais. Dès le premier jour, il a été trahi par ses yeux bleu-de-lin qui se sont laissé aller à pétiller, le temps d'un éclair, quand un hanneton clandestin a pris son vol hors de la poche du gars Demêtre pour aller bourdonner des auréoles sacrilèges autour de la tête chauve du missionnaire. Le gars Demêtre est celui de nous qui a le moindre souci de son salut. Malgré cela, dit le père miséricordieux, il est capable d'aller au paradis quand même, mais à califourchon sur un âne et avec le braiement de l'animal pour cantique. Là-dessus, le trublion fut envoyé faire son examen de conscience sous la statue de saint Herbot. Il avait l'air assez inquiet, le pauvre Demêtre. Sans doute cherchait-il où se procurer un âne quadrupède pour monter au paradis avec un compagnon comme il faut. Il n'y a pas d'âne dans le canton.

Non, ce n'est pas le père Barnabé qui nous fait peur, à nous les enfants, malgré sa barbe frémissante et ses prêches torrentiels où roulent les cailloux de mots bretons inconnus. Les grandes personnes, derrière nous, ont de bonnes raisons, sans doute, de baisser le nez, de gratter le dallage avec leurs souliers cirés, et de se vider la gorge quand la voix du moine se tait entre deux périodes. Ils attrapent leur dû pour une fois. Pour une fois, nos parents ne sont plus nos juges. Ils ont trouvé leur maître. Les plus dissipés d'entre nous auraient envie de ricaner s'ils ne savaient pas que notre tour va venir. Car déjà, au travers du chœur, attachées à une corde comme des linges raides et bariolés, se balancent doucement devant nous les douze Tables du père Maunoir.

Les paroles du prêche traversent notre tête d'une oreille à l'autre sans laisser de trace. Nous ne sommes pas parties prenantes dans ce jeu-là. Nous laissons notre part aux pécheurs endurcis qui nous ont donné le jour. Mais les Tables, c'est autre chose. On a beau fermer fort les yeux, les paupières à peine jointes se repoussent et les images successives de notre destin nous frappent comme autant de coups de poings, les plus terribles les premières. Cette nuit, et pendant bien d'autres nuits encore après les nuits suivantes, elles seront multipliées en riches cauchemars grouillants dont il ne restera, au petit matin, que l'odeur de la sueur et le désir de contrition.

Nous ne savons pas encore qui est le père Maunoir. Nous le voyons sous les traits d'un moine comme le père Barnabé, mais avec le poil noir et les yeux de braise. Plus tard, nous saurons qu'il fut un missionnaire du dix-septième siècle, une âme de feu s'il en est, qui ramena énergiquement nos pères dans le droit chemin. Non sans peine et sans péril pour son corps mortel. Pas loin d'ici, à Plonéour, on a voulu le tuer à coups de feu. C'était vers l'époque de la fameuse révolte des *Bonnets Rouges* à la suite de laquelle deux paysans de mes ancêtres furent pendus par le duc de Chaulnes, le « duc damné ». L'un des deux pendus était un jeune garçon de quatorze ans auquel nous ne connaissons d'autre nom que celui de Pôtr Tin. Et malédiction sur le quatorzième Louis! Que faisait au juste le père Maunoir dans cette histoire, nous ne le savons pas, mais nous devons avouer qu'il fut un peintre sans égal.

Ses Tables sont de grandes plaques de carton, nous semble-t-il (aucun de nous n'a l'audace d'aller les voir de près), dont chacune porte le dessin d'un grand cœur sommé d'une tête aux longs cheveux bouclés, la tête d'un mousquetaire ou d'un roi du jeu de cartes. La tête revêt diverses expressions selon le contenu du cœur. Sur le premier tableau, celui-ci est occupé par le paon de l'orgueil, le bouc de la luxure (qu'est-ce que c'est donc, la luxure?), le cochon de la gourmandise, la tortue de la paresse, le tigre de la colère, la vipère de l'envie et le crapaud de l'avarice, les sept bêtes entourant un diable ailé, cornu, barbu, griffu, penaud, avec une fourche pour sceptre. Le spectacle est navrant. Mais une étoile et un œil signalent que le seigneur Dieu surveille le tout. Les tableaux suivants montrent l'homme repentant qui chasse de son cœur les valets du diable pour accueillir la colombe du Saint-Esprit. Et puis les luttes, les pénitences, les instruments de la Passion, les tentations du monde, les sièges gagnés et perdus *(et fiunt novissime pejora prioribus)*, les fers et les feux, l'Ankou et l'Ange gardien. J'entends la voix du père Barnabé qui entonne le cantique préparatoire :

Sellit piz ouz an taolennou
A zo melezour on eneou

Regardez de près les tableaux
Qui sont les miroirs de nos âmes.

Tout à l'heure, avant le dernier couplet, il saisira un long bâton dont il frappera sévèrement le premier tableau après avoir retroussé ses manches, comme on fait pour s'attaquer à une dure tâche. Quand il aura fini d'expliquer le dernier et définitivement sauvé le pécheur exemplaire par-delà la mort, le bon homme sera en nage et cherchera vainement la fente de son froc pour atteindre son mouchoir.

Mais les enfants auront été si secoués d'émotion qu'il leur faudra se recueillir pendant un long moment dans le *Champ du Recteur* pour retrouver un semblant d'appétit.

Le cantique des Tables n'est pas le seul que nous chantons avec le père Barnabé. A vrai dire, pendant son séjour parmi nous, une bonne partie de notre répertoire y passe. Le père doit savoir qu'il nous plaît de chanter. D'abord, parce que le breton des cantiques est simple. Nous le comprenons d'un bout à l'autre, il a été fait pour cela. Et puis cette musique d'église nous calme le corps en nous exaltant l'âme autant que faire se peut. J'ai remarqué qu'elle produit le même effet sur les grandes personnes. Est-ce une illusion ? La voix des plus sévères matrones se fait angélique, celle des hommes les plus durs (nous les connaissons déjà et toujours à nos dépens) semble charrier quelque émotion. D'ailleurs, le père Barnabé et son acolyte entonnent mieux que nos desservants. C'est au point que nos cantiques habituels sont pour nous une révélation. Nous ne leur connaissons pas cette force.

Ma mère me confie le livret des Cantiques Bretons de l'évêché de Quimper et de Léon, nouvellement édité en 1908 à l'initiative de notre évêque Adolphe Duparc. Elle-même les connaît par cœur, les chante bellement, me les fait répéter parfois de peur que je ne lui fasse honte. Il y en a environ quatre-vingts. Certains sont particuliers à la région du Léon, ce sont les moins sus. Parmi les autres, il y en a qui ne se chantent que dans les occasions solennelles, tel cet *Angelus pour le temps de Pâques* que nous attendons toujours avec impatience. La Vierge en a sa large part, sans compter le cantique de Notre-Dame de Penhors, notre chant paroissial particulier, qui n'est pas dans le livre à notre grand dépit. La Trinité n'est pas oubliée. Il y a le Cantique des *Fins dernières*, celui de l'*Eternité*, celui de la *Mort*, celui du *Jugement dernier*, celui du *Charnier*, celui de l'*Enfer*, celui du *Purgatoire* et celui qui console de tous les autres, le *Cantique du Paradis* (vingt-huit couplets). Toute la morale chrétienne est ramassée là-dedans avec, de temps en temps, des menaces non voilées pour le pécheur endurci. Il y a le cantique du *Diable muet*, fait pour inciter à ne rien cacher de vos péchés en confession, à peine d'enfer. Il y a même la *Complainte de l'ivresse* (ou de l'ivrognerie), seize couplets en alexandrins de treize pieds, composée pour détourner les hommes et les femmes des boissons fortes, mères de tous les vices, qui conduisent à toutes les déchéances et finalement au trou de l'enfer. Elle est insérée au milieu des autres pour l'édification des fidèles, mais je ne l'ai jamais entendu chanter, sinon peut-être hors de l'église, par certains chanteurs populaires dont on dit qu'ils étaient payés par les autorités civiles, au début du siècle, pour lutter contre l'alcoolisme comme ils ont été payés, pendant la guerre de 1914, pour chanter *Son an Aour* (la

Chanson de l'Or) qui engageait les gens à donner leur or pour la Défense nationale.

D'autres cantiques, comme celui du *Laboureur dévot*, vision idyllique de la vie de l'homme des champs, accumulent, d'un couplet à l'autre, les raisons qu'il a de supporter chrétiennement son sort :

Aman pell diouz an trouz
Hag oll safar ar bed
Ar mêziou am helenn kerkoulz
Hag an abila doktored.

Ici, bien loin du bruit
Et de tout le vacarme du monde
Les champs m'instruisent aussi bien
Que les plus habiles docteurs.

Ils apprennent aussi à mépriser les grandeurs et les richesses du monde. Pour vivre dans la joie, ne suffit-il pas d'aimer Jésus et la Vierge !

Evid beva gand levenez
N'eus ket ezomm aour na perlez
Nag eur hastell a ve savet
E gern beteg bro ar stered
Dindan ar soul, en eul lochenn
Ar paour a hell c'hoarzin laouen.

Pour vivre dans la joie
Pas besoin d'or ni de perles
Ni d'un château qui porterait
Son sommet au pays des étoiles
Sous le chaume, dans sa cabane
Le pauvre peut rire de joie.

Et enfin le *Cantique de la vie brève*, l'un des plus beaux, répète la leçon : il faut mépriser les plaisirs du monde, toute chose passe, il n'y a que Dieu d'éternel, que le salut qui importe :

Selaou va breur ker
Buhan ya an amzer

Ecoute, mon cher frère,
Le temps marche vite

Tremen ra peb tra	Force, biens, santé
Nerz, madou, yehed	Toute chose passe
Yaouankiz ha kened	Jeunesse et beauté
Tremen ra pep tra (d.w.).	Toute chose passe (bis).

Dans le livret, la musique manque. A quoi bon, nous ne savons pas la lire. Sous la plupart des titres, on a marqué *Ton anavezet* (air connu) ou *Ton nevez* (air nouveau) comme dans les chansons populaires sur feuilles volantes qu'on vend dans les foires. L'un des cantiques se chante sur l'air de la Jeune fille d'Ouessant (*Plac'hig Enez Eussa*) qui doit être célèbre dans le Léon. J'apprendrai beaucoup plus tard que le *Barzaz Breiz*, ce fameux recueil de poèmes bretons publié par la Villemarqué vers le milieu du dix-neuvième siècle, a fortement inspiré les auteurs des cantiques. Non contents de reprendre le *Chant des Trépassés*, adapté en *Cantique du Purgatoire*, et le *Cantique du Paradis*, ils empruntèrent, pour leurs compositions, les airs d'une demi-douzaine de poèmes épiques ou lyriques du *Barzaz*: *Emgann an Tregont* (le Combat des Trente), *Lez-Breiz*, *Bale Arzur* (la Marche d'Arthur) *Penherez Keroulas* (l'Héritière de Keroulas), *Ar Chouanted* (les Chouans). Ils le firent avec raison car ces airs-là plaisaient particulièrement à la population qui y reconnaissait sans doute des accents familiers. Et les paroles qu'ils supportaient entrèrent facilement dans les mémoires, ce qui était le but recherché. Le *Cantique du diable muet* était à chanter sur l'air de la *Complainte de la ville d'Is*, l'une des plus célèbres en Basse-Bretagne. Mais je puis témoigner que le chant le plus fermement exécuté dans l'église de Saint-Faron et de Saint-Fiacre est *Da Feiz on Tadou Koz* (A la foi de nos ancêtres) par lequel l'assistance entière, à la fin de la messe, promet de rester fidèle à la religion de ses pères, jurant de mourir plutôt que de l'abandonner.

Or, sur les tables du père Maunoir, ce ne sont pas les diables cornus ni les dragons ailés crachant le feu ou le venin qui nous terrifient le plus. Pas même les chaudrons où les damnés sont bouillis. Mais bien, au centre du huitième tableau, qui représente l'état misérable d'un pécheur à l'heure de la mort, un personnage qui apparaît dans la ruelle du lit, un personnage dont on ne prononcera jamais le nom sans frémir. C'est *l'Ankou*, le squelette à la faux, le Trépas lui-même, le moissonneur des corps. On préfère l'appeler *Lui* et, dans le contexte où arrive ce *Lui*, tout le monde comprend. Ce *Lui*-là est toujours vainqueur tôt ou tard. Dans les contes, il y a des dragons affreux sans doute, mais le héros finit quand même par leur couper sept fois la tête. Il y a le diable aussi, mais il perd régulièrement la partie, se faisant tourner en ridicule par le premier finaud venu. Il n'est pas question de venir à bout de l'Ankou. Tout ce qu'on peut faire, c'est essayer de lui échapper, de le tromper par divers artifices. Ce n'est jamais que partie remise.

M. Pelleter n'aime pas beaucoup parler de l'Ankou. Un jour, au catéchisme nous lui avons demandé ce qu'il est au juste. Il a répondu qu'il est celui qui vient vous chercher pour vous emmener dans l'autre monde. Et puis, il a repris sa leçon. Peut-être en a-t-il peur, lui aussi. Et pourtant, il évoque son nom en chaire quand il s'emporte pour notre salut. Le père Barnabé, rudement, nous oblige à détailler *l'Ankou* sur le huitième tableau. Ne fermez pas vos yeux, commande-t-il. Quand il sera là, vos paupières ne vous serviront à rien. Vous le verrez au travers. Par bonheur, à côté de la tête de mort et de la cage des côtes nues, il y a un ange à grandes ailes sur qui poser nos yeux sans ciller. C'est à grand mal, cependant, que nous les gardons sur lui. Ils glissent irrésistiblement des ailes sur les os.

Le nom redoutable ne s'entend que rarement. D'une personne très maigre, rongée par un mal invisible, on en vient à dire : c'est un *ankou*. Et elle ne tarde pas à mourir dans le décharnement. Un soir, comme je leur ai lu la vie de je ne sais plus quel saint, Marie-Jeanne Bourdon et ses vieilles voisines se mettent à déplorer l'incroyance des hommes depuis qu'ils sont revenus de la guerre de 1914. Et de fil en aiguille l'une d'elles raconte que, dans sa jeunesse, rentrant en pleine nuit d'une ferme proche où elle avait soigné une cousine malade, elle avait entendu crier un essieu mal graissé qui approchait lentement. Un bruit d'essieu tout seul, sans rien autour. Les talus étant trop hauts, la voilà qui se jette dans le fossé tout de son long pour laisser passer le bruit. Et quand il fut tout près d'elle, il y avait autour de lui un cheval maigre tirant une carriole aux ais disjoints où semblait dormir un homme à grand chapeau tout tassé sur le siège. Mais de tout cet équipage ne sortait que le bruit de l'essieu. Le lendemain, à l'aube, on vint lui annoncer que sa cousine était morte à peine un quart d'heure après qu'elle eut fait cette rencontre. La pauvre fille fut désespérée car elle n'arrivait pas à se souvenir si elle avait fermé en s'en allant la barrière sur la cour de sa cousine. Si elle avait oublié de le faire, l'Ankou avait eu beau jeu. Mais son oncle, le propre père de la morte, lui assura qu'elle n'avait aucun reproche à se faire. L'Ankou a deux domestiques : le premier conduit le cheval, le second ouvre les barrières quand elles sont fermées.

Alain Le Goff, qui sait tant de choses, déclare ne rien savoir sur l'Ankou. Mais mon grand-père le sabotier me confirme que le personnage a bien deux domestiques. L'un est maigre, l'autre gras. Le premier est mort de misère, le second de trop d'abondance. C'est pourquoi, mon fils, il faut se tenir entre les deux pour se garder vivant. Le sabotier n'a pas vu l'Ankou, mais il a entendu crier l'essieu dans la nuit. Un bruit, dit-il, à vous dissoudre les boyaux. Et le lendemain, il y avait un mort dans le quartier. Il m'a montré aussi, quelque part entre Kerveillant et Plozévet, un bout de vieux chemin très profond qui se creuse soudain au bas d'une lande et se perd sans raison cinquante pas plus loin. Le chemin est complètement envahi d'herbe. Il y pousse même des arbres en plein milieu. Il paraît pourtant qu'à chaque mort qui se produit, on pourrait déceler sans peine les traces fraîches d'une charrette lourdement chargée. Mais qui oserait aller les voir serait de la prochaine charrette.

C'est dans un débit-épicerie-boulangerie-bazar de carrefour nommé Ti-Lonk, non loin de la maison neuve du sabotier (il vient de quitter Kerveillant) que j'entends raconter la petite mort de Corentin Calvez. Je suis allé chercher un paquet de chicorée Leroux pour ma grand-mère Katrina. En entrant, je découvre une demi-douzaine d'hommes et de femmes parmi lesquels mon grand-père, attentif, peigne à deux doigts ses favoris. Tous ces gens sont figés autour d'un septième à grosse moustache qui parle d'une voix sourde. Il est juste sous la lanterne-tempête accrochée à un clou d'une solive et déjà allumée bien qu'il ne fasse pas encore nuit dehors. Il tient d'une main sur son épaule un petit sac de toile blanche qui doit contenir de la farine, je suppose. Mais de temps en temps tout en parlant, il le pose à terre et alors il gesticule si bien qu'il fait des ombres partout. Et voici ce qu'il raconte.

Ce n'est pas à lui que c'est arrivé, mais à l'un de ses cousins qui a été tué à la guerre de 1914. Le cousin était encore enfant lorsque, le soir qui précède le jour des morts, il vit arriver dans sa maison un laboureur de terre qu'il connaissait, Corentin Calvez, tenancier d'une petite ferme pas très loin de là. L'homme était tout pâle et hagard, incapable de parler d'abord. On s'empressa de lui offrir un coup de fort à boire. Il refusa d'un geste. On le fit s'asseoir sur le banc. Quand il retrouva sa langue, ce fut pour dire qu'il avait vu *l'Ankou* alors qu'il était sur son tas de paille, occupé à le cercler de fil de fer lesté de pierres pour empêcher le vent de le disperser. Et *l'Ankou* l'avait regardé dans les yeux avec ses orbites vides. Il ne savait pas comment il avait fait pour fuir, mais il était sûr que *l'Ankou* le cherchait toujours. Il ne cessait de répéter qu'il avait froid. Un seul moyen pour lui d'échapper au pourvoyeur de la mort, disait-il : tenir la main chaude d'un être bien vivant. De fait, il s'était emparé tout de suite de la main du maître de maison et ne la lâchait plus. Un peu de temps passa. Les autres tâchaient de rassurer le pauvre homme, mais rien n'y faisait et eux-mêmes se sentaient gagnés par une angoisse confuse. Soudain, Corentin Calvez se mit à crier : le voilà! Il arrive! Entendez-vous grincer la charrette? Entendez-vous ces voix innombrables autour de lui qui chantent le cantique de l'Enfer? Pourquoi l'Enfer? Le Purgatoire, je ne dis pas, mais l'Enfer! Je ne veux pas y aller. Tenez-moi bien!

Les autres le maîtrisaient à grand-peine car il se débattait avec la force de deux ou trois. Eux-mêmes suaient d'appréhension et pourtant ils n'entendaient rien, pas le moindre bruit de voix ni de charrette. Cela dura si longtemps qu'ils en avaient les bras cassés. Et puis l'homme se détendit, soupira longuement : ils sont partis, déclara-t-il. Alors, il accepta d'avaler un bon coup de *lambig* et il s'en retourna chez lui après avoir remercié la compagnie.

Or, voici le plus beau. Le lendemain, on apprit que Corentin Calvez était tombé de son tas de paille la veille, un peu avant le crépuscule. On l'avait porté dans son lit. Il respirait à peine, ne bougeait pas le moindrement. Toute la nuit, il était resté dans le même état, veillé par les siens. Quand l'aube s'était levée, il avait repris ses sens et maintenant il était à son travail comme d'habitude. Mais alors, comment se faisait-il que toute une famille avait pu le voir, assez loin de chez lui, au cours de la scène qui vient d'être décrite? Comment se faisait-il qu'il avait pu serrer si fort la main du maître que ses ongles étaient entrés dans la paume. Il n'y a pas d'explication.

L'homme à la grosse moustache et au sac de farine conte cela en 1925, entre la Noël et le Premier de l'An. Je suis en sixième au lycée de Quimper. Pendant les vacances, ma mère m'a envoyé chez mes grands-parents pour leur montrer ma casquette à visière frappée des palmes académiques dorées. Je ne me rappellerais pas bien cette histoire si le sabotier ne l'avait pas racontée plus d'une fois au cours des années suivantes, autant pour moi que pour d'autres. Mais il me semble bien qu'il la racontait beaucoup mieux et avec plus de détails que l'homme qui avait connu l'homme qui avait assisté enfant au phénomène. Le sabotier savait ressusciter les choses. L'autre ne faisait que les savoir.

La petite mort de Corentin Calvez est la seule histoire vraiment terrifiante que mon grand-père connaisse ou veuille raconter. Ces sortes d'affabulations ne sont pas dans son caractère. Bien entendu, il n'y croit pas, il m'invite à ne pas y croire une fois que c'est fini. D'abord, il est républicain. Mais il croit au conte qu'il fait pendant tout le temps qu'il dure. C'est là un trait des bons conteurs que j'aurai l'occasion d'observer souvent par la suite. Quant à savoir dans quelle mesure les auditeurs de cette légende de la mort ajoutent foi à ce qu'ils entendent, ne me demandez pas de le dire. Je sais seulement que le thème de la mort frappe toujours les gens autour de moi. Sans doute en raison d'un reste de paganisme qui colore leurs obsessions et nourrit une puissance imaginaire qu'il est impossible de ne pas leur reconnaître. Les aspects de la nature, les variations du temps qu'il fait, tout l'insolite quotidien désarme leur bon sens et les livre à des fantasmes qui sont dans le ton de leur environnement. Dans la belle saison, ils chantent des gaudrioles ou des *sônes* d'amour, ils débitent des contes gaillards, gardant pour l'hiver les complaintes navrantes et les légendes dramatiques. Demander au sabotier de conter la petite mort de Corentin Calvez au mois d'avril serait non seulement lui faire injure, mais le plonger dans la stupéfaction. Chaque chose à sa place et en son temps, nous le savons. Ne vous étonnez pas si les « intersignes », ces annonces de mort récente ou imminente, se produisent presque toujours dans les « mois noirs ». Si par hasard il leur arrive d'intervenir en été, c'est qu'il pleut ou qu'il vente outre mesure. Et les gens de la terre sont très sensibles au temps qu'il fait parce que leurs travaux et leur subsistance en dépendent beaucoup, mais aussi par une sorte de sympathie avec la nature qui va bien au-delà des manifestations élémentaires. Il y a des pays où ils éprouvent mieux la joie que le deuil. Dans le mien, le climat est tel qu'il favorise à certaines heures l'obsession de la mort et, par voie de conséquence, le culte des Trépassés.

Il faut croire que nous sommes bien les héritiers des Celtes, de ceux que le poète Yeats appelle « le peuple du crépuscule ». Pour nous, la mort est une fête funèbre à l'occasion du départ de quelqu'un vers un autre monde de plain-pied avec celui-ci. Et cette fête trouve naturellement son théâtre dans l'enclos paroissial qui occupe le centre du bourg, domaine des vivants, seulement séparé de lui par le mur du cimetière où reposent les morts. Il faut donc passer à travers les tombes, fouler les reliques, pour accéder à la maison de Dieu, c'est-à-dire à l'Eternité. Ainsi les morts demeurent-ils au contact des vivants et ceux-ci ne peuvent-ils pas les oublier. Quand on fera un cimetière neuf à la sortie du bourg, j'entendrai se plaindre des vieillards proches de la tombe et qui se désoleront à l'idée d'être relégués loin des maisons et du clocher, loin des vivants et loin de Dieu, double disgrâce. Et l'on racontera l'histoire de cet homme à l'agonie et qui se mit en veilleuse, refusa de rendre l'âme jusqu'à ce que le maire promît solennellement de l'enterrer dans le vieux cimetière. Ce qui fut fait. Provisoirement.

Dans le cimetière, la plupart des tombes sont encore faites de quatre planches surmontées d'une croix de bois peinte en noir. Au bout de quelques années, tout cela gauchit, déjeté par le tassement de la terre. Les croix sont ornées de couronnes, petites ou grandes selon les moyens de la famille, des couronnes de fils de fer sur lesquels on a enfilé des perles aux couleurs du deuil : noir, blanc et violet, un peu de rose pour les enfants. Certaines sont cassées, il n'y a plus personne pour les entretenir ou les remplacer. Les perles s'égrènent sur la terre. Les fillettes, au sortir du catéchisme, les ramassent soigneusement pour s'en faire des colliers. Il n'y a pas de mal. Seulement, par respect pour la mort, par reconnaissance aussi, elles récitent une courte prière avant de s'en aller avec leur butin.

A droite du porche du baptême, un monument de granit s'élève sur les reliques d'un recteur, un homme de bien, paraît-il, mais personne ne sait plus de quel bien il s'agit. Qu'importe! On fait toucher la pierre aux enfants pour attirer sur eux quelque obscure bénédiction. On ne sait pas non plus laquelle.

Sur la semaine, il est rare qu'il n'y ait pas quelqu'un au cimetière. Des femmes la plupart du temps. Des coiffes blanches circulent entre les tombes, s'agenouillent ici et là, gagnent des indulgences par des *pater* et des *ave* débités sur d'autres morts que les leurs. Les femmes de la campagne, venues au bourg pour faire leurs commissions, manquent rarement de franchir l'échalier et de se recueillir devant la croix de leurs défunts, une sacoche au bout d'un bras, un pain sous l'autre. Mais le dimanche, à la sortie de chaque messe et même après les vêpres, il y a au cimetière plus de vivants que de morts, chacun tenant à saluer les siens, avant d'aller écouter bannir les nouvelles ou savourer le café-pain-beurre. Et lors des enterrements, la meilleure façon d'honorer le mort tout frais n'est-elle pas de méditer sur le rectangle de terre qui recouvre les vôtres et vous recouvrira vous-même quand le temps sera venu! D'ailleurs, la dévotion aux Trépassés n'empêche pas de parler de choses et d'autres, de colporter des ragots et de gémir sur la baisse du cours des cochons gras, tous sujets qui doivent intéresser fortement les enterrés s'ils peuvent encore entendre.

Les fleurs que l'on voit sur les tombes sont des bouquets champêtres selon la saison ou des plantes en pots qui ont prospéré d'abord sur les fenêtres ou dans les courtils. Il ne viendrait à l'idée de personne d'acheter des fleurs, à supposer que l'on sache ce que c'est qu'un fleuriste. Ce n'est qu'après l'installation du cimetière neuf que l'on mettra sur les morts des monuments de pierre ou de ciment pour s'excuser de ne plus aller les voir aussi souvent. Alors, dans les jours de Toussaint, on chargera les tombes d'une profusion de chrysanthèmes. Et ce seront les chrysanthèmes que l'on visitera, non pas tant les morts. Il s'agira de savoir si tel ou tel n'a pas rechigné à la dépense et si tel autre n'a pas fleuri au-dessus de ses moyens. Le samedi, les femmes s'affaireront avec le broc, la pelle et le couteau pour sarcler le tertre funèbre, redoutant la langue des commères si elles s'apercevaient, le lendemain après la grand-messe, que vous négligez vos devoirs envers les Trépassés. La honte serait sur vous. Et, à mesure que l'on s'enrichira, on remplacera les vieilles tombes par de plus belles. Le cimetière neuf deviendra un témoignage visible de la prospérité de la famille ou de son abaissement. Et les morts, dans l'affaire, vous tiendront moins à cœur que le monument payé de vos deniers et qui marque votre rang dans la paroisse. Le *standing* remplacera la foi et le porte-monnaie la religion. Mais ne sera-t-elle pas significative de la sourde permanence d'un culte, cette rivalité qui se manifestera précisément dans les tombeaux! Et n'est-ce pas encore associer les morts à leur descendance vivante que de mettre sur eux les marques du prestige de la famille, comme si on voulait en faire hommage! Nous en sommes là en 1974.

Cinquante ans auparavant, au moment où je parle, la mort elle-même est acceptée avec une sorte de fatalisme qui n'est pas de la résignation, mais une simple obéissance à ce que chacun appelle sa « planète ». La religion en console d'avance, introduit à l'espoir des récompenses posthumes qui ne sauraient être marchandées par le Seigneur à ceux qui ont satisfait à ses commandements et à ceux de l'Eglise. Elle frappe d'autant moins qu'elle se produit au loin, hors de la communauté paroissiale, ce qui est le cas pour les marins et les soldats. On n'éprouve vraiment que les agonies dont on est témoin ou les accidents qui font disparaître brutalement un membre de la cellule sans que vous ayez pu vous préparer vous-même à cette disparition. Un accident trouble le déroulement normal des approches de la mort qui s'exprime par la réflexion suivante : « Il était en bonne santé quand il tomba malade et malade quand il mourut. Il n'y a rien à dire. »

Le moribond lui-même est en représentation devant sa communauté. Lui et sa famille savent qu'il joue son dernier rôle. Si misérable soit-il, il est vedette pour une fois. Il tient à partir dans les règles, sans offenser personne, sans démériter. Il a souci de laisser en ordre ses affaires qui ne sont pas tant d'héritage que des tâches qui furent les siennes : a-t-on rentré le linge qui sèche dans le pré du haut? A-t-on fait referrer le cheval bai? En ce temps-là, quand un cheval va mourir, dans bien des endroits, on lui enlève ses fers. D'où ces dernières paroles d'un paysan convaincu qu'il allait partir : « Me voilà déferré pour de bon. » Et surtout ne pas laisser de dettes, ne seraient-elles que de bonne compagnie : « Nous devons un repas aux cousins de tel endroit. Ne manquez pas de les inviter dès que vous en aurez fini avec moi. » Ainsi meurt-on tranquille, son travail accompli, un travail de servitude et d'exil. Au moment de rendre le dernier souffle, cette femme dit : « Je vais retourner chez moi. »

La représentation commence avec l'Extrême-Onction. On meurt en public, un peu comme les rois d'autrefois, dit tonton Piron (où a-t-il bien pu trouver cela, lui qui ne sait pas lire)! Le prêtre est sorti du presbytère avec le surplis et le *sac noir,* précédé d'un enfant de chœur qui secoue une clochette. Les voilà en chemin. Sur leur passage, les gens s'agenouillent et font le signe de croix.

Dans la maison du moribond, tout est prêt, la famille présente, les voisins qui s'approchent pour la cérémonie, le chapelet à la main. Et dès lors, tout le pays est en alerte. Chacun vaque à ses occupations en attendant la mort de cet homme ou de cette femme dont on ne saurait se désintéresser puisque c'est un membre de la paroisse qui est en train de dire adieu. On se prépare à lui rendre les derniers honneurs, même si on ne l'a guère fréquenté de son vivant, même s'il a été votre ennemi en temps d'élection ou si vous avez eu avec lui des fâcheries. On voit des familles se réconcilier à l'occasion d'une mort. La mort efface tous les griefs, règle tous les comptes.

Quand c'est fini, au moment où les voisins viennent chercher les croix à l'église pour les dresser autour du lit mortuaire, les cloches de l'église tintent le glas. Ceux qui travaillent à genoux dans les champs se relèvent et prêtent l'oreille. Ils entendent sept coups pour une femme, neuf coups pour un homme. Alors se recompose un peu partout le tableau de Millet, *l'Angelus,* qui pourrait aussi bien s'appeler le *Glas.* Les paysans se recueillent, récitent debout un *pater* et un *ave* avant de reprendre leur tâche. Il m'arrive à plusieurs reprises d'être en tierce personne dans cette prière, avec ma mère et mon grand-père, dans le champ de Meot. Chez nous, comme dans beaucoup d'autres maisons, il y a une cheminée fermée par un cadre de bois sur lequel est collée une reproduction en couleur du tableau en question. Tous les laboureurs de terre se reconnaissent dans ses personnages. Millet n'est peut-être pas un peintre parmi les plus grands au regard de ceux qui donnent dans le génie, mais sa vérité est incontestablement la nôtre, en surface comme en profondeur. Aucun de nous, d'ailleurs, ne connaît seulement son nom.

Dans la chambre du mort, on a déjà arrêté l'horloge, voilé les miroirs quand il y en a. On a évacué tous les objets brillants, caché les boules de pardon, les photographies encadrées, ramassé les bibelots futiles. Restent les crucifix et les images pieuses que l'on rassemble de toutes parts. Les habilleurs de la mort s'affairent en silence autour du cadavre. Ce sont des spécialistes et connus comme tels. Des femmes ou des hommes, mais jamais les deux ensemble, jamais des femmes pour un mort, jamais des hommes pour une morte. On arrange le lit pour la parade. On recouvre ses parois intérieures, s'il s'agit d'un lit clos, ou les murs qui l'entourent de draps et de toiles. Les plus pauvres empruntent ce qu'il faut. C'est la *chapelle blanche*. Sur le banc du lit ou la table de nuit, un rameau bénit trempe dans l'eau bénite d'une assiette blanche. Le mort peut recevoir honorablement. Il est soigneusement revêtu de ses meilleurs habits du haut en bas, chaussures comprises, à l'exception du chapeau d'homme, encore certains demandent-ils qu'on enterre leur chapeau avec eux. Pas une épingle ne manque à la coiffe des femmes.

La famille est laissée à sa douleur. Les voisines s'emparent de la maison. Pendant deux ou trois jours, elles y feront tout ce qu'il convient d'y faire et même plus, rabrouant à l'occasion les proches du défunt quand ils font mine de s'inquiéter de ceci ou de cela. « Vous n'avez pas honte de penser à votre maison quand votre père est mort! » Quelques hommes de la *compagnie* revêtent leurs meilleurs habits de deuil, prennent le bâton et s'en vont à pied à travers le canton pour avertir tous les membres de la famille jusqu'aux cousins issus de germains, sans oublier les alliés. Peu importe que ceux-ci aient déjà connu la nouvelle par quelqu'un qui court le pays pour ses affaires, chiffonnier, mercerot, maquignon, chemineau de hasard. Il faut attendre l'envoyé spécial, dûment mandaté, qui ne manquera pas de venir. S'il ne vient pas, c'est que vous êtes « sortis de parenté » et quelle humiliation pour vous! Il n'est pas question que vous alliez à l'enterrement puisqu'on ne se souvient pas de votre nom. Ou alors, il vous reste la ressource de courir, sans invitation, veiller le défunt durant une nuit entière. C'est le meilleur moyen d'être de nouveau inscrit dans les mémoires comme un cousin, peu importe à quel degré. Et même vous aurez droit à des égards particuliers parce qu'on se sentira coupable de vous avoir oublié. Mais il est rare que l'on oublie quelqu'un de la parenté, surtout s'il est de condition misérable. Passe encore de négliger les parents riches, ceux-là viendront de toute façon, ne serait-ce que pour se montrer. Ils ne peuvent pas faire autrement. Mais les pauvres ne viendront pas si l'envoyé n'a pas franchi leur seuil pour faire l'annonce selon les règles. C'est déjà assez dur d'être pauvre. S'il fallait encore abdiquer tout honneur, on en arriverait vite à perdre son nom.

Ce sont les hommes qui portent la nouvelle de mort. Ils sont deux ou trois ou même quatre selon le nombre et la dispersion des membres de la famille. Chacun d'eux doit organiser sa tournée de façon à pouvoir avertir tout le monde et à rentrer lui-même pour l'enterrement. A une époque où marcher à pied pendant des heures ne rebute personne, ce n'est pas une affaire de parcourir des lieues et des lieues par les mauvais chemins. Mais la politesse oblige, quand on est entré dans une maison, à n'en pas sortir sans avoir bu, sinon mangé. Dans ces conditions, on peut perdre son chemin avant la fin du jour, se sentir les jambes si lourdes que l'envie vous saisit de prendre un petit repos au revers de quelque talus. Il ne faut pas s'arrêter surtout. Mais les gens savent bien que le deuil nourrit la faiblesse. Quand ils vous voient pris de sommeil, à peine assis sur leur banc, ils vous laissent en paix, chaussent leurs souliers de cuir pour aller eux-mêmes prévenir le cousin suivant. Et pourtant, il arrive quelquefois qu'un annonceur de mort est si fatigué de sa route et de ses libations que l'enterrement se fait sans lui. Il est resté quelque part à digérer ses misères de pauvre homme. Tout le monde est là sauf lui. Dieu lui pardonne!

Pour les parents qui sont au loin, il y a la poste et son télégramme. Il s'arrête aux frères, aux sœurs et aux enfants dont on sait qu'ils peuvent se payer le voyage. A quoi bon mortifier ceux qui n'ont pas de quoi venir! On leur fera une lettre plus tard.

Dès mon âge le plus tendre, je suis mis en présence des morts. L'usage veut qu'un représentant au moins de chaque maison aille sans faute rendre visite aux cadavres de la paroisse avant qu'ils ne soient mis dans « l'arche ». Pour les défunts de la famille et du proche voisinage, personne, pas même les enfants, ne saurait être dispensé de ce devoir. On s'en acquitte comme on le fait des autres et d'autant plus facilement que le cérémonial qui règne depuis l'agonie jusqu'à l'enterrement satisfait, chez les membres de la communauté, je ne sais quel instinct venu des profondeurs.

Le premier cadavre que je vois est celui d'une adolescente nommée Françoise, une des filles de nos voisins. Elle s'occupait bien de moi, Françoise. Comme elle n'était pas bien forte, elle restait souvent à la maison. On la voyait assise sur le seuil, occupée à de menus travaux d'aiguille et toussant à s'en décrocher le cœur sans cesser de sourire aux enfants qui l'entouraient. Elle avait le mal de langueur, le mal du dessèchement. A la fin, on voyait presque son âme à travers son corps. La voilà partie pour l'autre monde. Ma mère m'habille entre dimanche et tous les jours. Je m'accroche à sa robe tandis que nous franchissons la porte au-dessus de laquelle pend une grande serviette blanche frappée d'une croix noire. Cette croix est faite de deux rubans à cheveux, de ceux qui tiennent le haut chignon sur lequel s'épingle la coiffe des femmes. Dès le couloir, on entend bourdonner les prières. Françoise est étendue au centre de la *chapelle blanche*, entre deux cierges, à peine plus maigre que de son vivant, mais aveugle désormais. Ses yeux sont rentrés dans sa tête, il n'en reste que deux ombres terribles. Derrière elle brillent doucement, démontées de leur fût, les croix d'argent qui la précéderont au cimetière.

Ma mère me pousse vers le lit. Alors le père de Françoise, assis au banc de la cheminée, se lève, s'approche de moi. Il me prend dans ses bras, me soulève, me fait embrasser la morte. Je ne suis pas près d'oublier le contact du front pierreux ni cette odeur indéfinissable qui me vient par les lèvres et non par le nez. Je suis reposé sur la terre battue, les genoux tremblants. J'ai mille peines à retrouver les jupes de ma mère qui débite son chapelet avec d'autres femmes contre le front des armoires. Elle est contente de moi. Tout à l'heure, en rentrant chez nous, elle me dira que je me suis bien conduit. Ensuite, caché sous la table, j'aurai le droit de pleurer tout mon soûl parce qu'il n'y a plus de Françoise.

On veille les morts pendant deux nuits. Dans la journée, sur les bancs et les chaises rangés contre les murs et les cloisons, se succèdent les gens qui ont tout leur temps, ceux qui habitent à l'autre bout de la paroisse, ceux qui n'ont qu'un moment à distraire. Et il y a le va-et-vient des bons amis et des parents qui tiennent à être là pour accueillir tout un chacun et faire le compte de ceux qui sont venus pour savoir se conduire avec eux en pareille occasion. Mais au soir tombé, après la soupe, la maison se remplit des familiers qui viennent passer au moins une demi-nuit. La maîtresse de la maison a fait faire les provisions qu'il faut pour donner à boire et à manger à tout le monde. Le recueillement règne dans la salle de la *chapelle blanche*. Mais tout autour, dans le couloir et les autres pièces, le ton des conversations monte de plus en plus à mesure que la nuit avance. On parle d'abord du défunt, on dévide tous les lieux communs sur la brièveté de la vie. Et puis, on devise sur le temps qu'il fait. On va s'asseoir à table pour boire un coup et casser une croûte avant de retourner se joindre aux prières pour une fois, deux fois, trois fois. Certains finissent par rester dans l'autre bout de la maison à commenter les dernières nouvelles et même à parler politique en haussant la voix de plus en plus, surtout lorsque l'un ou l'autre, ou les deux à la fois, ont forcé sur la boisson, cela arrive. Le tapage est quelquefois tel qu'une femme, généralement l'épouse d'un tapageur, finit par sortir de la *chapelle blanche*, le chapelet en mains, pour tancer d'importance les faiseurs de scandale. Vous n'avez pas honte! Alors les plus raisonnables font sortir dans la nuit ceux qui ne savent pas honorer les morts comme il faut. Et puis ils se mettent eux-mêmes à jouer aux cartes sagement.

Mais quand arrive le diseur de Grâces, et pendant tout le temps qu'il est là, il n'est pas question d'autre chose que de prier. Le diseur de Grâces est l'un des plus importants personnages du cérémonial mortuaire. Il impressionne plus que le prêtre lui-même, peut-être parce que c'est un homme ordinaire, paysan ou artisan, qui n'a pas été aux écoles, donc qui est resté empreint, comme le menu peuple des paroissiens, d'une foi pas tout à fait catholique. Il semble bien, en effet que les prêtres soient déjà assez réticents à l'égard des Grâces, bien que celles-ci utilisent, pour une bonne part, les prières habituelles. Mais le diseur n'usurpe-t-il pas, justement, les privilèges conférés par l'ordination? Et quelquefois, emporté par sa propre émotion, il lui arrive de s'égarer en paroles qui méconnaissent les commandements et outragent la Trinité. J'entends parler de l'un d'eux, homme de bien s'il en est, mais capable de reprocher violemment au Seigneur d'avoir fait mourir une tendre jeune fille qui ne méritait pas un tel sort ou un pauvre homme qui laisse derrière lui une maisonnée d'enfants dépourvus. Après quoi, il se jette à genoux, se frappe la poitrine, demande pardon et pleure sur lui-même. Et l'assistance le suit tout au long de son psychodrame. Encore heureux si quelques relents de paganisme, remontés de très loin et très profond, ne prennent pas le relais des *pater* et des *ave*. En certains endroits, c'est une femme qui dit les Grâces et alors la superstition n'est pas loin. L'Eglise doit avoir ses raisons pour ne pas ordonner les femmes, non! Sorcellerie peut-être. Mais comment laisser partir quelqu'un sans lui chanter les Grâces selon la coutume des ancêtres! Et le diseur est souvent plus éloquent que le prêtre, chante plus juste, trouve des mots qui sont mieux à votre mesure parce qu'ils sont à la sienne. Alors! Et puis, après tout, n'importe qui peut dire les Grâces, c'est entendu, mais n'importe qui ne les dit pas.

Notre diseur de Grâces à nous est Jean-Marie Plouhinec. Il est aussi le bedeau de notre église. Il connaît parfaitement la lettre de la religion, l'esprit de celle-ci ne peut pas lui faire complètement défaut. Nous sommes tranquilles. Il abomine les hérétiques, les schismatiques et les païens. Le voilà qui ouvre son livre, debout devant la *chapelle blanche*, et se racle fortement la gorge. C'est un vieux livre cassé, recouvert de drap noir, peut-être les « Heures bretonnes et latines » de M. le Bris.

Au nom du Père, du Fils et du Saint-Esprit... *Pater, ave, de profundis...* Demandons, prions, faites, Seigneur... Invocation des saints. Ouvrons nos cœurs à l'espérance chrétienne. Lecture de passages des Evangiles. Miserere. Invocation de la Trinité et spécialement de la Vierge de Penhors qui intercède pour nous. Prière pour les Trépassés. Chapelet de Requiem. La voix timbrée, un peu métallique, de Jean-Marie Plouhinec enchaîne les oraisons sans faiblir. Et les réponses fusent haut et clair, les chants éclatent dans la chambre surpeuplée. De temps en temps, quelqu'un sort pour tousser à l'aise.

Nous entendons des passages qui ne sont lus à l'église qu'en latin. Bien qu'ils soient traduits dans nos livres, ils nous impressionnent bien plus en breton dans la bouche du bedeau. Ainsi, la prophétie d'Ezéchiel où il est question de l'immense vallée noire, couverte d'ossements secs attendant la résurrection pour secouer leur gelée blanche, retrouver leur moelle, se recouvrir de chair chaude et de peau quand s'élèvera la voix du Seigneur. Puis Jean-Marie évoque pour nous les visions de l'Apocalypse avec l'ouverture des sceaux et les quatre cavaliers sur les quatre chevaux, le blanc, le rouge, le noir et le bleu; « puis il se fit un grand tremblement de terre. Le soleil devint noir comme un sac de crin, la lune entière devint comme du sang et les étoiles du ciel se mirent à tomber sur la terre comme les fruits verts que laisse tomber un figuier secoué par un grand vent. Le ciel se retira comme un livre qu'on roule, toutes les montagnes et les îles furent ôtées de leur place. »

Les accents de Jean-Marie Plouhinec se font terribles, ses yeux lancent des éclairs. Personne ne bouge. De temps en temps, une femme étouffe des sanglots avec un curieux bruit de gorge. La présence du corps mort fait que la frayeur est encore plus forte que lorsque le père Barnabé explique les Tables du père Maunoir. Et pourtant je reste là sans bouger, avec les autres, persuadé que la fin du monde est proche et qu'il n'y a rien à y faire. Vraiment rien. J'ai sept, neuf ou douze ans. J'en aurai quinze quand j'entendrai les Grâces pour la dernière fois.

Je ne sais pas si je me trompe, mais je crois bien que, les Grâces finies, personne n'a le courage de repasser par la cuisine pour boire une goutte ou manger un morceau. Et pourtant Jean-Marie sait aussi mettre de la tendresse dans sa voix pour parler du triomphe qui nous attend après l'épreuve de la mort.

Le lendemain, quand paraissent le menuisier et son aide avec le cercueil, le cérémonial marque un autre sommet après lequel commencera l'apaisement. La caisse de chêne ou de châtaignier répand une odeur qui frappe les narines par-dessus le remugle de la *chapelle blanche*. Elle est tapissée de ses propres copeaux, le dernier lit du défunt. Les deux hommes s'activent autour d'elle sans bruit, avec des gestes précis. La voilà prête. Ils s'immobilisent alors, les yeux tournés vers le chef ou la maîtresse de la maison. Les membres de la famille s'approchent du mort selon l'ordre de parenté et lui donnent le dernier baiser en retenant leurs sanglots. Le menuisier fait un signe à l'autre. Ils soulèvent le corps et le déposent dans *l'arche.* Un dernier arrêt pour permettre un dernier regard. Alors se déchaînent les sanglots, les cris, les lamentations des femmes qui vont crescendo, se redoublant mutuellement. Eclats de douleur réelle et communicative, mais aussi traduction populaire à la fois du *Dies Iræ* et du *Libera* qui nous enchaîne encore aux terreurs de l'An Mille. Et peut-être souvenir du rite des pleureuses à gages puiqu'enfin je vois et j'entends se désoler à grand bruit des commères qui n'ont avec le défunt aucun lien particulier. Le prêtre est déjà là, sa barrette à la main sous son missel ouvert. Prières. Les pleurs s'apaisent. Entrent les porteurs.

Dehors attend un char à bancs que son propriétaire a nettoyé de son mieux en évitant de le faire briller, sinon on dirait de lui : « Il croit mener à un mariage, celui-là! » On installe le cercueil, on le recouvre du drap noir aux larmes d'argent du catafalque. Les croix sont enlevées de la *chapelle blanche,* remises sur leur fût pour être portées en tête du cortège. Si le défunt est un riche ou une grosse tête, la croix d'or est là. Pour les pauvres, la croix d'argent suffit. A chacun selon son rang. Et le convoi s'ébranle, les croix en tête selon leur ordre de valeur, le prêtre devant le corps, les porteurs de couronne derrière quand il y en a. Pas de fleurs. Ensuite, la famille et la foule des assistants, chacun se glissant de lui-même à la place qu'il estime être la sienne. Subtile hiérarchie. Mais les femmes et les hommes sont séparés comme toujours. Dans la maison mortuaire, les voisines de service défont la *chapelle blanche,* remettent la maison en ordre, effacent la mort, commencent à dresser la table et à mettre la cuisine en route pour le repas d'enterrement.

La pompe funèbre sinue parfois sur plusieurs kilomètres à travers les chemins de campagne. Certains vieillards ont bien du mal à suivre. Lors de l'enterrement de mon grand-père le sabotier, un de ses vieux amis, malheur, voit se détacher la bride de cuir de l'une de ses socques. Impossible de suivre le corps. Alors le pauvre homme se réfugie dans le fossé et, pendant que les autres disparaissent vers Plozévet, il se met à chanter de son mieux l'office funèbre avec les bribes de latin qu'il sait. Une lourde humiliation dont il vient s'excuser plus tard. Encore une fois, assister un mort à son dernier voyage est une obligation d'honneur qui prime toutes les autres. Youenn est passé de l'autre côté. On porte la nouvelle à son cousin Louis qui s'apprête à se faire opérer d'une hernie. Alors Louis : « Je ne peux pas aller à l'hôpital, dit-il. Dites au médecin d'attendre. Il faut que j'aille conduire Youenn en terre. Je mènerai mon hernie avec moi. »

Avec ou sans hernie, tous ceux qui doivent et peuvent se trouver derrière le cercueil ne manquent pas d'y être. D'ailleurs, on se compte. Soyez certains que les absents auront tort aux yeux de toute la communauté. Cela n'empêche pas la vie de suivre son cours. Dans les derniers rangs du cortège, les gens parlent de leurs affaires comme ils le feraient en tout autre lieu. Un peu plus haut, on célèbre à mi-voix les mérites du mort, on déplore sa disparition, on évalue son héritage et on finit par rappeler certains traits qui ne sont pas flatteurs pour lui. C'est un peu tôt peut-être, mais qu'importe! Il n'y a pas d'offense pour sa mémoire. Il faisait de même quand il était sur ses pieds. Avec les vivants, il faut prendre des tas de précautions pour vivre en paix, mais la mort de quelqu'un vous libère envers lui. Dans les premiers rangs derrière le cercueil, c'est le silence.

Ensuite, l'office funèbre déroule ses fastes en latin et en breton. L'assistance s'émeut immanquablement au *Dies Iræ* et au *Libera.* C'est l'autre monde tel qu'on l'éprouve en soi. Mais elle attend le moment où l'un des prêtres proclamera la liste des services et des messes recommandés pour le défunt. C'est ce monde-ci tel qu'il faut s'en accommoder. Combien y en a-t-il? Plus que pour Untel qui était de rang plus élevé, du moins le croyait-il. Moins que pour les funérailles de mon père. Tiens! Les petits cousins de Paris ont fait dire une messe, mais la sœur de Toulon n'a pas donné signe de vie. Une honte.

A bras, le cercueil est sorti de l'église. Il suffit de quelques pas et la fosse est là, fraîchement ouverte. Un goupillon trempe dans un vase bénitier. Chacun trace le signe de la croix sur la caisse et se rend sur sa tombe de famille. Il n'y a pas de condoléances. C'est bon pour les bourgeois des villes. Ici, d'ailleurs, on ne sait pas très bien serrer la main. Quoi dire on ne sait pas non plus. On a fait ce qu'il fallait.

L'enterrement est une aubaine pour les commerçants du bourg qui servent autant à boire que pour une fête carillonnée. Entourant les femmes en capes de deuil, le seul manteau qu'elles portent jamais, les membres de la famille retournent lentement à la demeure du mort. Et déjà la veuve ou la fille s'inquiète de savoir si elle pourra régaler convenablement tout le monde, si elle n'a pas oublié quelqu'un, si rien dans la maison ne peut choquer les yeux de la parenté. Les autres ont fait leur devoir, c'est à elle maintenant de faire le sien qui est de renvoyer les gens repus et contents, avec une bonne chaleur aux oreilles, même si la fin du repas d'enterrement risque d'être troublée par des querelles et de vieilles rancunes. On recommence avec la vie.

Maintenant, c'est la veille de Noël et j'ai cinq ou six ans, je ne sais plus très bien et personne n'est plus en mesure de me renseigner là-dessus. Cinq ou six ans peut-être, quatre après tout, la mémoire est si faible chose quand il s'agit d'événements qui ne comptèrent que pour l'enfant que j'étais et qui se moquait bien, alors, de prendre ses repères. Mettons cinq ans et n'en parlons plus.

C'est donc la veille de Noël et mon grand-père Alain Le Goff, si tranquille d'habitude, si ménager de ses paroles pour d'autres que son petit-fils – le seul en ce temps-là – mon grand-père se démène à grand bruit entre la maison et la cour, réprimandant sa fille parce que rien ne se trouve à l'endroit où il le cherche et déclarant que, la nuit prochaine, l'honneur de la famille sera mis à rude épreuve, à moins que la honte rouge ne nous fasse tous trépasser, ce qui serait le moindre châtiment pour nos erreurs. Et ma mère qui étouffe de rire en cherchant la brosse à chiendent. Moi, je suis outré. Comment se fait-il que rien ne soit prêt dans une maison où tout marche si bien d'ordinaire, et cela précisément quelques heures avant l'arrivée d'un hôte qui a droit aux meilleurs égards. Car, cette nuit, l'enfant Jésus lui-même descendra dans ma cheminée pour m'apporter la récompense d'une année de sagesse, à peine dérangée par quelques péchés véniels que j'ai rachetés, à chaque fois, aux dépens de la peau de mon derrière.

Je ne connais pas le père Noël. Mes parents non plus. Mon grand-père encore moins. L'enfant Jésus n'a pas délégué ses pouvoirs à ce personnage à barbe et houppelande qui sera plus tard une caricature des grands-pères quand ceux-ci auront été déchargés de l'éducation de leurs petits-fils. Il ne viendrait à l'idée de personne d'aller déplanter un sapin dans quelque bois pour le faire trôner au beau milieu de la maison. A-t-on jamais vu un sapin prendre racine dans la terre battue! Tandis que la bûche de Noël a bien sa place dans la cheminée, pas vrai! C'est une bûche qui nourrit le feu, qui réchauffe la maison et qui préserve aussi de l'orage, sans compter d'autres vertus qu'on ne connaît pas toujours. Cette bûche est déjà préparée au fond de l'âtre. L'Enfant Jésus peut venir en robe blanche et les pieds nus. Il n'aura pas froid.

Oui, mais voilà! Il n'entre point par la porte. La porte laisse passer n'importe qui. Et ce n'importe qui, même grand-père, est toujours chargé de quelque péché. L'enfant descend par la cheminée. Toute noire qu'elle soit, la cheminée est pure à cause du feu qui purifie tout. Et c'est pourquoi grand-père se démène pour préparer notre meilleure échelle à l'intention du Fils. Le Fils a voulu être homme. Il n'a donc pas d'ailes comme en ont les anges. C'est facile à comprendre. Et c'est pourquoi ma mère prête sa meilleure brosse de chiendent pour nettoyer l'échelle avec le renfort d'un seau d'eau. Quel remue-ménage! Enfin, la voilà propre et sèche. Alain Le Goff va jusqu'à badigeonner les blessures du bois avec un pinceau trempé dans un produit noir. Là-dessus, il soulève l'échelle avec précaution, la fait entrer dans la maison en nous écartant de son chemin avec une voix rude, comme il convient quand on vous gêne dans vos travaux sérieux. Voilà l'échelle dressée, non sans mal, dans la cheminée. L'Enfant Jésus pourra descendre à son aise. Je suis éperdu d'attente.

Il viendra vers minuit, dit grand-père. Si vous pouvez demeurer éveillé jusque-là, vous le verrez par le trou du lit clos. Je voudrais bien voir l'Enfant Jésus qui doit être de mon âge, n'est-ce pas, et qui sait sûrement jouer aux billes. Mais les émotions de la journée sont trop fortes. Et puis, grand-père n'arrête pas de me faire aller ici et là sans me laisser un moment de répit. A sept heures du soir, je dors déjà en mangeant ma soupe. A huit heures, après une lutte héroïque pour garder mes yeux ouverts, c'est à peine si je peux grimper tout seul sur ma paillasse de balle d'avoine. Je sombre corps et âme dans le crissement lointain des portes du lit qui se referment sur moi.

Un bruit de tonnerre me réveille. Serait-ce la fin du monde sur nous? Mais la trompette de l'Archange est un tambour que je connais bien pour l'avoir fait sonner moi-même. Celui que mon oncle Jean Le Goff m'a rapporté de quelque ville avant d'aller se faire tuer à la guerre. Mais comme il résonne fort! Qui se permet... Je me dresse dans ma chemise de chanvre, je colle un œil dans une des scultpures à jour de mon lit clos et je vois. Je vois grand-père, en chemise lui-même, les pieds nus dans ses sabots, dressé sur le sol de terre battue, qui sonne la charge du mieux qu'il peut. Il devine mon œil derrière un des trous, il voit mes doigts qui s'agrippent aux fuseaux du lit. Il s'arrête et d'une voix désolée :

« J'ai été pris de court, dit-il. Je vous ai réveillé aussi vite que j'ai pu, mais c'était déjà trop tard. Il n'a fait que descendre et remonter. Moi-même, c'est à peine si j'ai vu le pan de sa robe. Il a tant de travail à faire cette nuit, le pauvre Enfant Jésus! Mais il a laissé quelque chose pour vous derrière lui. Venez donc voir!

Dans mon sabot droit, il y a une pomme d'orange, dans le gauche un Jésus en sucre. On m'expliquera que je ne puis manger ni l'un ni l'autre avant des jours et des jours d'exposition sur le vaisselier. Regardez mieux, dit grand-père. Au fond du sabot gauche, il y a un cornet de bonbons rouges des plus communs, au fond du sabot droit une barre de chocolat. Je m'assieds sur la pierre du foyer pour les goûter tout de suite. Ils sont voués à la consolation du pauvre chrétien en herbe qui a manqué son rendez-vous avec le Sauveur.

Mais on me promet que, l'année prochaine, on m'emmènera à la messe de minuit. L'année prochaine n'est pas tout à fait celle qui suit celle-ci. Elle finit quand même par arriver. Me voilà sur notre seuil, tenant ma mère par la main. La nuit est noire et piquante. Nous attendons l'arrivée du prochain groupe qui descendra vers l'église précédé de quelqu'un portant une lanterne-tempête en guise d'étoile. Il y a toujours plus de femmes que d'hommes. J'entends quelques-unes s'inquiéter à l'idée que leurs maris pourraient profiter de leur absence pour aller jouer aux cartes dans la prochaine auberge du carrefour, ce qui est presque un sacrilège la nuit de Noël. Ne peuvent-ils attendre le Jour de l'An!

Dans l'église bondée de fidèles, je dois rester encore avec les femmes. Je suis pressé entre les lourdes robes qui dégagent des odeurs de velours mêlées à d'autres relents indéfinissables. Par-dessus la marée des coiffes, c'est à peine si je puis voir de temps en temps l'autel qui vacille sous le tremblement de la lumière des cierges et, à sa droite, un autre buisson ardent qui est la crèche établie sous le plat de beurre de saint Herbot. Il me semble aussi que l'on chante mieux que d'habitude. Je n'en sais pas plus quand je rentre chez moi, derrière une autre lanterne. Le petit Enfant Jésus est déjà passé et reparti.

Une semaine plus tard, c'est le Jour de l'An. Ce n'est pas une fête religieuse, à vrai dire, mais elle arrive dans la foulée de Noël. Et puis, les vœux que l'on fait ce jour-là n'appellent-ils pas sur nous la protection de la Trinité! La nuit qui précède, beaucoup d'hommes se sont réunis, les uns dans quelque cabaret, les autres chez l'un d'entre eux qui a de la place, pour faire ce qu'on appelle depuis peu un *réveillon*. Ils ont passé des heures à jouer au brelan dans la fumée des pipes et des cigarettes roulées à la main, s'arrêtant seulement autour de minuit pour manger des charcuteries à frais communs. Mais la boisson n'a pas manqué.

Nous ne connaissons pas les repas de nuit. Le réveillon lui-même est difficilement toléré par le clergé de la paroisse. La nuit est mauvaise conseillère. Le diable y fait son sabbat de préférence. En chaire, le prêtre raconte des histoires édifiantes de « chats de nuit » qui ont été trouvés, le lendemain, morts dans quelque fossé et en état de péché mortel bien entendu. C'est demain, au plein jour de midi, que se fera le grand repas de l'an nouveau. En prévision de ce lendemain, comme les autres enfants, je suis allé au lit plus tôt que d'habitude.

L'odeur du café frais me réveille. La pendule n'attendait que cela pour sonner sept heures. Cela fait dix coups, mais les trois derniers sont fêlés. C'est la voisine qui cogne du doigt à la fenêtre noire. J'entends sa voix enrouée : « Le monde est levé, dans cette maison ! » Ma mère, qui s'affaire dans l'autre pièce pour me laisser dormir, arrive dans la cuisine avec la lampe-pigeon. J'ai déjà l'œil à la porte de mon lit clos, exactement dans le trou de la lettre S, la dernière à gauche. Pour ceux qui n'ont pas eu l'honneur de naître et le loisir de rêver dans un pareil meuble, je répète que le menuisier y a sculpté à jour les trois lettres JHS (*Jesus Hominum Salvator*). C'est toujours par le *Salvator* que je guette. Je rencontre le regard de mon grand-père qui médite, assis sur le banc d'en face : « Je vois quelque chose de bleu », dit-il. Le bleu, c'est mon œil.

J'entends mon père qui arrache de son trou le morceau de bois en forme de pieu qui barre la porte. Ma mère donne un dernier coup de torchon à la table en criant à la cantonade : « Vous êtes de bien bonne heure ! » La voisine est déjà dans la place : « Comment : il y a bien longtemps que le Nouvel An est entamé. Qu'il soit le meilleur possible pour vous tous! – Et pour vous pareillement », répondent les trois autres. Moi, dans mon armoire à sommeil, je ne souffle mot. Mon heure n'est pas encore venue. Je sais que la voisine a une bouteille de « fort » dans le pli de sa robe. Du cognac trois étoiles qui s'appelle *Fidelig*. Elle vient demander à mon père de la déboucher parce que rien ne résiste à cet homme, dit-elle, bâti comme il est, tandis que son mari, le pauvre, vous savez bien, enfin, que voulez-vous y faire? Mon père s'exécute. Maintenant, dit-elle, il faut me suivre chez moi pour le goûter. Jamais il ne sera meilleur. Ma famille élève des protestations. Tout à l'heure sans faute. Mais, pour le moment, elle ne peut pas sortir de notre maison sans faire honneur à notre bouteille. Mon Dieu, dit-elle en se passant le dos de la main sur les lèvres, je ne veux pas vous faire honte. Et ma mère sort son cognac personnel de l'armoire à quatre portes, la porte du haut à droite. Du *Fidelig* aussi, bien sûr.

C'est alors qu'un galop de sabots pressés retentit dehors, la première troupe d'enfants quêteurs atteint notre seuil. Un silence. Ils s'agenouillent sur la pierre et, d'un seul coup, des voix perçantes et mal accordées clament la litanie du Jour de l'An : « Une bonne année je vous souhaite, beaucoup d'avantages, une longue vie et le paradis à la fin de vos jours! » Quelquefois, un loustic ajoute « avec vos sabots », mais seulement à mi-voix. A cela on reconnaît les enfants du bourg. Ceux de la campagne sont plus sérieux. « Il faut que j'aille », dit ma mère. J'entends le bruit de son trousseau de clés. Elle passe dans la chambre pour ouvrir son armoire de noces, la « presse », où elle a préparé des piles de monnaie de bronze et quelques pièces blanches. Elle en fait la distribution aux enfants selon les relations qu'elle entretient avec leurs parents. Le petit sou est pour les inconnus quand ils ont fait connaître d'où ils sont. Voilà qui est fait. Nouvelle litanie de reconnaissance et les petits bougres prennent leur volée vers d'autres seuils.

Je me dépêche de m'habiller, debout dans mon lit entre

les trois cloisons de bois. Mon bol de café fume déjà sur la table. Je vais le descendre en vitesse et entreprendre ma propre tournée dans les maisons connues et autorisées par ma mère. Il ne faut pas que j'oublie quelqu'un. Il ne faut pas non plus que je me présente devant des gens qui sont trop pauvres pour donner même un sou. Il ne faut pas que je risque de débiter mes vœux à quiconque n'est pas capable de reconnaître, à ma figure, de qui je suis le fils. Il ne faut pas que je reste court au milieu de ma litanie. Il ne faut pas... Une bonne année je vous souhaite...

L'année entière est ponctuée, divisée, rythmée, par des fêtes religieuses dont certaines sont éclatantes, d'autres passent sans que je m'en aperçoive. Mais toutes servent de repères aux grandes personnes. Il y a même des vieillards qui se soucient fort peu du chiffre du jour et qui prennent date par rapport aux dimanches et aux fêtes. J'irai chez vous le lendemain de la Saint-Michel, le jeudi avant le dimanche des Sept Semaines (septuagésime), la veille de la fête de la Trinité. Ils savent que telle ou telle date est favorable, telle autre non. Ils ont certains proverbes qui s'ajustent sur ces fêtes pour régler les travaux de la campagne, semailles, sarclages, régime des animaux, moissons. Leur calendrier religieux est d'une précision absolue. Quant à moi, je m'y perds, surtout dans les célébrations de la Vierge : *Marie de décembre* (Immaculée Conception), *Marie des lumières* (Chandeleur), *Marie de mars* (Annonciation), *Marie de juillet* (Visitation), *Marie mi-août* (Assomption), *Marie du mois noir* (Présentation), etc. Mais ma mère s'y retrouve très bien.

Le début du temps de Pâques est marqué par le dimanche des Rameaux que nous appelons dimanche des fleurs, du laurier ou du buis. Le bouquet de laurier ou de buis bénit à la messe est rapporté par chacun à la maison et réparti derrière les crucifix où il doit rester à sécher favorablement. On en met aussi dans les étables et à l'entrée des champs. Il ne faut rien négliger pour placer les hommes, les animaux et les végétaux sous la protection de la Trinité. Le dimanche de Pâques est celui où l'on étrenne les habits neufs, les nouvelles coiffes, les chaussures nouvelles. Dimanche d'orgueil, attendu toute l'année. Ma grand-mère Katrina Gouret fait cuire à mon intention des œufs colorés à la pelure d'oignon. Et cependant, les enfants connaissent encore une déception le jour où les cloches partent pour Rome. Alain Le Goff voit toujours caracoler sur la place le carrosse aux six chevaux blancs qui les emporte. Mais quand il m'appelle pour m'ébaubir du spectacle, il n'y a plus rien. Il me recommande cependant de ne pas lever les yeux sur le clocher de l'église avant le retour des « dames de bronze ».

La fête du Sacrement (Fête-Dieu) voit les rues du bourg revêtues de parterres de fleurs particulièrement soignés sur le passage de la procession qui va au nouveau calvaire sur la route de Penhors, à l'endroit nommé Locmaria. La veille, les femmes se sont affairées à décorer la section de rue qui est devant leur maison de grands dessins rayonnants qu'elles font avec des roseaux, des joncs et des panerées entières de pétales de fleurs blanches, rouges, jaunes et bleues. Chaque équipe s'énorgueillit de son œuvre, la reprend pour la rendre plus belle encore, va visiter celles des autres pour se réjouir ou se mortifier de la comparaison. Et nous, les enfants, on nous interdit, avec menaces à l'appui, de poser nos indignes sabots sur ces tapis des Mille et une Nuits. Nous rasons les murs des maisons où pendent des draps rehaussés de bouquets de fleurs. Le lendemain, nous piétinerons dévotieusement, cantiques à la bouche, le chemin de gloire derrière les croix, les bannières et le dais doré sous lequel un prêtre en chasuble d'or porte le Sacrement au milieu d'acolytes presque aussi dorés que lui.

Et il y a la fête de la Saint-Jean d'été. Celle-là, malgré le nom de l'apôtre, on se demande bien si elle n'a pas un peu l'odeur du diable. Il semble bien que le clergé ne la voie pas d'un bon œil. D'ailleurs, ce n'est pas une fête paroissiale, mais une réjouissance des quartiers. Il y a même rivalité entre les quartiers, chacun tâchant d'avoir le plus beau feu et le plus durable. Quand tombe la nuit de Saint-Jean il suffit de monter dans l'un des ormes du *Champ du Recteur,* pour en découvrir une bonne douzaine à travers la campagne. Le nôtre est établi traditionnellement à l'entrée du chemin qui borde le fameux champ. Il y en a un second plus bas que la place, dans une très grande pièce de terre appelée le *Champ du Froment.* Et un troisième au bas du bourg et un quatrième vers Ti-Boutou et un cinquième à Ménez-Fuez et d'autres. Chaque famille apporte sa contribution au feu de son quartier sous forme d'une bûche, d'un fagot, d'une brouettée d'écorce ou de quelques branches de bois mort pour les moins fortunés. Car il est entendu que chacun fait selon ses moyens, ni plus ni moins. Et le bois a toujours été rare au Pays Bigouden. Surtout ne vous avisez pas de dérober la moindre brindille destinée à saint Jean. Vous seriez avalé par la lune comme ce Yann qui vola jadis un fagot d'ajoncs près du bûcher. On le voit distinctement là-haut dans l'astre, portant son larcin sur son dos.

Le feu de Saint-Jean est allumé par des spécialistes reconnus qui ne laisseraient ce soin à personne d'autre. Ils le font flamber le plus haut et le plus clair possible, y ajoutant de temps en temps de la bouse de vache séchée, ceci sur la recommandation de Louis Deux-Sous. Et l'on s'exclame autour, on rit, on se bouscule sans trop faire attention à quelques vieilles femmes qui égrènent leur chapelet. Quand les flammes sont tombées, les plus audacieux sautent par-dessus le lit de braises rougeoyantes. Certains s'y brûlent un peu la plante, ils n'en sont que plus farauds. Déjà les jeunes filles commencent à se cacher derrière leurs mères car tout à l'heure les garçons vont s'emparer d'elles, les prenant les uns sous les aisselles, les autres sous les genoux pour les balancer à neuf reprises au-dessus des braises (cela s'appelle *ober ar wakel*) pendant qu'elles pousseront des cris d'orfraies. Mais elles sont ravies. Et celles qui font mine de fuir, c'est pour mieux être rattrapées. Si quelqu'une, par hasard, échappe malgré elle à l'opération, elle en nourrira de l'aigreur pendant longtemps. Au moins de la déception et du regret. Les mères, d'ailleurs, ne se privent pas de désigner leurs filles aux jeunes gens. Elles aussi seraient vexées si on négligeait leur progéniture. Cela dure tout le temps que met le feu à mourir et la joie à tomber. On a déjà rentré les enfants. En certains endroits, on vend les cendres aux enchères au profit de saint Jean. Elles fertilisent les champs. Je ne le vois pas faire, mais je vois des gens emporter des cendres dans un pochon ou un sabot. Pour la chance, disent-ils. En tout cas, le lendemain, la place est à peu près nette.

Or, de tous les « jours de foi », ceux que nous affectionnons le plus ce sont les pardons. Le pardon est la fête annuelle du saint éponyme d'une église ou d'une chapelle. Certaines, particulièrement vénérées à cause des indulgences et des guérisons qu'on y trouve, voient même deux pardons par an, le grand et le petit. Le petit est pratiquement réservé à la population des alentours. C'est sans doute celui de la dévotion la plus vraie. Le grand rassemble les fidèles d'un ou plusieurs cantons, sans compter les pèlerins qui viennent de très loin en raison de la réputation particulière de la Vierge, de la sainte Anne ou du saint qui règne en tel ou tel endroit. Nous-mêmes, nous n'hésitons pas à sortir du Pays Bigouden pour aller aux grands pardons de sainte Anne de la Palud, c'est la moindre des choses, ou à Notre-Dame de Rumengol au milieu des terres du département, ou même à Notre-Dame du Folgoët, tout à fait dans le nord, au pays de Léon. Sainte Anne de la Palud, on y va facilement à pied. Cela ne fait guère que douze lieues aller et retour par les chemins de traverse en s'y prenant bien. Il suffit de partir le samedi soit après le travail avec les provisions qu'il faut, de dormir quelques heures dans une grange vers Douarnenez, et l'on arrive à point pour la grand-messe. On revient après les vêpres pour être d'attaque au travail le lundi matin à l'aube. Ainsi ont fait mes parents. Ainsi fais-je avec ma mère, vers douze ans, à cette réserve près que je couche dans un vrai lit chez des cousins de

Pouldergat, paroisse qui est sur la route. Du moins pourrai-je témoigner que le pardon, liesse et mystère, est bien encore ce que Tristan Corbière a décrit à la fin du siècle dernier. Il est cela et beaucoup plus. Une foule pleine de comme-il-faut, à la semblance de la Dame de ce lieu, circule en quête de paradis à travers une cour des miracles qui hésite entre l'Enfer et le Purgatoire. Là, les Bigoudens ont une place de choix. Leur dévotion à l'égard de sainte Anne est telle qu'ils se rassemblent, la veille, pour se préparer au pardon, autour d'une chapelle voisine dédiée à saint Nicodème que les gens du pays appellent, je ne sais pourquoi, *saint Yann ar Vigoudenned* (1). Ils apportent en offrande des couples de pigeons blancs ou des poules blanches. Le gardien de la chapelle revend les bestioles à la ferme voisine et les pèlerins s'étonnent de voir tant de poules blanches picorer dans la cour, tant de pigeons blancs qui piètent sur les toits.

Pour aller prier devant Notre-Dame de Rumengol c'est une autre affaire. Il faut monter dans le train de Quimper et de là dans celui de Brest jusqu'au Faou, après quoi on prend la route au milieu d'une foule de pardonneurs fervents. C'est déjà trop loin, trop long et trop cher, sauf pour ceux qui ont à s'acquitter d'un vœu et il y en a beaucoup, pendant la guerre de 1914, qui ont fait vœu d'aller eux-mêmes ou de déléguer quelqu'un à Rumengol. Notre-Dame du Folgoët est encore plus difficile à atteindre et son grand pardon a lieu le 8 septembre, le même jour que celui de notre Vierge de Penhors que nous n'aimerions pas manquer. Cependant, quelques riches y vont, quelquefois avec un vicaire léonard pour les piloter. Les prêtres recommandent beaucoup ces pèlerinages bretons qui sont de nature à conforter la piété de leurs fidèles en leur faisant voir au loin la puissance du culte de la Vierge par tout le pays bretonnant. Au retour, les pardonneurs ne se lassent pas de décrire les merveilles qu'ils ont vues. Ils rapportent des médailles, des chapelets, des images, toute une pacotille dûment bénite qui éten-

(1) Saint-Jean-des-Bigoudens.

dra la protection de la Dame sur leurs parents et leurs amis.

Au cours de ces expéditions lointaines qui sont presque des aventures, les pèlerins n'ont nul souci quant à l'accueil qui leur sera fait, où qu'ils s'arrêtent pour dormir ou se reposer. A ces gens en marche vers un sanctuaire, personne n'aurait le cœur de refuser un abri ou un réconfort, du moins à la campagne et même dans les petits bourgs qui sont les étapes du chemin. Et puis, ils savent où s'adresser, les pèlerins précédents les ont instruits. C'est ainsi que la ferme des poulettes blanches est une sorte de consulat pour ceux qui se hasardent hors de la Bigoudénie pour aller prier la Dame de la Palud.

Quant aux pardons Bigoudens, ils sont trop nombreux pour que l'on puisse les fréquenter tous. Il n'y a pas assez de dimanches entre Pâques et la Toussaint. Au reste, beaucoup de pardons ne concernent guère que les gens du bourg ou du quartier en question et les parents disséminés à travers les deux cantons qui sont les nôtres. C'est à l'occasion des pardons que se font les réunions de famille, que l'on s'invite mutuellement d'une paroisse à l'autre, que l'on met les petits plats dans les grands pour un *repas carré*. Notre famille à nous s'étend sur Pouldreuzic, Plozévet, Landudec et Pouldergat. Cela fait bien une douzaine de pardons en comptant les chapelles, mais le *repas carré* ne se fait guère que pour le pardon des églises paroissiales. On n'en finirait pas. Cependant, mes grands-parents habitant en pleine campagne de Plozévet, nous sommes régulièrement invités pour le pardon de la chapelle la plus proche qui est Saint-Ronan, perdue au bout de mauvais chemins. A Pouldreuzic même, nous avons quatre pardons : celui de saint Faron et de saint Fiacre, celui de la seconde paroisse de la commune qui est Lababan et les deux pardons de Penhors, le petit port sur la mer. Les quatre sont honorablement célébrés.

Cela ne nous empêche pas d'aller prendre un air de vêpres, le jour du pardon, dans les paroisses d'alentour comme Peumérit, Plovan ou Tréogat qui ne sont pas distantes de beaucoup plus d'une lieue. Sur la route du retour, il se trouve toujours quelque ferme dont la maîtresse invite volontiers vos parents à entrer chez elle pour la cérémonie du café. On finit toujours par découvrir que l'on est plus ou moins cousins ou alliés. Et puis, les fermes isolées sont toujours avides de nouvelles, désirent se faire des relations parmi les gens des bourgs ou tiennent simplement à faire preuve d'hospitalité le jour de la fête de leur saint patron.

Certains pardons sont très fréquentés bien qu'ils se passent dans de petits hameaux ou même dans le désert. Leur réputation vient de très loin. C'est le cas des chapelles de Saint-Germain ou de la Tréminou, célèbres dans notre histoire à cause du bandit La Fontenelle ou de la révolte des Bonnets Rouges dont il nous reste des souvenirs obscurs mais vivaces. Auprès de la chapelle de Tronoen, il y a le plus vieux calvaire de Bretagne, objet d'une dévotion qui ne se dément jamais. La chapelle domine la rude baie d'Audierne, séparée d'elle par des marécages et un cordon de galets sonores sur lesquels s'abattent d'énormes rouleaux de vagues. Plus bas, vers la pointe de Penmarc'h, la chapelle de la Joie au péril de la mer attire beaucoup de pèlerins. Et enfin, il y a notre chapelle à nous, Notre-Dame de Penhors. Son grand pardon est le sommet de notre vie religieuse. C'est aussi notre orgueil car il réunit une telle foule d'étrangers au pays qu'il faut bien que notre Vierge soit une des plus puissantes parmi les dames des cieux.

Or, avant que ne commence la saison des pardons, j'entends évoquer, tous les ans, une chapelle fantôme qui est celle du Loc. le *loc* est dans les terres de notre paroisse, vers le nord-est. Il n'en reste rien. Là se pressaient autrefois nos ancêtres pour le premier pardon, pour la première foire après les peines de l'hiver. On y tenait un marché aux bestiaux autour de la chapelle, on y dressait des tentes pour apaiser la faim et la soif, on y étalait des « douceurs » à vendre sur des charrettes à bras. Il y avait aussi des concours de luttes entre les jeunes gens, une lutte si dure que le sang finissait par couler sur les fleurs jaunes qui couvraient les talus, étendaient sur le placitre de la chapelle le plus somptueux tapis de Fête-Dieu. Des fleurs que l'on appelle en français *primevères.* Chaque femme, chaque enfant cueillait d'énormes bouquets qui seraient bénis pendant la messe et ramenés à la maison où ils se faneraient doucement au cours de la semaine suivante. Il y avait défense de les manger. Quand le pardon-foire du Loc prenait fin, les chemins creux voyaient le retour des hommes tout sanglants, savourant le triomphe ou ruminant la défaite, entourés de leur famille qui portait les fleurs jaunes à brassées. Toute la douceur et la violence du printemps à la fois. Pour nous, les primevères n'ont pas d'autre nom que celui de « bouquets de la foire de Loc ».

On dit que le pardon fut supprimé à cause des ivrogneries et des batailles rangées. La chapelle, dès lors, connut le délaissement. Elle tomba en ruine et finit par servir de carrière de pierres ainsi que le grand chemin ferré qui y menait, un ouvrage des Romains peut-être, une chaussée de géants, dit grand-père qui en a vu les restes. Les dernières pierres ont été transportées dans l'enclos de la chapelle de Penhors. Il n'en restait que la valeur de deux charretées. On ne connaît même plus le nom du saint patron. Grand-père dit encore qu'il y a, vaguant à travers les prés heureux du paradis, un vieux saint breton au sourire mélancolique à qui saint Pierre lui-même ne saurait donner un nom sans regarder dans son livre. Mes livres à moi m'apprendront qu'il n'était autre que le grand saint Guénolé lui-même. J'aurais préféré l'ignorer.

Il m'est arrivé de vadrouiller, avec les autres enfants, dans les parages de la chapelle fantôme. A cause des primevères. En quête aussi d'une seule pierre parmi celles que les ronces achevaient d'enterrer. La plus large, la plus grande. Cette pierre porte l'empreinte d'un pied de cheval. Le cheval du roi Gradlon quand il put s'évader en terre ferme, après la submersion de la ville d'Is, grâce à la protection de saint Guénolé précisément. C'est sans doute à cause de cet événement que la chapelle fut bâtie.

La pierre, nous finissions toujours par la trouver. Elle y est encore. La fontaine aussi, où les lutteurs de la foire lavaient leurs plaies.

Notre-Dame de Penhors a donc recueilli ce qui restait de la chapelle du Loc, sanctuaire de Guénolé, son cousin à la mode de Bretagne. Elle peut le faire. Sa chapelle devant la mer n'est pas près d'être désertée. Il y a tout lieu de croire que son pardon fut institué peu après que le pape, en 1482, eut accordé de pleines indulgences pour le Grand Pardon de Reims. Au treizième siècle, il y avait déjà une chapelle à cet endroit. Elle a été maintes fois remaniée, agrandie, frappée de la foudre, mais la Vierge a tenu bon. En 1970, le toit de sa maison menaçait ruine. Malgré la dureté des temps, la tiédeur de la foi, on a trouvé le moyen d'y remédier. Pouvait-on laisser s'écrouler un édifice autour duquel des marées de fidèles, depuis cinq ou six cents ans, ont chanté les louanges de Marie et imploré sa protection! Des marées de fidèles qui ont déversé, dans les plats des quêtes, assez de liards et d'écus pour faire à la Vierge un toit d'or! Il y a certains lieux de culte qui engendrent une telle ferveur que même les athées ne laissent pas d'en être impressionnés. Voilà pourquoi, au nombre des pardons de la Bretagne bretonnante, celui de Penhors occupe toujours une des premières places.

C'est l'année 1919 ou 1920, le 8 septembre. Je suis un enfant en jupe et bonnet à gland, assis sur le seuil de sa maison et regardant, au petit lever du jour, les théories de chars à bancs qui amènent les fidèles des campagnes profondes vers les rivages de Penhors. Viennent même des omnibus tirés à quatre chevaux où s'entassent par douzaines les petits bourgeois de Quimper. Et des foules de piétons, certains en costumes étranges, d'autres accourus de deux lieues et qui vont, pour une fois, se laver les pieds dans l'eau salée. Et tous les mendiants de la Cornouaille du Sud, la sébile à la main, la patenôtre à la bouche, le béquillard menant l'aveugle, qui se hâtent pour s'emparer des meilleures places le long de l'étroit chemin creux où passera la procession. Mais les meilleures sont déjà occupées depuis hier soir. Ne dit-on pas qu'il se ramasse autant de sous de bronze et de pièces blanches à Penhors qu'au Folgoët!

Ma mère guette le char à bancs de la ferme de Pouzéog qui doit passer bientôt. On lui a promis une place pour moi. Je suis encore bien petit pour affronter une si dure journée au milieu de la foule. Penhors est à une lieue déjà, ensuite il faudra rester debout pendant deux heures de messe solennelle, une bonne heure de vêpres, et suivre la procession tout au long sans faiblir pour ne pas déshonorer ma famille.

Les chars à bancs défilent. Ils sont surtout chargés de vieillards et d'enfants, les grandes personnes marchent à pied derrière en bavardant. Voilà celui de Pouzéog. Je suis enlevé à bout de bras et introduit à l'arrière entre des garçonnets timides et endimanchés qui ne pipent mot tellement ils sont occupés à écarquiller les yeux pour ne rien perdre du spectacle. Mes parents se joignent aux autres marcheurs. Sur la place du bourg, il faut déjà faire un arrêt. Les chars à bancs, les charrettes et même les carrioles à bras arrivent de droite et de gauche pour tourner dans l'étroite route de Penhors. C'est difficile, en ce moment, à cause d'un *char-à-feu* (1) qui est tombé en panne juste dans le tournant et en travers encore. Dedans, il y a deux dames à grands chapeaux et à mines pincées. Le conducteur en manteau de fourrure s'escrime avec une manivelle. Mais personne ne peut l'aider, on ne connaît rien à sa machine. Il faudrait qu'il aille trouver Alain Le Reste, le patron de mon père, qui a une *De Dion-Bouton*. Il y va. Quatre ou six gaillards poussent le *char-à-feu* sur la berme pour dégager la route. Ensuite, nous sommes pris dans la file des chars à bancs qui roulent au pas vers la mer. De chaque côté de la route se pressent les piétons, certains hommes pieds nus, les gros brodequins pendants autour du cou. D'anciens combattants, peut-être, qui ont fait quelque vœu sur le front ou, plus simplement, des gens qui doivent économiser le cuir.

(1) Une automobile.

Beaucoup d'enfants sont portés sur le dos de la mère ou les épaules du père. Des femmes recueillies trottinent sans rien voir, récitant le chapelet. Dans les entrées de champs il y a des groupes, assis sur l'herbe, qui mangent déjà du pain au beurre ou au lard en buvant au goulot du cidre ou de la piquette d'avoine. Ceux-là viennent du fin fond des campagnes. A mi-chemin, nous embarquons encore deux enfantelets qui pleurent, épuisés de fatigue. Le conducteur descendu, mène le cheval par la bride. Les moissons étant faites, on voit cheminer à travers les champs nus des files de pardonneurs chargés de provisions qui sortent de bouquets d'arbres durement rebroussés par les vents de mer. Chacun de ces bouquets protège une ferme ou deux. Soudain, des exclamations, des bras qui se tendent. Derrière la croix immobile d'un moulin, nous apercevons la chapelle de Penhors, établie sur un dernier épaulement avant la mer. Ses alentours sont déjà noirs de monde. De toutes parts, piétons et chars quittent la grand-route, convergent vers elle par tous les accès possibles. Les paysans de Penhors ont ouvert leurs champs pour permettre aux pèlerins de Notre-Dame de parquer leurs véhicules. Le maître de Pouzéog, lui, préfère suivre la route jusqu'au haut de la dernière côte. Nous y voilà. La mer nous apparaît soudain, toute plate et scintillante, au bout d'une vaste étendue de grèves précédée, du côté de la terre, par des champs de récifs. Les pêcheurs ont ramassé en tas le goémon qui séchait sur l'herbe rase de la falaise. Il n'y a pas de port. Seulement une étroite saignée qui dévale vers les galets et une petite cale par laquelle on monte à bras une demi-douzaine de barques. Elles sont là, au sec, la joue dans l'herbe. Les petits paysans tournent déjà autour. Nous n'irons pas plus loin avec la charrette.

Le maître de Pouzéog dételle son cheval, l'emmène pour l'attacher à l'abri dans quelque endroit qu'il connaît. Aujourd'hui, c'est pardon aussi pour les chevaux qui recevront un picotin plus abondant, peut-être même une botte de trèfle blanc, régal sans pareil. Presque tous ont été passés à la brosse, quelques-uns ont encore la queue tressée comme pour les noces d'avant-guerre et même d'après.

Cependant, la foule des pardonneurs continue d'arriver, se répandant au fur et à mesure sur la falaise ou gagnant la chapelle à travers les chaumes. Mais beaucoup pressent le pas pour descendre plus au sud. Qu'y a-t-il donc par là-bas? « Voilà les gens de la côte qui arrivent », dit ma mère. Jamais elle ne manque de regarder ce qui est à voir. Tiré par elle, mi-marchant mi-courant et protestant pour le reste, j'arrive au bord de la dernière falaise au sud, au-delà de laquelle commence le grand cordon de galets (*ar vilienn vraz*) qui défend les paluds contre la mer. A ma gauche, il y a le *loc'h* de Penhors, un étang d'eau saumâtre. A ma droite, la marée montante pousse déjà ses rouleaux. Entre les deux, devant moi, s'étale une immense grève bornée, deux lieues plus loin, par le grand rocher creux de la Torche, celui que j'entends gronder sauvagement la nuit quand les vents sont au suroît. Et au-delà du rocher encore, dressé comme un cierge au bout d'un long trait violet qui souligne à peine la surface des eaux, le grand phare d'Eckmûhl, la providence des navires, dont je ne connais jusqu'à présent que le balai lumineux passant sur les campagnes après le coucher du soleil.

Ce n'est pas seulement cela qui est à voir aujourd'hui. En regardant bien, on distingue là-bas, sur le sable, deux taches noires qui semblent progresser vers nous. « Regardez ceux de Penmarc'h là-bas! » dit quelqu'un. « Ils seront à temps pour la grand-messe », réplique un autre. Surgit alors, plus près de nous, se détachant sur le ciel au sommet du cordon littoral un autre groupe d'hommes, de femmes et d'enfants. Ceux de Tréguennec. Ils descendent précautionneusement sur le sable à travers les galets roulants et se regroupent aussitôt. Nous nous asseyons sur l'herbe pour les attendre. Le temps d'avaler une tartine de pain-beurre et je suis remis debout par des cris : « Les voilà qui montent leurs bannières! » Sur la grève, les groupes se sont ordonnés en files. Devant la première, qui est assez près, marchent trois hommes, tête nue et pieds nus, le pantalon retroussé jusqu'au dessous des genoux. Celui du milieu dresse haut dans le ciel la grande bannière processionnelle de sa paroisse. Elle a été amenée de l'église jusqu'à la grève, roulée sous le bras de quelqu'un, et remontée tout à l'heure sur son fût. Derrière les trois hommes, un prêtre en soutane et surplis. Les pèlerins avancent régulièrement et, sur leur gauche, la mer continue à monter. Encore un peu de temps et une seconde bannière se lève, puis une troisième. Autour de nous, les gens abandonnent la falaise pour descendre, eux aussi, sur les galets, derrière la petite cale qui fut construite par mon grand-père le cantonnier. Ils se doivent d'aller recevoir les pèlerins d'ailleurs qui viennent honorer la Vierge de Penhors. Malgré le vent instable et le bruit sourd de la marée montante, on entend des lambeaux du cantique de saint Vio, chanté par ceux de Tréguennec. A la hauteur du *loc'h,* ils remontent silencieusement sur les galets et se remettent en ordre avant de reprendre leur marche sur le chemin caillouteux qui mène à la chapelle. Et alors ils entonnent, à toute Dame tout honneur, le cantique de Notre-Dame de Penhors. Nous les suivons. J'aimerais bien attendre ceux de Penmarc'h qui approchent, mais ma mère me tire d'une main ferme. Pour moi, elle a déjà sacrifié sa place à l'intérieur de la chapelle, elle voudrait au moins pouvoir entrer dans l'enclos.

Toutes les portes du sanctuaire sont ouvertes. A l'intérieur, on voit briller des cierges au-dessus des coiffes blanches immobiles. Impossible d'entrer, sauf pour les porteurs de bannières et les prêtres qui ont, semble-t-il, une porte réservée. Nous faisons le tour du mur en pierres sèches qui cerne l'enclos et, par l'arc de triomphe, nous arrivons à nous glisser dans la foule contre le mur du sud, tout près du porche. C'est là que nous entendons la messe. Il paraît que l'an prochain, ou peut-être plus tard, elle se dira dehors, là où nous sommes, devant un autel monté sur une estrade. Les vieilles femmes trouvent cela inconvenant. Moi, j'aimerais bien le voir. Peut-être trouverais-je le temps moins long. Autour de moi, on chante, on prie, on dévide des chapelets, on se laisse aller un peu à bavarder de choses et d'autres. Il faut bien se donner les nouvelles.

La messe finie, deux heures plus tard, une partie des fidèles s'égaille dans les champs pour manger, à l'abri des murs et des talus, les provisions apportées dans les paniers ou les sacoches. Certains demeurent dans l'enclos, ils n'en bougeront pas jusqu'aux vêpres. Mais la plupart d'entre eux gagnent la falaise herbue ou la portion de grève qui n'est pas gagnée par la mer. De midi à trois heures, il y aura là un énorme *fricot.* On fera connaissance d'une famille à l'autre, on échangera des nourritures et des propos de bon sens. Les hommes feront goûter leur tabac, les femmes leurs crêpes ou leurs gâteaux. Et tous les reliefs seront ramassés, rien ne traînera, au besoin on creusera un trou pour y mettre les petits débris inutilisables et l'on bouchera soigneusement. Il ne faut pas salir ce qui n'est pas à vous. Pauvres, sans doute, mais civilisés. Les jeunes gens, ceux qui ne sont pas en famille, ceux qui n'ont pas voulu s'embarrasser de provisions, vont se restaurer sous de longues tentes à arceaux, dressées par des cabaretiers du pays et qui serviront, toute la journée, non seulement à boire, mais à manger, particulièrement de la charcutaille et un ragoût qui trotte en plein air dans d'immenses marmites à pieds. Les deux ou trois estaminets de Penhors ne désemplissent pas.

Dès que nous avons mangé tous les quatre, mon grand-père Alain Le Goff prend la route pour rentrer. Le pardon est fini pour lui, il doit s'occuper de sa vache. Mon père a trouvé des camarades de guerre. Ils s'en vont vers la prochaine tente. Comme il a emporté sa montre, ma mère sait qu'il sera près du char à banc de Pouzéog à cinq heures et demie sans faute. De son côté, elle a trouvé des amies et des parentes. Nous descendons sur la grève. Les femmes s'assoient sur les galets après avoir relevé leurs robes pour ne pas en gâcher le velours. Et nous les enfants, déchaussés, nous partons dans les champs d'écueils à la recherche des crabes verts et des petits poissons à grosse tête qui pullulent dans les trous d'eau. Mais on nous a bien recommandé, à chaque fois que nous retournons un caillou, de le remettre à sa place, sinon les gens du Penhors ne seront pas contents de nous. D'ailleurs, nous ne ramenons rien de cette pêche. C'est seulement pour voir et nous amuser. Quand nous en avons assez, nous allons vers le sable d'où la mer se retire déjà. Et c'est là que je vois s'avancer une demi-douzaine de chevaux menés par autant de jeunes paysans vêtus seulement d'un vieux pantalon et d'une vieille chemise, chose étrange un jour de grand pardon.

Mais c'est la coutume, après les grands travaux du mois d'août, de baigner les chevaux. Pas seulement pour leur laver la peau. Ce bain rituel, selon les vieux, leur porte chance et santé autant que la bénédiction d'un prêtre. Et c'est aussi l'occasion, pour les propriétaires et les grands valets, de montrer leur habileté et leur hardiesse. Je vois bien que les chevaux renâclent pour s'avancer dans les vagues. Il y en a deux qui ne veulent rien savoir, qui tournent sur eux-mêmes en hennissant ou cherchent à se cabrer du mieux qu'ils peuvent. Et l'un de ceux-là finit par désarçonner son cavalier. Les gens s'esclaffent sur la grève. Trempé comme une soupe, l'homme sort de l'eau, d'autant plus humilié que des jeunes filles, toutes coiffes dehors, sont témoins de sa déconfiture. Bah! Il en sera quitte pour aller se changer dans le fournil d'Henri Bourdon. Le cheval le suit sans rancune. C'est alors que la cloche appelle pour les vêpres. Aussitôt la grève se vide. Il ne ferait pas bon être vu dessus quand les vêpres sont commencées.

Il y a encore plus de monde qu'à la messe. Comme c'est jour de semaine, beaucoup de gens ne peuvent pas disposer de tout leur temps pour venir à Penhors. Alors, ils ont choisi l'après-midi et les vêpres à cause de la procession, une des plus belles que l'on puisse voir en Cornouaille. La voilà qui sort de l'église, croix et bannières en tête. Suit un nombreux clergé en surplis, en aumusses, en chasubles, entourant un dais doré sous lequel procède un évêque mitré qui s'appuie sur la crosse. Et des missionnaires barbus en robe blanche, des moines déchaux en bure rousse. Sur un brancard épaulé par des marins de l'Etat paraît un bateau à voiles *ex-voto*. Et d'autres brancards, d'autres statues, des croix encore et des bannières. Comment tout cela a-t-il pu tenir dans la chapelle! Enfin! Notre-Dame elle-même sort de sa demeure, portée par les nouvelles mariées de l'année dans leurs grands habits de noces. C'est une très vieille statue de bois peint que l'on a vêtue d'un voile et d'un manteau neuf. La procession s'ordonne selon une mystérieuse hiérarchie que tout le monde connaît. Puis le prêtre entonne le premier couplet du cantique et tout s'ébranle. J'emboiterais bien le pas au clergé, mais ma mère me retient. Il faut d'abord laisser passer les « grosses têtes », puis les hommes avec lesquels j'irai plus tard. Ma place est encore derrière, avec le menu peuple des femmes.

Dans le roulement solennel du cantique chanté par tous les fidèles (même, dit ma mère, ceux qui ont la voix si fausse qu'elle ferait monter les grenouilles au haut des pins) nous entrons dans le chemin creux de part et d'autre duquel sont établis les mendiants. Une vraie Cour des Miracles d'aveugles, de stropiats exhibant leurs plaies, leurs ulcères, leurs moignons, et d'autres sur lesquels aucune infirmité n'est visible. La plupart ont pour sébiles des quarts de la guerre de 1914. Les sous y tintent mieux. Depuis le matin, les « pauvres-chers » comme on les appelle ont dévidé sans arrêt, d'une voix de tête, les couplets du cantique de Penhors sans en oublier la moitié d'un. Maintenant, au passage de la foule chantante, ils demeurent immobiles et muets, mais les sébiles tintent toujours.

A la sortie du chemin creux, la procession se dirige vers la falaise sur laquelle s'érige, au haut d'une colonne carrée en granit gris, une « image » de Notre-Dame. Halte. Le flot s'est déjà retiré, découvrant l'immense grève mouillée. Le cantique s'arrête pendant que le clergé procède à la bénédiction de la mer, puis reprend. Les bannières se dressent de nouveau, mais le vent de suroît s'est levé. Il frappe les lourds tissus brodés à l'effigie de la Vierge et des saints. Les porteurs ont mille peines à les tenir debout. A droite et à gauche, deux acolytes aident chacun d'eux en jouant comme il faut avec les haubans à glands d'or ou d'argent. Tous ont été choisis pour leur force. C'est pour eux un point d'honneur de tenir leur bannière à bras tendus devant eux sans en poser le pied à terre avant tel ou tel endroit précis et marqué d'avance pour le relais. Mais ils doivent se relayer souvent, surtout dans la dernière partie du trajet, quand le vent les prend par-derrière, soufflant de la Torche. Les femmes et les jeunes filles ont du mal aussi avec leurs brancards et leurs bannières plus légères. Et avec leurs coiffes donc! Le vent disperse les lambeaux du cantique, inlassablement repris et toujours plus fort sur les deux premiers couplets.

Le retour de la procession à la chapelle marque le début de la dispersion des fidèles. Les femmes qui n'ont pas brûlé de cierges devant Notre-Dame entre la messe et les vêpres attendent qu'elle ait repris sa place pour lui adresser une prière personnelle à l'intention de leur maisonnée. Les hommes, sans hâte, s'en vont atteler les chevaux aux chars à bancs. Ils se sont arrangés pour vider quelques verres sous les tentes et dans les débits. Maintenant ils savent que c'est le tour des femmes et des enfants d'aller béer devant les boutiques. Il est d'usage que les pardonneurs rapportent à ceux qui n'ont pas pu venir ce qu'on appelle leur « part de pardon ». Cela peut-être un objet de piété à l'image de Notre-Dame de Penhors que l'on trouve sur les étals autour de la chapelle. Ou quelque jouet étranger qu'on ne peut pas fabriquer tout seul, un *Jean-Bleo* par exemple, tête hirsute enfermée dans une boîte et qui en jaillit au bout d'un ressort. Le ressort servira toujours. Ou une grosse boule brillante, rouge, jaune, bleue ou verte, à pendre aux solives, mais elle coûte cher. La fameuse « boule de pardon ». Ou des noix, seulement des noix, ce qu'un jeune homme bien élevé peut offrir à telle jeune fille qui lui plaît sans se compromettre, mais seulement pour prendre date et courir sa chance. Quand il aura fait sa demande, il pourra payer à sa mieux-aimée une grande épingle simple ou double, enrichie de diverses verroteries, qu'elle piquera dans son gilet. Et lui, tout faraud, marchera à côté d'elle en portant le parapluie de la coquette la pointe en l'air.

Si les vendeurs d'objets de piété sont admis autour de l'enclos de Notre-Dame, les autres sont tenus à l'écart, de part et d'autre de la route qui conduit à la cale, là où se tient la fête profane. Des romanichels, que nous appelons culs-sales (*toullou louz*) en raison sans doute de leur peau et de leurs accoutrements douteux, proposent aux femmes des billets de loterie, invitent les hommes à des jeux de force où les malins servent d'appât aux benêts, tiennent des tirs qui ne laissent pas insensibles les chasseurs et les anciens combattants, proposent de visiter des phénomènes cachés derrière des toiles bariolées et qui déçoivent toujours (mais quoi! Il faut bien y aller voir). Entre leurs loges bonimentent des joueurs de bonneteau, des vendeurs de toutes sortes d'orviétans et d'objets-miracles. Tous ces gens parlent déjà français, ce qui intimide la clientèle et la subjugue à la fois. Mais les marchands bretons bretonnants ne sont pas délaissés pour autant. Avec eux, on en a toujours plus ou moins pour ses sous. Et puis, ils connaissent mieux les goûts des gens sérieux, étant de la famille. Dans la cohue qui se presse devant la boutique à mirages, les mendiants se frayent un chemin difficilement, bredouillant des prières, sébile en main pour susciter quelques aumônes de repentir, qui sait! Mais ils s'en vont, sachant que leur heure est passée. S'en va aussi un petit charreton tiré par des chiens. Y siège une assez grosse femme portant la coiffe d'un autre pays et qui morigène les gens dans un breton sonore, pour qu'ils lui fassent place et tout de suite. C'est une vendeuse de ces chansons populaires sur feuilles volantes qui racontent, en multiples couplets, les infanticides, les naufrages, les retours de guerre, les malheurs des ivrognes, les amours contrariées. Je ne l'ai pas vue en action, mais j'entends dire qu'elle a fait de bonnes affaires. Et pourtant, on ne la reverra plus qu'une fois ou deux. La jeunesse préfère déjà les chansons en français. Celles de Botrel et de Paris.

Cette jeunesse assaille, pour le moment, des manèges installés dans un champ d'herbe rase entre les murs de pierre sèche. L'un est un manège de chevaux de bois soutenu par un orgue limonaire poussif. Il ne désemplit pas. Enfants en bonnets perlés, fillettes en coiffes, adolescents en chapeaux à rubans de velours y tournent avec des airs craintifs et sérieux. Ma mère m'y installe aussi, mais pour une seule fois, pour voir. Plus tard, on sera peut-être plus riches. D'ailleurs, je préfère ouvrir la bouche devant l'autre manège, celui des jeunes gens et des jeunes filles, le *casse-gueule*. Celui-là tourne très vite, soulevant dans les airs des sièges retenus au chapiteau par des chaînes et dans lesquels les passagers s'accrochent de leur mieux, une de leurs mains étant occupée à retenir la coiffe ou le chapeau. Le *casse-gueule* est un instrument de perdition, dit monsieur le recteur qui ne manque pas, en chaire, de mettre en garde la jeunesse contre lui. Il est surtout dangereux pour les jeunes filles. Malgré toutes les précautions qu'elles peuvent prendre, son tourbillon soulève les robes de velours et fait voir la dentelle blanche des jupons, ce qui est déshonnête. Il est même arrivé à quelques-unes de perdre leur coiffe en tournant. Et à quoi sert-il de pleurer de honte en mettant pied à terre? Le mal est fait.

Les prêtres font tout ce qui est en leur pouvoir pour empêcher les boutiques foraines d'envahir le pardon. Ils les rejettent loin de la chapelle sacrée et de l'itinéraire de la procession. Les forains, de leur côté, font de leur mieux pour se faire accepter. Ils évitent de faire tourner leurs manèges pendant les offices. Cette concession ne désarme pas le clergé. Le conseil municipal ne sait pas trop quoi faire. Il y a les intérêts de la religion et il y a les autres. Et les autres sont assez souvent ceux des gens qui soutiennent l'Eglise. Sans compter que les pêcheurs de Penhors, possesseurs des terres où s'installe la fête profane, sont des républicains qui font peu de cas des interdictions. Le diable est dans la place.

Quand je remonte dans le char à bancs de Pouzéog pour rejoindre le bourg au milieu d'une marée humaine qui a l'air de battre en retraite dans un joyeux désordre, la grève, de nouveau libérée par la mer, est piquetée d'innombrables points noirs. Les gens de la côte, bannières roulées, redescendent vers Penmarc'h avec leurs indulgences, en luttant contre le suroît. Le pardon est fini.

IV

LES ENFANTS DE LA REPUBLIQUE

Il y a des trésors latents dans ce peuple qui n'ont pas pu sortir. La culture française ne lui convient pas; la sienne ne peut pas germer; dès lors, il est maintenu tout entier dans les bas-fonds des catégories sociales inférieures.

Simone WEIL: *L'Enracinement.*

Un après-midi d'été, je suis occupé à manipuler des bouts de ficelle que mon grand-père m'a donnés en me recommandant de ne pas les perdre. J'aimerais faire d'aussi beaux nœuds que mon ami Pierre Tymen, passé maître dans cet art. Il est vrai qu'il a de grands frères pour lui apprendre, lui. Je suis seul à la maison, mes parents battent le blé quelque part, notre terrible locataire, Jean-Marie Helou, a disparu depuis quelques jours. Alors, je me suis installé sur la première marche de l'escalier pour me délier les mains. Je commence à obtenir quelques résultats quand soudain une ombre énorme bouche complètement la porte ouverte sur le soleil du dehors. Est-ce que ce sont des manières! Quelqu'un de notre *compagnie* n'entrerait jamais ainsi, sans s'annoncer dès le dehors, sans demander à haute voix s'il y a quelqu'un. C'est sûrement un étranger, donc un danger pour moi. S'il allait m'emporter dans la poche de sa chemise comme font quelquefois, dit-on, les romanichels et les chemineaux de tout acabit! J'ai appris à me défier des femmes sans coiffes et des hommes qui ne portent pas au moins une casquette à défaut d'un chapeau à rubans. Mais que faire avec mes bouts de ficelle? Je reste immobile sur ma marche d'escalier, tout le corps noué d'angoisse.

L'étranger avance dans le couloir, tranquillement, comme quelqu'un qui rentre chez lui. Il s'appuie sur un bâton mince et luisant qui casserait, me semble-t-il, sous les mains de grand-père. Sans m'accorder un regard, il entre dans la cuisine. Maintenant, je le vois distinctement. Sur la tête, il a un chapeau en forme de marmite renversée. Il est vêtu d'un long manteau noir avec de la fourrure au col. En plein été. Quand il se retourne, je vois qu'il a de la barbe-à-joues comme mon grand-père le sabotier. Sous le menton, il porte un col blanc à grandes pointes cassées et une cravate noire à nœud avec quelque chose qui brille dessus. C'est un monsieur.

Il revient vers moi, frappe à la porte de la chambre (pourquoi donc!), l'ouvre, regarde et referme doucement. Puis il me prend la joue entre le pouce et l'index et j'entends sa voix rude. J'entends, mais je ne comprends pas. Il doit parler français. Des mots français, j'en ai déjà entendu, certes, mais ce n'était pas ceux-là. Soudain, j'éclate en sanglots. Et lui se fâche. Il n'a pas l'air commode, cet homme-là. Un instant après, il me demande, en breton cette fois :

– Il n'y a que vous à la maison? Où est votre père?

Mais je suis trop ému pour répondre. Il frappe nerveusement le sol de son bâton plusieurs fois, hausse les épaules, s'en va vers la porte, revient, s'accroupit devant moi.

– Vous direz à votre père que Monsieur Le Bail est venu le voir. Monsieur Le Bail de Plozévet. Vous vous souviendrez? Monsieur Le Bail.

Le voilà parti. Le temps d'avaler mes sanglots et je me hasarde sur le pas de la porte. Vers la place, devant la maison d'Alain Le Reste, le monsieur est en train de monter dans une sorte de calèche qu'un cheval qui n'est pas précisément de labour arrache aussitôt sous un claquement de fouet en direction de Plozévet. A peine l'attelage a-t-il disparu que la plupart des seuils se garnissent d'hommes, de femmes et d'enfants qui attendaient ce départ pour paraître. Devant le grand pailler de la ferme d'Henri Vigouroux, au coin du carrefour, deux hommes en bras de chemise, fourche en main, gesticulent. Des éclats de voix partout. Et Alain Le Reste, court et trapu, qui rentre chez lui en haussant les épaules. Que s'est-il passé? Qui est Monsieur... comment déjà?

Je ne tarderai pas à le savoir. Une heure après, comme mes parents ne rentrent pas, je vais rejoindre quelques-uns de mes petits camarades qui jouent à toquer des billes contre la porte pleine de la maison de Jean Kerdouz. A mon arrivée, ils s'arrêtent court, ramassent leurs billes sans rien dire avant même que je n'aie sorti les miennes de leur sac. Et ils se retirent lentement sans me quitter des yeux. Je reste immobile, ébahi. Alors, l'un d'entre eux me désigne du doigt, lâche rageusement : tête rouge! Et les autres de reprendre en chœur discordant : tête rouge! Tête rouge! Rouge d'un bout à l'autre! Tête rouge! Qu'est-ce qui leur prend? Je ne suis pas rouquin, non! Décidément, aujourd'hui, je ne comprends rien à rien. Soudain, derrière moi, j'entends la voix du gars de Pouloupri, celui qui n'a pas de père connu : culs blancs! Sacrés culs blancs! Allez chier de la merde blanche! Et d'autres injures d'où il ressort que l'entrecuisse des gens d'en face, particulièrement le sac à deux billes, est d'une écœurante blancheur. Derrière le gars de Pouloupri, il y en a deux ou trois autres, aussi déchaînés que lui. Les blancs ne se sentent pas de taille. Ils disparaissent après que le plus hardi d'entre eux nous a traités de « verges rouges » et de « chiens de Le Bail ». Encore ce Monsieur Le Bail! Pourtant lui non plus n'avait pas l'air d'être rouquin. Quand je demande au gars de Pouloupri et aux autres de m'expliquer la cause de cette soudaine algarade avec des gars du haut du bourg, des voisins et de bons amis d'habitude, il m'engage à ne jamais oublier que nous sommes rouges et que les autres sont blancs, qu'il y a beaucoup de blancs autour de nous et peu de rouges et que le grand chef des rouges est ce Monsieur Le Bail. Là-dessus, avant de remonter à Pouloupri, il se plante au milieu de la rue, les jambes écartées, met les mains en porte-voix autour de sa bouche et hurle en direction du bourg : « Vive la République ! » C'est encore du français sans doute aucun. Décidément, il faudra que j'apprenne cette langue puisqu'il paraît que je suis rouge et « chien de Le Bail ».

Le soir, je raconte à mes parents mes aventures de l'après-midi. Alain Le Goff et mon père se montrent flattés de la visite de Monsieur Le Bail, navrés de ne pas avoir été là quand il est venu, mais enfin, chacun a pu voir qu'il est entré dans notre maison. Spécialement. Qui est Monsieur Le Bail? C'est le monsieur maire de Plozévet. Il est aussi *député*. Il défend le pays à la *Chambre*. La *Chambre* est à Paris, pas loin de là où habite mon oncle Corentin. A la *Chambre*, il y a les *Blancs* et les *Rouges* qui luttent les uns contre les autres à longueur de temps, les Blancs étant pour l'Eglise, les Rouges pour la République. Monsieur Le Bail est rouge. Donc nous sommes rouges puisque la famille de mon père relève du clan Le Bail depuis deux générations déjà. Aujourd'hui encore, mon grand-oncle Michel Hélias n'est-il pas l'homme à tout faire de Monsieur Le Bail et mon grand-père le sabotier, son frère, ne porte-t-il pas la barbe-à-joues qui fait reconnaître les Républicains! Le reste, me dit-on, vous le saurez par la suite. C'est assez pour aujourd'hui. On espère seulement que je n'ai pas été trop niais devant Monsieur Le Bail. J'avoue qu'il m'a parlé en français, que je n'ai su lui répondre. C'est pourquoi, me dit-on, il faut aller à l'école. Monsieur Le Bail répète sans se lasser que les Rouges doivent être plus instruits que les Blancs. L'instruction est le seul bien qui ne se lègue pas de père en fils. La République la dispense à tout le monde. A chacun d'en prendre ce qu'il peut. Plus il en prend, plus il se dégage des Blancs qui détiennent la plus grande part du reste. Témoin mon oncle Jean Le Goff qui est parti d'ici en sachant juste lire et écrire et qui, à force de s'instruire tout seul, est devenu un officier. S'il n'avait pas été tué à la guerre, il aurait fini capitaine, peut-être commandant. Pas colonel encore, tous les colonels que mon père a connus pendant sept ans étaient des *Blancs* et fils de *Blancs*, parfois de la noblesse. Mais cela va changer parce que les instituteurs sont déjà des *Rouges*. Et ce sont les instituteurs qui feront bientôt les colonels. Si seulement je pouvais devenir instituteur. Monsieur Le Bail serait content.

Voilà ce que me disent mes parents et sans doute ne me disent-ils pas tout ce soir-là. Ils en disent beaucoup trop pour que je puisse comprendre, mais c'est parce qu'ils comptent sur moi pour honorer les *Rouges* et d'abord eux-mêmes. Je me jure de faire mes sept possibles. Si seulement il n'y avait pas tout ce français à apprendre, je pourrais commencer tout de suite. Mais l'école, qui est à la République, parle français tandis que l'Eglise, qui est blanche, parle breton. Vous voyez bien. Il n'y a pas à en demander plus. D'ailleurs, dit grand-père, quand vous irez voir votre oncle Corentin à Paris, boulevard Voltaire, vous n'entendrez que du français. Les gens de là-bas ne savent pas parler autrement. Si vous ne parlez pas comme eux, vous serez aussi gêné que madame Poirier, la buraliste devant l'église, qui entend à peu près le breton mais qui ne sait pas du tout s'en servir. Si elle n'était pas la seule à vendre du tabac, elle ne verrait jamais personne, la pauvre femme. Voilà ce que c'est que de vivre dans un pays dont on ne peut pas fréquenter les gens. – Mais je ne demande pas mieux que de rester ici, grand-père! – Justement, parce que vous ne savez pas encore le français. Quand vous le parlerez aussi bien que Monsieur Le Bail, vous aurez envie d'aller ailleurs. – Alors, pourquoi Monsieur Le Bail reste-t-il à Plozévet? – Il ne reste pas toujours à Plozévet. Il va faire des discours à la *Chambre*, à Paris. Il va défendre les gens au tribunal de Quimper. Avec le français on peut aller partout. Avec le breton seulement, on est attaché de court comme la vache à son pieu. Il faut toujours brouter autour de la longe. Et l'herbe du pré n'est jamais grasse.

C'est bien difficile, tout ça. L'Eglise, bon, je sais ce que c'est. Mais c'est le côté des Blancs et je suis Rouge. Alors, pourquoi ma mère m'oblige-t-elle à suivre messe et vêpres tous les dimanches sans compter les prières de tous les soirs? Pourquoi me serine-t-elle le petit catéchisme de la sœur Bazilize? – Le catéchisme, les Blancs ne le savent sûrement pas mieux que moi. – Heureusement, dit ma mère, sans quoi Dieu sait ce qu'ils trouveraient à dire contre vous. Est-ce que vous voudriez me faire honte? – Sûrement pas. Mais la République, qu'est-ce que cela peut bien être, avec un nom pareil qui fait un si drôle de bruit dans la bouche. Et pourquoi n'y a-t-il pas une République avec une tour et des cloches comme il y a une église? – A l'école, on vous expliquera tout d'un bout à l'autre, dit Alain le Goff. La vraie place de la République est là-bas. A la mairie, elle n'est pas toujours honorée comme il faut.

Bien. J'attendrai donc d'aller à l'école pour faire connaissance avec la République rouge. Dommage qu'elle parle français. Dans le livre de la *Vie des Saints* qui est écrit en breton, en m'aidant des leçons d'Alain Le Goff, j'arrive déjà à reconnaître quelques mots, surtout les noms de personnages. Et puis, ma mère le lit un peu certains soirs, à haute voix, en suivant la ligne avec le doigt de la bouillie (1), moi derrière elle, essayant de mettre des sons sur la balle de blé noir des signes. Mais je n'ose pas trop manœuvrer le livre français de Monsieur Larousse qui reste à demeure sur l'appui de la fenêtre. D'abord, il est trop gros, il est usé, les fils de son dos sont rompus. Si jamais je le laissais tomber, mon père me corrigerait à coups de casquette. C'est un livre républicain, un livre rouge qui mérite le respect. Mon père l'ouvre de temps en temps, y trouve des tas de choses qui le laissent tout songeur. Je l'ouvre aussi quand je suis seul devant la fenêtre, sans le déplacer. Mais j'ai beau essayer

(1) L'index.

de le faire parler, il n'y a rien à en tirer pour le moment. Les lettres que je connais y sont bien, mais attelées à d'autres qui brouillent tout. Heureusement pour moi, il y a un autre livre dans l'autre coin. Il s'appelle *Catalogue de la Manufacture des Armes et Cycles de Saint-Etienne.* Même ma mère, qui est la plus instruite de nous, a bien du mal à lire ce nom-là. Ce n'est pas la vie de saint Etienne telle qu'elle est dans le livre breton sous le nom de Stephan. Et d'ailleurs, on peut le comprendre sans savoir lire. A toutes les pages, il y a des images représentant des objets familiers, des fusils et des vélos pour les riches, des outils de toutes sortes dont certains pourraient être à nous si les petits pois se vendaient plus cher cette année. Et même des animaux. Grand-père me montre l'un d'eux. Aussitôt je dis *eur hi* et grand-père fait semblant de lire *un chien.* Je répète de mon mieux, nous rions tous les deux tellement c'est drôle. Pourquoi les Français ne disent-ils pas *eur hi* comme tout le monde? A l'école, dit grand-père, vous entendrez *un chien.*

Les écoles de la République sont tout à fait dans le bas du bourg, enclavées dans un quartier blanc. Il va donc falloir que je traverse la place, que j'aille jusqu'à l'église d'abord et que je me hasarde ensuite en territoire ennemi, là où gîte une troupe de garçons de mon âge qui viennent déjà, de temps à autre, nous provoquer en contournant les champs. Je ne suis pas tranquille. Ce sera la guerre quotidienne. Grand-père me rassure. – Les maîtres d'école mettront de l'ordre entre vous. Vous pourrez vous battre partout ailleurs si vous voulez, mais pas là-bas, dit-il. Une autre chose me gêne. La rue devant la grande école s'appelle *rue de la merde,* sans doute à cause de la boue et de la saleté qui y règnent. Ce n'est pas bien. Mais grand-père a réponse à tout. – Justement, dit-il, à l'école, vous serez nettoyés de toutes les manières. D'ailleurs, la mairie elle-même est là-bas aussi.

A la mairie, je suis déjà allé avec ma mère pour porter de l'argent au percepteur ou pour en recevoir, je ne sais pas bien. C'est un *penn-ti* d'une seule pièce et un couloir, une porte et une fenêtre, accolé à la maison du *grand maître d'école*, le directeur des garçons. Les classes sont derrière, on ne les voit pas de la rue. L'école des filles est un peu plus *pissouzes*. Je me promets de tâcher d'en sortir le plus tôt possible. Des deux écoles, on dit qu'elles sont *communales*. Encore un mot bizarre, mais on sait qu'il est rouge et qu'il fait fumer de colère les naseaux des Blancs. Ici, on n'entend presque pas le mot *commune* dans la bouche des gens comme chez mon père, à Plozévet. C'est toujours *la paroisse* (*ar barrez*) même pour les républicains.

Il faut être un rouge avéré, et même un rouge vif, pour oser mettre sa fille à l'école communale. Car il y a une autre école, tenue par les bonnes sœurs, protégée par le recteur et son vicaire. Elle se trouve en contrebas du chemin qui longe l'église au sud. Les filles des Blancs y reçoivent une éducation religieuse, raffinée, propre à en faire de bonnes brebis du Seigneur. Y vont aussi d'autorité celles dont les parents vivent dans la dépendance des Blancs, c'est-à-dire leur doivent leur travail et leur pain quotidien. Surtout si vous répandez votre sueur sur une ferme appartenant à un Blanc de la ville, Quimper ou Paris, si vous devez abriter votre famille sous un toit de Blanc, il n'est pas question que vous fassiez instruire vos filles ailleurs que chez les Sœurs sous peine d'être invité à décamper à la prochaine Saint-Michel pour aller vous faire pendre plus loin, le plus loin possible car la malédiction vous suit. Tête rouge, mauvaise tête, révolutionnaire! Même les Rouges connus comme tels, travaillant chez les Rouges et donc sans obligation aucune à l'égard des Blancs, sont en butte à d'incessantes tracasseries. Tantôt ils se voient refuser une corde de bois à feu ou un cheval et une charrette pour leurs gros travaux (et presque tous les chevaux sont aux Blancs), tantôt l'un des prêtres ou les deux ensemble assiègent sans relâche la pauvre mère de famille, souvent plus impressionnable que son mari, pour la faire résister à celui-ci qui a déjà promis sa fille à la directrice de la communale. Car les instituteurs, eux aussi, font du porte à porte pour recruter les fillettes. D'abord parmi les Rouges et les jeux sont faits d'avance, mais les vrais Rouges ne sont pas nombreux, surtout dans le bourg et la campagne riche. Là où il y en a le plus, c'est au village de Penhors sur la mer, habité par des pêcheurs qui font sonner très haut le nom de la République, ce qui m'empêche pas qu'ils honorent privément la Vierge de leur chapelle tout en abreuvant le clergé de sarcasmes à propos des ors et des argents qu'il tire des pardons. La grande affaire des instituteurs laïques est de convaincre les ménagers qui ne sont pas sujets des Blancs et professent une sympathie pour les Rouges sans trop se déclarer pour eux. C'est aussi le cas des commerçants dont la clientèle est partagée entre les deux clans. Pour tous ceux-là, la décision dépend de savants calculs. Entre surtout en ligne de compte, en faveur de la communale, l'ambition de voir la fille accéder à la dignité d'institutrice ou de postière, l'école des sœurs préparant surtout des ménagères bonnes catholiques qui resteront chez elles, à moins qu'elles n'entrent en religion. Les prêtres et leurs alliés contre-attaquent en proclamant bien haut que l'école laïque est *l'école du Diable*, qu'on n'y apprend jamais la moindre prière (et le salut éternel alors!), que le Christ n'y a pas droit d'entrée sur sa croix, que les instituteurs rouges corrompent la jeunesse et sapent les fondements mêmes de la société. Les filles des sœurs, à la fois curieuses et apeurées, demandent aux enfants rouges s'il est vrai que le Diable en personne vient quelquefois danser sur les tables avec ses cornes et ses pieds de cheval. Et les enfants rouges ne manquent jamais de répondre que c'est bien vrai, ajoutant que l'Esprit Malin se présente nu du haut en bas sans excepter le milieu. Horreur! Certains dimanches, surtout au mois de septembre, avant la rentrée des classes, le recteur tonne en chaire contre l'*Ecole du Diable*. L'un d'entre eux surtout, l'abbé Broc'h, se déchaînera pendant des années avec une telle violence qu'il fera craindre l'écroulement de la chaire en question sous ses coups de poing. De mon banc, je verrai mon père et quelques autres rentrer les épaules sous les malédictions pleuvant sur eux de trois mètres plus haut tandis que les Blancs leur distilleront en coulisse des regards chargés de réprobation. Et avant de descendre pour retourner à l'autel, le terrible recteur ou son doucereux vicaire lèvera les yeux au ciel en invoquant le Seigneur : des écoles sans Dieu et des maîtres sans foi délivrez-nous, Seigneur! L'assistance entière, y compris les Rouges, répondra d'une seule voix : ainsi soit-il! Un jour mémorable sera celui où un prédicateur barbu, encore plus violent que le recteur, se lancera dans une diatribe historique contre les diables incarnés qui écrivent de mauvais livres. Et nous devrons supplier le Seigneur de nous délivrer d'un nommé Voltaire et d'un nommé Renan. Qui étaient-ils encore, ces deux-là? Si quelqu'un le savait, il ne l'a dit à personne. L'*amen* des Blancs et des Rouges a été prononcé d'une voix d'autant plus ferme qu'ils ne risquaient de se faire corrompre par aucun de ses réprouvés. La plupart ont poussé un soupir de soulagement parce qu'il n'avait pas été question de Monsieur Larousse qui avait sa place dans pas mal de maisons. Mais moi, j'étais mal à l'aise en pensant que mon oncle Corentin habitait à Paris sur le boulevard Voltaire justement. Mon bon oncle, le meilleur des hommes, devait être furieusement Rouge.

Si ces prônes virulents, redoutés des Rouges avant la messe, sont oubliés par eux dès la sortie (et par la plupart des Blancs aussi, apparemment), il n'en est pas de même des sanctions prises par certains recteurs de combat contre les paroissiens assez oublieux de leur devoir chrétien pour confier leurs fillettes aux stipendiés de l'Ecole du Diable. La plus terrible de ces sanctions est la privation de communion et particulièrement des Pâques.

Les hommes Rouges s'en accommodent assez bien, la première vergogne passée. S'il leur arrive de s'approcher de la Sainte table, c'est surtout pour sacrifier à l'usage, accomplir un devoir social, éviter le scandale d'une absence éclatante, maintenir leurs bons rapports avec les Blancs et, en fin de compte, par un certain respect à l'égard de la religion dans laquelle ils sont nés et qui règle, bon gré mal gré, leur comportement de tous les jours. Je remarque même, d'assez bonne heure, que les

Rouges se gardent généralement de brocarder le clergé alors que les Blancs ne se gênent pas pour se gausser ou se plaindre de l'avarice du recteur et de la papelardise du vicaire. Curieux, n'est-ce pas! Les anticléricaux seraient-ils les Blancs? C'est peut-être que les Rouges ne tiennent pas à s'attirer les foudres de l'Eglise alors que les Blancs, sachant bien qu'elle s'appuie sur eux, se permettent de lui tenir la dragée haute. Dans une certaine mesure, les prêtres dépendent de leurs Blancs comme les députés de leurs électeurs. C'est du moins ce que j'ai cru avoir compris.

Mais pour les femmes, la privation des sacrements est la plus sale affaire qui soit. Que les Blancs les plus culs-bénits croient tous en Dieu, personne n'oserait en mettre sa main au feu. Pour certains sûrement, la religion est surtout la garantie d'un état social qui les satisfait et que menacent les forces mauvaises incarnées par les Rouges. Car les Blancs sont plutôt riches que pauvres ici, c'est flagrant. Quant à leurs femmes, outre les raisons qu'elles peuvent avoir de pratiquer, rien n'autorise à penser qu'elles n'ont pas la foi enracinée en elles. Leur honneur suprême est d'avoir un fils prêtre ou une fille religieuse. Quand elles ont trois, quatre ou cinq enfants dans les ordres, c'est la couronne de gloire pour laquelle elles sont prêtes à tous les sacrifices sur la terre. Mais je ne suis pas loin de croire que les femmes des Rouges peuvent encore être plus croyantes qu'elles. D'abord parce qu'elles n'ont aucun intérêt dans l'Eglise, ne subissant que des avanies de la part de certains recteurs intolérants. Ensuite, parce que leurs maris rouges les accusent volontiers de bigoterie, d'aller flairer, comme ils disent, le cul des prêtres. Et enfin, parce qu'elles souffrent de voir leurs enfants relégués aux dernières places dans l'église, surtout leurs filles qui sont vouées à rester comme elles dans les bas-côtés obscurs ou sous la corde des cloches pendant que les agnelles des Sœurs glorifient le Seigneur à la tribune. La plupart des filles rouges, si elles ne trouvent pas le moyen de se tirer d'affaire (le meilleur est de partir) deviendront les servantes des filles blanches et encore à condition de se blanchir. Ainsi soit-il!

Ma mère, Marie-Jeanne Le Goff, est sûrement une des meilleurs catholiques du troupeau paroissial. Et chacun le sait. Mais, dans quelques années, quand ma petite sœur sera en âge d'aller à l'école, toutes les pressions seront faites pour qu'elle aille chez les Sœurs. Elle n'ira pas, bon sang rouge ne saurait mentir. Et Marie-Jeanne Le Goff, privée de ses Pâques, humiliée en chaire, traversera le désert pendant le temps que sa petite fréquentera l'Ecole du Diable. Six ans de larmes et de prières à la Vierge de Penhors. Je serai témoin. Aucun Blanc, à ma connaissance, n'est intervenu pour elle, même ceux qui l'aimaient bien et ils étaient beaucoup. On ne s'élève pas contre le recteur. Comme son nom l'indique, il dirige la paroisse d'une main de fer et sans gant de velours dans les voies du Seigneur qui sont plus impénétrables que jamais en ce temps-là. Or, ma mère ne s'est jamais révoltée, n'a jamais proféré la moindre parole malsonnante contre le tyran à barrette. Et pourtant, elle savait que d'autres recteurs, dans les paroisses voisines, étaient beaucoup plus accommodants. Elle sera si malheureuse qu'une année, au temps de Pâques, mon père fut tout près d'aller tirer le recteur de sa tanière, de le déculotter devant le monument aux morts et de le fesser avec une poignée d'orties. Quitte à partir gagner son pain ailleurs. Et moi, j'étais décidé à lui donner un coup de main. Au comble de la désolation, Alain Le Goff essayait de nous calmer en répétant d'une voix sourde : cet homme-là durera moins que n'importe lequel d'entre nous. En vain. Ce fut le désespoir même de ma mère qui nous fit revenir à des sentiments plus chrétiens. Quand ma sœur sortira de l'Ecole du Diable, Marie-Jeanne Le Goff rejoindra les communiantes pascales, avec quelle joie! Et tout sera oublié jusqu'au jour où le Dieu de la pauvre femme aura à reconnaître les siens.

Quand je pars, moi, pour l'école laïque, il n'y a pas de drame pour la simple raison que cette école est la seule qui existe pour les garçons. On pense à bâtir une école de Frères et cela sera fait plus tard. Pour le moment, les garçons blancs fréquentent donc l'Ecole du Diable, subissent les instituteurs républicains. Ils n'ont d'ailleurs pas l'air d'en souffrir autrement. Ils passent gaillardement le certificat d'études qui n'est pas réputé diabolique, c'est encore une chance. Les parents blancs eux-mêmes ne font pas de difficulté pour avouer que notre école marche bien, que nos maîtres sont à la hauteur. Le Diable, apparemment, favorise autant les Blancs que les Rouges. Il n'est donc pas question pour le recteur de sanctionner ces derniers ni leurs mères.

En fait, s'il n'y a pas d'école des Frères, c'est aussi parce que les Blancs ne croient pas tellement aux bienfaits de l'instruction, alors que pour les Rouges, foi de Monsieur Le Bail, elle est la panacée.

Gwelloh deski mabig bian	(Mieux vaut instruire le petit enfant)
Eged dastum madou dezan	(Que de lui amasser des biens.)

Les Blancs ont de quoi occuper plus tard leurs enfants dans leurs fermes ou leurs commerces, les Rouges savent bien que les leurs, à part quelques-uns, devront s'en aller. Et un bon certificat d'études, une connaissance convenable du français, est un bel atout pour devenir cheminot ou second-maître dans la marine. Ne serait-ce même que pour s'aventurer vers Paris avec un petit métier. La politique des Blancs consiste à garder leur progéniture dans le pays où leur place est faite, sera consolidée plus tard par des alliances mûrement préparées, fera d'eux les gros bonnets possesseurs des terres et des grosses maisons marchandes. En cela, ils sont aidés par les prêtres qui n'arrêtent de vitupérer les entreprises diaboliques des Rouges que pour condamner, à grand renfort d'exemples salutaires, la corruption des villes et supplier les jeunes filles de rester chez elles si elles ne veulent pas perdre leur âme. Ils condamnent d'avance aussi celles qui auraient envie de couper leurs cheveux « à la garçonne » et donc d'abandonner la coiffe pour se mettre en costume de ville comme les institutrices de l'Ecole du Diable, ces dévergondées.

C'est pourquoi il y a eu plus d'urgence à bâtir d'abord une école pour les Sœurs. On sait bien, du reste, que ce sont les femmes qui font le mieux observer la religion dans une famille, qui obéissent le mieux à leur pasteur. Qui tient les femmes dans le pays tient les hommes du même coup. Les hommes crient fort en public, tournent même en dérision certains aspects du culte, tout blancs qu'ils sont, vont même jusqu'à blâmer certaines initiatives du recteur ou du vicaire, plaisanter gaillardement à propos de leur emprise sur les femmes, mais ils filent doux à la maison. Les Sœurs savent préparer les fillettes à leurs futures tâches. Elles sont persuadées qu'elles font bien. Qu'importe, dès lors, que le temps de prière et d'édification l'emporte sur celui consacré à apprendre des choses qui ont moins de poids. J'entends un jour un mi-blanc mi-rouge s'excuser au comptoir d'avoir mis sa fille chez les Sœurs : « Je ne veux pas qu'elle aille plus loin. » Bien. L'abomination, dans le pays, serait qu'une fille entre à l'Ecole Normale d'Institutrices, ce péristyle de l'Enfer. Cela, jusqu'à présent et grâce à Dieu, nous a été épargné.

Pour aller à l'école, en octobre, comme il ne fait pas encore froid, ma mère m'a fait retailler un uniforme kaki de mon oncle Jean qui a servi des années en Indochine avant de revenir se faire tuer sur le front, à Tahure. Il en reste un autre, presque neuf, dans la cantine. Je suis donc pourvu pour longtemps. On a seulement changé les boutons de la veste. Elle flotte un peu beaucoup sur ma chemise, mais c'est en prévision d'un gilet de laine que ma mère m'a tricoté pour l'hiver. D'ailleurs, elle est un peu trop longue et trop large de partout parce que je dois grandir. Le pantalon me descend à mi-mollets. J'ai des bas de laine bleue, ouvrage de ma mère aussi, de même que les chaussons. Une paire de sabots tout neufs, cloutés par mon père, passés au cirage et qui brillent comme un soleil noir. Comme il est indécent d'aller la tête nue, on m'a fait retailler un calot que mon père a ramené de la guerre. Cette guerre aura au moins servi à nous vêtir un peu. Beaucoup de mes petits camarades se pavanent comme moi dans des surplus. Elle nous a fait un autre cadeau, mais indésirable celui-là. Ce sont les poux que l'on dit rapportés des tranchées par les combattants. Il faut mener contre eux un combat journalier sans merci. Passe encore pour les garçons qui ont la tête à peu près rase ordinairement. Mais les pauvres fillettes pleurent tous les matins sous le démêloir. Leurs mères les peignent durement au-dessus d'une assiette blanche. Quand les poux noirs y tombent, les petites les écrasent à mesure sous l'ongle du pouce, « le petit marteau à poux ». Ainsi héritons-nous des misères de nos pères... Nous avons beau travailler du pouce, les poux se défendent bien. A l'école, les instituteurs en verront quelquefois s'égarer sur un front ou tomber sur une page de cahier. Nous finirons peu à peu par nous en débarrasser grâce à divers onguents dont les femmes se passeront la recette. Marie-Jeanne Bourdon en a trouvé une qui a fait des miracles sur moi.

Mon calot me vaut d'abord quelques avanies. Mon père ayant servi dans l'artillerie, ce calot a un passepoil rouge qui fait envie aux enfants des fantassins passepoilés jaune. Chez nous, le rouge l'emporte toujours sur le jaune, il caresse mieux notre œil. Les autres me proposent de l'échanger contre le leur, assorti de quelque trésor comme un couteau sans manche ou un lance-pierres tressé. Je résiste, c'est le calot de mon père. Cela me vaut quelques bourrades car je ne suis pas des plus forts. Heureusement, le paletot kaki de l'oncle Jean a gardé ses grandes poches à boutons. J'y mets mon calot plié dès que je suis arrivé dans la cour de l'école, quitte à rester tête nue quelques minutes avant d'entrer en classe. Car en classe, figurez-vous, il faut se découvrir comme à l'église. Nous faisons ce geste sans trop de peine. Ce qui nous gêne plus, c'est de laisser nos sabots à la porte. Ils restent là en tas, mélangés, renversés les uns sur les autres. Certains petits ne sont pas d'assez riches familles pour avoir des chaussons. Ceux-ci son remplacés par des semelles et des coussinets de paille ou de foin. Quand il leur faut reprendre les sabots, à la sortie, ils ne retrouvent pas toujours cette garniture. Quelquefois aussi, il y a d'âpres contestations pour les sabots, les plus forts essayant de prendre les meilleurs quand ils sont à leur pointure. Cela ne va pas trop loin parce que les maîtres d'école y mettent bon ordre.

Riches et pauvres sont habillés à peu près de la même façon, à peu près aussi rapiécés les uns que les autres. On reconnaît seulement les enfants de familles nombreuses à ce qu'ils portent les vêtements fourbus de leurs frères aînés, vêtements qui serviront encore au frère suivant quand le porteur n'arrivera plus à y introduire ses épaules ou ses fesses, quand les manches ne descendront pas beaucoup plus bas que la saignée du coude. On reconnaît les enfants de mères négligentes ou accablées de travaux aux déchirures, aux accrocs mal réparés, mais ce ne sont pas forcément les plus pauvres. La gloire de tous ces gamins est d'étrenner quelquefois, à Pâques, un habit entier de panne de velours à raies qui parfume la classe d'une forte odeur, une odeur de riche. Mais l'habit neuf lui-même est déjà pourvu souvent d'un double fond puisque dans le métier d'écolier il faut travailler assis. Quand le double fond est usé, la mère le découd. Mais le pantalon, entre-temps, a changé de couleur sous les pluies salées si bien que le petit garçon se fait traiter de « cul déteint ». Les coudes aussi s'usent terriblement sur les tables, les genoux sur la cour et sur la route quand on joue aux billes. Alors la couturière, pour quelques sous, y met des pièces qui jurent toujours avec le reste. Si vous croyez que cela gêne quelqu'un...

Moi, qui suis enfant unique pour le moment et fils d'une mère qui tient farouchement à sa réputation, je suis parmi les moins mal vêtus. J'ai même un bon caleçon sous mon pantalon, ce qui n'est pas le cas de tout le monde, loin de là. Les sous-vêtements sont rares. Et aucun de nous, bien entendu, n'a de manteau pour le temps de pluie, pas plus que nos pères ou nos mères d'ailleurs. Les plus à plaindre sont ceux qui viennent à l'école de loin, ceux de Penhors par exemple, qui doivent trottiner sur une lieue par tous les temps. Quand ils sont mouillés, c'est pour la journée, le poêle de la classe faisant ce qu'il peut s'il y en a un. Ils reçoivent une autre pluie le soir en rentrant. Leurs hardes crottées de boue sont étalées à sécher devant le feu. Le lendemain, ils les remettent, toutes raides encore, sèches ou non. Tous n'ont pas un pantalon ou une paire de chaussons de rechange. En cas de pluie diluvienne, le recours extrême, pour les parents, est de se couvrir d'un sac à pommes de terre. Les petits restent à la maison, tant pis pour le travail de tête.

De la guerre de quatorze, nous avons hérité aussi des musettes qui nous servent de sacs d'écoliers. Les enfants de la campagne profonde et du bord de mer y mettent non seulement leurs livres et leurs cahiers, mais de solides casse-croûte pour la journée. Le beurre, le lard ou la mélasse contamiment parfois l'histoire ou la grammaire, mais qu'y peut-on! Il n'y a pas de cantine. A midi, pendant l'hiver, ils vont manger une grosse soupe chez quelque parente du bourg ou une commerçante chez qui les mères font leurs dépenses habituelles et qui accepte de leur réchauffer aussi le ragoût qu'ils apportent dans un pot. Il en coûtera tout de même quelques sous à la fin de la semaine. Tout le monde ne les a pas. Les plus misérables dévorent un quignon de pain graissé de quelque chose en s'abritant dans une entrée de porte, une grange, l'écurie de Henri Vigouroux, sur la place, très recherchée à cause de la chaleur des bêtes. Il y a les habitués du porche sud de l'église qui est très profond et dans lequel on peut s'asseoir pour se remplir le ventre avant d'aller jouer aux billes dans le cimetière, du côté opposé aux fenêtres du presbytère. L'aubaine, de temps en temps, est d'être invité à midi chez un bon petit camarade, mais c'est rare. La vie est dure pour tout le monde et les parents refusent toujours pour leurs rejetons de telles invitations qu'ils ne peuvent pas rendre. Les pauvres sont encore plus fiers que les riches.

La classe commence à huit heures le matin pour se terminer à quatre heures du soir. Elle s'arrête de onze heures à une heure. A onze heures, certains galopent à l'église pour le catéchisme. Quand ils sont en retard, le prêtre tempête, fulmine contre l'instituteur qui garde ses élèves sous prétexte de les préparer aux bourses. L'instituteur rétorque que le jeudi tout entier est réservé pour le catéchisme. Les gamins font de leur mieux pour éviter les punitions des deux côtés. Ce n'est pas facile. Quoi qu'il en soit, les plus éloignés demeurent, au cœur de l'hiver, les « enfants de la chandelle de résine » ou, au mieux, de la lampe à pétrole, partant de nuit et revenant de nuit. Ils apprennent leurs leçons, ils font leurs devoirs, vaille que vaille, à trois ou quatre parfois, sur un coin de la table de la cuisine pendant qu'autour d'eux se prépare la nourriture des bêtes et des hommes, bousculés par les uns et les autres, privés de la lampe unique quand on en a besoin ailleurs. Et alors, ils réfléchissent dans le noir. Il faut bien que les travaux quotidiens se fassent et le travail de tête n'en est pas un. S'ils pleurent quelquefois, s'ils élèvent des protestations, c'est vraiment que l'instituteur est redoutable ou le certificat d'études imminent. Alors, les parents, un peu surpris, cherchent à les gêner le moins possible. Quelle honte pour eux si leur enfant revenait du certificat avec « un sac de bouillie (1) ».

Dans le froid et la nuit, matin et soir, ils trottent de la maison au bourg et du bourg à la maison à travers la boue des chemins. Ils ont les chevilles en sang à force de se cogner les sabots, un pied contre l'autre, dans les ornières. La croûte n'a pas le temps de se faire qu'un autre choc la fait sauter. Et alors il faut décoller le bas de laine avec force grimaces. Mais qui croirait que ces menus ennuis rendent les enfants malheureux, celui-là ne saura jamais ce que c'est que de la bonne graine d'homme.

L'hiver est fait pour avoir froid et pour se défendre contre le froid. A quoi sert de penser autrement! Le feu est une bénédiction exceptionnelle, la chaleur un plaisir ineffable. On sait grelotter comme il faut et même claquer des dents pour digérer la froidure. Le plus gênant, ce sont ces engelures qui vous font des mains de crapaud,

(1) Refusé à l'examen.

violettes et boursouflées. Et alors essayez donc de conduire convenablement le porte-plume sur ce satané cahier! Il y a un instituteur, un seul heureusement, qui se laisse aller, dans ses moments de fureur, à vous frapper sur les phalanges avec une règle de fer quand vous travaillez mal. Les engelures éclatent, suintent. Gêne et douleur. C'est lui aussi qui vous saisit durement, à deux doigts, par les cheveux de la tempe, en vous traitant de tous les noms déplaisants qu'il déniche dans son vocabulaire. Celui-là y va trop fort. A deux ou trois reprises, les plus grands se sont battus contre lui. On raconte que l'un d'entre eux lui a déchiré son petit gilet et cassé sa montre. Je ne saurai jamais si c'est vrai complètement ou à moitié. Mais un jour un cultivateur dont il avait brutalisé le fils s'est présenté dans la cour, le fouet en main, pour corriger le tortionnaire. On nous a fait rentrer en classe précipitamment. L'affaire, paraît-il, a fini par s'arranger.

C'est vrai, quoi! Nous savons bien que nous sommes toujours à l'affût de quelque bêtise à faire pour de libres chenapans. Nous savons aussi que nos oreilles sont faites pour être tirées. Que le bâton qui sert à désigner le tableau nous claque de temps en temps sur les fesses, nous savons que c'est pour notre bien, du moins le bien qu'on nous veut. Notre enfance a connu quelques fessées à cul nu dont la fraîcheur de la pierre du seuil suffisait à guérir le feu. Quelques-uns même ont été fessés avec une poignée d'orties dans les grandes occasions. Il leur fallait ensuite se rafraîchir longuement le derrière dans l'eau ou y appliquer un cataplasme d'herbes. Pour un peu, ils s'en feraient gloire. La plupart des mères utilisent le torchon à vaisselle à travers la figure des fautifs ou des rebelles. La mienne elle-même, la meilleure des femmes, ne s'en prive pas quand je l'impatiente. Un de mes camarades au moins a été corrigé au bâton à bouillie dont on nous menace régulièrement sans y avoir souvent recours. Pour ma part, mon père m'appliquera deux ou trois fois des coups de ceinture sur le dos, mais je l'aurai bien mérité. Ma terreur est le revers de casquette avec lequel il me fait taire quand je dépasse les bornes de la malséance. Comme il travaille maintenant dans une scierie, cette casquette est gorgée de sciure de bois. J'en ai pour une heure à me frotter les yeux avant d'en évacuer le son. Or, aucun de nous n'aurait idée d'en vouloir à ses parents ou à ses maîtres pour ces menus incidents qui sanctionnent nos défaillances. Nous payons le prix et c'est terminé. Evidemment, l'un de nos recteurs qui nous soufflète volontiers avec son grand mouchoir rouge après s'être mouché dedans ferait bien d'arrêter de priser du tabac. Le tabac dans les yeux nous fait pleurer sans repentir. Mais ce recteur est un bon bougre, tout compte fait. Nous savons d'instinct que l'instituteur à la règle de fer n'aime pas trop les enfants des hommes.

L'entrée à l'école ne se fait pas sans appréhension le premier jour. A peine la barrière franchie, nous voilà dans un autre monde. C'est un peu comme à l'église, mais beaucoup plus déconcertant. A l'église, on parle, on chante en breton, le catéchisme est en breton. Si le curé débobine du latin, du moins ne nous demande-t-il pas de l'apprendre. A l'école, nous n'entendons que du français, nous devons répondre avec les mots français que nous attrapons. Sinon, nous taire. Nous lisons, nous écrivons en français. Si nous n'avions pas chez nous des livres de messe, de catéchisme et de cantiques en breton, outre *la Vie des Saints*, nous serions fondés à croire que le breton ne s'écrit pas, ne se lit jamais. Les maîtresses n'ont pas de cornettes, mais des robes à la mode de la ville et des souliers de cuir sur la semaine. Les maîtres ressembleraient assez à des hommes ordinaires n'étaient ce col et cette cravate au-dessus d'un ridicule petit gilet à une seule rangée de boutons. Assez souvent on les voit marcher sur des semelles de bois, ce qui les rend moins intimidants. Et ces hommes et ces femmes vivent volontiers tête nue, ce que nos parents n'oseraient pas faire, nous non plus. Pourtant, il faut se découvrir en entrant dans la classe. Comme à l'église. Mais les leçons à apprendre sont plus difficiles et plus nombreuses que celles du catéchisme. Et il faut écrire tout le temps, gâcher du papier qui coûte cher. A la fin, il y aura le certificat d'études qui est bien plus dur que celui de la première communion. Quand les grands vont le passer, au chef-lieu de canton, il y a foule pour attendre leur retour en chars à bancs au bas de la côte de Pont-Gwennou, à l'endroit même où les fidèles vont recevoir le seigneur évêque, Adolphe Duparc, quand il vient pour la confirmation.

Les serviteurs de Dieu et de la République sont donc nos maîtres, les seuls devant lesquels il faille se découvrir quand on les rencontre n'importe où. Les Blancs reconnaissent d'abord les premiers sans contestation aucune. Nous, les Rouges, nous devons être les disciples fidèles des seconds. Ce n'est pas commode. Dieu nous semble plus puissant que la République et les prêtres plus près de nous que les instituteurs. Le recteur et le vicaire nous parlent toujours en breton bien qu'ils soient capables de discourir en français, dit-on, aussi bien que les avocats de Quimper. Les instituteurs ne parlent que français bien que la plupart d'entre eux aient parlé le breton quand ils avaient notre âge et le parlent encore quand ils rentrent chez eux. D'après mes parents, ils ont des ordres pour faire comme ils font. Des ordres de qui? Des « gars du gouvernement ». Qui sont ceux-là? Ceux qui sont à la tête de la République. Mais alors, c'est la République qui ne veut pas du breton? Elle n'en veut pas pour notre bien. Mais vous, mes parents, vous ne parlez jamais français. Personne dans le bourg ni à la campagne ne parle français, à part cette malheureuse madame Poirier. Nous n'avons pas besoin de le faire, disent les parents, mais vous, vous en aurez besoin. Il y a encore des vieux qui ne savent ni lire ni écrire. Ils n'avaient pas besoin de le savoir. Nous, nous avons eu besoin. Et besoin aussi de parler le français à l'occasion. Seulement à l'occasion. Vous, vous en aurez besoin tout le temps. Qu'est-ce qui s'est passé, alors? C'est le monde qui change d'une génération à l'autre. Et qu'est-ce que je vais faire de mon breton? Ce que vous en faites maintenant avec ceux qui le savent, mais il y en aura de moins en moins. Mais pourquoi...? Mon père met fin à mes questions avec un coup de casquette à la sciure de bois. Bien fait pour moi. De quoi je m'occupe.

A l'école, il est interdit de parler breton. Il faut tout de suite se mettre au français, quelle misère! Au début, nous avons beau faire, nous entendons du breton dans les paroles de la maîtresse des petits. Ou plutôt, nous essayons, vaille que vaille, de reconnaître dans la suite de sons qu'elle émet des mots bretons connus. Ainsi, par exemple, elle veut nous apprendre une comptine en s'aidant du rythme. Des comptines, nous en connaissons tous, mais elles sont en breton. Si elle s'avisait de scander l'une d'elles, ce serait l'enthousiasme. Mais non. Elle débite :

Une poule sur un mur
Qui picore du pain dur Répétez-le avec moi!

Ce que nous répétons est une cacophonie de barbotements sonores qui n'a de signification dans aucun langage sauf peut-être celui des animaux de l'Arche de Noé. Après mille peines, elle réussit à nous faire décalquer les sons à peu près dans l'ordre. Mais, sortis de l'école, voici ce que nous répétons, deux par deux et face à face, en nous frappant mutuellement la poitrine avec un doigt.

Menez Poullou, Sten ar Meur,
Lapin koton leun al leur...

Le bois de Ménez Poullou est un de nos terrains d'exploration, Sten ar Meur est le cordonnier du milieu du bourg, mais qu'ont-ils à faire ensemble, mystère! Quant au lapin de coton qui remplit la cour, il est bien de nature à faire travailler nos imaginations. Après tout, cela va plus loin que l'am stram gram, pique et pique et colegram sur lequel se rabat la maîtresse pour nous reprendre en main. Celui-là, nous le répétons très bien, mais c'est parce qu'il ne nous dit rien qui vaille.

Nous nous mettons bientôt à la torture, bourrés de bonne volonté, pour fabriquer de petites phrases en français. Est-ce de notre faute si des mots bretons se glissent dedans? D'ailleurs, le maître est le seul à s'en apercevoir. Quand il assène un coup de règle sur la table, nous savons que nous avons failli. Il reprend la phrase avec le mot français. « J'ai vu *eur c'hwede* ce matin » dit l'un de nous. Le maître a écrit au tableau : *une alouette.* Répétez : « J'ai vu une alouette ce matin. » Mais quelquefois lui-même, empêtré dans ses définitions, voyant qu'il n'est pas compris, finit par avoir recours au mot breton quand il n'a pas d'image à sa disposition. Avec les images, cela va tout seul. Il nous montre un château, nous pensons *maner,* il dit ceci est un *château.* Bon, *maner* et *château* c'est pareil. Ensuite, nous trouvons le mot *manoir* dans notre livre. Il explique que c'est un petit *château.* Très bien. Donc un château c'est un *maner braz.* C'est entendu. Ce jeu-là nous fait même plaisir. Mais les mots ne se mettent pas toujours en images. Le maître, sévère, avec une petite lueur dans l'œil, est bien obligé de souffler le terme breton. Toute la classe sourit, respire à l'aise, soulagée. Ah! C'était donc cela! Mais nous avons donc remarqué qu'il n'a recours à « notre » mot qu'à contrecœur. Alors, malicieux que nous sommes, nous nous entendons, certains jours, pour faire semblant de ne rien comprendre à ce qu'il dit. Il a beau s'échiner à tourner ses explications de trente-six façons, nous gardons des visages de pierre. Il passe à autre chose. Un quart d'heure après, quelqu'un lève le doigt et demande avec la plus parfaite innocence : « Monsieur, comment on dit en français *firbouchal* (1). » Or, c'est précisément l'équivalent de ce mot que le maître a tenté d'expliquer auparavant. Il l'a même mimé de son mieux. En vain. La classe étouffe de joie. Coup de règle sur la table. Punition pour tout le monde. Nous sommes de fameux voyous. Nous finirons aux galères.

Les voyous, pour le moment, sont les galériens du français. Surtout, quand il faut raconter quelque chose par écrit. Il n'y a qu'une façon de faire. Se raconter d'abord l'histoire en breton, phrase par phrase, et tra-

(1) Fureter.

duire en français à mesure. Cela ne va pas trop mal quelquefois. D'autres fois, la maîtresse (c'est elle qui le racontera plus tard) s'étonne de lire ceci : une bande de *trois maisons* passait au-dessus de mon village. Elle se doute bien que la traduction a fonctionné de travers. L'auteur de ce poème surréaliste est invité à s'expliquer. Il ne peut s'en tirer qu'en donnant la phrase-mère. Il s'agit d'une bande d'étourneaux, *tridi* en breton. Mais *tri di* en deux mots signifie *trois maisons.* Et comment savoir s'il s'agit de deux mots ou d'un seul? L'affaire éclaircie, toute l'assemblée pouffe de rire, la maîtresse aussi. Pas de punition. Il y a des moments d'allégresse dans la vie des galériens. La maîtresse en profite pour rappeler que dans le mot maison, il faut mettre l'accent sur *on* et non pas sur *ai.* Pour nous, c'est une performance terrible. Par ailleurs, personne ne nous fera comprendre avant longtemps pourquoi des phrases comme celles-ci ne sont pas correctes : du café il y aura chez moi demain – j'ai envoyé des pommes avec moi – je n'ai pas vu celui-là depuis longtemps que c'est.

Il se produit quand même des malentendus qui aigrissent les rapports entre les deux parties. Nous sommes arrivés à la classe du milieu, la plus difficile. Nous savons déjà un peu de français, nous lisons couramment le livre sans toujours trop bien comprendre, nous arrivons même à tracer à la fin des mots de la dictée ces fameuses lettres qu'on n'entend jamais, c'est vous dire que nous ne sommes pas plus bêtes que d'autres. Et c'est justement pourquoi le maître, quand nous avons une difficulté qui nous laisse pantois, a tendance à croire que nous faisons les veaux exprès. Un jour, en histoire ou géographie, je ne sais plus, nous tombons sur le mot *menhir* (pierre longue), un mot breton qui semble bien avoir été fabriqué, au siècle dernier, à coups de dictionnaire. Il est juste, d'ailleurs, contrairement à son frère *dolmen* qui est un beau solécisme. Mais voilà! L'entendant prononcé à la française ou le lisant dans un texte en français, nous sommes à cent lieues d'y voir un mot breton. Le maître, excellent homme au demeurant et pédagogue avisé, s'adresse à l'un de nous, un petit gars de la campagne.

– Louis va nous dire ce que c'est qu'un menhir. Il y en a au moins un sur la ferme de son père.

Louis se lève à moitié, tout rouge, l'air buté, ne souffle mot. Le maître insiste, croit à de la mauvaise volonté, subodore une conspiration. Louis s'entête, arrive néanmoins à articuler à peu près : moi sais pas! Le maître s'entête aussi, le voilà plus rouge que Louis. Et Louis attrape une punition d'une centaine de lignes qui lui vaudra des ennuis, ce soir, à la maison. Et, pour commencer, un séjour au piquet derrière le tableau, le nez au mur, les mains au dos. Une minute plus tard, le maître brandit devant nous l'image d'un menhir. Louis le lorgne du coin de l'œil et soudain s'exclame, soulagé :

– Ah oui, monsieur. C'est un *peulvan*.

Voilà le maître interloqué. Son tort est de rabrouer le fauteur de trouble, le récidiviste. L'autre mettra du temps à lui pardonner son faux pas. Le vrai nom breton du monument préhistorique en question est bien *peulvan* (pieu de pierre ou pierre fitte) et non *menhir* (pierre longue), terme inusité au moment où parle le petit Louis. Il y a une ferme, sur la route de Plozévet, qui s'appelle Peulvan.

De lâcher quelques mots bretons dans la classe ne tire pas trop à conséquence. C'est dans la cour, pendant nos libertés surveillées, que nous risquons de nous faire surprendre à bavarder par phrases entières dans un coin du préau. Au plus fort d'une discussion passionnée entre écoliers, il arrive que l'un des maîtres qui arpentent l'espace entre le dos de la mairie et la barrière du jardin directorial s'est approché à pas de loup. Dans les petites classes, nous en sommes quittes pour un revers de main, une oreille froissée et la promesse de ne plus recommencer. Mais plus nous avançons en âge et plus les punitions nous pleuvent dessus. Toujours pour notre bien. C'est ainsi que l'année des bourses, je me vois infliger la conjugaison à tous les temps et tous les modes du verbe dactylographier, cette horreur. Que je dactylographiasse, que nous dactylographiassions! Je ne sais pas ce que j'ai, cette année-là, mais c'est la troisième ou quatrième fois que le directeur, monsieur Gourmelon, me tombe dessus pendant que je suis en train de discourir en breton avec Alain Mazo ou Alain Le Gall, deux autres candidats. Il nous a pourtant expliqué que lorsqu'on prépare un examen aussi important pour l'avenir, il faut s'entraîner sans cesse à parler français. Il a raison sans aucun doute. Lui-même nous fait revenir le jeudi dans sa classe, nous donne une dictée et deux ou trois problèmes pour nous aguerrir. Gratuitement, cela va sans dire. Nous sommes tout honteux de le décevoir en retombant dans notre péché mignon. Mais le breton nous vient tout seul sur la langue dès qu'il ne s'agit plus des matières de l'école. Comment pourrions-nous parler en français de ce qui se passe dans notre bourg où l'on ne parle que le breton? Et puis, le français manque vraiment de force. Tenez, seulement pour les injures, par exemple. Traiter quelqu'un d'idiot ou d'imbécile, cela n'est guère. En breton, nous disposons d'un arsenal de termes dont chacun se rapporte à une déficience anatomique qui traduit l'insuffisance intellectuelle de l'adversaire et le frappe comme un caillou. Nous avons appris assez vite le mot *merde* sans savoir à quelle langue il appartient puisque nos maîtres ne l'emploient jamais alors que les combattants de quatorze en émaillent leurs propos. Mais le merde breton, *kaoc'h*, est beaucoup plus décisif, surtout accompagné de *ki* (chien) et renforcé de *du* (noir). Comme chacun sait, le chien noir est une incarnation du Diable, donc son excrément est la pourriture la plus exécrable qui soit. Merde de chien noir pour vous! C'est la façon la plus injurieuse d'envoyer quelqu'un au Diable, non! Mais l'abomination la plus totale est l'expression tout entière : merde de chien noir chiée par un chien blanc! C'est le dernier recours de la fureur ou de la déception irrépressible. Quand cela éclate dans la cour de l'école, il est impossible de ne pas l'entendre. Et la punition est double, d'abord parce que c'est du breton et ensuite parce que c'est une grossièreté, paraît-il, lorsque c'est traduit en français.

Tout premier de la classe que je sois, j'ai mille misères à conjuguer par écrit le verbe dactylographier. Un tel mot ne ressemble à rien, il sonne désagréablement, il a l'air fait de pièces et de morceaux, il ne se rencontre même pas dans nos livres, je me demande bien ce que je pourrai en faire un jour. Le livre de Monsieur Larousse a beau m'apprendre qu'il signifie écrire en frappant avec les doigts sur une machine, cela ne m'avance guère tandis qu'avec ma plume « sergent-major » et mon encre violette je couche ses invraisemblables litanies sur du papier quadrillé. Il n'y a pas dans le pays la moindre machine à dactylographier. Qu'importe puisqu'il s'agit d'une punition pure. Monsieur Gourmelon m'a dit : « C'est un mot formé sur le grec. Cela vous apprendra à parler breton au lieu de perfectionner votre français. » En tout cas, d'avoir sué sur le verbe dactylographier m'aura fait revoir de près non seulement ma conjugaison mais mon articulation car je conjugue à voix haute en écrivant. Et j'arrive à m'en tirer presque sans faute, parole d'honneur.

Lorsque l'un d'entre nous est puni pour avoir fait entendre sa langue maternelle dans l'enceinte réservée au français, soit qu'il écope d'un verbe insolite ou irrégulier, soit qu'il vienne au piquet derrière le tableau après le départ de ses camarades, une autre punition l'attend à la maison. Immanquablement. Le père ou la mère, qui quelquefois n'entend pas un mot de français, après lui avoir appliqué une sévère correction, lui reproche amèrement d'être la honte de la famille, assurant qu'il ne sera jamais bon qu'à garder les vaches, ce qui passe déjà pour infamant, par le temps qui court, auprès de ceux-là mêmes dont une part du travail est de s'occuper des vaches. Le mot vache d'ailleurs (*buoc'h* en breton) est l'injure que l'on adresse aux pauvres d'esprit, aux imbéciles fieffés, à ceux qui n'apprennent rien de rien et dont la vie quotidienne est un chapelet de bêtises à faire rougir Jean Dix-sept lui même, « celui qui met dix-huit pour faire dix-neuf ». Il n'y a pas d'âne dans la région, il faut donc se rabattre sur un animal familier dont l'intelligence n'est pas réputée très vive. Les longues cornes valent bien les longues oreilles. Est-ce pour cela que la punition infligée, dans tout le pays bretonnant, aux écoliers surpris à parler breton s'appelle *la vache!* Il y a bien d'autres noms, le *symbole,* par exemple, mais la vacherie l'emporte à tous les coups.

A propos de symbole, la vache est souvent symbolisée par un objet matériel, n'importe quoi : un galet de mer, un morceau de bois ou d'ardoise que le coupable (!) doit porter en pendentif autour du cou au bout d'une ficelle; un sabot cassé, un os d'animal, un boulon que le maître d'école remet au premier petit bretonnant qui lui offense ses oreilles de fonctionnaire avec son jargon de truandaille. Le détenteur de la vache n'a de cesse qu'il n'ait surpris un de ses camarades en train de parler breton pour lui refiler l'objet. Le second *vachard,* à son tour, se démène de son mieux pour se débarrasser du gage entre les mains d'un troisième et ainsi de suite jusqu'au soir, le dernier détenteur écopant de la punition. Certains maîtres engagent même les enfants à se dénoncer mutuellement, bien qu'ils enseignent dans leur classe qu'il est très vilain de « rapporter ». Mais la règle ne vaut pas pour le délit de bretonniser. Comprenne qui pourra. Je dois dire que, dans mon école, je ne me souviens pas d'avoir jamais vu *la vache* sous forme d'un objet quelconque, pas plus que je n'ai entendu encourager la dénonciation. Mais en sixième, au lycée, j'entendrai mes camarades bretonnants conter des dizaines d'histoires de *vaches* derrière les urinoirs de la cour des petits. C'est là que nous chercherons refuge pour nous consoler mutuellement, en parlant notre langue, des quolibets dont nous abreuvent nos condisciples bourgeois et dont le moindre est *plouc.* Nous aurons bien essayé de leur faire rentrer leurs insultes dans la gorge à coups de poings, mais les pions nous auront toujours punis, nous les bretonnants, jamais les autres. Nous auront punis par ordre du surveillant général, pourchassés dans tous les coins, les oreilles à l'affût des phrases bretonnes qui auraient pu nous échapper. Dans la cour du lycée la Tour d'Auvergne, à Quimper, en

1925, il est interdit de cracher par terre et de parler breton. La *vache* s'appelle la consigne. Et les pions, nos persécuteurs, sont aussi bretonnants que nous. Mais un gars du gouvernement a dit, écrit et publié que, pour l'unité de la France, le breton devait disparaître. *Requiem aeternam dona ei, domine...*

Au reste, nous ne pensons nullement à discuter *la vache.* Elle entre dans le même système que les punitions pour une leçon non sue, une mauvaise dictée ou un problème aberrant. Parmi ceux qui portent l'objet en question, aucun ne songerait à le refuser quand il est pris en flagrant délit, même par plus petit que lui. L'autre serait capable d'ameuter tout le pays, de déshonorer le récalcitrant, d'humilier doublement sa famille. Un seul *vachard* m'a avoué avoir jeté une fois dans son puits cette vache qui était un carré de bois avec la lettre A creusée dedans au fer rouge comme une marque de forçat. Mais c'était un mouvement d'humeur qu'il regretta aussitôt. Alors, il descendit dans le puits pour récupérer le symbole au risque de se noyer.

En certains endroits, cette invention diabolique divise les enfants en deux partis, les bretonnants et les autres. Je laisse à passer les sarcasmes que subissent les premiers, tous les noms malsonnants qu'on leur applique à longueur de jour. En revanche, quand les petits francisants ne sont qu'à trois ou quatre, les autres leur mènent la vie dure, j'en suis témoin, hélas! Si bien que l'un d'eux, fils de gendarme, n'a eu de cesse avant d'avoir appris quelques phrases bretonnes à proférer de temps en temps pour bénéficier à son tour de *la vache.* C'est à ce prix qu'il acheta la paix et une certaine considération dans une commune bretonnante des Montagnes d'Arrée.

Quant aux maîtres d'école, depuis la création des Ecoles Normales, beaucoup d'entre eux sont des fils de paysans. Ils font souvent comme le père d'un de mes amis. Ils punissent sévèrement, dans la journée, les élèves qu'ils surprennent à parler breton. Après la classe, leur plus grand plaisir est de parler le même breton dans leur famille et avec les gens du bourg. Contradiction? Pas du tout. Quand ils ont fini d'être des hussards de la République, ils redeviennent des hommes.

Pas de contradiction non plus dans le comportement de nos parents. A chacune de nos défaillances, comme je l'ai dit, la seconde punition, après celle de l'instituteur, nous vient d'eux. Ils font le sacrifice d'envoyer leurs enfants à l'école pour apprendre le français oral ou écrit alors qu'ils en ont souvent besoin à la maison pour garder les vaches ou les frères et sœurs. Le travail des petits est donc de s'appliquer au français. En parlant breton, ils boudent ce travail, ils rechignent à la peine, ils s'amusent. Que mérite quelqu'un qui s'amuse au lieu de travailler, s'il vous plaît ? Une bonne correction pour lui apprendre à vivre. Par conséquent, le *vachard* qui rentre à la maison doit s'attendre à recevoir une raclée assortie d'un discours en breton. Que les parents soient Blancs ou Rouges, il n'y coupera pas. Les Blancs ont beau prétendre, avec les prêtres, que « le breton et la foi sont frère et sœur en Bretagne », cela ne dispense nullement leur progéniture d'apprendre le français, même s'ils ne doivent pas en user quotidiennement. Quand ils argumentent avec les Rouges, les Blancs affirment volontiers que les gars du gouvernement font apprendre le français aux enfants de Basse-Bretagne parce qu'ils ont besoin de domestiques pour vider les pots de chambre des bourgeois de Paris et qu'il est donc indispensable à ces domestiques de comprendre le langage de leurs futurs maîtres. C'est bien possible. Les Rouges rétorquent avec vigueur qu'une bonne connaissance du français permettra à leurs enfants de s'élever au-dessus de la condition de domestiques et qu'à tout prendre, tant qu'à être sous les autres, on a moins de peine à servir les bourgeois qu'à trimer dans des champs qui ne sont pas à vous, outre que l'on gagne plus.

– Vous voulez donc qu'ils aillent renifler l'urine des Parisiens, ironisent les Blancs. Ici, chacun s'en va pisser dehors.

– C'est vous qui voulez les garder autour de vos vaches et de vos chevaux, accusent les Rouges. La pisse d'homme vaut bien la boue ou le crottin.

Et le débat continue. Mais ni les Rouges ni les Blancs ne discutent la nécessité de savoir le français ici et maintenant.

C'est parce qu'ils ont fait ensemble la guerre de quatorze. Au début, ils ne savaient pas ce que c'était. Certaines grosses têtes se figuraient même que cette guerre allait rabattre le caquet du menu peuple qui commençait à devenir exigeant, à écouter des voix comme celles de ce Jaurès qui précisément ne voulait pas des champs de bataille, le salaud! On parle encore de ce riche Blanc de la paroisse qui partit pour le front en criant bien fort : « Cette fois-ci, on les aura! – Qui donc? interrogea un naïf. – Les pauvres. »

Et puis, ils ont mené pendant quatre ans une vie de martyrs. Pendant quatre ans, ils ont abandonné leurs défroques de maîtres et de domestiques pour n'être plus que des frères d'armes pataugeant dans une même terre boueuse qui n'appartenait ni aux uns ni aux autres. Ils ont un peu appris *la Marseillaise, le Chant du Départ, la Brabançonne* et d'autres chansons en français. Ils ont vaincu ou cru vaincre les Boches, ce qui est la même chose. Et maintenant, ils se retrouvent ensemble devant le monument aux morts où les noms des Rouges et des Blancs se mêlent sans distinction. Ils ont sauvé la France, la France est à eux, fait partie de leur patrimoine, pourquoi pas le français! Et les instituteurs laïques, tout Rouges qu'ils soient, apprennent à leurs enfants des chants patriotiques

Où t'en vas-tu, soldat de France,
Tout équipé, prêt au combat,
Plein de courage et d'espérance
Où t'en vas-tu, petit soldat?

Nos anciens combattants de pères sont flattés. Ils n'ont pas souffert en vain, perdu un œil ou une jambe pour qu'on fasse le silence sur quatre ans d'épopée. Bien sûr, cette guerre est la dernière, c'est entendu. Mais justement, ils ne sont pas peu fiers d'avoir été ceux qui ont mis un point final à tant de siècles de bruit et de fureur. Le mot *bro*, qui désignait auparavant quelques lieues carrées autour de leur clocher, s'étend maintenant à toute la France. Ils ne connaissent le mot *Breiz*, le nom de la Bretagne, que parce qu'il figure dans les chansons et les cantiques. Jamais ils ne l'emploient dans la vie courante. Mais leur œil se mouille quand ils entendent le mot *patrie* dont les instituteurs font un constant usage à l'école. Décidément, ils ne sont pas mal du tout, ces instituteurs. Et d'abord, beaucoup d'entre eux sont tombés glorieusement sur le front. On peut compter sur ces gens-là pour élever les enfants comme il faut, tout Rouges qu'ils sont.

Quand les moutards reviennent de l'école avec leurs livres dans la musette militaire, les pères (et quelquefois les mères) prennent un quart d'heure sur leur temps pour feuilleter du mieux qu'ils peuvent ces étonnants outils qui servent, ils le savent bien, à découvrir le monde. La plupart, pas tous, ont appris à lire, mais beaucoup ont oublié, n'ont pas eu le besoin ni l'occasion d'entretenir leur petite science, déchiffrent à peine. A chacun son métier, n'est-ce pas! Certains lisent très bien le breton de *la Vie des Saints* et des cantiques, même le latin du livre de messe, pas du tout le français. Il y en a un qui cherchera pendant des années à se procurer le livre breton *Ar Pevar Mab Emon* (les Quatre Fils Aymon) qu'il a entendu lire dans les tranchées. Les autres ont occupé leurs jours de repos, à l'arrière des lignes de combat, à dévorer tous les imprimés français qui leur tombaient sous la main. Et tous ambitionnent pour leurs enfants la consécration du certificat d'études dont le diplôme sera encadré et noblement établi sur le front des armoires, entre les images pieuses et les photos des noces familiales. Nous l'appelons *ar zantifikad* et ce nom lui donne quelque chose de sacré par référence obscure au Pater: *sanctificetur nomen tuum.* Or, le fameux certificat se passe en français tout du long.

Une autre raison fait que nos parents désirent fermement nous voir apprendre la langue des bourgeois, serait-ce au prix de l'humiliation de *la vache* et d'une sorte de reniement apparent de leur langue maternelle. C'est qu'ils sont humiliés eux-mêmes de ne connaître que celle-ci. A chaque fois qu'ils ont affaire à un fonctionnaire citadin, à chaque fois qu'ils se hasardent en ville, ils sont en butte à des sourires narquois, à des quolibets de toutes sortes. On les traite de *hacheurs de paille,* de *broyeurs d'ajoncs* par exemple, leur langage paraissant rude à ceux qui ne l'entendent pas. Ou bien ils supportent la charité d'une commisération plus insultante encore, à moins qu'on les envoie tout simplement au diable en les priant d'apprendre à parler comme des chrétiens. Au service militaire, déjà, ils ont été abreuvés de sarcasmes, outre que les illettrés ont dû abandonner les quelques sous de leur prêt à quelque sous-officier qui acceptait de rédiger leurs nouvelles à la famille et Dieu sait comment cet écrivain public interprétait les sentiments des pauvres bougres quand il ne se bornait pas à tracer quelques phrases toutes faites, les mêmes pour tous. Ceux qui s'aventuraient à composer laborieusement quelque phrase en français soulevaient l'hilarité des « parisiens ». A cause de cette impéritie linguistique, les bretonnants passaient pour niais ou demeurés auprès des gaillards dont le coefficient intellectuel ne valait par le leur. Mais qu'y faire? Par la suite, quatre ans de guerre et la fréquentation de toutes sortes de compagnons qui francisaient bien ou mal les avaient mis en mesure de mieux se défendre. L'ordonnance d'un colonel a rapporté une douzaine de phrases qui sentent leur faubourg Saint-Germain : je vous prie d'agréer mes hommages, dit-il gentiment au percepteur qui n'en croit pas ses oreilles. D'autres ont été contaminés par l'accent parisien, émaillent leurs propos bretons de *chic alors* et d'*épatant,* selon une vieille tradition qui veut que les mots français mélangés au discours breton donnent du poids et de la distinction au discoureur. Pour les bretonnants, d'ailleurs, le « parisien » est un individu à la fois séduisant par son aisance, sa parole facile, sa débrouillardise, et redoutable par sa gouaille, ses mots d'esprit qui les laissent bouche bée, la mâchoire « *a-istribill* pendante comme l'oiseau *bilibou* ». Eux sont économes et lents dans leur expression, préfèrent l'humour au comique, ne se font pas toujours comprendre des bavards légers. Ils passent donc pour des lourdauds auprès des citadins, ce qui n'est pas grave, mais aussi à leurs propres yeux, ce qui l'est plus. Pour compliquer encore la situation, les enfants du pays qui vont à Paris pour gagner leur pain depuis la guerre de quatorze en arrivent très vite à haïr leur langue, synonyme de pauvreté, symbole d'ignorance et promesse de dérision. C'est tout juste s'ils ne maudissent pas leurs parents pour ce patrimoine plus déplorable qu'une tare physique héréditaire. A peine ont-ils passé un an dans quelque bas emploi de la capitale qu'ils reviennent au pays pour faire la roue devant leur cousinage de « coupeurs de vers ». Et au grand jamais ils ne lâcheront un seul mot de breton, sauf quand ils marchent par mégarde sur les dents d'un râteau qui leur renvoie son manche dans la figure : *gast a rastell*! (putain de râteau).

Des histoires de râteau, il en court des douzaines par le pays, il y en a autant que d'histoires de juifs ou d'écossais ailleurs. A l'école même, on se les raconte avec de grands éclats de rires, quitte à attraper une double vache pour tourner le français en dérision. Mais nos parents bretonnants ne se moquent pas du français, croyez-le bien. Ils se moquent seulement des prétentieux et des néo-francisants, spécialement de ceux qui prennent un faux accent de Paris avec une rapidité à déconcerter les gars de Belleville et de Ménilmontant. Que saint Yves pardonne à ceux-là et sainte Geneviève passera l'éponge. C'est que les gens du pays savent fort bien que le vrai français est celui que parle Monsieur Le Bail, que parlent nos instituteurs et le curé quand il veut. Comme toutes les populations d'expression uniquement orale, ils sont très sensibles, très attentifs au langage. Ils savent y discerner le mélange et reconnaître ce qui va de travers. Et eux-mêmes tâchent d'apprendre convenablement le français des instituteurs, pas celui des « parisiens ».

Au lycée de Quimper, les petits bretonnants que nous sommes seront moqués par les externes de la ville qui parlent un affreux *quimpertin* et transforment tous les *r* en *a* : feame la poate donc ! Meade aloa ! Nous parlons tout de même aussi bien que ceux-là, *gast* ! Bien sûr, il nous arrive parfois de mélanger le français et le breton. Un de mes professeurs, excellent homme, bretonnant lui-même, citera souvent, avec gentillesse et même une certaine émotion, une phrase commise par moi dans quelque narration sur la chasse : le lapin *bonda, discrapa* de la terre et *renda* son âme à bon Dieu. Que voulez-vous ! Le passé simple français est un temps redoutable pour un bretonnant. Et le verbe *diskrapa* n'a rien d'équivalent dans la sèche langue de Monsieur Descartes. Je suis si mortifié par les railleries des autres, bourgeois jurés, que je me promets de remporter, en priorité absolue, le prix de français. Et je l'obtiens, foi de Bigouden, suivi de près par les autres bretonnants et reléguant loin derrière le peloton fourbu des francisants de naissance qui n'en sont jamais revenus.

Ecoutez mon ami, le vieux Jules de la Verveine, qui est mort dans les années soixante. Sans instruction aucune, n'ayant vu la maison d'école qu'en passant sur la grand-route, c'était un des hommes les plus fins qu'il m'ait été donné de rencontrer. Plus sage à lui tout seul que les sept philosophes de la Grèce. Il avait appris le français en écoutant les autres. Quelquefois, au cours de nos conversations, il me demandait de lui répondre en français alors qu'il s'exprimait lui-même en breton. Et de temps en temps, il se risquait à francophoner. J'ai eu de lui plusieurs enregistrements au magnétophone. Voici la transcription de l'un d'entre eux. Il est aussi exemplaire pour la langue que pour la pensée. Julig parle de quelqu'un qui aurait mérité *la vache* à vie s'il avait existé une vache pour les veaux à deux pattes.

« Celui-là se moque de moi en plein milieu de ma figure parce qu'il y a du mauvais français avec moi sur ma langue. Mais moi, au moins, je parle français un petit peu. Et même je vois que les gens me comprennent à peu près puisqu'ils me répondent de retour. Et lui, il n'entend ni la queue ni la tête quand je parle en breton, il n'est capable de dire *yehed mad* (1) ni *brao an amzer*. Lequel est le plus bête de nous deux? Il dit aussi que j'ai un accent drôle, moi. J'ai l'accent que j'ai, quoi. Pour vous dire, j'ai entendu des fois, à la télévision, des étrangers, quoi. Des Allemands, des Américains, des grosses têtes de la politique, des savants et tout, est-ce que je sais, moi! Ils parlaient français avec une cravate autour du cou et des chemises qui dépassaient leurs manches. Et beaucoup de ceux-là, presque tous pour dire, ils avaient un accent, terrible que c'était. Et moi, je comprenais quand même à peu près tout avec eux, même que je voyais qu'ils faisaient des fautes. Est-ce qu'on se moque de ceux-là? Il n'y a plus de conscience dans le monde parmi les gens. »

Les bretonnants n'auront aucune peine à remettre en breton le français de Julig. Et moi, je trouve que ce français n'est pas si mal. Quant à l'accent, il ne s'écrit pas. Mais aucun autre ne s'accorderait mieux avec des phrases pareilles.

Une autre humiliation latente qui habite nos parents quand ils sont hors de chez eux (et seulement hors de chez eux) c'est leur état de paysans. Le laboureur de terre n'a jamais obtenu, au cours des siècles, la considération qui devrait naturellement être due à sa mission de pourvoyeur de nourriture. Il a toujours été relégué dans les plus basses couches du Tiers Etat. Il fait nombre, c'est tout, et anonymement, Jacques Bonhomme. Les livres d'histoire en parlent à peine et c'est là une constatation qui m'a frappé de bonne heure. Déprisé, même riche, par les classes dites supérieures qui commencent aux minables petits employés à col de celluloïd, déjà renié par les marchands de quelque chose qui sortent de son rang. Le coupeur de vers, le lourd-des-sabots, le plouc, le bouseux, n'est jamais à l'aise hors de son clan. Et son clan, il préfère y rester pour ne pas se gêner ni gêner les autres. Charbonnier maître chez lui. Quitte à en faire sortir ses enfants puisque le train du monde le veut ainsi. Voulez-

(1) Bonne santé – il fait beau.

vous un exemple! C'est la distribution des prix au lycée La Tour d'Auvergne. Théâtre municipal, plantes vertes, *Marseillaise*, préfet et colonel, professeurs en toges, parterres et balcons bourrés de parents d'élèves endimanchés à la mode de la ville, discours, livres à tranches dorées. De ces livres, je vais emporter un bon tas. Dehors cependant, sur les marches du palais bourgeois, ma mère est assise avec d'autres femmes de la campagne, en coiffes des grands jours et velours tout du long. Elles se racontent leur vie comme au pardon de Sainte-Anne la Palud, elles se chantent mutuellement les louanges de leurs enfants. On dépêche un pion pour les prier d'entrer. Rien du tout. Le surveillant général lui-même vient insister. Il y a des mères de prix d'excellence parmi elles.

– Entrez donc, mesdames. Il y a des places pour vous. Il ne faut pas avoir peur.

– Nous n'avons pas peur non plus, disent-elles avec sérénité.

Et elles remercient le monsieur sans bouger pied ni patte. Simplement, leur place n'est pas dans la « maison Paugam », c'est ainsi que le menu peuple de Quimper appelle le théâtre municipal, du nom d'un bourgeois bienfaiteur de la ville. Leurs fils seront instituteurs, contrôleurs, médecins, professeurs, officiers de marine, ingénieurs, ils sont capables. Elles, elles sont « ménagères ». Les maris ne sont pas là. Tout à l'heure, quand je sortirai, Marie-Jeanne Le Goff entassera mes livres de prix dans sa sacoche où il n'y a rien à manger pour une fois. En ce jour de gloire, nous ne mangerons pas sur un banc. Nous irons au restaurant Sauveur, place Saint-Mathieu, où l'on parle breton à son aise avec tout le monde. Parfaitement. Comme des commis-voyageurs. Nous ne prendrons pas le repas tout entier, il est trop cher pour notre bourse qui doit déjà payer l'autocar. Mais nous aurons une bonne « portion » de ragoût pour quelques sous. Et madame Sauveur nous donnera même des serviettes. Plus tard, moi qui saurai le français presque aussi bien que Monsieur Le Bail, j'irai manger à l'*Hôtel de l'Epée* avec les grosses têtes. Ma mère n'ira pas, ne voudra pas y aller. C'est une autre « maison Paugam ».

Si j'évoque tout cela, c'est pour expliquer pourquoi nos parents, surtout les Rouges, redoublent la punition de l'instituteur quand il nous a surpris à parler breton dans un endroit où il ne le faut pas. Pourquoi aussi, quand arrive dans la maison quelqu'un qui ne parle que le français, ils se mettent en quatre pour le comprendre et lui répondre. Le breton est leur bien personnel, un pauvre bien comme leur *penn-ti,* leur vache, leur cochon, leurs deux champs et leur bout de prairie. Nous, leurs enfants, nous devons franchir la barrière du français pour accéder à d'autres richesses, c'est tout. C'est le français qui donne les honneurs. Et les honneurs, ils aiment ça. Mais ils parleront breton jusqu'à la fin de leur vie sans s'inquiéter de ce que leur langue deviendra après eux. Ce n'est pas leur affaire. Le breton est le seul langage accordé à leur vie quotidienne pour laquelle le français ne vaut pas chipette, ils le savent bien. Seul le breton est capable de les traduire valablement corps et âme, ils le savent aussi. Pour eux, il est trop tard d'emprunter un outil dont ils ne sauront jamais se servir entre eux comme il faut. Et après tout, pourquoi les gens des villes, qui se croient d'autant plus malins que leur condition est petite, n'apprennent-ils pas le breton? Le notaire et le médecin le savent bien, eux.

Il y a des maisons, rouges et blanches, où la *Vie des Saints* et même le livre de Monsieur Larousse sont remplacés par un ouvrage étonnant dans lequel se trouve clairement expliqué tout ce qu'il est utile de savoir au retour de la guerre, entre les années vingt et vingt-cinq. C'est le *Tour de France par deux enfants*. C'est une sorte de catéchisme laïque pétri de morale et de bons sentiments, propre à réconforter, au surplus, ceux qui ont chanté *Vous n'aurez pas l'Alsace et la Lorraine*. Patriotique et plein de cocoricos, exaltant l'unité et la diversité de la France, entretenant le respect dû aux grands hommes comme ce Bayard, sans peur et sans reproche, dont le nom se donne aux seigneurs chevaux. Il raconte l'Histoire, il décrit la

Géographie, il célèbre les inventions anciennes et nouvelles, il parle des métiers et de la terre, voyez-vous ça! On y rencontre des tas de braves gens qui pourraient bien être vos cousins. On y parle précisément de choses que nos paysans voudraient bien voir de préférence s'ils avaient le temps et les moyens de voyager. Les anciens combattants, qui ont connu dans les tranchées des camarades issus de toutes les provinces, y retrouvent des modes de vie dont ils ont longuement entendu parler, les vendanges, le travail de l'acier ou de la mine. C'est un sacré livre et qui semble autant fait pour eux que pour leurs enfants. Sur un rayon de la bibliothèque de la grande classe, il y a une boîte de carton pleine de crayons et de porte-plume à la place d'une demi-douzaine de *Tour de France* qui sont toujours sortis et qui ne rentrent que pour se faire voir. Ils sont sortis à la demande des parents. Un homme trop vieux pour avoir encore des enfants à l'école a pris son courage à deux mains pour aborder Monsieur Gourmelon dans la rue. Il a demandé timidement au directeur s'il n'était pas possible de lui prêter le *livre* sans préciser lequel, offrant de payer ce qu'il fallait. Un autre, un fermier du côté de Plogastel, a attelé son char à bancs pour aller à Quimper un jour sans foire et sans marché. Il a trouvé une librairie, acheté le livre et puis il est revenu bien vite à la maison, prenant à peine le temps de nourrir son cheval. Le livre est maintenant dans son armoire, recouvert d'un morceau de vieille chemise proprement accommodé avec du fil. Je l'ai vu.

Le *Tour de France,* nous le lisons à l'école dès que nous sommes capables. Le maître nous donne toutes les explications désirables que nous rapportons consciencieusement à nos parents, quelquefois même en français pour le plus grand orgueil de la famille. Nous daignons en faire un résumé pour les petits frères, sœurs, cousins, cousines qui brûlent d'y mettre le nez. Curieusement, nous le rapprochons du Tour de France des bicyclettes qui nous paraît suivre les traces de Julien et André. Bien sûr, nous sommes un peu déçus parce que les deux enfants ne sont pas passés chez nous, mais les champions cyclistes n'y passent pas non plus. Peut-être tous ces voyageurs ont-ils peur que nous ne comprenions pas le français! Mais, dans le livre, il y a quand même une carte de la Bretagne où nous reconnaissons la baie d'Audierne, notre baie, il est question de Brest et de Nantes où nous avons des parents, et l'on raconte tout du long l'histoire d'un nommé Bertrand Du Guesclin qui est l'un de nos héros du temps passé. C'est égal, Julien et André auraient bien dû venir au pardon de Penhors. Ce qui est sûr, c'est qu'ils parlent rudement bien le français pour des Alsaciens. Nous essaierons de le parler aussi bien qu'eux. Monsieur Gourmelon affirme que c'est possible si nous renonçons une bonne fois à parler breton sur la cour. « Il ne faut pas rater une seule occasion de parler français », dit-il. « Croyez-vous que les cyclistes seraient capables de faire le tour de France s'ils ne s'entraînaient pas sur leur machine tous les jours? »

Cependant, il nous faut apprendre par cœur des récitations en français, ce qui ne nous plaît guère. Et pourtant, nous attrapons de temps en temps quelques pommes ou même un petit sou pour les réciter devant la parenté admirative, ou de vieilles gens qui s'ébahissent de nous entendre débagouler sans faute tant de phrases dans une langue à eux inconnue. Mais plus grand est encore le succès des jeunes gens et jeunes filles qui détaillent, avec des mines précieuses, au cours des repas de noces, les chansons de Théodore Botrel après s'être fait prier longuement. Les chansons de Botrel parlent toujours de la Bretagne et des Bretons. Et pourtant elles sont écrites en français, ce qui prouve bien que nous sommes un pays et des gens aussi importants que d'autres, les « parisiens » par exemple. D'ailleurs, elles ressemblent assez à nos complaintes en breton et même quelquefois à nos gavottes que les vieux hommes et surtout les vieilles femmes débobinent inlassablement, malgré le grand nombre de leurs couplets, quand l'occasion se présente. Il y a même des chanteurs professionnels qui les font entendre dans les grandes fêtes, devant des parterres de gros bonnets qui claquent des mains quand c'est fini. Les paysans ne savent pas encore claquer des mains, les mains ne sont pas faites pour ça, mais ils apprennent petit à petit. Quel plaisir, quel orgueil, quelle émotion ils ressentent à écouter un de leurs fils moduler du Botrel!

Au coin du foyer près de moi viens t'asseoir
Yvonne

Voilà de quoi tailler la crête aux « parisiens ». Les enfants se promettent bien de faire, plus tard, encore mieux que leurs aînés. Pour le moment, leur répertoire se réduit aux chansons apprises à l'école. Sans égaler Botrel, elles leur valent pourtant des succès flatteurs avec la garantie du maître d'école.

Ah, que vous êtes belle,
Cime du Canigou!
L'or de vos fleurs nouvelles
Brille comme un bijou.

Le français, après tout, n'est pas si difficile. Nous en viendrons bien à bout. Mais il y a autre chose. Il y a le damné calcul, depuis les quatre opérations jusqu'aux problèmes de robinets en passant par les surfaces et les volumes. Et là encore, le français ne fait jamais ses comptes comme le breton. Allez donc vous y retrouver. Cela commence par la grosse ficelle tendue à travers la classe devant le bureau et dans laquelle sont enfilées des bobines vidées de leur fil, celles des dizaines étant peinte en rouge. Avec le bout d'une longue tige de roseau qu'elle leur applique sur la gorge, la maîtresse les sépare les unes des autres et nous devons les compter à haute voix, une par une ou par paquets. Ceux qui se trompent ou qui restent bouche bée se font rappeler à l'ordre par le bout du bâton qui leur descend impérativement sur la tête. Cela continue par les bûchettes, ces doigts de brindilles dont nous avons une bonne réserve dans la case de notre table, des paquets de dix noués d'un fil de laine. Très importantes pour nous, les bûchettes. Il y en a qui sont tordues, qui se rangent mal les unes à côté des autres, pas étonnant qu'elles fassent des erreurs. D'autres sont droites et lisses, recouvertes d'une écorce polie. Elles sont plus faciles à manipuler. Avec elles, les comptes vont plus vite, on ne se trompe quasiment jamais. Aussi les élèves auxquels le calcul ne réussit pas (j'en suis) cherchent-ils à les avoir par échange ou chapardage. Mais généralement, nous tenons à honneur de tailler nos bûchettes nous-mêmes. Certains d'entre nous sont réputés pour en faire de si justes qu'elles sont pratiquement infaillibles. Il y a, par la campagne, des arbres à bonnes bûchettes et d'autres qui ne valent rien. On raconte que dans les villes on vend des bûchettes toutes faites. Quels tricheurs, ces gens-là! Mais la maîtresse nous rassure en affirmant que les enfants de là-bas ne sont pas meilleurs que nous en calcul.

De fait, nous nous débrouillons assez bien dans nos comptes, peut-être parce que nos parents calculent remarquablement de la tête sans avoir recours au moindre crayon. Alain Le Goff est passé maître dans cet exercice. Quand je lui demande comment il fait, il n'est pas capable de m'expliquer, mais il me regarde avec des yeux pétillants et il me dit : « Nous avons toujours été très pauvres dans notre famille. Si nous avions été bêtes par-dessus le marché, nous serions morts de faim. Nous avons donc été condamnés à faire marcher notre tête pour avoir quelques chances de rester vivants. Faites donc marcher la vôtre. » Je veux rester vivant, c'est juré.

Cependant, mes camarades et moi, nous avons quelque difficulté avec le dix-huit qui se dit en breton trois-six (*tri c'hweh*). Nous nous étonnons un peu de ce que le français appelle quarante ce qui est deux-vingts (*daou ugent*), soixante ce qui est trois-vingts (*tri ugent*) et pourtant il dit quatre-vingts comme nous. Mais déjà les quatre opérations deviennent des exercices gratuits dans lesquels le breton n'a plus aucune part.

Ce qui nous chiffonne, c'est la monnaie. Comme nous faisons déjà les petites commissions, nous sommes habitués à tout faire tourner autour du *réal* qui vaut cinq sous. Nous ne savons pas, bien entendu, nos parents non plus, que ce *réal* est une monnaie castillane que nos ancêtres ont adoptée il y a des siècles, quand les Espagnols tenaient plus ou moins le pays, et que nous avons conservée depuis. Quatre *réaux* font une *livre*. Pour les Français, c'est un franc ou vingt sous. Nous ne disons jamais vingt sous, mais toujours quatre réaux. Trois livres font un écu (*eur skoed*), mais la pièce de cent sous en argent que nous appelons quelquefois *lagad ejen* (œil de bœuf) et qui ne se trouve pas souvent entre nos mains, croyez-le, la pièce de cent sous se dit vingt réaux. A l'épicerie, deux francs quinze centimes valent en breton huit réaux et trois ou neuf réaux moins deux. Trois francs dix font un écu et deux. C'est un peu étourdissant. Pourtant nos mères, dont certaines ne savent pas un mot de français, nos grand-mères dont certaines n'ont pas été du tout à l'école, comptent très bien sur l'échelle des réaux et des écus, et jusqu'à des sommes très élevées. Il faut les voir au marché ou à la foire quand elles achètent ou vendent les œufs, le beurre, les cochons, les vaches. Elles calculent au moins aussi vite que celui d'en face. La balance ni la bascule n'ont de secret pour elles. Seulement, comme elles sont femmes de bon lieu, le poids est toujours fort et la douzaine vaut toujours treize. A l'école, il faut tomber tout juste. On va chercher des grammes et des milligrammes comme les apothicaires. Ce calcul-là est une invention d'avare ou d'hypocrite, je vous laisse à choisir. Les gens qui le font sont capables d'écorcher des poux pour en vendre la peau au prix du cuir.

C'est comme les mesures de longueur, de surface et de volume, quelle mesquinerie! Les ongles, les doigts (surtout le pouce) et la paume suffisent bien pour évaluer des pointes quand on sait ce qu'on veut en faire. D'autres mesures se font avec les deux poings fermés. Une corde de bois s'estime assez bien avec les bras. Les maçons comptent par pieds et par toises. A-t-on jamais vu peser des pierres pour bâtir maison? On les vend à la carrière par charretées. Oui, mais le menuisier déjà ne peut pas se passer de son mètre pliant, le marchand de drap ou le tailleur de son mètre-bâton. Et l'épicier lui-même a des poids de cuivre si petits qu'ils s'envoleraient si on respirait trop fort à côté. Allons, il faut y passer, nous y passerons. C'est égal. Quand nous parlons d'*un hectare* de terre à nos parents cultivateurs, ils traduisent en breton par *deux journaux à peu près.* Il n'y a pas d'à peu près à l'école. Seulement la chaîne d'arpenteur.

Je ne suis pas fort sur les problèmes. Le soir, sous la lampe à pétrole que ma mère monte au plus haut pour que j'y voie mieux, je m'étourdis la tête, je m'aigris le sang à essayer de résoudre des traquenards arithmétiques où les temps et les distances jouent à colin-maillard. Je n'en viens pas toujours à bout, surtout l'année des bourses. Et quand mes larmes commencent à tomber sur le papier, délayant l'encre violette, l'arithmétique se refuse de plus en plus, les calculs deviennent aberrants, les virgules chassent à droite ou à gauche, les totaux sont si stupéfiants que même Jean Dix-Sept s'en apercevrait. Personne autour de moi ne peut m'aider. Mon père jure dans sa moustache, ma mère accuse les instituteurs de cruauté, se trompe de maille dans son tricot. Et mon grand-père Alain Le Goff s'essuie les yeux avec le dos de sa main. Il est encore plus malheureux que moi. « Mettez-leur quand même quelque chose, dit-il. Peut-être vous tomberez juste. » Je ne tombe jamais juste que lorsque je n'ai pas à pleurer.

A l'école, il nous faut aussi apprendre de nouveaux noms pour des animaux et des plantes que nous connaissons pourtant déjà bien à force de patrouiller par les chemins, d'inspecter les talus en gardant les vaches. Et les noms français ne nous disent rien qui vaille tandis que les noms bretons sont souvent de signification plus claire. En français, on appelle cochon l'animal que nous désignons sous le nom de *oc'h* et c'est bien là le cri qu'il fait entendre, n'est-ce pas! Le maître ajoute qu'il vaut mieux l'appeler *porc* parce qu'il est logé dans la *porcherie* et non dans la *cochonnerie* comme l'un de nous l'a écrit un jour et le maître a été le seul à rire. L'écureuil est le *chat des bois.* Pour nous, le rossignol est toujours l'*eostig* du lai de Marie de France. La grive, c'est *an drask* (vous l'entendez!), la mésange c'est *penn-duig,* la tête noire, ou *penn-glaouig,* la tête de charbon, la bergeronnette c'est la lavandière, *kannerezig,* ou la hoche-queue, *hej-he-lost,* la libellule est l'aiguille de l'air, *nadoz-aer,* la coccinelle la petite vache à bon Dieu, *buohig Doue.* Cette dernière, le maître dit qu'on l'appelle aussi bête à bon Dieu en français et nous sommes contents. Heureusement pour lui, il a épinglé au mur des planches en carton qui représentent les animaux de nos campagnes et nous les identifions sans erreur, nous connaissons leurs œufs, leurs nids, leurs moeurs. Il ne nous reste plus qu'à mettre les noms français sur les noms bretons. Pour ma part, je n'y arriverai jamais tout à fait.

C'est plus facile, dirait-on, pour les poissons et les coquillages. Les appellations dans les deux langues se ressemblent assez souvent. Nous disons *sardined* pour sardines, *birinig* pour berniques (là, il semble bien que le français nous ait pris notre mot), *bigornigou* pour bigorneaux. Mais la mye des sables (*mia arenaria)* ne sera jamais pour nous que le pisse-en-l'air (*ar staoterez*) et cette coque dont je ne saurai jamais le nom latin gardera son nom de *bragou ridet.* Les pêcheurs disent qu'elle naît en mer avec une coquille lisse et tendre. Mais l'imprudente s'approche trop vite des grèves et la succession des vagues, passant sur elle, lui ride le dos à plis serrés comme ceux des anciennes braies de nos pères. La science rejette cette explication, tant pis pour elle. Quoi qu'il en soit, les mots bretons nous disent plus que les mots français et cela, ajouté à notre ignorance de ces derniers, explique pourquoi nos phrases orales écrites sont parsemées de vocabulaire local. Dans le même temps, nos parents parsèment de plus en plus leurs phrases bretonnes de mots français. Nous sommes tous assis entre deux chaises. Et donc souvent le cul par terre.

Quant aux noms des plantes, je crois bien que nous en savons déjà plus que certains de nos maîtres à force de courir les champs et de faire ventre avec tout ce qui est mangeable, quitte à attraper quelque diarrhée de temps à autre. D'ailleurs, la botanique à l'école ne va jamais très loin. Le maître connaît-il seulement les herbes médicinales? Saurait-il trouver le pois de souris, les grelots d'argent, la gueule de loup, les yeux de la Vierge, les cloches du diable, la queue de chien, le poireau de corbeau, le pied d'alouette, la noix de terre et l'herbe au chat? Il y a beaucoup d'autres choses qu'il ne connaît pas, sur lesquelles ses livres font silence. Ainsi les contes de mes grands-pères, par exemple. Jamais je n'en ai retrouvé un seul dedans. Mes petits camarades sont dans le même cas que moi. Ali-Baba et les quarante voleurs c'est bien, mais pourquoi n'y a-t-il jamais nouvelle de notre ami Jean Dix-Sept (Yann Zeiteg) ni des autres *yannigou* farceurs ou héroïques dont nous connaissons les mille et une aventures? C'est parce qu'ils sont beaucoup trop malins pour se laisser « mouler le corps » dans un livre, dit grand-père. Mais je suis vexé de leur absence que j'impute à mépris.

Mais le plus terrible, pour les enfants de la campagne, c'est d'être enfermés pendant cinq jours derrière une porte pour apprendre des choses qui n'ont rien à voir avec notre vie quotidienne, alors que le vrai travail des hommes est dehors. C'est spécialement de rester assis sur des bancs pendant des heures quand le soleil du printemps vient éclairer ironiquement les fautes d'orthographe et faire tourner en fumée le neuf-fois-sept-cinquante-six. C'est peut-être bon pour les moutards des villes qui gagneront leur vie dans les bureaux si ça se trouve. Mais ceux-là ne connaissent pas les buissons francs et n'ont pas le moindre renard dans leurs relations. Ce qu'on appelle l'école buissonnière, dans notre livre de lecture, nous l'appelons « l'école du renard ». Est-ce parce que le renard y est l'instituteur ou parce qu'il faut être rusé pour ne pas s'y faire prendre?

L'école du renard, c'est l'odeur violente de la liberté qui nous prend soudain à la gorge, au mois d'avril ou de mai, dans le crissement des plumes sergent-major. Le triste liquide violet qui croupit dans les encriers nous donne envie de vomir. La langue française n'arrête pas de nous tendre des traquenards. Mon ami Do se fait houspiller parce qu'il affirme avoir vu des microbes rouges dans l'eau. Il est pourtant de bonne foi. Un autre récit que les choses sont bleues dehors. Il veut dire que la nature verdit. En breton, il n'y a qu'un mot pour exprimer le bleu, le vert et quelques autres couleurs, c'est *glaz*. Il sert pour le chardon bleu et le trèfle vert, par exemple. Le fautif refait sa phrase qu'il a traduite du breton : *an traou zo glaz er-mêz*. Les choses sont vertes dehors. Dehors, il y a les pièges à oiseaux, les frondes, les sifflets de saule, les pétoires de sureau et tous les chemins creux, toutes les vieilles pierres sauvages qui nous attendent vainement sur les collines arides du sud-est, les plus proches de la maison d'école précisément. Alors étonnez-vous que de temps en temps il y ait un Pierre, un Louis ou un Jacques, un Corentin, un Demêtre, un Gourgon ou un Joachim qui ne répond pas à l'appel de l'après-midi. En général, ils disparaissent à deux ou trois. Où sont-ils, interroge le maître d'école qui le sait fort bien, où sont-ils passés? Et toute la classe répond en chœur : « Ils sont malades, monsieur. » La classe ne ment pas. Les absents se purgent l'esprit un bon coup et allez donc!

Le renard a son école préférée sur une colline qui s'élève derrière le village de Ménez-Fuez en direction de Peumerit. L'école de la République se trouvant à la limite du bourg, il suffit d'avoir le courage de ne pas s'arrêter devant sa porte, là où finit la rue de la Merde pour devenir une petite route de terre qui s'enfonce dans la campagne profonde, avant de se diviser en chemins creux, les plus étroits et les plus fermés qui soient, mytérieux et redoutables, donc les plus attirants. Il suffit qu'une vache y promène nonchalamment ses cornes et son pis pour les boucher complètement, nous obligeant à escalader le talus à droite ou à gauche pour la laisser passer. On n'y voit pas le ciel à cause des ramures qui se rejoignent au-dessus de nos têtes. Quelle aventure à chaque fois! Il faut traverser un ruisselet sur un ponceau fait d'une longue dalle de pierre bleue et nous croyons avoir atteint le nombril du monde. Maintenant, il s'agit de trouver le royaume de Kodelig, le saint homme qui s'est retiré en ermite par ici, il y a mille fois longtemps. On ne connaît pas très bien son nom, les prêtres n'en parlent jamais, les instituteurs n'en ont aucune idée, mais nous savons qu'il a laissé là son lit, son armoire et une énorme platée de beurre qui n'est même pas entamée. On raconte même qu'il revient de temps en temps. Il y a toujours quelqu'un qui l'a vu et qui vient justement de mourir quand on vient s'informer, pas de chance! Maintenant, il faut trouver sa lande et son bois, ce n'est pas facile. Tous les bois de pins se ressemblent, les landes sont plus hautes que nous, il y a des chemins partout qui n'aboutissent nulle part ou, pis encore, qui reviennent sur eux-mêmes pour se moquer de nous. Il semble que la retraite du saint homme soit défendue par des tas de sortilèges et d'illusions. Nous faisons notre apprentissage de Chevaliers de la Table Ronde. Et soudain quelqu'un hurle de joie, rassemble sur lui tous les autres. Le Plat de Beurre est là. C'est un bloc de pierre régulièrement strié, enfoncé en terre et un peu déjeté. Il est grand comme le plus petit d'entre nous mais combien de fois plus gros! Il ressemble vraiment à une énorme motte de beurre que l'on pourrait faire en un jour avec le lait de toutes les vaches de la paroisse. Il est là, donc dans le bois du saint est le plus proche de ceux dont nous pouvons voir les cimes. Nous y allons tout droit, nous frayant un passage parmi les ajoncs qui nous accrochent et nous piquent de toutes parts. Un talus à franchir et l'Armoire de Pierre se dresse devant nous au milieu des pins. Elle est vraiment taillée comme une armoire, mais c'est en vain que nous en faisons le tour pour en chercher les portes. Du moins pouvons-nous monter dessus en nous faisant la courte échelle à partir d'un amoncellement de cailloux que nos prédécesseurs ont appuyé contre son flanc. Nous ne manquons pas de le faire, cela fait partie de l'expédition, on ne saurait s'en dispenser. De là-haut, nous avons une vue plongeante sur un rocher massif, profondément creusé à la semblance d'un homme couché sur le côté et ramassé sur lui-même. Une autre excavation du même rocher est destinée au chien, compagnon ordinaire du saint homme, et une longue entaille marque la place du fusil (?). C'est le lit de saint Kodelig. Nous descendons de l'armoire et nous montons à tour de rôle sur le lit pour nous coucher dans l'empreinte du corps. Personne ne sait plus de quoi guérit saint Kodelig, mais il guérit sûrement de quelque chose. Nous verrons bien. L'expédition est terminée. Pour la prochaine fois, nous nous promettons d'aller plus loin encore, à la découverte d'une table de pierre, dressée sur des pieds de pierre dans un taillis touffu autour d'un très vieux manoir et que l'on appelle le *Grand Autel.* Les instituteurs l'appellent un *dolmen,* mais ils sont bien les seuls.

Les enfants à demi sages font ces expéditions le jeudi. Mais telle est l'attirance du royaume de saint Kodelig au centre de son désert végétal que d'autres y vont à l'école du renard quand leurs camarades se battent contre les dictées et les problèmes en un combat douteux. Si bien qu'un jour le grand maître d'école décide de nous y emmener tous pour conjurer le saint et le renard à la fois. Je ne me souviens pas des explications qu'il nous donne sur place, mais le Plat de Beurre devient un *lec'h,* l'armoire un *menhir.* Quant au lit, notre pédagogue s'embrouille un peu dans des histoires d'érosion, mais il se montre formel sur la question du fusil : saint Kodelig, si tant est qu'il a vécu, n'en avait pas. Quoi qu'il en soit, à la suite de cette expertise, les amateurs d'école du renard, écœurés, se résignent à subir la classe sans y manquer un seul jour. Du moins pour raison de nostalgie. Quand ils ne sont pas présents, c'est qu'ils ont été requis par leurs parents pour des travaux urgents. Et là, il n'y a rien à dire.

Il faut remarquer que les événements les plus intéressants à nos yeux se passent toujours aux heures où nous sommes enfermés dans l'école. Comme tout se sait dans le bourg, les gens ayant l'habitude de se communiquer les nouvelles à la cantonade, nous savons par exemple que tel matin on amènera au boucher le taureau de L... dont personne ne peut venir à bout sauf son maître et encore! C'est au point qu'aucun de nous n'oserait lui mener sa vache à couvrir quand elle est en chaleur. C'est le père qui doit y aller lui-même pour prêter main-forte au propriétaire de l'animal. Et à chaque fois, c'est une séance de dressage dans la cour de la ferme avant que l'animal ne fasse correctement son office. Nous aimerions bien être cachés dans quelque coin pour voir comment le boucher s'y prendra pour le mettre à mort, en espérant qu'il pourra s'échapper de la tuerie et révolutionner le pays avant de se faire reprendre. Et c'est exactement ce qui se passe, à notre grand dépit. Le taureau échappé est repris non sans mal dans le champ ouvert qui s'étend derrière le mur de l'école. Nous entendons les clameurs des hommes qui s'encouragent mutuellement, les piaillements des femmes apeurées, pendant que M. Gourmelon nous fait faire une dictée particulièrement coriace. Jamais la classe n'a totalisé un nombre aussi impressionnant de fautes d'orthographe.

Un jour, nous apprenons que le charron Jean-Marie Guichaoua va ferrer le lendemain deux roues pour une charrette neuve. Il apparaît qu'aucun de nous n'a jamais vu faire ce travail d'un bout à l'autre. En général, les enfants ne sont pas admis dans les forges où quelque danger guette toujours leur étourderie. Je suis très fier d'avoir été admis, une fois ou deux, à tirer sur le soufflet du maréchal-ferrant des Parkou et d'assister au ferrage d'un cheval, mais je dois cette faveur au fait que le maréchal et mon grand-père sont de bons amis. Comment faire pour entrer en bande dans la cour de Jean-Marie Guichaoua, et un jour de classe encore! Il n'y a qu'un moyen : demander au maître d'école de nous y emmener. Etant le premier de la classe (sauf en calcul, hélas) je suis chargé d'aller le trouver. M. Gourmelon, d'abord interloqué, furieux même de cette démarche insolite, me chasse à coups de chapeau melon. Puis il se ravise, peut-être en pensant à la dilatation des métaux. Nous irons voir le cerclage demain si Jean-Marie Guichaoua veut bien et si nous promettons de ne plus nous dissiper jusqu'à la fin du mois. Nous jurons-rouge d'être des anges et des bourreaux de travail. Après la classe, M. Gourmelon se dirige vers la forge. L'affaire est dans le sac.

Le lendemain, dans la cour de Jean-Marie Guichaoua, nous sommes tous rangés en cercle autour d'un grand feu qui prépare un lit de braise en forme de couronne. Bientôt, les ouvriers apportent dans de grandes pinces le premier bandage de fer qui est déposé sur la couronne ardente et ne tarde pas à rougir. On amène alors la grande roue en bois toute neuve. On la couche sur le sol non loin du brasier. On la cale comme il faut. C'est le moment délicat de l'opération. Les pinces, maniées par quatre hommes, soulèvent le bandage, le présentent au-dessus de la roue et le descendent sur elle avec précaution, l'ajustent avec des tirants de fer. Voilà le bois de la roue qui commence à fumer, qui flambe même par endroits. Mais les seaux d'eau sont prêts. Les hommes arrosent le pourtour de la roue. Grésillements et fumée, ordres brefs du maître d'œuvre. Les forgerons se crispent sur leurs barres de fer. Il faut que le bandage épouse étroitement la roue. S'il venait à s'échapper quand elle sera en service, quelle honte pour les compagnons! Et le propriétaire de la charrette neuve est là, qui surveille l'opération sans mot dire. Enfin, on peut noyer la roue. Nous sommes admis à nous approcher. Beau travail. Le bandage adhère au millimètre près. Les hommes soupirent, crachent par terre. Il y a des ombres de sourire sur les lèvres. Déjà, on apprête le feu pour le cerclage de la seconde roue. Nous aimerions bien rester, mais le grand maître d'école ne veut rien savoir. Que diraient les gens si nous perdions une matinée entière à regarder les autres travailler! Nous voilà en rang et sabotant sur le chemin de l'école, encore tout excités du spectacle. Ce spectacle, il faudra maintenant le payer par une leçon sur les métaux et des problèmes sur le cercle. Nous peinerons de notre mieux, ayant été payés d'avance. Nous relirons même pour le plaisir les passages sur le travail du forgeron qui se trouvent dans tous les *Morceaux Choisis* dignes de respect. Il est déjà question d'une autre sortie à Penhors, au bord de la mer, pour observer les algues, les coquillages et les poissons des trous d'eau. Elle ne se fera pas. M. Gourmelon n'est pas très fort à la marche. Et puis, il compte bien que nous irons, que nous sommes déjà allés tout seuls. Il a raison.

Dans les *Morceaux Choisis,* il est aussi question de cirques. Presque tous les ans il en passe un dans notre bourg. Il est heureux qu'ils viennent en été, sans quoi nous serions tous capables de déserter l'école pour assister à la parade dépenaillée qui annonce, à travers les rues, le spectacle du soir. Ces cirques-là ne sont rien que deux ou trois roulottes, quatre au mieux, qui dégorgent devant nos yeux exorbités, un beau jour, une couvée de créatures de tous les âges, habillées de guenilles éclatantes, et que nous appelons les *Culs-Sales* à cause de leur peau sombre. Aussitôt, les femmes s'occupent d'allumer du feu entre deux cailloux contre un talus, de mettre du linge à sécher sur une corde sans cesser de criailler dans une langue secrète. Les hommes, en seigneurs qu'ils sont avec leurs bottes de cuir avachi, leurs larges feutres et leurs visages pensifs, mènent paître, dans un champ proche, des poneys bicolores à longues queues. Les enfants gardent les roulottes, nous jetant des regards de défi quand nous passons au large. Aucun de nous n'a jamais vu l'intérieur de leurs chambres roulantes. Mais eux, sous un prétexte ou un autre, viennent fureter dans nos maisons jusqu'à la pierre du foyer quand l'envie leur en prend. Une effronterie naturelle est le privilège du nomade. Il faut être possesseur d'une maison de pierre pour apprendre la civilité. Ces baladins-là, j'en ai peur, nous prennent pour des rustres. Et nous, l'admiration nous ouvre la bouche sur neuf heures.

Soudain, on ne sait pas trop bien comment, les hommes se trouvent juchés sur un charreton, soufflant dans des cuivres bosselés au milieu des roulements de tonnerre produits par des tambours minables rafistolés au fil de fer. Quelle glorieuse cacophonie! Des poneys sont attachés devant et derrière le char triomphal, d'autres caracolent autour de lui, parfaitement libres et emplumés, couverts de pompons. Les jeunes gens sautent à cheval, les garçons comparables à Buffalo Bill, le héros américain dont nous avons vu des images, les filles en collants et jupons-tutus reprisés. Illusion du déguisement! Quand s'ébranle la parade pour faire le tour du bourg et proclamer le spectacle, le plus boiteux de nous se mettrait le corps à la torture pour être page derrière les princes de la balle.

Le soir, nous sommes tous assis sur les bancs autour du mât, beaucoup plus sages qu'au catéchisme sous la férule de la vieille sœur. Certains ont soutiré une pièce de cinq ou dix sous à leurs parents, d'autres gagné leur place en rendant quelque service aux gens du cirque, deux ou trois aventuriers qui ne sont pas les plus pauvres ont trouvé le moyen de se glisser à l'intérieur de la tente par-dessous la bâche. La lumière des lampes fait scintiller, sur son fil, la funambule corsetée de clinquant; les chevaux aux queues peignées virevoltent sec au commandement du coup de fouet; les clowns jettent des plaisanteries si grosses qu'il faudrait être plus sot qu'un panier pour ne pas les comprendre bien qu'elles soient exprimées en français. Et les tambours nous bourrent les oreilles, les cuivres se font trompettes du Jugement quand l'acrobate lâche tout. Il y a aussi des costauds qui soulèvent des poids, qui cassent des chaînes, particulièrement une pièce de géant italien qui vient un jour chercher, dans l'atelier de mon père, de la sciure pour la piste avec un tombereau emprunté. Quand celui-ci est rempli à ras bords, l'hercule le tire derrière lui d'une seule main. Il s'appelle Primo Carnera et il deviendra, peu après, un boxeur réputé.

Chaque fois que passe un cirque dans le pays en temps de classe, nos loisirs en sont nourris pendant longtemps. Le maître d'école n'en revient pas de nous voir si ardents à la gymnastique, les parents deviennent furibonds en trouvant leurs enfants à califourchon sur des vaches à lait ou célébrant le Mardi Gras hors-saison après avoir mis les greniers au pillage. Voilà comment mon ami Mon se casse l'épaule un jour pour être tombé d'un orme où il fignolait des acrobaties. Il n'en souffle mot à personne. Il souffre en silence ce qu'il est nécessaire de souffrir. Mais il doit diriger ses ambitions artistiques vers un autre but. Il décide alors de dresser un animal et de le faire sauter à travers un cerceau enflammé comme il l'a vu faire au cirque. Justement, sa mère a acheté, à la foire, un porcelet assez maigrichon qu'elle entreprend d'engraisser dans la soue. Mon, tous les jours, prend en main le pauvre animal, trouve toutes sortes d'inventions diaboliques pour le faire passer à travers les barreaux d'une échelle, le martyrise si impitoyablement que le goret ne peut jamais prendre d'embonpoint ni gagner un quart de livre de graisse bien qu'il engloutisse des pâtées somptueuses. La pauvre mère se fait du souci avec son cochon étique. Mais un jour, arrivant du lavoir avec un fardeau de linge mouillé, elle voit l'animal qui fuit sur la grand-route, la tête empêtrée dans l'échelle et poursuivi par le gars Mon claquant du fouet. Inutile de vous dire que le manche du fouet est cassé, l'instant d'après, sur l'échine du dompteur. Il est temps. Encore deux ou trois jours et Mon enflammerait un cerceau pour faire sauter son élève au travers, au risque d'incendier la soue et la maison.

Le cochon soulagé donnera une chair si grasse et une soie si belle qu'il fera l'admiration de Jean Hénaff, le directeur de l'usine, quand il le recevra pour le réduire en pâté. Mon l'entêté, devenu un homme, s'en ira tenir une loterie et des chevaux de bois dans les foires et pardons. Et voilà comment naissent les vocations impérieuses.

Les bateleurs de tout acabit qui passent par la contrée, nous les appelons les *termajis* en souvenir de leurs prédécesseurs qui montraient la *lanterne magique.* Alain Le Goff a vu cette lanterne une fois. Elle montrait, par des images fixes, comment est fait l'intérieur de l'homme. Le montreur expliquait les images au fur et à mesure. Il avait un nom étrange, avec professeur devant. A voir ses images anatomiques et à entendre ses discours, on a failli le prendre pour un sorcier. Mais ensuite, il en a montré d'autres qui se rapportaient à l'Histoire, en particulier le ballon d'un nommé Gambetta qui a beaucoup frappé les spectateurs. Ils n'ont pas regretté leur argent.

Les *termajis* de maintenant sont des *culs-sales* qui montrent une invention nouvelle dont le nom est *cinéma.* Le cinéma a trouvé le moyen de faire bouger les images de la lanterne magique. On voit très bien les gens marcher, travailler, se disputer avec de gros yeux et des bouches ouvertes, mais on ne les entend pas. On entend seulement le bruit de la machine qui projette les images sur un drap pendu au mur dans le garage d'Alain Trellu, le réparateur de bicyclettes. Quelquefois aussi, il y a un homme, une sorte de camelot, qui explique ce qui se passe sur le drap. De plus, pour aider à mieux comprendre, il y a des phrases en écriture moulée qui apparaissent entre les images. Et les gens qui savent les lisent à haute voix, les traduisent aux autres. Le cinéma raconte souvent des histoires de femmes et d'enfants persécutés par des méchants. On entend les gens se désoler pour les victimes : si ce n'est pas une pitié de voir ça. Ou alors, ils laissent échapper leur colère à chaque fois qu'apparaît le persécuteur : il est grand temps de lui casser la tête, à celui-là. Alain Trellu m'a dit qu'un jour une femme du premier rang n'a pas cessé de cracher sur le traître. Une autre fois, quelqu'un n'a pas pu supporter de le voir faire des misères aux pauvres bougres. Il a empoigné le drap à pleines mains et l'a arraché du mur. Je n'étais pas là, je l'ai bien regretté. Mais la séance finit toujours par les aventures comiques d'un petit homme en chapeau melon, vêtu d'une veste trop courte et d'un pantalon qu'il ne remplit qu'à moitié. Son nom est Charlot. Celui-là réjouit tout le monde et fait oublier le reste. Quand les *termajis* arrivent, les gens se frottent les mains en disant : on va voir Charlot. Et les *termajis,* battant le tambour à travers les rues, ne manquent jamais de préciser dans leur discours qu'il sera là. Le lendemain, devant chez Alain Trellu, il y a toujours des enfants qui inspectent le sol à la recherche de bouts de celluloïd cassés sur lesquels sont imprimées les images à la queue leu leu.

Et puis nous avons un autre spectacle qui ne coûte rien

et que nous ne nous lassons jamais de voir. C'est le train. Oui, nous avons un train qui passe dans une vraie gare avec un chef qui parle français alors qu'au chef-lieu du canton il n'y a rien. On l'appelle *train-carottes* parce qu'il transporte aussi des chargements de légumes de toutes sortes. Il vient d'Audierne et il va jusqu'à Pont-l'Abbé. Là, il rencontre, à la gare, le *train-berniques,* ainsi nommé parce qu'il vient de Penmarc'h, la capitale des pêcheurs. Le *train-berniques* va jusqu'à la grande gare de Quimper, s'il vous plaît. Tous les deux portent le nom de *trans-bigouden.*

Notre *train-carottes* court l'aventure au flanc des vallées et au travers des bois de pins. Pour nous, sa locomotive est le *cheval noir* et personne ne l'a jamais appelée autrement sauf à l'école. C'est un animal suant, vivant, humide, avec une panse, un souffle et des crachats, sans commune mesure avec le *cheval de fer,* c'est-à-dire le vélo, cet engin sec que nous traitons sans trop de ménagements parce qu'il avance seulement aux dépens de nos mollets. Des aéroplanes s'égarent de temps en temps dans notre ciel. Ils n'ont pas encore droit à notre respect. Nous trouvons que les oiseaux sont plus habiles, plus rapides, plus silencieux et, somme toute, mieux faits. Et les oiseaux, nous les connaissons un peu, permettez! Ces aéroplanes ne sont pas des *charrettes volantes,* bonnes à être imitées dans un morceau de bois pour en faire une girouette. Le nom dérisoire les remet à leur place. Une charrette n'a jamais valu un cheval. Et qu'avons-nous à faire avec des machines que nous ne pouvons pas approcher!

Le *cheval noir* a ses humeurs, ses jours de fatigue et de bouderie quand on a trop chargé ses wagons de patates. On entend dire parfois qu'il est resté en panne au bas de quelque côte et l'on s'inquiète de sa santé. On incrimine le froid ou la chaleur pour l'excuser. Il est enrhumé, dit-on, quand il a le sifflet poussif. Il arrive en retard et l'on demande de ses nouvelles à son serviteur, l'*homme-au-charbon.* – Qu'est-ce qu'il a aujourd'hui? – Il est fâché. – Donnez-lui à manger, tonnerre! Il dépasse en freinant dur l'abri qui sert de halte au milieu des campagnes perdues de Plovan ou de Kervinou. – Arrêtez! crient les voyageurs qui attendent. – Il ne veut pas, répondent les heureux qui sont dedans. Alors, on lui court après jusqu'à ce qu'il veuille bien rester en place. Il y a toujours quelqu'un pour invectiver le pilote. – Vous lui avez donné trop d'avoine. – Allez au diable. Je sais nourrir ces bêtes-là mieux que vous. Et de rire.

Le train coupe les routes et les chemins sans autre forme de procès. Il brinqueballe à la lisière des champs. Au bas de la levée qui porte le chemin de fer, il y a toujours quelque petit vacher à plat ventre qui ouvre la bouche sur neuf heures, quelque fillette aux bras chargés de digitales qui rougit de confusion. Le *cheval noir* siffle pour leur faire plaisir autant que pour avertir je ne sais qui de je ne sais quoi. Et le sifflet réconforte les voyageurs qui ont l'impression que tout marche à merveille, qu'on va arriver bientôt et même avant. Bien sûr, on ne monte pas toujours du premier coup la côte de Plonéour, même quand on prend un élan d'enfer avant de l'aborder. On redescend en haletant, on calcule mieux son effort pour la seconde fois. Dans les fermes d'alentour, les gens arrêtent leur travail pour guetter les bruits de l'ascension avec un rien d'inquiétude dans la poitrine. Enfin retentit un coup de sifflet énergique et saccadé. – Ce *cheval noir* quand même, pense-t-on, cela vaut la peine de lui bourrer le ventre. – Et on le donne en exemple aux enfants. Travaillez! Prenez de la peine! Mais qui croirait que ce *cheval noir* si consciencieux, si plein de courage, est aussi un moqueur de premier ordre! Savez-vous ce qu'il dit à coups de vapeur quand il peine à grimper un raidillon qui sépare deux paroisses?

Merhed Plonenvel, gisti toud
Merhed Plonenvel, gisti toud (1)

Ainsi éructe-t-il à tous les échos l'opinion déplorable que

(1) Les filles de Plonenvel, toutes des putains!

professent à l'égard des femmes de Plonenvel (le nom du pays change, bien entendu, à chaque fois et selon l'aller ou le retour) les hommes de la paroisse qu'il quitte. Et quand il redescend gaillardement la côte de l'autre côté, il rythme à coups pressés la réponse provocante des femmes de Plonenvel ou autres lieux

E-giz emaint emaint
E-giz emaint emaint (1)

Je n'oserais pas vous révéler, même de bouche à oreille, les autres interprétations que l'on fait de son haleine et qui sont encore plus déplaisantes et plus personnalisées. Assez de batailles éclatent déjà entre les jeunes gens des paroisses voisines quand ils se rencontrent dans les fêtes et que l'un d'entre eux s'avise à siffler seulement entre ses dents l'un des airs du *train-carottes* ou du *train-berniques* en regardant les filles du *plou* limitrophe. Quant aux enfants, si les mères les surprennent à jouer au train en le faisant parler breton, les taloches leur pleuvent dessus comme giboulées en mars. Mais il leur en faudrait beaucoup plus pour qu'ils nourrissent la moindre rancune à l'égard du trans-bigouden.

Le dimanche, après les vêpres, les gens aiment aller à la gare pour voir passer le *cheval noir* avec ses deux ou trois charretées de voyageurs. A franchir le portillon il y a surtout des vieilles femmes et des jeunes gens. Pour les vieilles, la curiosité est l'une des meilleures consolations de la vie. Et qu'a-t-on à faire de la vergogne après un certain âge! Le spectacle du train leur fait battre la langue pendant des heures. Les jeunes espèrent toujours voir descendre quelque marin en permission, un gros sac de toile grise et raide sur l'épaule comme un tronc écorcé, les poches toutes sonnantes des écus de sa solde. Et les filles paradent, toutes dentelles et tout velours dehors, devant deux ou trois messieurs inconnus qui s'encadrent dans les fenêtres depuis le canotier jusqu'à la

(1) Comme elles sont elles sont.

chaîne de montre. Les hommes du bourg ne se dérangent pas, engagés qu'ils sont dans une interminable partie de galoche. Et puis, ils ont fait la grande guerre, n'est-ce pas! De la Marne à Salonique, ils ont vu ce qu'il y avait à voir pour le reste de leur vie. Mais parfois se présente, timide au bout du quai, un cultivateur d'une ferme écartée qui porte un enfant à califourchon sur ses épaules. Il est venu montrer le *cheval noir* au petit.

Nous autres, les voyous du bourg, nous n'avons pas le droit de passer le portillon de la gare. Le chef fait bonne garde car nous avons toujours quelque compte à régler avec lui. Quel compte? Voilà! Une trentaine de pas après la gare, le train traverse le chemin de l'usine à conserves, appelé Chemin du Château en l'honneur de la belle maison du maire. Nous avons l'habitude de poser de longues pointes sur les rails en les calant avec les cailloux de la voie. Chaque pointe est savamment disposée pour que son extrémité soit aplatie sous les roues du *cheval noir*. Quelquefois, elle a été emmanchée d'avance dans un morceau de bâton. Le train passé, nous avons un outil que nous finissons d'affûter à la pierre ou à la meule. Quelle aubaine, surtout pour ceux d'entre nous qui n'ont pas encore de couteau!

Quand les pointes sont en place, nous allons nous tapir dans le talus ou le lavoir en contrebas. Or, il arrive que le mécanicien s'aperçoive de nos préparatifs, à peine le convoi ébranlé. Il donne alors deux ou trois coups de sifflets brefs pour avertir le chef de gare que nous avons encore encombré la voie. Aussitôt, l'autre arrive sur nous en coup de vent. Il a appris à courir, l'animal, à la même école que nous. Notre bande se disperse comme un tas de moineaux sous les mille imprécations et les menaces où il est surtout question d'oreilles à couper. Aucun de nous ne perd ses oreilles, mais certains sont ramenés à leurs parents par le cheminot qui les tients suspendus à ce petit morceau de chair comme on tient un goret rebelle. Pendant que le père administre à son rejeton une volée de bois sec, le chef de gare assure, l'œil tragique, que nous ferons dérailler le *cheval noir* un jour ou l'autre. L'image de cette catastrophe m'empêche parfois de dormir une goutte. Ou alors je rêve que le *cheval noir* se cabre haut sur nos pointes et culbute dans le lavoir, salué par les lamentations aiguës de nos mères.

Ce lavoir est le plus constant de nos soucis. C'est là que les femmes ont leur conseil général et qu'il est souvent question de nous, quelquefois de nos mérites, mais le plus souvent de nos turpitudes. Son nom est le pré (*ar prad*) et le verbe *prada* signifie à la fois battre le linge et donner la fessée. Si vous ne voyez pas le rapport, tant pis pour vous! Le *pré* est un trou d'eau entouré d'un bouquet de saules. A longueur de journée, ce lieu retentit des coups de battoir, du dégoulinement de l'eau, du choc sur la pierre des lourds draps mouillés. Dominant le tout, on entend le journal parlé de la paroisse, débité à la cantonade et sur le mode aigu par de nombreuses voix. Le bouquet de saules étant adossé à la levée du chemin de fer, les voix sont rabattues sur les champs quand le vent souffle de la terre. Les paroles se dispersent en l'air et tournent en bouillie, sauf à un endroit bien déterminé où l'oreille n'en perd pas une seule. Là, il y a souvent une femme aux aguets, généralement une femme tricoteuse qui veut savoir ce que disent les lavandières sans payer son écot et sans montrer son nez qui est peut-être sali d'un reflet de remords. Les jours de beau temps, le meilleur poste d'écoute est le revers de la levée. Mais on y est vu de partout, ce qui oblige à des ruses cousues de fil blanc pour y rester.

Le lavoir est le domaine réservé des femmes. Jamais un homme n'oserait s'y montrer de peur d'y entendre ses quatre vérités ou, du moins, d'alimenter la langue des commères derrière son dos. Il est si difficile de chanter les louanges de quelqu'un dans un lavoir. Frapper à grands coups sur le linge sale incite à défaire la robe d'innocence du prochain. Les anges eux-mêmes n'y sauveraient pas leur auréole. Il arrive que les propos tournent à l'aigre entre deux commères qui se disputent le dé, de vieux griefs surgissent et l'aubade ne peut se terminer que par une ou deux coiffes arrachées. Et voilà le bourg divisé en deux clans et les regards bleu-bigouden qui virent, pour un temps, à la suie de cheminée.

Mais le lavoir, galère des pauvres femmes chargées d'enfants, attire aussi celles qui n'ont pas grand-chose à y faire. Quelques-unes y gaspillent une demi-journée sous le mauvais prétexte d'une chemise et de deux mouchoirs. D'autres, assez riches pour faire laver, ne peuvent s'empêcher d'aller jeter un petit coup d'œil qui dure une grande heure. Si je rappelle que le chemin de l'usine passe au ras du bouquet de saules et que cette usine emploie un grand nombre de femmes, on finira de comprendre que le lavoir fait une bonne part de la loi dans une commune dont la mairie est au large dans une seule pièce et qui attend une maison de postes sans aucune impatience.

Les enfants surveillent le lavoir avec soin. Ils se mettent dans le bon vent pour écouter les conversations des femmes. Ils entendent les mères parler de leurs fils, conter leurs mauvais tours, accuser les enfants de la voisine, expliquer les châtiments qu'il vont faire subir à l'un ou à l'autre, déclarer que nous avons eu raison de faire telle ou telle chose ou que telle autre n'a pas d'importance alors que nous grelottons de l'avoir faite. Quand il n'est pas question de nous, c'est bon signe. Elles ne savent pas encore que nous avons dévasté le champ de petits pois de Louis Le Guellec. Les guetteurs font leur rapport et nous décidons de la conduite à tenir. Quelquefois même, nous savons quels coups il est possible de tenter impunément. Et nous passons à l'action sur le chaud. Quelle mauvaise graine nous faisons!

Un jour, l'effervescence du lavoir est si grande que l'on peut croire à un retour de la guerre ou de la Révolution. Quelques-uns d'entre nous, au sortir de l'école, sont aux aguets derrière un talus, la conscience pas tranquille. Ils entendent les femmes gémir à grands éclats de voix sur le manque de respect des enfants d'aujourd'hui à l'égard du grand maître d'école, le plus important personnage après le recteur. Chacune à son tour promet de châtier sa progéniture, ce gibier de potence. Et de plaintes en menaces, l'une en arrive à accuser le fils d'une autre d'être le meneur de la bande, le sien étant, bien entendu, un agneau du Bon Dieu. Et voilà la guerre au lavoir, la révolution dans le linge décrassé. Peu s'en faut que les plus excitées ne se précipitent mutuellement à l'eau. Quel est donc le pourquoi de ce tumulte?

Le grand maître d'école est un vieil homme avec une barbe noire largement étalée sous le menton. Il aime la caresser de ses doigts blancs qui passent à travers les poils aussi bellement qu'un démêloir vivant. Sur sa tête chauve, il porte un chapeau melon noir qui branle d'une oreille à l'autre selon son humeur. C'est pourquoi nous l'avons surnommé entre nous *Chaudron Boiteux*. En secret et en toute révérence. Or, le vieux monsieur (qui est d'ailleurs plus jeune qu'on ne croit) connaît fort bien son métier. Il nous dresse à mettre de l'encre sur le papier sans en détourner la plus grande partie pour salir nos doigts. Ce chaudron-là nous distille une abondante et riche nourriture. Il finira bien par faire de nous des hommes. Les choses marchent rondement avec lui, je vous le dis. Les sept tonnerres éclatent dans sa voix quand l'un ou l'autre d'entre nous se laisse aller à l'école du renard. Et il ne faut pas se hasarder à lui conter menterie, je vous assure.

Au fond de la cour d'école, il y a un verger où mûrissent des fruits de toute sorte : des groseilles, des poires et particulièrement des cassis noirs. Les enfants, comme de juste, ont envie d'y goûter. Celui qui n'est jamais allé chaparder des pommes ou des petits pois dans sa première jeunesse, celui-là leur fera reproche de cette envie, mais il n'aura pas raison parce que les fruits ont été créés de toute évidence par le Seigneur Dieu pour être mangés d'abord par les enfants, n'est-ce pas! Et l'Esprit malin vient siffler aux oreilles des moutards : allez manger les groseilles, savourer les cassis. Allez détacher les poires des arbres pour soulager les branches trop chargées. Personne n'en saura rien. Chaudron Boiteux n'y voit pas bien avec ses lunettes fumées. Allez donc!

Comment résister au sifflement du maudit Malin? Les

pauvres petits que nous sommes, pendant qu'ils lisent dans le livre, voient devant leurs yeux le poirier qui se balance, les cassis qui flambent tant-que-tant, les groseilles qui s'enflent jusqu'à la grosseur d'une pomme « sac-à-biniou ». Ils n'y peuvent tenir que difficilement. La plupart d'entre eux n'ont ni jardin ni verger.

Or, quelquefois, le maître mène ses disciples dans son clos pour leur montrer comment on greffe les arbres, comment on bine les pommes de terre, ou pour quelque autre leçon sur les travaux d'horticulture. Mais il est défendu de porter la main sur les fruits bien que notre gorge soit en eau quand nous voyons devant nous tant de bonnes choses. Un jour, *Chaudron Boiteux* est appelé d'urgence au beau milieu d'un enseignement sur le cassis. Nous restons livrés à nous-mêmes au cœur du Paradis Terrestre. Quelle tentation! Et voilà qu'un Jean-Marie parmi nous étend la main et détache un grain et puis un autre et encore un autre et un autre ensuite. La tête perdue, il faut croire, les autres suivent son exemple. Ils y vont bientôt par grappes entières. Le maître n'est pas encore tout à fait parti que les cassis de son verger sont emportés jusqu'au dernier par un vent d'orage aux mille doigts. Le forfait accompli, les enfants prennent peur et se dépêchent d'avaler les fruits au risque de s'étrangler. Le Jean-Marie qui a commencé porte une veste taillée dans un vieux vêtement de famille, un morceau de cette toile kaki que l'on voit aux soldats dans les pays chauds. Dans sa hâte à dépouiller l'arbre, le pauvre bougre ne prend pas le temps de manger son larcin. Il en est réduit à cacher les baies dans ses poches quand il voit le chapeau melon du grand maître d'école courir sur la crête du mur de clôture, pareil à une souris géante. Aussitôt après apparaît *Chaudron Boiteux*. Un coup d'œil à l'arbuste et il voit qu'il ne reste plus à voir la couleur d'un seul cassis. Et voilà monsieur en fureur. – Qui a volé les cassis? – Pas un mot. Chacun rentre la tête dans les épaules, se préparant à un orage de gifles. – Mettez-vous sur un rang, hurle le maître, que je sache qui a forfait! – Quand les enfants sont alignés devant lui, le monsieur à la longue barbe nous examine soigneusement les uns après les autres et nous donne un coup de sa grande main sur nos poches. Le coup le plus fort tombe sur les poches du Jean-Marie. Une humidité rougeâtre mouille la toile et dénonce le voleur. Aïe! Le Chaudron se met à bouillir de colère, la barbe noire tremble jusqu'à s'emmêler de courroux. Les oreilles du Jean-Marie, l'instant d'après, rougissent bien plus que son veston. – Quels sont les autres qui ont mangé mes cassis? vocifère le maître. Alors nous, rangés en file dans l'allée du jardin, nous levons tous le doigt en même temps. Et voilà que le grand maître se met à rire silencieusement, mais à rire à s'en faire tressauter le ventre qu'il a important sous le petit gilet. A rire comme la sœur Bazilize quand elle entend dire que les deux plus anciennes créatures de Dieu se trouvent dans sa salle de catéchisme. Nous avons du mal à comprendre. Devons-nous rire aussi? Mais l'instant d'après *Chaudron Boiteux* repart en fureur. Pendant quinze jours au moins il nous mènera la vie si dure que d'évoquer seulement les cassis nous donne des nausées.

Je ne crois pas que le brave homme ait soufflé mot à personne de notre chapardage éhonté, mais le lavoir est au courant l'après-midi même. Et le soir nous payons notre faute chacun de son côté. Deux malchanceux doivent avouer, le lendemain, qu'ils ont été corrigés par leur mère à coups de battoir à linge.

Un dernier personnage fait partie de notre univers familier. Il n'a rien à voir avec l'école du renard ni avec les *termajis*, mais il partage avec les instituteurs et le chef de gare le privilège de parler le français comme un livre. Et il a sur eux l'avantage considérable de préférer le breton, outre qu'il est habillé, comme nos pères, en paysan bigouden. C'est pourtant lui qui nous relie au reste du monde et qui nous en apporte fidèlement les nouvelles. Les femmes du lavoir suffisent bien pour la chronique parlée du bourg et de la paroisse. Mais pour savoir ce qui se passe ailleurs, pour l'apprendre en noir sur blanc à la plume ou à l'écriture moulée, nous comptons sur l'*homme-des-lettres*, le facteur-piéton que certains vieux de la campagne appellent encore le *postillon.*

Il nous arrive tous les jours de Plogastel-Saint-Germain sur ses chaussures cuir-et-bois. Plogastel étant à sept kilomètres dans les terres, la tournée de l'homme va donc chercher plus de six lieues à pied quand on compte la descente sur le port de Penhors et les chemins de terre qui mènent aux fermes isolées. Depuis, plus d'un marcheur de fond a vu son nom et son portrait dans les gazettes pour avoir mesuré de ses pas mille fois moins de terre que ce pauvre postillon. Il est vrai qu'il parcourt toujours le même pays. Et bien d'autres que lui poursuivent leur pain aux dépens de leurs semelles. Mais lui, de la prime aube au crépuscule, n'arrête pas de mettre un pied devant l'autre.

Il porte un chapeau rond sans guides et un gilet bigouden usé par endroits jusqu'à la corde. C'est à cause de la lanière de son sac qu'il ne cesse de se ramener sur le ventre et de se repousser sur les reins plus de cent fois au cours de sa tournée. Le sac lui-même est de gros cuir craquelé et sans couleur pour avoir reçu trop de pluie sur une peau sans poils. Cousu au soufflet, un petit écrin contient la bouteille d'encre pour les signatures. Quand le facteur ouvre son sac, on y voit les enveloppes jaunes et les journaux rangés dans un ordre mystérieux. C'est un spectacle de choix qui attire presque autant de monde que la petite voiture à trois roues du Planteur de Caïffa. Les lettres viennent surtout des marins et des soldats qui patrouillent à travers le monde, des enfants en condition à Paris. Certains n'en reçoivent jamais, n'ayant ni pair ni parent au-dehors. Cela ne les empêche pas de demander, de temps en temps, s'il y a quelque chose pour eux. « Une autre fois » répond le facteur. Les esseulés se consolent avec les nouvelles des autres qui font le tour du bourg, assortis de longs commentaires.

Le facteur-piéton n'est pas bavard. Pourtant il en sait, des choses. Il lit même les lettres de ceux qui n'ont pas appris à démêler l'écriture. On lui donne à manger dans une ferme ou une autre selon la meilleure rencontre, une pension, un mandat, un bon colis, l'annonce d'un retour attendu. Quand il flaire que la lettre est mauvaise, il n'entre pas, quelque instance qu'on lui fasse. Je le vois posant son sac sur la table, débouchant sa bouteille d'encre, tendant le porte-plume pour la signature. Il semble n'être pas sur terre. A tout ce qu'on dit il répond ma foi oui, hélas, non, sans doute, bien sûr, peut-être, c'est bon, comme de juste. Il a un ourlet à l'intérieur de la lèvre supérieure, comme une cicatrice.

Il est toujours tard quand il repasse devant la maison pour retourner à Plogastel. Souvent, il doit lutter contre la pluie et le vent avec son sac vide sur le ventre. La fatigue le fait tirer des bords sur la route. A quoi pense-t-il, tout seul dans la nuit? Peut-être aux chants d'oiseaux du lendemain. Un matin que je suis dans mon champ de Meot, je l'ai surpris à charmer une volée de moineaux qui s'égosillaient sur un buisson d'aubépine. Ils s'arrêtaient de bouger de la queue sur leurs branches pour l'entendre siffler avec sa lèvre couturée. Quand il reprend sa marche vers le bourg, ils lui font un bout de conduite pendant qu'il siffle toujours. Peut-être leur confie-t-il les nouvelles qu'il a dans son sac?

Bientôt prendra sa retraite le facteur-piéton qui a presque le même âge que mon grand-père. Il ne quittera plus guère son *penn-ti* de Plogastel, mais ses vieilles jambes condamnées au repos le démangeront encore quelque temps avant de le laisser en paix. Il sera remplacé par un cycliste fonctionnaire en habit bleu et en képi qui nous intimidera aussi fort qu'un garde-champêtre. Et celui-là ne parlera guère que le français. Aura-t-il peur de se faire donner *la vache?*

Et voilà que l'on parle d'élections. Les Blancs et les Rouges, qui vivent habituellement en bonne intelligence se mettent progressivement sur le pied de guerre. A part les notables, qui sont plus ou moins agents électoraux, beaucoup d'entre eux ont presque oublié la couleur qu'ils ont, mais à peine la campagne est-elle ouverte que les passions s'échauffent, les regards se font moins francs, les conversations plus brèves entre voisins et alliés. On en arrive même à se dépasser sur la route sans se saluer, chacun feignant de regarder par-dessus le talus qui est de son côté. Et puis on fait des détours pour éviter de passer devant la maison ou les terres de l'ennemi. On s'interdit d'aller boire dans les débits dont les tenanciers sont d'une autre couleur. Nos mères, moins intéressées par la politique, n'arrêtent pas de nourrir leur mauvaise humeur, se préparant à des semaines difficiles. Au lavoir, on n'entend plus que le bruit des battoirs qui se pressent à décrasser le linge. Un mot de travers, une phrase mal comprise, un sous-entendu, une allusion seraient capables de déchaîner une bataille de femmes et d'alerter les hommes de part et d'autre. Elles prennent sur elles de se taire, mais les taloches, à la maison, pleuvent plus dru que d'habitude. Les enfants se tiennent à carreau.

A l'école, cependant, le devoir de l'instituteur est de nous expliquer le mécanisme des élections puisque aussi bien les opérations de vote auront lieu dans notre classe. Pour mieux se faire comprendre, il nous demande de désigner des candidats parmi nous, après quoi nous mettrons dans une urne de carton établie sur le bureau un papier que nous aurons plié en quatre derrière le tableau de coin faisant office d'isoloir. Nous n'avons pas non plus d'enveloppes, tant pis. Je suis l'un des deux candidats choisis par la classe. Bien entendu, tous mes camarades savent que je suis Rouge et que l'autre est Blanc. C'est sans doute la raison pour laquelle nous sommes confrontés tous les deux pour faire vrai. Les Rouges étant en faible minorité dans la commune, je m'attends à être battu. Or, à la stupéfaction du maître lui-même, je me trouve élu en triomphe. Que s'est-il passé? A-t-on voté pour moi parce que je suis le premier de la classe, celui qui fait les meilleurs devoirs et qui récite le mieux, par conséquent le plus capable de défendre les intérêts de mes électeurs à la Chambre de Paris et devant les gars du gouvernement? Mon concurrent n'a-t-il pas réussi, pour d'obscures raisons, à faire l'unanimité des Blancs autour de son nom? Quoi qu'il en soit, j'y gagne le surnom de *député* que certains de mes condisciples me garderont toute ma vie. Mais la récréation qui suit cette affaire est très houleuse. Des combats singuliers s'engagent sous le préau et autour des cabinets dont une des portes est arrachée. Les maîtres ne savent plus où donner de la gifle. Le reste de la journée est perdu pour tout le monde. A quatre heures du soir, les Blancs quittent l'école au galop. Le député sort le dernier, entouré seulement de quelques Rouges du haut du bourg. Il n'y a personne sur la rue. Mais quand nous arrivons à la hauteur de la boulangerie de Pierre Cariou, un commando de Blancs surgit d'un passage obscur et nous tombe dessus avec rage. Parmi eux quelques-uns de mes électeurs qui veulent se racheter auprès de leur clan. Je suis séparé de ma garde et roué de coups comme jamais je ne l'ai été jusque-là. Je rentre à la maison en piteux état, me jurant de ne jamais me présenter à aucune élection, même pour faire plaisir à monsieur Le Bail. Je tiendrai parole.

Le soir même, l'algarade est connue du bourg entier et des campagnes jusqu'aux limites de la commune. Les garçons républicains de Penhors jurent de me venger, d'interdire l'accès de la côte à tous les damnés Blancs. Ceux-ci sont déjà en difficulté avec leur famille qui ne comprendra jamais comment ils ont pu laisser un Rouge « aller dedans », même pour rire. Les Rouges ne se privent pas d'insinuer entre haut et bas que les garçons Blancs sont moins bêtes que leurs parents. A quoi les Blancs rétorquent en accusant les instituteurs de dévoyer leur progéniture. Les têtes s'échauffent. Moi, je panse mes plaies.

Dans un village du côté de Landudec qui comprend deux fermes, l'une blanche, l'autre rouge, autour de la même cour, les gens manquent de peu d'en venir aux mains pour la moindre vétille, une barrière mal fermée, un coq qui chante trop tôt. Ressurgissent de vieilles injures inexplicables, insolites, auxquelles on n'a recours qu'aux limites de l'exaspération. Les Républicains se font traiter de « saxons rouges » et n'hésitent pas à qualifier leurs adversaires de « graines de Fontenelle », ni les uns ni les autres ne sachant plus très bien qui sont les uns et qui était l'autre (1). Mais cela vient de loin, du temps où les Anglais en habits rouges faisaient des incursions dans le pays, tuant, brûlant et pillant, tandis que leurs flottes croisaient au large de nos côtes, du temps où Guy Eder de Beaumanoir, capitaine La Fontenelle, mettait à profit les désordres des guerres de la Ligue pour tuer, brûler et piller à son seul bénéfice. Quand je demande autour de moi qui est La Fontenelle, on me répond sans plus que c'est un loup de l'ancien temps. Ne parle-t-on pas d'une femme de Plogastel qui fut traduite en justice par une de ses voisines à qui elle avait dit en public : « Vous et les vôtres, vous êtes de la race de Fontenelle. » Les grandes injures sont le déchet de la mémoire.

L'imminence des élections ne fait pas seulement qu'exacerber les propos. Dans les familles, à la veillée, comme dans les débits de boissons, on se forge des tempéraments de lutteurs en invoquant les campagnes électorales d'avant-guerre, déjà passées au stade de la légende bien qu'elles soient encore très proches et leurs antagonistes toujours vivants. Si les Blancs ont plusieurs héros, les Rouges n'en ont qu'un qui est le vieux Le Bail *(ar Baill koz)*, celui que ses adversaires appellent *ar baill kaoh* (la baille à merde). Sur lui courent des tas d'histoires épiques en double version. J'entends raconter comment un jour, menant campagne du côté de Tréguennec, sur la côte, il fut assailli par une bande de Blancs déchaînés qui voulaient lui arracher ses favoris poil par poil. Les femmes, véritables furies, s'étaient armées de leurs ustensiles de cuisine dont elles tiraient un vacarme épouvantable. La calèche du vieux Le Bail fut arrêtée, ses chevaux dételés, chassés au diable à coups de gourdins. Sa garde rouge le protégeait de son mieux, massée autour du véhicule où il siégeait impassible, les bras croisés. La huée des injures, dit-on, était plus forte que ne fut jamais le fracas des vagues sur le rocher de la Torche en Penmarc'h au plus fort des tempêtes. Mais un Rouge

(1) En breton, les Anglais sont les Saxons. La Fontenelle est un bandit du temps de la Ligue qui ravagea la Cornouaille.

réussit à s'évader par la grève, galopant à pieds nus, et à gagner Plozévet où il donna l'alarme. Une expédition de secours fut organisée aussitôt avec les plus vigoureux et les plus déterminés des baillistes. Elle fonça sur Tréguennec, brandissant les fourches et les gourdins, dégagea son héros non sans mal et sans horions. Puis les hommes rouges se mirent dans les brancards. Et ce fut un spectacle inoubliable que cette retraite, par les grèves et les petits chemins côtiers, du parlementaire à favoris, balloté sur ses coussins à boutons, tiré par ses Rouges pieds nus, et invectivant en latin les commandos de Blancs qui faisaient pleuvoir les pierres et les galets sur sa garde républicaine et radicale-socialiste armée de bâtons durcis au feu.

Cette reconduite de l'Antéchrist vers sa tanière de Plozévet, les Blancs la tiennent, de leur côté, pour une brillante victoire contre les Diables Rouges. Ils en sont venus à bout, du vieux Satan, malgré tout le latin qu'il leur déversait dessus et qui aurait suffi à terroriser des chrétiens plus tièdes qu'ils n'étaient. Au reste, et pour faire meilleure mesure, ils se plaisent encore à répéter à qui veut les entendre, au sujet de monsieur Le Bail, des histoires qui visent à le faire passer pour un mauvais homme, un coléreux capable de tout, un dominateur-né, un vindicatif. Il l'a été de très bonne heure, précisent-ils. Encore adolescent, il s'en alla un jour voler des plants d'oignons en graines dans un champ de la côte. On sait bien que les plants d'oignons en graines sont un régal pour les enfants et une tentation constante. Ce n'est pas une raison pour les voler au détriment des pauvres gens, surtout quand on est un petit monsieur, fils de monsieur. Il fut surpris par la fermière qui le rossa comme elle l'aurait fait de n'importe quel autre polisson. N'importe quel autre polisson aurait attendu que sa peau cessât de lui cuire et n'aurait soufflé mot de son aventure. Il faut payer ses audaces et ses fautes. Mais lui, le dimanche suivant, se promenant dans les rues de Plozévet avec sa mère, il rencontra la fermière en question qui allait à la messe. Aussitôt, il lui sauta dessus et lui arracha sa coiffe.

Comment avoir confiance en un homme si méprisant à l'égard du peuple, si emporté, si peu maître de lui, et comment lui donner sa voix?

Les Rouges crient à la calomnie. Monsieur Le Bail est un si bon homme que quiconque a besoin de bois pour se chauffer peut aller abattre un arbre sur ses terres avec sa permission. Et pour rien. Il demande simplement de dégager la souche et de reboucher le trou sur un peu de fumier. Voilà! Alors que les maîtres Blancs ont la chair si maigre autour du trou du cul qu'ils seraient capables de tondre un pauvre homme à vif pour s'emparer de ses poux.

Vieilles histoires déjà puisque toute une guerre a passé dessus. Et quelle guerre! Mais justement cette guerre a été providentielle pour les Blancs dont quelques-uns auraient dû aller moisir sur la paille à la prison de Quimper. Rappelez-vous! Un peu avant la mobilisation, monsieur Le Bail avait été élu député. Les Blancs ne décoléraient pas. Il se trouva que des maçons de Plozévet eurent une maison à bâtir au bourg de Pouldreuzic. Le lendemain de l'élection, avant de commencer leur travail, ils brandirent un drapeau tricolore et entreprirent de défiler dans les rues en clamant une chanson en l'honneur de monsieur Le Bail. Des chansons comme celle-là, c'était l'habitude d'en *lever* et d'en faire imprimer pour ou contre les candidats. Les feuilles volantes étaient largement distribuées par les concurrents qui payaient même des chanteurs populaires pour les chanter sur des airs connus. Et cela continue encore un peu, bien que l'on ait trouvé d'autres moyens de propagande. Mais la chanson des maçons baillistes était particulièrement élogieuse pour le nouveau député et offensante pour ses ennemis.

Or, les ennemis en question digéraient leur défaite dans un débit de boissons tenu par un notable Blanc. Le porte-drapeau Rouge le savait-il? Voulut-il narguer les adversaires déconfits? Il passa au ras de la porte du débit qui était ouverte. Un coup de vent plaqua le tissu dont un pan entra à l'intérieur. Aussitôt un Blanc, fou de colère, empoigna le drapeau et le mit en pièces. Puis il se rua dehors, suivi de ses amis et la bataille commença. Le malheureux porte-drapeau fut renversé à l'entrée de la cour où l'on venait de déverser des cailloux pour boucher les ornières et lutter contre la boue. Voilà le pauvre homme grièvement blessé. L'affaire fut portée devant le tribunal. Mon propre père fut cité comme témoin. Mais la guerre éclata avant que le jugement ne fût rendu. Les Blancs et les Rouges se retrouvèrent fraternellement dans les tranchées, maudissant leur sottise ou s'en amusant, mais jurant en tout cas de ne jamais recommencer.

La paix est revenue et ils recommencent. Avec moins d'ardeur, d'entêtement et de violence, mais ils recommencent. Ils sont toujours intraveineusement Blancs ou Rouges. Les Blancs qui déchirèrent le drapeau tricolore avant de le défendre pendant quatre ou cinq ans aussi vaillamment que les Rouges ont de nouveau scrupule à l'arborer sur leur fenêtre le jour du 14 Juillet. Les Rouges achètent *la Dépêche de Brest* dans une maison de la place, les Blancs *l'Ouest-Eclair* dans une autre en face. Les premiers s'endoctrinent en lisant *le Citoyen* de monsieur Le Bail, les seconds l'hebdomadaire dit de l'Evêché. Et les uns et les autres, sans trop d'illusion, essaient de s'endoctriner mutuellement. Un jour, comme je me rends avec mon père chez mon grand-père le sabotier, le meunier de Brenizennec nous attend sur le pont du ruisseau. Et aussitôt il entreprend de convertir mon père, lui promettant cinq et neuf, monts et merveilles, s'il se décide à voter Blanc. Mon père se défend comme un beau diable, l'autre hausse le ton, passe aux jurons et aux menaces, nous prédit que nous mourrons tout noirs de faim et le cul nu. Qu'est-ce qui lui arrive, père? Il n'est pas comme ça, d'habitude. – Laissez-le tempêter. Il sera plus à l'aise à partir de lundi prochain. Mais l'homme nous suit en vociférant tout au long de la côte qui mène à la maison du sabotier. Celui-ci nous attend derrière sa barrière. A la vue du meunier, il brandit très haut son bonnet bleu et se met à hurler.

Viv ar Republik Vive la République

Ra deom bara ha kig Qui nous donne pain et viande!

Le meunier disparaît dans son bois, de l'autre côté de la route. On l'entend pester de rage en frappant les troncs des pins avec un bout de bois mort.

La campagne électorale bat son plein. Les candidats et leurs séides préfèrent battre le pays en tous sens et travailler les arrière-salles de cabaret plutôt que de s'affronter à grand spectacle comme ils font dans les villes. Chacun d'eux tient néanmoins une réunion ouverte pour échauffer le zèle de ses partisans et gagner peut-être les quelques citoyens sans conviction qui hésitent encore. Quand il y a des contradicteurs, ils sont en général étrangers à la commune. On sait d'avance qu'ils vont venir, on va les voir dans leur numéro. On ne sait pas encore très bien applaudir, mais on hurle très fort, non pas pour intimider l'orateur, mais pour provoquer ceux du pays qui sont d'une autre couleur. On connaît le mot *radical,* panacée pour les Rouges, abomination pour les Blancs. Quant au mot *socialiste,* il inquiète également les deux camps.

Les candidats payent à boire, c'est la moindre des politesses. Non plus, certes, comme avant la guerre, quand le cidre coulait à pleines barriques les jours d'élection. Et quelquefois le vin. Mais les tenanciers des débits reçoivent encore une certaine somme pour abreuver les électeurs qui sont leurs clients habituels et connus pour être Blancs ou Rouges. Honnêtes commerçants qu'ils sont, ils donnent à boire pour la somme reçue, à la grande satisfaction des ivrognes qui « tuent le ver » à tous les comptoirs, la soif n'ayant pas de couleur. On voit même, à telle auberge de carrefour, la patronne inviter les Rouges à venir boire sans façons sur le crédit d'un candidat Blanc qu'elle n'arrive pas à épuiser avec ses partisans jurés. Les Rouges ne se font pas prier deux fois.

Le jour du vote, la femme d'un Rouge de la campagne, revenant de la messe de six heures, entre chez nous pour avaler un bol de café comme elle fait assez souvent avant d'aller chez elle s'occuper des bêtes. Mais elle n'a pas la patience de s'asseoir ni de mettre du beurre sur du pain.

– Il faut que j'aille préparer la bassine d'eau et les serviettes pour mon bonhomme. Il en aura besoin quand il rentrera.

Je ne comprends pas de quoi il s'agit. Ma mère m'explique qu'il y aura sans doute bataille entre les Rouges et les Blancs quand on dépouillera le scrutin et que le mari de cette femme n'est jamais le dernier à jouer des poings. Il va rentrer en sang. D'autres rentreront dans le même état que lui. Demain, leurs adversaires viendront s'excuser auprès des femmes d'avoir un peu abîmé les maris.

– Vous comprenez, Corentine, c'était les élections. Maintenant, c'est fini, nous sommes amis comme avant.

Et Corentine empoignera le balai pour les mettre dehors en attendant de retourner prendre le café chez leurs épouses.

Voilà comment ils sont.

Le bon homme Alain Le Goff a mis son chapeau neuf, son meilleur gilet de velours et son pantalon rayé pour aller jeter son billet dans la boîte. Ma mère lui a ciré sa paire de souliers neufs, tout en cuir, qu'il a achetés en prévision d'un voyage à Paris pour voir ses autres enfants. Il me prend la main et nous descendons vers la mairie et l'école. Le scrutin est à peine ouvert, mais il y a déjà beaucoup de monde dehors et dedans. Quand nous paraissons, je reconnais les Rouges à leur sourire, les Blancs à ce que les visages se ferment, même ceux des amis d'Alain Le Goff. J'ai de moins en moins envie d'être député. Grand-père fait ce qu'il y a à faire et nous repartons en hâte, sans même dire le moindre mot à mon père qui est déjà là, au milieu d'un petit détachement de Rouges, pour veiller au grain. Grand-père n'a qu'une envie, c'est de sortir sa vache de l'étable et de s'en aller avec elle au champ de Meot, loin des vanités du monde.

Il y a au moins un autre philosophe dans le bourg. C'est celui qui met toujours deux bulletins dans une enveloppe, un pour chaque candidat. Peut-être a-t-il bu à la santé des deux! Peut-être a-t-il juré aux uns qu'il votait pour l'un, aux autres qu'il votait pour l'autre, et ne veut-il pas trahir sa double promesse! Ou peut-être n'a-t-il rien à voir avec cette comédie! Je ne dirai pas son nom.

Quelques autres sont soupçonnés de voter Rouge alors qu'ils se font passer pour Blancs ou le contraire. Alors, on cherche à leur tirer les vers du nez en les saoulant au comptoir ou en les excitant jusqu'à la fureur, deux bons moyens de faire lâcher la vérité. Mais les plus fins ne boivent pas et gardent le sourire. Leur femme, entreprise au lavoir, n'en sait pas plus, dit-elle. Et elle ne ment pas. Ces votes secrets mettent tout le monde mal à l'aise. Parlez-moi plutôt de ces braves bougres qui proclament à tout venant qu'ils vont au presbytère pour « faire arranger leur billet ». Voilà des naïfs, donc des sincères. Ils n'ont pas très bien compris les derniers prêches du recteur et du vicaire qui appelaient pathétiquement à « bien voter », à « barrer la route aux maîtres sans Dieu et aux écoles sans foi » ou quelque chose d'approchant. Mais l'instituteur n'est pas candidat. Et ce monsieur Le Bail leur a serré la main, l'autre non.

Les élections passées, la vie reprend son cours, les gens me semblent de nouveau s'arranger entre eux comme le jaune et le blanc de l'œuf. C'est une illusion. La première communion approche. Or, il se trouve que je suis aussi le premier au catéchisme, et tellement premier qu'il n'est pas possible de me mettre second sans faire saigner le grand Christ cloué contre sa colonne au-dessus des bancs où nous étudions sa loi. Mais l'usage veut que le premier du catéchisme soit chargé de « lire le livre (1) » dans le chœur, devant tous les chrétiens assemblés, au cours de la messe de communion solennelle. Est-il possible, je vous le demande, de laisser cet honneur à un fils de Rouge? La réponse est non. La lecture est donc faite par le second,

(1) L'Evangile.

un bon camarade à moi, mais d'une blancheur de lis. Il n'y a aucune protestation d'aucune part, surtout pas de la part de mes parents ni de la mienne. Mais les autres enfants du catéchisme, les Blancs plus que les Rouges, sont choqués de ce passe-droit et d'abord celui qui m'a remplacé devant le lutrin d'honneur. Ils n'arrêtent pas de le dire chez eux au risque de se faire moucher. A la suite de je ne sais quelle concertation entre les grosses têtes et le clergé, j'ai la surprise d'entendre, un dimanche à la messe, le recteur lui-même annoncer que le petit N... se trouvant empêché pendant quelque temps de faire son office d'enfant de chœur, il sera remplacé par Perig Hélias qui connaît son catéchisme sur le bout des doigts et n'a pas son pareil pour lire et chanter le latin. Ce que le recteur ne sait pas, sinon il en étoufferait de dépit, c'est que ma première (et ma seule) leçon de latin m'a été donnée par monsieur Le Bail lui-même, l'Antéchrist. Un jour, j'étais en visite avec ma mère chez mon grand-oncle Michel Hélias qui est au service du député radical et habite une maisonnette attenante à sa maison notariale. J'étais en train de boire le café avec ma cousine Gaïd quand une porte s'ouvrit brusquement. Entra le grand personnage à favoris sous son chapeau melon. Quand on lui eut rappelé qui j'étais, en ajoutant que je faisais merveilles à l'école de Pouldreuzic, il me fit passer sur-le-champ un petit examen qui le satisfit sans doute puisqu'il m'entraîna tambour battant dans son bureau. Vous apprendrez le latin, déclara-t-il de sa voix sévère. Il attrapa quelques livres dans sa bibliothèque pour me déclamer quelques périodes que je suppose avoir été du Cicéron. Après quoi, il me fit asseoir et répéter après lui la première déclinaison : *rosa,* la rose. J'en fus étourdi jusqu'au soir.

Mon père n'est pas d'accord pour que je devienne enfant de chœur. Ce n'est pas la place d'un petit Rouge. Mon grand-père non plus, mais parce qu'il faut se lever de trop bonne heure. Mais ma mère, satisfaite dans le fond, fit valoir qu'un refus nous mettrait en fâcheuse position devant les gens. Et c'est ainsi que pendant quelques semaines, en rouge et blanc, je transporte le grand livre de l'Epître à l'Evangile, je manipule les burettes sans jamais y goûter, je le jure, et je sors ma plus belle voix à la grand-messe. Devant moi, parmi les fidèles, ma mère a grand-peine à contenir sa fierté. Mon père, assis à la place la plus humble, derrière la chaire à prêcher, ne me voit pas. Mais il tremble à l'idée que je pourrais rater une réponse ou une note, ce qui serait une humiliation pour les Rouges en général et pour lui en particulier.

Cependant, je travaille d'arrache-pied pour passer l'examen des bourses. Quelque temps avant les épreuves, le recteur vient trouver ma mère au creux d'un après-midi, profitant de ce que mon père est au travail. Il lui fait mille compliments de son fils qui est de taille à briller dans un collège chrétien comme Saint-Gabriel de Pont-L'Abbé ou peut-être au séminaire. Qu'elle ne se fasse pas de souci pour les dépenses qui sont hors de ses moyens, lui-même et d'autres généreux protecteurs y pourvoiront. Ma mère, en bonne chrétienne, ne peut pas dire non. Elle s'en tire en disant qu'elle en parlera à son mari qui est le maître. C'est là ce que répondent toutes les Bigoudènes quand elles sont en difficulté. Mais cela signifie non. Mis au courant, mon père tranche en disant qu'il n'a pas élevé un fils pour en faire un curé, c'est bon pour les Blancs. La juste ambition des Rouges est d'être instituteurs. D'ailleurs, ajoute-t-il, il ira au Lycée de Quimper pour rien. Monsieur Gourmelon a dit qu'il n'aurait aucune peine à passer les bourses s'il fait un peu attention au calcul.

Moi, j'aimerais bien devenir menuisier ou, à la rigueur, quartier-maître dans la marine.

Et rester Rouge, bien entendu.

Vive la République!

V

LES APPRENTISSAGES

> *On ne peut pas connaître un pays par la simple science géographique... On ne peut, je crois, rien connaître par la simple science. C'est un instrument trop exact et trop dur. Le monde a mille tendresses dans lesquelles il faut se plier pour les comprendre avant de savoir ce que représente leur somme.*
>
> J. GIONO, *L'Eau vive.*

Je suis d'un pays où règne le maître-vent à ses heures. La mer et la terre lui sont également soumises, les hommes lui doivent la meilleure part de ce qu'ils sont. Je ne crois pas qu'il y ait un seul habitant de ces parages, homme ou femme, qui ne soit redevable au vent, galerne ou suroît, de cette alacrité physique et morale qu'on appelle *startijenn.* Sans lui, beaucoup d'entre nous écouteraient probablement les voix insistantes de la fatalité qui susurrent d'abandonner toute entreprise et de s'asseoir au pignon de la maison pour attendre advienne que pourra. Mais le vent nous tient en joie et en souci. Il nous pousse dans le dos pour nous forcer à l'aventure quotidienne. Il nous gifle la face pour nous faire bander nos muscles et jurer les sept cents barriques de tonnerre. Il nous sale de pluie comme on fait de la chair des cochons de bonne race que l'on veut empêcher de pourrir. Il secoue, il malmène, il bouscule, il nourrit notre carcasse de ses bourrades et notre esprit se tient en éveil, constamment agressif, aux aguets des coups durs et des revanches sur la vie. Comme il nous trempe le bougre! Non, ce seigneur invisible n'est pas indifférent à nos gravillons humains qui lui encombrent l'œil. On peut dire qu'il nous aime si l'on en juge par la constance qu'il met à nous étriller. D'ailleurs, il est vivant, c'est tout dire, et fou déchaîné, ce qui nous convient parfaitement. Que deviendrions-nous sans lui?

Du plus loin qu'il me souvienne, je l'entends qui mène son grand jeu par le pays. Il gronde, il siffle, il chuinte, il miaule, il sanglote, il s'étouffe de rire, il chante à travers les murs de galets et de pierres plates. Sur son passage claquent les ailes de moulins, les draps et les hardes qui sèchent sur leur fil, les lourdes robes des femmes, les rubans de leurs coiffes, les bannières des processions, les ardoises descellées sur les toits, le seau de Marie-Jeanne Kerveillant sur la margelle de son puits. Des sabots abandonnés sur un seuil s'entrechoquent avec des bruits de noix creuses avant d'aller baguenauder par le quartier. Dans les champs, les vaches s'arc-boutent sur leurs quatre pattes et présentent leur arrière-train au vent comme si elles voulaient se faire féconder par lui. Déjà, les petits pâtres sont mussés dans les arbres creux quand il s'en trouve, ou allongés dans l'herbe tout du long de leur corps. Quand ils se mettent debout, c'est pour jouer à se faire pousser par le vent, paletot déployé, sans autre effort que de manœuvrer les jambes pour garder l'équilibre. Je vous laisse imaginer quelle ivresse icarienne est la leur. Demain, les journaux marqueront que le vent a galopé à cent-vingt kilomètres à l'heure sur la pointe de Penmarc'h. Et Alain Le Goff me dira : « Cette fois-ci, le maître-vent est venu lui-même. »

Regardez-le! Autour des fermes, les bouquets d'arbres sont rebroussés vers l'est par de terribles coups de peigne. On les dirait meulés sur la face qui reçoit la bourrasque. A part le chardon bleu des dunes, il n'est pas une plante qui ne plie sous le maître-vent. Et pendant qu'il y est, il fait le ménage du ciel à fond. Ce n'est pas le soleil qui en serait capable, paresseux qu'il est! L'ombre des nuées dérive sur la terre dans les abois des chiens. Les gens doivent crier pour se faire entendre à deux pas. Quand la tourmente a cessé, ils se curent les oreilles, secouent la tête un bon coup pour reprendre leurs esprits. C'est alors qu'ils se sentent rechargés en *startijenn.* Il leur vient une envie de rire. Fade et vieux leur paraît le soleil.

Notre vent serait capable de souffler sans arrêt. S'il ne le fait pas, c'est parce qu'il veut jouir de son œuvre. Il a nettoyé la côte et la campagne. Les couleurs sont plus vives, les lignes et les volumes plus fermes. La lumière est aussi fraîche qu'au premier matin de la Création. Et voilà les Bigoudens qui naviguent dans tout cela, pareils à des poissons dans un aquarium dont on a changé l'eau. La voix de Corentin est plus profonde, celle de la grande Anne éclate en fanfare. Ils sont lavés à l'intérieur de la tête aux pieds.

Ce soir, le ciel est rouge sur la mer, d'un rouge inégal et mal baratté, mais étrangement immobile. En descendant au bourg, Herri Bruno a dit à Naïg le Dréau : « Il y aura du vent fou demain si la lune s'y met. » Il faudra observer la lune tout à l'heure pour voir si elle est cerclée de loin ou de près. Mais la lune se moque rarement de l'horizon de mer. Déjà les commères s'interpellent d'un seuil à l'autre. Demain sera le jour des aiguilles de pins. Il est temps de préparer la corde. Et de se réjouir.

La coutume veut que les aiguilles et les pommes de pins abattus par le vent dans les bois de la paroisse soient laissées aux pauvres gens pour allumer et entretenir leur feu. Aucun propriétaire, même le plus pingre, n'oserait s'y opposer de peur de perdre sa réputation. Et la « grosse tête » qui serait vue glanant sous les arbres y laisserait son rang. D'ailleurs, les riches ne savent plus comment on compose un fardeau d'aiguilles de pin à ramener sur le dos dans une corde. Quant aux femmes pauvres, les plus expertes en la matière, elles ne disent jamais comment elles font. Mais demain, nous, les enfants, nous verrons revenir des bois de Ménez-Fuez d'énormes tas d'aiguilles sèches qui tiendront miraculeusement ensemble et avanceront sur la route au pas régulier d'une vieillarde courbée en deux, pareille à une fourmi ramenant un butin plus gros qu'elle.

Il fera du vent fou demain. Le gars de Pouloupri, le plus âgé des garnements du haut bourg, a entendu la nouvelle. A moins qu'il ne sache prévoir le vent lui-même car ce diable de gars sait tout ce qui ne s'apprend pas à l'école. Nous sommes en train de jouer à saute-mouton ou à colin-maillard quand il arrive, plus sévère que l'instituteur annonçant la composition.

– Petit Pierre, me dit-il, demain matin dans le *Champ du Recteur.* Et gardez-vous de ne pas y venir!

Là-dessus, il s'en va en sifflant, la bouche de travers.

Je sais de quoi il s'agit. Une épreuve m'attend qui me permettra de monter d'un degré dans la hiérarchie des enfants si j'en viens à bout. Si je rate mon affaire, je serai humilié, écarté des grandes expéditions, peut-être renvoyé dans la compagnie des morveux qui ont un ou deux ans de moins que moi. Que sera cette épreuve? Je l'ignore, mais je suis sûr que le vent n'arrangera rien. Comment ferai-je pour dormir cette nuit?

Déjà, l'hiver dernier, le gars de Pouloupri nous a fait descendre à trois ou quatre dans les prairies de Pont-Gwennou. Il y a là un ruisseau qui passe sous la route à travers un étroit couloir de maçonnerie dans lequel il faut entrer en rampant. Nous avons dû traverser cela sur les genoux pour ressortir de l'autre côté où il nous attendait avec son état-major. C'était noir, froid et humide. Le ruisseau, grossi par les dernières pluies, bouillonnait entre nos jambes. Des végétations inconnues, poussées dans les interstices des pierres, nous grattaient la figure au passage. Piquantes, peut-être vénéneuses. J'étais le second. Je suivais le derrière du premier et j'étais moi-même poussé aux fesses par le troisième. Il me semble bien que nous avions du mal à nous retenir de hurler. Au milieu du boyau, le chef de file, pris de peur, voulut abandonner la partie. Il s'arrêta. Il fit les sept possibles pour se retourner, mais il n'avait pas assez d'espace. Ses épaules refusaient de changer de place avec ses fesses. Pour ma part, j'étais bloqué par mon suivant qui poussait avec obstination en émettant des grognements de porcelet. Le lendemain, il nous dit qu'il n'avait rien trouvé de mieux que de fermer les yeux et de se boucher les oreilles en attendant la fin de l'aventure. Et nous voilà tous les trois, mêlant confusément nos membres et nos souffles dans l'étroit réduit sans pouvoir avancer ni reculer, trop noués par l'angoisse pour trouver la force de crier. On ne lutte pas contre le purgatoire, n'est-ce pas!

Soudain, déformée par l'écho, la voix du gars de Pouloupri retentit à l'autre extrémité du boyau de pierre où il nous attendait.

– Alors, les petits chiards! Où êtes-vous restés? Faut-il aller vous tirer dehors par les oreilles?

Du coup, nous fûmes libérés. Le premier de nous se dégagea vivement, partit à quatre pattes pour rejoindre la voix plutôt que pour obéir à son ordre. Et moi derrière lui et le troisième à mes trousses. Quand nous sortîmes dans le brouillard de la prairie en écartant les fougères-de-loup, nous eûmes l'impression que le gars et son état-major étaient soulagés. Quoi qu'il en soit, nous avions triomphé de l'épreuve, nous pouvions marcher la tête haute. Et en route pour la maison. Là-bas nous attendait une bonne volée pour avoir gâté nos braies, nos bas de laine et nos chaussons dans l'eau du tunnel. Mais nous avions sauvé nos sabots.

Il fera du vent fou demain. Encore une nuit et la seconde épreuve m'attend dans le *Champ du Recteur.* Je suis réveillé par les claquements pressés des volets. Quand je vais derrière la maison pour le pipi matinal, le vent siffle sur deux notes aiguës, la courte et la longue, et une troisième, la fausse, qui est mésaise pour l'estomac. L'hélice d'un petit avion de bois que j'ai taillé de mes propres mains ronfle au bout d'un long bâton planté là-haut dans le tas de paille. A la bonne heure! Il se présente bien au vent, il vire avec lui sans se coincer dans sa tige. Ce serait mieux encore si j'avais un couteau Pradel. Dans un an ou deux peut-être... Je soupire en boutonnant mon pantalon avant qu'il ne s'y glisse quelque souris. Puis je traverse la maison et je sors sur la route. Des éclats de voix, des rires, des exclamations indignées. Ce sont des femmes qui descendent vers le bourg, rassemblant d'une main leurs lourds cotillons où le vent soulève des vagues folles. L'autre main est appliquée sur la tête, par-derrière, pour tenir la coiffe. Une charrette remonte vers les champs. Au chapeau du conducteur, les six rubans de velours s'ébouriffent du même mouvement que la crinière du cheval. Il fera du vent fou demain, a dit hier Herri Bruno. C'est alors que je me rappelle : demain matin, dans le *Champ du Recteur*. Demain, c'est aujourd'hui. Qu'est-ce que le gars de Pouloupri a encore inventé pour me faire gagner ma place parmi les grands?

Allons, il faut y aller. D'abord, je vais coller mon oreille contre le premier poteau de téléphone que je rencontre. Le fût de bois vibre toujours un peu, mais aujourd'hui j'entends des tas de voix dedans, celles qui passent dans les fils, là-haut, des voix que je ne comprends pas, mais je ne sais pas non plus très bien ce que c'est que le téléphone. Je sais seulement que le gars de Pouloupri et quelques autres s'amusent quelquefois à casser au lance-pierres ces espèces d'encriers de porcelaine blanche qui soutiennent les fils. Je sais aussi que c'est défendu. Tant à la maison qu'à l'école, on nous promet les gendarmes s'il nous venait à l'idée de... Est-ce que le gars aurait envie de me faire tirer sur les encriers pour voir si je suis capable d'arrêter le téléphone? Dois-je aller chercher mon lance-pierres au risque de voir apparaître demain, sur mon seuil, les deux képis jumeaux? Ou faut-il que je me résigne à n'être jamais reçu dans l'état-major du gars?

Tous les enfants du haut du bourg sont déjà dans le *Champ du Recteur* quand je m'approche. De loin, je les vois blottis contre le talus pour se protéger du vent fou. Le gars de Pouloupri trône au milieu d'eux. Ils ont pris place à sa droite et à sa gauche, chacun selon son âge et son rang reconnu. Avec humilité, j'affronte cette cour de justice. Sans me faire l'honneur d'un regard, le gars tourne la tête vers l'un des trois grands ormes plantés au ras du talus et dépouillés par l'hiver.

– Montez là-haut, dit-il, et descendez-moi ce nid!

C'est un nid de pie desséché. Il est à la cime du plus haut des ormes. Et cette cime va et vient dans le ciel sous l'action des sept vents de la rose, comme un balancier qui serait lesté du nid en question. Je maudis l'orgueil des pies. La première qui se laissera surprendre par moi sur un tas de crottin, mon lance-pierres en fera une charogne.

– Il tient une ventrée de peur, dit le plus petit pour faire sa cour au gars.

Quelqu'un de l'état-major ajoute :

– Il va se vider dans ses braies.

Sept cents tonnerres, dirait grand-père, on verra bien. Je boutonne mon veston jusqu'au col et j'embrasse le tronc. Il est bien gros pour mes bras, mais j'arrive quand même à me hisser par à-coups jusqu'à la première branche maîtresse, aidé par mes pantalons de panne presque aussi rugueux que l'écorce. Ensuite, ce serait un jeu pour moi de grimper de branche en branche, s'il n'y avait pas ce maudit vent qui forcit à mesure que je m'élève. Qui forcit tant que je dois assurer mes prises et mes appuis si je ne veux pas être jeté à terre comme un fruit mûr. Mon cœur cogne à toute force contre mes côtes quand je parviens à la hauteur où l'arbre ne présente plus que des rameaux trop maigres pour me soutenir assurément. Je reviens au fût et je l'étreins tant que je peux. Alors, je sens dans tout mon corps le balancement de l'arbre. Ma tête commence à tourner. Je suis sous le nid qui me semble énorme, mais il est encore à près de six pieds sur sa tige unique. Un coup d'œil en bas pendant que je fais l'encensoir. Je vois virer vertigineusement sous moi des visages béants qui suivent mon ascension. Mes entrailles sont sur le point de me déranger. Au diable le gars et son état-major! Qu'ils aillent embrenner les orties!

J'ai réussi à descendre parce que j'étais animé d'une

rouge fureur. En sautant à terre de la dernière branche, j'ai lancé au gars quelque chose comme :

– Allez le chercher vous-même et avalez-le sans sel ni poivre.

Le gars souriait jaune.

– C'est bien, dit-il, venez avec nous!

Et il chassa les autres petits avec de fortes malédictions. C'était pour me faire entendre que j'étais reçu à l'état-major. Il était malin, ce gars-là. Il savait bien que s'il m'avait renvoyé avec les autres morveux, le fils de mon père l'aurait mis publiquement au défi, dix fois par jour, d'aller descendre le nid. Et lui non plus n'était pas capable de réussir le coup.

Un jour, mon grand-père me dit :

– Il est temps que je vous apprenne à pousser la brouette devant vous. Ensuite, nous verrons comment on fait pour la tirer derrière, ce qui est plus difficile, mon garçon.

Me voilà plein d'orgueil. Cette brouette, j'y ai siégé bien souvent depuis que je suis au monde pour aller aux champs ou en revenir quand il n'y avait rien dedans. Grand-père m'y charriait à son pas en me racontant des histoires. Avec ma mère, l'allure était plus vive. C'est qu'elle avait tant de travail à faire, la pauvre femme, qu'elle ne pouvait pas traîner en route. Mais, comme elle était agile et de bonne humeur, elle s'amusait à courir de temps en temps, la brouette sautait sur les pierres ou par-dessus les nids-de-poule et nous deux de rire aux éclats. Avec mon père, c'était autre chose. Même quand le véhicule était chargé d'un énorme faix d'herbe ou de choux, il me juchait dessus en me recommandant de me tenir à la corde. J'avais presque le vertige là-haut, mais la masse de verdure était bien confortable sous mes fesses et mon père si fort que je n'avais pas peur de tomber. Et il vint un moment où je fus un trop grand garçon pour me faire traîner en brouette sans perdre ma réputation. Il avait suffi à quelqu'un de dire, en me dépassant pendant que je me prélassais dans mon carrosse à une roue.

– Comment! Voilà un poussin qui va sur ses cinq ans et il ne sait pas encore marcher?

Holà! Jamais plus je ne voulus m'asseoir en brouette, foi de Bigouden.

Des mois et des mois passèrent. Je n'eus plus qu'une envie : pousser moi-même la brouette et, qui sait, traîner un poupon dedans comme avait fait Louis Le Coz avec son petit frère. Il est vrai que la brouette de Louis s'était renversée, le petit frère avait été proprement déchargé au vol dans un fossé, ce qui avait valu au grand une volée de coups de balai dont il fut mortifié toute la nuit et le jour suivant jusqu'à midi. Mais s'il fallait s'arrêter à ces petits accidents, on ne deviendrait jamais un homme.

Et voilà qu'on me jugeait capable de pousser la brouette. A vrai dire, je m'y étais déjà exercé en cachette dans la cour, derrière chez moi. J'avais bien craché dans mes mains comme on doit faire pour qu'elles ne glissent pas sur les poignées toutes lisses à force d'usage. Mais les brancards d'une brouette sont faits pour les grandes personnes. J'avais les bras trop courts, la caisse était plus lourde que je ne pensais, cette maudite roue cerclée de fer avait sûrement planté des racines dans le sol, une force invisible pesait à droite ou à gauche dès que je soulevais de terre les pieds de bois, bref, le mieux que je pus faire en m'y donnant tout entier fut de pousser l'engin sur quelques mètres. Après quoi il se coinça si bien entre le mur de la maison et le tas de paille que je ne pus jamais le dégager. Quand mon grand-père rentra des champs, il se contenta de sourire en disant :

– Tiens! Voilà la brouette qui s'en va toute seule comme le char-à-feu d'Alain Le Reste quand il veut bien.

Maintenant, grand-père m'a roulé la brouette jusqu'à un chemin creux et plat entre deux hauts talus. Il n'y a personne aux environs. Il n'y aura personne pour se moquer de moi si la diablesse de brouette m'entraîne malgré moi dans les ronces et les orties. Ma gorge refuse de me donner assez de salive pour me mouiller les mains. Tant pis! J'attrape les poignées.

– Tirez vers vous, me dit grand-père, comme si vous vouliez mettre vos mains dans vos poches. Ne regardez pas la brouette, mais le sentier devant la roue. Penchez-vous un peu en avant et poussez avec vos talons. Allons-y!

Il m'a dit des tas d'autres choses et, miracle! la brouette a fini par m'obéir après avoir fait deux ou trois fois sa mauvaise tête.

En revenant à la maison, je crois bien que j'ai toisé de mon haut les autres enfants de mon âge que nous avons rencontrés. Car j'ai entendu grand-père dire entre ses dents : petit orgueilleux. Pour un Bigouden, c'est à la fois un blâme et un compliment. Grand-père était ravi. Moi, je marchais derrière lui pendant qu'il tirait sa brouette à son pas et je me demandais comment il faisait pour tenir en équilibre un engin qu'il ne voyait pas.

Depuis, à chaque fois que je peux mettre les mains sur la brouette, je ne manque pas de la pousser dans des endroits de plus en plus difficiles. Je me coupe le souffle à la faire monter de petits raidillons, après quoi je me salis le fond du pantalon à la faire redescendre car elle m'entraîne par son poids si bien que je dois freiner en me laissant choir sur le derrière. Les autres enfants font leur apprentissage de leur côté. Nous comparons nos progrès, nous nous lançons des défis comme de faire passer la roue sur une étroite planche ou de traverser un ruisseau sur un gué de cailloux. Mais nous avons bien du mal à tirer la brouette derrière nous. Nos grands-pères nous ont dit :

– Attendez l'année prochaine!

Rien. Rien du tout. Nous n'avons pas le temps d'attendre. Alors, nous tirons en trébuchant et quelquefois un cahot nous jette à terre, une poignée s'évade de nos mains et nous fend la lèvre, la garce!

Cependant, nous grandissons. Les plus doués roulent déjà brouette sur la grand-route. Il y en a même qui courent pieds nus en la poussant entre Pâques et Pentecôte. C'est alors que les grandes personnes les entreprennent sévèrement.

– A quoi sert votre brouette, mon garçon? Si au moins

vous mettiez dedans la morve de votre nez! Vous en seriez plus légers.

Nous sommes vexés. Nous ne voulons pas entendre deux fois ce reproche. Nous commençons à charger les brouettes. Avec des pierres d'abord, avec nous-mêmes ensuite. Chacun s'assoit à son tour dans la caisse, cherchant à déséquilibrer le porteur par les mouvements les plus désordonnés. C'est un jeu, c'est aussi une épreuve dont nous voulons nous tirer avec honneur. Nous ne cesserons pas de nous colleter avec la brouette jusqu'à ce que nous soyons capables d'y mettre un faix d'herbe de la prairie ou une cordée de choux du champ et de ramener ce chargement à la maison sans lui faire embrasser la route. Les vaches n'aiment pas les graviers. Cela réussi, nous aurons mis la brouette à notre merci et nous pourrons nous attaquer successivement à la charrette à bras et au tombereau à cheval. Il y a tant de choses à apprendre, tant de compliments à mériter. Car le pays tout entier nous regarde grandir. Le pays tout entier mesure notre croissance d'après un certain nombre de tests dont celui de la brouette est l'un des plus probants.

Et les mois passent sur les semaines. A chaque fois que grand-père s'en va dans la prairie pour couper de l'herbe à la faucille, c'est moi qui pousse la brouette vide à l'aller. La prairie est à un quart de lieue d'ici. Là-bas, je l'observe de près, grand-père, pendant qu'il confectionne son faix d'herbe. C'est toujours un chef-d'œuvre qui sort de ses mains. J'apprends à manœuvrer la brouette juste ce qu'il faut pour la renverser sur le côté du faix et y attirer celui-ci par la corde avant de la remettre d'aplomb. Ce n'est pas un travail de maladroit, messeigneurs! Dans la prairie voisine, il y a une sorte de très haute chaise de bois qui sert à endosser le faix d'herbe. Savez-vous comment? On renverse la chaise sur le dossier, on y roule le faix et on redresse le tout. Ainsi, le nœud de la corde se trouve à la hauteur des épaules du porteur. Un paysan doit savoir travailler en douceur. Encore un peu de temps et je serai assez fort pour remplacer la brouette par mon dos.

Ce peu de temps fera une dizaine d'années. Vers le printemps du brevet, je réussirai l'exploit de ramener à la maison le chargement d'herbe dans la brouette. L'hiver d'avant le bachot me verra ployant sous un fardeau de choux qui a bien failli rester en route. Mais il arrivera dans l'appentis sans être jamais tombé de mon échine en dépit du vent et de la pluie. Je me suis seulement arrêté une fois, à la mi-côte de Pont-Gwennou, là où l'on voit plantée dans le talus une énorme pierre à la hauteur des reins d'un homme normal. Cette pierre, Marie-Jeanne Bourdon l'appelle « la pierre du repos ». Et tous les porteurs à pied s'y appuient un moment pour reprendre leur souffle.

Or, de cette époque où j'ai roulé brouette ou endossé des choux entre champs et bourg, il me reste surtout le souvenir des bornes qui jalonnaient le bord de ma route. Celles des hectomètres surtout. C'était sur elles que je réglais mes efforts sans regarder autrement autour de moi. Et je souriais à la septième qui s'entourait tous les ans d'une couronne de pissenlits.

Nous n'avons jamais eu ni cheval ni charrette ni même de carriole à bras.

Un des grands jours de ma vie, c'est quand je vais chez le cordonnier pour acheter une nouvelle paire de sabots de bois. Ceux que j'avais aux pieds, ce matin encore, sont tellement usés qu'on ne peut plus y mettre de clous. Depuis quelque temps déjà, le gauche est fendu sur le dessus. Et pourtant il était cerclé d'un fil de fer comme l'autre. Ce que je n'ai pas avoué à mes parents, c'est que le bois de pins de Ménez-Poullou nous sert de salle de boxe depuis que l'un de nous a trouvé une image représentant un boxeur abrité derrière d'énormes gants. Ces gants nous ont fait monter des idées à la tête. Un sabot est une sorte de gant pour les pieds, n'est-ce pas! Pourquoi ne servirait-il pas pour les mains! Et voilà pourquoi nous nous livrons des assauts deux par deux, dans le bois, avec un arbitre, s'il vous plaît, pour faire respecter un règlement que d'ailleurs il ne connaît pas plus que nous. Mais il est interdit de chercher l'adversaire au visage ou au corps. On ne peut frapper que les sabots dans lesquels sont engagés ses poings.

La méthode habituelle consiste à plaquer les sabots les uns contre les autres et à pousser jusqu'à ce que l'un des combattants soit obligé de reculer hors d'un périmètre délimité par des cailloux. Ainsi font nos vaches avec le front et les cornes. Mais certains y vont à grands coups secs, essayant de contraindre le rival à l'abandon en le faisant s'écorcher les mains dans ses propres gants de bois. A ce jeu-là, la plupart des sabots ne durent pas longtemps. Soudain, ils rendent un bruit bizarre qui tourne en vibration et une fente apparaît. Il est grand temps de faire un garrot avec un bout de ficelle avant que le sabot ne s'ouvre jusqu'au bout. Le soir, un père furieux, à grand renfort de fil de fer, réparera les dégâts en maudissant la mauvaise qualité du hêtre. Car naturellement, le sabot se sera cassé tout seul. Ce qui n'aura pas empêché l'enfant de se faire « dresser » par quelques revers de main, histoire de lui apprendre à mieux ménager les finances de la maison qui ne peuvent pas toujours supporter l'achat prématuré d'une paire de sabots neufs. Hé non! Alors, le fil de fer fait son office. Et si ce n'est pas assez d'un, il y en aura deux ou trois. Mais désormais les deux sabots ne feront pas le même bruit. Et comme les fils de fer se desserrent à la longue, on entend chanter le bois à chaque pas. Il y a des raffinés qui préfèrent consolider leurs sabots avec une bande de fer-blanc récupérée dans les chutes de notre usine qui fabrique elle-même ses boîtes à conserves. Le fer-blanc de ces boîtes sert aussi à boucher les trous que certains sabots arborent, à l'usage, à la hauteur du gros orteil. On en coupe le morceau qu'il faut et, à l'aide de petites pointes, on en recouvre largement le trou. Sur le fer-blanc, il y a l'image de Notre-Dame de Penhors. Comme les gens de foi n'osent pas mutiler la Vierge, même en reproduction, ils la gardent tout entière. Ainsi sont-ils protégés deux fois.

Chez Guillaume le cordonnier, un tas de sabots impressionnant nous attend. Choisir là-dedans la meilleure paire n'est pas facile, mais tout le monde s'y met de bon cœur.

Ma mère commence par m'acheter des chaussons bourrés qui accompagneront désormais les nouveaux sabots et s'useront avec eux. La grande préoccupation, ensuite, est de savoir si telle ou telle paire me va mieux que telle ou telle autre, si je circule mieux avec. Il suffit d'être mal à l'aise dans ses sabots pour se mettre à marcher de travers, outre que l'on risque de s'écorcher les chevilles. Nous élisons ma paire de sabots neufs avec autant de soin qu'un homme du monde essayant des escarpins vernis. L'élection faite, les deux objets sont présentés à la lumière, sous tous les angles, l'un après l'autre. On en regarde l'intérieur de près pour s'assurer que le sabotier n'a pas creusé un peu trop fort, si la paroi n'est pas trop mince aux endroits délicats. Me voilà pourvu. Ce soir, mon père garnira les semelles de clous à grosse tête qui feront des étincelles sur les cailloux de la route avant que la route n'en vienne à bout.

Sabots trop riches à mon goût, sabots de bourgeois. J'envie ceux de mes camarades qui n'ont pas de chaussons bourrés et pas toujours de chaussettes de laine en dehors des jours de classe. Ceux-là savent déjà confectionner des coussinets de foin qui s'interposeront, dessus et dessous, entre le bois mort et la peau vivante de leurs pieds. Le coussin du dessus est joliment roulé comme une moustache d'ancien combattant, celui du dessous, qui sert de semelle intérieure, coupé net au couteau derrière la cheville ou savamment dégradé à la façon des toits de chaume. Je pense qu'avec un peu d'entraînement je pourrais en faire de pareils sans le secours de personne. Mais ma mère ne veut pas. Déjà, elle ambitionne pour moi le certificat d'études. Et avec une telle instruction, on ne peut pas se passer de chaussons en attendant de marcher tous les jours sur du cuir. Tant pis pour moi!

Le temps n'est pas encore venu où les cordonniers, avec des pointes fines, assembleront sous les sabots des bandes de caoutchouc en forme de fer à cheval. Luxe de Bas-Empire. Pour le moment, nous perdons sur les routes un clou par-ci, un clou par-là. Ces clous ne sont pas perdus pour tout le monde. Ils font le désespoir des vélocipédistes dont les boyaux se crèvent trop souvent sur eux en raison d'une fâcheuse tendance qu'ils ont à se présenter la pointe en l'air. C'est d'ailleurs pourquoi notre voisin Yann Le Coz, le charron-menuisier, ne veut rien entendre pour changer le caoutchouc plein de sa bicyclette *le Gaulois*. Nous-mêmes, quand nous marchons pieds nus, à la belle saison, nous en prenons quelquefois dans la chair de nos talons ou de nos orteils. Vilaine affaire sur le moment, mais qu'importe! Nous les arrachons aussitôt, nous faisons saigner la plaie à grand renfort de grimaces, après quoi nous pissons dessus et c'est fini. Mais sachez que la bave d'escargot est encore plus efficace que le pissat. En revanche, il y a des jours où nous explorons soigneusement une section de route pour nous approvisionner en clous perdus, habitués que nous sommes à récupérer tout ce qui peut servir, c'est-à-dire tout ce qui a déjà servi. Avec une pointe, une vieille lame de couteau, avec n'importe quoi, nous faisons sauter les clous enfoncés entre les pierres.

Ils nous serviront d'abord à remplacer ceux qui sont partis de nos propres sabots. C'est ainsi qu'on se gagne la considération des pères. Ensuite, nous disposerons avec eux d'une monnaie d'échange auprès des autres enfants. En attendant, la moindre chose que l'on puisse en faire est de les utiliser comme toupies. Prenez la pointe par en dessous entre le pouce et l'index, imprimez-lui sèchement un mouvement tournant et jetez-la sur une surface unie. Certains n'ont besoin que de leur paume pour cela. Un joli jeu pour quand on est tout seul. Des clous! dit-on quelquefois pour signifier quelque chose qui n'a pas de valeur. Cela m'étonne toujours parce que les clous de mon âge tendre valaient toujours peu ou prou. Surtout les doubles ou les triples, à deux ou trois têtes et autant de pointes. Et aussi ces longs clous échappés aux fers des chevaux. A chacun les trésors qui lui conviennent.

En ce temps-là, au demeurant, le clou est notre plus menue monnaie, une sorte de liard troué. Au-dessus, il y a le bouton; déjà plus précieux. Un bouton perdu se retrouve toujours. Le premier qui le voit le cueille et l'enfouit au profond de sa poche comme une pièce d'or. C'est ainsi que se gagne la considération des mères. Combien de vestes voit-on avec des boutons dépareillés! Aucune importance. Mais il y a boutons et boutons. Il y a les petits boutons communs qui n'ont pas un très haut cours sur notre marché, les plus déprisés étant les boutons blancs des chemises. Il y a de gros boutons de corne, déjà plus considérables. Il y a surtout, rare aubaine, ces boutons de métal pour vestes de chasseurs, avec une tête de chien ou de sanglier dessus. Dommage, vraiment dommage qu'il n'y ait pas beaucoup de chasseurs dans le pays. Il y a enfin les boutons bretons, ceux qui sont tombés des *chupennou* à l'ancienne mode, boutons cerclés de cuivre et montrant, sous un œillet de verre, des dessins étranges, multicolores, symboles d'un kaléidoscope secret.

En tout état de cause, un bouton breton vaut deux boutons français au moins. Quand on en possède un beau, on peut le monnayer quelquefois pour huit ou dix autres. Car il y a une bourse aux boutons qui se tient particulièrement le jeudi, jour sans école. Il y a des changeurs et des usuriers en boutons, parole! Ce sont les petits malins qui sont heureux au jeu, alliant la chance à l'habileté. C'est au jeu que nous perdons ou gagnons des boutons, à tous les jeux, y compris les cartes. Et cette monnaie, à défaut des pièces blanches et des sous de bronze dont nous voyons rarement la couleur, nous sert pour acheter ou vendre des services et des objets de toute sorte entre nous. Seulement entre nous car la marchande de bonbons et de gâteaux, voyez-vous ça! n'accepte pas les boutons.

Il est rare que nous n'ayons pas dans notre poche un bouton à deux ou quatre trous dans lequel nous avons passé un fil solide par deux fois avant de le nouer. On introduit un index à chaque bout du fil, on fait tourner pour enrouler les deux brins l'un sur l'autre et l'on tire. Le bouton se met à ronfler. Il n'y a plus qu'à entretenir le ronflement en serrant et en étirant comme un joueur d'accordéon. Ces boutons ronfleurs font bien des envieux.

Evidemment, on peut faire la même chose avec un morceau d'ardoise taillé en rond et percé de deux trous. Mais il faut remplacer le fil par une ficelle, l'ardoise est lourde et coupante, on risque la blessure si la ficelle vient à casser.

Il y a des jours tragiques où nous sommes sans boutons. Ruinés, autant dire, incapables de tenir notre rang dans notre société, écartés, humiliés, offensés. Alors, que voulez-vous! Il faut bien que nous arrachions un ou deux boutons de notre paletot, quitte à encourir les foudres de notre mère le soir-même. Ou alors nous allons fouiller dans sa boîte à ouvrage pour emprunter quelque monnaie « boutonnière » en nous jurant de la remettre en place après fortune faite. En général nous ne faisons que différer le juste châtiment de notre larcin. Les plus avisés ont une dernière ressource, c'est de faire du troc avec les petites filles. Aux filles, il manque toujours quelques épingles. Elles raffolent surtout des épingles de nourrice et des longues épingles à grosse tête pour les coiffes. Les épingles, cela se perd aussi, donc cela se trouve. Nous en avons quelques-unes au revers de notre veste. Elles ont des boutons dans leur poche de robe. Nous nous arrangeons dans quelque coin pour ne pas être vus, car une chevrette qui fréquente d'autres garçons que ses frères ou cousins est traitée de « garçonne », un garçon qui a commerce avec les filles doit être prêt à supporter bien des avanies de la part de ses camarades. Mais contre la nécessité, que voulez-vous faire?

D'ailleurs, il vaut mieux ne pas se mettre mal avec les filles. Elles sont capables de vous jouer des tours dont un garçon n'aurait pas idée. Par exemple d'aller raconter partout la dernière bêtise que vous avez faite et qu'elles connaissent presque avant vous parce qu'elles sont toujours à l'affût. Et puis, elles pleurent si facilement et si fort qu'il suffit de leur tirer un peu les cheveux pour qu'elles ameutent aussitôt le bourg tout entier. Il n'y aurait rien d'étonnant à ce qu'elles soient plutôt du côté des parents. Mais elles sont prêtes à vous admirer si vous leur en donnez la moindre occasion. Et quand elles vous aiment bien, vous en tirez des tas de menus cadeaux. Elles savent coudre et broder de bonne heure. Elles vous fabriquent des balles de chiffons qu'elles ornent de dessins bigoudens en laine de couleur. Nous n'avons pas d'autres balles pour jouer, nous n'en voulons pas d'autres pour le moment. L'un de nous a bien reçu, un jour, par la munificence d'un parrain de Brest ou Nantes, une grosse balle en caoutchouc-mousse. Nous l'avons honnêtement essayée, cette balle, mais elle ne convenait pas pour nos jeux dont les règles datent d'avant l'ère du caoutchouc. On pouvait s'en servir un peu pour nettoyer les doigts tachés d'encre, mais un bon os de seiche fait bien mieux l'affaire. Elle a fini dépecée.

Bien entendu, malgré la réserve que nous avons à l'égard des filles, il va de soi que chacun de nous défend toujours celles qui sont de sa parenté. Avec les pieds, les poings, les griffes et les dents. Le *Champ du Recteur* voit bien des règlements de comptes entre des frères courroucés et les malotrus qui ont traité les sœurs de « pissouzes ». Tous les comptes se règlent pour l'honneur et sa bannière, après quoi on passe l'éponge jusqu'au prochain affront. Il y a même des moments où filles et garçons jouent à la marelle ensemble, inventent de nouvelles marelles mixtes, l'un et l'autre sexe aportant des pièges et des finesses destinés à l'avantager lui-même en déconcertant l'adversaire. C'est à nous d'aller chercher, dans les bois de Ménez-Poullou, les *pierres de farine,* sortes de schistes en désintégration qui serviront à tracer la marelle beaucoup mieux que le ridicule bout de craie dérobé à l'école. Et puis, magnanimes que nous sommes, il nous arrive de jouer aux billes avec les fillettes à condition qu'il n'y ait pas d'enjeu. Mais pardon! Nous jouons au masculin, le pouce rentré dans la main. Elles jouent au féminin, en pinçant la bille entre le pouce et l'index comme on pince une oreille. D'ailleurs, elles n'insistent jamais beaucoup. Pour jouer sérieusement aux billes, à un trou ou cinq trous ou sans trou du tout, il faut s'agenouiller par terre. Or elles ne veulent pas froisser leur jupe ni gâter leurs bas de laine. Certaines ont déjà la coiffe en tête et quand on est coiffée, on se tient droite, Vierge Marie!

Un autre jeu de bille consiste à la faire rebondir contre une porte de façon qu'elle aille retomber le plus près possible d'une autre bille tirée par le concurrent. Si les deux billes ne sont pas distantes de plus de la longueur que vous pouvez couvrir entre l'extrémité de votre pouce et celle de votre majeur, vous avez gagné, l'autre bille est à vous. Alors, on se tire sur les doigts tant qu'on peut pour toucher les deux billes à la fois, même quand elles sont fichées dans la boue grasse par mauvais temps. Les billes aussi ont cours à notre bourse. L'agate vaut dix ou douze fois l'argile. Mais il faut d'abord les acheter moyennant finances, chez la marchande de bonbons, quand vous avez chiné quelques liards au parrain ou au grand-père. Et quelle mortification de s'entendre dire par cette femme : « Vous vous êtes encore fait dépouiller, mon pauvre garçon? » Les plus démunis fabriquent eux-mêmes leurs billes avec de l'argile de carrière qu'ils cuisent dans des fours ménagés dans les vieux murs bas qui enclosent certains champs. Mais, comme ils sont aussi les plus malhabiles, les billes ne sont pas rondes et elles éclatent au premier choc. Est-il utile d'ajouter que ces pauvres bougres de fabricants en sont réduits à jouer entre eux!

Plus d'une fois, c'est encore aux fillettes que nous avons recours pour nous procurer des bobines vidées de leur fil. Il suffit alors de couper les deux rebords au ras de la gorge, d'y introduire une cheville que l'on taille en pointe, et cela nous fait deux totons a faire tourner joliment sur la toile cirée de la table ou même dans le creux de la main. Ce genre de toton s'appelle encore un *chat-ivre,* peut-être parce qu'en fin de course il se déséquilibre et chasse dans toutes les directions avant de tomber sur le côté. Quand on introduit un petit morceau de papier dans une fente du bord, le toton ronfle comme un insecte en vol. Quel plaisir, mes enfants!

Bien sûr, l'un des deux totons, nous devons le donner à la fillette qui nous a apporté la bobine. Les bobines sont affaire de femmes plutôt que d'hommes, n'est-ce pas! Les fillettes connaissent des couturières, ou bien leurs mères abandonnent volontiers les bobines vides. Seulement, elles en ont besoin pour enrouler dessus les fils de laine de couleur qu'elles collectionnent avec soin pour leur apprentissage de brodeuses. Alors, nous devons négocier longtemps avant de leur faire lâcher l'objet à notre profit. Il faut préciser que ces bobines de bois, les grandes personnes les conservent souvent pour en faire des supports de tablettes que l'on accroche aux murs et qui ornent la maison à bon marché. On les empile les unes sur les autres, on introduit un fil de fer dans le trou central et cela fait de belles colonnes d'un style insolite. Et puis on les peint, surtout en rouge, le rouge étant notre couleur de prédilection. Heureux les enfants dont les parents n'ont pas besoin de bobines. Ce sont généralement les plus pauvres. A quoi bon des étagères à bobines quand on n'a rien à montrer dessus!

Moi, je suis un privilégié. Notre voisin Baptiste Alanou est tailleur-brodeur de son métier. De temps en temps, j'en attrape une bobine. Comme il a deux fils d'à peu près mon âge, et qui sont mes amis, d'autres bobines m'échoient encore. Je ne suis donc pas tenu d'aller mendier auprès des fillettes la matière première des totons. Et même, il m'arrive d'en donner à d'autres moins bien partagés. Pour rien. Cela me vaut de tenir les fillettes à distance et de jouer au grand seigneur à peu de frais.

Faire tourner le toton est un passe-temps dont on se lasse assez vite bien qu'on y revienne souvent. Mais le toton remplace aussi la courte paille quand il s'agit de tirer la loterie ou de partager quelque butin. On s'assoit en rond quelque part, on fait tourner le toton. Lorsqu'il tombe sur le côté, le bout de la cheville est tourné vers l'un ou l'autre de nous. C'est donc celui-là qui se sert le premier, qui commence tel ou tel jeu, qui donne la main aux cartes, qui ramasse l'enjeu quand il y en a un. Cela ne va pas sans disputes si la cheville ne désigne pas clairement le gagnant. Et c'est souvent.

A mesure que nous grandissons, nous abandonnons les

totons pour les toupies. Ah, ces toupies! Voilà un jeu sérieux et qu'il n'est pas donné à tout le monde de réussir. D'abord, on s'entraîne avec les toupies des autres, habituellement celles dont ils ne veulent plus parce qu'elles sont à moitié cassées ou qu'elles tournent mal. Ensuite, chacun fabrique son propre instrument, comme apprend à le faire un fils de bonne mère qui doit apprendre à vivre libre. La vérité m'oblige à dire que ma première toupie a été dégrossie par mon grand-père Alain Le Goff, à la hache, dans un morceau de bois tendre. Mais c'est moi qui l'ai mise au point, vaille que vaille, avec le petit couteau qu'on m'a donné quand j'ai quitté mes jupes pour hisser des braies. Dure entreprise. Une toupie doit être une poire parfaite, aussi lisse que possible et bien équilibrée si l'on veut qu'elle *dorme* et paraisse immobile en tournant. Une toupie qui fait le *chat-ivre,* voilà de quoi déshonorer son responsable. De même une toupie qui ne dure pas debout. Il faut la polir soigneusement, choisir un clou exceptionnel pour le planter sous la queue de la poire. Il ne reste plus qu'à trouver une ficelle de première classe, dure et souple à la fois, pas laineuse, et l'on est prêt à participer aux concours de toupies dont le vainqueur devient le coq du village tant qu'il n'a pas trouvé son maître.

Nous envions les grands garçons qui ont des couteaux assez solides pour travailler le bois dur, le bois sans égal pour la toupie qui est le buis. Pas un de nous qui ne fasse les pires bassesses pour l'honneur de lancer, ne fût-ce qu'une fois, la poire de buis qui fait les champions et qui ressemble plutôt à un outil d'homme égaré parmi les enfants. Vous en avez plein les mains, et comme c'est lourd! Mais les grands ne s'en dessaisissent pas volontiers. Ils veulent bien, comme c'est leur devoir, aider les petits à fabriquer leurs jouets à condition que ces jouets ne soient pas les mêmes que les leurs. C'est la règle. Et puis, un bon joueur ne prête pas plus sa toupie qu'un bon *coupeur de vers* (1) ne prête sa bêche. S'il condescend à

(1) Laboureur.

laisser quelqu'un « faire un coup avec », jamais deux, c'est seulement pour que l'autre se persuade qu'il tient en main la meilleure toupie du monde. Aussitôt après, le maître reprend son bien.

Certaines toupies de buis sont si ventrues que personne n'a jamais pu en jouer. J'en ai connu une qui servait de couvercle à une baratte... Tous les enfants du quartier, tous les pères et les grands-pères avaient essayé de la faire tourner. Peine perdue. On pouvait bien enrouler la ficelle autour, mais pour la lancer convenablement il fallait au moins la tenir dans la paume. Or, aucune paume n'était assez grande, pas même celle de Siforhell qui se prétendait capable de soulever sa femme par la taille d'une seule main. Beaucoup plus tard, un riche citadin découvrira la *mère-toupie* (c'est ainsi qu'on l'appelait) sur sa baratte et achètera le tout fort cher pour orner sa maison et réjouir ses yeux, croyant fermement que les deux objets avaient été faits l'un pour l'autre. Et de fait ils allaient fort bien ensemble, sauf qu'on se demandait à quoi pouvait servir le clou de sabot qui sommait ce couvercle en forme de poire.

Au demeurant, les toupies de buis sont souvent faites au tour. Nous le savons, bien que leurs possesseurs s'en proclament très haut les auteurs. Dans notre pays, on tourne des fuseaux pour les meubles. Une toupie de temps en temps ne fait pas de mal au tour, outre qu'elle permet au tourneur de faire ses petits cadeaux en établissant sa réputation d'artisan. Car les toupies ainsi faites sont plus régulières que les nôtres, elles ont même des gorges pour empêcher la ficelle de glisser sur le clou, elles ronflent comme des batteuses et dorment comme des anges, si les anges dorment. Quand on atteint un certain âge et une certaine maîtrise, on ne se satisfait plus des toupies en bois tendre, dégrossies au couteau. Il est urgent de se pourvoir d'un tour. Alors commence la quête des bouts de bois et des bouts de fer qui pourront nous permettre d'en faire un. Petits larcins par-ci, modestes trouvailles par-là, menus échanges entre-temps et nous voilà parés.

Justement, mon ami Mon, le fils du tailleur-brodeur Baptiste Alanou, a dans son appentis une vieille machine à coudre, cent fois plus vieille que le vélo *le Gaulois* de Yann Le Coz. Elle est ensevelie sous de vieux sacs de pommes de terre constellés de fiente de poule. Nous la dégageons de là, tout émus de voir que le pédalier fonctionne toujours et entraîne une roue à courroie. Que faut-il de plus! Très habile de ses mains, Mon n'en a pas pour longtemps à faire un tour fort convenable, non sans abîmer plusieurs pièces dont nous n'avons pas l'usage. Moi, je lui obéis comme un apprenti à son maître, bien que je sois le premier à l'école et que lui tienne à l'honneur d'être parmi les derniers. Mais, porte-plume mis à part, je ne lui arrive pas à la cheville. Je ne suis même pas capable de trouver une bille de buis pour faire la toupie. C'est encore lui qui se la procure, le diable sait comment.

Voilà le tour en marche. Nous faisons d'abord un essai avec un morceau de bois tendre. Il en sort une toupie qui n'est pas méprisable, je vous le dis. Magnanimes, nous l'abandonnons aux galopins qui béent de la bouche autour du grand-œuvre, oubliant d'envoyer à Rome, d'un revers de manche, les cloches de Pâques qui leur pendent au nez. La grandeur et la gloire qui nous attendent seront fortifiées par nos libéralités. Et voilà le moment venu de passer au tour le morceau de buis. Mais alors, c'est une autre affaire. Nos outils, aiguisés et emmanchés par nous, ne mordent pas sur ce bois terrible. En vain nous lançons le pédalier de toutes nos forces pour augmenter la vitesse, il n'y a rien à faire. Jusqu'au moment où il se casse net.

Le soir même, chacun de nous reçoit de son côté la plus magistrale correction de son existence. Nos parents sont sur le point de se fâcher à mort à cause de ce maudit pédalier dont on ne saura jamais lequel de nous deux l'a cassé. Après tout, la machine pouvait encore rendre service, bien qu'elle ne servît plus, puisqu'on la conservait dans l'appentis et que l'on sacrifiait trois sacs de chanvre pourris pour la protéger. Ni Mon ni moi, nous n'avons jamais eu de toupie de buis.

Cependant, après un ou deux mois de pénitence, nous réparons le pédalier avec du fil de fer, nous remettons le tour en état. Il faut plus d'une correction paternelle pour détourner un enfant bigouden de chercher son bien, même en risquant de faire le mal. Seulement, cette fois, nous nous contenterons de tourner des galoches.

La galoche est le but d'un jeu de palet qui fait fureur dans le pays. Pas un aubergiste dans le bourg et surtout dans les carrefours de campagne qui ne tienne un ou plusieurs jeux à la disposition de ses clients. Mais pas mal de particuliers possèdent leur jeu personnel. On joue à la galoche de préférence sur la route, pas loin d'une auberge, là où l'on a repéré une section de chaussée à peu près plane que les habitués entretiendront avec soin, étant bien entendu que ce lieu ne saurait être fréquenté par d'autres sans invitation de leur part. On joue avec trois palets de fer, de huit à dix centimètres de diamètre, dus à l'industrie de quelque maréchal-ferrant. Avec ces palets, il s'agit de renverser la fameuse galoche, dressée à dix ou douze pas du tireur. La galoche est un morceau de bois tourné ou taillé au couteau, en principe du diamètre d'une pièce de deux sous en bronze et d'une longueur telle qu'un homme puisse la serrer entre le pouce et l'index dans leur plus grand écartement. Du moins est-ce là les règles que j'ai apprises des frères Cariou qui sont les champions du haut du bourg. Il y a, bien sûr, des accommodements, mais qui nourrissent toujours des querelles entre les quartiers.

Toujours est-il que la galoche est la pièce maîtresse du jeu. C'est elle qui reçoit les pièces de monnaie, enjeu du coup, et qui s'empilent parfois si haut que c'est un problème de la faire tenir. Chaque joueur dispose de deux palets. Il essaie de piquer le premier plus près de la galoche que le troisième, posé par le joueur précédent et qui « garde » la galoche. S'il réussit, avec le second palet, il chasse à toute force la galoche de façon à faire tomber les sous autour de son premier palet. Ces sous sont à lui si la galoche est allée au diable, mais le joueur précédent ramasse ceux qui sont plus près de son propre palet que du palet vainqueur. Et il arrive que la galoche, trop bien ou trop mal tirée, reste au milieu des sous répandus. Ces sous lui reviennent. Quand on la relève pour le coup suivant, on les remet dessus. Une autre règle de ce jeu édicte que si une seule pièce de monnaie se trouve plus près de la galoche que de l'un ou l'autre palet, le coup est nul. Il faut donc calculer soigneusement le tir et l'angle pour empocher la mise. Quelquefois le palet, au lieu de frapper la galoche à la base, tombe sur la pile de sous qui giclent en l'air de tous les côtés, allant même se perdre dans le caniveau ou l'herbe du fossé. Beau les chercher, pas moyen de mettre la main dessus. Alors, quand la partie est finie, quand les hommes sont allés à l'auberge pour licher un coup de vin rouge ou cette limonade au rhum qu'on appelle « champagne breton », nous autres, les enfants, nous reprenons la fouille des alentours et il n'est pas rare que nous dénichions une pièce de cinq sous trouée qui nous est une forte aubaine. Et bouche cousue.

Quelquefois, comme je l'ai dit, la galoche est dégrossie au couteau, avec des à-plats pour l'empêcher de rouler loin. D'autres fois, au contraire, elle est faite au tour, si régulière et si lisse qu'elle a de la peine à s'arrêter. Il y en a de lourdes qui retombent presque sur place, de légères qui volent dans l'air pour aller retomber dans les broussailles. Celles que Mon et moi nous avons tirées du tour machine-à-coudre ressemblent à des fuseaux de lit avec un chapiteau plat à chaque extrémité. Nous sommes grandement honorés quand les hommes, ayant perdu ou cassé leur galoche, nous empruntent l'une des nôtres. En récompense, nous avons le droit de nous exercer avec les palets de fer pendant qu'ils sont à l'auberge. Ces palets de fer font de nous des hommes, ou presque. Jusque-là, nous avons appris à jouer avec les galets plats trouvés sur les grèves de Penhors, les mêmes qui nous servent à faire des ricochets sur l'eau. Et notre galoche était, bien sûr, une bobine, les enjeux des boutons. Encore un peu de temps et nous pourrons nous faire prêter des palets sur la semaine au risque d'attraper le balai sur l'échine si nos mères nous surprennent. Les femmes n'aiment pas beaucoup le jeu de galoche. Allez donc savoir pourquoi?

Il faut être déjà plus grand pour jouer aux quilles. Les quilles que nous avons sont de gros rondins de bois, presque des troncs d'arbre, taillés en pointe vers le haut. Il y en a neuf dans le jeu. On trace d'abord un carré à chaque coin duquel on dresse les quatre quilles moyennes qui valent cinq points chacune. Entre elles sont placées les quatre petites qui ne valent qu'un seul point. On les appelle les « bidouches » (dernières-nées). Et au centre du carré trône la plus grande quille, la *Grand-Mère* ou encore la *Vieille Neuf*. Ai-je besoin de dire combien elle vaut! En somme, ce jeu de quilles est l'image même de la famille telle qu'on la comprend chez nous, c'est-à-dire les trois générations qui vivent ensemble. Dominant la tribu pour l'honneur et le respect, il y a la Vieille Neuf qui représente les grands-parents à elle seule. Ensuite viennent les parents sous la forme des quilles de cinq et enfin les enfants, un seul point chacun et qui font généralement des bêtises. Cela est si vrai que lorsqu'un vieillard sort le neuf en jouant, les autres lui disent : Vous avez eu la vôtre! De même, un homme de quarante ans qui abat un cinq s'exclame : J'ai eu juste la mienne! Quand tombe une petite quille toute seule, le joueur se répand en jurons sauf s'il ne lui reste qu'un point pour finir, auquel cas les autres le félicitent comme s'il venait d'être père à l'instant. Mais il ne viendrait à l'idée de personne que toutes les quilles d'un jeu puissent avoir la même taille.

Pour jouer, on n'utilise pas de boules en bois comme souvent ailleurs, mais de gros galets ronds dont il y a toujours une provision dans un coin de jeu, outre que chacun peut aller choisir les siens au bord de la grève proche. Entre Penhors et la Torche de Penmarc'h, il y en a des millions. Dommage qu'il faille avoir l'âge du certificat d'études pour les empoigner. Quand les hommes en jouent, les enfants aimeraient être plus vieux d'autant d'années au moins qu'il y a de quilles dans le jeu.

La partie se joue en trente-quatre points. Avec sa première boule, le joueur essaie de renverser le cinq de derrière. Cela fait de la place pour éjecter la Vieille Neuf toute seule et gagner quatorze points avec les deux quilles. Il tâchera de faire la même chose au tour suivant : vingt-huit points donc. Après quoi, il n'en restera plus que quatre à faire. Mais attention! Si vous abattez un cinq tout seul, vous « crevez » et vous revenez à dix-huit points. Il faut préciser que la Vieille Neuf et les quatre quilles de cinq ne valent neuf et cinq que si elles tombent toutes seules. Quand elles entraînent dans leur chute une ou plusieurs autres quilles, elles ne comptent qu'un point comme les « bidouches ». Ainsi, les joueurs malhabiles qui jettent bas des tas de bois mort n'avancent pas beaucoup leur compte pour autant. Mais les maîtres-quilleurs, d'une boule ajustée, prélèvent dans le jeu exactement les points qu'il leur faut. Et nous, l'admiration nous fait avaler notre langue quand la Vieille Neuf jaillit du jeu d'un seul coup sans cogner aucune des huit autres quilles tandis que la boule qui l'a cueillie reste à la place exacte où elle était auparavant. C'est alors qu'il faut voir la mine du champion, curieux mélange d'arrogance naturelle et de modestie apprêtée. C'est Louis XIV sous le chapeau à guides.

En attendant de jouer aux quilles avec les hommes, je m'exerce l'œil et la main avec d'autres engins sur d'autres buts. J'ai appris à choisir, dans les taillis, les branches fourchues que l'on passe au feu pour en arrondir la fourche. Avec deux bandes de caoutchouc et un morceau de cuir pour le gousset, on en fait des lance-pierres pour tirer sur des boîtes de conserve que l'on chasse à grand fracas le long de la route. Pour tout avouer, on vise aussi d'autres objets qui ne demandent pas à être cassés. De là de petits drames qui remplissent le bourg de clameurs et de querelles. Quand les hirondelles volent bas pour annoncer la pluie de suroît, elles risquent la mort au lance-pierres lesté de vieux clous. Que voulez-vous! Il faut bien faire son apprentissage aux dépens de ce qui se présente et qui n'appartient à personne. S'il vous arrivait de tirer une pierre sur une poule ou un canard, tentation constante, gare à vous! Le maître de la bête ne serait pas long à vous tordre les oreilles ou à vous décharger son fouet dessus. Il n'y a pas d'excuse. Aucune.

Autre chose est de confectionner la grande fronde tournante avec de la ficelle. Seuls les plus habiles savent tresser le gousset central qui doit être bien plat, sinon le caillou risque de s'y empêtrer ou de partir de travers en vous assommant un bon coup quand il ne fait pas de dégâts dans les environs. Aussi est-il prudent d'aller manœuvrer la grande fronde en pleins champs, et encore! A condition qu'ils soient déserts. Un laboureur qui la voit aux mains d'un galopin sent aussitôt bouillir son sang à l'idée du mal qu'elle pourrait faire. Demeure encore, par le pays, l'obscur souvenir qu'elle était autrefois une arme de guerre. Et l'histoire de David, dans l'Ancien Testament, n'est pas pour arranger les choses. Bien entendu, chacun s'y essaye un jour ou l'autre, pour voir. Un matin de décembre, le meilleur frondeur de la bande a descendu un grand oiseau de mer qui volait très haut. Mais la gloire du tireur fut ternie par l'agonie du goélan qui fit mal au cœur même au dernier du catéchisme. Du coup, nous revînmes aux arcs et aux flèches, avec une préférence pour les arbalètes. Avec ces armes-là, on peut viser des buts précis comme, par exemple, une betterave posée sur un talus ou plantée sur un piquet. Le jeu continue jusqu'à ce que la betterave, traversée de toutes parts, s'en aille en morceaux. Ces morceaux, nous les ramassons avec soin pour les jeter dans un buisson de ronces avant qu'ils ne soient vus par quelqu'un. Nous avons détruit une betterave qui est de la nourriture pour les bêtes. Nous avons mal fait et nous le savons bien. Nous savons aussi que nous recommencerons car comment devenir des hommes autrement! Quand nous serons des hommes, nous ne ferons plus rien de mal, c'est juré.

Le sureau est l'une de nos providences. Cet arbrisseau n'est pas trop rare dans le pays. Il faut seulement savoir où le trouver. Se garder aussi d'aller en couper sur un talus qui serait dans le territoire reconnu d'un autre quartier, ou alors c'est la guerre. Personne, hormis votre famille ou vos complices, ne vous dira jamais où il y a du sureau. Surtout pas tonton Piron, le couvreur de chaume, qui se purge avec ses feuilles deux fois l'an. Ni Marie-Jeanne Bourdon qui se sert de ses fruits pour teindre en violet la laine qu'elle a filée. Car il y a sureau et sureau. Celui qui nous intéresse présente les tiges les plus grosses. On en coupe une section dans le bas, entre deux nœuds. La moelle est vidée avec soin. On amincit au couteau une branche de bois dur, bien droite, jusqu'à la faire manœuvrer aisément à l'intérieur de ce tuyau. Cette espèce de piston mesure environ un centimètre de moins que le canon de sureau et se termine par une poignée qui permet d'en jouer. Voilà un pistolet tout prêt. Les projectiles sont faits d'un peu de ficelle de chanvre longuement mâchée et attendrie à la salive. Le premier est introduit à force dans le canon et reste coincé au bout. Alors on engage le second, on appuie la poignée du piston contre l'os du bassin et on enfonce d'un seul coup. Le premier projectile jaillit avec une détonation d'autant plus forte qu'il est plus serré. On le récupère, on le remet dans le tuyau et c'est à son tour de faire éclater l'autre. Ce genre de pistolet s'appelle une pétoire. Son bruit nous enchante. On s'en sert jusqu'à s'en meurtrir le ventre à force de pousser. Généralement, pour ne pas risquer de perdre le projectile, on coiffe la bouche du canon avec la main et on recueille la balle de chanvre à la sortie. Mais parfois aussi, quelque diable poussant le canonnier, il tire dans les fesses tendues d'un camarade accroupi qui joue innocemment aux billes. Et cela ne fait pas de bien, croyez-moi.

Les « phalanges » du sureau qui sont vers l'extrémité de la tige, donc les plus minces, sont abandonnées aux plus petits qui en font des sarbacanes. Ils apprennent d'abord à crier dedans, la bouche en rond, pour assourdir un autre après avoir sournoisement approché l'engin le plus près qu'ils peuvent de son oreille. Ensuite, ils introduisent un petit pois sec à l'intérieur, ils font des concours pour savoir lequel projettera son pois le plus loin, témoignant par là du souffle le plus puissant. Jeu de force. Ou bien ils chassent le pois en l'air et le rattrapent dans la main. Jeu d'adresse. Le problème est de ne pas avaler le pois, surtout de travers. Celui à qui cette mésaventure arrive s'en rougit la figure de honte, même en dormant.

Pour transformer une pétoire en pistolet à eau, il n'y a qu'à enfoncer à force, dans l'extrémité qui reçoit la balle de chanvre, un bouchon de bois d'un centimètre, percé en son milieu d'un trou d'épingle. Quant au bout du piston, il est accommodé d'autant de tours de fil noir qu'il en faut pour lui faire remplir exactement le creux du tuyau qui doit être étanche. Cela fait, on se rend au bord d'une mare ou d'un ruisseau, on aspire l'eau avec le piston et on le repousse. Le jet obtenu est d'autant plus fort que le trou d'épingle est plus étroit. Certains raffinés pratiquent plusieurs trous dans le bouchon, obtenant ainsi un effet d'arrosage assez inattendu. C'est encore plus plaisant quand le canon de sureau est troué sur le côté. Dans ce cas, on peut faire s'écraser le jet sur la figure de quelque bon garçon qui se tient sans malice à côté de vous, s'attendant à voir gicler l'eau dans une tout autre direction. Car un tel jouet ne remplit pas vraiment son office s'il n'apprend pas à vivre à votre prochain. Par ailleurs, nous organisons des batailles rangées à coups de pistolets à eau. Nous en sortons sans un fil de sec. Ensuite, il faut rentrer à la maison pour affronter immanquablement le courroux de la mère et le manche de son balai. Quant à changer de vêtements, il n'y faut pas trop songer. Pour la plupart d'entre nous, il n'y en a pas d'autres, sinon ceux du dimanche qu'il n'est pas question de porter en semaine.

Les meilleurs pistolets à eau, cependant, ne sont pas faits avec du sureau, mais avec un bambou spécial qui ne pousse qu'à de rares endroits, particulièrement autour des retenues d'eaux des nombreux moulins. Or, les propriétaires ont toujours un œil sur eux. Ils veulent bien en couper un bout de temps en temps pour les enfants de leurs amis et clients, histoire de faire une bonne manière aux parents, mais c'est tout. Ceux qui n'ont pas de relations ni de grains à faire moudre sont bien obligés de risquer leurs oreilles ou la peau de leur derrière pour se pourvoir. C'est ainsi que j'ai pris part à une opération-roseaux préparée par le gars de Pouloupri avec autant de soin qu'en mettent les truands à dévaliser une banque sans laisser de traces. La réussite fut totale. Mais, quelques jours après, voyant notre bande brandir fièrement de nouveaux pistolets à eau, chacun sut aussitôt d'où ils venaient et chacun se fit complice, du moment que le moulin en question était hors des limites de la commune. Rien à dire.

Tous les tuyaux dont nous disposons, y compris les pétoires et les pistolets, commencent ou finissent en instruments de musique. Nous en faisons des flûtes à bec, des traversières, des fifres. Dire que les notes qui en sortent sont justes serait mentir un peu. Un garçon taciturne qui habite du côté de Laraon et que nous rencontrons quelquefois dans les bois de Ménez-Poullou nous a enseigné à lier des roseaux de longueurs différentes et à moduler nos lèvres pour en tirer des sons. Sur cette flûte de Pan, lui-même joue les airs qu'il veut alors que nous, mille difficultés nous attendent quand nous voulons maîtriser notre souffle, soit maladresse de notre part, soit parce que le musicien, trop jaloux de son art, n'ait pas voulu en dévoiler tous les secrets. Après tout, quand quelqu'un excelle en quelque chose, n'est-il pas juste qu'il garde pour lui une part du savoir qui l'élève au-dessus du premier venu!

En tout cas, le premier venu parmi nous connaît bien le moment exact de l'année où les branches de saule sont à point pour confectionner des sifflets. Il y a une certaine couleur et un certain toucher de l'écorce qui ne trompent jamais les patrouilleurs de campagne que nous sommes. On coupe la branche à l'endroit où cette écorce est la plus régulière. On en arrange une extrémité en bec de flûte, on incise l'écorce en rond à six ou huit centimètres derrière l'embout, on la mouille et on tape dessus avec un manche de couteau ou un morceau de bois dur, on remouille aussi souvent qu'il faut (la salive, dit-on, vaut mieux que l'eau de puits). Alors, l'écorce se décolle joliment du bois, il n'y a plus qu'à tourner un peu pour la sortir sans la rompre. Le bois dénudé est taillé de façon à laisser passer l'air et de nouveau recouvert de son écorce. Voilà le sifflet paré.

Que savons-nous faire encore! Sortir des sons d'une certaine graminée de printemps en tirant sur sa longue tige avec le pouce et l'index mouillés. Souffler sur une certaine herbe coincée entre les mains comme une anche battante pour la faire chanter. Ou faire ronfler dans la bouche une feuille de laurier. Il n'y a pas de meilleur passe-temps quand on garde les vaches.

C'est une fillette des hauteurs (ainsi nomme-t-on les fermes qui sont au fond des terres, vers l'est) qui m'a appris à faire un miroir avec une herbe et de la salive. Ce n'est pas une chose des plus faciles. En voici la recette : Prendre une herbe bien ronde, la plier entre deux doigts pour faire une boucle fermée qui servira de cadre au miroir, l'introduire dans votre bouche et saliver un bon coup. Ensuite, la sortir doucement en prenant bien soin de mouiller abondamment les lèvres pas trop serrées. Quand elle est sortie, si vous avez bien opéré, il y a une vitre de salive dans son ovale. Vous pouvez vous la mettre auprès d'un œil et le monde en devient tout de suite plus beau. On commence par de toutes petites boucles et puis on les élargit jusqu'à la contenance de la bouche. Mais que ce miroir est fragile, mon Dieu, et qu'il éclate vite! C'est bien un jeu de fillette.

Celle-là est à l'école chez les sœurs. On raconte qu'elle a été punie une fois pour avoir sifflé sur la cour à la grande stupéfaction de tout l'entourage. Une fille qui siffle comme un garçon, quelle affaire! Je puis témoigner pourtant qu'elle le fait, et fort bien. J'ai entendu, bien des fois, le chuintement que font les mères quand elles écartent les cuisses de leur bébé pour l'inciter au pipi. Rien de commun avec le sifflement des charretiers quand ils veulent dégonfler leurs bêtes et qui est irrésistible. Mais la fillette au miroir de salive pourrait mener les chevaux. Elle est du genre de cette fermière du côté de

Plozévet qui est la dernière, paraît-il, à souffler dans un coquillage de mer pour appeler à la soupe ses hommes attardés aux champs après l'Angélus. Le son du coquillage remplit la moitié de la paroisse. Et l'un des hommes répond en sifflant pour signifier que c'est entendu.

Tous les hommes sifflent. Qui ne siffle pas n'est pas un homme, c'est clair. Dès que l'on porte pantalon, il faut se promener en sifflant, l'œil dominateur, les mains au fond des poches, afin que nul n'ignore qui vous êtes. Dans le champ de Meot, mon grand-père m'a enseigné très tôt à faire sonner l'air de la bouche autrement que pour des paroles. Tout médiocrement doué que je sois, j'y suis arrivé assez vite. J'ai tenu, pendant quelque temps, un rang honorable parmi mes petits amis. Mais, ensuite, il m'a fallu grimper un autre échelon. L'un de nous d'abord, et puis d'autres, ont dédaigné de siffler avec la seule bouche en cul de poule. Ils ont mis deux doigts dedans, arrondi la langue en gouttière. Le sifflement qui en est sorti était sept fois plus fort que le mien. Du coup, ils m'ont fait comprendre que moi et mes pareils nous étions seulement tolérés parmi eux et qu'il fallait nous mettre à jour le plus tôt possible. Nous voilà pris de court. Bien entendu, aucun des siffleurs aux doigts ne nous montre comment faire. Ils nous disent bien : Regardez-moi! Et ils sifflent à faire trembler les vitres. Mais comment savoir ce qui se passe à l'intérieur de la bouche? Je m'essaye assez longtemps sans autre succès que de me baver sur les mains. J'irais bien demander à mon grand-père, mais je suis déjà un peu grand pour avoir recours à lui. Et puis, le brave homme serait vexé d'apprendre que je suis en retard sur les autres. Un jour, comme je revenais des champs avec lui, nous avons rencontré un de ses amis.

– Est-ce que votre petit-fils sait déjà siffler avec les doigts? demanda l'autre.

– Il sait des tas de choses, répondit Alain Le Goff.

Et il me tira plus loin, de peur que l'importun ne me mît au pied du mur. Mais j'ai bien vu qu'il n'était pas à l'aise. Il attend que je me débrouille tout seul pour l'honneur de la famille. Alors, je me dépense en essais vains. Et voilà enfin que j'arrive à sortir un son. Pas très fort, il est vrai, mais c'est un sifflement. Je le perds plusieurs fois, je le retrouve, je le travaille en secret. Quand il est au point, je m'en vais l'essayer dans les bois de Ménez-Fuez où il y a un écho complaisant. Et l'écho me répond très clair. Je tremble d'allégresse comme Christophe Colomb, je suppose, devant la Colombie. Et puis, au prochain rendez-vous de notre bande, à Poull-Bodig, je saisis le premier prétexte pour montrer mon savoir. La bande me regarde et ne dit rien. Le sifflement n'est pas une épreuve homologuée. Mais mon grand-père saura bientôt que j'ai rattrapé mon retard.

Seulement, c'est toujours à recommencer. Quelques-uns des autres savent déjà siffler avec un seul doigt. Me voilà de nouveau derrière avec les plus petits, les peureux, les filles manquées. Je me démène de nouveau tant que je peux. J'y arrive enfin. Cette fois-ci, j'attends que quelqu'un se moque de moi pour lui détacher, dans l'oreille, un coup de sifflet monodigital dont il restera sourd pendant trois quarts d'heure. Dès lors, je suis admis à dialoguer avec les oiseaux. Car le fin du fin, c'est d'être capable d'imiter le merle, le rossignol, le roitelet, la grive et enfin l'alouette de telle sorte que le siffleur ailé vous réponde trois fois avant de s'envoler de sa branche sur une mauvaise note de vous.

Les oiseaux, nous les connaissons bien. Quoi d'étonnant! Sitôt sortis de l'école, nous sommes toujours par les champs et les chemins de terre pour le travail ou le plaisir. Chacun de nous est souvent seul à s'occuper de ses vaches (moi, je n'en ai qu'une), il a tout loisir d'observer les volatiles qui n'arrêtent pas de mener leur manège dans les taillis, les ajoncs des talus, les arbres, les terres labourées, les rives des ruisseaux moins bavards qu'eux. Nous savons les distinguer les uns des autres, d'abord par leur cri qui se traduit très bien en bon breton : l'alouette émet des *toui rin* (je jurerai) pressés parce que le portier saint Pierre ne veut pas lui ouvrir les cieux, justement pour la punir de jurer. Et elle continue rageusement. *Gwag, gwag* (mou, mou) croasse un corbeau qui fouille un tas de crottin, à moins qu'il ne rage, lui aussi, sur la mauvaise qualité de l'aubaine : *brein, brein* (pourri, pourri). C'est une incessante conversation avec des disputes, des chœurs, des duos, des solos. Grand-père dit que le chant de chaque oiseau s'accorde avec son plumage et son poids. Je ne cherche pas à savoir si c'est vrai parce que c'est sûrement vrai, mais je m'approche le plus possible des chanteurs pour me trouver face à face avec la réalité. Et je tâche aussi de savoir où est leur nid. Quand je vois un merle quelque part, je sais que la merlette n'est pas loin. Et là où est la merlette, là est le nid.

Dès que s'annonce le printemps, avant même que le coucou n'ait chanté dans les bois, nous fouillons les broussailles, les bosquets, les talus, les landes, pour essayer de découvrir les nids et les surveiller ensuite, parce qu'il est admis qu'ils appartiennent au premier découvreur qui prend soin d'avertir les autres : j'ai deux nids dans tel chemin ! On vous les laisse, à moins que ce chemin ne soit pas sur votre territoire et alors qu'alliez-vous y faire ? De temps en temps, cependant, il y a forfaiture, il faut en venir aux coups. Mais c'est rare parce que nous avons nos lois. Il y a aussi des nids qui appartiennent aux deux ou trois garçons qui les ont découverts ensemble. D'ailleurs, il vaut mieux être à plusieurs pour ces expéditions. Pendant que l'un cherche de près, les autres surveillent de loin les oiseaux pour repérer leur cachette. Le nid trouvé, on va le voir régulièrement en prenant la précaution de ne pas le toucher, sinon les oiseaux l'abandonnent avant la ponte et il se dessèche. C'est alors un échec pour nous. Les campagnards nous disent quelquefois : il y a un nid de grive par là-bas ! Et ils font un geste vague du bras. On y va, on bat le terrain, on trouve ou l'on est bredouille. Quelquefois, c'est une farce. Les femmes ne disent jamais rien. Ce n'est pas leur affaire.

Quand les oiseaux ont fini leur nid, nous sommes toujours stupéfaits de la finesse de son exécution et d'abord du choix soigneux de son emplacement qui ferait jaunir un architecte diplômé. Aux meilleurs chercheurs de nids, il suffit, d'ailleurs, d'observer un taillis ou un talus pour décréter : il doit y en avoir un par là! Il est rare qu'ils se trompent. Ils ont calculé comme l'oiseau.

La proie que nous convoitons, ce sont les œufs. Pour en faire quoi? D'abord pour les montrer autour de nous, histoire de faire avaler leur langue aux malchanceux. Pour les gober crus après avoir percé un trou à chaque extrémité. Pour les enfiler en chapelets que l'on accroche dans la maison ou l'appentis comme font les chasseurs de leurs trophées sauvages. Ou pour les échanger avec les fillettes, qui en sont très friandes, contre une balle de chiffons brodée. Ils nous servent aussi pour jouer à une sorte de bonneteau : on fait trois tas de poussière. Dans l'un de ces tas, on cache un œuf à l'insu de quelqu'un qui a le dos tourné. Ce quelqu'un, avec une badine, a le droit de frapper une seule fois sur l'un des tas. S'il écrase l'œuf, il a gagné. Quoi? Un autre œuf. Parfois, on essaie de l'égarer en laissant voir un fragment de coquille à la surface de la poussière. Ou bien, il croit deviner la ruse, frappe sur l'un des tas voisins. Mais l'œuf est bien sous l'éclat de coquille. Encore attrapé!

Les œufs, on les troque aussi entre nous. Les plus estimés sont ceux de mésange et de tourterelle. Les bleus valent plus que les blancs, les tachetés plus que les bleus. Quant aux œufs de pie ou de corbeau, ils ne sont pas à la portée de tout le monde. C'est un exploit d'aller les chercher au haut des arbres, en butte aux criailleries et aux attaques des oiseaux rageurs, et surtout de les redescendre dans la chemise sans faire d'omelette avec. Mais cela vaut de la considération. Outre que des nids de pie, il vous arrive de rapporter les objets les plus insolites : des peignes, des tabatières, des épingles de nourrice, et même, un jour, un briquet d'amadou perdu par le facteur.

Un de mes camarades veut avoir un écureuil en cage. Nous commençons par confectionner la cage en osier épluché, l'écorce servant à lier les barreaux et à gonder la porte. Nous avons bien observé nos pères quand ils tressent des paniers pour les pommes de terre. Nous-mêmes, nous savons tresser des corbeilles de jonc pour divers usages imprévus. Mais une cage, c'est plus difficile à mener à bien. Quand elle est terminée, vaille que vaille, nous voilà en chasse dans les bois de pins autour du bourg pour capturer un de ces animaux qui se font de l'ombre avec leur queue. Mon camarade s'est déjà hissé dans plusieurs arbres où il y a des nids avec des petits prêts à sortir. C'est l'un de ceux-là qu'il lui faut. Quand il sera habitué à la cage, dit-il, nous lui fabriquerons une roue en osier qu'il fera tourner à longueur de temps. Moi, je n'ai jamais vu d'écureuil prisonnier. Je laisse l'autre monter vers l'un des nids repérés pendant que je reste en bas à l'attendre avec la cage.

Tout à coup, j'entends un hurlement terrible, puis des gémissements. Un peu après, le garçon redescend en larmes. Il me montre un doigt sanglant. Que s'est-il passé? Le père écureuil était au nid. Quand mon camarade y a mis la main, l'animal lui a mordu cruellement l'index et n'a plus voulu en décrocher, si bien que le dénicheur étourdi a dû commencer à redescendre en catastrophe avec l'écureuil agrippé à son doigt jusqu'au moment où il a plu au casse-noisettes de remonter à son nid. Furieux, le blessé m'arrache la cage, la jette à terre, la piétine, détruit l'ouvrage patient de nos mains. Il a encore des hoquets en enroulant son mouchoir sale autour de son doigt profondément troué.

Sur le trajet du retour, nous rencontrons un grand de quinze ans qui garde ses vaches dans une pâture. C'est bien fait, nous dit-il sévèrement. Il faut apprendre avant de faire. Pour vous aventurer jusqu'à un nid d'écureuil, frappez d'abord le tronc de l'arbre avec un bâton et vous verrez l'animal prendre la fuite. Alors, on peut y aller et encore! Il arrive que l'écureuil revienne vers ses petits. Le mieux à faire est de présenter sur le nid un petit bâton tenu à la main. L'écureuil mord dedans instinctivement. Aussitôt, vous jetez le plus loin possible le bâton avec l'animal au bout. Mais vous ne savez rien. Vous n'êtes que des chiards.

Le soir, dans mon lit clos, je me frotte l'index de la main gauche (je suis gaucher) à l'idée que l'écureuil aurait pu y planter ses dents. Et je dis adieu à toute chasse. Je m'avoue à moi-même que je n'ai aucune vocation de ce côté-là. Je suis vraiment le petit-fils d'Alain Le Goff qui s'en va battre la campagne au plus loin qu'il peut le jour où l'on tue le cochon à la maison parce qu'il ne veut pas assister à la mort d'un animal qu'il a nourri de ses mains. Mais Alain Le Goff n'a pas peur de grand-chose ni moi non plus. Je ne suis ni grand ni fort. Il m'est arrivé de m'entendre traiter de fille quand on m'a surpris à cueillir des fleurs à la campagne pour en faire des bouquets dans des boîtes de conserves. Mais, à chaque fois, il y a eu bataille et je n'ai pas toujours eu le dessous, même avec les plus grands, parce que j'étais résolu à me faire estropier plutôt que d'amener mon pavillon. Plaies et bosses, d'accord! Soumission, jamais. Et je continue à cueillir des fleurs. Que le diable emporte dans son sac tous les malotrus à qui je fais mal au ventre!

Au lieu de me faire mordre l'index par un écureuil, je préfère me ganter les doigts avec des digitales-fleurs. Il faut aller bien loin, parfois, pour en trouver à votre pointure. Quand un bouquet de digitales se présente sur un talus de chemin creux, j'introduis un à un mes doigts dans ses clochettes et je détache celles qui me gantent le mieux. La digitale, chez nous, c'est le dé de Notre-Dame. Or, quand j'en ai une à chaque doigt, non seulement je suis garanti contre le venin de vipère, mais le diable lui-même ne saurait prévaloir contre moi. Les plus grandes digitales, à la jupe trop large, je les fais éclater en soufflant dedans après en avoir pincé l'extrémité. Pour conjurer quoi? Je n'en sais rien, les autres non plus. Mais nous faisons éclater de même tout ce qui peut faire du bruit. Si l'explosion ne change pas le monde, du moins nous donne-t-elle une certaine emprise sur lui. C'est toujours ça de gagné.

Quand paraissent, en mars, les chatons du noisetier, longs et pleureurs encore, c'est déjà l'alerte du printemps. A peine fleuries les premières primeveres, voilà les chatons du saule qui allument les branches à demi nues de leurs tendres flocons que les soleils matinaux font sourire de toutes parts. Vous croyez peut-être que j'écris cela pour faire joli? Vous croyez que les enfants de la campagne ne sont pas sensibles à des choses pareilles? Alors, expliquez-moi pourquoi Alain Le Goff, revenant de la prairie, m'annonce que les saules s'ébrouent comme des poulains et pourquoi les gamins ne peuvent s'empêcher de cueillir les chatons du saule pour s'en emplir les poches inutilement, quitte à en sortir le lendemain une poignée de poussière. Mais dans la nuit le coucou aura chanté sur leur sommeil. Bientôt, on pourra cueillir cette herbe curieuse dont je ne sais pas le nom en français ni en latin, mais qui s'appelle en breton *skrap-d'al-laez* (grimpe-en-haut). Vous l'introduisez subrepticement par-derrière sous le paletot de quelqu'un et, à chaque mouvement qu'il fait, l'herbe monte le long de son dos pour ressortir finalement par le col. Il est entendu entre nous qu'un garçon de bon lieu doit laisser cette herbe faire son chemin sans chercher à l'arracher de son échine. C'est une herbe de patience qui vous apprend à ne pas vous gratter trop tôt où cela vous démange.

Au mois de mai, les hannetons foisonnent dans les chênes et les ormes. Tous les soirs, ils vrombissent à qui mieux mieux, mais leurs vols sont courts, ils se posent un peu partout pour reprendre haleine. C'est alors que nous les cueillons sans résistance. A l'aide d'une aiguille, nous leur passons un fil dans leur courte queue, nous les faisons tournoyer à la main au bout de ce fil jusqu'à ce que nous entendions le bruit des élytres. Puis nous les laissons pendre et ils continuent à vibrer, la tête en bas. Certains sont plus doués que les autres, plus résistants ou plus rageurs. Ceux-là sont soigneusement ramassés dans une boîte garnie de feuilles en compagnie de quelques insectes caparaçonnés de vert ou d'or que nous avons récoltés, sauf votre respect, dans des bouses de vaches craquelées sous le soleil. Les hannetons resserviront le lendemain. Certains refusent de vrombir, ils font les morts. Les hannetons seraient-ils rusés? Si on les lâche, ils s'élèvent d'un seul coup et disparaissent dans les hauteurs, traînant leur fil. Des hannetons, ce n'est pas cela qui manque, mais nous regrettons le fil qui est rare et qu'il faut subtiliser à nos mères au risque de recevoir le torchon à vaisselle sur les oreilles.

Avec le temps des foins, les bordures de champs se couvrent de grandes marguerites et s'ouvrent les yeux de la Vierge qu'on appelle en français myosotis. Plus tard éclateront les coquelicots dans les blés, les orges, les avoines, avec l'herbe qui guérit la fièvre, la centaurée bleue. Des fillettes viendront faire des bouquets et nous, les voyous de garçons, nous leur jetterons dans les cheveux, par-dessus les haies et les talus, les fruits ou les fleurs, je ne sais pas bien, d'une sorte de chardon gratteur qui s'accroche si bien que c'est le diable pour s'en débarrasser. Mais les filles ont une fâcheuse tendance à tout raconter chez elles et cela fait, entre leurs parents et les nôtres, de petites guerres civiles dont nous payons immanquablement les dommages. Nous essayons bien d'amadouer les agnelles courroucées en leur offrant un grillon dans une cage de jonc. Les grillons, nous savons comment les faire sortir de leur trou en les chatouillant avec une herbe. Quand ils font leur mauvaise tête, nous pissons sur l'herbe en question. En désespoir de cause, nous en sommes parfois réduits à détremper le sol de notre pissat. Le grillon se rend à merci pour échapper à cette bouillasse malodorante pour une bête en terre sauvage. Mais c'est là un dernier moyen dont aucun de nous n'oserait se vanter devant son meilleur ami. Même sans nul témoin, c'est perdre la face que de sortir sa burette naturelle pour venir à bout d'un grillon. A Dieu ne plaise!

Le printemps est arrivé. Je ne sais pas très bien ce qu'en font les garçonnets d'aujourd'hui ni par quel cérémonial ils sont reçus dans le jardin. Pour nous, le printemps était pareil à une église en plein air où nous allions gambader pieds nus et cueillir des primevères. Ce n'était pas pour en faire des bouquets, mais pour les manger. On ne trouvait pas beaucoup de goût à cette nourriture, certes, mais le pain azyme non plus n'est pas très savoureux. Je pense que les primevères étaient pour nous la communion du printemps en attendant les autres Pâques. Quelquefois, nous étions assez mauvais pour surgir, sur nos pieds nus, derrière quelque fillette qui tenait devant elle, à deux mains, comme le Saint-Sacrement, un bouquet de ces fleurs-là. Un coup de dents au passage et nous avions brouté le cœur jaune du bouquet. La fillette éclatait en pleurs pendant que nous fuyions au diable de peur qu'il ne prît envie à quelque grand frère d'indemniser sa petite sœur aux dépens de notre cuir vivant. C'était un risque à courir, n'est-ce pas! Nous le savions. Et c'est aussi pourquoi nous apprenions presque tous les jours, dans un coin de champ écarté, les prises et les coups de la lutte bretonne. J'avoue que je ne remportais pas souvent la victoire. Ma chemise était souvent marquée de vert par l'herbe du champ. Est-ce pour cela que je ne cherchais guère de noises aux cueilleuses des fleurs de mars! Ou parce que je ne supportais pas d'entendre piailler les filles! Je crois plutôt que je n'aimais pas trop le goût des primevères.

Le plus grand plaisir du printemps, pour moi et les autres, c'est de marcher pieds nus. Nous avons traîné, pendant l'hiver, des sabots de bois lourds, massifs, qui nous écorchent les chevilles, même à travers des chaussettes de laine aussi épaisses que le bois desdits sabots. Sur le chemin de l'école, nous avons été des oursons trébuchants, étroitement emmaillotés dans des fourrures de panne rapiécée, et qui marchaient, assez rechignés, vers le miel ingrat de l'instruction obligatoire. Plus d'une fois, entre la Toussaint et les Gras, nous avons cassé nos sabots martyrisés au long des jours et qui nous servaient aussi bien de marteaux que de projectiles. Réparés par nous à grand renfort de fil d'archal ou de fer-blanc, ils devenaient les instruments d'une musique barbare dont les propriétaires apprenaient à jouer de leur mieux, chacun selon son sentiment. Les yeux fermés, j'étais capable de reconnaître chaque camarade au bruit de ses sabots. Mais ceux-ci, hélas, s'ils étaient agréables à entendre, étaient encore plus inconfortables aux pieds. Il n'était question, entre nous, que du moment béni où nous pourrions durcir nos talons nus sur la terre. Ce moment-là, c'est celui des primevères. Le voilà venu.

Nous ne savons pas quand commence le printemps du calendrier. Le nôtre est annoncé par l'odeur du vent et les couleurs de la terre, particulièrement au petit jour. Il y a aussi un écho subtil qui tremble sous chaque bruit et chaque voix. A l'école, une secrète effervescence irrite le maître et fait pleuvoir sur nous des averses de punitions. Et puis, un jour, une magnifique nouvelle vole d'une langue à l'autre : jeudi prochain, on fera le circuit de Waremm-Wiz avec les cerceaux. C'est le grand branle-bas du printemps.

Le circuit de Waremm-Wiz! C'est là que peinent les grands depuis leur âge de dix ou douze ans pour gagner plus tard le tour de France des bicyclettes. Si aucun d'entre eux n'y est arrivé, l'un y a conquis du moins le surnom de Lambot, qui est le plus grand champion de notre temps, et ce surnom il le conservera jusqu'à sa fin. Cela lui est bien dû car le circuit de Waremm-Wiz fait une lieue ou presque, pensez donc! La route est pierreuse, défoncée, pleine de trous et d'ornières, avec des raidillons courts et durs à monter. Elle tourne autour du bourg vers le sud et l'est, passant à travers les landes, les garennes et les bois de pins. Un désert où errent des sangliers mythologiques. Il faut avoir du cœur pour s'y aventurer, même à califourchon sur un vélocipède. Toutes les trahisons de Judas vous y guettent, plus redoutables encore quand on a perdu de vue le clocher de l'église paroissiale. Tout au long de l'hiver, les fers des chevaux et les sabots des hommes ont semé leurs clous entre les pierres qui roulent. Il est vrai qu'une partie des cyclistes en herbe s'en soucie fort peu. Ils n'ont pas d'air dans leur pneus, mais des cordes de foin. Ceux-là, c'est la noblesse des Croisades. Car nous, les petits, les plus pauvres, nous courons derrière eux sur nos pieds nus en poussant devant nous un petit cerceau de fer. Les clous sont pour notre chair, et aussi les éclats de verre et les silex coupants. Mais aucun de nous n'oserait partir pour le circuit de Waremm-Wiz dans ses sabots de bois. C'est une question d'honneur, ce qui est important, et une question de plaisir, ce qui l'est plus encore.

Devant la porte de l'école des garçons, une ruelle fangeuse, sur laquelle s'ouvrent les plus misérables maisons de la paroisse, descend jusqu'à Poull-Bodig. Cet endroit n'est pas autre chose que le gué d'un maigre ruisselet qu'on peut endiguer avec le travers d'un sabot. Il est ombragé par cinq ou six arbres élevés, constamment bercés par le vent de mer, si bien que le babil de la rigole est étouffé par le bruissement des branches. C'est là que nous tenons nos grands conseils avant et après la classe, loin de la vue des grandes personnes, là que nous préparons les expéditions collectives qui nous font envahir les terres d'une autre paroisse au risque de nous faire ramener à coups de cailloux dans nos frontières, de nous faire ramener à Poull-Bodig pour y soigner nos plaies dans l'eau courante. C'est aussi notre lieu de rassemblement, avec les vélocipèdes et les cerceaux, avant d'attaquer le circuit de Waremm-Wiz pour célébrer la fête du printemps.

Ce jeudi-là, Poull-Bodig retentit de clameurs, de rires et de provocations. Il ne manque ni un enfant ni un adolescent sous les cinq ou six arbres, immobiles par défaut de vent ou peut-être stupéfaits devant cette agitation. Le ruisselet lui-même roule de l'huile pour se faire oublier. Il y a là deux ou trois vétérans d'école qui ont déjà mordu la poussière au certificat, ce qui leur vaut évidemment un respect encore accru du fait qu'ils ont du vrai poil sur les jambes et non pas du duvet de chat. Ils ont été promus capitaines de leur propre chef. Sourcils froncés, ils choisissent leurs troupes parmi nous, les petits. Je tombe sous les ordres d'un certain Mèche-Rouge, ainsi appelé à cause de ses cheveux. Du coup, me voilà rempli d'un certain orgueil car Mèche-Rouge a triomphé plus d'une fois dans le circuit de Waremm-Wiz derrière son cerceau. Mais aujourd'hui, il a découvert quelque part un étonnant vélocipède complètement rouillé et dont les roues sont garnies de caoutchouc plein. Le guidon s'élève dans le style des cornes de ma vache, la selle a prêté son cuir pour ressemeler quelque chaussure, la machine déchaîne à chaque mouvement, une série de grincements et de cliquetis qui font bien entendre qu'elle a été imaginée par des gens très instruits. Avec une monture pareille, Mèche-Rouge tient la victoire sous les fesses.

A part un autre capitaine qui est détenteur d'un vélocipède aussi faraud que le premier, les coureurs ont des cerceaux de fer de toutes les tailles qu'ils font rouler à l'aide d'une pointe fichée à angle droit vers l'extrémité d'un bâton. On peut enfiler dans cette pointe une bobine qui tourne alors en sens inverse du cerceau. Mais cela ralentit la course et supprime ce bruit de scie du métal, un bruit qui nous enchante et nous excite à la fois. Quelques-uns des cerceaux ont été forgés spécialement par le maréchal-ferrant, les autres prélevés sur des instruments de labour qui ont refusé tout service. Tous les pantalons sont retroussés jusqu'aux genoux, tous les pieds nus, les sabots et les bas dissimulés au long du talus, sous les bouquets d'ajoncs. les plus petits enfants piétinent dans le sentier pierreux pour s'endurcir le cuir. Alors, Mèche-Rouge porte ses deux index à sa bouche et donne un coup de sifflet. Aussitôt s'élève un concert de hurlements terribles. Les concurrents sautent par-dessus le talus et se trouvent sur la grand-route. Un autre coup de sifflet et nous voilà partis!

Pourquoi faut-il que je conte maintenant l'histoire d'une défaite! Nous avons reçu les conseils de Mèche-Rouge : d'abord, prendre la tête de la course, ensuite boucher la route aux autres. Notre capitaine, sur son vélocipède plus gémissant que jamais, prend son vol en avant. Moi et quelques autres lieutenants nous détalons sur ses traces. Les pieds me cuisent un peu, mais je suis maître de ma respiration. Le cerceau de fer et la pointe chantent victoire l'un contre l'autre. Après la première côte et un plat assez long, le gros de la troupe peine assez loin derrière. Nous ne sommes plus que deux autour de Mèche-Rouge : mais l'autre n'est pas de notre équipe. « Semons ce gars-là » crie le capitaine pendant qu'il force terriblement pour descendre vers le manoir de Lesnarvor. Hélas! Le vélocipède n'a plus de frein. Au premier virage, Mèche-Rouge, roulant le tonnerre, quitte la route et disparaît dans un fourré de ronces et d'orties. Héroïquement, sans piper mot et sans détacher les mains du guidon, pareil à un commandant marin qui sombre avec son navire. Navrant.

Dois-je laisser courir et aller fouiller le buisson pour tirer au soleil les reliques du héros et de sa mécanique? Mais notre rival éclate de rire et pousse son cerceau comme un forcené. Derrière mon dos, j'entends le vacarme des poursuivants. Tant pis pour le rouquin et sa mèche! C'est moi le capitaine, désormais. Et un capitaine n'entend pas pitié quand il est tenu par son devoir. Mon devoir est de vaincre. Alors je me mets à courir comme je n'ai jamais plus couru de ma vie, tant et si bien que mon cerceau de fer ricoche sur les cailloux de la route et saute en vibrant plus haut que mes yeux.

Déchaîné comme je suis, je ne mets pas longtemps à rattraper mon ennemi juré. Celui-ci, d'ailleurs, court au ralenti. Il a tellement ri en voyant Mèche-Rouge avalé par la ronceraie que ses yeux sont noyés de larmes et qu'il ne voit pas très bien le cerceau devant lui. Juste au moment où je le dépasse, je vois qu'il a porté la main gauche à ses entrailles. Une indigestion de rire, sans doute. Pourvu qu'elle veuille bien tourner en diarrhée!

Or, il est coriace, celui-là, un gamin aux cheveux jaune clair, le visage criblé de taches de rousseur et le nez tellement retroussé qu'il doit y pleuvoir par vent de suroît. Il se colle à mes trousses, gagne sur moi et vient à ma hauteur, épaule contre épaule. Nos deux cerceaux roulent maintenant côte à côte. Par bonheur le sien, beaucoup plus léger, heurte soudain le mien, est rejeté du coup sur la berme de la route où il se couche. Mon cœur tressaille d'allégresse. Je ferme les yeux pour aller plus vite. La pointe de mon bâton, contre le cerceau, fait le même bruit qu'une scie mécanique dans un tronc de chêne. Je suis enivré de ma puissance, je me crois capable de faire le tour du monde en passant par la lune pour saluer l'Homme au Fagot d'Ajoncs. Cela dure la moitié d'une minute. L'autre moité est le châtiment de ma vanité : un nid-de-poule se présente sous mon pied gauche et me voilà plongeant sur la terre aride, les mains étendues et ouvertes comme si je voulais arrêter mon cerceau... J'ai le temps de voir briller trois soleils avant d'être enseveli dans la poussière soulevée par le choc de mon corps.

Je manque de perdre courage. Distinctement, j'entends le cerceau du gamin aux taches de rousseur qui roule très près de mes oreilles pendant que résonne dans ma poitrine le bruit des pieds nus. En est-ce fait de moi? Soudain, une colère rouge m'envahit des pieds à la tête. Je me retrouve debout avant de savoir comment. Mes paumes saignent, mon amour-propre est encore plus à vif. Je reprends mon bâton qui est tombé un peu plus loin au milieu de la route. Il me faut longer le talus sur cinquante pas avant de retrouver mon cerceau dans l'herbe du fossé. Et en avant! J'ai envie de donner du fil à retordre au petit blondasse, bien qu'il ait disparu après le tournant qui mène à Waremm-Wiz. Un regard en arrière et je vois l'autre capitaine, sur son vélocipède branlant, qui zigzague à travers la route dans un horrible tintamarre. La roue avant et le guidon sont en guerre ouverte. Le pédalier crie comme une portée de gorets. Je n'ai pas peur de ce triste champion. Il est évident qu'il sèmera sa machine en pièces détachées dans les ornières. Est-il assez bête pour espérer les voir germer et lui mûrir un vélocipède neuf pour la prochaine moisson? Là-dessus, je vois déboucher derrière lui deux gaillards qui galopent de front, à grande allure, et qui mènent leurs cerceaux sans dévier le moindrement. Alerte! Je me mets à détaler de toutes mes forces.

Arrivé au tournant de Waremm-Wiz, j'attaque la côte du vieux chemin désertique qui monte sur les collines d'ajoncs et de bruyères. Mais je ne vois pas la couleur du rousseau. Un vent assez fort me prend de flanc. Mes mains écorchées me gênent pour conduire mon cerceau. Quelque chose est prêt à casser quelque part en moi. Je ne suis plus qu'une oreille attentive au bruit clair des deux autres cerceaux qui approchent inexorablement. Les voilà de chaque côté de moi, puis un peu en avant et je me trouve dépassé. Il n'y a pas eu une parole. Alors, le mauvais destin frappe le dernier coup : une douleur fulgurante au talon. J'ai attrapé un clou. Une délivrance, en vérité. Tombé au champ d'honneur.

C'est un clou à quatre têtes, superbe à voir et presque neuf. Je dois m'asseoir dans le fossé pour l'arracher de ma chair. Quatre rubis apparaissent sur ma peau salie. Je pèse autour pour faire saigner franchement. Ensuite je sais quoi faire : pisser sur mon talon avec le jet le plus fort possible. Je mène l'opération à bien, mais il faut que je me repose un peu. Et je n'ai pas le temps d'aller chercher un escargot pour l'écraser sur la plaie qu'il colmaterait de sa bave.

C'est alors que je vois Mèche-rouge qui arrive en courant. Tout ce qu'il a de peau nue est déchiré par les ronces, cloqué par les piqûres d'orties. Quand il me voit, le capitaine gronde : « Donnez-moi votre cerceau et le bâton ! » Après s'être emparé de mes instruments, il disparaît au galop. Peu après, le gros de la troupe passe devant moi au milieu d'une rumeur joyeuse, sans trop forcer le train. Puis, assez loin derrière, le second capitaine vaincu monte la côte à pied, traînant son vélocipède paralysé de la roue arrière. Je reprends la route avec lui pour revenir à Poull-Bodig.

Mèche-Rouge non plus n'a pas réussi à triompher. Il avait assez de courage et de force, sans doute, mais mon cerceau lui échappa dans un tournant et alla se perdre dans une carrière abandonnée. Je n'en ai pas revu la couleur depuis. Mais j'ai troqué mon clou à quatre têtes contre trois boutons, l'un d'eux en cuivre avec une hure de sanglier dessus.

Quand arrive le mois de la Paille Blanche, qui est septembre, les vents commencent à se mettre en place pour l'hiver. Les pièces moissonnées des *trestou,* qui ne sont pas bornées par des talus, s'étendent au loin vers Peumerit, ras et sans arbres. C'est là que nous lançons nos cerfs-volants. Quelle importante entreprise que de confectionner de tels engins! A part les baguettes de bois que l'on trouve partout, il faut se débrouiller pour le reste. Plusieurs pelotes de ficelle sont nécessaires si l'on veut que l'appareil monte assez haut pour trouver les meilleurs courants. Nos petites économies y passent. Pas question d'avoir de la toile, le moindre pan de chemise usée est conservé pour les besoins de la famille. Alors, le papier fort? Mais le papier fort est très rare. Il n'y a que les commerçants du bourg qui en reçoivent. Chacun de nous s'en va mendier chez les fournisseurs de sa maison. Reste à coudre le papier sur le bâti. Une aiguille et du gros fil noir ne se trouvent pas sous le pied d'un cheval. Les fillettes y pourvoient assez souvent contre la promesse de tenir la ficelle quand le serpent aura pris l'air. Pour les papillottes de la queue, on se procure de vieux journaux et ce n'est pas une mince affaire, croyez-moi! Mais quelle gloire quand l'engin s'élève, tandis que nous courons pieds nus dans les chaumes en lui rendant de la ficelle! Et quel plaisir de le gouverner là-haut, de le maintenir dans le lit des vents, de lui faire tirer des bords comme un voilier de haute mer!

Ensuite, les pluies se font plus fréquentes. Les ruisseaux grossissent. Nous retournons dans les bois de pins. Nous faisons sauter de grosses plaques d'écorce qui seront taillées et creusées au couteau en forme de barques, pourvues d'un mât et d'un vieux mouchoir en guise de voile. Sous la quille, nous mettrons une grosse pointe recourbée ou une rangée de clous pour lester le bateau d'aventure. Et le voilà livré au ruisseau. Pendant qu'il dévale le courant, nous sautons d'un bord à l'autre, attentifs à dépêtrer notre esquif des cailloux et des branchages. Après une heure ou deux de cette navigation, nos chaussons et nos bas sont mouillés jusqu'à la cheville si nous n'avons pas pris la précaution de nous mettre pieds nus. Comme nous avons remarqué qu'un sabot de bois navigue très bien sans mât ni voile, il nous arrive d'en mettre un à l'eau. Mais il faut déjà un gros ruisseau pour soutenir un sabot. Et les gros ruisseaux aboutissent parfois à un bief de moulin ou un abîme quelconque. L'imprudent navigateur par sabot interposé revient chez lui à cloche-pied et le bâton à bouillie fait son office.

Les enfants ne font jamais que s'introduire par étapes dans les activités des grandes personnes. Comme nous habitons un pays de moulins, tant à vent qu'à eau, nous nous faisons meuniers à notre échelle. Presque tous nous avons, quelque part autour de notre maison ou dans notre clos, une croix de moulin à vent en réduction qui tourne et vire au bout d'une tige. Mais nous préférons détourner les petits rus qui serpentent dans nos prairies ou au bas de nos champs. Nous construisons des barrages, des chutes d'eau pour le Petit Poucet. Et les nouveaux canaux d'eau courante font tourner les moulinets de notre façon. Généralement, nous plantons une fourchette de bois sur l'une et l'autre rive et nous appuyons sur ces supports un axe pourvu de quatre pales qui trempent dans le courant. La difficulté est d'orienter les pales comme il faut sinon le courant les emporte et c'est à recommencer. Les plus habiles adaptent une roue dentée sur l'extrémité de l'axe et arrivent, par tout un système de transmissions, à faire tourner une mini-batteuse de leur invention.

Il y a des hivers où l'eau gèle dans le chapelet de mares qui miroitent à travers les pins de Ménez-Poullou. Nous en sommes prévenus par les stalactites, les « dents de janvier » qui pendent au bord de certains toits. Le premier de nous qui en voit un donne l'alerte aux autres. Alors, vite, nous allons chercher, dans l'appentis, la paire de sabots usés que nous avons mise de côté en prévision de cette aubaine. Rien de mieux pour glisser sur le gel. Et c'est à qui glissera le plus loin. Bien sûr, il arrive que la surface crève parce qu'il est trop tôt ou trop tard, mais les mares ne sont pas profondes. Cependant, ceux qui redoutent cet accident peuvent glisser sur des portions de routes où les ornières des charrettes retiennent toujours un peu d'eau, assez pour faire un beau verglas. A vrai dire, cela n'est bon que pour les apprentis. Ils apprennent à s'équilibrer le corps, c'est sûr, mais ils se font traiter de morveux jusqu'à ce qu'ils affrontent les mares de Ménez-Poullou.

Je ne sais pas d'où nous vient cette envie que nous avons de monter sur des échasses. Nos ancêtres auraient-ils franchi par ce moyen les marais saumâtres qui règnent tout au long de la côte, derrière le cordon de galets? On montre encore, au milieu de la palud de Plovan, deux chaumières en ruine vers lesquelles ne mène aucun chemin, aucune piste reconnaissable. Ou peut-être trouvons-nous que nous ne grandissons pas assez vite, peut-être voulons-nous regarder le monde à hauteur d'adultes pour voir s'il est différent du nôtre? Toujours est-il que nous n'avons de cesse avant de nous être juchés sur quelque chose pour marcher au-dessus du sol. Et ce sont les boîtes de conserves vides qui vont nous y aider d'abord.

Ces boîtes sont vraiment providentielles. Outre les divers usages que nous faisons du fer-blanc, elles nous servent à des jeux d'eaux. Voici comment. On empile une demi-douzaine de boîtes les unes sur les autres après les avoir percées de trous dans le fond et sur le pourtour. Avec un vieux seau, on verse de l'eau dans la boîte supérieure et cette eau, si l'on sait bien s'y prendre, gicle dans toutes les directions par tous les trous de la colonne de boîtes. Ne croyez pas que cela réussisse toujours. Essayez un peu pour voir! Cela dépend du nombre de trous, de leur grosseur, de leur disposition le long des parois. Quiconque a réussi son jeu d'eau, le plus souvent par hasard, emporte ses boîtes pour conserver le modèle qu'aucun calcul ne lui ferait retrouver.

Or, avec deux de ces mêmes boîtes, on fait des échasses. Deux trous de pointe au bord du fond, l'un en face de l'autre, une grosse ficelle passée dedans et voilà! Il ne reste plus qu'à monter sur les boîtes sous vos pieds à la façon dont on tient un cheval par les rênes. Et en route!

Mais ce ne sont pas là de vraies échasses. Il vient un moment où l'on nc peut plus s'en contenter. Alors, on tâche de mettre la main sur deux manches à balai ou, à défaut, deux bâtons bien droits. A grand renfort de vieilles pointes, on cloue sur chacun d'eux, à un demi-pied du bas, un triangle rectangle de planche épaisse dont le menuisier n'est pas trop chiche. Ces triangles, dont un côté droit supportera nos pieds, seront cloués de plus en plus haut à mesure que l'échassier sera plus maître de ses bâtons. Il s'entraîne d'abord sur le plat, puis il s'essaye à monter et à descendre. Le voilà maintenant qui saute des deux échasses à la fois. Bientôt, il va pouvoir se mesurer aux autres à la course. Généralement, c'est à ce moment-là qu'il commence à se désintéresser de ses bâtons. Que pourrait-il en tirer de plus! Et y a-t-il du temps à perdre en ce monde!

Les échasses serviront aux petits frères qui viennent derrière, dans l'ordre de leur naissance, de même que les paletots et les pantalons de l'aîné passent successivement sur le corps des plus jeunes, seulement enrichis, d'une année à l'autre, de quelques rapiéçages de plus. Qu'importe! Et, à la différence des vêtements, les échasses ont l'avantage de pouvoir resservir à l'aîné s'il lui prend envie de remonter dessus après le service militaire. Il n'y a guère de maisons sans une paire d'échasses dans la cour ou le hangar. Quand on les brûle, c'est que la famille est tombée de lance en quenouille. Les jupons ne montent pas sur des échasses.

Vient une année où toutes celles du quartier sont mobilisées pour une mise en scène qui manque de faire passer sur le haut du bourg le frisson de l'an mille. Nous avons l'habitude, vers l'approche de la Toussaint, de creuser des betteraves, d'y pratiquer des trous en forme d'yeux, de nez et de bouche, d'y introduire un bout de bougie et de refermer le tout. Ce lampion à tête humaine, posé la nuit sur un talus ou dissimulé dans les broussailles d'un chemin creux, terrifie toujours quelques noctambules. Quelquefois aussi, on le dépose sur la fenêtre d'une vieille fille connue pour son petit courage et son esprit crédule. Quelqu'un frappe du doigt sur la vitre avant d'aller se tapir non loin de là. La vieille, qui se chauffe les membres au feu de son âtre, tourne la tête vers la fenêtre et croit voir l'Ankou, os et flamme. Elle pousse un cri terrible. Elle appelle la Sainte Vierge. La voilà qui se précipite au-dehors, affolée, pour chercher au galop on ne sait quel secours. Alors, les garnements reprennent la betterave tête de mort et disparaissent. Quand la vieille revient avec le plus proche voisin, il n'y a plus rien à voir. Et tout le bourg fait des gorges chaudes. La dernière vision de la pauvre femme donne pâture aux langues pendant quelques jours, à toutes les langues sauf quelques-unes : et si c'était vraiment l'Ankou!

Cette fois-ci, nous décidons de corser le spectacle. Chacun de nous s'attache la tête-betterave sur la tête en chair et en os, monte sur sa paire d'échasses. Un Timen, un Le Gall ou un Le Corre qui a eu l'idée nous met les uns derrière les autres à la queue leu leu. Et nous descendons ainsi, dans la nuit noire, le sentier qui borde le champ du recteur. Tout à coup, quelqu'un entonne le *Libera,* les autres reprennent de leur mieux. Ce chœur funèbre attire sur le pas des portes les femmes intriguées qui laissent brûler leur bouillie pour savoir qui on enterre à cette heure. Quand elles voient s'avancer ces yeux de feu et ces bouches d'enfer à deux mètres du sol, elles éclatent en de telles clameurs que nous en sommes saisis nous-mêmes. Nous dévalons de nos échasses, perdant du même coup nos têtes-betteraves dans une avalanche de Jugement Dernier. Aucun de nous n'avouera jamais avoir participé à ce coup-là. Le *Libera* était de trop. On ne plaisante pas avec l'Autre Monde, même sur des échasses.

Après cet office funèbre, éclairé aux betteraves tête-de-mort, toute la paroisse résonne de notre indignité jusqu'à ce qu'un autre scandale vienne alimenter la langue des commères, détournant de nous la réprobation publique. Mais, entre-temps, nous avons dû livrer bataille aux garnements du bas du bourg, ces faux apôtres, qui ont pris prétexte de notre *Libera* sacrilège pour nous faire honte à chaque fois qu'ils nous rencontrent en terrain neutre, c'est-à-dire autour de l'église pour la messe, les vêpres ou le catéchisme. C'est un endroit, évidemment, où il n'est guère possible de passer des paroles aux coups sans alerter le recteur ou son vicaire qui ne serait pas long à nous faire passer à l'acte de contrition. D'ailleurs, nos champs de bataille sont toujours à l'écart des maisons et des fermes, en pleine campagne et de préférence là où il y a des lignes de talus pour permettre à nos stratèges de montrer leurs talents.

En effet, comme tout bourg qui se respecte, le nôtre a un haut et un bas, l'église occupant le milieu et régnant sur l'un et l'autre. Bien entendu, il n'y a aucune animosité entre les habitants du haut et ceux du bas, mais cela fait quand même deux quartiers dont chacun a ses relations particulières, fréquente les commerces de son secteur et les fermes qui se trouvent de son côté, pas les autres. Cette situation est vivement ressentie par les enfants qui ont l'impression de se risquer à l'étranger quand ils dépassent certaines limites. Un garçon du haut ne va jamais seul dans le bas et le contraire est aussi vrai. De là vient qu'il y a deux bandes qui se tiennent à l'œil et, un certain esprit d'offensive aidant, l'une et l'autre se font un point d'honneur de se mesurer de temps à autre, histoire de montrer leur valeur et de rabaisser le caquet de l'adversaire. Dès l'instant que cela ne va pas trop loin, les parents seraient plutôt d'accord puisqu'ils entretiennent souvent entre eux les même préjugés.

C'est pourquoi, fatigués de nous entendre traiter de têtes de betteraves, nous avons décidé d'engager le combat avec les « chiens du bas du bourg » à la première occasion. Après de multiples patrouilles, marches et contremarches, nous les surprenons à la petite gare de Plovan. C'est un simple abri ouvert en pleine campagne, un arrêt facultatif du train-carottes. Les autres sont moins nombreux, n'étant pas sur leurs gardes, et nous avons l'avantage de la surprise. Notre chef, le gars de Pouloupri, nous a fait bourrer nos poches de galets ramassés sur la grève et dont nous avons constitué des réserves dans les trous des vieux murs. Pas de cailloux coupants, il ne faut pas faire saigner, « Si vous faites du mal à mon fils, disent les pères, je vous tue. » Et comme le coupable sera tué une seconde fois par son propre père s'il faut en croire celui-ci, voilà de quoi faire respecter à peu près les lois de la guerre.

Sur un coup de sifflet strident du gars de Pouloupri, nous commençons de loin un tir de barrage à droite et à gauche de la ligne du train pour empêcher l'autre bande de s'enfuir. Et cependant notre avant-garde, sous le couvert des talus et des taillis, se rapproche de la petite gare où l'ennemi s'est retranché, visiblement désemparé.

Les « chiens du bas du bourg » hésitent. Vont-ils contre-attaquer en puisant dans le lit de cailloux qui supporte la voie ferrée! Mais alors il y aura du sang et les grandes personnes se chargeront de nos comptes. Ils prennent le parti de nous attendre. Nous les cernons de près. Alors commence un échange d'injures dont je me garderai d'écrire les moindres parce que vous avez peut-être la vue plus sensible que nos oreilles. Cela n'a rien à voir avec les exhortations de César à ses soldats pendant la guerre des Gaules. Mais César était seulement romain. En bref, cela se termine par une série d'empoignades à deux où la lutte bretonne fait merveille.

A cette lutte, nous nous sommes entraînés de bonne heure dans les champs. Nous ne connaissons pas les titres de haute roture qu'elle a gagnés au cours de l'histoire ni les règles qui sont les siennes, mais nous l'avons dans le corps par privilège de naissance. Et en avant pour les coups d'orteil qui déséquilibrent l'adversaire, les coups de corne-cul qui l'abattront comme il faut, lui faisant mesurer le champ des deux épaules à la fois. Tombé! Tombé net! Autour de la petite gare de Plovan, il n'y a pas de bélier à gagner comme dans les concours, mais nous y allons de bon cœur. Peu importe que je sois vaincu comme il m'arrive le plus souvent, gringalet que je suis, les têtes de betteraves ont gagné pour cette fois. La bande du bas du bourg se retire en désordre par la ligne, protégeant sa retraite en nous envoyant rouler dans les jambes, de loin, les cailloux de la voie. Il y a de la revanche dans l'air. D'autant plus que, ce soir, tout le bourg sera au courant si bien que les familles des vaincus auront du mal à digérer leur vergogne tandis que les nôtres feront seulement semblant de nous tirer les oreilles.

L'avant-dernière épreuve est celle des vagues de la mcr, à Penhors. Nous avons appris à nageoter dans le ruisseau du *Grand Canal* qui n'a guère plus de trois ou quatre mètres de large. La mer est à près d'une lieue. Pour les petits, c'est déjà une expédition d'y aller. Nos parents, paysans qu'ils sont, n'aiment pas la mer pour des tas de raisons dont la première est qu'ils ne savent généralement pas nager et n'ont aucune envie d'apprendre. Ensuite, ils répugnent à se dévêtir, le Paradis Terrestre est trop loin. Et enfin, la mer n'a que peu de rapports avec leur métier, outre qu'ils préfèrent la viande au poisson, cette nourriture de carême et de vendredi. Certains y vont chercher des charretées de sable et même du goémon pour leurs champs, mais c'est tout. L'eau salée, l'eau qui bouge dans les deux sens ne les inspire pas. Traîtrise. La mer de Penhors, c'est le grand pardon de Madame Marie dont la chapelle a été érigée sur la côte précisément pour conjurer cette traîtrise-là.

Aussi font-ils leurs sept possibles pour nous en détourner, tout en sachant fort bien que nous finirons par faire comme la chèvre de monsieur Seguin. Et les menaces pleuvent. Nous rions entre nous de la meilleure : c'est une mère qui parle à son fils : « Si jamais vous revenez noyé à la maison, vous attraperez votre compte avec le père. » Et nous n'avons qu'un désir : affronter la neuvième vague, la plus dure. On ne saurait devenir un homme à moins.

Et un jour notre petite bande se trouve réunie sur la cale qui a été bâtie par Alain Le Goff, mon cantonnier de grand-père, et quelques autres avec lui. Pour une fois, les gars du haut et du bas du bourg sont raccommodés. C'est qu'il s'agit de donner le baptême des vagues à trois ou quatre d'entre nous dont moi-même et mon camarade

Alain Mazo si j'ai bonne mémoire. Chacun s'est pourvu d'un caleçon de fortune dont il faudra expliquer ce soir l'humidité. Nous allons nous déshabiller dans un trou de la falaise. Il fait froid, la mer montante est grosse, nous avançons sur la grève en claquant des dents, précédés par les plus grands pour qui les vagues n'ont plus de secrets, pas même la neuvième. Devant moi, je vois d'énormes rouleaux d'eau écumante, crêtés de barbes de capucin, étagés les uns derrière les autres, le dernier là-bas cataractant tout droit du ciel. Tout cela charrie un grondement de bête innombrable. J'ai de l'eau jusqu'à mi-cuisse quand les grands, devant moi, plongent sous le premier rouleau. J'attends de les voir resurgir derrière quand je suis renversé cul par-dessus tête, écartelé, traîné, suffoqué, quoi encore! C'est la fin du monde. Non! J'arrive à me relever, à demi-aveugle, rendant de l'eau salée par toutes mes ouvertures. On me crie : attention! Droit dedans! la tête d'abord! C'est trop tard. Le second rouleau est déjà sur moi, me balaie de nouveau si fort qu'il me ramène presque au sec, contre un bout de récif nu, sans la moindre bernique et pour cause! Je cherche en vain mon haleine quand des bras me relèvent. On me tape dans le dos, on me frotte les oreilles. Les grands sont venus à mon secours. Deux d'entre eux me prennent les mains, me tirent avec eux non pas vers la grève, mais vers les murs de vagues. Espèces de fumiers! Terrifié, j'ai envie de résister quand je les reconnais. Ils sont tous deux du bas du bourg. Sept cents barriques de tonnerre, on va voir! Là-bas, une vague se creuse et s'élève pour déferler avec fracas. Une masse d'écume monte à l'assaut. Les autres me lâchent en criant : faites comme nous! Je me rue dans le rouleau comme un insensé. Miracle! Je ne me croyais pas si souple. Je refais surface de l'autre côté avec les deux compères, tous les trois nageant à demi-assis en direction de la terre. Le répit est trop court. Un autre rouleau est derrière nous avant que nous n'ayons eu le temps de nous retourner. Mais j'ai entendu une voix : le cul en l'air, la tête en bas! J'obéis de mon mieux, la vague me culbute en douceur et je me retrouve tirant ma brasse aussi tranquillement que dans le *Grand Canal*. Maintenant, la neuvième vague peut venir, à moins qu'elle ne soit déjà passée.

J'ai bien du mal à rentrer au bourg. J'ai l'impression d'avoir été roué de coups. Je saigne par de longues estafilades dont l'écueil m'a zébré en travers des côtes. Mais je suis plus content que d'avoir été reçu aux bourses le mois d'avant.

Demain, je prendrai du repos. J'ai justement une bobine neuve. J'y ferai des dents avec un couteau. Après quoi, il me suffira d'un élastique prélevé sur un bâton de réglisse et d'une bonne allumette de ménage pour construire un char d'assaut qui escaladera tout seul une planche inclinée, à condition qu'elle soit bien raboteuse et j'y veillerai. Ou bien j'irai pêcher la grenouille avec un chiffon rouge dans une mare de Pont-Gwennou. Simplement pour le plaisir de voir sauter ma pêche à travers le pré. J'ai entendu dire qu'il y avait des gens qui mangeaient les grenouilles. Je n'y crois pas trop, mais si c'est vrai, ces gens-là doivent manquer diablement de nourriture ou de civilisation. Moi, j'ai les deux.

Pour être un homme, désormais, il ne me manque plus que de savoir fumer. Sur la lisière du champ de Meot, il y a une allée de châtaigniers qu'on appelle *Barrière*. Quand apparaissent, dans les grands arbres, les chatons mâles, c'est une autre épreuve qui commence pour ceux d'entre nous qui ont passé l'âge de s'amuser avec les chatons de saule, une épreuve qui nous séparera définitivement des « pissouzes ». Nous attendons que les chatons soient tombés sous les arbres, qu'ils aient un peu séché dans l'herbe, et nous en tirons du « tabac de singe ». Les vieux hommes et aussi quelques femmes fument encore la pipe en terre ou en bois. Mais nos pères, depuis la guerre de 14, roulent plutôt des cigarettes de *scaferlati*. Il s'agit donc, pour nous, de montrer que nous sommes capables de fumer vraiment sans faire dans nos braies et surtout de rouler le « tabac de singe » dans un morceau de papier-journal, ce qui demande beaucoup d'adresse et encore plus de salive. En effet, la cigarette faite, il faut pouvoir la fumer sans qu'elle se défasse, sinon les quolibets pleuvent sur le maladroit qui n'a plus qu'à baisser le nez en méditant sourdement d'éclatantes revanches.

D'abord, il s'agit de fabriquer une pipe pour nous habituer à la fumée. C'est encore le sureau qui vient à notre secours. Pour le fourneau, on en coupe cinq à six centimètres au-dessus d'un nœud qui fera le fond. Tant mieux s'il part un rameau de ce nœud car il servira de tuyau une fois la moelle vidée, comme d'ailleurs celle du fourneau. Sinon, on se pourvoit d'un bambou. Dans cette pipe, on entasse les chatons mâles prélevés sur leur tige, en choisissant les plus secs. Quelqu'un s'est toujours arrangé pour dérober des allumettes. On met le feu sur la pipe, on aspire, on avale une fumée suffocante au lieu de la rejeter, on tousse, on a les yeux pleins de larmes, on avouerait bien que ce plaisir d'homme est un horrible châtiment, mais il faut persévérer, prendre un air gourmand à chaque bouffée et regarder autour de soi avec arrogance. Quand la tête commence à tourner, le visage à perdre ses couleurs, on passe le calumet au suivant et l'on s'étend dans l'herbe avec toutes les marques du ravissement. Une chance encore qu'il faille rallumer dix fois la pipée de singe qui n'arrête pas de s'éteindre. Cela donne le temps de reprendre ses esprits.

J'ai d'abord appris à rouler des cigarettes avec une bûchette comme celles que nous avons à l'école pour apprendre à compter. Quelqu'un d'autre m'a montré à la rouler entre mes doigts, puis à l'envelopper, avec les mêmes mouvements, dans un morceau de journal. Après ces exercices préparatoires, j'en suis passé au stade du collage à la salive. A vrai dire, j'ai subi bien des échecs avant d'arriver à confectionner une cigarette en bois. Ensuite, il a fallu remplacer la bûchette par le tabac de singe, l'égaliser dans le tuyau de papier et rouler cette fois sans rouleau. Quand j'ai cru être prêt, j'ai suivi les grands dans l'allée de *Barrière*. Et là je m'en suis tiré convenablement.

Depuis, je suis devenu un expert en tabac de singe. Je sais reconnaître les chatons qui brûlent le mieux et qui gardent le feu le plus longtemps. Je donne des consultations aux plus petits. Je leur abandonne même, après deux ou trois bouffées, la cigarette que j'ai roulée de mes mains. Ce n'est point par gentillesse, comme ils le croient, mais parce que le tabac de singe est vraiment exécrable. Seulement, il est interdit de le proclamer avant d'avoir acheté son premier paquet de *scaferlati*. Ce sera dans quelque années.

Voilà comment j'ai commencé mon éducation première en apprenant à utiliser toutes les ressources de la campagne, les arbres, les plantes, les eaux, les pierres, les oiseaux, les vents, en apprenant à ne pas laisser se perdre la moindre chose qui pouvait servir peu ou prou, à ne pas couper deux branches dans le même taillis pour en tirer un seul bâton. Voilà comment je me suis préparé, comme les autres, au métier de paysan qui m'attendait si je ne devenais pas instituteur, postier, cheminot ou second-maître sous le gouvernement. Ce métier consiste d'abord à très bien connaître l'environnement, y compris les traquenards et les pièges qui vous sont tendus et qui ne manquent pas de vous attraper si vous êtes béjaune. C'est ainsi que l'on s'accommode avec la nature et qu'on la tient éventuellement en respect pendant qu'elle satisfait vos besoins essentiels.

Or, la vie à la campagne, le travail de la terre en ce temps-là nécessitaient l'apprentissage de certains gestes, une économie du corps qu'il fallait acquérir de bonne heure sous peine de s'éreinter inutilement. D'autre part, une certaine habileté manuelle était d'autant plus nécessaire au paysan qu'il devait être en mesure de faire lui-même de menues réparations de bourrellerie, menuiserie, couverture, maçonnerie, tressage, dont l'urgence ne lui permettait pas de faire appel à des artisans, même s'il en avait les moyens. En somme, il était condamné au bricolage. La crèche, l'écurie, le hangar, la charretterie étaient aussi des ateliers. J'ai encore vu, à l'école, un de mes camarades tailler, dans le bois dur, une cheville de buis pour tenir son pantalon qui n'avait que deux boutonnières face à face et pas de bouton. Cela n'étonnait personne. Nous étions tous logés à la même enseigne, habitués à confectionner de nos mains tous ces objets que l'on appelle des jouets et qui n'en sont pas. L'enfant de la campagne n'avait pas de jouets. On ne peut même pas dire qu'il s'amusait à jouer. Il apprenait en s'amusant, c'est tout. Mais il était d'abord apprenti. Et sa part de travail l'attendait avant même qu'il n'eût attrapé ses dix ans.

C'est pourquoi les grandes personnes, et spécialement ses parents, suivaient ses progrès avec attention, mais d'assez loin et surtout sans l'aider plus qu'il n'était nécessaire. Ils le laissaient affronter ses épreuves, ils tiraient gloire de ses réussites, ils étaient mortifiés de ses échecs et de ses retards plus que s'il avait redoublé une classe à l'école. A la campagne, toutes les habiletés du corps, que ce soit au travail ou au jeu, suscitaient l'admiration alors qu'on se méfiait volontiers des raisonneurs et des personnages trop malins pour leur état. Je ne suis pas sûr qu'il y ait quelque chose de changé. Quant aux enfants eux-mêmes, ils savaient se jauger mutuellement. Les fanfarons étaient vite classés comme celui-là dont la mère disait : *dire il fait, faire il ne fait pas.* Les autres ne prenaient jamais leurs vessies pour des lanternes. Mais ceux qui passaient les épreuves sans rechigner ni se hausser du col recevaient toujours l'honneur dû aux seigneurs qu'ils étaient.

Lors des fêtes et des pardons, il y avait bien des boutiques sous tentes qui proposaient des amusettes. Mais on les achetait seulement pour les poupons au sein, et encore à cause de leur légèreté et de leurs vives couleurs. Si j'ai bonne mémoire, les écoliers que nous étions n'enviaient guère que les balles de caoutchouc parce qu'il nous était vraiment impossible d'en faire nous-mêmes. Hélas! Elles étaient hors de prix pour nos finances. Alors adieu!

La dernière fois que j'ai penché ma tête avec les autres garnements sur la fontaine de saint Fiacre qui s'élève dans une prairie au bas du bourg, j'étais un vieux petit bonhomme de neuf à dix ans. Au fond de l'eau reposait un jouet de fer, une petite automobile jaune et rouge, de celles qui roulent au moyen d'un ressort que l'on remonte avec une clé. La clé aussi avait sombré. Quelque chose d'insolite venait de se produire.

Autour de la fontaine étaient rassemblés les Queffelec, les Cariou, les Bosser, les Guichaoua, les Le Gall, les Le Goff, les Le Coz, les Le Corre et quelques Timen dans leurs vêtements de panne rapiécés. Et un petit garçon en culottes courtes et col marin dont les autres ne pouvaient pas retenir le nom de famille. Il avait été baptisé Paul, mais il était le seul à porter ce nom singulier dans une paroisse volontiers vouée aux Gourgon, aux Alain, aux Corentin et aux Clet. Pour comble de disgrâce, il ne savait pas très bien s'expliquer en breton bien qu'il eût une grand-mère dans le pays. Il n'était pas un « touriste », mais assez près de l'être. Il avait beau marcher tous les jours dans des souliers de cuir cirés, nous avions grand-pitié de lui quand nous avions fini de nous moquer de cette fille déguisée.

Le pauvre Paul ne savait pas faire grand-chose avec ses mains. Il ne savait pas comment on prépare des pièges dans la terre pour attraper les oiseaux. Il n'était pas capable de tirer une pompe à eau d'un roseau ni une sarbacane d'un sureau. Pas même de siffler avec les deux doigts dans la bouche. Et il avait peur des vaches, des cochons, des poules. Un bon petit gars, mais élevé dans une autre civilisation.

Il avait cru prendre sa revanche sur nous quand il était arrivé, un jour, sur la place, avec sa petite automobile jaune et rouge, un jouet affreusement cher et dont nous n'avions jamais vu le pareil. Mais qu'est-ce qu'une petite automobile, même avec un ressort et une clé, pour des enfants qui savent construire tout seuls des chariots de bois à quatre roues pour s'y traîner mutuellement! Nous n'avions jamais accepté de jouer avec son engin ridicule.

Et voilà qu'aujourd'hui le pauvre abandonné s'était résolu à jeter son jouet précieux et inutile dans la fontaine de saint Fiacre. Nous n'étions pas des garçons sauvages. Nous avons bien compris qu'il faisait acte de vassalité pour être reçu dans notre confrérie.

Avant le soir, le garçon a déchiré son col marin et écorché ses genoux nus en apprenant à grimper aux arbres avec nos encouragements. Il est en train de devenir un homme. Gloire à saint Fiacre!

VI

LA VIE DURE

Les nations pauvres, c'est là où le peuple est à son aise; les nations riches, c'est là où il est ordinairement pauvre.

DESTUTT DE TRACY.

Un jour d'hiver, c'est vers trois heures de l'après-midi par une lumière de purgatoire, ma mère a allumé un grand feu sur l'âtre pour essayer de sécher quelques hardes qui refusent de rendre leur eau dehors tant le vent est humide. Moi, je suis assis dans la cheminée sur un petit banc et je me repais de chaleur. Avec une vieille lame de couteau, je gratte le bas de mon pantalon que j'ai crotté ce matin même en patrouillant le diable sait où, mais j'avais sûrement quelque chose à faire en cet endroit, je le jure, quand ce ne serait que de siffler aux merles pour les faire enrager. Et les merles, savez-vous, trouvent toujours le moyen de vous attirer là où les sabots des vaches ont si bien trituré la boue qu'il faudrait une couche de fagots pour s'y aventurer. Et les fagots n'y sont pas souvent. Mais c'est assez parlé à mon bonnet. « Taisez-vous ! » dit soudain ma mère à son muet de fils. Par-dessus le crépitement des flammes, elle a saisi une rumeur qui court sur le quartier. Comment fait-elle ? La voilà qui gagne le pas de sa porte et revient aussitôt, toute rouge et affairée. – Qu'est-ce qu'il y a, mère ? – Restez-là ! Il ne faut pas faire honte aux gens. Et elle court au tiroir de la grande armoire. Elle y prend quelque chose qu'elle tient dans sa main fermée. Elle hésite un moment avant de cacher cette main sous son tablier et retourne sur son seuil. Moi, je monte sur l'appui de la fenêtre pour regarder par-dessus les rideaux.

Dehors, je vois s'approcher lentement un grand diable d'homme maigre, curieusement vêtu d'un pantalon de marin de l'Etat et d'un *chupenn* de drap qui a été bleu avant sa naissance, mais si usé qu'il n'en reste plus qu'une trame grisâtre. Aux pieds, des sabots tout neufs garnis de grosse paille et sur la tête un chapeau bigouden immense et privé de ses rubans. Il a sans doute une figure, mais, je ne sais pourquoi ni comment, elle est si effacée que le personnage a l'air d'un épouvantail en marche. Derrière lui s'avancent, plus lentement encore, comme si elles avaient peur ou honte, une femme et trois fillettes dont la plus grande doit avoir autour de sept ans. La plus petite est encore en bonnet, les deux autres sont habillées comme la mère de lourdes robes rapiécées qui leur tombent sur les sabots, de corselets sans velours ni couleur et de coiffes basses en toile brunie. La mère donne la main à ses deux aînées tandis que la benjamine s'accroche désespérément à son tablier de coton. Propres dans leurs haillons autant qu'on peut l'être, mais visiblement tombées sous une mauvaise planète. Elles s'arrêtent au milieu de la route et, immobiles, sans un mot, elles regardent vers la porte de notre maison. Déjà le père est arrivé près du seuil et voilà qu'il ôte son chapeau. Je sais que les hommes n'ôtent leur chapeau qu'à l'église et devant les morts. A se découvrir la tête dehors, il n'y a que les mendiants.

Celui-ci a les cheveux couleur de poussière. Il est trop gris pour que je puisse distinguer ses traits dans le gris de l'hiver. J'écrase mon nez contre la vitre pour savoir ce qui se passe. Et je vois le bras de ma mère qui se tend, la main fermée. L'homme avance la sienne, la paume ouverte. Au même moment, la femme et les trois fillettes baissent la tête et font le signe de croix. Le chapeau remonte sur le crâne du père qui s'en va plus loin, suivi de sa famille à six pas. Et là-dessus ma mère à moi, qui est rentrée sans bruit, m'attrape à bras-le-corps, m'arrache de la fenêtre et me secoue d'importance en me demandant si je n'ai pas honte. Je m'en vais avaler mes larmes derrière la maison. Qu'ai-je fait de mal, Jésus!

Le soir, autour du chaudron de bouillie, mes parents parlent des mendiants envers lesquels je me suis mal conduit, paraît-il. J'apprends que ce sont des gens de l'autre canton, vers le sud. Le père et la mère vont en journée. Le mois dernier, le feu a pris dans leur maison et tout a brûlé, y compris l'armoire où étaient les quatre sous de papier. La vache elle-même a péri dans la crèche. Il y a seulement cinq enfants, c'est encore une chance. Deux garçons de neuf et dix ans ont été engagés comme pâtres pour le prix de leur pain. Le reste de la famille est parti mendier sur les routes du Pays Bigouden, comptant sur la charité des bonnes âmes pour rester en vie en attendant d'avoir de nouveau un toit sur la tête. C'est dur de tendre la main, même au nom de la Trinité, quand on a toujours vécu honorablement du travail de ses bras. Et c'est pourquoi je devais, moi, m'abstenir de les regarder pendant que ma mère donnait quelque chose. Le plus dur à supporter, quand on est tombé dans la misère, c'est le regard des gens. Je n'aurais pas dû monter sur l'appui de la fenêtre pour montrer mon nez, même écrasé contre la vitre. Mon père trouve que je m'en suis tiré à bon compte, je méritais le festin du bâton. Alain Le Goff soupire : « Il ne pouvait pas savoir, dit-il. C'est la première fois qu'il voit ça. »

Je ne verrai plus jamais de famille mendier aux portes après une catastrophe ou une malchance persistante qui la forcerait à recourir aux deux cantons pour pouvoir lever le dos. Mais les cherche-pain professionnels ne manquent pas, hélas, bien que leur nombre, dit-on, ait considérablement décru. Ce sont pour la plupart des aveugles ou des méhaignés, parfois conduits par une femme ou un enfant, à moins qu'ils n'aillent deux par deux. On les voit passer par le bourg la veille des pardons bigoudens, car ce sont les pardons qui font leurs grosses recettes, mais ils ne mendient guère au passage, sauf pour quelque nourriture et un abri de nuit dans une ferme de connaissance. Il est entendu que chaque paroisse a ses mendiants qu'elle prend en charge, ce qui la dispense de secourir les autres à moins d'urgence.

De loin en loin, il arrive qu'un étrange équipage s'arrête devant quelques portes choisies. C'est une sorte de charreton traîné par de gros chiens et dans lequel siège, sous un amas de haillons, un infirme hirsute qui nous fait très peur. On dit qu'il réside habituellement autour de la chapelle de la Trinité, à Plovézet. Il est donc encore de notre cousinage, il a le droit de venir liarder chez nous. Or, nous, les enfants, nous aimerions surtout savoir s'il a des jambes. Les grandes personnes disent que oui, mais elles mentent si fort et si souvent que nous n'avons pas confiance. Elles disent aussi que s'il nous venait à l'idée de jouer quelque mauvais tour au mendiant, il ne serait pas long à sauter de sa charrette pour rattraper à la course le plus rapide d'entre nous, lui arracher les oreilles et les replanter à l'envers. On l'appelle Lomig-des-Chiens. Tout compte fait, notre plus grande peur est que les bouts de cordes qui servent à atteler ses bêtes ne viennent à casser net. Alors, tant pis pour nos fesses!

D'ailleurs, pourquoi chercher noise à Lomig-des-Chiens puisque nous avons Marie Gouret, dite Marie l'Aveugle, notre mendiante paroissiale et le souffre-douleur de quelques grands gars qui n'arrivent pas à croire que la pauvre femme n'y voit goutte. De temps à autre il y en a un, sceptique juré, qui va s'étendre à plat ventre sur le chemin de Marie quand elle arrive, tâtonnant du bâton, la tête de travers et dialoguant avec elle-même à deux voix qui n'ont pas l'air de sortir de la même personne. Marie bute et tombe, s'écorche le front ou la pommette, quelle importance! s'assied par terre et demande : « J'espère que je ne vous ai pas fait de mal, petit? » Le petit revient déjà vers ses camarades en se frottant la carcasse : « Elle a fait exprès de me tomber dessus, la vache! Et avant de tomber, elle m'a donné du bâton à travers les côtes. »

Personne ne saura jamais si Marie l'Aveugle a vu la moitié, le quart ou seulement l'ombre de sa misère.

Elle vient manger chez moi deux fois par an, à des jours fixés que ma mère connaît. Et une troisième fois dans la semaine où l'on a tué le cochon. C'est une finaude. Elle sait qu'elle aura de la viande douce. Les autres maisons du bourg et les femmes de la campagne la voient revenir aussi à des dates qui ne changent jamais. Comment fait-elle pour tenir le compte des sept ou huit cents repas de l'année (il y a des jours, dit-on, où elle déjeune et dîne deux fois) sans jamais se tromper d'endroit ni de jour? Elle doit avoir un almanach dans la tête ou dans le ventre. Et le nombre des repas qu'elle va demander aux uns et aux autres est calculé d'après les moyens qu'ils ont car elle connaît mieux que personne l'état de fortune de chacun. Qui ne nourrit pas Marie l'Aveugle au moins une fois par an n'est qu'un pauvre bougre du dernier rang. Même les gens chez qui le gras est presque toujours maigre trouvent le moyen de lui offrir une soupe à la viande dont elle se torchera le museau.

Et cependant Marie l'Aveugle n'arrive jamais à venir à bout de son appétit. Elle doit avoir derrière elle plusieurs générations d'affamés qu'elle cherche à rassasier en elle-même par-delà leur mort. Quand elle a bâfré une écuellée de soupe à grand bruit, elle garde la tête baissée pour qu'on sache bien qu'elle n'a pas fini. Elle est la première arrivée devant les tables des noces, la dernière partie. Les autres vont à l'église, dansent sur les places, bavardent, chantent. Temps perdu. Marie vide les plats. Et quand on lui demande : « Avez-vous eu assez? » Elle répond tristement : « A peu près. »

Entre deux ventrées de soupe, Maï Zall est en voies et en chemins, conversant avec elle-même, le pas vif comme quelqu'un qui a hâte d'arriver. D'arriver où? Peut-être se fait-elle seulement digérer. Sa coiffe est toujours bellement mise bien qu'elle n'ait pas de maison. Peut-être finira-t-elle comme cette autre pauvresse qui ne trouva rien de mieux, par un hiver de froid terrible, que d'aller dormir dans le four à pain d'une ferme. Au petit matin, la fermière fit chauffer son four et la mendiante fut rôtie. Dieu pardonne à l'une et à l'autre!

Vivent aussi parmi nous quelques êtres qui sont tombés trop tard du cul de la charrette. Des innocents, comme on dit. Il y a un Lan-Maria qui est parvenu depuis longtemps à l'âge d'homme et qu'on laisse toujours en jupon, comme les filles, pour marquer qu'il n'est pas sorti d'enfance et parce qu'il s'oublierait trop souvent dans des braies. Il y a un Jakig en sarrau et bavant, la tête sur le côté. Il y a un énorme corps d'homme qu'on appelle Grand Pierre. Ce corps est conduit par une noix creuse qui sonne dans la tête quand elle bouge, dit-on. A chaque fois que je me trouve dans les environs de Grand Pierre, je tends l'oreille pour entendre le bruit de la noix. Je ne l'ai jamais entendu, les autres non plus. Grand Pierre est tout à fait inoffensif, et donc en butte à nos tracasseries malgré son volume et ses bras monstrueux. Il est habituellement nourri et logé dans la plus riche ferme du bourg. Le maître peut lui demander quelques travaux de force à condition d'avoir toujours un œil sur lui car le pauvre homme risque de se perdre entre la crèche et l'écurie à cause de la noix creuse qui a sonné toute seule.

D'autres ont la tête solide, mais le corps martyrisé par les sept branles de la boiterie. Ils travaillent durement à marcher, ils peinent même à se tenir debout. Les femmes plus que les hommes sont affligées de ce mal venu de nos ancêtres obscurs et qui nous frappe plus durement que les autres populations. En branle à droite, en branle à gauche, les boiteux vaquent pourtant à leurs affaires comme si de rien n'était, saluant jusqu'à terre des deux côtés. Chacun doit s'accommoder de son destin et allez donc! L'un d'eux raconte, avec des éclats de rire, qu'il est saoul tous les jours sans avoir rien bu ni déboursé le moindre liard. Quelle aubaine pour le cul cassé!

Au demeurant un homme heureux. Moins heureux sont les deux innocents qui font les bêtes de somme dans un certain moulin et à qui l'on plante une grosse épingle à tête noire dans les fesses pour les faire avancer plus vite avec leur fardeau. Et ils demandent pardon en braillant pour le plus grand plaisir du bourreau.

Les plus pauvres et les plus démunis font leurs sept possibles pour manger tous les jours grâce à de petits métiers qui sont fort honorables à défaut d'engraisser leurs pratiquants. Encore faut-il avouer qu'ils n'arrivent à épargner la moindre pièce blanche qu'aux dépens de leurs entrailles qui chantent le vide assez souvent. Il y a une Del qui a fait un tour en prison pour de menus forfaits qu'on ne sait plus et qui a conservé de son temps de retraite, une espèce d'uniforme de bure et une coiffe pénitentiaire. Elle vit chichement des deux sous que lui rapportent les épingles et les barrettes qu'elle vend par le pays en criant sa marchandise d'une voix aiguë. Elle vend du papier à lettres et des enveloppes. Ce dernier mot français, dans sa bouche, devient *blopou* et tout le monde comprend, même ceux qui n'écrivent jamais parce qu'ils ont bien du mal à tracer une croix.

Del ar Blopou n'est pas la seule à faire ce commerce. Le bourg et la campagne sont parcourus inlassablement par des marcheurs à pied dont toute la boutique tient dans une boîte en bois ou un panier d'osier, sans compter les journaliers qui vont là où l'on a besoin d'eux, et les tailleurs, les couturières qui s'installent encore sur la paille des granges pour quelques années avant de disparaître et les castreurs, les tueurs de cochons, les entremetteurs de mariages, les gars de l'alambic, le chiffonnier borgne des Monts d'Arrée et le Planteur de Caïffa qui fait figure de grand seigneur avec sa caisse odorante sur trois roues. Et d'autres figures dont on ne voit la couleur que la moitié d'une fois. Les petits chemins de la paroisse sont entretenus par tous ces pieds-là.

Passent aussi, véhiculées d'un char à bancs à l'autre au hasard des bonnes rencontres, des femmes de l'autre canton qui vendent des coiffes et des lacets brodés de leurs mains, de la dentelle de « picot » à la façon d'Irlande. Depuis le début du siècle, ce picot en a tiré plus d'une de la misère. Il n'est guère de femme ou de fillette qui ne fasse aller son crochet quand elle a les mains libres. On dit même que, vers Penmarc'h, de jeunes garçons en font aussi par nécessité, ce qui ne va pas sans les humilier. A la sortie du Conseil de Révision, on a vu certain de ces picoteurs malgré eux casser en public leur crochet pour signifier qu'ils étaient désormais des hommes à part entière. Ah mais! A Plonéour, à Pont-l'Abbé, il y a des commerçants futés qui ramassent cette production en la payant maigrement. Le maigre vaut mieux que le rien. Avec ce maigre-là, les femmes finiront bien par acheter aux merciers ambulants, peut-être même au magasin, des tabliers emperlés de verre à la nouvelle mode. Et elles auront en prime un petit miroir rond au dos duquel sourit à pleines dents une coquette du cinéma muet. Tout est hors de prix pour qui compte en sous plus souvent qu'en écus. Mais, à force de magoter les piécettes et d'user jusqu'à la corde les hardes de tous les jours, on arrive à se procurer le nécessaire du dimanche.

Petits sous. Il y en a qui doivent pousser l'économie jusqu'à se passer d'allumettes. De vieilles femmes traversent la route pour entrer dans la maison d'en face dont la cheminée fume. Quand elles en ressortent, elles fument elles-mêmes du milieu du corps à cause d'un vieux sabot que la voisine leur a rempli de braise et qu'elles transportent, sous le tablier de coton, comme le Saint Sacrement. C'est le sabot-à-feu. Mais la meilleure braise, paraît-il, est celle du boulanger Jean-Marie Le Borgne. Celui-ci en fait volontiers largesse. A peine a-t-il sorti sa fournée qu'il voit arriver deux ou trois petits porte-sabots des alentours. Ils repartent avec leur braise, manœuvrant de façon à ne pas la laisser dévorer par le vent tout en la faisant rougeoyer faiblement de leur propre souffle. Au reste, personne n'oserait faire payer la braise, non plus que le levain. Les allumettes, c'est autre chose. On en tient le compte juste. J'ai entendu quelqu'un se plaindre : « Celle-là me doit quatre allumettes et elle ne parle pas de me les rendre. »

Dans ma maison, il y a eu une pièce d'or dont on parle toujours. Comment est-elle arrivée dans l'armoire, personne ne saurait le dire, sauf peut-être l'oncle Jean, le soldat, qui a dû la glisser dans la boîte en fer-blanc sans le dire à personne et qui fut le premier à s'étonner de la voir là. Mais l'oncle Jean est mort à la guerre. Ma mère s'est échinée pendant trois ans pour garder la pièce. Pour elle, c'était le meilleur bouclier contre la misère. Et puis la pauvre femme a dû s'en séparer pour acheter une vache à la foire de Pont-Croix. Nous n'en verrons jamais d'autre. Après tout, la famille s'en félicite. L'or nous coûtait trop cher. Quelques pièces de cinq francs suffisent pour nous mettre à l'aise. Avec les deux sous de bronze que grand-père me donne tous les dimanches pour tenir mon rang, je suis plus riche que le Roi d'Hibernie. Le premier sou se dépense à la sortie de la grand-messe, l'autre va rejoindre ses pareils dans une tireline de terre cuite en forme de pomme qui trône sur le vaisselier. Quand ils passent par ici, mes oncles et mes tantes y laissent tomber une pièce blanche. Ma tirelire verra même des œils-de-bœuf de cinq francs surgis du gousset de mon oncle Corentin. Une fois (la honte me rougit la face quand j'y pense) je sortirai une de ces pièces avec une aiguille à tricoter et j'irai la monnayer chez l'épicier Daniel Keravec pour payer des dettes contractées au jeu de galoche. Dans les moments difficiles, ma mère se sert de la même aiguille pour m'emprunter de petites sommes. Elle me les rend toujours. On dit que l'on casse les tirelires dans les grandes occasions. Cinquante ans plus tard, la mienne sera toujours là. J'ai juré qu'elle durerait autant que moi.

Les petits et les gros sous que nous avons dans les maisons pauvres passent d'une poche à l'autre, faisant vivre au passage tout un menu peuple de regrattiers qui connaît exactement les heures et les lieux favorables pour faire ouvrir les porte-monnaie. Et celui qui n'a qu'un pommier chargera ses pommes dans une charrette à bras et fera cinq lieues pieds nus pour leur trouver preneur. Et celui qui n'a pas de pommes du tout vendra des pommes à pin à ceux qui sont trop riches pour aller les ramasser eux-mêmes. Les vendra à des gens qu'il connaît et qui les lui achètent parce qu'ils le connaissent. Ou les donnera pour rien, sachant qu'on lui revaudra cette libéralité. Le résultat de tous ces échanges est que les plus pauvres arrivent à vivre aux dépens des moins pauvres qu'eux. Et pas une figue ne se perd, pas une nèfle.

A côté de la piétaille nécessiteuse, il y a les ménagers. Ceux-là ont un travail à peu près assuré. Ils ont un contrat annuel dans une grande ferme ou du moins la certitude d'être employés à chaque fois qu'on a besoin d'eux et c'est assez souvent pour que la nourriture ne leur fasse pas défaut. Ils habitent au moins un bout-de-maison *(penn-ti)* dont quelques-uns sont propriétaires et la plupart locataires. (Ce bout-de-maison comprend une pièce au sol de terre battue, un couloir sur le côté, un grenier sous le toit.) Mais pas le moindre empan de sol autour pour baisser culotte. Ils s'en arrangent. Heureux ceux qui disposent d'une maison entière comme la nôtre, c'est-à-dire de deux pièces situées de part et d'autre du couloir, et d'un double grenier avec une crèche et un petit courtil devant et derrière. Assez pour héberger une vache et un cochon ou deux qui les sauveront de la misère, *la Chienne du Monde,* si quelque fermier veut bien leur louer un peu de terre pour qu'ils en tirent leur subsistance et celle des animaux. Ils ont les meubles et les ustensiles nécessaires. Il n'est même pas rare que l'homme arbore une chaîne de montre sur son gilet dans les grands jours et que la femme puisse acheter une coiffe neuve avant que les épingles n'aient mis la sienne en charpie vers les tempes. Des hardes pour le travail, mais un habillement complet pour les dimanches et les fêtes, les enfants étant tenus propres à force de pièces et de morceaux, et même parés le plus possible quand la famille se met sur son trente-et-un, afin que personne ne se figure avoir affaire à des gens de peu. Pour le ventre, plus de bouillies et de galettes que de lard, plus de soupes que de café (trop cher, le café) et des crêpes sèches sauf la dernière qui est beurrée. Au reste, de redoutables mangeurs de pain.

De petits seigneurs, donc, quand ils se tiennent en santé et quand la malchance ne les poursuit pas. La malchance et la mauvaise *planète.* Devant elle, ils sont désarmés. Que faire contre le mal de poitrine, la langueur, le dessèchement? Et que faire contre une vache qui meurt, des cochons qui ne profitent pas, des moissons pourries? De quoi se mettre à boire du vin et dès lors le précipice est béant devant la face du misérable. Ou encore, c'est le propriétaire qui reprend les terres ou la maison pour des raisons qui sont à lui, parce qu'il est *blanc* et qu'il vous soupçonne d'être *rouge*. Que voulez-vous!

Il y a dans l'année une date qui fait se retourner bien des ménagers sur leurs couettes de balle d'avoine à longueur de nuit. C'est la Saint-Michel à la fin de septembre. Ce jour-là ou le jour suivant il faut trouver assez d'écus pour payer ce qu'on doit, locations et fermages. S'il n'y a pas « de quoi (1) » dans l'armoire, il faut quitter. On charge le ménage sur une charrette à ridelles, les lits, les tables, les bancs, les ustensiles, les humbles trousseaux ramassés dans une grosse serpillière. On juche les enfants sur le tas, on attache la vache derrière quand elle n'a pas été vendue et l'on part en silence vers un autre logis plus misérable que le premier. On part de bon matin, entre nuit et jour, pour rencontrer le moins de gens possible. Encore heureux quand on ne croise pas une autre charretée, celle des gens qui vont prendre votre place et qui ameutent tout le monde sur leur passage, les fumiers, pour faire savoir qu'ils grimpent l'échelle tandis que vous la descendez.

Dans les années vingt-cinq, combien de cortèges de ce genre voit-on défiler sur la route de Quimper ou celle de Pont-l'Abbé! Ce sont les pauvres ménagers ou les petits fermiers qui vont chercher un meilleur sort en Dordogne. – Où est-elle, cette Dordogne, grand-père? (Je suis assez grand pour savoir qu'il ne s'agit pas d'une sorcière comme le croient les petits en jupes.) – C'est plus loin que Nantes, dit Alain Le Goff. – Et pourquoi aller là-bas? – C'est parce qu'il y a de la place.

Moi, je trouve que la place ne manque pas ici. Mais je n'arrive pas à savoir si c'est bon ou mauvais d'aller dans

(1) En français dans le texte breton.

la Dordogne car les uns y vont comme à une noce, les autres comme à un enterrement. Que faut-il croire? De certains, on n'aura plus de nouvelles. Trente ans plus tard, en Dordogne, j'en retrouverai plusieurs devenus maires de leurs communes. C'est la *planète.* J'aurais voulu savoir où est allé celui qui passa un jour devant ma maison en traînant tout son bien dans une charrette à bras. Il descendait pieds nus vers cette fameuse Dordogne comme d'autres vont à Lourdes.

Que peut faire de mieux, quand il n'a rien à lui, un pauvre homme chargé d'enfants petits et qui n'a jamais appris qu'à labourer la terre! Les journaliers, le pays ne peut pas les employer tous, il y a trop de bras et déjà les nouvelles machines arrivent. Encore heureux que certains se soient exercés à parler couramment le français dans les tranchées de la guerre. Va pour la Dordogne! D'ailleurs, c'est le clergé qui organise l'exode et qui sait rassurer. Dans les bouches, curieusement déformés, on entend d'étranges noms de pays que l'on fait vérifier par les enfants dans les livres d'école : Lot-et-Garonne, Tarn-et-Garonne, Gironde. Mais le seul nom qui demeure, c'est la Dordogne. Et ceux qui sont trop vieux pour se déraciner vont partout racontant avec des soupirs que cette Dordogne, c'est « l'Ile de l'Espérance ».

Les nouveaux exilés ne sont pas les premiers ni les seuls à s'en aller courir le monde pour attraper leur pitance. Pas mal de jeunes gens ont déjà revêtu l'uniforme sans autre vocation que de manger tous les jours. Les uns se sont faits soldats pour amasser de l'argent aux colonies. En Indochine surtout, là où mon oncle Jean a trouvé de quoi tirer sa famille de la misère. D'autres se sont engagés dans la Marine de Guerre. *La Royale* comme ils disent encore. Sur le vaisselier, dans la plupart des maisons, trônent des photographies de jeunes hommes en pompons rouges et cols bleus. Quelques-uns ont déjà de l'or sur les manches. Quand ils se trouvent au pays, ils mouillent bien des gorges dans les débits où ils se chamaillent sans fin avec les anciens de la voile ou les nouveaux du commerce. Il y en a quelques-uns dans les

Chemins de Fer, et qui reviennent montrer leur costume de ville et leur canotier à leurs frères aînés qui sont restés « coupeurs de vers ». Le plus élégant de tous est un boute-en-train qui est valet de chambre chez un grand seigneur de Paris. Il a même une dent en or dans la gueule.

Les jeunes filles, on n'aime pas les laisser partir. Quand on peut, on les garde. Il y a tant de dangers qui les attendent dans les grandes villes, dit le recteur du haut de la chaire. On a encore besoin de servantes dans les fermes et les commerces du bourg où elles sont traitées à peu près comme les membres de la famille, on n'oserait pas faire autrement. Leur contrat annuel, comme celui des valets de labour, leur rapporte quelques gros billets, plus quelques pièces de vêtements et une paire de sabots ou deux. On les place aussi dans les maisons bourgeoises de Quimper ou de Brest, des maisons connues, honorables, dont les propriétaires ont des fermes dans le canton. Quand elles doivent descendre à Paris (on dit descendre, *diskenn* en breton), c'est que leurs frères y sont déjà. On entend souvent un mot : Montparnasse. C'est une sorte de quartier de Paris où les Bretons sont entre eux presque aussi bien qu'à la maison.

Neuf de mes oncles, trois de mes tantes sont partis.

Parmi ceux qui doivent s'en aller, il y en a qui ont appris un métier pendant des années. Pourquoi resteraient-ils à se défoncer les poches avec leurs poings sur la place en attendant l'aubaine d'un chantier improbable? Il y a assez de maçons, de menuisiers, de couvreurs, de charrons, de maréchaux-ferrants, assez de cordonniers, de tailleurs, de boulangers et de bouchers, assez même de puisatiers, bien que les pauvres diables se fassent trop souvent ensevelir au fond des puits qu'ils creusent. Pour avoir du travail, il faudrait l'enlever à ceux qui tiennent déjà boutique ou enseigne. Ni *Rouge* ni *Blanc* ne songerait à le faire. Il risquerait de bousculer une société où chacun est à sa place et toutes les places sont prises. Si fortune il y a, elle ne peut être qu'ailleurs. Et adieu!

Heureusement, il y a l'usine de conserves de Jean Hénaff dont la corne à vapeur, depuis 1907, rythme les jours de la commune. C'est une usine *blanche*, bien entendu, mais les *Rouges* eux-mêmes sont fiers de ses boîtes de petits pois ou de haricots à l'image de Notre-Dame de Penhors, et de son pâté où entrent des milliers de porcs par an dont les leurs. Cela fait du travail pour des dizaines de modestes ouvriers qui peuvent vivoter gentiment dans leurs *pennou-tier* sans redouter le train de Paris. Durant la saison des haricots, il y a même de l'embauche pour les femmes qui ont du temps libre, pour les vieilles personnes et les adolescents. Et du travail de nuit qui rapporte, dit-on, plus que celui de jour. A l'abri de la boue et de la pluie. De quoi remercier le Seigneur (le même pour les *Rouges* et les *Blancs*) quand on est en bonne santé et que le ver de l'ambition ne vous travaille pas la tête.

Ainsi le menu peuple du pays tient-il en respect la Chienne du Monde à force de travail, d'épargne, d'ingéniosité, de mille sacrifices qui ne semblent pas en être tant on savoure les maigres récompenses qu'ils apportent cinq fois pour cent. Même le passage du marchand de cheveux qui se rend à la foire de Pont-Croix n'amène plus d'eau dans les yeux des pauvresses. Elles n'en sont plus réduites, comme leurs mères, à vendre leur tignasse pour quelques pièces blanches, un mouchoir de cou, un tablier de faux satin ou une chaîne de montre sans montre au bout. La dernière femme qui s'est fait tondre par nécessité, dit-on, est morte pendant la bataille de la Marne, il y a plus de cinq ans. Alors, pourquoi le marchand s'obstine-t-il à passer encore? Muet, il est vrai, et sans s'arrêter. Au lavoir, il arrive aux mauvaises langues d'insinuer que telle ou telle fille a les cheveux bien clairsemés derrière la tête. Est-ce que par hasard elle serait allée à la foire de Pont-Croix ou plus loin? On sait que le marchand ne tond que le milieu du crâne, laissant à la femme une couronne de cheveux entiers pour établir sa coiffe et cacher sa vergogne.

Ma mère se souvient d'avoir vu à Plonéour cette sorte de mât de cocagne au haut duquel flottaient au vent des mèches et des tresses coupées, alternant avec des foulards et de grosses cocardes rouges qu'on appelait Pompadour au début du siècle. Sous le mât, près d'une tente, le marchand murmurait entre ses dents une sourde mélopée où l'on ne comprenait que le mot *bleo* (cheveux). Son œil inquisiteur fouillait la foule pour y découvrir ses futures proies, femmes et filles pauvres, venues souvent de loin pour ne pas être reconnues et qui se glissaient sous la tente en cachette comme pour une prostitution. Elles ressortaient en larmes, la coiffe à la main, cachant sous leur tablier le prix du sacrifice. Les cheveux rouges étaient à vil prix, les blonds se vendaient plus cher que les noirs. Il y a tant de geais qui veulent se parer des plumes du paon, tant de chauves qui se désolent d'avoir le cuir à nu, sans compter les gars du théâtre, les cuirassiers et les dragons. Quand les femmes des villes décideront bientôt de se faire couper les cheveux, les coiffeurs auront raison du marchand ambulant. Mais on m'affirmera que le dernier a encore été vu à Quimper, sur la Place des Chevaux Gras, pendant la Seconde Guerre.

En attendant, la Boédenn chante une vieille chanson où il est question d'une femme qui vendit sept fois ses cheveux pour acheter du pain dans une certaine *Maison Blanche,* sans doute une boulangerie de carrefour. – Sept fois, ma tante ? – Sept fois. Ensuite, ils sont trops durs, ils cassent.

Seiz gwech 'm eus gwerzet bleo ma fenn
Da brena bara en Ti-Gwenn (1).

Or, les femmes les plus à plaindre sont celles qui sont *allées aux fraises* comme on dit, les filles mères. Un moment de faiblesse dans l'été rouge de la moisson à cause d'un sang trop vif, une oreille complaisante prêtée aux compliments dans les chemins creux à cause d'un cœur trop tendre, une foi trop naïve en de vaines promesses ou simplement la soumission fataliste à un maître tyran comme il s'en trouve encore et la voilà rejetée

(1) Sept fois j'ai vendu les cheveux de ma tête
Pour acheter du pain à la Maison Blanche.

d'une société qui crie haro sur celle par qui le scandale arrive. Une longue vie d'humiliations attend la malheureuse, vouée à une lutte solitaire de tous les instants pour subsister avec l'enfant du hasard ou de la nécessité. L'attendent les travaux les plus pénibles, les plus obscurs, assortis d'une condescendance dédaigneuse qui est l'expression la plus hypocrite de la charité. Ou alors, c'est le train de Paris. Si l'on reste au pays, la seule façon de se faire respecter est de provoquer les gens par le courage, le verbe haut et la proclamation de certaines vérités qui ne sont pas bonnes à dire. Les autres baissent pavillon en riant jaune, aucun d'eux n'étant à l'abri de tout reproche. Il y a ainsi quelques gaillardes qui ont pris le parti d'étouffer le scandale en se libérant de tous les tabous qui tiennent trop souvent lieu de morale ou de civilité. Et vive la vie quand elle est vivante!

D'autres gaillardes se remontent périodiquement le moral avec des lampées de vin rouge. On les voit revenir furtivement de l'épicerie, la crête allumée d'avance, avec une bouteille sous le tablier. Elles ne se feront plus voir pendant quelques heures. La nuit suivante les remettra d'attaque pour affronter les mêmes misères qu'elles endormiront de nouveau à la prochaine occasion, peut-être avec un bon coup « d'eau vulnéraire » ou de cette eau-de-vie de cidre qui a nom « lambig ». Avec un peu de cassis pour l'assouplir, à la façon des femmes de Lesconil, ce lambig n'a pas son pareil pour vous remettre le cœur en place quand vous revenez du lavoir ou des champs, écrasée d'un fardeau de linge, d'herbe ou de choux, crottée jusqu'aux reins, refroidie jusqu'aux moelles et les hardes si trempées qu'elles ont doublé de poids. Et comme un peu d'alcool vous aide à pleurer vos peines, ce qui est la seule façon d'en tirer un peu de plaisir! Car il n'est pas question pour une femme d'aller boire au comptoir avec les hommes. Les hommes n'en voudraient pas. Elle les empêcherait de chanter leurs exploits, réels ou imaginaires, après la seconde chopine. Alors, elle s'enferme à double tour de temps à autre pour se soigner au baume sourd du vin rouge. Et il arrive que le mari, en rentrant par la fenêtre, achève le traitement à coups de bâton. C'est la *planète.*

Quant aux hommes, s'ils succombent dix fois plus souvent que les femmes à la tentation, c'est à cause des trois pommes de pin qui signalent les débits de boisson. A croire que la sécheresse même de l'enseigne qui crisse au vent les assoiffe d'abord. Ils entrent, ils demandent un coup de « chasse-cafard » pour balayer la misère. Elle s'en va en confidences brèves dès la première gorgée. La voix monte au second verre, le présent s'efface au profit du passé, l'avenir lui-même commence à se dorer quand arrivent d'autres buveurs et le lit de la gloire se prépare déjà dans quelque fossé. Cette gloire-là et toutes les revanches du monde, certains n'aiment pas les partager avec quiconque. Ils se retirent, comme les femmes, derrière une clé. Charbonnier est maître chez lui. Du moins quand la charbonnière ne tient pas les rênes d'une main ferme et ne traite pas son intempérant mari de la manière recommandée par certaine « rimaillerie » que débitent volontiers les enfants à la vue de certains ivrognes-jurés en pleine déroute.

<table>
<tr><td>Yann, pa vo mezo</td><td>Yann, quand il est plein de vinasse,</td></tr>
<tr><td>Frapit warnan dre e vleo,</td><td>Attrapez-le par la tignasse,</td></tr>
<tr><td>Stagit anezan ouz pao ar bank</td><td>Attachez-le au pied du banc</td></tr>
<tr><td>Da deurel warnan gand enn [drojenn lann</td><td>Pour le battre à l'ajonc [piquant</td></tr>
<tr><td>Stagit anezan ouz pao au daol</td><td>Attachez-le au pied de la [table</td></tr>
<tr><td>Da zrailla warnan enn dro- [jenn gaol</td><td>Pour lui casser un tro- [gnon sur le râble</td></tr>
<tr><td>Bannit anezan en e wele</td><td>Balancez-le dans son [pu- cier</td></tr>
<tr><td>Ha troit e reor ouz ar penn- [wele</td><td>Tournez-lui le cul contre [l'oreiller.</td></tr>
</table>

De l'autre côté de la grand-route, devant chez moi, il y a une maisonnette sèche que son occupant lui-même a nommée le *Manoir des Trois Trous* : une cheminée, une porte et une fenêtre. La cheminée ne fume que deux ou trois fois par semaine dans les bonnes périodes. La porte demeure close en plein jour, ce qui serait inquiétant si nous ne savions pas que c'est par volonté farouche de nous rejeter dans les ténèbres extérieures. Elle ne s'ouvre que pour les allées et venues du propriétaire. Mais souvent, au lever du jour, on entend claquer les volets contre le mur et une tête carrée aux cheveux gris se penche à la fenêtre pour jeter un coup d'œil arrogant à droite et à gauche. Un gosier racle des glaires en divers bruits successifs qui évoquent d'abord le grognement du pourceau pour s'achever immanquablement par le chant d'un coq enroué. Encore quelques crachats et la toilette est terminée, la tête grise disparaît dans l'ombre de la maison. Aussitôt après, un bouchon saute avec éclat d'une bouteille. Le petit déjeuner au vin rouge est fin prêt et une magnifique voix de baryton s'élève pour chanter le *Gloria in excelsis.*

D'autres détonations ponctuent les heures du jour. On peut suivre à l'oreille le mûrissement de l'ivresse. Quelquefois, l'énergumène jaillit sur la route, un fusil dans les mains. Il clame ses rancunes à voix tonnante, il abreuve d'injures les gens du bourg les uns après les autres, il menace de mort toute la chrétienté. Et pourtant, il est assez fin, le bougre, pour faire son cirque au moment où les hommes sont occupés ailleurs. Ce foudre de guerre préfère terroriser les femmes et les enfants. Tout ivre qu'il peut être, il se réjouit de les entendre invoquer le secours de la Vierge Marie. Avant le soir, quand il débouche la dernière bouteille, sa voix de baryton ne peut plus que bredouiller les vêpres. Et c'est un ronflement jusqu'au lendemain : l'ivrogne rêve à son ancienne gloire de chantre d'église.

Les autres licheurs de verres, mangeurs de semaine, tueurs de vers intestinaux et pentus de la gorge n'aiment pas ce loup-là. La plupart d'entre eux sont de petits hommes faibles et mous, trahis par la boisson chaque fois qu'ils trouvent à guérir leur soif. Profiteurs d'occasions, chineurs de cidre des dimanches dans les fermes écartées. Ils ont si peu de tête, généralement, qu'ils se laissent rouer de coups par leur moitié sans élever la moindre protestation. Toute erreur doit être rachetée, n'est-ce pas, et il vaut mieux le faire en ce monde-ci. Mais l'épouse, le plus souvent, est trop orgueilleuse pour avouer qu'il arrive à son mari de se salir le nez. Elle fait tout son possible pour couvrir la honte avérée de prétextes honorables. Un homme gris n'est pas un ivrogne, chacun le sait, mais un garçon qui se soumet aux règles de la civilité et qui s'excite l'imagination à table pour faire bonne figure dans la conversation n'est-ce pas! Hélas, la politesse coûte cher et le pauvre Yann, une fois bien échauffé, devient de plus en plus poli. Le lendemain, sa femme avouera qu'il avait « une légère chaleur aux oreilles » tandis que les autres commères, faussement apitoyées, préciseront que le riboteur, « châtié par l'existence », a été ramené chez lui *saoul-aveugle* s'il avait seulement besoin de deux acolytes à jeun et *saoul-chiffons* s'il avait fallu mobiliser une brouette à la faveur de la nuit. Tout le monde ne peut pas demeurer maître de lui comme cet autre dont on dit qu'il est *saoul-prêtre,* c'est-à-dire que l'ivresse ne fait que renforcer la gravité de sa démarche et la dignité de son maintien.

Il y en a deux ou trois qui n'ont pas l'habitude de boire dans l'ordinaire de la vie et qui s'offrent une virée de ribouldingue une ou deux fois par an comme une vache part au diable sous l'aiguillon d'un taon invisible. Pendant cinq ou six jours, on les voit pèleriner à travers le canton, chaque station étant une maison qui porte les trois pommes de pin au-dessus de la porte. Tant que dure le soleil au ciel, ils tiennent leur cour devant un comptoir, se mouillant largement la gorge et payant à boire à tous les arrivants tant que durent les quelques écus qu'ils ont ménagés pour leur escapade. A la nuit tombée, quelque fossé leur sert de lit quand ils n'ont pas trouvé un bon samaritain pour les tirer dans sa crèche. Et soudain, ils s'arrêtent net de boire, ils regagnent leur maison et leur travail, bourgeois respectables et chefs de famille sans reproche, jusqu'au prochain coup de folie. Ainsi se mettent-ils en vacances à une époque où il n'est pas encore question de congés payés. Et sans doute font-ils bien de se purger la tête par l'estomac. On en connaît d'autres qui partent de chez eux un beau jour sans crier gare, emportés par on ne sait quelle nostalgie ou quel désespoir latent dont leur trop grande sobriété n'a pas réussi à venir à bout. Ceux-là ne reviennent jamais.

Quand quelqu'un entreprend ce pèlerinage de la boisson, les gens disent qu'il est « parti en bosse ». Les chapelles les plus fréquentées sont des auberges de carrefours dénommées les *Ti-Bos* (1). Là se rencontrent, sur la semaine, les rouliers, les marchands, les chemineaux et tous les assoiffés chroniques. Là se dépense l'argent et s'inscrit le nom sur le « cahier de bosse » comme l'appellent les pêcheurs dans certains ports de mer. *Bos,* en breton, signifie à la fois ribote et dette. Les buveurs patentés sont souvent désignés, par les femmes furieuses, sous le nom de *gars du Ti-Bos.*

Le maître du *Manoir des Trois Trous* n'est pas de cette confrérie. Il mourra parfaitement seul, au milieu de ses bouteilles vides, avant d'avoir chanté son *Libera.* Les rats auront commencé à festoyer sur sa dépouille quand les voisins forceront la porte, quelques jours après, à cause de l'odeur. Et pendant tout le mois suivant, les gars du Ti-Bos feront leurs sept possibles pour trouver quelque vertu désaltérante à l'eau de puits.

Le commerce du bourg est entre les mains de quelques familles seulement qui se partagent les 2324 consommateurs de 1921. Certaines rivalités mises à part, elles s'arrangent pour tenir en boutique tout ce que les clients peuvent désirer par habitude et les rares nouveautés susceptibles de leur plaire à la longue car il leur faut du temps pour étudier les articles qu'ils voient pour la première fois et du temps pour économiser de quoi les acheter. Au demeurant, il faut savoir que le tissu s'achète chez le marchand de vin et les bonbons chez l'horloger, mais tout le monde le sait. Les commerçants font flèche de tout bois pour accroître leurs biens, mais la plupart

(1) *Ti-Bos* est aussi l'abattoir (l'assommoir). *Bosser* est le boucher.

d'entre eux cultivent aussi un peu de terre et promènent une vache ou deux entre le bourg et les champs. Ils ne se croient pas assez riches et ils ne sont pas assez imprudents pour se passer de produire leur propre nourriture. Autrement, d'ailleurs, ils perdraient la confiance des gens. La vérité est qu'ils ont besoin de la bêche et de la boutique pour se tirer d'affaire du fait que leur clientèle est assez besogneuse. Et je ne parle pas des petits regrattiers à quatre sous. Ceux-là, quand ils voient deux clients par jour, ils chanteraient le *Magnificat*.

A part Jean Hénaff de l'usine et trois ou quatre marchands de machines agricoles, de bois et d'engrais, les vraies grosses têtes sont les maîtres des fermes. On les appelle maîtres bien que beaucoup d'entre eux soient simples fermiers ou domaniers. On ne les voit guère que le dimanche à la grand-messe. Ils arrivent en chars à bancs avec une partie de leur famille en grands atours. Or, nous savons déjà, pour être allés chez eux, qu'ils vivent à peu près comme nous, sauf qu'il ont des hectares de terre autour d'eux, des troupeaux de vaches, des cochons plein leurs crèches, de la volaille en basse-cour et de l'argent chez le notaire, ce personnage mystérieux dont nous ne savons rien sinon qu'il garde les papiers et garantit les gros sous. Sur la semaine, les maîtres sont aussi rapiécés que leurs domestiques et souvent plus crottés parce qu'ils mènent le travail sans le ménager. Nous savons aussi que tel ou tel a bien du mal à payer la Saint-Michel au bourgeois de Quimper ou de Paris qui est le vrai professeur de la terre dont l'exploitant porte le nom depuis des générations. Gros bonnets peut-être, mais vieille graine de manants. Quoi qu'il en soit, tous ces gens-là sont toujours prêts à acheter de la terre, mais ils se laisseraient écorcher vifs plutôt que d'en vendre la moindre parcelle sauf en cas d'absolue nécessité. Et dans ce cas-là, c'est un autre gros bonnet qui s'empare du lot, même si quelque pauvre diable a épargné pendant des années pour pouvoir pisser debout contre un talus à lui. Le destin de ce dernier est de rester locataire. C'est ainsi.

On ne peut pas dire que les gros bonnets soient de

mauvaises gens. Certains sont même plutôt bons si l'on peut confondre la bonté avec la charité. Mais ils demeurent intraitables sur la propriété. Ce qui est à eux n'est pas à d'autres, quand il ne s'agirait que d'une branche de bois mort. Leur hantise est de manger leur bien ou de se le faire grignoter par les prolétaires. Ils veulent bien donner, mais non laisser prendre. Et quand ils donnent, c'est une dette pour celui qui reçoit. Des deux côtés on le sait bien. Et les pauvres sont toujours reconnaissants pourvu qu'on ne fasse pas insulte à leur pauvreté.

Mon grand-père le sabotier a loué, après bien des démarches, une pièce de terre qui dépend de la grande ferme sur laquelle il vit déjà dans un *penn-ti* loué. Il a défriché, labouré et semé du blé noir dont il espère du pain. Son champ est sur un *ménez* ouvert... sans talus ni clôture d'aucune sorte. Il jouxte un pré... où paissent les vaches de la propriétaire, si bien que ma tante Marie-Jeanne, une fillette, est obligée de garder ces vaches pour les écarter du blé en herbe de son père. Vous avez compris! Or, un jour, les deux vaches du grand-père eurent l'audace de brouter, quelque part ailleurs, de jeunes pousses d'arbres émondés sur un talus appartenant à la propriétaire. Celle-ci, incontinent, fit venir l'huissier pour constater les dix ou vingt sous de dégâts et mon grand-père faillit être ruiné. L'ogresse avait dû trouver que les enfants du sabotier étaient trop bien nourris et qu'ils avaient tendance à la regarder droit dans les yeux.

Donnez-nous aujourd'hui notre pain quotidien! Pour beaucoup de pauvres diables, c'est une prière qui vient du cœur car le pain n'est pas très assuré. Il y a encore des maisonnées d'enfants qui se disputent les tranches et les quignons. Je vois des fillettes de huit et dix ans gardant des bébés qui sont leurs oncles ou leurs tantes. Ils sont sept, neuf, douze et même plus, avec des faims de loups. Et la farine cuite est la base de la nourriture avec peu de chose autour. Depuis la guerre de quatorze, il est vrai, les familles sont moins nombreuses. Les pères ont été absents si longtemps. Ils ont vu tant de misères qui n'étaient pas dans leurs habitudes. Mais au retour, ils ont retrouvé la *Chienne du Monde* devant leur *penn-ti,* assise sur son arrière-train. Il a fallu qu'ils se remettent à faire ou à se procurer du pain comme avant.

Ceux qui le font, ce pain, en connaissent bien le prix. Sueurs et inquiétudes. Et une sorte de religion à son égard. Ils tracent toujours la croix sur l'envers de la tourte. Certains vieux se signent encore avant de l'entamer. Et il faut les voir le manger pour se rendre compte qu'ils célèbrent un office. Ils le hument, le mâchent lentement, le savourent d'un air réfléchi. Les miettes qui tombent sur la table sont ramassées soigneusement dans la paume et happées jusqu'à la dernière. Le pain, c'est leur propre corps. Autrement, ils ne sont pas difficiles. Le sabotier déclare à qui veut l'entendre qu'il n'y a que trois choses au monde qu'il ne saurait manger : la suie, la fiente de poule et la pierre de granit. Mais le pain, c'est le Paradis Terrestre.

Les enfants le savent aussi de bonne heure. Quand ils vont chercher le pain de dix livres chez le boulanger, ils surveillent déjà la balance. Dix livres c'est dix livres, pas une once de moins. Le boulanger pèse la tourte et, avec son grand couteau, il prélève ailleurs un morceau qu'il ajoute pour faire le poids. Ce morceau, il le pose délicatement sur la tourte et aussitôt il lève les deux mains pour bien montrer qu'il ne touche pas le plateau, qu'il donne un poids juste et même un peu fort. On raconte qu'un boulanger (d'un autre pays, bien sûr) avait l'habitude de laisser choir sa main sur le plateau en même temps que le pain, ce qui faisait tomber le fléau durement. Et le pain était retiré avant que ce fléau ne remontât. Jusqu'au jour où un client à qui on ne la faisait pas s'empara de la main de l'homme et voulait à tout prix la couper en disant : « Ce morceau-là est aussi à moi : il était sur la balance. » Les boulangers n'aiment pas qu'on fasse allusion à cette histoire (bien qu'elle se soit toujours passée ailleurs) pas plus que les meuniers n'aiment entendre dire que leur chemise est bien habile car elle attrape tous les matins un voleur.

Donc, l'enfant met la tourte sur sa tête et prend le morceau dans sa main. Le voilà qui retourne chez lui. Et chez lui c'est quelquefois loin. Ses entrailles font du bruit. Il commence à ronger le morceau, une bouchée d'abord puis une autre. Après quoi il est tout surpris de constater que la main est vide. Angoisse. Quand il posera le pain sur la table, sa mère lui demandera : « Il n'y avait pas de morceau pour finir le poids ? » Il ne répondra rien. Et sa mère : « Et vos frères ? Et vos sœurs, alors ? Vous n'avez pas honte ? » Ou il écopera d'une gifle ou deux. Le pire c'est quand la tourte pèse dix livres juste. Cela arrive. Alors, c'est la terrible tentation. Le pain nu sur la tête, il lutte pendant tout le trajet du retour. Et il finit par monter sa main jusqu'à la baisure molle, sur le côté. Il en tire un doigt de mie, un tout petit doigt. Et la main remonte toute seule. A la fin, il y a un trou dans le pain. Les joues, les oreilles et les fesses vont le payer. Inutile de rejeter la faute sur la souris. Les parents ne voudront rien savoir, surtout le père à qui il arrive d'aller chercher le pain, prétexte pour faire un tour de bourg. Et quelquefois, sans y penser, lui aussi dévore le morceau qui fait le poids. Alors, il vaut mieux ne pas se frotter à lui.

Dans la boulangerie de Jean-Marie Le Borgne (je dois avoir huit ans) il y a encore trois ou quatre baguettes avec des encoches dont chacune représente un gros pain. Ceux qui ont pris ces pains ont des baguettes pareilles avec le même nombre d'encoches. Ainsi savent-ils ce qu'ils auront à payer quand il leur tombera un peu d'argent. Vers 1925, il en restait encore une. Jean-Marie Le Borgne n'a jamais dit à qui elle était.

Connaissez-vous l'histoire du petit garçon qui avait toujours un bout de boyau vide ? Il croyait que s'il arrivait un jour à le remplir, il n'aurait plus rien à désirer. C'est que parmi les trois chosettes qui font la soupe maigre, à savoir le pain, le sel et l'eau, la première manquait souvent chez ses parents. Or, une fois, il fut invité dans une maison riche où les nourritures foisonnaient sur la table. Il travailla si fermement à manger qu'on pouvait le croire sans fond. Soudain, il s'arrêta net, à bout de respiration, et se mit à pleurer à chaudes larmes. – Pourquoi pleurez-vous, petit? – C'est parce que je suis rempli d'un bout à l'autre. Et pourtant, j'ai encore faim.

D'où vient cette faim qui habite les mieux nourris d'entre nous? – C'est un héritage, dit Alain Le Goff, qui nous vient par le nombril. Il faut l'accepter avec les autres. – Je ne comprends pas très bien, n'importe. Ce qui est sûr c'est que nous savons reconnaître d'instinct, en patrouillant à travers la campagne, les fruits ou les plantes qui sont comestibles ou non. Aucun de nous ne se risquerait à cueillir ou manger un champignon : c'est de la nourriture à crapauds *(boued touseg).* On nous a appris à nous méfier des baies rouges. Mais pour le reste, c'est à nous de faire nos expériences, quitte à recracher ce qui nous offense la bouche. Nous buvons le lait sucré du chèvrefeuille quand il est à point. Nous sortons précautionneusement, pour les sucer, certaines herbes de leur fourreau. Les graines des pommes de pin nous servent de dessert. Tous les pois sauvages que nous rencontrons finissent sous nos dents, les fades, les aigres, les poivrés. Par temps chaud, nous épions, à travers les landes pierreuses, l'éclatement des cosses qui pètent soudain en projetant leurs graines. Et il se trouve toujours quelqu'un pour crier : « Gare aux vipères! » Un délice, au printemps, est la primevère, le « bouquet de la foire de Loc ». Nous en faisons des bottes serrées que nous broutons avec ravissement bien qu'elles soient parfaitement sans goût. Avec du gros sel, ce serait parfait : « Mangez le printemps, petits, dit la vieille Marie-Jeanne Bourdon, en attendant que l'hiver vous mange. » L'oseille sauvage est notre régal avec les jeunes pousses de ronces. Nous rentrons à la maison avec des filets de salive verte autour des lèvres. Et nous mangeons moins de pain. Autant de gagné.

Au fond de mon champ de Meot, il y a un néflier dont je suis très fier. Quand les nèfles sont à peu près mûres, j'y amène mes petits amis et je les regarde dépouiller l'arbre avec l'orgueil de quelqu'un qui offre un festin. Les noisetiers des talus sont dépouillés pareillement. Nous organisons des expéditions dans les bois pour les faines et les myrtilles. Pour les mûres, nous sommes pourvus d'une boîte à conserve vide ou d'un seau à confitures. La ventrée faite, nous ramenons le reste à la maison car nos parents non plus ne font pas fi du fruit de la ronce. Certains jours, nous partons à la cueillette avec une bouteille aux trois quarts remplie d'eau. Les mûres sont introduites par le goulot. Quand le plein est à peu près fait, nous les écrasons dans la bouteille avec un petit bâton en barattant de notre mieux. Cela donne une boisson qui n'a rien de méprisable. Elle vaut presque l'eau de réglisse et ne coûte rien.

Par la campagne, il y a des arbres qui appartiennent tous à quelqu'un mais dont les fruits sont abandonnés à qui les veut quand le propriétaire est de bonne composition. Et les propriétaires, nous les connaissons, nos parents aussi. Il y a d'abord les pruneliers sauvages. Leurs fruits sont âpres à la langue, nous font faire la grimace. Certains ne valent rien, d'autres sont presque des prunes. De ceux-ci, nous ramenons des provisions entre chemise et peau après nous être gavés sur l'arbre. Mais pour les châtaignes, nous sommes en concurrence avec les grandes personnes. C'est que les châtaignes font de vrais repas et, dans certaines maisons, on en a bien besoin pour épargner la farine. Il y a les châtaigniers sauvages et les greffés. Ces derniers sont très près des fermes, défendus par l'aboi des chiens. Mieux vaut ne pas se risquer vers eux quand on n'est pas connu des fermiers. Ceux-ci, quand ils ne ramassent pas les bogues, invitent les gens de leur compagnie à en faire provision et en écartent les autres. C'est ainsi que tous les ans nous pouvons, mes parents et moi, aller remplir sacs et musettes sous les arbres de Kerskouderien ou du grand manoir de Guilguiffin, sur les terres duquel résident encore des cousins à nous du côté d'Alain Le Goff, mon grand-père.

L'aventure commence quand il faut pénétrer dans les courtils, les vergers et les champs à navets, carottes, oignons et petits pois où sont les nourritures délectables pour les *Yannigou* sans terre. Un bon navet vous calme les entrailles pendant quelques heures. Les carottes rouges ont meilleur goût que les grosses carottes blanches destinées aux vaches, mais elles sont près de la ferme et il y a toujours quelqu'un dans le champ qui vous voit venir. Les petits pois sont la meilleure gourmandise, mais très bien gardés parce qu'on les vend à l'usine pour de l'argent frais. Nous le savons bien, nos propres parents n'en laisseraient pas perdre un seul. Nous-mêmes nous ne mangeons pas seulement les pois, mais aussi les cosses, après en avoir enlevé délicatement le parchemin intérieur. A vrai dire, il n'est pas facile de résister à la tentation de se glisser dans les sillons, laissant quelque part un guetteur avec mission de donner un coup de sifflet si le propriétaire du champ se présente inopinément. Dans ce cas, nous tirons nos chausses au galop, le paletot ramené sur la tête pour ne pas être reconnus. Et de temps en temps, il arrive que l'homme coure plus vite que nous. Alors, nous payons avec notre peau. Nous payons deux fois : une fois sous les mains du cultivateur frustré, une seconde fois sous celles de notre père auquel il est allé se plaindre. Pour ma part, je ne chaparde pas souvent, bien élevé que je suis et pourvu d'un grand-père incapable de faire tort d'un liard au plus grand trafiquant du monde. Pourtant, il me fait bien participer de temps en temps aux expéditions sous peine de me faire traiter de fillette. On a son honneur, pas vrai. Et cet honneur nous commande de nous écarter des champs des pauvres ou des gens de notre compagnie pour jouer les pirates, de préférence, sur les terres des gros bonnets qui passent pour avares.

Et puis il y a les pommes, les poires et les prunes. Ce n'est pas une affaire de chiper quelques mauvaises pommes à cidre dans les champs ouverts. Mais les pommes à couteau se vendent, les poires aussi et les prunes. Gare à vous si vous êtes surpris dans l'arbre. Un chapardage de pommes se prépare soigneusement. Nous connaissons un par un les pommiers qui valent la peine. Les enfants des fermes qui viennent à l'école nous apportent des pommes dans leurs musettes pour que nous puissions comparer les différentes variétés et témoigner que telle ou telle est meilleure à elle seule que toutes les autres ensemble. L'un d'eux va même plus loin : il a indiqué à deux ou trois d'entre nous les jours et les heures où ses parents sont occupés dans les champs les plus éloignés pour que nous puissions assaillir sans risque un superbe pommier teint-frais qui hante les rêves de tous les gamins. A une condition : que nous ne prenions que deux pommes chacun, une dans chaque main. Nous tenons notre serment.

Les prunes sont en général sous les fenêtres des maisons. Rien à faire. Et les meilleurs poiriers poussent dans le jardin du presbytère ou dans les vergers riches, clos de hauts murs. Si les poires s'en allaient, le recteur tonnerait en chaire et les grosses têtes seraient capables de faire venir les gendarmes. Il nous reste quelques figuiers qui laissent tomber une partie de leurs fruits sur les chemins creux. Et les chemins sont à tout le monde, non!

Notre voisin, Tist Alanou, et sa femme Marie-Jeanne Kerveillant ont un puits où mes parents vont chercher de l'eau pour la maison. Le puits est ombragé par un grand cerisier qui est célèbre dans le haut du bourg pour ses cerises douces. Il n'y a pas beaucoup de cerisiers par le pays. Autant vous dire tout de suite que Tist et Marie-Jeanne ne récoltent pas de quoi faire des fortunes. D'autant plus que leur fils Mon, avec lequel je fais habituellement mes bêtises, ne se prive pas de nous inviter dans son arbre. Une fois, alors que nous sommes en train de nous goberger sur les branches, Marie-Jeanne revient du lavoir plus tôt que d'habitude. Et nous voilà dégringolant à terre pour nous enfuir au plus vite. Tous sauf un qui tombe sur la margelle du puits et de là dans le seau, lequel dévale au fond en pleurant à grand bruit. Marie-Jeanne Kerveillant fait retentir tout le quartier de ses clameurs et de ses menaces. Puis elle se met en devoir de remonter le seau et le garnement s'accroche à lui, promettant au chapardeur mille tourments qu'il ne connaît pas encore. Quand le seau est arrivé à la hauteur de la margelle, Marie-Jeanne avale sa langue en voyant le paquet dégoulinant qui est à cheval dessus : c'est son fils Mon.

La tentation du chapardage assaille de préférence les gamins qui s'ennuient aux champs, préposés qu'ils sont à la garde des vaches. La première et même la deuxième heure ne sont pas difficiles à vivre, surtout quand on a un couteau. Il y a tant de ressources dans les quatre talus. Et puis on finit par monter sur l'un d'eux pour inspecter les environs au cas où quelques petits copains se trouveraient à patrouiller par là. Deux doigts dans la bouche, un coup de sifflet et ils arrivent. Ou bien c'est un autre pâtre qui vous appelle de trois champs plus loin. Le Diable Cornu se réveille en vous. Les vaches sont abandonnées, non sans appréhension, mais comment résister à l'envie de partir à la découverte, même quand on sait qu'il y a quelque bêtise au bout. Le Diable gagne quelquefois.

Garder les vaches. Sait-on bien ce que c'est? Celui-ci n'est bon qu'à garder les vaches, dit-on souvent d'un enfant qui ne travaille pas bien à l'école. Et pourtant, aux qualités qu'on réclame d'un vacher, combien de forts-en-thèmes accompliraient honorablement cette tâche! Il faut avoir l'œil aux aguets et choisir des jeux qui laissent la tête libre, même quand il ne s'agit que d'un seul animal attaché au pieu par sa corde. Il faut déplacer le pieu quand la vache a tondu l'herbe dans le cercle tracé par cette corde. Les champs cultivés aux alentours sont pour elle une tentation constante. Et puis, elle peut s'étrangler avec une pomme à cidre, crever d'une ventrée de trèfle humide, se prendre dans sa longe et se casser une jambe dans ses efforts têtus pour se dégager. Le passage d'une automobile De Dion, sur la route derrière le talus, peut la faire s'enfuir à travers champs et vallons, affolée par les abois rageurs d'un chien trop plein de bonne volonté. Un taon peut se glisser sous sa queue et c'est la déroute aveugle, éperdue, la corde entre les jambes, le pieu battant les flancs et l'échine quand la bête secoue vainement les cornes. Et puis quoi encore! La catastrophe guette partout. Attention, petit! S'il faut abattre la vache, c'est la ruine pour la famille et la honte pour toi.

Je connais un garçon d'une dizaine d'années dont la vache est partie au diable pendant qu'il se taillait un sifflet dans les saules du talus. C'était déjà le soir. La vache meuglait là-bas, dans les bois de pins. Le petit vacher prit ses jambes à son cou et se rua pieds nus sur les traces de la fuyarde. Plusieurs fois, il fut sur le point de la rattraper, mais elle repartait de plus belle quand il se préparait à plonger sur la corde. Et la nuit vint. Il n'était pas question de rentrer sans la vache. Alors il patrouilla dans le noir sur un quart de canton pendant des heures. Les ronces déchiraient son visage, ses pieds n'étaient plus qu'une plaie vive. Il appelait sa vache et pleurait silencieusement entre deux appels. Quand ses jambes ne le portèrent plus, il s'affala près d'une mare, la tête dans la boue. C'est là que son père, qui l'avait cherché toute la nuit, le retrouva au petit matin. Il y avait longtemps que la vache était rentrée toute seule dans sa crèche.

Cette aventure me reviendra en mémoire quand je lirai, dans les journaux de 1966, qu'un jeune garçon de la commune d'Issac, Corrèze, venait de se faire tuer par un train de marchandises. Il avait tenté de sauver une de ses vaches qui était restée prise dans la barrière du passage à niveau. On parlera d'imprudence, bien sûr. On dira qu'une vache ne vaut pas qu'on hasarde sa vie pour elle. Peut-être. Qu'on me permette seulement de saluer la conscience d'un petit vacher de douze ans au plus, en souvenir de ma propre adolescence, quand une vache, une seule, représentait le plus important de notre avoir. Aucun de nous n'a dû se sacrifier pour sa vache. D'ailleurs, le petit train qui traversait le pays était trop modeste et trop paresseux pour avoir besoin de passage à niveau. Mais je suis prêt à jurer que plus d'un eût été capable de risquer la mort, à douze ans, pour sauver sa vache unique.

Cependant, nous attendons d'être assez grands pour

aller effilocher des haricots à l'usine de Jean Hénaff. Il faut treize ans, on ne triche pas, il paraît que c'est la loi. Or, l'effilochage des haricots, pendant les semaines où les champs donnent à plein, c'est l'occasion pour les enfants pauvres d'amasser des pécules considérables à une époque où l'on chercherait vainement un liard sous le sabot d'un cheval de notaire. En travaillant toute la journée et une partie de la nuit pour l'emboîtage, il leur est possible de gagner plus d'argent que leurs parents pour peu qu'ils soient courageux et ils le sont presque tous naturellement.

Nous nous préparons à ce travail avec soin. Les grands nous apprennent comment on arrange deux caisses l'une en face de l'autre, la première devant servir de siège, la seconde recevoir le tas de légumes. Ce tas est proprement modelé par nous de façon à présenter l'une ou l'autre extrémité des haricots. Nous nous mettons à cheval sur la première caisse, choisie à notre hauteur, et nous attaquons le tas avec les deux pouces et les deux index en imprimant à notre corps un mouvement régulier d'avant en arrière pour nous donner la cadence. A chaque fois un haricot perd ses deux bouts et son fil. La vitesse à laquelle certains de nous parviennent est proprement stupéfiante. Mais attention! Il ne faut pas que les bouts perdus soient trop longs. Il ne faut pas qu'il reste de fil dans le haricot, ce dont les surveillants peuvent s'assurer en le cassant en deux. Tout est vérifié de près. Ensuite, pour l'emboîtage, qui se fait souvent de nuit, nous disposons d'un moule de fer-blanc avec lequel nous préparons soigneusement le fond et le dessus de la boîte pour la bonne présentation. Le travail est reconnu par des tickets de papier ou des jetons de fer-blanc qui seront monnayés le jour de la paye.

Avec nous travaillent quelques vieilles femmes qui ont bien du mal, avec leurs gros doigts gourds, à se dépêtrer des haricots. L'une d'elles, que nous appelons la Boédenn, a la tête pleine de *gwerziou* interminables qui racontent des choses horribles, assassinats, infanticides, naufrages, guerres, catastrophes. Et des chansons d'amour et de mort que je ne comprends pas très bien, mais qui me secouent les tripes. Quand elle fait des manières pour chanter, nous savons qu'il faut l'aider à effilocher sa provision de haricots. Nous nous y mettons volontiers à trois ou quatre et bientôt sa caisse est vide. Alors, elle se mouche un bon coup et commence à nous débiter un conte qu'elle ne finit pas. Pour en savoir la fin, nous devons l'aider à effilocher d'autres haricots que la finaude ira prendre en boitillant. C'est juste. Il n'y a rien à dire.

Quand nous en avons assez de chevaucher nos caisses en étêtant et équeutant nos haricots verts, nous allons nous détendre autour de l'usine. Il y a quelque part une sorte de dépotoir où l'on jette les boîtes de marmelade qui ont fermenté. Avec une pointe, nous perçons celles qui sont les plus déformées. Aussitôt, un jet de marchandise fuse droit dans le ciel. Ou dans notre figure. Ou de préférence dans la figure du voisin auquel nous destinons ce présent. Ce jeu amène parfois des batailles sonores sur les tas de boîtes. On finit toujours par goûter plus ou moins la marmelade malgré la défense qui nous est faite. Personne, à ma connaissance, n'a été le moindrement malade.

Tous les soirs, et quelquefois dans la journée, nous faisons le compte des sous que l'usine nous doit. C'est le plus clair de nos revenus de l'année, ces cinq ou six semaines de haricots. A part cela, nous avons preneurs pour les escargots des vieux murs et les peaux de taupes. Mais pour les taupes, il faut investir de l'argent dans les pièges de fer, surveiller de près les taupinières, écorcher, faire sécher les peaux sur des plaques de bois. Seuls, les plus habiles s'en sortent. Les plus grands vont casser des cailloux sur les routes, un vieux sac sur les genoux, des lunettes de treillis sur les yeux. Ce travail de force les rend fiers. Il faut voir comme ils se gonflent dans leurs plumes quand le cantonnier cube leur ouvrage dans une forme de bois. Ils ont fini d'être des enfants. Et pour bien le prouver, ils continuent à frapper sur leurs cailloux même s'il pleut à verse, s'étant couverts, comme leurs pères, d'un sac de chanvre dont ils ont fourré les deux coins du bas l'un dans l'autre pour leur servir de capulet. Car il n'y a ni manteau ni imperméable pour quiconque travaille dehors. Quand il fait trop mauvais, les femmes se décoiffent et ramènent leur robe sur la tête par-derrière. Le parapluie, c'est bon pour le dimanche.

C'est vers l'année 1925, si j'ai bonne mémoire, que je reçois de mon grand-père un fléau à battre pour moi tout seul, un fléau à ma taille. Cela me fait comprendre que je suis autorisé à prendre part aux travaux des hommes. Pas encore avec eux, mais à côté d'eux, pour en apprendre ce qui me reste à savoir et qui fait encore les trois quarts du tout. Mais le dernier quart est bien à moi, ne serait-ce qu'à cause des bosses que je me suis faites à la tête en manœuvrant clandestinement le fléau de mon père, bien trop grand et trop lourd pour moi. Le grand-père, qui devine tout sans qu'on lui dise rien, a fait digérer ces taupinières en appuyant dessus une pièce de deux sous en bronze. Et puis il a choisi soigneusement deux bâtons bien secs, l'un pour le manche, l'autre, plus court, pour le battant. Avec deux courroies de cuir, il les a reliés entre eux de telle sorte que le battant puisse avoir son libre jeu, il a graissé les courroies avec une couenne de lard pour leur donner plus de souplesse encore. Et me voilà possesseur d'un outil qui n'a plus rien à voir avec l'enfant que j'étais hier. Demain, on va battre au fléau dans la cour d'une sorte de dame que nous appelons Tante Jeanne. On va battre le blé, l'orge ou l'avoine des petits cultivateurs à une vache et deux cochons, ceux qui n'ont pas de ferme, donc pas de cour, et qui louent un champ ou deux avec un bout de prairie pour avoir quelque aisance en plus de leur salaire de journaliers. Nous sommes du nombre.

Le soleil est à peine levé que la cour de Tante Jeanne retentit de cris et de rires. Les femmes aux pieds nus nettoient soigneusement le sol avec des balais de genêt. Elles ont laissé leurs coiffes à la maison, mais leurs cheveux sont strictement relevés sur le sommet du crâne, maintenus par le peigne courbe et le ruban de velours noir. Les hommes restent groupés dans un coin, en chemise de chanvre et pantalons rapiécés, chapeau en tête et fléau en main. Ils s'entendent pour assigner sa place à chacun. Quand la cour est nette, on fait avancer la première charretée qui attend dans la rue. On dételle le cheval, on lève à force les brancards au ciel pour faire reposer le char sur le cul. Alors, les hommes s'affairent à décharger les gerbes, à les dénouer, à les étaler sur l'aire, tous les épis à la même hauteur. Bientôt, la cour est couverte à l'exception d'un étroit couloir de part et d'autre. On s'arrête un instant pour inspecter le chantier ainsi fait. Tout est en ordre. Un dernier coup d'œil au ciel pour s'assurer que le temps ne va pas tourner à l'aigre. Allons-y! dit le propriétaire de la moisson. Il sort de ses sabots et s'avance pieds nus sur le tapis de gerbes craquantes pour prendre la première place qui lui revient de droit. Les autres font de même, chacun selon le rang qui lui est marqué par une stricte hiérarchie qui tient compte à la fois de la force et de la réputation, de la parenté, des relations habituelles, des obligations et de l'honneur que l'on veut faire à l'un ou l'autre.

Maintenant, il y a deux rangées d'hommes face à face, crachant dans leurs mains, plaisantant, se lançant des défis narquois. Nous sommes prêts, les gars? dit le premier batteur. Pas de réponse. C'est oui. Suivez-moi! Une! Il lève son fléau et tous ceux de sa rangée l'imitent. Deux! Les fléaux retombent, frappent ensemble les épis sur la voix du meneur pendant que se lèvent les fléaux d'en face. C'est parti. Les premiers coups ne sont pas très assurés, le rythme n'est pas encore pris, le meneur doit le soutenir de la gueule. Mais il s'affermit rapidement et se précipite, les batteurs trouvent la bonne cadence. Ils s'appuient alternativement sur un pied en arrière pour lever le battant et sur l'autre en avant pour l'assener. Et ils se déplacent latéralement à la suite du meneur quand celui-ci estime que les épis sont bien égrenés. Ils frapperont ainsi environ dix mille coups dans la matinée, dit-on, et autant l'après-midi.

Vers les dix heures, le soleil commence à chauffer dur. Un nuage fait de balle, de barbes d'avoine, de fétus et de poussière tourbillonne au-dessus de l'aire, retombe sur les peaux en sueur, dessèche les bouches ahanantes. Aux femmes revient la dure tâche de retourner la paille égrenée avec des fourches de bois et de rateler le grain qui sera mis en sacs, après quoi elles recommenceront à balayer l'aire pour une nouvelle couchée tandis que les hommes se mouilleront la gorge à grands coups de cidre. Elles ne sont pas à la noce, les pauvres. Elles ont mis bas leur corselet noir et leur poitrine nourricière va ballant, et allez donc! dans leur chemise qui bâille généreusement. Les épingles aussi sont restées sur le vaisselier. Notre-Dame de Penhors (louée soit-elle!) sait bien ce que sont les peines du Purgatoire.

Les enfants d'au moins dix ans ont la permission, et parfois l'ordre, de manœuvrer leurs fléaux dans un coin de l'aire pour ne pas gêner la compagnie tout en profitant de la leçon. Et nous connaissons bien des déboires : le battant tourne mal autour de sa courroie, c'est la faute de la courroie, il cogne en l'air le battant du voisin, c'est la faute du voisin, il ne frappe pas à plat, mais seulement du bout, c'est la faute du manche qui est trop léger. La pire humiliation est de voir arriver sur nous la trombe des batteurs qui font grêler leurs coups sur notre chantier réservé, preuve que notre travail ne vaut rien. Nous voilà plus honteux que des chiens égarés dans une église. Mais courage! L'an prochain, peut-être, nous serons admis à nous escrimer derrière le dernier homme. Et quelques-uns d'entre nous, d'une moisson à l'autre, avanceront petit à petit jusqu'à être promus premiers batteurs s'ils se montrent capables de faire des grands valets de labour.

Hélas, le temps des battages aux fléaux est déjà révolu. Encore un an ou deux et la cour de Tante Jeanne restera vide en août. Définitivement. C'est trop dur aussi. Quelques maigres sachées de grains ne valent pas qu'on se brise le corps de la prime aube à la nuit tombée. Il y a bien sûr le plaisir de se trouver entre pauvres bougres, sans la moindre « grosse tête » dans le lot, de s'entraider en dehors de toute charité entre gens de la même condition; il y a l'orgueil, votre moisson battue à bras, de régaler votre monde et de savourer son allégresse qu'il ne marchande jamais, surtout quand votre bien est misérable; il y a cette égalité sévère du fléau qui fait que personne ne peut faire semblant, que l'on est entre gens de bonne race; il y a enfin le spectacle que l'on se donne, la mesure que l'on prend de sa propre endurance. Je le répète comme les batteurs aux fléaux me l'ont dit, un peu ou beaucoup plus tard. Et ce sont des gens qui ne cherchent pas cinq pattes au bélier.

Or, dans les fermes, il y a beau temps que l'on bat la moisson au manège à quatre chevaux qui entraîne une batteuse mécanique par tout un système de tambours, d'axes, de roues dentées et de courroies. Mais il n'y a pas de ferme à quatre chevaux dans le pays, pas une seule. Il faut donc se prêter les bêtes entre fermiers. Et comme la batteuse va beaucoup plus vite que les fléaux, elle demande beaucoup de monde autour d'elle. Alors on fait chercher les petites gens auxquelles on a bien voulu louer quelques pièces de terre, ceux dont je parlais plus haut et qui ne sont guère en mesure de refuser. Qui n'ont d'ailleurs pas envie de refuser. Qui seraient vexés jusqu'à la moelle si l'on ne faisait pas appel à eux. Qui en perdraient leur renom du coup. Et peut-être leurs terres en location l'an prochain. En outre, l'aide qu'ils apportent leur sera payée. Mais non pas en argent. Pendant qu'il y est, le fermier leur battra leur moisson à la mécanique après la sienne. Il leur prêtera même cheval et charrette pour la ramener chez eux. Les fléaux ne serviront plus qu'à battre les pois secs pour en avoir de la graine.

Donc, tout le monde est là au jour dit. Chaque maisonnée a dépêché tous les bras disponibles. Les gens arrivent avec leur balai, leur râteau ou leur fourche, car le maître de la ferme n'a pas assez d'outils pour eux et, au demeurant, ils préfèrent utiliser les leurs, établis par eux à leurs mesures et leur convenance. Les plus forts des hommes, ceux à qui reviendra l'honneur de porter la paille au tas, se présentent avec le *bezekard,* longue lance en bois dur coiffé d'une pointe de fer. Ceux-là sont les premiers rôles de la partie avant même les porteurs de sacs de grains qui ne sont pourtant pas n'importe qui. Et tout le monde est à pied d'œuvre au lever du jour.

La cour a été nettoyée la veille, le manège mis en place, calé avec soin, fixé solidement au sol, sa plate-forme vérifiée au niveau. Il ne faut pas qu'il se dérègle sous l'effort des chevaux et leur course circulaire. Ses quatre bras en croix attendent l'attelage. Les hommes les ont fait tourner eux-mêmes pour s'assurer qu'ils ne cognent pas. Le manège est relié à la batteuse par des barres de fer à rotules. Reste à habituer les chevaux, qui ne se connaissent pas, à travailler ensemble et à tirer comme il faut. Il est bien rare qu'il n'y en ait pas un qui fasse la mauvaise tête. Chacun d'eux est attelé au manège par son maître ou son charretier habituel. Le meneur, fouet en mains, monte sur la plate-forme où il se tiendra debout. Il fait partir à la voix les quatre hommes qui lancent leurs chevaux et feront quelques tours avec eux pour les mettre en confiance. Après quoi ils les lâchent et le meneur les reprend du fouet. La batteuse commence à ronfler.

Cependant, les premières charretées de gerbes sont arrivées à l'entrée de la cour. Elles ont été chargées aux champs, à la fourche, par une équipe d'hommes forts. Voilà déjà plusieurs jours que les céréales ont été moissonnées à la faucille. A travers la campagne, toutes les pièces mûres ont été entamées, presque en même temps, par des paysans et des paysannes qui n'ont guère relevé les reins tout au long des journées. Seulement pour boire à la régalade au goulot de quelque bouteille de cidre ou de piquette et pour casser lentement une croûte à l'ombre d'un talus. Et puis il faut bien refaire de temps en temps le fil de la faucille avec la pierre qui a pour étui une corne de vache pendue à la ceinture des hommes. La pièce de blé, d'orge ou d'avoine une fois fauchée, on fait des gerbes en liant les javelles avec une petite poignée de leurs propres tiges. Les gerbes, ensuite, ont été dressées quatre par quatre pour finir de sécher. Si le battage n'a pu se faire tout de suite, si le temps a été mauvais ou incertain, on a édifié des meules en commençant par quatre gerbes en croix à terre. La croix, c'est un peu pour la bonne chance. Il y en a, dit-on, qui se signent encore après l'avoir faite. Mais c'est surtout pour la solidité de la meule qui doit tenir bon contre les vents et garantir ses épis contre la pluie. Les femmes et les enfants ont fouillé le champ dans tous les sens pour glaner les têtes échappées aux gerbes. Mince profit. Mais quand la glane ne ferait qu'un dé de farine, le respect du pain commande de ramasser tout grain qui traîne. Et quelle opinion auraient de vous les autres si, passant par vos terres, ils y trouvaient une poignée d'épis sans maître. Ils iraient publier que votre champ est « sale ». De quoi vous rougir la face. Bien. Et voilà qu'aujourd'hui, à la prime aube, les grandes charrettes à ridelles sont allées charger les meules pour nourrir la batteuse. Ce n'est pas une mince affaire.

Tant qu'il ne s'agit que d'entasser les gerbes dans le corps de la charrette, entre les panneaux pleins, le premier veau à deux pattes peut s'en tirer s'il est pourvu de bras. La difficulté commence quand, arrivé au-dessus des roues, on arrange les gerbes en travers entre les deux ridelles à claire-voie fixées à l'avant et à l'arrière. C'est là que l'on juge les hommes de métier. Il faut savoir comment disposer les gerbes pour les faire s'imbriquer les unes dans les autres et former un bloc si compact qu'elles ne puissent verser ni à droite ni à gauche quand la charretée cahotera lourdement dans les chemins creux. Les chargeurs sont partagés entre l'envie de faire monter le tas le plus haut possible, ce qui leur vaudra des compliments flatteurs, et l'appréhension de voir le chargement se défaire entre le champ et l'aire à battre, ce qui serait un coup dur pour leur réputation. C'est arrivé quelquefois et jamais plus les fautifs ne sont remontés entre les ridelles. J'ai vu arriver, un jour, une énorme charretée d'avoine qui s'était mise tellement de travers que tous les hommes disponibles devaient l'appuyer à bout de fourches pour l'empêcher de verser. Tout là-haut, bleu de peur, cramponné à l'une des cordes, il y avait un de mes petits amis, celui qui venait de m'apprendre la veille comment on court pieds nus sur un champ de blé fraîchement coupé sans se faire saigner la plante. Après ce coup-là, jamais plus il ne voulut remonter sur une charretée de moisson. Et pourtant, quel plaisir c'était de se faire bercer dans les chemins creux avec ce profond matelas de gerbes sous le ventre!

Il y a deux hommes dans la charrette pour composer le chargement. Les autres leur passent les gerbes au bout de leurs fourches, mais non pas n'importe comment. Chaque gerbe est présentée dans le sens qui doit permettre de lui trouver sa place sans la retourner. Travail de connaisseurs. Travail de force aussi, surtout lorsqu'on arrive aux dernières rangées et que les fourches sont trop courtes. Il faut alors prendre élan pour projeter les gerbes à portée des chargeurs là-haut. Va pour les gerbes sèches, mais il y a des années où elles sont alourdies de pluie, encombrées de mauvaises herbes, de bleuets et de coquelicots. On entend sacrer les hommes. Saloperie! Tant pis, on en mettra moins. Quand le chargement est complet, on détache les deux rouleaux de corde qui pendent au cul de la charrette, on les lance par-dessus le tas pour les arrimer solidement à la ridelle de devant. Les premières charrettes s'ébranlent avec précaution pour négocier leur passage à travers les ornières des chemins vers la cour du battage qui est souvent à un quart de lieue.

Là, le manège tourne déjà, la batteuse ronfle à vide, les hommes, les femmes et les enfants sont prêts, ayant bu le café, mangé la soupe, le pain et le lard. Hardi! La grande journée commence.

A peine la première gerbe est-elle tombée sur la cour que l'homme de la batteuse s'en empare, la pose sur la tablette de bois, la délie et présente une poignée d'épis devant le tambour qui l'avale incontinent. Elle ressort par le bas. On se penche sur elle pour voir si elle est bien égrenée, s'il faut resserrer la mécanique ou presser les chevaux. C'est bien. Cris satisfaits. Alors l'équipe des délieurs entre en action. Ce sont souvent des adolescents qui travaillent à la main et non au couteau comme on le fera plus tard quand apparaîtra le moteur. Il y a un coup à prendre. La gerbe est entourée d'un lien de paille très serré, le moissonneur l'ayant pressée fortement du genou avant de tordre les deux extrémités du lien l'une sur l'autre et de coincer l'une d'elles par-dessous. C'est celle-ci qu'il faut pousser avec les doigts pour que tout lâche. Le délieur présente la gerbe, tenue par les deux bouts du lien, à quelqu'un d'autre qui la met sur la tablette de la batteuse en dégageant le lien qu'il détordra avant de le jeter sur le reste. Est-il besoin de dire qu'après quelques heures de travail, les doigts ne se portent pas bien? Encore heureux quand les ongles ne se retournent pas, quand les pailles dures et les herbes piquantes ne font pas saigner les mains, sans compter les orties qui poussent toujours un peu sur les lisières des champs et qui ne vous font pas quartier. Mais va-t-on se plaindre de ces vétilles quand on est déjà un homme de douze à quatorze ans!

Cependant, l'homme de la batteuse, debout contre la tablette, alimente son engin avec précaution. Il étale bien la gerbe et la pousse par poignées, les épis en avant, vers la gueule qui ronfle. Un crissement. Le grain crépite. L'homme tire à lui la paille et la repousse de nouveau. Il ne faut pas qu'il engage de trop fortes poignées, sinon la machine se coince et tout le monde le regarde avec réprobation. Par-dessus le bruit de la batteuse, on entend le claquement du fouet du maître de manège, ses exhortations aux chevaux, les hennissements des bêtes, le roulement sourd des fers et la rumeur confuse des travailleurs. Cela marche bien. La joie l'emporte sur la peine.

Avec des râteaux de bois, les femmes amassent le grain qui sort de la machine. Il est ensaché aussitôt et chargé sur le dos des porteurs qui attendent pour le monter au grenier sans ficeler les sacs. Arrivés là-haut, les hommes se baisseront pour faire couler, par-dessus leur tête, le grain sur le plancher où il sera étalé au mieux pour sécher. Le dos des gens sert beaucoup, à la campagne. Et c'est pourquoi leurs chemises sont toujours pourvues d'un large rapiéçage sur les épaules. Les porteurs de grain sont justement fiers non seulement de leur force, mais de leur adresse à endosser les sacs. Les plus forts de tous sont les meuniers qui le font à longueur d'année et qui organisent entre eux des concours à qui soulèvera la plus forte charge. La moindre maladresse et c'est un tour de reins. Aussi faut-il faire ses preuves avant « d'aller aux sacs » comme on dit. Mais, dans les compagnies de battage, on connaît exactement la valeur de chacun.

Or, les plus en vue ne sont pas les porteurs de grain, mais bien les porteurs de paille. De vraies vedettes, ceux-là. Certains tiennent à choisir eux-mêmes les femmes qui s'occuperont de la paille à la sortie de la batteuse. Il s'agit pour elles de secouer cette paille avec la fourche à deux dents, de se la passer de l'une à l'autre jusqu'à la dernière secoueuse, la plus habile. La tâche de celle-ci est de composer le fardeau du porteur de telle sorte qu'il en perde le moins possible en route. En les tortillant comme il faut, elle amène ses fourchées jusqu'à un panneau de charrette dressé à l'endroit qui convient. Cela fait un amas de trois à quatre mètres de longueur au sol. Alors, le porteur abaisse sa lance et l'introduit dans la paille jusqu'à une sorte d'ergot de bois ou de fer qui fait obstacle. Il pousse et serre de son mieux. Quand il estime qu'il a sa charge, qu'il ne peut pas en prendre plus, il appuie un pied nu contre le bas de la lance, soulève celle-ci des deux mains en plaçant son échine sous l'ergot et redresse le tout.

On assiste alors à un curieux spectacle : une meule de deux ou trois mètres de haut qui s'ébranle avec des saccades. Et sous la meule, on ne voit de l'homme que deux jambes nues qui trottinent. Le porteur se dirige vers l'endroit marqué pour établir le pailler. Sans cesser le travail, les manieuses de fourches lui jettent un coup d'œil. Si le fer nu de la lance dépasse au haut de la charge, elles en auront la honte. Bien sûr, elles peuvent prétendre que le porteur ne sait pas y faire. Mais il y a toujours un doute et tout le monde est mal à l'aise. Moi le premier quand mon père est porteur et ma mère à la fourche. Si quelqu'un disait, ce soir, que lui est tout juste bon à gâcher du mortier pour les maçons, elle tout juste bonne à donner la pâtée aux gorets, je n'oserais plus regarder plus haut que mes pieds. On a la fierté que l'on peut avoir, sept cents barriques! Et je m'ensanglante les doigts à délier mes gerbes plus vite et mieux que les autres. Je ne suis pas fort, donc je dois être adroit.

Quant au tas de paille, ce n'est pas un bouzilleur qu'il faut y mettre si l'on veut qu'il tienne debout. Celui qui l'établit doit d'abord calculer son assise d'après le nombre de charretées de moisson prévues. Le maître de la ferme connaît ce nombre à une unité près. D'avance, il sait si un seul tas suffira ou s'il en faudra deux. Et le premier tas commence à s'élever. A mesure qu'arrivent les porteurs de paille, le dresseur leur indique l'endroit exact où ils doivent jeter leur charge. Ensuite il lui revient, avec sa fourche à deux dents, d'ordonner leurs apports de façon que le tas se tienne. Au fur et à mesure qu'il s'élève, on applique contre son front des échelles de plus en plus longues. Les porteurs aux pieds nus doivent grimper ces échelles en s'y tenant d'une main, l'autre supportant la lance, la tête et les épaules enfouies dans la paille qui les empêche de voir les neuf dixièmes et demi du monde autour d'eux. Arrivés là-haut, il leur reste à faire quelques pas de danse sur la masse élastique du tas pour aller décharger leur fardeau là où il convient. Cela fait, ils repartent pour une autre tournée, s'essuyant le front, se vidant le nez, se raclant la gorge, se grattant le dos. La sueur, la soif, la balle et les débris de paille qui s'insinuent sous leur chemise trempée en feraient des martyrs s'il suffisait de ces menus supplices pour leur faire oublier qu'ils sont des hommes forts et des travailleurs « magnifiques ». Ils tiendront jusqu'à la nuit.

Quand le tas de paille est terminé, un peu plus étroit du haut qu'à la base et coiffé en rond, le dresseur descend pour contempler son œuvre. Bien qu'il ait généralement bonne opinion de lui-même, il est un peu anxieux. L'énorme masse ne penche-t-elle pas un peu à gauche ou à droite? Quelques perchées, mal liées à l'ensemble, n'auraient-elles pas tendance à s'évader? A-t-il rétréci trop tôt ou trop tard? Rassuré, fourche en main, il fait le tour du pailler, il en égalise les flancs comme il lisserait le poil d'une bête. Dans les jours qui viennent, il faudra de longues tresses de paille que l'on jettera par-dessus le tas pour l'affermir et le défendre contre le vent. Ces tresses seront lestées, à chaque bout, de grosses pierres qui leur donneront du poids. Ou peut-être le maître fera-t-il la dépense de gros fil de fer? On a beau dire, avec le fil de fer on est plus tranquille. Allons! On verra plus tard. La batteuse ronfle toujours. Il faut s'attaquer à un autre tas.

Chez moi, le tas de paille est érigé derrière la maison. Il remplit presque entièrement la cour qui n'a pas quatre mètres de large. Pour aller de l'appentis à la crèche, il faut se glisser dans un étroit passage entre le mur de paille et le mur de pierre. Nous avons en tout deux pièces de terre pour les céréales, les patates, les choux, les betteraves et les légumes de la soupe. C'est dire que le pailler n'est pas très important. Il y a pourtant de bonnes années où il s'élève aussi haut que le toit de la maison. Nous sommes assez fiers de notre tas de paille. Tout le monde n'en a pas autant. Et nous avons peur que le feu y prenne, comme il a failli arriver quand il y a eu un incendie chez le voisin plus haut. Une pluie d'étincelles nous est arrivée dessus. Nous avons mouillé à la hâte toutes les toiles, les sacs et les draps que nous avions pour les étaler sur notre tas de paille et nous avons veillé toute la nuit avec le spectre de la ruine devant les yeux. Grand-père avait fait sortir la vache et les deux cochons de la crèche. Elle meuglait, ils grognaient, attachés aux anneaux de la façade. Le tas de paille emmitouflé restait silencieux, mais il me semblait plus vivant que les animaux. J'étais plein de larmes.

Sur l'aire de battage, le soir tombe. Le reste de jour, comme dit ce poète qui n'a jamais battu le blé, le reste de jour sera utilisé jusqu'au dernier rayon. Les chevaux ne hennissent plus. Ils soufflent et s'ébrouent de temps en temps, c'est tout. Le ballet des fourches se ralentit, les femmes ont fini de jacasser. Elles rassemblent leurs dernières forces pour achever proprement leur travail. Les porteurs de grain et de paille prennent leur temps pour grimper les escaliers et les échelles. La batteuse, maintenant, respire autant qu'elle mange car les délieurs aux mains raides, à la peau enflammée n'arrivent plus à fournir la tablette. C'est le dernier quart d'heure.

Pendant toute la journée, on a mangé comme il faut, et du bon. Après le déjeuner du matin, il y a eu le casse-croûte de neuf heures, le repas de midi, suivi parfois d'une sieste autour du tas de paille ou à l'ombre du courtil, la collation « pour attendre » qui se fait à cinq heures et qui est aussi copieuse que le repas d'avant. A chaque fois que l'on s'est mis à table, les femmes de la maison ont laissé leur fourche, leur râteau ou leur balai un quart d'heure ou une demi-heure avant pour préparer la nourriture. On a bu aussi. Du vin dans la maison et du cidre dehors. Pour abattre la poussière et faire monter le sang dans le corps. Cela s'appelle « aller chercher ses racines ». Les femmes ont dégusté à petits coups de la piquette d'orge, réservant leur meilleure soif pour le café. Avec le bol de leurs mains, les enfants ont puisé dans une seillée d'eau fraîche que l'on a tirée du puits exprès pour eux. Ou peut-être la maîtresse leur a-t-elle mijoté de l'eau de réglisse dans des bouteilles de limonade. Un avant-goût du Paradis Terrestre. Ils se sont brisé le corps à le mériter après coup.

Très pénibles sont les dernières heures de la journée en temps de battage. C'est assez de la seule fatigue pour provoquer ces accidents qui arrivent tous les étés : un charretier qui se fait enfoncer les côtes contre un mur par le brancard de sa charrette; un porteur harassé qui tombe du pailler et se rompt le cou; un imprudent qui est piétiné par les chevaux du manège; le gars de la tablette qui avance trop loin la main sur la tablette et voilà cette main happée par le tambour. On doit éviter qu'à certains postes les hommes ne boivent trop. Au maître de tenir l'œil sur eux. A lui de faire remplacer à temps celui qui s'est sali le nez. Facile à voir. L'ivresse de la fatigue n'est pas la même que celle de la boisson. L'une ralentit les gestes, l'autre les précipite et les désordonne. Mais il faut ménager les susceptibilités pour éviter les violences, les querelles, les coups. Quelques paroles maladroites peuvent réveiller de vieux griefs chez des gens qui ont volontiers la tête près du bonnet. Le plus souvent, les femmes s'entremettent, chacune s'employant à ramener son mari à la raison. Et cela finit quelquefois par des scènes de ménage qui ont pour effet immanquablement de détendre l'atmosphère. On se saoule alors de rire et de plaisanteries. Cela vaut mieux.

Voilà la dernière charretée qui arrive du champ le plus éloigné, ramenant autour d'elle les hommes qui ont chargé tout le jour et qui lui font un cortège d'honneur, brandissant haut les fourches comme des vainqueurs qu'ils sont. Au sommet du chargement est dressé le « bouquet », d'ordinaire une gerbe debout dans laquelle sont plantés des fleurs et des branchages selon la fantaisie du moment. Une fois, j'ai vu cette gerbe accoutrée comme une poupée avec des oripeaux de Mardi-Gras. A peine les chevaux sont-ils dételés que tous les bras disponibles s'activent à vider la charrette. Le rythme du battage s'accélère. Maintenant qu'on a devant les yeux la fin de la tâche, on a hâte d'en finir. Chacun rameute ses forces pour le dernier coup de collier si bien que l'on voit le pourvoyeur de la batteuse, pressé par tous les autres autour de lui, enfourner ses javelées à toute allure jusqu'à celle du bouquet qu'il retient longuement avant de la laisser avaler par le cylindre. Quand il la lâche enfin en levant les deux bras, une joyeuse clameur s'élève sur l'aire. C'est fini, fini, fini! Par-dessus les rires des femmes et le tapage des adolescents, on entend les derniers ordres. Le maître fait sauter la courroie de la batteuse dont le ronflement s'éteint petit à petit. Quand elle s'arrête pour de bon, la compagnie fait silence pour essayer d'entendre, à travers la campagne profonde, le bourdonnement sourd d'autres battages qui se poursuivent aux quatre points cardinaux.

« Il est quand même temps de finir », dit quelqu'un.

Là-dessus, les hommes s'occupent des chevaux et des

instruments pendant que les femmes balaient la place à la lueur des fenêtres éclairées par les lampes à pétrole. Dans la maison, la maîtresse et ses aides se débrouillent autour des marmites, taillent le pain, arrangent les plats de victuailles, enlèvent du vaisselier les assiettes peintes qui servent de décor toute l'année et dont on a besoin ce jour-là pour tant de monde. On a mobilisé les seaux, les cuvettes, les brocs et même les auges pour que ce monde-là se lave au moins les mains dehors. Les enfants ont déjà mangé lorsque le maître fait son entrée. Toute la compagnie le suit. Lentement, posément, avec une sorte de curieuse timidité. Les hommes d'abord, s'effaçant les uns derrière les autres et s'encourageant à avancer. Les femmes demeurent dans le couloir jusqu'à ce que la patronne aille les chercher, les appelant chacune par son nom de baptême : « Allons, Marie-Jeanne, montrez donc la route aux autres! Seza, pourquoi rester dans le trou de la porte? Vous allez me faire honte. » Et soudain, on ne sait pas trop comment, tout le monde est assis, chacun devant une assiette. L'instant d'après, les hommes ont sorti leur couteau. Le repas de fin de battage commence.

Je suis là, moi aussi, le délieur de gerbes, au bas bout de la table, éperdu de me trouver au milieu des travailleurs « magnifiques ». J'ai douze ou quatorze ans et un couteau à moi, un véritable Pradel s'il vous plaît. Je l'ai déjà ouvert et je l'essuie contre mon pantalon. Autour de moi, ce ne sont que visages gris de poussière, avec deux taches noires entre les pommettes et les arcades sourcilières, là où il est difficile de s'essuyer. Sur tous ces êtres vivants pèse une énorme fatigue. Les hommes arrondissent le dos, laissent aller leurs épaules. Les femmes n'ont pas eu le courage d'épingler leur corselet. Les pauvres vêtements des uns et des autres ont tourné soudain en haillons. Peu de mots jusqu'au moment où les premières bouchées commencent à descendre, après un trait de vin pour s'ouvrir l'estomac. Alors, je m'étonne à chaque fois de la rapidité avec laquelle ces gens se redressent au physique et au moral. Il ne se passe pas un quart d'heure avant que les conversations ne s'engagent, se coupant les unes les autres, haussant le ton, jouant à la balle avec des compliments et des plaisanteries, chacun en attrapant son compte et veillant à ce que personne ne soit oublié : terre bien labourée donne beau grain, c'est justice – vous vous en tirez bien avec la cuisine, Marianne, votre rôti nous ferait vendre notre âme à table, la conscience avec – taisez-vous! J'ai fait mes sept possibles mais vous mériteriez mieux – les tas de paille sont aussi droits que la coiffe de Maï B... quand elle se rend à la grand-messe – c'est parce que les porteurs m'ont bien servi – grâce aux femmes habiles que nous avions aux fourches pour secouer, ce n'était pas difficile pour nous – plutôt grâce au gars de la batteuse qui alimentait bien – ce n'est pas moi, c'est celui du manège qui faisait tourner régulièrement ses bêtes – j'étais bien obligé de les faire presser l'allure un peu à cause des porteurs de grain qui montaient leurs culasses au grenier aussi facilement qu'ils auraient fait d'un paquet de tabac sur leur chapeau – comment faire autrement avec ces diablesses de femmes aux râteaux! Elles remplissaient les sacs plus vite que l'épicier Daniel Keravec un pochon de café quand il oublie de souffler dedans – causez toujours! Il nous fallait bien vider la place. Ceux qui étaient aux champs chargeaient leurs charretées en un clin d'œil et les charretiers nous les ramenaient avec le petit doigt comme s'ils avaient mené le carrosse du marquis de Guilguiffin – la faute en est aux délieurs de gerbes (c'est moi et mes camarades). Ces bougres-là, rien ne leur résiste – Marianne, Del, Corentine, Lise, mettez de quoi manger sur la table! Les gens vont s'en aller d'ici avec la faim. Et le bruit de leurs entrailles chantera notre honte à travers le canton.

Et tous les yeux brillent de plaisir derrière le fard de la poussière, les lèvres humides montrent les dents jusqu'aux gencives et tant pis s'il en manque! Les corps s'épanouissent de nouveau sous les hardes misérables. Si le seigneur Dieu n'avait pas jugé bon de séparer la nuit du jour, on était prêts à continuer jusqu'aux trompettes du Jugement Dernier. Et l'on remange, et l'on reboit. Et personne n'oserait lâcher une parole de travers, risquer une offense. Le repas de fin de battage est presque sacré. Demain, on recommencera à s'égratigner le cuir, à se dire les sept vérités du diable, en face ou derrière le dos, les hommes de sainteté sont très rares en ce monde. Ce soir, on célèbre les sept joies du travail en commun qui s'élèvent comme des fleurs sur les misères communes. On le fait sans effort parce qu'on est dans une *compagnie*, une *coterie* comme on dit encore, et ce mot tiré du français est intermédiaire entre amitié et fraternité. Les indésirables ne sont pas là, les ennemis jurés non plus, ils n'oseraient jamais. Ils se sont écartés d'eux-mêmes pour s'agréger à d'autres groupes, ils ont choisi d'aller ailleurs ou se sont résignés à faire semblant de participer. Car c'est une dure vergogne, si l'on vous demande : où avez-vous fait la moisson, cette année? d'en être réduit à répondre : nulle part.

Ces hommes et ces femmes, attablés dans cette salle après avoir sué ensemble, pendant deux ou trois jours, la même sueur, il y a parmi eux des riches, des pauvres, des indigents qui côtoient constamment la mendicité sans y tomber jamais. Il y a des possesseurs de chevaux et d'autres qui ne sont maîtres que de leur sac d'os. Des ménagers, des ouvriers, des artisans, des commerçants même qui sont dans la fréquentation de la grande ferme, une sorte de clientèle. Mais tous connaissent le travail de la terre, presque tous ont une vache ou deux. Chaque maisonnée a délégué un représentant comme elle le fait pour un mariage ou un enterrement. Cette cérémonie laborieuse du battage est si importante que j'ai connu plus tard un député qui s'attachait ses électeurs en leur prêtant ses bras à cette occasion. Il ne manquait jamais d'être élu. Peut-on vraiment refuser sa voix à quelqu'un de la *coterie*! c'est-à-dire à un égal! Car ils sont tous égaux autour de cette table du *peurzorn* (1), mélangés sans distinction. A part le maître, inamovible à sa place, il n'y a

(1) Repas de fin de battage.

pas de haut-bout ni de bas-bout. Et les civilités que l'on se fait sont parfaitement gratuites. Quant à la politique ou à la religion, on se gardera de les évoquer le moindrement, on verra ailleurs et plus tard. Les *Rouges* et les *Blancs* ont la même couleur de poussière et communient dans la fête du pain quotidien.

Et cependant, à la fin du repas, sur des clins d'yeux du maître, la maîtresse commence à tirer à part les uns et les autres. Elle règle ses comptes avec ses gens. Ses propres domestiques sont payés à l'année, bien! Un ou deux des hommes les plus vigoureux qui sont là, mon propre père par exemple, ont fait un contrat de moisson, bien! Parmi les autres, certains sont venus pour *rendre,* comme on dit, pour payer en travail le prêt d'un cheval ou d'une charrue, les fournitures préférentielles de certaines denrées, des facilités de voisinage, quoi encore! Pas de salaire pour ceux-là. Et puis il y a ceux qui vivotent chichement de leur travail quotidien. Dans un coin de la pièce, la maîtresse les paie discrètement, chacun selon l'importance de ce travail et selon le barème en cours, mais chacun sera seul à savoir ce qu'il a touché. Enfin, il y a les adolescents comme moi, riches ou pauvres, qui empochent en rougissant quelques piécettes après avoir protesté faiblement sur la recommandation de leur mère : ce n'est pas la peine. Quand nous montrerons ces pièces à nos parents, ils nous diront : il ne fallait pas les prendre. Mais ils seront fiers de ce que le travail de leur fils ou de leur fille ait été jugé digne de rétribution.

Quand le repas de battage est fini, tous les gens se lèvent de table ensemble, sur un signe de l'un d'eux, pour dire la bonne nuit. Ils rentrent chez eux par les chemins blafards et la fatigue leur sautera dessus comme une bête sauvage. Au fur et à mesure qu'ils marchent, elle reprend possession de leur corps. Mon père va devant, ma mère dans son ombre, et moi, derrière, je ne cesse de tâter dans ma poche le prix de mon travail. Mais je dors à demi, je bute tous les trois pas dans une damnée ornière ou un foutu caillou qui roule. Demain, il faudra se lever de bonne heure pour aller recommencer dans une autre ferme, Pouzeog, Penkleuziou, le Sent, peut-être Gouridou, je ne sais plus.

Mais mains me brûlent. Pourvu que je n'attrape pas de panaris. On aurait beau jeu de raconter partout : ce garçon-là, depuis qu'il est au lycée, il ne connaît plus la vraie odeur du pain avant qu'il ne soit cuit. Je serais accusé de trahison et le monde est déjà plein de judas, comme dit Tonton Piron, le couvreur de paille. Une nuit, je revenais d'un battage avec ce brave homme. Il avait eu besoin de quelques bottes de paille de seigle pour raccommoder des toits de crèches, seulement des toits de crèches parce qu'il y a longtemps que les gens préfèrent l'ardoise pour leur maison. Or, la paille qui passe dans la batteuse, écrasée, cassée par le tambour, ne peut pas servir de couverture. Alors, le pourvoyeur présente seulement les épis devant la gueule de la machine qui les égrènera, mais il retient les tiges intactes à l'intention du chaumier. C'est ce qu'il avait fait ce jour-là et Tonton Piron avait maintenant de quoi s'occuper. Mais il était amer car il n'était même pas sûr d'avoir l'emploi de sa paille. « Tous des judas, grommelait-il entre ses favoris, et vous serez encore pire que les autres, mon fils, parce que vous restez à vous pourrir la tête dans les écoles. »

La trahison suivante n'a pas tardé. On a remplacé le manège à chevaux par un moteur nommé Bernard. Dire qu'il a été reçu avec enthousiasme serait un mensonge rouge. Il fallait le clouer au sol avec des crampons de fer pour l'empêcher de s'en aller plus loin, tremblant comme un chien malade. Il faisait sauter la courroie de la batteuse malgré toute la résine qu'on mettait sur la poulie. Les étincelles qui en sortaient risquaient de mettre le feu à la moisson et de brûler les bâtiments. C'est pourquoi, dans les premiers temps, on rassemblait à proximité tous les seaux d'eau disponibles. Et surtout, il était accompagné de son maître, le « gars du moteur », le seul qui sût comment le faire marcher, d'où une certaine humiliation pour les autres. Avec lui vint une énorme machine à secouer la paille, tournée d'abord à la main et qui fut vite attelée à l'engin quand celui-ci fut assez fort.

Et voilà le ballet des fourches terminés, voilà perdue la vanité des femmes. Il est sûr que la peine des gens de la compagnie fut allégée de beaucoup. Moi-même je me vis délivré des tâches pénibles par le moteur Bernard. Comme j'étais dans les « grandes écoles », je fus promu « gars du moteur » en l'absence de ce dernier et en raison des connaissances que l'on me supposait, ce qui me fit obligation de potasser de près le moteur à explosion. Dès lors, je paradai autour de l'engin, un chiffon gras à la main. Je dois avouer que de temps en temps, pour me donner de l'importance, je coinçais le gicleur d'un air préoccupé. Le moteur toussait, s'étranglait, menaçait de s'arrêter. Toute la compagnie me regardait avec inquiétude. Alors je desserrais et Bernard recommençait à tourner rond. Je n'étais pas le seul à faire ce coup-là.

Après le battage, il reste à vanner le grain. Au temps des fléaux, je vois encore vanner au van ou au tamis de pauvres femmes qui n'ont que quelques sachées pour toute récolte. Avec une brouette, elles transportent cette récolte dans un pré ouvert par un jour de vent. Là, elles se placent dans le meilleur courant d'air et manœuvrent les bras pendant des heures. La balle, séparée du grain, va retomber sur une toile à bonne distance. Elle servira à remplir les paillasses et les oreillers. Jusqu'à la fin de leur vie, ces femmes prétendront que le grain ainsi vanné est beaucoup plus propre que celui qui passe par le tarare. Et elles ont peut-être raison.

Maudit tarare! Je n'aime pas beaucoup tourner la manivellle qui entraîne les ailerons de bois enfermés dans sa coque. On ne peut y aller que d'une seule main, ce qui fait que le reste du corps se torture en porte à faux. Le soir, on est rompu. Et il faut ramener à son propriétaire cette machine que nous avons empruntée et qui ressemble à une énorme chaise à porteurs sur quatre pieds d'un style curieux. Les porteurs? Mon père et moi. Je ne redoute rien tant que d'entendre le possesseur de cet instrument de torture demander d'une voix unie : « Peut-être votre garçon pourrait-il venir tourner la manivelle demain? » Mon père répondra oui. Le pauvre

homme ne peut pas faire autrement. Maudit tarare!
Quand il fait beau, le vannage intervient tout de suite après le battage. Mais, si le temps est pourri au mois d'août, s'il a fallu couper, lier et battre entre les coups de pluie, quelle misère! Le grain est moite, promis à la moisissure. Il faut l'étaler à l'abri pour le faire sécher, le ramener à l'air couche par couche au râteau de bois. Chez nous, il n'y a pas encore de grands hangars pour rentrer la récolte. Alors on fait avec ce qu'on a. On vide tous les endroits secs pour l'étalage du grain. Et comme il faut mettre quelque part les instruments qui étaient entreposés là, on construit des cahutes sur quatre piquets avec des toits de paille et des murs de fagots. Voilà! Après le vannage, le grain sera monté au grenier où il achèvera de sécher à son aise. Alors seulement on osera respirer à fond. Le garçon meunier peut venir. Assurés la farine et le son. Donnez-nous aujourd'hui notre pain quotidien, dit la prière. C'est fait pour l'année.

La récolte du blé noir a lieu en septembre. Elle doit se faire par beau temps si l'on veut qu'elle soit honorable. Tous les fermiers et la plupart des ménagers pauvres comme nous ont une pièce de ce blé-là. Généralement, la faucille suffit pour le couper. On se servira encore de cet outil après l'apparition de la moissonneuse parce qu'il risque moins de faire s'égrener les épis dans les champs, surtout quand ils sont un peu trop mûrs. Le moissonneur, ayant coupé la valeur d'une bonne javelle, la ramène contre son genou en tenant les épis d'une main et étalant de l'autre les tiges pour en faire une sorte de cône qui tiendra debout sans lien. C'est ainsi que les champs de blé noir moissonnés ressemblent à des campements militaires de tentes à reflets rouges que le vent met en rumeur.

On bat encore le blé noir au fléau alors que la moisson blanche se fait depuis longtemps à la batteuse. Il paraît que cela vaut mieux, que cela prépare le travail suivant qui est le foulage. Le foulage consiste à débarrasser le grain de la pellicule coriace qui le recouvre. Quand ce grain est parfaitement sec, on le met en tas. Les fouleurs se déchaussent. Ils tournent autour du tas en appuyant bien leurs pieds nus sur le grain qui se trouve au bord et en leur imprimant un mouvement de frottement pour faire éclater la pellicule. A mesure qu'ils tournent, le grain dégringole des flancs du tas si bien qu'à la fin de l'opération il se trouve de nouveau étalé bien à plat mais décortiqué aux trois quarts. A coups de pelle, on le remet en tas et l'on recommence jusqu'à ce qu'on le juge complètement « déshabillé », prêt à être passé dans le tarare. Bien entendu, cela ne va pas sans quelque martyre pour la plante des pieds. Mais tous les fouleurs sont habitués à marcher sur leur cuir vivant. Et si quelquefois un garçon gâté par sa mère s'entête à ne pas le faire au printemps, on ne manque pas de lui dire dans les yeux : « Vous, petit chéri, on ne vous verra jamais fouler le blé noir ! »

Les porteurs des moulins, à vent et à eau, tournent par le pays pour ramasser les sacs de grain et pour ramener la farine et le son. Ce sont de forts gaillards à l'échine solide qui semblent toujours vivre en bonne humeur car ils n'arrêtent guère de siffler. C'est peut-être parce qu'ils s'occupent de nourriture, tant pour les hommes que pour les bêtes, et que la nourriture est le premier souci de la plupart des pauvres. Quant au surplus, on s'en accommodera toujours.

Après la moisson blanche et la moisson noire, les petits que nous sommes se trouvent plus à l'aise dans leur peau. Il reste encore à réunir assez d'écus pour payer les locations et les fermages de la Saint-Michel, mais la part du ventre est déjà faite à moitié. Les pommes de terre feront le reste sans tarder. Voilà Tonton Piron qui monte sur les derniers toits de chaume pour les remettre en état. C'est sa manière à lui de célébrer le mois de septembre qui s'appelle justement en breton le *mois de la Paille Blanche.* Mais la paille de seigle ne sert pas seulement pour les toits des crèches. On l'utilisera aussi pour faire le cidre. Dans les vergers, il y a déjà les pommes qui jaunissent et rougissent en tas sous les arbres nus. On nettoie les pressoirs. Bientôt on y placera alternativement des couches de pommes et des couches de paille de seigle avant de manœuvrer la vis. La paille décantera le jus et y mettra son goût, dit-on. Quant à la farine de seigle, elle fera ce pain noir que beaucoup préfèrent encore au blanc parce qu'il est meilleur pour manger avec le lard salé et parce que chaque ferme possède son four, chaque ménagère qui dispose d'une maie a sa propre recette pour la pâte et la cuisson. Le pain de méteil n'est pas mauvais non plus, mais le froment nuit au seigle, disent les vieux, c'est de l'entre-deux. On fait encore un peu de pain d'orge, par économie, bien qu'il soit indigeste et qu'il faille le laisser reposer pendant deux ou trois jours avant d'y mettre les dents sous peine d'offenser l'estomac. Mieux vaut garder l'orge pour les bêtes qui s'en trouvent très bien, ou pour faire une piquette qui coupe la soif à peu de frais sans couper les jambes. Quand ma mère en prépare, dans un petit tonnelet que nous avons, je suis prêt à me livrer à toutes les orgies de la boisson. Et c'est encore l'orge que l'on grille quand le café est trop cher pour les gueux à la bourse si maigre qu'il faut souffler fort dedans avant de savoir si elle a un ventre et un dos. Pour l'avoine, picotin préféré des chevaux qui s'en feraient péter la sous-ventrière (mais nous n'avons pas le moindre cheval, nous n'en aurons jamais la tête ni la queue), les femmes en tirent la meilleure bouillie du monde après avoir détrempé le grain, écumé le son, tiédi longuement la pâte à la chaleur du feu, ni trop près ni trop loin, prends ton temps, Marie-Jeanne!

Le blé noir a déjà gavé de ses fleurs les abeilles qui renieraient pour lui la bruyère et le trèfle blanc. Et les abeilles de mon grand-père le sabotier donneront un miel roux, épais, remède souverain contre toutes les faiblesses. Avec la farine du même blé noir, nous avons de quoi espérer des piles et des piles de crêpes ou de galettes. Le froment, dont nous avons tout de même quelques mesures, nous en promet aussi. Que demander de plus! Derrière la maison, il y a le tas de paille pour la litière des animaux. Et pour nos lits à nous, dans l'appentis, une provision de balle d'avoine. Allons! Nous nous en sommes bien tirés cette année encore. La vache et les deux cochons aussi. Quelle belle vie que la nôtre!

Tout ce qui ne descend pas au ventre sert dessus ou dessous. Les grosses têtes qui possèdent des chevaux, bien sûr, se plaignent de ce que ces bêtes-là ne veulent pas manger la pellicule du blé noir. Ils sont difficiles, les seigneurs chevaux. Mais les cochons, eux, ne rechignent jamais. On peut même ajouter à leur brouet des feuilles de fougère ou jusqu'à du crottin de cheval, sauf respect, tout leur passe au travers et fait profit, jamais le monsieur vêtu de soie n'a protesté contre la nourriture. N'empêche que son régal, comme aussi le nôtre, ce sont les pommes de terre.

Le temps est déjà loin où les gars du Gouvernement devaient payer des rapsodes mendiants pour chanter à travers les campagnes l'AIR DES PATATES. Il y a un siècle et plus, rares étaient ceux qui voulaient bien de ces affreuses « *mères des crapauds* », pleines de nombrils et de tavelures et qui se font diarrhée en pourrissant. On disait qu'elles donnaient la lèpre aux hommes et aux bêtes, que les riches avaient trouvé ce moyen-là pour se débarrasser des pauvres en les faisant mourir à petit feu. En vérité, les pommes de terre, dans le passé, nous ont gardés de la faim bien des fois. Sans elles, une bonne partie du peuple bigouden serait descendue en terre prématurément. C'est le dernier bienfait de saint Fiacre, co-patron de notre paroisse avec saint Faron et protecteur des paysans.

Pour mes parents et moi, la houe suffit à tout. C'est encore avec elle que nous arracherons nos pommes de terre. J'ai appris à la planter dans le sillon entre deux fanes, à l'endroit où je risque le moins de couper un tubercule, ce qui serait une honte. Petite honte, honte quand même, et un coup de colère des grandes personnes avec une torgnole à l'appui si l'on récidive trop souvent. J'ai appris à frapper profond pour tout sortir, à bien éparpiller la terre pour faire apparaître toutes les patates, jaunes ou rouges, à les amonceler entre les tas de fanes mortes que l'on a choquées contre la joue du sabot pour dénuder les racines. Ensuite, à genoux, il s'agit de trier les pommes de terre, les grosses, les petites, les pourries. Elles sont mises dans des paniers d'osier qui seront secoués vigoureusement pour en faire tomber la terre. Enfin, les voilà en sacs. Une charrette viendra les chercher ce soir ou demain. Les hommes les monteront au grenier où un cadre de bois recevra celles qui sont réservées pour la famille tandis que les patates à cochons iront dans l'appentis. Après quoi, ma mère et moi, nous irons aider le fermier qui nous a prêté la charrette et quelques autres envers qui nous avons des obligations.

Les grands fermiers utilisent la charrue dans de longues pièces de terre où se retrouvent à peu près tous ceux qui figuraient au battage du blé. La charrue est un brabant conduit par un fin laboureur qui se rougit la face quand son versoir tranche quelques pommes de terre, signe qu'il a mal manœuvré. Le conducteur des chevaux, lui non plus, ne doit jamais relâcher son attention, tenu qu'il est de surveiller devant et derrière. Entre les deux hommes, quelquefois, il s'élève des bouts de querelle, mais c'est le conducteur de charrue qui commande et qui a le dernier mot. Pendant ce temps, les femmes et les enfants travaillent à ramasser et à trier dans les paniers. Nous avons tous revêtu nos plus mauvais habits, des hardes sans couleur, et les femmes, bien sûr, ont laissé leurs coiffes à la maison. Le plus désagréable c'est cette poussière fine et dense soulevée haut dans l'air et qui retombe, se redépose sur les vêtements et les visages. Cela n'empêche pas la jactance et les rires. Et puis il y a les paniers de nourritures et de boissons qui attendent à l'ombre des talus pour le repos de mi-temps. Quelquefois même, mais pas toujours, à la fin de la récolte quand elle dure, il y a un grand repas comme le *peurzorn* du battage.

Le plus grand plaisir des enfants et des adolescents, leur meilleure récompense, c'est de brûler les fanes sèches à la tombée du jour ou le lendemain. Quand le feu est pris, qu'il y a déjà un lit de cendres, chacun choisit quelques belles patates, de longues saucisses roses qui sont sans pareilles comme on sait, ou à défaut celles qu'on appelle FIN DE SIÈCLE, assez peu estimées des marchands, paraît-il, mais qui ont un fumet particulier pour de jeunes narines, qui dira pourquoi? Avec un bâton, chacun se confectionne un petit secteur de braise où il introduit sa demi-douzaine de pommes de terre pour les faire cuire en les retournant de temps à autre. On les mange toutes chaudes au risque de se brûler un peu. Il n'y a rien de meilleur au monde pour contenter ce petit bout de boyau vide qui murmure toujours à l'intérieur des petits manants.

La fumée des brûlis de fanes s'élève en septembre sur toute la campagne. Les enfants en profitent pour faire fumer leurs propres fours. Ils sont généralement établis dans les vieux murs qui ceignent les champs. Les petits gardiens de vaches enlèvent deux ou trois pierres à bonne hauteur, puis ils ménagent dans le haut du mur une espèce de cheminée pour que la fumée s'échappe. C'est là qu'ils font cuire les pommes de terre et les pommes d'arbres quand ils arrivent à faire du feu en tirant des étincelles d'un silex avec une lame de couteau. La cuisine finie, les pierres sont remises en place jusqu'à la prochaine fois. Tout cela est défendu, bien sûr. On risque d'incendier le talus, le bois, la garenne, la ferme la plus proche et allez donc! Et la fumée vous trahit toujours. Vous vous croyez seul dans les champs et il y a des paires d'yeux qui vous regardent de cinq cents pas plus loin. Le soir même ou le dimanche suivant votre père entendra dire : votre fils a fait du feu dans le champ du Pont-Gwennou. Et alors gare à la ceinture! Mais quand fument les feux de fanes, on peut y aller. La fumée interdite passera parmi les autres.

A l'ouest, la côte fume aussi sur tout le rivage de la baie d'Audierne. C'est le goémon que l'on brûle pour en tirer de la soude, *le pain de mer.* Pendant l'hiver, les femmes de Penhors sont descendues dans l'eau à marée basse pour ramasser, sur les champs de récifs, et jusque dans les vagues, cette étonnante moisson. Deux par deux, alourdies par leurs robes mouillées d'eau de mer, trébuchant à chaque pas sur les galets croulants, elles ont monté avec peine des chargements d'algues sur l'herbe rase de la falaise. Ni le vent ni la pluie n'ont jamais vaincu leur obstination. Avec des gestes de faneuses, elles ont étalé ces lanières, ces corolles, ces herbes, ces touffes de toutes formes et de toutes couleurs pour les faire sécher. Aux jours permis, les paysans de l'intérieur sont descendus sur la côte où ils ont prélevé, eux aussi, de pleines charretées de ce précieux fumier de mer. Plus tard on a vu s'élever des meules brunâtres, rectangulaires, aux flancs très droits, comme tirés au fil à plomb. Sur la falaise, aux endroits les plus éventés, il y a des fosses étroites et longues, garnies de pierres plates. On dirait des sépultures d'un ancien âge que l'on aurait violées pour emporter de très longs squelettes ancestraux. Ce sont les fours. Ils sont divisés en compartiments à peu près carrés par des plaques de pierres posées de chant. Le goémon y est entassé, on y met le feu. Une fumée âcre et lourde se dégage bientôt et s'écoule presque à ras de terre dans le lit du vent dominant, tandis qu'une sorte de lave se dépose au fond de la fosse. Les hommes cependant s'activent de leur mieux pour mener la fournée à bien. Armés d'une barre ferrée appelée *pifon*, ils remuent la couche de goémons pour la faire mieux brûler et, en même temps, ils boulangent, ils mélangent la pâte, la tassent dans le fond. Au fur et à mesure que le goémon brûle, ils en ajoutent d'autres fourchées. Cela donnera des pains de soude qui refroidiront dans les compartiments jusqu'à faire des blocs grossiers. Ces blocs, séparés les uns des autres par des plaques de pierre, seront dégagés au pifon. Un camion les emportera vers une usine pour en tirer diverses pharmacies.

Autour des fosses, les enfants sont encore là qui attendent, impatients. Malgré les rebuffades bourrues des goémonniers, ils n'arrêtent pas de traverser la coulée de fumée pour le plaisir de s'y aveugler et de montrer aux autres leurs ombres gesticulantes. Mais la plupart ont amené une vieille casserole ou une boîte à conserves, le récipient sur lequel ils ont pu mettre la main et qui a été rempli par eux de pommes de terre, de coquillages ou même de petits poissons ramassés dans les rochers voisins. Tout à l'heure, ils auront peut-être le droit de les déposer dans la fosse quand on mettra la fournée à nu. La lave brûlante, alliée aux dernières fumées, saisira cette cotriade et en mijotera une mangeaille savoureuse encore qu'insolite au nez ou à la langue. Ceux qui n'ont jamais dégusté une patate à l'iode ne sauraient me comprendre. Chacun emportera jalousement sa pitance pour aller la dévorer dans l'une des cinq ou six barques qui reposent un peu plus loin, la joue dans l'herbe de la falaise où elles sont hissées à bras à chaque retour de pêche. Nous avons des pêcheurs et des barques, mais pas de port.

Jusqu'au brûlage de l'an prochain, les fosses vides resteront à béer sous le ciel. Les petits gardiens de vaches de la côte, mes camarades, s'y étendront tout de leur long pour se garantir du vent de galerne ou du suroît et moi-même, de temps en temps, je m'y enterrerai pour lire à loisir ma Bible et mes Prophètes : *Le Tour de France par deux enfants.*

Les récoltes faites, on se prépare à hiverner. Depuis la Saint-Jean, on n'a guère eu le temps de souffler beaucoup. Retourner la terre ne requiert que la peine du corps. Pour semer dedans, il faut choisir le moment, le juste moment, quelquefois le jour et l'heure, et connaître les phases de la lune avec le temps qu'il fera. Beaucoup de soin, donc, mais pas tellement de hâte ni de martyre. Ensuite il y a les sarclages, les travaux d'entretien ici et là, le train-train des jours, la quotidienne fatigue des reins, des bras et des épaules, la raideur des genoux, rien qui vaille le coup de se plaindre quand on est de bon lieu. Les rudes épreuves, si je dois le répéter, ce sont les moissons, toutes les moissons. Le reste...

D'abord, il y a eu l'appréhension quand ce que vous avez semé ou planté est sorti de terre, rare et chétif quelquefois. Cela donnera-t-il quelque chose de nourrissant? Votre face ne rougira-t-elle pas d'entendre vos bons amis blâmer votre travail des yeux quand leur bouche parlera de malchance et de temps pourri? Pas pourri pour tout le monde, c'est le plus drôle! Le blé de Youenn

Le B..., dans le champ à côté du vôtre, est superbe. Enfin! Quand la maturité est proche, il faut surveiller les tiges, tâter les épis, sonder la terre même pour reconnaître à certaines couleurs, à certains touchers, que le temps est venu de récolter. Pas trop tôt, vous mangeriez votre blé en herbe. Pas trop tard, vous perdriez par négligence une part du rapport qui vous attendait. Ah! Il n'est pas facile d'être paysan. Là-dessus, il y a ces deux mois d'été où l'on se brise le corps entre lever et coucher du soleil. Encore heureux si la pluie ne se met pas de la partie pendant des jours et des jours, abîmant tout, si le vent ne s'enrage pas à coucher de travers des pièces entières de céréales et alors c'est le diable pour les couper proprement! Mais voilà octobre, c'est fini, on est pourvu pour un an. On entre en soupirant d'aise dans l'hiver, la seconde saison. Il n'y en a que deux pour nous. Les deux autres en feraient une de plus si elles étaient ensemble. Mais, comme elles sont séparées, elles ne sont rien d'autre que les queues des deux premières. Vous entendez ce que je dis?

En hiver avec tout ce qu'il faut, c'est une grâce de Dieu. L'homme à la bêche recommence à marcher à son pas, à respirer à son rythme. Il vit, il se sent vivre. Il pense, il se plaît à penser. Du respect rendu aux morts à la Toussaint jusqu'à la naissance du Christ, il usera les jours du *mois Noir* (novembre) et du *mois Très-Noir* (décembre) à rentrer en lui-même et à faire ses calculs tant pour son âme que pour son corps, ses terres, ses maisons, ses animaux. Et autre chose. Des contes, des histoires joyeuses, des virées au bourg et de grosses pièces blanches dans le gousset. Que le froid vienne avec le vent et la pluie, qu'importe! A l'intérieur de l'homme, tout est chaud après la Saint-Michel. Il ne doit rien à personne. Il a « de quoi ».

En novembre, cependant, il restera à récolter les betteraves qui sont bien précieuses pour les bêtes et devront durer jusqu'en fin février pour la plus grande satisfaction du cheval s'il y en a un. Le cheval en question perdra quand même ses poils, mais ensuite l'herbe recommencera à pousser dru. Elle ne tardera pas à donner du lustre à la robe, alezane ou baie, ternie par l'hiver. Et tout se réveillera.

Mais au cœur des mois noirs, sous la lumière courte et froide, il y a fort à faire en prenant son temps : émonder les talus, faire des fagots pour alimenter le foyer, chauffer le four à pain, vendre au boulanger du bourg; entretenir les rigoles dans les prés, refaire les clôtures, surveiller les terres, couper et broyer l'ajonc pour les chevaux, au besoin dans une auge en pierre, à l'aide de ce maillet de bois fretté dont le manche est courbe pour faciliter la besogne; tresser les paniers, réparer les harnais, les longes, tailler les pieux; aller à la forge quand il faut vraiment faire forger; se résoudre à faire appel au vétérinaire si l'on n'est pas capable de soulager soi-même une jument constipée. C'est pourtant facile : il suffit de la débourrer en introduisant la main au bon endroit et puis de lui donner un bon lavement. Pas de quoi déranger un monsieur qui a été aux grandes écoles.

La saison d'hiver, néanmoins, accroît toujours les misères des pauvres gens, même s'ils ont mis de côté assez de provisions et de petits sous pour attendre le prochain printemps sans trop de privations. L'hiver est vraiment noir, comme le proclament les noms des deux derniers mois. Pas seulement parce que le jour se lève tard et que la nuit vient vite. Il est noir de froid, de boue, de pluie, de vent, d'angoisses quotidiennes. Il est noir de solitude, de maladie et de mort.

La vieille inscription qui figure sur l'ossuaire de La Martyre, au Pays de Léon, parle de l'enfer froid. Elle frappe mieux et depuis plus longtemps que l'évocation des flammes que les prédicateurs des missions promettent aux mauvais chrétiens que nous risquons d'être à tout instant. L'homme à la houe ne redoute pas la chaleur, même excessive, mais l'enfer froid de ce bas monde où règnent les trois maux majeurs : l'éternuement, la toux et la diarrhée. C'est pourquoi le cœur de la maison est la cheminée autour de laquelle se rassemble la famille car il n'y a aucun chauffage dans les autres pièces. Hors de la salle, les endroits préférés sont la crèche et l'écurie quand il y en a une, les animaux dégageant une chaleur dont vous pouvez prendre votre part. Je connais des lieux où il n'y a qu'une porte entre les animaux et les hommes. Et cette porte, on la laisse ouverte quand le froid est noir.

Mais il faut pourtant aller dehors, y rester le temps qu'il faut pour tenir les champs en état, sortir les bêtes, quoi encore! Et la boue vous attend dès que vous posez vos sabots dans la cour, sur la route ravinée et surtout dans les chemins creux où elle fait de telles mares bourbeuses, quelquefois, que vous devez escalader le talus, à droite ou à gauche, si vous voulez passer. Combien de fois faut-il sauver, à cloche-pied, un sabot qui s'est enfoncé dans une vase traîtresse, aspiré par elle, et qui ne veut plus en sortir. Dans le chemin qui conduit chez mon grand-père, à Kerveillant, il y a un passage qu'on appelle *Poull-Brein* (le Trou Pourri). On n'est jamais sûr de pouvoir le franchir. Des *poullou-brein*, il y en a partout. Dans certains, les charrettes s'enfoncent jusqu'à l'essieu. Et je vous laisse à penser dans quel état en sortent les pauvres diables qui doivent s'arc-bouter de l'épaule contre la roue pour sortir leur attelage de cette fondrière. Tout au long de l'hiver, il faut racler la boue sur les sabots et sur le bas des braies. Les vieux paysans ont gardé l'habitude de les nouer avec un bout de ficelle ou un lien de paille. A défaut de pouvoir nouer leurs robes, les femmes les retroussent. Mais c'est le jupon qui prend.

La boue et la pluie vont de pair. Cette pluie, on la reçoit directement sur le chapeau, la veste et le pantalon, si l'on n'est pas protégé par un sac à pommes de terre. Les bottes sont inconnues ainsi que les manteaux, à part quelques cirés de marins en loques que l'on se fait scrupule de porter. A chacun son état. Et quand on est trempé jusqu'aux os, on n'a pas toujours de quoi se changer, ou le rechange est encore mouillé depuis la veille ou le matin même.

L'éternuement, la toux et la diarrhée. On ne s'inquiète

pas du premier, la seconde gêne beaucoup quand elle dure, mais ce n'est pas assez pour rester au lit, la troisième est la plus redoutable car elle vous vide et adieu le travail! On dit que les buveurs de cidre ont les boyaux fragiles. Les reins le sont aussi. L'homme à la houe les martyrise à longueur de jour et d'année. Quoi d'étonnant si on voit tant de paysans cassés avant la vieillesse, cramponnés à un bâton pour marcher et incapables de regarder devant eux sans se décrocher le cou. Les pauvres femmes ne font pas exception.

Les vents de suroît et de noroît qui viennent de la mer proche balaient les champs ouverts, quelquefois à vingt-cinq lieues à l'heure. On a beau se mettre à l'abri des talus, ils finissent toujours par vous cueillir au tournant. Et puis, il faut bien que le travail se fasse. Quand on est plusieurs sur la même tâche, on peut se réconforter mutuellement. Quelques paroles suffisent. Mais le misérable qui se débat tout seul dans un champ de location à l'écart du bourg et des fermes, celui-là peut mourir à genoux dans un sillon inachevé, comme c'est arrivé une fois quand j'avais autour de dix ans. Et les rares passants qui se hâtaient sur la route regardaient de loin cet homme, une main sur le manche de sa bêche et l'autre à terre, sans se douter qu'il avait fini de lutter contre sa planète.

La Vieille Semaine est la dernière de l'année. En vérité, elle va exactement de la Noël jusqu'au premier jour de l'An Nouveau. Son lundi coïncide avec la Saint-Etienne, son samedi avec la Saint-Sylvestre.

Entre ces deux saints-là, les valets et les servantes sont les maîtres de leur temps, parfaitement libres de vaquer à leurs petites affaires. Leurs seules vacances de toute l'année. Ceux qui ont envie de se marier font leurs noces à ce moment, alors que les enfants des fermiers peuvent aller à l'autel suivant leur convenance, en dehors des travaux pressants. La *Vieille Semaine*, pourtant, est le plus souvent l'occasion de mener la bonne vie pour ceux qui conservent leur place tandis que cherchent meilleure fortune ceux qui sont fatigués de la *vieille soupe*.

Le jour de Noël, habituellement avant midi, les valets et les servantes reçoivent de leurs maîtres l'argent de leur année de travail. Quand mon père était domestique à Kernivou ou à Lestrougi, c'est mon grand-père qui avait hâte d'aller chercher, ce jour-là, la petite poignée d'écus que son fils avait gagnée. Il y avait six autres enfants à nourrir à la maison et l'hiver n'est jamais gras pour les pauvres gens. Les parents des autres domestiques, par nécessité, jouaient le même jeu. Qu'importe! Tous, même les plus besogneux, rendent au fils ou à la fille assez de gros sous pour faire bonne figure pendant la semaine d'orgueil, la *Vieille Semaine.*

Le jour de la Sainte-Etienne, dans les rues de la bourgade, les domestiques occupent le haut et le bas pavé. Ils sont les maîtres sur la place et point n'est besoin d'y regarder à deux fois pour s'apercevoir qu'il ne ferait pas bon parler de travers à ces farauds-là. La nuque raide, le chapeau sur l'oreille, les gars roulent sous leur crâne des méditations de conseillers généraux pendant qu'ils déambulent gravement sur du cuir tout neuf. Les filles étrennent d'avance des coiffes de dentelle et tressaillent d'orgueil chaque fois que les rubans à jours leur claquent sur les joues. La moindre trayeuse de vaches nourrit les rêves de Perrette. Nul ne saurait leur en vouloir. Toute l'année, ils ont brisé leur corps en condition de serviteurs. Dans une huitaine, ils retourneront sous le joug qu'ils auront choisi. Mais pendant la *Vieille Semaine,* ils font languir leurs maîtres dans l'incertitude. Resteront-ils ou non? Ce matin, ils sont allés à la messe. Après-midi, regardez-les qui dansent le jabadao sur la place! Or, les entremetteurs qui font les mariages et qui recherchent aussi le personnel à gages tournent déjà autour de la jeunesse et trouvent le moyen de tirer le garçon ou la fille dans quelque coin pour lui faire entendre les louanges d'une ferme ou l'autre. Des sortes de sergents recruteurs, en somme. Ce soir, dans les auberges, on jugera les maîtres, on donnera du miel à celui-ci, on défera sa robe à celle-là... Prudents, les maîtres n'ont garde d'approcher.

D'ailleurs, tout le travail leur restera sur les bras pendant la *Vieille Semaine* puisque les domestiques sont tous les jours au bourg ou à rendre visite à leur parenté. Le patron s'occupe des chevaux et des porcs. Sa femme, privée de servante, trouve assez à faire avec les vaches et le ménage. Quelquefois, le valet ou la servante n'a pas encore dit oui pour l'année qui vient. Les choses n'ont pas abouti à cause d'une veste de coton bleu ou d'une paire de sabots de bois. Ce n'est peut-être pas beaucoup, c'est assez pour briser un contrat. Aujoud'hui ou demain, un autre maître pourra faire une offre plus forte pour enlever un valet réputé grand travailleur, une servante qui sait s'y prendre à la maison et aux champs. Et la maîtresse se met en quatre pour préparer un festin par jour à ses gens quand ils sont là, le maître est toujours de bonne humeur et ne cesse d'ouvrir sa blague à tabac. Cela dure jusqu'au jour de la Saint Sylvestre. Alors, ceux qui demeurent sur leur corde annoncent qu'ils font « vieille soupe ». La semaine franche est morte. Le lendemain, on se souhaite la bonne année les uns aux autres et l'on repart pour trois cent cinquante-huit jours de peine commune qui durent chacun de l'aube à la nuit. Il n'y a pas d'heure. La montre du valet ou de la servante ne sert qu'à décorer le gilet. L'angélus suffit pour le reste.

VII

LES RICHES HEURES

Tout autant qu'un siècle d'histoire européenne, une seule journée de la vie d'un paysan peut servir de canevas à un roman.

TOLSTOÏ.

La voix graillonneuse de Yann ar Vinell éclate, dans le matin sec sur des bruits de sabots de bois et des rires de femmes. Ce luron-là ne peut pas voir un jupon dans ses parages sans lâcher quelque plaisanterie pour faire rougir le visage qui est au-dessus. Moi, je suis dans mon lit, lové entre mes couettes comme un pépin au centre d'une pomme. Je ne bouge pas encore. Je laisse à l'homme le temps de s'esclaffer sans bruit, la bouche grande ouverte sous sa grosse moustache avant de se donner une claque sur le genou pour conclure le jeu. Voilà! La porte de la maison est frappée à coups redoublés pendant que s'élève la voix grasse : « Marie-Jeanne, il est temps de chauffer l'eau! » Ma mère se précipite pour enlever la barre du trou et ouvrir à Yann ar Vinell. C'est un seigneur qui n'aime pas attendre. Il est capable d'aller au diable et d'y rester jusqu'au Mardi Gras, surtout s'il est tenu par la soif, son mal préféré. Et qui ferait son affaire à notre cochon?

N'importe quel âne d'homme est capable de mettre à mort un cochon d'animal. Il suffit d'enfoncer le grand couteau dans la gorge et d'attendre que le sang se vide.

Mais un cochon est nourri pour faire du lard salé. Et la valeur du lard salé, dit Yann ar Vinell, dépend autant de la mort de l'animal que de sa vie. Il faut tuer un cochon comme on cueille certains fruits : avec mille précautions et une oraison préalable. Autrement, ils se vengent en vous offensant les yeux, le nez, la langue et la réputation pour finir. Yann ar Vinell n'est pas un boucher du tout-venant, mais un tueur de cochons breveté. La meilleure preuve en est qu'il n'aiguisera jamais ses outils pour un animal qui n'est pas connu de lui, qui ne lui a pas été présenté aussitôt après avoir été acheté à la foire de Pont-Croix. Il faut avouer que chaque présentation est honnêtement arrosée d'un bon coup d'eau-de-vie. Dès lors, le cher cochonnet est le filleul de Yann. Son parrain fait sur lui les opérations nécessaires qui lui mettent le corps en repos pour profiter de sa nourriture. Après quoi, il lui passe un fil de fer dans le nez. C'est au prix de ce fer que le cochon achète la sagesse et apprend à ne pas fouir la terre autour de lui au risque de gâter le lard.

Quand la bête est sur le point de peser deux cents livres, Yann vient, de temps en temps, lui tâter le dos et le pli de la cuisse. Pendant les deux ou trois dernières semaines de l'engraissement, les femmes demandent des conseils sur la meilleure pâtée à préparer au cher cochon pour lui faire la couenne ferme et la soie luisante, deux indices de bonne santé qui ne trompent jamais. Yann ar Vinell compose des recettes selon le tempérament de chaque animal. Et c'est lui, bien sûr, qui choisit le meilleur jour pour le sacrifice du prince entripaillé. N'allez pas croire que c'est facile! Il faut tenir compte de la saison et particulièrement de la lune. Je ne me rappelle pas bien si le croissant est plus favorable que le décours ou le contraire, mais je sais qu'il faut éviter de saler de la viande pendant le « soleil des loups », c'est-à-dire la pleine lune, sans quoi la saumure ne réussit pas. Où diable Yann a-t-il appris cette loi? Est-ce seulement par expérience personnelle? Quelquefois, les mauvaises langues vous glissent dans l'oreille que c'est la soif de Yann ar Vinell qui le gouverne. Si cet ogre préfère tuer ses filleuls pendant les périodes sans lune, ce n'est pas à cause de la saumure ni du crève-cœur qu'il en a. C'est pour regagner sa maison, aux alentours de minuit, sans être vu de personne. Car il n'est jamais seul. Il traîne avec lui une magnifique ribote qui lui fait embrasser le chemin tous les cinquante pas aux dépens de ses pommettes ou de son nez. Malgré ses yeux de chat, il lui arrive même de heurter quelque mur de front et de rester là, écroulé en tas, jusqu'à l'aube. Le premier passant secoue cet amas de hardes sonores et, aussitôt, voilà notre Yann assis en tailleur, riant à pleine bouche, tout heureux de retrouver sa soif. Et il repart dare-dare pour expédier un autre cochon, la moustache encore humide de la rosée du matin qui est sa seule eau de toilette.

Il paraît devant la table avant que je n'aie eu le temps de sortir de mon lit clos et de hisser la seconde jambe de mon pantalon. Ma mère s'est enfuie derrière la maison pour aviver le feu sous la lessiveuse. Mon père a fait sortir le cochon de la soue et préparé la table du sacrifice dans la petite cour. Le grand-père a disparu, comme il fait chaque fois qu'il faut se séparer d'un animal domestique. Il a le cœur tendre, bien qu'il aime le lard salé.

Yann a jeté sur la table une poignée de grands couteaux dont les lames luisent à la lumière de la lampe à pétrole allumée au plus bas. C'est à peine si le jour pointe à travers la fenêtre. Près de la lampe, il y a la bouteille d'eau-de-vie avec un verre. Le maître tueur me fait un clin d'œil. Il éteint la lumière avant de se verser un coup à boire. Vieux renard! Dans la demi-obscurité, il pourra s'offrir une plus forte rasade sans faire semblant de savoir à quelle hauteur monte le liquide dans le verre. C'est un verre à moutarde qu'il se porte sous le nez avec respect. Je ne vois plus que sa gorge où manœuvre la pomme d'Adam, la « bosse à goutte ». La rasade est descendue sans faire de manière. C'est l'oraison de Yann.

Il s'approche de moi. Sa large main tombe sur mes cheveux pour les ébouriffer.

– Est-ce que je vous garde la vessie, petit? dit-il.

Je suis tellement ému que je n'arrive pas à sortir la

moitié d'un oui. Et moi, je n'ai pas de « bosse à goutte » pour me dénouer la gorge. Pourtant, le tueur de cochons m'a entendu. Pour me témoigner que nous sommes complices, il me souffle au nez son rire silencieux et si fortement parfumé que je manque d'en défaillir. Le voilà parti dans un crissement d'acier. Alors moi, je hisse le reste de mon pantalon, j'attrape ma veste sur le banc et je me rue dehors comme un poulain aux prises avec un taon. Le jour de gloire est arrivé.

A peine suis-je planté sur le seuil de la maison que s'élèvent, derrière moi, les hurlements indignés du cochon à l'agonie. Le grand couteau de Yann ar Vinell a fait son office dans la cour. Le bourg tout entier sait déjà qu'on s'apprête à mettre de la viande fraîche au charnier dans la maison d'un mortel fortuné qui n'est autre que moi-même. Je lève la tête bien haut et je sors un peu mes talons de mes sabots pour paraître plus grand. Trois femmes sont déjà sur la route, en train de commenter l'événement à la cantonade. Trois amies de ma mère. Deux d'entre elles étaient au courant du jour et de l'heure, connaissaient le poids du cher animal, estimé à la vue pas plus tard qu'hier dernier, et ses préférences en fait de nourriture. La troisième ne savait rien. Depuis près de trois mois, n'est-ce pas, avec la maladie et la mort de son beau-père, la pauvre femme n'a pas eu l'occasion de venir rendre visite au cochon de ma mère ni de suivre ses progrès. Les deux autres lui racontent l'épopée du héros d'aujourd'hui : combien il était maigre quand il fut amené dans notre crèche, un vrai marcassin d'hiver, parole! Comment il renversait, sur sa litière, le cuveau de sa pâtée pour se vautrer dans le mélange, le saligaud! Et comment Yann lui-même a dû lui passer trois ou quatre fils de fer dans le groin avant de l'amener à suivre le droit chemin qui consiste, pour un cochonet bien élevé, à faire prospérer sa viande sans se mêler du reste. Et aujourd'hui, voyez donc! Il ne tombera pas moins de deux cent cinquante livres dans le charnier.

Maintenant, les trois femmes chantent haut les louanges de ma mère à moi. Derrière la maison, le sacrifié déchante de plus en plus faiblement. Quelle cérémonie! D'autres gens, des hommes et des femmes, s'arrêtent pour s'informer, en jetant de brefs coups d'œil sur le tas d'orgueil que je suis. Dans le champ d'en face, Pierre Lucas traînasse de son mieux avec son cheval et sa herse pour tendre une oreille intéressée. Le sien de cochon sera au point dans une semaine.

Mais que diable peuvent donc fabriquer les enfants! Je ne vois pas la couleur d'un seul. Je sais bien que nous sommes jeudi, mais est-ce une raison suffisante pour rester pourrir les draps après sept heures! Ils sont peut-être malades de jalousie? Peut-être ne veulent-ils pas m'apporter leur tribut de respect? Quels tristes chrétiens! Il faudrait qu'ils se pressent s'ils veulent venir entendre, en ma présence, les derniers gémissements d'un cochon exceptionnel, le mien propre.

Ah! Enfin! Les voilà qui accourent de toutes parts, avec les traces de leur soupe au café sur le museau. Magnanime comme je suis, je pardonne et j'attends.

– C'est votre cochon, Perig? disent-ils.

– Le mien. Et c'est une pièce de cochon, vous pouvez me croire. Yann ar Vinell a failli ne pas en venir à bout. C'est vous dire.

L'admiration brille dans leurs yeux. Ils ne me demandent pas de les mener derrière ma maison pour voir le chantier. Ils savent bien qu'ils se feraient disperser à coups de chapeau par Yann, après en avoir entendu tous les mauvais noms, y compris ceux de morveux et de singes verts.

– Si vous me donnez la vessie... bégaie le plus jeune.

Avant que j'aie eu le temps de répondre, le pauvret a déjà encaissé plusieurs bourrades et appris, une fois pour toutes, qu'on ne donne ni ne vend la vessie du cochon en dehors de la maison sous peine de malchance. Je lui octroie un sourire indulgent.

– Allons, dis-je, il est temps que j'aille leur donner un coup de main.

Et je rentre, tout gonflé d'importance, laissant béer le menu peuple devant ma porte.

Dans la petite cour de derrière, trois ombres se démènent dans la vapeur épaisse de l'eau bouillante. En outre, les vents sont mal tournés, la cheminée de l'appentis ne tire pas fort et l'âtre dégorge sa fumée sur mon cochon, étendu sur la vieille table, complètement mort d'un bout à l'autre.

– Pressons-nous! hurle Yann ar Vinell, autrement ce martyr va tourner à l'andouille.

Son grand couteau, aussi finement aiguisé qu'une lame de rasoir, « fait la barbe de l'animal », comme on dit, le déshabille complètement de ses soies. Mon père ébouillante le corps à pleins seaux d'eau. Ma mère, en toussotant, pare les grandes oreilles jusqu'au dernier crin. Le jeu n'est pas long. Le seau qui reste sert à éteindre le feu sous le chaudron, la fumée se dissipe et le cochon se montre à nous tout nu, sans le moindre frisson au vent de galerne, avec sa tendre chair de bébé-monstre.

Bientôt après, il est pendu à une solive, dans l'appentis, la tête en bas. Yann est devant lui, les jambes écartées, aiguisant un autre couteau. J'ai le temps d'avaler trois fois ma salive et voilà l'animal ouvert en deux. Tous les ans, je suis étonné de voir l'intérieur de cet énorme coquillage bivalve et quatre fois cornu. Yann travaille dedans à pleins bras. Après avoir détaché les entrailles, il les entasse en bas, à la hauteur de la poitrine. Je vois briller d'étonnants organes, tendus à éclater, mêlant le rosâtre au jaune cireux et au bleu délavé.

– Il est mort en bonne santé, ce bougre! dit Yann ar Vinell. C'est sa plaisanterie habituelle. Moi, je me demande où est la vessie, là-dedans.

Le tueur tourne la tête vers moi. Sa moustache fume légèrement. La vessie! N'est-ce pas cette baudruche épaisse et flasque qu'il tient à la bouche? Elle se gonfle et s'arrondit sous son souffle jusqu'à devenir un ballon un peu inquiétant. Elle tressaille faiblement, à croire qu'elle est encore vivante. Un nœud et voilà! Yann ar Vinell plie les genoux pour me faire hommage de... cette chose. Sa bouche est ouverte jusqu'à la luette sur son rire silencieux. Il ne répand plus l'odeur de l'eau-de-vie, mais de la soupe fade.

J'hésite un moment avant de prendre la vessie. En vérité, une boule de pardon ferait mieux mon affaire, une jaune de préférence. Mais quoi. Il faut que j'aille montrer le trophée aux autres. La gloire a ses exigences. D'ailleurs, si les enfants ne voient pas la vessie, ils sont capables de raconter autour d'eux que mon cochon était un triste animal puisqu'il n'avait pas ce qu'il fallait à l'intérieur. Allons! Il faut que je la prenne dans l'enthousiasme. Et Yann :

– Tenez! Je vous ai mis dedans trois petits pois secs. Dans un mois, si vous n'êtes pas gaucher des deux mains, vous pourrez jouer dessus le *Vieux Pays de mes Pères* aussi bien que sur le biniou.

Mais il ne reste pas un badaud sur la route pour s'ébahir devant ma vessie. Les enfants de mon âge ont été requis pour garder les vaches. Les plus jeunes jouent les chiens de garde devant leurs maisons vides ou bercent quelque poupon criard. Bien! Ce n'est que partie remise. Attendons! Je suspends le ballon organique au fil de fer qui sert à étendre le linge. Il se desséchera plus vite au vent et à l'air. Ma mère prépare des torchons propres pour recevoir les quartiers de viande. Tiens! Le grand-père s'est présenté avec la provision de gros sel et de salpêtre. Yann ar Vinell sèche un verre de vin rouge, accablant ma mère de compliments entre deux gorgées pour qu'elle oublie d'emporter la bouteille. On va ensevelir le cher cochon dans son avant-dernière demeure. L'instant est grave. Si le lard salé venait à rancir, la honte retomberait sur tous les gens qui sont ici. Sur moi aussi, sur moi le premier. Je suis un peu soulagé en voyant qu'on a gardé un peu de saumure de l'an dernier pour apprendre son devoir à la nouvelle. Rien ne vaut l'expérience.

Le cochon est coupé en morceaux. C'est là que Yann fait la preuve qu'il est champion dans son métier. Son couteau détache des portions dont il est évident qu'elles ne sauraient être plus grandes ni plus petites qu'elles sont. Des portions si achevées qu'elles mériteraient d'exister pour elles-mêmes, indépendamment de tout cochon.

Les plus belles, entièrement frottées de sel, sont posées au fond du charnier pour former un rond parfait, la couenne contre la terre cuite. Jamais, sa vie durant, le pauvre animal n'a reçu autant d'égards. Les pavés de sa chair s'ordonnent pour composer des mosaïques dont chacune est le fondement de la suivante. Il est recréé dans sa tombe pour durer un an dans le meilleur état possible, noyé dans le sel, débarrassé de ses bas morceaux et de ses délicatesses naturelles qui passeront tout à l'heure en andouille ou pâté.

A présent, le charnier étant presque plein, Yann ar Vinell dispose dans le haut la tête fendue en deux, les oreilles et la queue qui seront mangées les premières. Encore du sel, une petite claie de bois pour recouvrir le tout et une grosse pierre en guise de presse, une pierre trouvée sur la grève et qui a l'apparence et l'exacte couleur du lard salé. Le couvercle est posé avec précautions sur le sarcophage, tout le monde respire et Yann demande, d'une voix éteinte, s'il n'est pas possible de trouver quelque chose à boire, quitte à fouiller la maison à quatre pattes jusqu'au plus petit trou de souris. Autrement, dit-il, nous devrons ajouter sa mort à la liste de nos péchés. Et de rire.

C'est vrai. Pendant qu'il faisait descendre le cochon dans le sol, notre homme a réprimé courageusement sa soif. Par conscience ou coquetterie, je ne sais pas bien. Par gourmandise, peut-être. Il raconte à qui veut bien l'entendre que l'odeur du gros sel et du salpêtre lui refait, à chaque fois, un estomac tout neuf. Au point que rien de solide ou de liquide ne peut lui causer le moindre mal en traversant sa carcasse. Absorbé par sa tâche, il n'a pas beaucoup mangé à midi, bien que son verre ne soit resté longtemps ni plein ni vide. Mais, au repas du soir, son estomac se révèle encore plus neuf que d'habitude. Aurait-il envahi tout l'intérieur de Yann à l'exception des os ? On a beau charger la table devant lui, il ne fait pas de restes. Le pauvre chat de la maison n'en attrape ni débris ni miette. Et jamais une bouteille de vin n'est apparue si disproportionnée à la soif d'un chrétien.

– Que voulez-vous, Marie-Jeanne, dit le chrétien en refermant son couteau, le pauvre homme doit trop souvent se contenter de peu, sur cette terre.

Là-dessus, Yann jure énergiquement qu'il n'y a pas d'autre femme dans le canton qui soit capable d'engraisser des cochons comme ma mère, ce qui n'est pas étonnant puisqu'elle est la fille du meilleur homme qui ait jamais tiré son haleine sous le ciel, l'épouse de quelqu'un qui a failli sauver la vie de Yann pendant la guerre de 1914 (ce n'est pas vrai) et la mère d'un petit garçon destiné à devenir député après la mort de M. Le Bail (ce n'est pas vrai non plus). Après cette prophétie, il se met debout. Il est ivre jusqu'aux yeux. Avec bien du mal, il ramasse ses outils. Ma mère doit lui fourrer dans sa poche l'argent de sa journée.

– Il n'y a que les pauvres à savoir vivre, articule-t-il d'une voix empâtée.

Nous lui faisons cortège jusqu'à la porte pour lui montrer qu'il n'a pas menti. Le maître tueur se lance sur la route, les bras ouverts, et commence à lutter contre des vagues invisibles qui le font rouler et tanguer dans un grand bruit de sabots de bois. Ma mère le recommande à la Vierge bénie. La nuit finit par l'avaler.

Ainsi commence la fête du cochon. Le lendemain, ma mère porte le pâté à cuire dans le four du boulanger. Elle a mis de côté les meilleurs morceaux de viande douce, les « freskadennou ». Une part en sera distribuée aux proches voisins pour qu'ils puissent connaître le goût de l'animal. De leur côté, quand il leur arrivera de tuer le cochon chez eux, ils ne manqueront pas de nous en offrir un morceau exactement équivalent de celui qu'ils auront reçu de nous. Ils ne se trompent jamais, ni nous non plus. C'est au point que j'ai cru possible, quand j'étais plus petit, voyant telle ou telle femme nous apporter une tranche de son cochon, qu'elle nous rendait notre propre offrande restée aussi fraîche, après un mois ou deux, que le jour où elle avait été prélevée par le couteau précis de Yann ar Vinell. La grandeur des morceaux est à la mesure de la chaleur de l'amitié. C'est pourquoi ma mère enveloppe chacun d'eux dans un torchon blanc et dissimule le paquet sous son tablier avant de traverser la route et de faire les dix ou cinquante pas pour le porter à la destinataire. Celle-ci ne montre le cadeau à personne, si elle est femme de bonne civilité, et elle ne cherchera pas à voir la part des autres. C'est la sagesse même, cette sagesse qui préserve la bonne entente et qui vous permet de manger de la viande douce plusieurs fois par an, alors que votre ordinaire est fait de lard salé.

Mais la plus grande part des « freskadennou » sera rôtie pour la fête d'après-demain. Nous avons invité les parents proches et les amis que nous fréquentons habituellement. Ils viendront tous, si quelqu'un d'entre eux n'est pas occupé à attendre la mort sur son lit. Il n'y a pas d'autre excuse. Ils amèneront avec eux un appétit sans défaillance et une bonne volonté qui durera jusqu'au dernier coup à boire, si la conversation ne se met pas sur la politique pour obliger les Rouges et les Blancs, la tête en feu et la mort dans l'âme, à échanger les sept injures majeures qui ne sont entendues, habituellement, qu'en période électorale. C'est rare. Les femmes veillent et la chair fraîche du cochon met plutôt les esprits dans des dispositions pacifiques.

Cette chair fondra dans les assiettes, je vous assure. Chacun coupera dans la masse, avec son propre couteau, les morceaux qui plairont à ses yeux. Et ses yeux ne seront jamais plus grands que son ventre. Il y aura des compliments à la maîtresse et des vérités premières, des propos de pluie et de sécheresse, de santés portées aux parents et aux amis défunts. Quand tous les visages seront allumés, quelqu'un commencera à chanter *Julig ar Ververo* ou quelque chanson désobligeante à l'égard des femmes. Alors, les mères chasseront les enfants à coups de serviettes, redoutant une ratelée de couplets aussi salés que le cochon en pièces qui repose maintenant sous l'escalier, dans sa jarre en terre.

Moi, j'emmènerai ces enfants derrière la maison et là, assez perplexe devant la vessie du cochon, je leur demanderai comment diable il faut s'y prendre pour jouer le *Vieux pays de mes pères* sur un pareil instrument.

Ainsi se déroule la « fête du cochon » et c'est un des événements les plus marquants de l'année pour ceux qui peuvent se l'offrir. Car certains n'ont pas de cochon du tout ni le plus petit moyen d'en avoir. D'autres doivent vendre tous ceux qu'ils nourrissent sans jamais pouvoir en mettre un seul au charnier, sinon tous les sept ans, quand la chance veut qu'ils aient assez d'écus pour parer aux nécessités les plus urgentes. Il y a des familles, enfin, qui se partagent un cochon annuel entre deux, chacune étant trop serrée dans ses dépenses pour sacrifier un animal entier. De cette largesse, néanmoins, qui les élève au-dessus du commun des misérables, ils ne manquent pas de tirer gloire afin que nul n'en ignore. On les entend curieusement proclamer d'avance : « Nous allons tuer la moitié d'un cochon. »

Qui a du lard dans son charnier toute l'année passe pour quelqu'un de bien établi dans ses affaires, si modestes soient-elles. Chez lui, les pommes de terre seront toujours grasses dans la marmite à cause du quartier de viande salée qui leur servira de cœur. Ce quartier trônera froid sur une assiette au milieu de la table à chaque fois qu'il faudra refaire les forces des hommes entre les grands repas. Et quel compliment pour une maison quand on en dit : « Là-bas, la viande est toujours devant la figure des gens. » Cette maison-là ne manquera jamais de bras, volontaires ou rétribués, pour ses travaux les plus durs. C'est que les hommes des champs accordent beaucoup d'importance à la nourriture quotidienne, peut-être plus qu'au salaire, toujours maigre. Un maître de ferme qui ne nourrirait pas bien sa maisonnée aurait du mal à trouver des domestiques. Et la nourriture par excellence est la viande, la viande par excellence est celle du cochon. Il y a, bien sûr, la *viande douce* du boucher, mais elle est trop chère pour beaucoup et ceux de la campagne n'ont pas le temps de venir au bourg plusieurs fois par semaine. Et puis elle est douce, c'est-à-dire fade pour des amateurs de sel. Enfin, on en mangerait trop si on se laissait aller, on s'en emplirait la panse comme on fait dans les repas de noces. Voilà! C'est une viande de « fricot », une viande de fête, pas une viande pour travailler à la bêche ou à la houe, hommes ou femmes que vous êtes. Rien ne vaut le lard, surtout sur le pain de seigle qui lui sert de suffisante assiette. Et à qui l'idée viendrait-elle de manger de la viande douce sur ce pain-là!

Viande de femme que celle du boucher, entend-on dire. Bonne pour celles qui ne triment pas aux champs et qui ont « de quoi ». Viande d'employés à faux-cols dont les coudes sont supportés par une table et les fesses par une chaise. Pour un peu, les laboureurs dénieraient à ces gens-là le droit de manger du lard. Trop fort pour eux, trop gras. Capable de leur faire du mal, d'ailleurs, parce qu'ils ne s'efforcent pas assez du corps pour le digérer. Viande de tous les jours qui ne convient pas à ceux pour qui c'est tous les jours dimanche. Le dimanche, on mangera du bœuf ou du veau pour se reposer de la semaine dans les fermes. Ou bien un lapin de clapier par-ci, un coq de fumier par-là, une poule de basse-cour une autre fois pour changer un peu et parce qu'on ne voit pas pourquoi on nourrirait ces bêtes-là exclusivement pour les bourgeois. Mais, pendant mes dix premières années, je ne verrai pas dix poulets sur la table de ma maison. Quand ils y paraîtront, ce sera parce qu'une fermière amie de ma mère nous en aura fait cadeau. Et à chaque fois, je verrai Alain Le Goff et mon père manœuvrer habilement pour s'adjurer la plus petite part, tout en m'encourageant à prendre la plus grosse puisque ma probable destinée est d'aller en ville. Comme toutes les femmes, ma mère s'accommode de la viande douce, en achète aussi souvent que sa bourse le lui permet. C'est une question de prestige. Dans le bourg, on sait combien de fois telle ou telle va chez le boucher dans le mois. A elle de savoir ne pas y aller trop souvent de peur d'y gagner une réputation de dépensière ou de prétentieuse, et d'y aller de temps en temps si elle ne veut pas qu'on la croie démunie du porte-monnaie. Les fermières qui vendent un veau demandent au boucher de leur réserver un morceau de l'animal. Rapportant cette part dans leur sacoche, elles déclarent à leurs commères, comme pour s'excuser : « Il faut bien que je sache quel goût a un animal qui vient de chez moi, n'est-ce pas! » C'est juste, répondent les autres. Celles qui vont chez le boucher au creux de la semaine se font demander si elles ont de la visite le soir ou le lendemain. Il est entendu qu'on ne saurait recevoir des étrangers ou des parents venus pour de grandes occasions sans mettre de la viande douce à rôtir sur le feu. La viande douce entre dans le cérémonial des fêtes ou des réceptions extraordinaires.

Pour en finir avec le cochon, il faut avouer, à notre courte honte, que nous ne faisons rien avec son sang. Nous le laissons perdre alors qu'en d'autres endroits on célèbre la *fête des boudins*. A chaque fois que j'ai cherché à savoir le pourquoi de ce gâchis, je n'ai obtenu que deux réponses : ou bien le *erc'h* qui est l'expression suprême du dégoût, ou bien l'affirmation, à visage fermé, que recueillir le sang « ce n'est pas une chose à faire ». Il doit s'agir d'un très ancien interdit dont on a perdu la raison mais gardé l'observance. En revanche, lorsque Yann ar Vinell s'est livré au hasard de la nuit, mes parents fixent au bout de la table un petit moulin à broyer le *fromage*. Il ne s'agit pas du fromage de lait, parfaitement inconnu pour le moment dans un pays peuplé de vaches laitières, mais bien du pâté que l'on confectionne avec certains morceaux de l'animal et que l'on portera demain à cuire dans le four du boulanger. Chaque maison a sa recette et son dosage. Chaque ménagère se fera un orgueil de faire goûter ce pâté à ses voisins et à sa parenté, un peu tremblante à l'idée que l'on pourrait ne pas le trouver bon. Dans le pays, on raffole de ce *fromage* roux qui ne manque jamais chez le charcutier ni sur les tables des noces. Et nous devons tous d'être des connaisseurs, n'est-ce pas? Notre usine n'est-elle pas réputée depuis avant la guerre pour son pâté de pur porc en boîtes! Et deux de mes oncles ne sont-ils pas charcutiers à Paris! Un même soin est apporté à la fabrication des andouilles qui seront fumées dans la cheminée au cours de l'hiver. On les tâtera de temps en temps, on les déplacera sur les barres de bois où elles sont pendues par les ficelles pour mieux les faire profiter des feux. Et la récompense sera une succession de plats d'andouilles à la purée, ce même plat qui est l'un des régals des festins de noces. Quand on voudra honorer particulièrement quelqu'un, on lui dépendra une andouille.

La préférence considérable que les paysans ont pour la viande leur fait faire généralement la moue devant le poisson. Il est vrai que le poisson est voué au vendredi, jour maigre. C'est donc une « viande de carême et de pénitence ». Elle ne tient pas, dit-on, la chaleur au corps comme une tranche de lard. Nourriture de pauvre et d'avarice. Il n'y a pas encore si longtemps que les valets des bords de l'Aulne stipulaient dans leurs contrats qu'on ne devait pas leur faire manger du saumon plus de deux ou trois fois par semaine. C'était bon à ingurgiter une fois pour se mortifier des péchés présents et à venir, une seconde fois pour montrer sa bonne volonté, mais la troisième était de trop. A Pouldreuzic, nous ne savons pas ce que c'est que le saumon de rivière. Mais nous avons une bonne demi-douzaine de bateaux de pêche au port de Penhors. Il nous serait très facile de nous gaver de maquereaux et de sardines à meilleur marché que le lard ou la viande douce. Et ces bêtes sont fort délectables à la poêle avec un beurre bien roussi. Nous sommes entourés de ports de pêche où grouillent les bateaux aventureux : Douarnenez, Audierne au nord, Penmarc'h, Guilvinec, Lesconil au sud. Mais la plupart d'entre nous ne mangent du poisson, et encore du bout des dents, que le vendredi pour obéir au recteur qui ne badine pas avec le jour maigre. Il n'y a pas de marchand de poisson dans le pays. Il en passe un, le vendredi, qui vient de Douarnenez. Il installe ses caisses sur la place après s'être annoncé en soufflant dans une corne. Maquereaux et sardines seulement, les ménagères sont réticentes devant tout autre poisson, surtout si la chair en est blanche. Quand il aura servi le bourg, le marchand tâchera d'écouler ce qui lui reste à travers la campagne. Dans les premières années vingt, il y a des vendredis où il ne vient pas. Le bénéfice ne vaut pas le déplacement. On mangera des œufs, de la galette, des pommes de terre ou de la bouillie. A la campagne, il y a toujours de quoi se remplir le ventre. Et l'on sera de bons chrétiens, même sans poisson.

Le poisson, encore une fois, c'est trop léger pour les travaux de force, dit-on. Il faut le vider, quelle affaire! Quand il est cuit, il vous reste à vous débattre avec les arêtes qui sont sournoises. Cela énerve les hommes, ils n'ont pas cette patience-là. Parlez-leur de quelque chose qui se mange sans précaution et jusqu'au bout, de quelque chose qu'ils produisent eux-mêmes, dont ils savent ce que c'est.

Et puis, il y a cet antagonisme sourd entre les pêcheurs et les paysans, encore que les premiers soient parfois les descendants des autres ou leurs alliés. Et dans notre port de Penhors même, les pêcheurs ont aussi des vaches et des champs de pommes de terre. Mais voilà! Les pêcheurs traitent volontiers les paysans de balourds, d'avaricieux à gros bas de laine, de pusillanimes coupeurs de vers. Et les paysans pour qui la mer est un domaine inconnu bien qu'ils la voient de leurs collines et qu'ils l'entendent gronder sur leur sommeil, les paysans sont portés à prendre les pêcheurs pour des prodigues, des imprévoyants, des paresseux même qui ne savent, quand ils sont à terre, qu'enfouir leurs mains au fond de leurs poches en regardant moutonner les vagues. Ajoutez que pour les pêcheurs, les paysans sont tous de fieffés réactionnaires de *Blancs* menés par l'Eglise. Pour les paysans, il n'est pas un pêcheur qui ne soit un révolutionnaire *Rouge* travaillant sans répit au grand chambardement. Les pêcheurs risquent leur vie pour une pitance mal assurée, les paysans ont toujours quelque chose à se mettre sous la dent et la terre ne manque jamais sous leurs pieds. Durable malentendu entre des gens qui habitent le même canton, parfois la même commune et qui du reste, individuellement, savent être les meilleurs amis du monde comme les *Rouges* et les *Blancs* en dehors des temps d'élections. Mais la prévention des paysans contre le poisson vient un peu de cet antagonisme latent entre deux modes de vie et du fait que les hommes de la terre s'en tiennent fermement à des nourritures éprouvées sans trop se hasarder à en essayer d'autres. C'est ainsi, par exemple, qu'ils n'oseraient jamais manger un seul des champignons qui pullulent par leurs prés et leurs bois et qui ne sont pour eux que des *nourritures à crapauds (boued touseg).* Il faudra encore attendre beaucoup d'années pour qu'ils élargissent la base de leur alimentation. Pendant longtemps encore, certains chefs de ménages se fâcheront tout rouge en rentrant chez eux et en trouvant les apprêts d'un repas de poissons : « Comment, femme, il n'y a plus d'argent dans cette maison qu'on en soit réduit à manger du poisson un autre jour que le vendredi ? » Et les malheureux qui doivent se rabattre sur le poisson plusieurs fois par semaine commencent par fermer portes et fenêtres pour que l'odeur de la friture ne trahisse pas leur impécuniosité. En revanche, le vendredi, si le secteur patrouille à travers le bourg, ses narines pastorales cueillent, devant chaque seuil ouvert, les effluves du beurre roux qui est l'accompagnement obligé de la « vainde de carême ».

Quant aux coquillages et crustacés, qu'on n'appelle pas encore curieusement des *fruits de mer,* ils sont rangés au plus bas dans la hiérarchie des nourritures. Des homards, des langoustes et même des langoustines, peu de nouvelles. Un jour, quelqu'un s'en va voir un cousin du côté de Guilvinec et reçoit de lui deux langoustes en cadeau, bien qu'il se démène comme un beau diable pour ne pas emporter ces bêtes. Rentré chez lui, l'homme entreprend de les proposer à travers le bourg à ses amis et connaissances pour le cas où quelqu'un serait assez courageux pour s'attaquer à ces carapaces. Vainement. Il essuie autant de refus polis. Les langoustes finissent sur quelque fumier. Quant aux crevettes, elles ont encore moins d'amateurs à cause du temps qu'il faut prendre pour les décortiquer avec les gros doigts du laboureur de terre. Youenn B..., qui a dû faire semblant de s'en régaler un jour à Quimper chez quelque bourgeois, déclare que ces espèces-là sont bonnes pour s'occuper un peu les mains, le dimanche, quand on a le temps. Plusieurs fois, je vois passer des marchands ambulants qui proposent des langoustines. Elles soulèvent la même curiosité que des poissons d'aquarium, mais d'acheteurs guère. Les pêcheurs de Penhors descendent parfois au bourg, pieds nus, tirant une charrette à bras chargée de crabes-araignées. Ils ont quelques clients parmi les fonctionnaires ou les assez-riches qui ont le loisir de dépecer patiemment ces monstres, et les trop-pauvres qui doivent s'en contenter faute de mieux. Moi-même, il m'arrive d'aller pêcher ces araignées de mer à Penhors avec mes camarades. Quand je ramène ma pêche, ma mère accepte difficilement de me les cuire, se plaignant de l'odeur insupportable qu'ils dégagent à la cuisson. Et c'est bien pour me faire plaisir que la famille se résoud à suçoter quelques pinces cassées au marteau. D'autres adolescents, pêcheurs d'occasion, courent la campagne pour tenter de ramasser quelques sous en proposant les mêmes bêtes à vil prix d'une ferme à l'autre. Ils n'ont pas beaucoup de succès. Il faudra attendre que change la vie.

Il n'y a pas d'huîtres dans le pays, mais nous savons qu'elles existent et pas très loin d'ici. Nous n'en avons encore jamais vu la couleur. Beaucoup plus tard, cependant, on racontera comment la servante d'un médecin se présenta furieuse devant son maître : « Qu'avez-vous fait à M. N.? Il vous a envoyé un paquet de pierres pour se moquer de vous. » Les pierres étaient des huîtres et la brave femme les avait jetées dans le trou du fumier. Je tiens l'histoire du médecin lui-même. Et le plus curieux c'est qu'à l'époque il ne savait pas non plus ce qu'étaient ces pierres-là. Plus consciencieuse fut la *karabasenn* (1) d'un brave recteur qui entreprit de casser les pierres en question pour savoir ce qu'il y avait dedans. Peu après, le prêtre la vit arriver, la mine dégoûtée, portant un grand bol où elle avait déversé les chairs gluantes comme autant d'œufs à battre en omelette. Une autre *Karabasenn*

(1) Gouvernante de prêtre.

fit le contraire. Elle servit les coquilles vides lors d'un repas de pardon qui rassemblait une demi-douzaine d'ecclésiastiques. Et quand son recteur lui jeta un regard étonné, elle s'exclama d'une voix offensée : « Eh bien quoi! J'ai bien vidé les boyaux, non! » Mais la meilleure histoire est celle qui se produit lorsque j'attrape mes douze ans. Les anciens combattants d'un bourg voisin (n'attendez pas que je dise lequel!) décident d'aller banqueter entre eux dans un restaurant réputé, quelque part sur la côte. La nuit est déjà noire et le car du retour ne se montre pas encore. Grande inquiétude dans les familles. Un peu après minuit, la voiture arrive sur la place du bourg au milieu d'un vacarme de chants et de rires. Tous les héros sont confortablement pompettes. Pour la première fois, ils ont eu des huîtres à manger. Devant ces animaux pierreux à consistance de soupe, les vainqueurs de la grande guerre sentent passer sur eux le vent du désastre. Mais au lieu de perdre courage, le bataillon attaque l'ennemi à coups de vin blanc : une huître, une bonne gorgée, une huître, une gorgée meilleure encore... Il y a deux douzaines d'huîtres pour chacun, ce qui est raisonnable pour l'époque. Les épouses pardonnent le vin blanc en considération de l'héroïsme qu'il a fallu à leurs hommes pour affronter sans peur une aussi cruelle épreuve. Pourtant, elles ne connaissent pas la parole du roi Jacques d'Angleterre pour qui l'homme le plus courageux du monde était celui qui le premier osa avaler une huître. Ma mère attendra ses soixante-quinze ans avant de s'y résoudre. A mon âge, dira-t-elle, rien ne peut plus me faire de mal.

Sur la côte de Penhors, il y a un banc de récifs sur lesquels abondent bigorneaux, berniques et moules, il y a une grève qui est un véritable champ de clovisses et de palourdes. Les gens de Penhors fréquentent régulièrement ces lieux, quelques personnes du bourg y vont volontiers pêcher à pied. Ces derniers sont surtout des retraités, des marins de l'Etat, des employés originaires d'ici, bref, des individus qui ont un peu couru le monde et adopté des manières d'ailleurs. Les enfants du bourg aiment fouiller les rochers, retourner les galets, mais surtout pour s'ébahir devant la faune et la flore. Il ne leur servirait pas à grand-chose de ramener chez eux leur pêche. Leurs parents nc sont pas amateurs.

Et pourtant, il y a au moins un jour dans l'année où la tradition veut que la population descende sur la grève et se gave de coquillages. Ce jour est le Vendredi Saint. C'est là une forme de jeûne qui vient de loin et qui était d'obligation stricte il n'y a pas si longtemps. Alain Le Goff se rappelle que ce jour-là il était recommandé, naguère, de se nourrir uniquement des coquillages de la côte que l'on ramassait soi-même. Chaque village et chaque famille avait une section de rochers qui lui était attribuée pour sa recherche, avec défense de s'égarer sur les sections voisines. Cependant, on pouvait apporter le pain et le sel. On trichait avec des oignons et un soupçon de beurre, paraît-il. C'était la pénitence du Vendredi de la Croix. Moi, je vois bien les rochers couverts d'hommes, de femmes et d'enfants pieds nus, les robes retroussées, les pantalons roulés au-dessus des genoux et qui travaillent du couteau sur les berniques, de l'épingle sur les bigorneaux. Mais ils ont laissé, sur la falaise, des paniers et des sacoches garnis d'un solide casse-croûte, maigre bien entendu. Et les paysans des terres sont venus depuis Landudec et Plogastel. Le jeûne du Vendredi Saint s'est tourné en étrange fête avec lavage de pieds et pique-nique sur la grève, une sorte de tourisme avant l'heure. Mais un tourisme indigène.

Après la viande de nos bêtes, c'est la farine de nos grains qui nous procure nos meilleures satisfactions. Nous sommes très difficiles sur l'odeur, le goût et la consistance des préparations qu'on en fait, à commencer par le pain. Beaucoup de nos parents qui ont mangé du pain de méteil dans lequel brillaient souvent des éclats de paille trouvent toujours leur meilleur régal dans le pain noir, surtout quand il est rassis. C'est lui qui se marie le mieux avec le lard. Le pain blanc est surtout celui des sauces et du beurre. C'est le pain riche, mais non le meilleur, celui que l'on offre pour honorer les autres et s'honorer soi-même, non pas sans doute celui que l'on garderait s'il fallait choisir. Mais on aime le manger frais et même chaud. Du pain pour les petits bourgeois que nous sommes tous en train de devenir. Du pain que l'on peut manger partout et toujours sans problème. Le pain de seigle, lui, est à usage strictement privé. Si l'on vous en offre quelque part, c'est une preuve de confiance absolue.

Quiconque a regardé un paysan breton mangeant son morceau de pain, celui-là sait ce qu'est la gastronomie. Le paysan coupe le pain sur la tourte, il n'aime pas avoir devant lui les tranches coupées d'avance. Il se plaît à tenir une bonne bouchée de pain entre ses doigts pour se la porter sous le nez pendant qu'il mâche la précédente bouchée parce que la vertu du pain, avant d'être dans la saveur est dans l'odeur, n'est-ce pas! Il mange son pain lentement, tranquillement, le fait passer d'une joue à l'autre, en tire le meilleur avant de l'avaler. Et il faut voir son visage attentif, ses yeux appliqués pendant qu'il est à sa nourriture. C'est presque la célébration d'une messe, celle du pain quotidien. Ma foi! Qui a semé, sarclé, coupé, battu le grain pour en tirer la farine destinée à la nourriture sans égale? Qui a rompu ses bras et mouillé sa peau si ce n'est lui? Voici le moment venu de déguster le fruit de son travail. Il faut disposer du temps et prendre du plaisir plein le corps puisque c'est le corps tout entier qui a peiné pour produire la matière du pain. Mieux que tous les autres, le paysan sait apprécier le bon pain, la fleur de farine, le cru, le cuit et le brûlé. Et il aime goûter le pain sans rien d'autre. Or, écoutez-moi, quiconque n'aime pas le pain sec, celui-là ne sera jamais un gourmet. Un gourmand je ne dis pas. La gastronomie d'un Breton de la campagne consiste d'abord à connaître le goût originel, franc, véritable, de sa nourriture.

Quand ma mère coupe le pain pour la soupe, elle garnit le fond de la soupière de tranches de pain blanc. Et puis elle ajoute quelques tranches de pain noir avant de tremper avec des louchées de pommes de terre. Ainsi le noir donne-t-il du goût au blanc. Dans mes premières années, la soupière n'apparaît pas souvent sur la table malgré l'envie de ma mère qui est justement fière de ses assiettes. Mais les hommes préfèrent avoir chacun son écuelle. Habitude de toujours. Chacun sait que la soupe la plus fameuse est celle où l'on peut planter la cuillère droite comme un jeune chêne sans voir tomber le manche. C'est possible dans une écuelle, non pas dans une assiette. Un honnête homme doit travailler dans sa soupe avec sa cuillère comme il fait avec sa bêche dans la terre. Avec le même soin, n'est-ce pas! C'est aux femmes de nous faire une soupe qui vaille une terre nourrissante. Moyennant quoi, manger devient une occupation grave. Du reste, qu'est-ce que les outils à manger sinon une réduction des instruments à travailler la terre. La fourchette est une petite fourche et le couteau un soc de poche.

Quand mon père était grand valet à Kernivou, la maîtresse disposait tous les matins, au bout de la table, les écuelles des hommes qu'elle avait remplies au bon moment, c'est-à-dire juste au lever du soleil. Personne n'aurait osé demander laquelle était la sienne. La plus grande écuelle était celle du plus fort travailleur qui n'était pas toujours le maître, mais plus souvent le grand valet. La plus petite revenait au petit vacher. Entre ces deux-là, les fils et les autres domestiques choisissaient la leur, proportionnée à leur corps et leur peine, sans jamais se tromper. Après la moisson, le plus souvent, ou encore au début du printemps, les hommes qui s'étaient distingués à la tâche ou qui devaient se préparer à de rudes coups de collier, voyaient arriver pour eux, sur la table, une plus grande écuelle. Quel orgueil! D'après ce que j'ai entendu de la bouche d'un vieux domestique, il arrivait aussi, de temps à autre, ici ou là, une révolution. Quelqu'un cassait son écuelle de terre pour signifier qu'il n'était pas assez nourri, selon lui, pour le travail qu'il faisait. Le lendemain, quand les maîtres lui donnaient raison, il trouvait une plus grande écuellée de soupe à sa place. Sinon, il était prié de rassembler ses hardes à la Saint-Etienne et de vider les lieux. Il y a eu naguère, paraît-il, des domestiques qui achetaient leur propre écuelle à la mesure de leur faim.

Mise à part la « grande soupe » du dimanche, à la viande et aux légumes, qui trotte sur le feu depuis la fin de la messe de six heures jusqu'à la sortie de la grand-messe, la meilleure soupe est celle du matin parce que c'est la plus nécessaire pour le travail qui attend. Quand je me lève pour aller à l'école, il n'y a jamais personne dans la maison, il n'y a déjà plus personne. Sur la pierre du foyer, les écuelles de mes parents sont empilées les unes dans les autres, vides, sous la garde d'un chat qui n'a jamais de nom. Mon bol à moi est auprès du feu emmailloté de ses cendres. Il est plus petit que les autres comme il se doit, recouvert d'une assiette pour que son contenu se tienne chaud et se trempe mieux. Pour éviter aussi que la cheminée n'y laisse tomber de la suie, ce qui donnerait à la soupe un goût de Toussaint. C'est une soupe au café, une richesse déjà. Avant de la recouvrir, ma mère a déposé dessus deux pierres de sucre, vous entendez! Deux. Elles ont fondu lentement, ont pénétré le pain qui n'est pas en tranches, mais en cubes. J'empoigne une cuillère pour travailler ma pitance, rendant grâce à l'homme admirable qui inventa le bol. Ce qui me déçoit un peu dans la soupe grasse du dimanche, c'est qu'il faut la manger cérémonieusement dans une assiette. Une soupe ne vaut que dans un bol de même que la salade. Ecoutez-moi!

En l'année 1960, je déjeune par obligation d'état avec une doctoresse du Nicaragua britannique, une très belle femme, fort réservée et assez hautaine au premier abord. Elle ne sait pas beaucoup de français et moi je n'ai jamais été capable de faire passer le moindre anglais sur mes lèvres sans lui communiquer des accents surprenants qui en font une langue inintelligible pour tous mes contemporains, y compris moi-même. Ceci pour dire que la conversation manque d'éloquence pendant la plus grande partie du repas. Alors, on apporte la salade.

Les grands yeux noirs de la doctoresse s'agrandissent encore. La dame témoigne clairement qu'elle est offusquée par l'aspect de cette verdure. Et moi de me jeter courageusement dans la Manche avec une demi-douzaine de mots anglais en guise de bouée. Je suis déjà noyé de sueur quand je parviens à comprendre que la Nicaraguaise aime beaucoup la salade, mais qu'elle éprouve de la répulsion pour l'huile. C'est toujours cela de gagné en attendant. Elle entreprend de me parler avec volubilité, presque avec passion, en gesticulant de ses mains baguées. Et moi je la regarde avec un œil tout neuf. N'est-il pas question de sucre, dans son bavardage exotique? J'appelle le maître d'hôtel, je lui demande du sucre en poudre et de la salade sans assaisonnement. Avec un peu d'eau claire et un soupçon de vinaigre, la dame et moi nous accommodons une salade au sucre. Je reconnais lui laisser le plus délicat du travail car elle s'y prend mieux que moi. La salade « à la Nicaraguaise » a exactement le même goût que celle que je dégustais à Pouldreuzic (Finistère) quand je faisais ma croissance.

Nous rions comme deux bébés qui viennent de faire connaissance avec leurs menottes. La doctoresse a velouté ses yeux noirs, elle montre ses dents irréprochables, elle ne pense plus du tout à la médecine. Et moi, je l'embrasserais de bon cœur devant trois douzaines de personnes, solennellement, parce qu'elle a exigé un bol pour manger sa salade au sucre. C'est une femme à haute civilisation, digne d'avoir vu le jour en Pays Bigouden. J'ai la tentation de lui parler en breton. Désormais, à mon point de vue, le Nicaragua est une grande puissance.

C'est que la salade au sucre est la richesse de mon enfance avec la soupe au café. On la mange habituellement dans un bol de chiffonnier où elle a mariné une demi-heure à l'eau de vinaigre. Elle est synonyme de printemps et d'été. Elle règne entre l'éclatement des bourgeons et la chute des pommes mûres. En passant sur la langue, elle raconte des histoires de hannetons, de vent fou, d'école buissonnière, de vaches perdues et retrouvées. Par les soirs de mai, j'aime aller m'asseoir sur la pierre de mon seuil, ma bolée de salade entre les genoux. Les gens qui passent sur la route me sourient et ne manquent pas de me dire : le meilleur est au fond, mon garçon! Je le sais fichtre bien. Je commence par expédier les grandes feuilles du dessus, les moins imbibées de sauce. A mesure que je descends dans le bol, jusqu'au cœur de la salade que ma mère met toujours au fond, je festoie avec le sucre et le vinaigre, émerveillé chaque fois qu'il y ait de si bonnes choses sur la terre. En léchant la dernière goutte aux dépens de mon bout du nez, j'en arrive à mépriser la viande rôtie qui nourrit deux fois par jour, aux dires de mon grand-père, les fabuleux seigneurs de ce monde. Au même moment peut-être, une fillette du Nicaragua britannique fait le même apprentissage de la haute philosophie.

Hélas! Il a fallu que j'aille au lycée. Il paraît que j'étais trop intelligent pour rester à la campagne sans avoir ni terre ni boutique. Je ne sais pas si c'est vrai. Ce que je sais bien, c'est que j'ai eu d'abord une triste opinion de la civilisation des villes quand j'ai vu arriver, sur la table de marbre du réfectoire, une salade vilainement faite à l'huile. J'ai eu besoin d'une année entière pour m'habituer à ce remède d'apothicaire. Le mal de cœur a failli me faire abandonner mes études. J'ai bien dû me résigner. En disant adieu à la salade au sucre, j'ai découvert pour la première fois le visage ingrat du Purgatoire.

Si je dois m'exiler un jour, faites, Seigneur, que je trouve asile au Nicaragua britannique ou dans le pays qui portait ce nom; bien que je ne sache pas du tout si la doctoresse qui m'a préparé la salade selon la seule recette valable n'est pas une merlette blanche dans ces lointains parages.

Le soir, nous mangeons habituellement des pommes de terre *poaz-dizeh* (cuites-sèches) avec du lait doux, du lait de baratte ou du gros lait. La marmite est sur la table, chacun y puise avec les mains les quartiers de pommes de terre qu'il laisse tomber précautionneusement dans son bol de lait. Après quoi, il prend sa cuillère pour les couper plus menu avant de les porter à sa bouche. Délicieuses, surtout les « saucisses », les meilleures qui aient jamais poussé dans un champ. Deux fois par semaine il y a de la bouillie de froment ou d'avoine. Je crois bien que nous préférons tous l'avoine, que cette avoine ait été émondée au four *(diskoultret)* ou filtrée au retour du moulin (*silet*). La première est plus fine, la seconde plus forte. Ma mère s'active pour la tourner vigoureusement dans la marmite sur le feu, à l'aide du bâton à bouillie qui ne quitte pas le coin de l'âtre, celui que l'on menace toujours de nous casser sur le dos si nous ne sommes pas sages. Quand la bouillie est prête, la marmite est posée sur la table. Chacun s'arme de sa cuillère et attaque de son côté en commençant par la paroi pour avancer vers le milieu où fond doucement un morceau de beurre dans un trou appelé la *fontaine*. La cuillère remplie est passée dans la bolée de lait pour la refroidir avant d'être avalée. Mais quand on arrive au beurre qui s'est étalé en fondant, on préfère ne pas passer par le lait, quitte à se brûler un peu. Il est interdit à chaque mangeur de s'égarer dans le quartier des autres. Ma mère y tient beaucoup. Mangez proprement, dit-elle, sévère. Nous n'avons pas le droit non plus de plonger notre cuillère dans la *fontaine*. Quand la marmite est vide, il reste la *gratte* du fond qui est également partagée sauf que j'en ai toujours, je ne sais comment, la plus grosse part.

A midi, plusieurs fois par semaine, nous mangeons une épaisse galette de froment. Ma mère installe sur le trépied la galettière qui est une plaque de fonte très large (70 cm). Elle la chauffe d'abord avec un feu d'aiguilles de pin, de sciure de bois, d'ajonc sec ou de fagot menu. Ce feu, elle le surveille de près pendant qu'elle fait la pâte dans la bassine de terre avec ses seules mains. Elle crache sur la galettière pour s'assurer qu'elle est chaude à point (le feu purifie tout) puis elle l'essuie et la graisse avec le *lardig*, un torchon qui repose dans un vieux bol garni d'un mélange de saindoux et de jaune d'œuf. Tout est prêt. Une dernière fois, elle passe l'index dans la pâte pour s'assurer qu'elle est à la bonne consistance. Avec une louche de bonne dimension, elle puise la pâte et la fait couler au milieu de la tuile chaude. De son autre main, elle l'étale avec un petit rateau de bois appelé *rozell*. La pâte fait exactement le tour de la galettière et son épaisseur est partout la même. Elle commence à cuire. Alors, ma mère lâche le *rozell* pour attraper une longue raclette de bois, la *spanell*, avec laquelle elle détache la galette de la tuile en commençant par les bords. C'est le moment difficile. Avec la *spanell* engagée entièrement sous la pâte, il s'agit de retourner l'énorme galette d'un seul coup et de manière qu'elle retombe exactement à l'envers sur la plaque, sans quoi elle s'écrase en d'horribles rouleaux de pâte molle qui font lever le cœur et monter au front de l'opératrice le rouge de la honte. Quand la première galette est cuite, elle est cueillie vivement par la *spanell* et jetée sur une grande serviette étalée auparavant sur la table. Elle servira de tapis pour recevoir les suivantes qui seront beurrées abondamment par la providentielle *spanell*.

Quand la première galette beurrée tombe devant les convives, chacun en détache à mains nues la part qui est devant lui en la roulant, le beurre dedans. Il n'est pas question de se servir de quelque instrument que ce soit. Le fer gâte la pâte quand le feu n'y est plus. Il faut aussi que les mangeurs s'arrangent pour faire disparaître la galette avant que la suivante n'arrive. Tout le monde étant rassasié, ma mère continue à faire des galettes pour finir sa pâte, mais sans les beurrer désormais à l'exception de la dernière qui sera pour elle. Les galettes sèches seront mangées dans la soupe du soir ou du matin suivant. Il y a des maisons où le beurre fait défaut, hélas! La famille doit se contenter de tremper la pâte chaude et roulée dans un bol de lait ou de cidre. La grande merveille, au contraire, c'est la galette au beurre farcie de tranches de pommes *teint-frais*. Délicieux, mais rare. D'autant plus rare qu'il est difficile de la réussir. Il n'est pratiquement pas possible de faire une pareille galette à la dimension des autres. Mieux vaut en préparer quatre petites du même coup. On les appelle *les quatre trous du bouton*, le bouton étant la galettière. Mais ma mère tient à honneur d'étaler une galette aux pommes entières et de la soulever avec sa *spanell* jusqu'à la table sans la rompre. Elle y réussit presque toujours. Les compliments de ses hommes lui pleuvent dessus.

Faire des crêpes est à la fois plus facile parce que cela demande moins de force, la pâte étant fine et légère, et plus délicat parce qu'il y faut une plus juste mesure dans les mouvements, une plus grande prestesse dans le travail de la *rozell* et de la *spanell*. Quand ma mère refuse de faire des crêpes tel ou tel jour, c'est parce qu'elle n'est pas en train, trop fatiguée. Ou bien le vent est trop fort dans la cheminée, donc le feu ne chauffe pas également, ce qui fait que la crêpe est brûlée d'un côté et molasse de l'autre. Or, l'honneur de la ménagère, ce n'est pas de réussir un ragoût ou un rôti, mais bien de faire des crêpes sans défaut. Plusieurs proverbes en font foi, que l'on pourrait traduire comme ceci :

Bon homme sent l'odeur du vent
Sa femme fleure la crêpe au beurre.

Et comme ceci pour témoigner que l'on peut passer pas mal de défauts à la femme si elle connaît à fond l'art de la crêpe :

Que fille soit sotte et mégère
Si elle brille à sa crêpière.

Et comme ceci encore, hommage suprême à l'habileté de l'épouse :

Femme qu'on dit bonne crêpière
Mène mari à sa manière.

Quant aux crêpes sans défaut, pour notre goût à nous, elles doivent être grillées et craquantes (*kraz*) sur les bords, légèrement plus molles au milieu, le *nid* où l'on dépose d'abord la noix de beurre avant de l'étendre sur le reste. D'autre part, il est de tradition que la crêpe de blé noir soit pliée en deux par la *spanell*, celle de froment pliée en quatre. Mais seulement quand elles sont beurrées. Or, elles ne le sont pas souvent pour deux raisons : d'abord parce que le beurre est trop cher, ensuite parce que les vrais gourmets préfèrent la crêpe sèche dont le goût n'est pas dénaturé par le gras. En foi de quoi, la plupart des crêpes sont jetées d'une pièce sur la toile sans être beurrées ni pliées. Chacun les prend à la main, une par une, les plie à sa convenance et les mange sans les tremper. Et puis, à la fin du repas, on entend la voix de la crêpière s'adressant à l'un ou à l'autre : vous avez assez mangé ? Quand la réponse est oui, elle déclare : alors, je vais vous en beurrer une dernière. Ce qu'elle fait. Une sorte de dessert, en somme.

Pour le repas de crêpes, qui se fait une fois par semaine et souvent le vendredi, nous avons chacun une assiette qui ne sert d'ailleurs que pour les crêpes beurrées. Mais la présence de l'assiette montre bien qu'il s'agit d'un déjeuner de gala. D'ailleurs, on n'inviterait pas quelqu'un à venir manger des galettes, mais on le convie volontiers à déguster des crêpes quand on est sûr des talents de la ménagère. Beaucoup d'hommes tiennent à préparer soigneusement à leur femme le petit bois qui doit chauffer la tuile (*pillig*). Certains confectionnent même des fagots qui ne serviront qu'à cela. Il faut croire que c'est important parce qu'Alain Le Goff, quand je reviens avec lui des champs, sait reconnaître, à la seule fumée qui sort des cheminées, si l'on fait des crêpes ou autre chose de plus « grossier ». Comment fait-il ? Je l'ignore. Mais quand il s'agit de crêpes, le moindre détail compte. Il faut voir avec quel soin les femmes choisissent leur *rozell* et leur *spanell* à l'étal du boisselier, comment elles en évaluent le poids et l'épaisseur, en éprouvent le fil. Il est rare, d'ailleurs, qu'elles ne modifient pas, peu ou prou, ces instruments afin de mieux les mettre à leur main. Et les autres membres de la famille sont priés fermement de ne pas y toucher.

C'est une pénible entreprise quand il faut remplir les panses d'une dizaine de personnes qui viennent de s'échiner aux champs et qui sont douées d'un solide appétit.

Surtout que la crêpière elle-même s'est déjà échinée avec eux. Nous ne sommes que quatre ou cinq, mais je vois ma mère rester une bonne heure au-dessus de la tuile à crêpes, le visage rouge et brillant, le dos courbé pour faire passer sa coiffe sous le manteau de la cheminée, les genoux sciés par la pierre du foyer qui n'est pas à bonne hauteur. Aussi vaut-il mieux ne pas tourner autour d'elle. Seule, ma sœur a le droit de rester debout du côté de la bassine parce qu'il faut que les filles apprennent, n'est-ce pas, et de bonne heure. Les hommes ne soufflent mot, sinon pour faire des compliments. Mais quelquefois, la crêpière doit se débattre avec son feu, sa pâte. Les crêpes ne se font pas bien. La pauvre femme est hargneuse. Et les hommes disent, quand ils se retrouvent entre eux :

– La patronne avait du mal aujourd'hui. Sa chemise lui collait aux reins.

Une de nos voisines a cassé deux fois sa *spanell* sur l'échine de son mari qui n'avait pourtant fait que respirer trop fort quand elle était en difficulté. Et toutes les autres femmes lui ont donné raison. A l'inverse, quelle satisfaction pour la crêpière quand tout marche à souhait, quand les mangeurs demandent grâce en lâchant un rot sonore, ce qui est la meilleure façon de témoigner que l'on est repu. Alors, elle lève le dos, radieuse, pour déclarer en s'essuyant le nez :

– Je vous ai bien remplis, tout de même.

Et les autres, en chœur :

– Jusqu'au nœud de la gorge, Marie-Jeanne.

Avant de manger elle-même, ma mère fait encore deux douzaines de crêpes sèches. Quand elles seront froides, pliées en carré, elles seront empilées sur une assiette. Nous les mangerons avec le café de quatre heures ou à n'importe quelle heure du jour avec du beurre cru. A moins qu'elles ne soient coupées en lanières minces et passées à la poêle. Quel régal ! Les vieilles femmes qui n'ont plus de dents les mettent à tremper dans du lait. Mon grand-père se rappelle que, dans sa jeunesse, de riches fermières organisaient de « grandes journées de crêpes ». Toutes les servantes s'y mettaient, dehors et dedans. Des douzaines et des douzaines de crêpes étaient mises à sécher sur des cordes tendues dans les greniers. Quand on savait s'y prendre, elles se conservaient pendant longtemps, constituant une réserve pour les jours où manquerait le temps de cuisiner. Et les gens disaient avec respect :

– Dans cette maison-là, il y a toujours des crêpes sous le toit.

Le repas de crêpes se suffit à lui seul. Ce serait faire injure à la crêpière que de demander autre chose. Dans les repas ordinaires, d'ailleurs, il n'y a rien avant ni rien après le plat unique. Deux ou trois fois par an, et toujours la veille du pardon, ma mère fait une bassine de riz au lait qu'elle porte à cuire chez le boulanger. Les autres femmes font de même. Lorsque la fournée est sortie, on les voit revenir avec leur bassine encore chaude, recouverte d'un pan du tablier. Le riz sera dégusté à larges tranches bien solides. Quant aux gâteaux, dans la plupart des maisons, pauvres ou riches, on n'en fait pratiquement qu'une fois par an, au temps des Jours Gras. Mais alors, quelle réjouissance! Toute ma vie j'y rêverai depuis le dimanche des Sept Semaines que vous appelez *Septuagésime* et qui est pour nous le *Grand-père des Gras.* Entre *Reminiscere* et *Oculi,* je ne pourrai pas ouvrir une armoire, chez mes parents, sans chercher, sur la planche du milieu, les morceaux de linge blanc qui conservent les restes des gâteaux annuels. Voulez-vous savoir pourquoi?

Le jeudi avant le dimanche gras commence la fête. On met un gros morceau de viande dans la soupe du soir. Les hommes ont droit à un bon coup d'eau-de-vie pour s'ouvrir l'estomac. Ce n'est pas du *loufog* ordinaire, une eau-de-vie à bon marché, mais du *Fidelig* à trois étoiles et à quarante-cinq sous la bouteille. Il est vrai que cette bouteille nous fera l'année entière. Elle a été débouchée pour la naissance de l'Enfant Jésus ou pour le Jour de l'An. Sa dernière goutte appelée *glaharig* (la douloureuse) descendra dans la gorge en l'honneur de Tous les Saints. Les pauvres gens doivent mesurer leurs plaisirs. Du moins leur conservent-ils une intensité que ne connaissent plus les repus.

Cependant, les femmes ont mis la pâte des gâteaux à lever toute la nuit, quelquefois sous l'édredon du lit clos, tout au fond. Le vendredi matin, la moisson du boulanger est l'image même de la Révolution. Les coiffes blanches s'agitent en désordre, les langues sont accordées sur le mode aigu, quelques paroles malsonnantes éclosent à travers des lèvres serrées sans faire baisser le ton d'une salle en effervescence. Chacune défend son tour à coups d'épaule, de fesse ou de bassine. Chacune a autant de gâteaux à faire cuire que de bouches dans la famille, y compris les absents. Le boulanger devra faire trois ou quatre fournées. Mais l'essentiel est de rapporter, à midi, assez de gâteau de seigle pour gaver la maisonnée. La vieille coutume veut qu'il n'y ait rien d'autre à déjeuner, ce vendredi-là, que le fameux gâteau de jeûne et une goutte de café pour le bénir une fois descendu.

Toute la journée, la fumée du four, portée par un vent bas, cherche sa route dans le ciel au ras des toits. Le bourg entier répand la bonne odeur des gâteaux (de froment cette fois) passant à travers les rues sous les tabliers des femmes bouffies d'orgueil ou seulement ravies de contentement. De temps à autre, un homme au torse aussi droit qu'un chêne, le pouce à l'entournure du gilet, passe tout seul, les yeux perdus, une pile de gâteaux en équilibre sur le chapeau rond; une fillette précautionneuse, les narines ouvertes, porte un Saint-Sacrement à odeur de paradis sur ses bras paralysés de respect. Quelle embellie! Il fait beau dehors et dedans.

Le samedi, on fait cuire le riz et on met l'andouille à tremper. Le dimanche, le lundi et le mardi sont voués à la bonne chère et aux ripailles. Nuit et jour, les chemins sont remplis de familles en marche qui vont rendre visite les unes aux autres pour échanger protocolairement des morceaux de gâteau. De part et d'autre fleurissent les compliments. Quand il arrive que quelque femme ait désastreusement raté son gâteau, elle ne manque pas de prétendre ferme que c'est le boulanger qui s'est trompé dans les marques et lui a rendu l'avorton d'une autre qui ne sait pas travailler sa pâte, la pauvre. Tout le monde fait semblant d'avaler ce mensonge. Semaine de bonté.

Le mercredi arrive, avec les cendres du Carême. De l'andouille, il ne reste que la ficelle au coin de l'âtre. Le troupeau biblique des vaches maigres beugle dans les cœurs. Reparaissent les grosses galettes, la soupe aux pommes de terre, les poissons et leurs arêtes, le gros pain. Jeûne et vigile deux fois par semaine. Ce n'est pas assez pour rendre moroses des gens courageux. Pour eux, la gourmandise est une juste satiété, autorisée de loin en loin, mais qui risquerait de dégénérer en péché capital si elle n'était rachetée par des périodes de frugalité salubre. Il n'est pas défendu pour autant, surtout quand on traverse le désert aride du Carême, de se réserver quelque moyen de consolation. C'est le gâteau des Gras qui en tient lieu et qui vous aide à gagner allégrement le dimanche des Rameaux.

En vérité, on n'a pas ménagé la peine ni la pâte ni les largesses. Après cinq jours de fête, les armoires sont encore pleines de morceaux de gâteaux de toutes provenances, cadeaux des parents et des amis. Ce sont ceux-là que l'on finit d'abord et qui alimentent aussi les conversations autour de la table, double bénéfice. On compare celui de Naïg Le Dreo à celui de Lucie Le Biger : celui-ci a meilleur goût, mais celui-là est plus léger à la digestion. Ni l'un ni l'autre, ni ceux de Seza, Marie-Louise, Gaïd ou Del ne vaut, bien sûr, celui de la patronne du logis. Ce dernier compliment est souvent sincère, parfois il est fait pour tirer de ladite patronne de plus grosses parts. C'est elle qui tient le couteau.

Lorsque les morceaux de gâteaux étrangers ont été avalés, la ménagère découvre une tourte entière qu'elle a cachée dans le bas de l'armoire à linge. Etonnements hypocrites. Mais tout le monde savait qu'il y avait des réserves. Et nous voilà sauvés jusqu'à *Remisniscere.* Vous croyez peut-être que c'en est fini du jeu? Que non pas! Il y a des maisons, la mienne par exemple, où chacun, petit ou grand, a son gâteau personnel qui n'est pas soumis au partage. A lui de le faire durer le plus longtemps possible, quitte à le dissimuler dans les endroits les plus inattendus. Tous les jours, il viendra lui demander son réconfort, tranche par tranche. Quand je parle de tranches, cela ne vaut que pour une quinzaine au plus. Avant le dimanche *Oculi*, le gâteau est si sec et si dur qu'il éclate quand on a la main forte. On raconte qu'il se trouve des héros assez maîtres de leurs désirs pour attendre le dimanche des Rameaux avant de descendre la dernière miette. Performance assez étonnante si l'on songe qu'il faut mener une guerre d'embuscades et de retranchements contre les souris qui déclenchent leur grande offensive pour s'emparer des débris du gâteau dès le dimanche de *Laetare*.

Il n'y a vraiment que les jeunes gens, garçons et filles, qui cherchent à ménager aussi longtemps la fameuse pâtisserie. D'abord pour montrer qu'ils sont économes et capables de résister aux pièges du Diable Sucré comme disent les vieux. Ensuite parce que l'acte d'offrir un morceau de gâteau à une jeune fille, quinze jours au moins après le Mardi Gras, cela équivalait autrefois à une déclaration d'amour et il en reste quelque chose. Plus le gâteau était vieux, plus fort était le sentiment. Bien sûr, la jeune fille, quand elle acceptait le cadeau symbolique, devait être en mesure de rendre un morceau de son propre gâteau. C'était la façon de dire oui. Quand elle avait entièrement consommé sa part, la pauvre cigale en était réduite à demander l'aumône à quelque fourmi du voisinage sous peine de perdre son galant. J'ai entendu quelques bonnes histoires à ce sujet.

Dans les fermes, les domestiques reçoivent également leur tourte de « pain doux » qu'ils mettent sous clé dans leur armoire. Hélas, l'armoire de mon père, le grand valet de Kergivig, de mémoire d'homme, n'avait jamais eu de clé. L'héritière de la maison le savait, une toute jeune fille de bonne nature, mais portée sur les *lichouseries*. Clandestinement, elle aidait mon père à venir à bout de son gâteau. Le grand valet se vengeait, à table, en se demandant à haute voix si le seigneur Dieu a vraiment donné quatre pattes à toutes les souris. Pendant ce temps-là, dans les collèges des environs, les petits Bretons exilés dans les études, en dépit des règlements et des pions, trouvaient le moyen de faire durer trois semaines leur gâteau des Gras en le cachant dans les caves ou sous le toit de quelque préau. Je le ferai moi-même pour dépister les enquêteurs des boîtes à provisions. Et au temps des Gras aussi, d'autres Bretons bigoudens voient toujours venir des paquets couverts de papier brun qui gardent, concentrés dans la pâte grossière, tous les effluves du printemps de Basse-Bretagne. A chacun le carnaval qu'il mérite.

Mais la splendeur quotidienne est le café pour les femmes qui peuvent se l'offrir. Et elles sont prêtes à tous les sacrifices pour avoir de quoi. Les larmes viennent aux yeux de celles qui voient passer la petite voiture du Planteur de Caïffa quand leur bourse ne loge que la peau des fesses du diable. C'est cher, le café. Les hommes n'y attachent pas encore d'importance. Ils préfèrent la soupe le matin et le lard à quatre heures. Et puis, cette tentation du Malin, cette perdition des ménages, cette drogue des femmes ne leur dit rien qui vaille. Il y en a un qui est rentré chez lui un jour, à l'improviste, au milieu de l'après-midi, sans même crier gare, et qui a surpris une demi-douzaine de commères rassemblées par sa femme autour d'une cafetière neuve dont il ne connaissait pas l'existence. Les matrones déchiraient à qui mieux mieux la robe d'innocence de leurs prochaines. Le sang lui est monté à la tête. Il a empoigné la cafetière, l'a vidée par la fenêtre. Et puis, déboutonnant son pantalon à pont, il a pissé dedans. Peine perdue. La femme a eu le dernier mot.

Aux enfants déjà on donne du café le matin plus souvent que de la soupe. Et tout porte à croire que le café gagnera les futurs hommes, rendus complices de leurs mères. Pour moi, la meilleure odeur du monde est celle de l'épicerie de l'oncle Daniel Keravec quand il grille son café. J'entre chez lui pour le plaisir d'en prendre une bonne prise sous prétexte de demander si ma mère n'est pas là, alors que je la sais aux champs. Et pendant que je hume le parfum du café frais qui vient de la cour derrière, je regarde les bocaux aux étiquettes sans couleur qu'on n'ouvre presque jamais. Leur contenu est trop cher pour tout le monde ou presque. Pour l'épicier lui-même. Quand il laissera sa boutique, on les ouvrira. On y trouvera les blocs noirâtres, des poussières, des cristaux. Personne ne pourra dire ce que c'était. Mais les bocaux de café sont toujours propres et luisants, n'arrêtent pas de se vider et de se remplir. Et quand l'oncle Daniel tourne son grilloir dans sa cour, ses yeux bordés de rouge levés au ciel derrière ses grosses lunettes, tout le bourg est embaumé, toutes les femmes soupirent d'aise.

A quatre heures de l'après-midi, dans toutes les maisons honorables, c'est le café-pain-beurre. Le thé des Saxons. Toutes affaires cessantes en dehors des moissons. Du café à pleins bols, les tasses ne valent pas mieux que des dés à coudre. Naïg an D... a gardé un souvenir affreux d'un misérable café en tasse qu'elle a dû prendre chez un bourgeois de Quimper avec la bourgeoisie. Quand on a l'habitude de prendre son bol à deux mains, comment doit-on faire pour attraper une anse ridicule avec un doigt ou deux? Elle mourait de peur à l'idée qu'elle pourrait casser le bibelot. Si elle s'en est tirée, c'est bien parce que la cérémonie du café vous fait un devoir de n'offenser personne. On invite au café non seulement ses voisins, ses amis, les gens de sa *coterie,* mais tous ceux que l'on veut honorer et particulièrement ceux à qui l'on doit quelque chose. Et plus particulièrement encore ceux qui vous ont offert le café. Impérativement, il faut le rendre. Une femme ne peut pas mourir avec des dettes de café si sa fille ne lui a pas promis de s'en acquitter en son nom.

Le café-pain-beurre est celui de la famille. Mais celui des invités est précédé et suivi de toutes sortes de nourritures qui s'ordonnent autour de lui. On ne se met pas trop en frais pour la *coterie,* mais on prend soin d'apporter sur la table au moins exactement ce que l'on a bu et mangé chez les uns et les autres. Les hommes s'habituent lentement à ces agapes, mais n'y viennent guère. Pour eux, cette *caféterie* est une occupation de femmes désœuvrées dont la mode a été apportée par les épouses des marins pour meubler leurs longues solitudes. Avec la solde de leurs maris, elles ont de quoi licher du bon et du fin, dans un pays où une simple pension de veuve de guerre suffit à vous établir presque en bourgeoisie. Mais tout le monde ne touche pas des sous du gouvernement. D'autre part les *caféteries*, aux dires des hommes, font immanquablement marcher les langues aux dépens de ceux qui ont le malheur de ne pas être présents, d'où il s'ensuit des fâcheries que l'on met sept ans à régler. Mais les femmes ne se font pas faute de faire des allusions à certains comptoirs de buvettes où les maris se blanchissent un peu souvent les coudes. Et la paix ne tarde pas à se conclure à la satisfaction des parties. D'ailleurs, les soirs de *caféteries*, les maris sont bien contents d'entendre leurs femmes débiter les nouvelles et les ragots qu'elles ont recueillis autour de la cafetière. Cependant, quand il y a un ou plusieurs hommes parmi les invités, cela arrive, le maître se fait un devoir d'occuper le haut bout de la table, même si le travail presse. Il écoute, acquiesce et ne dit jamais grand-chose. La cafetière, c'est l'affaire de la patronne. A elle de jouer.

Une fois par an, chaque famille faisant partie d'une *compagnie*, d'une *coterie* ou simplement d'un *quartier* se doit d'inviter chez elle toutes les autres, étant bien entendu que celles-ci se contentent de déléguer un représentant ou deux dont nécessairement la maîtresse de maison. Cela s'appelle le *café du premier de l'an*. Ces réceptions prennent place deux ou trois fois par semaine entre le lendemain de Noël et la fin de janvier. En tout état de cause, il faut en avoir terminé avant les jours gras. C'est une sorte de goûter dînatoire qui commence après quatre heures pour se terminer dans la soirée, la politesse exigeant que l'on attende le retour du maître de maison et des hommes qui sont au travail pour manger avec eux le dernier morceau et boire la dernière goutte avant de se séparer. Au début, donc, il n'y a guère que les femmes et les petits enfants. On commence par des plats de charcutaille avec du vin blanc moelleux. Le vin rouge vieux est sur la table, mais ne sera débouché que pour les hommes, les femmes n'osant pas en boire entre elles de peur de s'entendre traiter de *toullou-piketez* (trous à piquette). On continue par la viande douce rôtie, le lard salé étant réservé pour l'usage familial ou les accueils à l'improviste. Cependant, la maîtresse s'occupe de faire le café frais qui sera accompagné de pain, de beurre, d'une platée de crêpes froides, de tranches de riz au four et, luxe suprême, de gâteaux secs. C'est à l'un de ces cafés de premier de l'an que je goûte pour la première fois, dans une maison riche, des gâteaux longs appelés *boudoirs*. Ensuite, ma mère, pour ne pas demeurer en reste, en achètera aussi. Ce que je ne sais pas, ce sont les économies féroces qu'il lui faudra faire dès l'automne pour financer ces agapes. Au reste, il est entendu que chacune tient son rang comme elle peut, qu'elle fait les sept possibles. Si vous avez de quoi faire boire du cherry à vos invités, ceux-ci ne sont pas tenus de vous en offrir à leur tour si cette dépense excède leur bourse. Encore est-il préférable que les riches restent en dessous de leurs possibilités pour ne pas entraîner les pauvres à excéder les leurs. Un des premiers cadeaux que je ferai à ma mère quand je gagnerai quelque argent sera une bouteille de cherry qui lui permettra d'assurer ses largesses obligatoires.

Il n'y a pas encore de fruits sur la table. Jamais. A l'occasion des cafés annuels, il est d'usage que la maîtresse fasse voir à toutes les nouveautés qu'elle a dans sa maison depuis l'année passée. Cela va des plats de faïence et des fourchettes neuves jusqu'au lit découvert à la dernière mode ou au fourneau dernier cri qui flanque la cheminée. Quel étonnement pour moi la première fois que j'entre avec ma mère dans une salle séparée de la cuisine et appelée en français *salle à manger*. Il y a là une table à rallonges (on nous explique en détail comment elle fonctionne), une quantité de chaises toutes pareilles

(les nôtres sont achetées une par une, au mieux deux par deux) et un curieux buffet bourré de vaisselle dont les pièces vont par douzaines. Cette salle à manger ne servira plus jusqu'à l'année prochaine à moins d'un événement extraordinaire. Les femmes s'exclament d'admiration, certaines pâlissent de jalousie. Mais il est entendu qu'aucune parole aigre, aucune allusion déplaisante, aucune dispute sur aucun sujet n'est tolérable pendant la cérémonie du café. S'il y a du mal à dire, on aura assez du reste de l'année pour régler les comptes. L'heure est aux compliments. Complimenter se dit *donner des poireaux*. Et les poireaux, tout le monde les aime. Ils pleuvent par bottes entières.

La politesse veut aussi que vous mangiez un peu de chaque mets, que vous l'aimiez ou non. Le jour de café, je vois arriver sur la table de ma propre maison un plat rempli de tranches d'un légume rouge assez répugnant qui me fait tourner le cœur. Ce sont des tomates. Dans les yeux de la plupart des femmes il y a de l'affolement. Mais nous nous y mettons tous avec courage. Ce n'est pas aussi mauvais qu'on pourrait le croire.

Au moins une fois par an aussi, généralement en hiver, nous allons rendre visite aux gens de notre parenté qui habitent les communes voisines, Plozévet ou Landudec. Nous partons à pied de bonne heure par les chemins de traverse et nous rentrons seulement dans la nuit. Il nous faut faire étape dans deux, trois et même quatre maisons. Surtout n'en oublier aucune sous peine d'offense et de fâcherie. Et si elles sont trop nombreuses, surtout s'arrêter dans les plus pauvres, quitte à s'excuser, en passant, devant les plus riches. Les riches ont leur richesse, les pauvres n'ont que leur fierté. Alors, nous mangeons de tout chez les uns et les autres, comptant sur la marche à pied et l'escalade des talus pour faire travailler nos estomacs.

C'est ainsi que, dans notre société, la nourriture est l'une des affaires les plus importantes qui soient. Non seulement parce que c'est le souci des paysans qui ont derrière eux des siècles de privations aggravées de temps à autre par des famines dont le souvenir n'est pas complètement perdu. Non seulement parce que le destin de nos gens est de tirer de la terre de quoi manger pour eux et pour beaucoup d'autres. Mais parce que cette nourriture d'une part conditionne la santé et la maladie de chacun d'eux, de l'autre permet d'estimer la qualité des rapports qui unissent les différents groupes sociaux. La nourriture est respectable depuis sa semence jusqu'à son déchet. Et des trois principes de santé qui sont *debri mad, kaohad mad, kousked mad* (1) les deux premiers sont les conditions du troisième.

Un nommé Yann K... ne manque jamais d'aller, à l'aube, marcher à travers l'un ou l'autre de ses champs avant que le soleil ne soit tout à fait levé. Sa bêche sur l'épaule, il écoute la terre chanter ou se taire selon la saison. La terre et ses entrailles. Au bout d'un moment, il lui vient envie de faire un *délaçage de braies* ou un *accroupissement.* Du tranchant de sa bêche, il prélève un cube de terre au revers d'un talus. Il s'acquitte soigneusement de ses besoins dans le trou. Quand il a fait ses *matinales* en mettant un morceau à refroidir, comme il dit, il considère ce qui est sorti de lui. Bonne consistance et belle couleur. Notre homme, avec sa bêche, remet le cube de terre en place et s'en retourne en sifflant, le pied léger. Tout va bien, pas de souci à se faire. De toute la journée, il ne pensera pas à la mort. La vie de Yann est réglée par le bruit de ses entrailles. Quand il rote après le repas de midi, il ne se sent pas de joie. Mais le hoquet le remplit d'inquiétude. Et quand la matière fécale manque de santé à l'œil et au nez, il a envie d'aller trouver le prêtre pour faire dire une messe à l'intention de ses défunts. On rit un peu de lui, mais pas trop. A vrai dire, presque pas.

Boire et surtout manger dans une maison, c'est le vrai baromètre de la parenté ou de l'amitié. Quand quelqu'un

(1) Bien manger, bien ch..., bien dormir.

dit : je suis resté sur le seuil à tel ou tel endroit, et sur un pied encore, on ne m'a pas prié d'entrer, c'est qu'il a reçu un affront. Quand il dit : je suis resté sur mes deux pieds devant le seuil parce que je n'avais pas envie d'entrer, c'est qu'il a voulu délibérément faire offense. Et quand il déclare gravement : j'ai mangé du pain dans cette maison-là, c'est qu'il se refuse à dire le moindre mal des habitants de ladite maison.

La plus commune visite que l'on fait à la campagne obéit à un cérémonial auprès duquel les manières bourgeoises ne sont que des grimaces de singes savants. Le grand jeu se fait surtout lorsque l'on a besoin d'aller dans une ferme pour emprunter un cheval, acheter un tonneau de cidre, annoncer une nouvelle, payer la location d'un champ. Et à des jours et des heures, bien entendu, où l'on sait que les gens sont de loisir. Le dimanche, par exemple.

Vous n'êtes pas invité, on ne vous attend pas. Vous commencez par vous arrêter à la barrière de la cour pour donner au chien le temps d'aboyer et d'annoncer votre venue. L'alerte est donnée. Vous ouvrez la barrière, vous entrez dans la cour, vous avancez lentement au large des fenêtres afin que l'on puisse vous reconnaître à travers les carreaux. Lentement, pour donner le temps à la maîtresse de mettre de l'ordre dans son logis. Si elle n'est pas là, ou s'il lui faut dix minutes de préparation, le maître sort, vous emmène voir son hangar, ses étables, ses animaux, son verger, en attendant qu'elle s'annonce. Si lui non plus n'est pas présent, si la porte est fermée, il ne vous reste plus qu'à repasser la barrière sans commettre l'indiscrétion de regarder autour de vous. C'est rare, une porte fermée. Un visage de bois. Dans le bourg même, les portes sont toujours ouvertes dans la journée. Les fermer quand il y a quelqu'un à l'intérieur, c'est faire offense à ceux qui passent. Aussi les cale-t-on avec une grosse pierre pour éviter qu'elles ne se ferment sous l'effet d'un coup de vent subit. Chez moi, il n'y a pas de serrure. Au revers de la porte, un gros pieu de bois pend au bout d'une corde. Avant de se coucher, mon père l'enfonce dans un trou du mur et nous voilà retranchés pour la nuit.

Donc vous êtes devant la porte ouverte. Vous toussez deux ou trois fois pour mieux vous annoncer et vous demandez à voix claire s'il y a quelqu'un. Une voix de femme vous dit d'entrer. Il n'y a que la voix qui compte pour le moment. Vous faites quelques pas dans le couloir de terre battue, vous vous arrêtez de nouveau devant la porte de la salle-cuisine, toujours ouverte, elle aussi. Accoudée au vaisselier, la maîtresse vous sourit. Tiens, c'est Corentin! Le maître, impassible, est assis à sa place, au haut bout de la table. Entrez donc tout à fait, dit-elle. Vous le faites lentement. Me voilà arrivé, dites-vous. Et de parler du temps qu'il fait, de l'état des terres. Le maître vous invite à *poser votre poids sur le banc* qui est assez solide pour vous soutenir. Vous refusez vigoureusement deux fois pour obéir à la troisième injonction. Refuser plus longtemps serait faire affront, d'autant plus que la maîtresse a passé un torchon propre sur le banc. La conversation se poursuit sur les dernières nouvelles du bourg : enterrements d'abord, mariages ensuite, baptêmes pour finir. Cependant, la maîtresse a sorti les verres, les essuie ostensiblement avec un chiffon qui garde encore le pli du fer. Vous faites semblant de ne rien voir jusqu'au moment où, par miracle, les bouteilles apparaissent toutes seules sur la table. Alors, vous clamez votre indignation, vous soulevez à demi vos fesses du banc comme pour partir, déclarant que vous ne voulez déranger personne et que d'ailleurs, vous ne buvez jamais sans soif. On vous assure que votre sobriété est connue, mais qu'on ne parle pas bien quand l'intérieur est sec. Et l'on entend crisser les bouchons. Après quelques hauts cris, vous acceptez de trinquer. On reprend à fond toutes les conversations précédentes qui sont ponctuées de vos protestations à mesure que la table se charge de victuailles et que l'odeur du café embaume l'environnement. Une bonne demi-heure se passe avant que vous n'osiez timidement dire pourquoi vous êtes venu. Vos hôtes le savent depuis le moment où ils vous ont reconnu à la barrière de la cour. Vous voilà exaucé, reconduit par le maître lui-même après que vous aurez offert à la maîtresse la botte de poireaux que méritent sa maison et sa nourriture. Vous êtes enchanté, eux aussi, Vous avez donné ce qu'ils attendent de vous, c'est-à-dire votre temps et quelques nouvelles qu'ils ne connaissent pas. Ils vous ont reçu avec les égards que l'on doit à un homme qui est plus ou moins cousin du seul fait qu'il appartient à la même paroisse.

Même si elle a une servante ou deux, la maîtresse ne s'assoit jamais quand elle traite des invités ou des visiteurs. Non point, comme on pourrait le croire, parce qu'elle est esclave, mais précisément parce qu'elle est la maîtresse, qu'elle doit dominer son chantier pour avoir l'œil à tout. Quand il n'y a personne d'autre à table que les membres de la famille, elle attend d'avoir rassasié tout son monde avant de manger elle-même. Le maître, lui, ne se lève que pour verser à boire à quelque invité particulièrement honorable, encore ne quitte-t-il pas sa place. Sa place est au bout de la table, le haut bout, sous la fenêtre, à droite, face à la porte. Devant lui, à gauche, ses hôtes dans l'ordre de leur importance respective. Le bas bout est occupé par les enfants. C'est là aussi que l'on met le mendiant de passage, non point pour l'humilier, mais parce que c'est sa place et qu'il n'en accepterait point d'autre. Maï Zall, quand elle vient chez nous, tient à rester dans le couloir, s'asseyant pour manger sa soupe sur la première marche de l'escalier. Lors des repas de famille, mes oncles se placent, sans hésiter, dans l'ordre de leurs naissances. Je ne remarque pas qu'il y ait de préséance pour les femmes. Les jours de travail, le maître ferme son couteau en le faisant claquer fort pour signifier qu'il est temps de se lever. Il se garde bien de le faire quand il y a quelqu'un d'étranger. Il pousse même la politesse jusqu'à se servir, l'hospitalité commande, d'un couteau droit comme les autres. Il s'en sert d'ailleurs très mal.

Le chiffonnier des Monts d'Arrée est arrivé dans le

pays. Cette nuit, les enfants ont été réveillés dans leurs lits clos par une charrette qui criait sur un air des montagnes. Quel est cet air? N'allez pas le demander à quiconque, petit ou grand. Vous obtiendrez un haussement d'épaules et un regard de mépris. Un Bigouden de bonne race ne peut pas se tromper sur le bruit d'une charrette qui descend de Brennilis ou de La Feuillée. Il y a quelque cheville, au bout de l'essieu, qui chante en breton du Léon ou presque. Comment pourrait-on traduire ce chant-là en breton de Basse-Cornouaille? L'oreille sait l'entendre, la langue n'est pas capable de s'y faire, ni la gorge. Le chiffonnier est arrivé, croyez-le s'il vous plaît. S'il ne vous plaît pas, allez siffler à la grive qui fait son nid avec de la bouse de vache!

Et c'est vrai. Le lendemain, le cheval isabelle tire une charrette nue dans les campagnes d'alentour. On y mettra les ridelles plus tard, quand on aura amassé suffisamment de chiffons pour faire monter le tas de sacs aussi haut qu'une charretée de moisson. Le cheval s'en va doucement par les mauvais chemins, la tête baissée. Une brassée de crinière sans couleur lui fait une visière, un masque devant les yeux. Ses paturons ont des poils si longs qu'on ne voit pas ses sabots silencieux. Et la bête aveugle, la bête attentive, n'a pas d'autre souci, croirait-on, que la caisse en bois, pareille à celle des gorets de foire, qui est attachée par quatre bouts de corde sous l'arrière de la charrette. C'est là que le chiffonnier conserve ses trésors : des écuelles, des pots, des bols, des plats de faïence peinte qui sont la rançon unique des chiffons, des peaux, des soies de cochons. L'homme suit à trois pas derrière. Son œil est fixé sur l'écrin de la vaisselle, garni de foin léger, qui danse le passe-pied ou le jabadao à la fantaisie des ornières. Un œil seulement car il est borgne.

La grande nouvelle a éclaté à travers le bourg. Chaque femme en a attrapé sa graine. On se l'est renvoyée d'un seuil à l'autre, à la cantonade. Elle bourdonne au lavoir entre deux coups de battoir. En rentrant à la maison, les hommes trouvent les armoires ouvertes et un tas de hardes sur l'aire. Ou bien la bouillie manque de brûler pendant que Barba s'affaire à dévaster le grenier, la crête rouge. Alors le gars Corentin sourit et s'en va dans l'appentis, derrière, où l'on a mis à sécher, à l'ombre, les peaux des lapins sacrifiés pour les fêtes. Le poil tient chaud, désormais, à un corps en paille et le côté de la chair est à moitié tanné dans l'odeur lourde du cidre et des pommes de terre germées. Corentin caresse les peaux avec satisfaction. De première qualité pense-t-il. Il faudra que le chiffonnier léonard sorte sa plus belle poterie pour les avoir. L'écuelle de la soupe du matin, qui est fendue depuis si longtemps, s'en ira maintenant sur la pierre du foyer pour contenir le *lardig*, le torchon à graisser la galettière, et lui, Corentin, il aura une écuelle neuve, peut-être avec des côtes et un bandeau rouge dans le haut. Il ne faudra pas que les enfants mettent la main dessus, mille tonnerres du diable, sinon il y aura du bruit dans la maison. Dans la maison, l'odeur navrante de la bouillie brûlée a tiré Barba de son grenier par le nez. Mais elle rêve encore, en dévalant l'escalier, à un grand plat au coq multicolore qui ferait si bien sur le dressoir-long, au-dessus de la cheminée.

La cheville léonarde a chanté devant la maison. Le chiffonnier est entré. Il y a longtemps que les enfants ont fui dans les champs, les plus grands portant les plus petits sur leur dos. A chaque fois qu'ils ont fait une bêtise un peu forte, on les a menacés de les donner au chiffonnier qui les emporterait dans son grand sac. Bien sûr, ce sont des menaces, mais tout de même... Pour se donner du courage, tandis que l'un d'eux, monté sur un talus, surveille la charrette aux chiffons, ils entonnent la célèbre gavotte où le croquemitaine est tourné en dérision :

Va zad e-neus va dimezet	Mon père m'a mariée
Gand eur flêriuz pillaouer...	Avec un puant chiffonnier...

Le chiffonnier a la couleur des terres maigres de son pays, non pas seulement sur son visage, mais sur ses vêtements grossiers et roux. Cependant, un respect lui est dû à cause de son *croc-à-peser*, un instrument étonnant, magique, auprès duquel les balances du boulanger ne sont que des jouets douteux. Et quelquefois, pensez donc, l'homme porte une peau d'animal, une peau brute sur les épaules. Le chiffonnier n'est pas bien causant. Pesées les hardes, les peaux, les soies, on entend un chiffre, articulé avec l'accent du Léon. Personne n'y prête attention, tant on est honnête des deux parts. C'est seulement un mot de passe pour aller à la boîte aux poteries, rien de plus. Le chiffonnier plonge son bras profondément dans le foin, sous le sac de chanvre. Il fouille, il réfléchit si durement qu'il en ferme son œil unique. Il lui faut sortir la valeur exacte de la marchandise ou, mieux encore, l'exacte envie de la femme. Cela ne vient pas du premier coup, mais du troisième, après des prières et de l'insistance. A la fin, le renard des Monts d'Arrée pousse un long soupir et découvre ce que l'on attend. Avec mille regrets, il s'en sépare.

– C'est le dernier, femme. Je n'en aurai pas de pareil avant longtemps.

Barba est soulevée de ravissement. Un peu plus loin, tout à l'heure, Del aura pour sa part un autre bol ou un autre plat, exactement pareil à celui de Barba sauf qu'il est encore plus dernier que le dernier d'avant.

Vingt ans plus tard, je verrai paraître le même chiffonnier sur le seuil de ma maison paternelle. Il sera devenu marchand de toile entre-temps, passé en bourgeoisie. Mais je retrouverai sa voix profonde et son œil unique, ce ver luisant dans la broussaille des sourcils. Lui, il retrouvera ses grands plats sur le dressoir-long de la cheminée de ma mère. A la radio, j'aurai fait une émission sur lui-même et sur son métier. Je n'aurai dit que du bien de l'un et de l'autre parce qu'il n'y a que du bien à en dire. Seulement, il aura eu l'impression que je le croyais mort. Il me dira qu'il n'a pas encore envisagé de rejoindre les âmes, qu'il a tout le temps d'y penser. Pour le reste, j'aurai parlé assez juste, selon lui, sauf à propos de son cheval isabelle. En vérité, l'animal était rouan.

En attendant, il continue sa tournée. Il nous donne le temps de grandir. Il ne sait pas encore que nous ne serons pas des clients pour lui parce que le monde aura changé. Il sourit avec bonté quand il voit apparaître nos yeux au ras des talus pendant que le plus affronteur d'entre nous s'efforce de lancer, tout tremblant, le refrain de la gavotte :

Foei, foei, foei, ma zammig aotrou
War e stoup hag e billou!

Fi, fi, fi, mon petit bonhomme
Sur son étoupe et ses chiffons!

Les plats du chiffonnier, les plats au coq et à la rose, sont exposés au-dessus de la grande cheminée, sur un dressoir-long de châtaignier à clous de cuivre. C'est le *mester*. Ils sont là surtout pour la montre. Ma mère ne s'en servira que pour les *mangers* d'apparat en l'honneur de gens qui méritent mieux que la vaisselle commune. Pas forcément les riches ni les puissants. Ces jours-là, il y a des emplacements vides sur le *mester*. On dit qu'il a fallu lui tirer les dents ou lui trouer le râteau. C'est rare. Aucune femme n'aime dégarnir son *mester*, la décoration flatteuse de sa cheminée, cette cheminée étant le centre de ses travaux à elle et le cœur même de la maison. D'ailleurs, quand elle ne sert pas, elle est masquée dans le haut par des rideaux d'un tissu à fleurs qui représente quelquefois une dépense considérable. Mais on ne saurait liarder quand il s'agit d'exposer convenablement la grande vaisselle.

Sur la tablette de la cheminée, sous le *mester*, sont disposés les plus jolis bols qui ne servent pas non plus. Des bols pleins de couleurs vives ou rehaussés de lisérés d'or et qui valent cent fois leur poids de chiffons. Chez moi, au milieu de leur rang, juste sous le crucifix cloué au centre du *mester*, il y a une théière de Chine accostée de son sucrier et de son pot à lait ou à eau chaude, on ne sait pas très bien. Ces trois récipients n'ont jamais contenu ni thé ni sucre ni lait ni eau ni rien d'autre. L'oncle Jean les a ramenés des pays jaunes où il a longtemps servi comme soldat. C'était pour apporter quelque lustre à la pauvre maison de son père. C'était pour faire plaisir à ses quatre sœurs qui aimaient la belle vaisselle, comme toutes les filles de bon lieu. Mais quand la caisse arriva, ce fut une autre affaire. Elle contenait deux tableaux laqués représentant le Fuji-Hama qui furent accrochés incontinent de part et d'autre de la fenêtre. Sous les tableaux, soigneusement emballées, il y avait les cent vingt pièces du service à thé rose et bleu. Voilà ma mère bien empêchée. Que faire de cette vaisselle de poupée, surtout de ces tasses transparentes dont les anses récusaient les gros doigts des paysannes? Impossible d'offrir le café dans ces dés à coudre sans risquer de se faire taxer d'avarice et de prétention à la fois. Quant au thé, on savait à peine ce que c'était. Alors, ma mère décida d'honorer son frère aîné en installant, au centre du *mester,* la théière, le sucrier et le pot à lait qui avaient des dimensions convenables. Cela fait, elle distribua autour d'elle les autres pièces, une par une ou deux par deux selon les degrés de parenté ou les obligations qu'elle avait contractées à l'égard des uns et des autres. Elle conserva pour son usage personnel deux soucoupes et une tasse qui furent établies à demeure sur un coin de la tablette du grand vaisselier. Depuis, une des soucoupes reçoit tous les soirs les épingles de sa coiffe quand elle la retire pour aller au lit, la tasse contient deux broches rondes et trois épingles de nourrice avec la réserve des *têtes noires* et des *têtes blanches.* La seconde soucoupe est pour faire le pendant de la première. Ma mère y dépose volontiers son chapelet au retour de la messe. Il est vraisemblable qu'aux yeux des Bigoudens, la vaisselle de Chine est fatalement vouée à de tels usages car les pièces dispersées du service rose et bleu de l'oncle Jean que j'aurai l'occasion d'apercevoir au long des années dans d'autres maisons que la mienne seront toujours chargées à peu près des mêmes épingles et des mêmes broches. Quant au thé, il faudra encore attendre quelques années avant que les femmes ne se décident à le faire passer par la gorge. Ce breuvage leur paraît convenir de préférence aux malades et aux petites natures que l'on trouve à foison dans les villes. Certaines n'en boiront jamais que par politesse ou pénitence, d'autres pour jouer à la dame, ce qui est une tentation constante et qui ne fera que s'affirmer pour les paysannes qui commencent à avoir *de quoi.* Mais les plus précieuses d'entre elles auront mille peines à sacrifier le bol pour se contenter d'une tasse qui ne sera pas souvent de Chine. Les épingles d'abord.

Les hommes n'ont jamais soif quand il s'agit de thé. Il semble que le thé ait été inventé pour fournir le prétexte de faire des services à thé. Et le service à thé n'a pas son pareil pour occuper la tablette du vaisselier sous le dressoir. C'est tout ce qu'on lui demande quand on l'a gagné à la loterie. Moyennant quoi, on va chercher le café par demi-livres chez Daniel Keravec et on le déguste à pleins bols en jetant un regard d'orgueil sur la parade vaisselière des tasses autour de la *cafetière à thé.*

Les belles assiettes sont exposées sur le dressoir du vaisselier comme les plats sur le *mester.* Au centre du dressoir, chez nous, est vissée une grosse pendule ronde dont nous sommes très fiers. Bien sûr, si nous étions plus riches, nous aurions une horloge à balancier enfermée dans une étroite armoire sur pieds. A plusieurs reprises, nous avons été sur le point d'avoir assez de sous pour en acheter une chez Alain Timen. Hélas! Il a fallu parer à d'autres nécessités plus pressantes. Mais baste! Notre pendule sonne si bien qu'on l'entend de la rue, ce qui vaut à ma mère tant de compliments qu'elle ne songe plus à envier les possesseurs d'une *horloge debout.* Le vaisselier lui-même est encastré dans ce qu'on appelle le *front des armoires.* Il s'appuie, à gauche, sur l'*armoire à lait,* à droite sur l'armoire de noces d'Alain Le Goff que son propriétaire appelle *quatre-et-deux.* Outre les bassines de lait du matin et de lait du soir, la première renferme tout ce qui sert habituellement pour la cuisine et la table. Elle n'a qu'une porte. La *quatre-et-deux,* comme son nom l'indique, a deux battants dans le bas qui est réservé aux lainages, à la couture et aux coiffes de ma mère. Le haut présente deux compartiments distincts, fermés par deux portes à serrures, l'un strictement dévolu à mon grand-père, l'autre à mes parents. Les deux corps de l'armoire sont séparés par deux tiroirs. Dans le premier, il y a les photos de famille, la correspondance par cartes et lettres qui permet de tenir à jour l'existence des oncles-tantes, neveux-nièces, cousins-cousines, et de quoi écrire à ces gens-là sans faute. Dans l'autre, ma mère range ses petits trésors et aucun de nous ne se hasarderait à l'ouvrir, bien qu'il n'y ait pas la moindre clé dessus.

Les trois meubles, s'épaulant mutuellement et ayant la même épaisseur, présentent une façade unie, seulement rompue par cette sorte d'autel que constitue le dressoir du vaisselier et sa tablette qui supporte, outre ce que j'ai dit, la lampe-pigeon, la grande lampe à pétrole, la statuette en faïence de Notre-Dame de Penhors et les portraits des oncles quartiers-maîtres sous de gros verres pincés sur des chevalets de laiton. Entre le haut des meubles et les solives du plafond sont accrochées par des ficelles invisibles les photographies des noces familiales. Sur ces documents encadrés de noir ou d'or, on m'apprend à reconnaître les gens de ma parenté que je n'ai jamais vus ou que je n'ai fait qu'entrevoir une demi-fois, les grands-oncles, les arrière-tantes, les cousins issus de germains de ma mère qui sont encore des oncles de loin. De temps en temps, il faut se remettre ces visages en mémoire pour le cas où ils surgiraient devant nous inopinément. Et ne pas les reconnaître, ne pas les appeler par leurs noms serait leur faire offense, n'est-ce pas! On me soulève dans les bras pour me les faire apprendre quand je suis tout petit. Ensuite, je monte moi-même sur une chaise pour répéter ma leçon de famille. Quand elle est bien sue, il me reste le plaisir de m'interroger sur les quelques visages anonymes qui cherchent à se faire oublier dans les coins et les fonds, à moins qu'ils n'aient bougé précisément au moment où sortait le petit oiseau. Mes parents eux-mêmes sont mortifiés de ne pas pouvoir toujours nommer ces ombres. A quel titre les avait-on invités? Si les personnes en question sont des messieurs en melons ou des dames en robes-sacs, on ne risque rien de dire que ce sont les *patrons* puisque la plupart des héros, et d'abord les mariés, sont des domestiques. Mais s'il s'agit de femmes en coiffes ou d'hommes en doubles gilets, on a l'impression de renier un peu de la famille quand on est incapable de les remettre à leur place dans le cousinage lointain.

Le front des armoires dissimule la plus grande partie du mur qui est passé au lait de chaux. Les meubles eux-mêmes, étant rangés strictement les uns contre les autres, font voir seulement leur façade, ce qui permet au menuisier d'apporter moins de soin aux côtés et au fond, d'employer même, pour les faire, des planches de bois assez médiocre. C'est à la ménagère d'entretenir de son mieux la partie visible pour éblouir les visiteurs. Elle ne ménage pas la cire ni le chiffon doux. Le châtaignier blond tirant sur le rouge brille de toutes ses fibres. Il est enrichi de clous de cuivre savamment disposés pour allumer le bois sans l'aveugler. Les clous, ma mère les astique tous les samedis sans faute. Dans une boîte ronde en fer-blanc, elle conserve soigneusement une cire de sa composition. Avec son index, elle prélève un peu de ce mélange qu'elle passe sur tous les clous de chaque meuble avant d'y aller du chiffon de laine, comptant les clous à mesure qu'ils reluisent au point que son haleine ne tient pas sur eux. Elle en connaît exactement le nombre. Son front d'armoires est sa fierté. Quand elle a fini de lui donner son brillant, elle vérifie son travail dans la boule de pardon jaune qui est suspendue au plafond et doit refléter dans ses flancs tous les clous sans exception. La boule elle-même, bien entendu, brille comme de l'or. Les visiteurs du dimanche pourront venir après la messe du matin. Le bois et le cuivre seront en état de les recevoir.

Dans l'axe de la fenêtre, la longue table sur laquelle nous mangeons est de bois blanc et sans décoration aucune. Un simple plateau dressé sur quatre pieds et recouvert d'une toile cirée à fleurs clouée sur les tranches. C'est que la table n'est pas un meuble de prestige. Elle est le chantier de la nourriture, une sorte d'annexe de la cheminée. Dans aucune des maisons où je suis entré, je n'ai trouvé de table d'un travail vraiment soigné. Les mieux menuisées sont encore les *tables à ventre* qui servent en même temps de maie et de pétrin. Mais elles disparaissent très vite depuis que les chaises ont fait leur apparition par ici, changeant radicalement la manière que les gens ont de s'asseoir. On ne chasse plus les fesses en arrière, maintenant, on se tient droit. Et l'on s'avise du même coup que la *table à ventre* ne permet pas de caser les genoux. La nôtre est déjà reléguée au grenier. Mais Alain Le Goff n'a pas encore pris ses habitudes avec la nouvelle table. Et il est malheureux quand il doit se contenter d'une chaise. Parlez-lui d'un banc à dossier comme le sien, un large coffre très court sur pattes et dont le couvercle se soulève pour permettre d'y enfouir un trousseau entier, y compris les accessoires. Le dossier, clouté de cuivre et allégé d'une frise à jours, est orné en son milieu d'un Saint Sacrement sculpté. Ce banc du maître est situé à droite de la table et dissimule la réserve de bois à feu. En face de lui, le lit clos et son banc à accoudoirs qui n'est pas du même menuisier que le reste. C'est un très vieux banc qui a survécu à tous les avatars de la famille Le Goff. Ses accoudoirs sont, en réalité, des sortes de boîtes avec un couvercle à charnière. L'un d'eux contenait autrefois la provision de sel, l'autre le tabac ou les chandelles de résine. Maintenant, on y met les outils à main et divers bibelots. Tel qu'il est, bien ciré, le banc de lit fait encore illusion, mais il est mangé de vieillesse. Il faudra bientôt le mettre à la retraite. Cela m'ennuie beaucoup car mes petites affaires sont dans son ventre. Et les bancs que l'on fait aujourd'hui, paraît-il, n'ont plus de ventre du tout.

Les armoires ont beau parader contre le mur du fond, c'est quand même le lit clos qui est la pièce maîtresse du mobilier. A lui seul, c'est un petit appartement privé. Quand le dormeur est entré dedans, quand il a refermé les deux portes à glissières, il est chez lui. Je connais une ferme dont la salle commune aligne trois de ces lits clos. Le premier est celui du maître et de la maîtresse, dans le second couchent la fille et la servante, le troisième héberge tant bien que mal trois garçons en attendant que le plus âgé aille rejoindre à l'écurie les deux valets et le frère aîné. Hommes et femmes, maîtres et domestiques peuvent ainsi cohabiter dans la même pièce avec le minimum de promiscuité, ce qui n'est pas possible avec des lits ouverts. Pour entrer dans le lit clos, sur les genoux et la tête en avant, on garde la robe ou le pantalon. Les portes fermées, on achève de se déshabiller à l'intérieur et, quand c'est fait, le pantalon ou la robe sont pliés à cheval sur la corniche du lit. Les chemises de nuit sont inconnues. On dort sur un sommier de genêts, des paillasses de balle d'avoine. La caisse n'est pas assez longue pour qu'un adulte puisse s'y étendre complètement, si bien qu'il repose entre assis et couché, dans des draps de chanvre, sous un édredon bourré de la même balle que les paillasses et les oreillers. Mais on parle déjà d'édredons de plumes. On attendra pourtant un peu avant de se risquer à un tel changement. Cette plume si légère tient-elle aussi chaud que la balle? Chaude ou froide, la plume vaincra puisque les grosses têtes l'ont adoptée.

Pour moi, qui partage le lit clos de mon grand-père, je trouve que rien ne vaudra jamais cette armoire à sommeil. On s'y sent protégé, ce qui n'est pas le cas dans les lits ouverts comme ceux des lycées où je me sentirai longtemps exposé tout nu aux sept périls de la terre. Au point que j'en deviendrai somnambule pendant mon année de sixième. Et il est bien vrai que les lits clos ont été pendant longtemps des forteresses contre toutes les entreprises qui menaçaient les enfants. C'étaient autrefois les loups, ce sont aujourd'hui encore les cochons qui peuvent dévorer une petite jambe, cela s'est vu, ou les poules qui risquent de gober un œil de bébé pendant que les parents sont aux champs. Car il y a bien des endroits où la basse-cour et la crèche s'égarent encore dans la maison. C'est pourquoi certains lits peuvent se fermer de l'intérieur à l'aide d'un solide crochet. Quand il est mis, l'occupant est en état de soutenir un siège.

L'inconvénient du lit clos, c'est qu'il n'est pas facile d'y mettre de l'ordre, étant donné qu'on ne peut pas tourner autour de lui, qu'il soit aligné entre d'autres meubles ou qu'il occupe un coin. Mais justement, l'honneur de la ménagère est de le présenter à la parade pendant la journée et les portes ouvertes. Si les panneaux sont fermés, on peut supposer que le lit n'est pas fait, ce qui occasionne un sérieux accroc à la réputation de Corentin ou Marie-Louise. Elle prend donc le temps, dès qu'il est vide, de le refaire soigneusement à l'aide d'un *bâton de lit* dont elle se sert habilement pour battre et lisser draps et couvertures jusqu'au fond. Elle recouvre le tout d'une couverture au crochet sortie de ses mains et disposée de telle sorte sur l'amoncellement des paillasses qu'elle occupe plus de la moitié de l'ouverture des panneaux. Ainsi l'encadrement du bois met-il en valeur le lit proprement dit comme il ferait un tableau. C'est pourquoi il faut que le lit soit bien tenu.

La façade du lit clos, dit-on, est l'image même du destin de l'homme. La partie centrale, entre les glissières des portes, représente le Bas-Monde (*ar bed-man*), celui où les hommes peinent, le lit absorbant leur fatigue, et assurent leur descendance derrière les trois lettres IHS et le Sacré-Cœur sculptés dans les portes. En-dessous, la partie cachée par le banc est appelé l'Enfer (*an Ivern*) à cause de l'obscurité qui y règne entre les quatre pieds de bois à peine équarri, sans le moindre ornement. Au-dessus, la corniche à colonnettes prend le nom de Paradis (*ar Baradoz*) avec Sainte Anne ou la Vierge en faïence de Quimper érigée sous une arcade entre deux fuseaux. Le Paradis et le Bas-Monde sont abandamment cloutés de cuivre et régulièrement astiqués comme il faut, ai-je besoin de le dire! Le soir, quand la pièce est éclairée seulement par le feu du foyer, les clous des armoires, du banc à dossier et du lit clos scintillent dans l'obscurité comme autant d'étoiles. Le jour, c'est surtout le bois de châtaignier qui resplendit. Quand ma mère empoigne ses chiffons pour faire briller ses meubles, Alain Le Goff dit quelquefois en souriant :

– Voilà Marie-Jeanne qui nettoie la sacristie.

Il a raison. Nous vivons dans une sorte de sacristie ou de chapelle privée, non seulement à cause des monogrammes du Christ, des croix, des cœurs et des ostensoirs ciselés dans le bois rougeâtre, mais parce qu'il est évident que nos menuisiers ont appris à dresser des sièges, des portes et des frontons en prenant la leçon du mobilier d'église.

Au reste, toutes nos richesses sont rassemblées dans cette cuisine-salle-à-manger-salon-exposition qui peut cesser, d'un moment à l'autre, d'être le théâtre des tâches quotidiennes les plus humbes (on y fait la pâtée des cochons) pour se figer, quand il le faut, dans une solennité qui intimide les visiteurs étrangers. Les autres pièces ou réduits de la maison, en revanche, n'ont pas le moindre mobilier qui vaille, mis à part l'armoire et le lit que mes parents reçurent, selon l'usage, au moment de leurs noces et qui sont de la dernière simplicité. Ils sont placés dans la pièce située de l'autre côté du couloir et qu'on ne peut même pas appeler une chambre puisqu'elle donne sur la cour et que nous devons tous y passer pour gagner l'appentis-atelier-buanderie où se trouvent aussi les cabinets rudimentaires : trois planches sur un cuveau derrière une porte percée d'un as de trèfle. Personne ne s'en plaint.

Ainsi vivons-nous à l'aise dans notre maison et en mesure d'y recevoir honorablement les parents, les voisins, la *coterie* et tous les étrangers qui peuvent avoir une occasion valable de franchir notre seuil. Comptez sur ma mère pour faire en sorte que personne, arrivant sans avertir, ne voie jamais les portes du lit clos fermées sur le désordre, ni un seul clou terni, ni les cendres éparses sur la pierre du foyer, ni le moindre immondice laissé par les sabots sur la terre battue.

Elle est d'ailleurs aussi exigeante pour sa propre tenue que pour celle de sa maison. A peine rentrée chez elle après une journée harassante aux champs, trempée de pluie, crottée de boue, la voilà propre en un tournemain. Tant qu'il y aura du feu et de l'eau, dit-elle, je serai parée. Et de fait, elle ne cesse de laver et de sécher nos hardes et les siennes que pour les repriser ou y mettre des morceaux. Comment s'y prend-elle, avec notre pauvre vestiaire, pour nous tenir toujours quelque chose au sec? Et comment fait-elle surtout avec ses coiffes? Il faut vraiment qu'il pleuve à torrents ou que le vent de mer se déchaîne à toute force pour qu'elle accepte de descendre ses pavois pour aller chercher sa vache à Meot ou à Pont-Gwennou. Pendant les grandes journées de battage, quand il n'est pas possible de garder sur la tête ce haut tuyau de toile ou de mousseline empesée, on la sent mortifiée de se montrer tête nue. Et pourtant, même dans ce cas, ses cheveux sont strictement relevés, roulés sous le peigne courbe avec tant de soin qu'aucune mèche ne peut s'échapper.

Je suis, je serai toujours étonné de voir ma mère sans ses coiffes. Jamais je ne la surprends en train de les faire. Elle se lève trop tôt, vers six heures en hiver et cinq heures en été. Et aussitôt elle entreprend de mettre des coiffes avant même d'allumer son feu. Elle a commencé à l'âge de six ans et depuis elle n'a jamais failli à cette tâche sauf pendant huit jours, quand elle s'est brûlé les mains en tombant sur la tuile à galettes. Et huit fois, une voisine est venue la coiffer. J'avais honte, dit-elle.

D'abord, elle se peigne soigneusement, séparant ses cheveux par une raie au milieu. Ensuite, elle recouvre sa tête d'un bonnet noir à trois quartiers avant de ramener sa chevelure, par-dessus ce bonnet, sur le haut de son crâne où elle l'enroule autour d'un coussinet. Le peigne courbe sera établi autour de cette masse et le tout fixé par des épingles à tête noire. Manipulant habilement ses deux miroirs de quatre sous, devant la cuvette d'eau posée sur la table et qui lui sert à mouiller son peigne de temps en temps, elle s'assure que les cheveux sont bien lissés par derrière, le cou bien dégagé. C'est le moment de dresser, autour du peigne courbe recouvert d'un ruban de velours, la première pièce de la coiffe, *an daledenn*, haut trapèze qui doit fermer par-derrière la gouttière blanche bien empesée qui est la coiffe proprement dite. Celle-ci doit être absolument d'aplomb et pour obtenir ce résultat, il faut plus d'habileté qu'on ne croit. A la génération précédente, quand la coiffe n'avait pas plus de huit ou dix centimètres de hauteur (elle va monter jusqu'à trente-deux centimètres) on jugeait de son aplomb d'après le tortillon de fil qui la terminait par le haut et qui lui a vraisemblablement donné son nom, *ar vigoudenn.* Mais aujourd'hui, ce tortillon est invisible, écrasé au fer. Il faut se débrouiller autrement pour prendre ses mesures. Et si la coiffe est légèrement de travers, les hommes n'y prêteront peut-être pas attention, mais toutes les femmes s'en apercevront aussitôt. Humiliation. De même, une femme soigneuse ne porte jamais ses coiffes chez la repasseuse par temps humide car dans ces conditions l'empois ne durcit pas bien. On dit qu'il ne cuit pas. La repasseuse, quant à elle, doit toujours travailler dans un lieu clos, sans courant d'air. Des coiffes mal repassées mollissent. Peut-être pas beaucoup, mais assez pour que l'on dise :

– Elle a des coiffes saoules sur la tête.

Déshonneur.

Ma mère, avant d'établir la grande pièce de sa coiffe, fait claquer son ongle sur cinq ou six endroits de ladite pièce pour être sûre qu'elle est empesée à point. Elle la dresse sur sa tête, bien droite, la fixe par les coins avec des épingles à tête blanche sur le velours du peigne. Les rubans sont déjà épinglés d'avance à la coiffe. Il ne reste qu'à les nouer par-dessus le menton sur l'oreille gauche. Un coup d'œil aux deux miroirs. C'est parfait. Une demi-heure a passé. Maintenant, on est prête pour aller aux champs ou à la foire, à la messe ou à la noce.

Lorsque s'ouvrent les deux portes basses de l'armoire *quatre-et-deux,* j'aperçois à l'intérieur la réserve des coiffes empesées. Il y en a huit ou dix en deux rouleaux, celui des coiffes de tous les jours et celui des coiffes des dimanches et fêtes. Les premières sont de simple toile blanche sur laquelle sont brodés en blanc des motifs de fleurs stylisées. Parmi elles sont les coiffes de deuil, encore plus sévères. Les autres sont de mousseline brodée ou de dentelle à trous enrichie de dessins exubérants. De vrais chefs-d'œuvre, même pour un pays où toutes les filles viennent au monde, dit-on, avec un crochet de dentellière à la main. Coiffes de grand apparat qui ne servent pas souvent, sinon aux jeunes filles. Non pas que les occasions de réjouissances soient rares, mais il suffit d'un deuil de cousin issu de germain pour vous interdire de déployer les fastes des coiffes à jours. Encore tolère-t-on que les femmes de l'âge de ma mère portent le deuil en coiffes blanches. Mais celles de ma grand-mère Katrina Gouret sont teintes en jaune havane à l'aide de diverses décoctions. Elles sont beaucoup plus basses aussi. C'est qu'à partir d'un certain âge, les femmes ne suivent plus la mode qui est lancée non point par de quelconques couturières (encore moins des couturiers), mais par les filles de fermes riches, celles que l'on nomme les héritières (*penherezed*). Et depuis la fin de la guerre, les *penherezed* s'en donnent à cœur joie. Elles font prendre à leurs coiffes de plus en plus de hauteur, si bien que l'on commence à les désigner sous le nom de *pik-è* (qu'elle est pointue!) dans le pays même, tandis qu'à l'intérieur des terres, du côté des Montagnes Noires, elles sont désormais les *têtes-à-clous (pennou tach).* En même temps que les coiffes prennent de la hauteur, leurs rubans deviennent de plus en plus larges, leurs dessins de plus en plus flamboyants. Les jeunes filles ne peuvent y résister, mais les parents ne sont pas toujours en mesure de supporter la dépense. Déjà l'on entend dire, à droite et à gauche, qu'il en coûterait beaucoup moins de se mettre *à la guise de la ville.* Et ma mère se lamente :

– Je ne vais tout de même pas tomber dans le sarrau, avec un morceau de foulard sur la tête.

Nous la rassurons tous avec fermeté, comme on prête serment :

– Vous aurez toujours de quoi vous acheter des coiffes.

Si les femmes tiennent à leur habillement de tête, c'est parce qu'elles savent fort bien qu'il les avantage. D'abord, cet échafaudage de blancheur est un luxe et compris comme tel. Ensuite, il les oblige à se tenir droites après les avoir obligées à se *coiffer* dans le plein sens du terme. Et enfin, il met en valeur la chevelure dont elles sont fières, surtout les blondes. Evidemment, la guerre de 1914 a fait disparaître la cocarde rouge à larges rubans dite *la Pompadour* qu'elles s'épinglaient sur l'oreille, mais elles se revanchent en tirant des frisettes et des accroche-cœurs sur le front et les tempes, elles accusent le décolleté du gilet par derrière pour dégager la ligne du cou. Et cela malgré les vitupérations tonitruantes du recteur qui traite ces artifices d'allumettes du diable et les coquettes de dévergondées. Ce qui est sûr, c'est que les quelques femmes à la mode de la ville qui paraissent quelquefois dans le bourg ont l'air bien mal fagotées, dans leurs robes-sacs et leurs chapeaux-marmites, à côté des élégantes bigoudènes toutes voiles dehors.

Désormais, elles sont habillées de velours, de satin, de crêpe de Chine. Les deuils de la guerre n'ont pas emporté seulement la cocarde rouge, remplacée un moment par une noire, mais aussi les grands habits brodés par les dizaines d'hommes qui, à travers les deux cantons, levaient en rouge, vert ou jaune les motifs bigoudens sur le drap de Montauban. C'en est fini des plumes de paon, des cornes de bélier, des arêtes de poisson, de fougères, des chaînes de vie, des soleils et des planètes, de toute une symbolique destinée à cuirasser l'homme et la femme par les images de son destin (la *planète,* justement, en breton) ou peut-être, plus simplement, par les représentations du caractère qu'ils se reconnaissent. Les habits brodés existent encore, mais au fond des armoires. Il ne s'en fait plus beaucoup et la broderie en est plus maigre qu'autrefois. Leur temps est passé. Passé aussi le temps de notre voisin Tist Alanou et de son frère Sylvestre, brodeurs tous les deux et réduits maintenant à l'indigne condition de rapetasseurs de hardes sans couleur. Deux ou trois fois seulement, il m'arrive de voir l'oncle Tist tirant l'aiguille sur un gilet d'homme ou de femme tout raidi par une épaisse broderie à fil d'or. Mais il s'agit seulement d'une réparation sur un habit qui est déjà devenu un objet de musée familial. Quelques jeunes filles riches se font encore broder de grandes fleurs sur la robe, le gilet ou surtout le tablier. Mais c'est là de la broderie de femme sur tissus mous. Et les motifs, dit l'oncle Tist, ont l'air de n'importe quoi. Les moins riches se contentent de dessins en strass et perles de verre. Du clinquant. L'oncle Tist raconte aussi que, dans son jeune temps, l'habit faisait le moine, c'est-à-dire qu'à le voir seulement on savait tout de suite quel était l'état de son porteur et son rang dans le pays. Les pauvres étaient encore habillés de toile de ménage (*lienn tiegez*), œuvre des tisserands locaux, l'aisance s'exprimant par le drap de Montauban, tellement prisé par les Bigoudens qu'on leur avait affecté, à Quimper et en d'autres lieux, le sobriquet de *montobaned* (montaubanais). Il n'y avait que les riches à faire « lever du fil » par les brodeurs sur ce fameux drap. Mais, comme il y a des degrés dans la richesse, on les distinguait entre eux par le nombre et la grandeur des motifs qui ornaient le gilet et envahissaient même les manches des femmes. Et les gens se connaissaient si bien entre eux que nul n'aurait osé s'habiller au-dessus de son état par peur de se trouver en butte à la réprobation générale, exposé à toutes sortes de quolibets. L'oncle Tist se rappelle encore une jeune fille trop ambitieuse qui était venue les trouver, son frère et lui, quand ils finissaient leur apprentissage, pour se faire broder, en vue de son mariage, un grand habit exactement pareil à celui d'une autre héritière mariée l'année d'avant. Mais les parents de cette héritière avaient une dizaine d'hectares de plus que ceux de la nouvelle cliente. Tist et Sylvestre eurent du mal à faire comprendre à celle-ci qu'elle devait se contenter d'un habit plus modeste. Après une dure discussion, on tomba d'accord pour sacrifier une *fleur de coin* et quelques autres broutilles de remplissage. La fille pouvait faire illusion, mais les brodeurs avaient respecté la hiérarchie des fortunes. C'étaient eux les chanceliers de l'étrange royaume bigouden.

Cette signification de classement des costumes s'est beaucoup estompée depuis la disparition des grands habits brodés. Mais, pendant longtemps encore, on gardera l'habitude de juger du rang des femmes en lorgnant la hauteur du velours qui garnit la robe par-derrière. Si ce velours monte jusqu'aux reins, il vaut mieux que vous n'alliez pas inviter la demoiselle si vous êtes un pauvre diable, car on dirait de vous, par dérision, que vous croyez être « celui qui fait se lever le soleil ». Un beau tas de vanité. Mais si la fille n'a de velours sur elle que la largeur de deux travers de mains au bas de la robe, ce n'est pas non plus un parti pour un jeune homme qui a quelque bien. Lors de nos premiers bals, mes camarades et moi, conseillés par nos mères, nous amorcions des mouvements tournants au large des groupes de jeunes Bigoudènes pour les évaluer au velours de la robe. Et certaines d'entre elles, arrogantes ou moqueuses, empoignaient cette robe par-derrière à pleine main et, d'un coup de reins de côté, nous la faisaient voir, l'air de nous demander : suis-je de votre rang?

Pendant mon temps d'écolier et même plus tard, aucune des Bigoudènes résidant au pays ne se résigne à adopter la mode de la ville, bien que certaines d'entre elles soient assez instruites et fortunées pour le faire sans dommage. Peut-être se décideraient-elles s'il ne leur fallait pas, en jetant bas la coiffe, se faire aussi couper les cheveux « à la garçonne » pour être dans le nouveau ton. C'est trop leur demander d'un seul coup. Ne dit-on pas que la chemise gratte encore le dos de la fille dont la grand-mère s'est *déguisée*, façon de faire comprendre qu'il faut bien trois générations pour adopter un autre style de costume! Et de fait, les quelques femmes qui se mettront plus tard à la mode de la ville, la quarantaine en vue, n'arriveront jamais à atteindre, même à grands frais, la plus modeste élégance alors que sous la coiffe leur port et leur démarche en imposaient d'emblée. Enfin, l'abandon du costume, en dehors de toute nécessité, passe encore pour un reniement et presque une déchéance.

Car ce sont les plus pauvres qui se mettent le plus vite

à changer de « guise » et cela pour la très simple raison qu'on s'habille à meilleur compte en ville. Comme dit Jean Bosser qui travaille avec mon père, il faut être riche, aujourd'hui, pour s'habiller en paysan. Si les femmes sont prêtes à tous les sacrifices pour arborer la coiffe, les hommes en effet abandonnent de plus en plus vite le costume bigouden. Le voudraient-ils qu'ils ne pourraient pas faire autrement. Les conditions de travail changent pour beaucoup d'entre eux, la confection bon marché arrive, la nouvelle décence ne permet plus de vivre toute la semaine en haillons délavés et fourbus. Sur les places des bourgs, des marchands forains proposent maintenant des pantalons à rayures qui ressemblent encore aux anciens à la qualité près et des vestons noirs qui font la même affaire que les palelots de tailleurs, successeurs des *chupennou* disparus avec le siècle dernier. Et les travailleurs du bourg, les artisans eux-mêmes, s'habillent de coton bleu boutonné jusqu'au cou comme les ouvriers de l'usine. Seuls les maîtres de fermes, les « grosses têtes », et le grand patron de ladite usine, l'oncle Jean Hénaff lui-même, demeurent fidèles au costume traditionnel des hommes qui apparaît comme inséparable de leur condition de possesseurs de terre ou de détenteurs de l'autorité à l'intérieur de la société qui est la leur. La plupart des conseillers généraux, quand ils se réunissent à Quimper, arborent les costumes paysans de leurs « pays ». Et le préfet du département, dit-on, a l'air bien petit à côté d'eux.

Dans les années vingt à trente, les pauvres gens restés au pays font leurs sept possibles pour conserver leur rang vestimentaire. Ils ne peuvent pas arborer le chapeau-mou et le complet-veston tout entier avec la cravate qui est l'apanage des *aotrounez* (les messieurs). Ils excéderaient leur rang. D'ailleurs, ils n'envisagent pas sans terreur de se débattre avec des boutons mobiles et des nœuds. Alors, ils capitulent par étapes. D'abord le pantalon et puis la veste que l'on achète tout faits, non sans quelque gêne à l'égard du petit tailleur local auquel on enlève ainsi le pain de la bouche. Reste le chapeau rond garni de velours sur trois rangs dont les six rubans retombent par-derrière entre les épaules quand le vent ne les ébouriffe pas. Reste aussi le gilet de velours à deux pans, croisés militairement jusqu'à la gorge. C'est lui qui sera la dernière pièce du costume à disparaître au profit du chandail bleu marine ou du petit gilet. S'il résiste si fort et si longtemps, c'est parce que sa double épaisseur de drap protège bien la poitrine dont les Bigoudens redoutent la maladie. Il rend le meilleur service et il tient le torse droit. C'est la marque de dignité que porte encore celui qui a déjà dû troquer le chapeau contre la casquette dite *jockey* ou le béret basque. Le chapeau, c'est la noblesse de Jacques Bonhomme. Il ne l'enlève qu'à l'église ou devant les morts, et c'est pour le tenir plaqué à deux mains contre sa poitrine; ou il le descend largement, les rubans à ras de terre, en l'écartant du corps comme fait un officier de son sabre, et c'est pour honorer les rares personnes qu'il estime, pas toujours les puissants, pas souvent les riches. Il le garde sur la tête quand il mange chez lui ou chez les gens de sa *compagnie*. Ainsi faisaient les charbonniers sous les rois quand ils se voulaient maîtres dans leur cabane. Ainsi fera-t-il de sa casquette quand il n'aura plus de chapeau. Un homme à tête nue est un homme diminué, humilié, offensé. Il y a une chanson en breton qui raconte la montée du Christ au Golgotha. Il est épuisé, meurtri par les chutes et le bois de la croix, couvert de plaies et de crachats, mais le pire c'est qu'il n'a plus le moindre chapeau sur la tête. Un paysan devenu ouvrier à l'arsenal de Brest dans les années vingt fait tous les sacrifices qu'il faut pour conserver son grand chapeau léonard dont le prix est sept fois supérieur à celui d'une casquette plate dite *bouse de vache*. Selon lui, on n'honore pas un homme en casquette, il décourage l'honneur. Et moi, ma mère me fera bientôt la guerre, une guerre qui durera près d'un demi-siècle avec de rares armistices, parce que je me promènerai tête nue dans les rues de mon bourg natal sous le vain prétexte que je ne porte pas de coiffure en ville. Un professeur est au rang d'un maître de ferme et les plus grands de ceux-ci sont toujours sous le chapeau quand ils ont à faire quelque part où les gens doivent paraître exactement ce qu'ils sont. C'est-à-dire à peu près partout.

Quand les hommes n'ont plus ni chapeau ni gilet ni le moindre velours de soie, c'est alors qu'ils paraissent vraiment humbles et piteux auprès de leurs femmes habillées de pied en cap de velours brillant ou mat et dont la coiffe ne cesse de gagner en hauteur en même temps qu'elle enrichit encore ses motifs et augmente son prix. Ils ne peuvent même plus faire illusion en rejetant le chapeau en arrière et en mettant le pouce à l'entournure du gilet bigouden pour donner à croire qu'ils sont les maîtres du ménage. Cela n'a jamais été vrai, mais du moins les apparences ont-elles été sauvées jusqu'au moment où le pauvre homme, tombé dans la casquette, se met à suivre son épouse au lieu de la précéder. La tradition, en effet, veut que lorsque le couple est dehors, l'homme marche devant, la poitrine haute, la moustache impérieuse, tandis que la femme suit à deux pas derrière son dos, obéissante et soumise d'apparence. Mais si elle n'est pas d'accord quand le maître veut tourner à droite, elle lève son parapluie et touche discrètement le bras gauche de son seigneur et maître. Et ce dernier gauchit aussitôt. Il faut naturellement excepter les quelques tyrans domestiques qui tiennent leurs femmes en esclavage ou en mépris, mais ils sont implicitement blâmés, à moins que la femme ne soit ivrognesse ou d'esprit faible, ce qui arrive, mais rarement. Plus fréquent est le cas des maris sans caractère qui sombrent dans la boisson au moindre revers de chance ou de fortune. Et alors, c'est la femme qui gouverne d'une main ferme tout en sauvant la face de son mieux à cause de la honte (*ar vez*). Cette honte terrorise plus la Bigoudène que ne le feront jamais tous les archanges trompetteurs du Jugement Dernier. Contre elle, on peut être assuré qu'elle luttera toujours pied à pied, partout et par tous les moyens. Il m'arrive quelquefois d'entrer dans un estaminet à la suite de grandes personnes de ma famille. Et là, je suis un peu étonné, quand la personne du comptoir demande à un homme ce qu'il veut boire, d'entendre la femme de ce dernier répondre à sa place : un petit Saint-Raphaël. Et l'homme, dont il est de notoriété publique qu'il préfère le rhum ou le vin rouge, se contente de bougonner :*memez tra!* (la même chose). L'appréhension constante des femmes est de voir leur mari tomber dans la boisson. L'ivrognerie est l'une des trois tentations majeures du Bigouden, les deux autres étant l'avarice et l'ambition, du moins si l'on en croit les gens de Quimper, ces culs-étroits. Pour se garder de ces trois côtés, sa meilleure arme est l'orgueil. L'honneur, aurait dit Montesquieu.

De sa voix douce, Alain Le Goff raconte l'histoire d'un ancêtre Le Goff, prénommé Alain lui aussi, qui était valet d'écurie, de labour et de pied au château de Guilguiffin en Landudec, au milieu du dix-neuvième siècle. Sur le château régnait un marquis, personnage bizarre et fantasque, mais ces gens-là pouvaient bien ne pas être comme tout le monde, n'est-ce pas! Homme estimable au demeurant et sachant habituellement se conduire avec ses domestiques. C'est ainsi que lorsqu'il avait à faire à Quimper ou dans quelque autre château, lorsqu'il recevait lui-même à Guilguiffin, il demandait poliment à son valet d'écurie ou de labour de se transformer en valet de pied, avec la culotte, les bas, la perruque et tout le tremblement. Et Alain Le Goff l'Ancien, qui était un homme de haute stature, voulait bien aider le marquis à se faire honneur. Il consentait même à enlever son chapeau devant lui quand il y avait du monde d'ailleurs. Le reste du temps, ils s'appelaient entre eux Alain et Michel sans autre cérémonie. Et notez que Michel n'était même pas le prénom du marquis. Les archives parlées de la famille n'ont pas retenu l'explication du mystère. Or, un jour, se trouvant maître de quelques bons écus, Alain décida de s'acheter une horloge sur pied pour décorer sa maison et se faire mesurer le temps à l'oreille autrement que par l'angélus. Le marquis l'apprit. A la prochaine occasion, il accabla de railleries son domestique, l'accusant de vouloir entrer en bourgeoisie, de dissiper son maigre bien pour avoir un objet parfaitement inutile puisque ni son temps ni la maison qu'il habitait n'étaient à lui. Et il finit par le traiter de glorieux et même de paon de moulin. La crête rouge, Alain Le Goff l'Ancien répondit à son maître qu'il n'était pas marquis sur son armoire-horloge et que si quelqu'un d'autre lui avait parlé comme le seigneur de Guilguiffin venait de le faire, il lui aurait craché entre les deux yeux sans chercher plus loin. Le visage du marquis perdit sa couleur, la salive qu'il avait en bouche eut du mal à descendre. Enfin, il se décida :

– Crachez-moi donc entre les deux yeux, Alain Le Goff, et appelez-moi Michel comme avant.

La mort dans l'âme, l'Ancien le fit le plus délicatement qu'il put pour se payer de l'affront qui était seulement une étourderie. Après quoi, il ne fut plus jamais question de rien entre les deux hommes.

Quand il raconte cette histoire de famille pour notre gouverne à tous, mon grand-père ne manque jamais d'expliquer la conduite de l'aïeul en rappelant que deux autres oncles ou cousins d'autrefois, peut-être un lointain arrière-grand-père direct à nous et son neveu, on ne sait pas, on ne saura jamais, c'est sans trop d'importance, les membres d'une famille sont comme des ardoises sur un toit, donc deux de nos aïeux, l'un appelé Yann Gourlaouen, l'autre seulement connu sous le nom de *Pôtr Tin*(1) et âgé de quatorze ans, pas un de plus, avaient été pendus aux arbres de Guilguiffin après la révolte des Bonnets Rouges, pendus par le duc de Chaulnes, le duc damné, qu'il n'arrête pas de bouilllir au feu d'enfer, même après le jour du Jugement, le salaud! Mais rappelez-vous ceci, mon fils! Un marquis a une très grande place dans ce monde et le pauvre Yann une toute petite. C'est ainsi. Mais que le marquis ne s'avise pas d'avancer un pied sur la place qui est à vous. Ne le supportez pas. Jamais. Ecrasez-lui le pied tout de suite, quitte à vous faire traîner aux galères. Et Alain Le Goff ajoute, pour me rassurer : d'ailleurs, il n'y a plus de galères.

(1) Le gars Corentin.

Bien. Je m'en souviendrai. Au lycée, la plus grande part des punitions que je subirai me seront infligées pour m'être battu jusqu'au sang contre plus fort et plus âgé que moi, ou même seul contre plusieurs, parce que je n'accepterai jamais d'entendre dire certaines choses que j'estimerai offensantes pour ma dignité de paysan bigouden. Surtout quand cela sera dit par un autre Bigouden.

Ce point d'honneur n'empêche pas le respect et l'obéissance quand il y a lieu d'obéir et de respecter. Mais chacun est juge de ses devoirs. Au reste, il me semble que nous respectons la fonction, le rang ou l'état plus que la personne et que nous obéissons pour préserver une subtile hiérarchie dont nous bénéficions par ailleurs plutôt que par passivité, humilité vraie ou feinte, prudence ou calcul. Nous reconnaissons quelques grands personnages auxquels nous accordons le titre de *aotrou* qui veut dire à peu près seigneur, le premier d'entre eux étant *an aotrou Doue,* le seigneur Dieu dont les représentants connus de nous reçoivent la même appellation depuis l'évêque jusqu'au vicaire en passant par le recteur. Mais pour les deux derniers, désormais, *aotrou* ne va pas plus loin que monsieur. Et déjà quelques affronteurs se permettent de dire le recteur ou le vicaire sans le moindre *aotrou* devant. Le titre est également donné aux notaires, mais les médecins ne l'obtiennent pas tous, soit que le souci de la santé passe après celui des biens, soit que le guérisseur à diplômes n'ait pas encore complètement fait ses preuves. A part ces notabilités, je n'entends parler d'*aotrou* dans ma famille que lorsqu'il est question de M. Le Bail, notre grand homme, le maire de Plozévet. Quant au directeur de l'usine, Jean Hénaff, il est parfaitement honoré de tout le monde, mais il ne viendrait à l'idée de personne de l'appeler autrement que par son nom et son prénom. Sa langue habituelle est le breton, il est habillé à longueur d'année en paysan bigouden, il ne tient aucunement à passer pour le bourgeois qu'il pourrait être. Il a beau être riche et puissant, il n'en demeure pas moins de notre *compagnie.* Comme il n'existe plus de famille noble sur le territoire de la commune, le mot *aotrou* ne concerne plus que le clergé et une certaine bourgeoisie en attendant de désigner, tout respect aboli, les hommes quelconques habillés à la mode de la ville ou, par dérision, les vaniteux et les farauds. En fait, la population n'accorde sérieusement l'honneur du mot *aotrou* qu'à ceux qui assument des devoirs envers elle et prennent des responsabilités à son égard. C'est un titre qui se mérite et une appellation contrôlée. C'est pourquoi la plupart des « grosses têtes » elles-mêmes se trouveraient mal à l'aise ou remplies de confusion si quelqu'un s'avisait de leur donner de l'*aotrou*.

Ces grosses têtes-là sont les maîtres des fermes et effectivement appelés *mistri* (maîtres). Ils constituent une sorte d'aristocratie paysanne dont le rang social se fonde sur la possession ou l'occupation ancienne des terres. Comme les anciens nobles, on les désigne aussi par leur prénom suivi du nom de leur ferme. Si vous entendez parler d'un Henri de Lanvao, n'allez pas croire que cet homme avait un ancêtre au Combat des Trente. Il s'agit seulement du tenancier de ce lieu, propriétaire ou non. Naturellement, il possède un nom de famille, comme le roi de France s'appelait Capet, mais presque tout le monde l'a oublié parce qu'on ne l'entend pour ainsi dire jamais. Et lui-même préfère s'entendre appeler du nom de sa terre. Les noms de famille, d'ailleurs, sont de peu d'usage sauf chez les petites gens qui n'ont pas autre chose à se mettre sur la langue. Encore beaucoup d'entre eux sont-ils affublés de sobriquets. Ces sobriquets, nous ne sommes pas aussi forts que nos voisins de Plozévet pour les inventer, mais nous en avons trouvé quelques-uns qui ne manquent pas de sel. Au point que leurs titulaires eux-mêmes finissent par en tirer de l'orgueil. En somme, les gens vraiment quelconques sont ceux qui doivent se contenter d'un prénom et d'un nom. Ils ne sont ni individuellement caractérisés ni situés nulle part.

Les instituteurs et institutrices sont appelés monsieur, madame ou mademoiselle, *en français*. Deux ou trois femmes dans le bourg reçoivent également le titre de madame. Ce sont celles qui ne savent pas le breton ou qui ne daignent pas le parler. Particulièrement Mme Poirier, la buraliste, qui intimide beaucoup les populations pétuneuses. Les autres femmes conservent toute leur vie leur nom de jeune fille. En 1925, elles n'ont que peu de papiers à signer, mais elles s'étonnent toujours de se voir affecter le nom de leurs maris. Pour un peu, elles accuseraient l'administration de leur faire renier le nom de leur famille. Ma mère est Marie-Jeanne Le Goff. Elle ne sera jamais Hélias en breton. Cependant, les maîtresses de fermes sont subordonnées avec leurs maris au nom de la terre. Celle de Lanvao, par exemple, dont le mari se prénomme Henri, s'appellera la Jeanne de l'Henri de Lanvao *(Chann Herri Lanvao).* Mais aucune ne souffrirait devant son prénom le mot *itron* qui est l'équivalent féminin de *aoutrou* et qui est en train de dégénérer tout doucement de *dame à madame.* Ce titre est encore moins employé, dans notre paroisse, que celui d'*aotrou.* En fait, il est à peu près exclusivement réservé à la Sainte Vierge, *an Itron Varia* (la Dame Marie) et, de temps en temps, à sa mère sainte Anne. Mais à Quimper les commerçants (ils parlent presque tous breton) donnent de l'*itron* aux femmes de la campagne bien que celles-ci en rougissent de confusion à chaque fois, sachant fort bien que c'est trop grand pour elles. Si encore, dit ma mère, ils vous appelaient *maouez* (femme) comme le font les marchands des foires et marchés quand ils ne vous connaissent ni nom ni prénom, on serait plus à l'aise. A la rigueur, on accepte de se faire interpeller en français par le nom de madame. Certaines en sont même flattées. Mais *itron,* la flatterie est tout de même un peu grosse. Une jeune fille supporte plus facilement qu'on l'appelle *dimezell* (demoiselle), mais elle demeure sur ses gardes tant qu'elle n'est pas convaincue qu'on ne se moque pas d'elle.

Pour les enfants, toute personne adulte en costume bigouden est *moereb* (tante) ou *eontr* (oncle). En costume de ville, elle n'est rien du tout, il n'y a pas de communication possible. Devenus grands, ils se méfieront avant d'appeler *moereb* ou *eontr* des personnes qui n'ont pas franchi depuis belle lurette les portes de la vieillesse. A soixante-quinze ans, ma mère se fâche de s'entendre appeler *moereb* par des gens de quarante ou cinquante ans. Je ne suis tout de même pas si vieille que ça, bougonne-t-elle. Personne ne risque jamais rien à donner son seul prénom à une octogénaire. Mais ne l'appelez pas grand-mère si vous n'êtes pas son petit-fils.

A Pouldreuzic, nous sommes des *fied* (voussoyeurs) parce que nous ne tutoyons personne, pas même les membres de la famille, pas même les enfants au maillot. Nous connaissons pourtant le tu *(té)* mais, quand il nous échappe, c'est que nous éprouvons un grand mépris ou que nous sommes en grande fureur : *té dorr din eur reor!* (tu me casses un cul!). Dans le canton sud du pays, ils sont volontiers des tutoyeurs *(téed),* ce qui leur vaut de passer à nos yeux pour des éhontés *(divergonted)* tandis qu'ils nous reprochent de parler toujours sur le *grand ton.* Est-ce parce qu'ils sont en contact avec les ports bigoudens et nous des paysans égarés en campagne profonde? Parce qu'ils sont réputés révolutionnaires et nous conservateurs encore que...? Ce qui est sûr, c'est que le tutoiement est une manière de s'affranchir, de s'affirmer, de provoquer en même temps que d'abolir les barrières de la communication. Les jeunes gens de Pouldreuzic qui vont au bal à Plonéour ou à Penmarc'h s'offusquent de s'entendre tutoyer par des jeunes filles à accroche-cœur qui ne baissent pas les yeux devant quiconque. En revanche, nos jeunes filles à nous, quand elles parviennent à s'échapper vers le sud (gare au recteur!) passent pour des pimbêches. D'ailleurs, il n'y a pas que le sud. Le problème se pose dès que l'on franchit un canton. Le code change. Il y a même des endroits où l'on dit *tu* à son frère et *vous* à sa sœur. Allez vous y reconnaître! Alors, méfiance! Le mieux est d'engager la conversation avec un *on* qui n'engage à rien : on est venu au bal aussi?

Les valeurs respectives du *fi* (vous) et du *té* (tu) ne sont pas les mêmes qu'en français. C'est pourquoi ma mère ne réussira que très tard à se tirer d'affaire avec ses deux belles-sœurs parisiennes. Elle utilisera le *vous* et le *tu* dans la même phrase, le *vous* parce que Marcelle et Geneviève font partie de la famille, le *tu* parce qu'elles sont d'une autre civilisation. Curieusement, la familiarité pour elle c'est le *vous* par lequel, parlant français, elle s'adresse à moi, son fils, la politesse c'est le *tu* qu'elle s'efforce d'employer pour les visiteurs étrangers. Et qu'ils lui disent *vous* en retour ne la dérange pas. Ils l'appellent bien madame, alors qu'elle est Marie-Jeanne Le Goff. Ils se trompent d'un bout à l'autre. Il faut les excuser et ne pas faire comme eux.

Le souci que l'on a de rendre à chacun son dû fait que les formules de politesse ne sont guère utilisées, pas plus que le bonjour ou le bonsoir que l'on commence à entendre, mais seulement en français, ce qui est la preuve qu'il n'en était pas question auparavant. Il n'y a pas de *pardon* ou d'*excusez-moi* en breton, sauf quand on a fait une grosse faute, encore préfère-t-on se traiter publiquement d'un nom de bête. Il n'y a pas de *merci* non plus parce que ce que l'on vient de recevoir gracieusement, bien ou service, sera rendu au plus juste, sauf pour les mendiants qui confient leurs dettes au seigneur Dieu. Et quand on vous présente quelqu'un, vous n'avez aucune raison de dire, en breton, que vous êtes enchanté ou quelque chose de ce genre, parce que vous ne savez pas ce qu'il adviendra de votre rencontre avec cette personne, bien ou mal ou indifférence. Or, vous savez très bien que tout mot prononcé vous engage. Alors, vous préférez vous taire et passer pour un lourdaud. Les deux mots qui s'emploient le plus pour aborder quelqu'un ou s'en départir sont *salud* (salut) et *kenavo*, ce dernier étant valable pour au revoir et adieu et signifiant exactement *jusqu'à ce que soit...* Que soit, sous-entendu, bientôt, demain, la prochaine fois ou le paradis. Mais si vous dites *kenavo* à quelqu'un, c'est que vous avez envie de le revoir. Autrement, il faut garder les mâchoires serrées quand il s'en va.

Si vous rencontrez, en montant la route, quelqu'un qui n'est pas du pays et qui la descend, vous lui dites : alors, on descend? Et lui, s'il est homme de bon lieu vous répond : descendre on fait. Si ce quelqu'un est de vos connaissances, vous vous arrêtez à sa hauteur quand vous jugez que vous êtes le plus vieux. Et vous échangez quelques mots, mais aucun de vous ne traverse la route pour aller trouver l'autre, à moins de nécessité. La règle est qu'il ne faut jamais se dépasser sans parler quand on appartient à la société bretonnante. Il ne coûte rien de dire : la nuit arrivera! Les vents tournent! Il y a une ventrée de pluie là-haut! Et la réponse vient : elle arrive! Ils tournent! Il est temps de se mettre à l'abri!

De très bonne heure on m'apprend que sur la route, quand je suis seul, je dois regarder les grandes personnes que je croise et attendre qu'elles m'adressent la parole. Vous voilà, petit! La réponse n'est pas difficile. C'est oui. Si elles ne disent rien, c'est qu'elles ont été mal élevées ou qu'elles méprisent les petits paysans. Dans ce dernier cas, cela se voit dans leurs yeux quand vous les regardez droit dedans. Alors, vous allez un peu plus loin, vous vous arrêtez net, vous vous retournez pour les observer comme des bêtes curieuses qu'elles sont. Il faut s'instruire, mon fils. Mais n'allez tout de même pas jusqu'à cracher par terre.

Voilà quel est notre savoir-vivre.

Avant la guerre de 1914, on ne s'embrassait guère dans les familles, sauf lorsque l'un des membres devait partir au loin pour longtemps sans connaître la date de son retour ni savoir même s'il reviendrait. Lorsque le service militaire durait sept ans, dit le sabotier, les parents nous embrassaient au retour, non au départ. On embrassait les marins plus fréquemment que les autres voyageurs parce que leur métier était réputé plus dangereux que tout autre. Les garçons embrassaient leur mère plus aisément que leur père. J'en connais un qui ne touchera les joues de son père que lorsque celui-ci sera étendu sur son lit de mort De cette réserve, bien entendu, étaient exceptés les enfants jusqu'à l'âge où ils commençaient leur vie de travailleurs, c'est-à-dire, en tout état de cause, avant dix ans.

La guerre de 1914 a changé cela. Les pertes effroyables des deux premières années qui décimèrent les familles, la misère connue des combattants, les journaux que l'on commençait à lire et qui entretenaient les angoisses au lieu d'engourdir les attentes, les retours des soldats en permission et leurs nouveaux départs vers des promesses de mort, tout cela favorisait les épanchements. Depuis que les héros sont revenus, on a conservé l'habitude des manifestations affectueuses, bien que les absences soient maintenant moins longues et moins dangereuses. Mais il n'est pas question, bien entendu, de s'embrasser tous les jours.

L'embrassade n'est pas le baiser. Si la génération des combattants, celle de mon père, a appris à baiser les joues convenablement, leurs pères à eux ont encore du mal à s'y mettre. Ils s'en tiennent le plus souvent à cette accolade à l'ancienne mode qui consiste à s'appliquer mutuellement les mains sur les épaules et les joues contre les joues sans aucune intervention des lèvres. On se touche ainsi trois fois les pommettes au nom de la Trinité pour les Blancs, de Liberté-Egalité-Fraternité pour les Rouges. Certains le font quatre fois comme le signe de croix. La quatrième fois, dit Alain Le Goff, s'appelle l'*ainsi-soit-il (evelse bezet grêt)* qui sert aussi bien pour les Rouges que pour les Blancs. Le tout sans se rapprocher plus qu'il n'est nécessaire.

Il ne faut donc pas s'étonner si les vieilles gens bougonnent en voyant les femmes embrasser, en dehors des grandes circonstances, leurs enfants en âge d'aller à l'école. Et les écoliers que leur mère mignote après six ans sont la risée de leurs condisciples.

Je n'ai parlé que des principaux commandements qui nous obligent à faire attention pour soutenir la réputation de la famille et lui éviter toute vergogne. Car, au sujet des enfants, tout se sait, tout est rapporté. Ils sont la façade naïve de la famille, celle qui ne trompe pas encore. La vérité m'oblige à dire que certains de mes camarades ne sont pas tenus d'aussi près que moi. C'est ainsi que le jour de la fête du bourg, le lendemain de la célébration des saints Faron et Fiacre par le pardon, ils peuvent participer à certains jeux qui me font envie, mais qui ont l'inconvénient de ridiculiser à peu près sûrement ceux qui s'y essaient.

Voici, par exemple, devant la maison d'Alain Le Reste, une galettière suspendue à une ficelle et abondamment frottée d'un mélange de graisse et de suie dans l'épaisseur duquel est introduite une pièce de dix sous. Il s'agit, les mains liées dans le dos, de détacher cette pièce avec la langue ou les lèvres. La pièce appartient à qui réussit l'opération. Mais la galettière tourne sans arrêt autour de sa ficelle, la pièce y adhère bien, le résultat le plus fréquent est que le présomptueux se tire de là sans les dix sous, mais avec la figure toute barbouillée de suie. Les assistants s'esclaffent à s'en déranger les boyaux. Celui qui a raté son coup est traité de *droch,* un mot qui fait le milieu entre niguedouille et simplet. Toute la famille s'en trouve outragée.

Sur le mur du cimetière sont rangés les enfants mangeurs de bouillie et avaleurs de ficelle, parmi eux quelques jeunes gens farceurs. Le gagnant sera celui qui descendra le plus vite dans son estomac le contenu d'une écuelle ou qui ramassera le premier dans sa bouche plusieurs aunes de ficelle sans le secours des mains. Que de grimaces, pauvre saint Faron! Que de figures maculées de bouillie, surtout quand l'avaleur, nourri à la cuillère par un compère, a les yeux bandés d'un mouchoir comme le compère lui-même. Et le menu peuple de se tordre encore aux dépens des lascars. Mais gare à beaucoup d'entre nous si nos mères (nos pères sont plus libéraux) apprennent que nous avons donné le spectacle à la moitié du bourg. Elles ne sont pas là, c'est entendu, mais à peine aurons-nous recraché la ficelle et débarrassé nos narines de la bouillie qu'elles sauront déjà notre disgrâce. Passe encore pour la course en sacs, bien que la chute soit toujours humiliante, ou pour la course à l'œuf si l'on arrive à le garder jusqu'au bout dans la cuillère tenue à la bouche. Passe aussi pour le mât de cocagne, dressé devant le presbytère et grassement savonné. Mais gare à celui qui ne décrochera pas un lot assez important pour que sa mère lui pardonne d'avoir poissé ses vêtements en faisant le saltimbanque, le *termaji*. On ne pardonne qu'aux vainqueurs. Etonnez-vous, après cela, si ces jeux, objets de la réprobation de la plupart des femmes, sont promis à une prochaine disparition. Les gens sont désormais trop fiers pour créer et dispenser eux-mêmes leur propre joie. Assez riches aussi pour payer des pitres et des baladins pour les divertir. Est-ce tant pis ou tant mieux?

De même, tous les ans, on entend dire que l'on assiste pour la dernière fois à la course de chevaux qui a lieu traditionnellement le lundi du pardon. Ce ne sont pas des chevaux de course ni même de selle, mais de braves bidets de labour montés par leurs maîtres ou leurs grands valets. Et l'hippodrome est une section de la route de Penhors, ravinée et caillouteuse en diable. Pour faire galoper ces animaux de charrette et de charrue, il faut déployer bien du savoir-faire. Et il y a le risque d'une chute qui obligerait peut-être à faire abattre l'animal qui vaut une belle somme, outre la considération qu'il apporte à son propriétaire. Non, il n'est pas possible que ces courses durent. Evidemment, le vainqueur est assuré d'un prestige considérable. Mais quels quolibets accompagent l'arrivée piteuse de ceux qui ont tout juste réussi à lancer leur bête au petit trot! Décidément, il vaut mieux aller voir les courses à Pont-l'Abbé ou plus loin.

On prédit aussi, et ce sera pour bientôt, la fin des luttes à la mode de Bretagne. J'ai le temps de les voir deux fois. C'est dans la grande pièce de terre appelée *Park an Ed*, derrière les énormes tas de paille qui occupent le fond de la place et dont commencent à se moquer les gens des communes environnantes, disant que notre bourg est construit autour de trois paillers et nos rues pavées de bouses. Mauvaises langues! La lutte bretonne a encore des amateurs dans le pays, particulièrement dans la corporation des meuniers. Nous-mêmes, les enfants, nous

nous exerçons au *coup d'orteil* et au *corne-cul* en essayant de ne pas marquer nos épaules de vert en tombant sur le pré. Mais les lutteurs qui s'affrontent à Pouldreuzic viennent d'ailleurs. Et ils viennent de moins en moins se produire sans grande conviction devant de trop maigres spectateurs. Bientôt, un jeu nouveau, appelé football, va les envoyer rejoindre les calendes en attendant la renaissance. Cependant, quelques jeunes domestiques s'entraînent encore à la vieille mode, en faisant sauter d'un coup d'orteil la barrière d'un champ.

Ainsi, la crainte de la honte l'emporte-t-elle sur le désir d'honneur et un certain respect humain sur l'audace sans calcul quand il s'agit d'affronter seul des épreuves devant la masse des regardants. Mais, lorsque le sens de la communauté est un jeu, chacun se sent solidaire des autres et ne manque pas de se faire valoir au milieu d'eux dès l'instant que tous sont acteurs. C'est le cas des grands travaux en commun, défrichages, battages, récoltes, charrois de pierres. Le cas aussi de ces aires neuves qui ameutent plusieurs fois l'an une partie de la population d'une paroisse ou d'un quartier dans une cour de ferme qu'il s'agit de refaire parce qu'elle est usée, comme on dit, rendue inégale par les pluies, les roulements de charrettes et les fers des chevaux.

On procède de la même façon que pour rénover la terre battue de la maison, l'*argile à crapaud.* La cour est défoncée à la pioche, la terre trop morte évacuée pour faire place à une nouvelle argile. Cependant, le propriétaire a fait avertir les environs que l'opération se ferait tel ou tel jour. Quelquefois même, le bedeau a banni la nouvelle après la grand-messe, du haut du mur de cimetière. Au jour dit, à l'heure dite, les gens se rassemblent de tous côtés dans la cour en question, chaque famille ayant délégué au moins un de ses membres pour *travailler à danser.* Car il s'agit de danse en effet. Les sonneurs sont là, engagés par le maître des lieux. Celui-ci a fait préparer abondamment à boire et à manger. La cour a l'aspect d'une terre labourée. Elle a été conditionnée d'avance, savamment, ce n'est pas de la boue, mais une sorte de pâte molle, élastique et déjà liée. Maintenant, il reste à l'aplanir et à la tasser sous les talons des sabots au rythme des gavottes, de *jibidis* et des *jabadaos*. Et le travail commence avec la fête. Les sonneurs se déchaînent de leur mieux. Le propriétaire s'est entendu avec quelques-uns des meilleurs danseurs qui auront à charge de mener l'opération, tâche délicate et qui requiert de l'habileté. Des seaux d'eau ont été tirés du puits. Quelques compères attentifs en mouilleront les endroits où la consistance du mélange ne les satisfait pas. Et puis ils feront signe au meneur de danse pour qu'il amène les couples de ce côté et les y fasse piétiner en musique jusqu'à obtenir une ferme pétrissure. Cela ne va pas sans crotter d'argile les pantalons et les jupes, mais n'importe guère à des gens qui ont l'habitude d'affronter les pluies et les boues tous les jours que Dieu fait. L'essentiel n'est-il pas de réussir une aire à battre irréprochable, bien plane, bien régulière, un peu souple, bref, une sorte de chef-d'œuvre qui fera dire aux connaisseurs, parlant de ceux qui ont dépensé leurs forces sans compter pour mettre au point une telle courée d'argile-à-crapaud : ils ont bien peiné à danser.

Les jeunes filles ne sont pas les dernières à courir aux aires neuves. Qu'elles soient héritières ou servantes, c'est là que tout un chacun peut juger de leurs capacités. L'aire neuve n'est pas seulement un plaisir, pas seulement un resserrement de la communauté de travail, c'est aussi l'occasion pour les filles riches de montrer qu'elles ne rechignent pas aux travaux fatigants et salissants, qu'un mari éventuel pourra compter sur elles dehors et dedans. Elles savent que leurs prétendants seront là et que les élans du cœur ne sont pas toujours suffisants pour les décider. Que si elles sont assez belles chevrettes pour faire perdre la tête à quelque héritier trop éperdu pour juger sainement de leur valeur de maîtresse de maison à venir, elles savent aussi que derrière lui il y a le père et la mère. Et eux ne s'en laissent pas conter, inquiets qu'ils sont toujours de faire entrer chez eux une bru qui risque de faire aventurer le bien. Aussi l'héritière ne ménaget-elle pas sa peine de gavotte en jabadao, pas plus que ne la ménage l'héritier qui, lui aussi, est l'objet d'un sérieux examen critique de la part des maîtres-paysans pourvus d'une fille à marier, surtout si elle est unique. L'aire neuve est l'une des épreuves sélectives en vue de futurs mariages dans les années vingt. Eliminatoire quelquefois si l'on en croit les sonneurs de biniou et bombarde, lesquels sont orfèvres en la matière, étant un peu entremetteurs à leur façon, en tout bien tout honneur, bien sûr, et pour la récompense de sonner aux noces si elles se font. L'un d'eux me dira qu'un propriétaire lui a discrètement allongé, un jour, de quoi bourrer sa pipe pendant un mois ou deux, lui demandant seulement de souffler dans le buis sans trêve ni repos. Il voulait savoir combien de temps durerait à la danse certaine fille que son aîné courtisait de très près et dont on pouvait se demander honnêtement si elle n'avait pas le « mal de poitrine ». Que voulez-vous? Il faut bien prendre ses assurances. La fille en question, toute maigrichonne qu'elle parût, demeura fringante jusqu'à la fin. Dès lors, le futur beau-père n'avait plus rien à dire. Il n'en dit pas plus.

Valets et servantes, de leur côté, rivalisent d'ardeur à la danse. Pas seulement en vue de se convaincre mutuellement qu'ils feraient un bon époux ou une bonne épouse s'il leur arrivait de se plaire ensemble, mais parce que les maîtres et maîtresses de ferme qui sont là n'hésiteront pas à forcer sur les gages, soit pour les garder, soit pour les enlever à d'autres s'il est patent, à les voir danser, qu'ils ne se ménageront pas au travail. Et un gaillard qui ne faiblit pas des jambes, qui se tient le torse raide jusqu'au dernier éclat de la bombarde, celui-là fera un bon valet de labour. Une fille qui danse juste et qui contrôle constamment ses gestes, celle-là travaillera vite et sans perdre de temps, sans casser de vaisselle, sans bavardage vain, on peut y compter presque sûrement.

En raison de quoi, lorsque tout est fini, l'argile bien régulièrement pétrie pour un dernier nivellement au rouleau, le dernier morceau descendu à l'aide de la dernière goutte, tout ce monde regagne ses pénates en commentant la journée et se promettant de venir voir, dans quelques jours, si l'aire neuve vaut bien la peine que l'on a prise avec elle. Demain, sur les haies vives autour des maisons, les mères mettront à sècher les robes et les pantalons de travail de leurs jeunes gens, maculés d'argile-à-crapaud dans le bas et même plus haut que le bas. Et de vanter leur progéniture :

– Pensez donc, Corentine, ma fille avait de la terre humide jusque dans le dos de son gilet. Celle-là, le travail ne lui fait pas peur. Ah non, par exemple! Et avec ça, elle a eu du goût. Plusieurs à tourner autour d'elle et pas des pauvres diables. Mais je ne vous dirai pas qui.

C'est donc à l'aire neuve que l'on fait montre de sa valeur, de son courage, de son énergie et généralement de son caractère. L'élégance et le souci du rang le désir de s'élever ou simplement la joie de vivre, l'alacrité de la jeunesse, c'est dans les danses de noces qu'ils se manifesteront et dans certaines occasions comme la « vieille semaine » où les domestiques célèbrent entre eux la fin ou le renouvellement de leur contrat annuel. Ces dernières aubades de danses se distinguent doublement des danses d'aires neuves : d'abord parce que toute notion de travail s'en trouve écartée, ensuite parce que tous les danseurs se mettent sur leur trente et un, cherchant à se placer le plus avantageusement dans la hiérarchie communautaire ou à représenter de leur mieux la famille à laquelle ils appartiennent, quitte à tricher de temps en temps sur les moyens. Car il n'est pas interdit de paraître plus qu'on est dès l'instant qu'on a décidé de faire ce qu'il faut pour devenir effectivement ce qu'on paraît être. Il y a une marge de promotion possible, marge restreinte, il est vrai, mais, comme tout compte pour améliorer son état, il ne faut rien négliger. La bonne santé est toujours un atout, la vigueur de même, la tenue du corps et l'allure ainsi qu'un certain art de la parole qui sait s'arrêter avant le bagout. De tout cela, les jours de noces permettent de jouer parce qu'ils sont réservés non seulement à la célébration d'un art de vivre, mais à l'exaltation d'un type de société qui s'étend sur trois ou quatre paroisses et se reconnaît dans une douzaine d'autres avec quelques variantes. Ni tribu ni clan, à vrai dire, seulement un ensemble de cousinages, d'alliances, de coteries, de compagnies qui parlent la même langue, je veux dire qui obéissent à un même code non écrit dont personne n'oserait contester les subtiles recommandations s'il désire faire son chemin dans la société dont il s'agit. Et c'est pourquoi les danseurs sont aussi des calculateurs à la plume de paon.

On pourrait croire que les pauvres ont plus de liberté que les riches pour se marier à leur envie, mais cela n'est vrai que pour les misérables fieffés qui sont très peu et pour ceux qui ont rejoint les villes par ambition ou nécessité. Ces derniers peuvent prendre femme ou mari comme bon leur semble à condition qu'on ne sache pas d'où vient l'un ou l'autre dès l'instant qu'il n'est pas du pays. On pousse même la complaisance jusqu'à faire semblant d'ajouter foi aux mensonges qu'ils colorent en affirmant qu'ils ont fait un beau mariage. Quelle importance! Ils sont sortis. Mais ceux qui restent doivent jouer le jeu. Et le jeu, c'est de contracter alliance à sa hauteur et à sa mesure, un peu plus haut, mais pas beaucoup, jamais plus bas même d'un peu. Et qu'ils sachent bien, les jeunes gens, qu'ils sont surveillés de près. Dès qu'ils se fréquentent, une bonne partie de la paroisse suit leurs faits et gestes avec une curiosité qui ressemble fort à de la gourmandise, mais qui n'est en fait que le simple intérêt dû à une affaire qui concerne peu ou prou la collectivité dont ils font partie. Et les langues vont bon train dans le blâme quand la fille et le garçon n'ont pas de situations en rapport, soit que la fille d'état médiocre ait détourné à son profit un « héritier » qui aurait dû être légitimement promis à une « héritière » de son rang, soit que le garçon domestique, quartier-maître chef ou gratte-papier ait attiré sur lui les bonnes grâces d'une fille de maître-laboureur. Et il arrive que la réprobation générale fasse avorter des projets déjà en bonne voie. On ne peut pas toujours résister à la pression d'une société qui, malgré ses inégalités et ses aspirations diverses, a pour première ambition de persister comme elle est. Ceux qui ne sont pas contents n'ont qu'à s'en aller, le train passe bientôt tous les jours.

Quand les deux amoureux sont bien assortis, j'entends au point de vue du rang et des biens, il n'y a rien à dire sinon pour se réjouir de cette alliance qui raffermit les structures de la communauté à laquelle on appartient, même si l'union de deux grosses familles suscite quelque jalousie en raison de la nouvelle puissance qu'en tireront l'une et l'autre. Mais il n'est pas défendu d'être un peu jaloux, non! Cela nourrit l'émulation. Et d'ailleurs, on commence à voir se dessiner un avenir où l'instruction et les places qu'elle promet pourront entrer en ligne de compte au même titre que la terre ou l'argent. Après le bachot et la licence ès lettres, certains trouveront que je ferais un parti acceptable, bien que fils de *Rouge,* pour une ou deux jeunes filles très au-dessus de ma condition de départ et *Blanches* de surcroît. Je le tiendrai d'elles-mêmes. On n'ira de même pas jusqu'à m'envoyer l'entremetteur.

Ce personnage, de même que son homologue féminin la marieuse *(ar gomer goz),* commençait déjà à disparaître, avant la guerre de 1914, en tant qu'intermédiaire officiel entre les familles. Depuis beau temps, il avait perdu le bâton de genêt, insigne de sa fonction, qui lui valait son nom de *baz-valan.* Mais on avait presque toujours recours à lui, au moins pour les premières démarches en vue d'une alliance, surtout quand on prévoyait des difficultés ou de longs marchandages. Si, malgré son habileté, il ne parvenait pas à faire conclure le mariage, il n'y avait d'offense pour personne puisque les familles, de part et d'autre, n'avaient fait directement aucune démarche. Et il n'était plus question de rien. S'il réussissait, aux dires de l'un d'eux, il recevait le triple du pourboire (nous disons le *pour-fumer*) qu'il avait eu au départ et qu'il conservait en cas d'échec. Ensuite, il accompagnait le père pour la demande officielle. Et enfin, les jours de noces, il trônait un bon rang à la table, invité à bâfrer tout son saoul dans l'honneur et la dignité.

Il y a eu peu de mariages pendant la guerre. Les pertes en jeunes hommes sur le front, le non-retour de certains rescapés ayant trouvé fortune ailleurs, ont rendu plus accommodants et plus pressés les chefs de famille qui désirent un gendre. Et cependant, l'ancienne coutume demeure encore dans les années de vingt à trente. Le *baz-valan,* devenu désormais le « faiseur de cour » *(ar houriter)* interposé, exerce toujours sa diplomatie entre les deux parties éventuellement prenantes, et la commère marieuse fait encore son office. Mais cet office est désormais plus discret, moins visible en tout cas. Ce sont toujours les mêmes personnages qui l'exercent, particulièrement les tailleurs. Et ceux-ci, bien entendu, en cas de succès, feront l'habit de noces. Ou le bedeau sonneur de cloches. Et celui-ci, le jour du mariage, aura la patte si bien graissée que les cordes lui glisseront dedans comme des anguilles. Ou les sonneurs à danser. Ou le mercier ambulant. Ou le chiffonnier léonard lui-même, bien qu'étranger. Ou les vieilles « commères » en mal d'apparier, au premier rang celle qui fait office de sage-femme et qui espère bien mettre au monde les futurs enfants du couple. Ou n'importe qui, en fait, à condition de connaître parfaitement les hiérarchies, les coteries et les diverses convenances dont on doit obligatoirement tenir compte si l'on veut mettre les meilleurs atouts de son côté. Mais l'habitude n'est pas encore prise, à la campagne, de se passer d'un intermédaire, ne serait-ce que pour porter la parole en votre nom le jour de la demande.

C'est ainsi que je vois se présenter dans notre maison, un soir d'hiver, un jeune homme que j'ai vu sans savoir exactement qui il est. Je l'ai vu, au milieu d'autres, converser avec ma tante Lisette, jeune fille agréable et rieuse qui semble plaire beaucoup aux jeunes gens. Il vient la demander en mariage tambour battant. Il a bien fait prévenir quelques jours auparavant qu'il viendrait. Et toute la famille est en émoi depuis car Lisette a déclaré aussitôt qu'il ne lui convenait pas, c'est tout, qu'elle n'avait aucun reproche à lui faire, sinon de ne pas lui avoir fait part de ses intentions, auquel cas elle l'aurait découragé poliment, mais que maintenant il s'agissait de lui dire non avec toutes les précautions nécessaires pour que ni lui ni sa famille ne s'estiment offensés. Alain Le Goff a mûri ses réponses et ma mère les siennes en tant que sœur aînée remplaçant la mère, mon père demeurant en dehors de l'affaire. Quant à moi, qui suis déjà aux trois quarts dans la confidence, je vais assister forcément à la scène puisque je couche dans le lit clos de la cuisine et qu'il n'est pas possible de recevoir le prétendant ailleurs.

La grande porte est déjà fermée quand il arrive dans la nuit noire, accompagné de l'homme chargé de plaider sa cause et qui n'a pas eu le temps de préparer ses batteries. Cet homme entrouvre la porte et demande entre haut et bas s'il y a quelqu'un. Mon père lui répond d'entrer tout à fait. Il y a déjà une demi-heure qu'on m'a enfermé dans le lit clos où je tourne en rond comme un marcassin en cage. J'entends chuchoter contre la cloison du couloir : laissez-le là ! Il s'agit du panier noir nécessaire à toute demande en mariage et qui doit contenir deux bouteilles, l'une de *fort*, l'autre de *doux*, sans préjudice de quelques provisions de choix. Tout cela sera débouché ou entamé quand la demande aura été reçue favorablement, mais pas avant. C'est pourquoi le panier noir est laissé près de la porte. Dans les fermes, il paraît qu'on le laisse dehors, derrière le puits.

Les deux hommes entrent lentement en s'excusant de déranger à cette heure. Ma mère remonte la mèche de la lampe à pétrole. Je suis à genoux dans mon lit clos, derrière les portes fermées, et je regarde à travers les sculptures à jour de *Iezus Hominum Salvator* en retenant mon haleine. On fait asseoir les visiteurs sur le banc du lit et la nuque du prétendant se trouve à quelques centimètres de mon nez. Il s'est acheté une casquette à la nouvelle mode appelée *jockey* et la casquette sent une bonne odeur de neuf. Il a dû la payer cher.

Ma tante Lisette n'est pas là. Elle est dans l'autre pièce. Elle coud à la lueur d'une lampe-pigeon en attendant que l'entrevue se termine. Si le prétendant avait dû être agréé, elle se serait mise sur son trente et un pour paraître tout à l'heure dans toute sa gloire. Mais le jeune homme va « attraper son sac avec les coulisses », comme on dit. Elle est donc en vêtements de tous les jours et en coiffes unies. Elle ne se montrera pas.

Dans la cuisine, cependant, on commence à converser après que ma mère a mis sur la table de quoi se mouiller la gorge pour faire descendre l'émotion. Si j'ai cru pouvoir entendre la demande en mariage et les formules lénifiantes du refus, je me suis bien trompé. Car, selon le cérémonial de toutes les visites, on se met à parler du temps qu'il fait, de l'enterrement d'un homme du bourg qui est mort avant l'heure, d'une nouvelle lampe à carbure que les maçons ont adoptée pour leurs bicyclettes, d'un... je ne saurai dire d'un quoi puisque je dors en travers du lit clos.

Le lendemain, quand j'interroge grand-père pour savoir de lui comment il s'est tiré d'affaire avec le jeune homme à la casquette neuve et son porte-parole, il m'affirme seulement que ma mère et lui ont tourné leurs phrases de telle sorte que les deux visiteurs ont compris d'avance qu'il était inutile de poser la question. Ils sont repartis avec leur panier noir sans avoir jamais élevé la voix ni laissé sortir une seule phrase d'aigreur ou de rancune. En sortant, le *baz-valan* a seulement dit à son protégé :

– Maintenant, il faudra vous tourner d'un autre côté.

Et l'autre de répondre en soupirant :

– Peut-être bien. On ne gagne pas à tous les coups.

Je ne suis pas encore assez grand pour comprendre les manèges compliqués auxquels se livrent les jeunes hommes et les jeunes filles pour faire connaissance ou se témoigner leurs sentiments sans le moindre entremetteur. Je vois bien que, dans les diverses assemblées de la jeunesse, il y a toujours un frère qui tient un œil sur sa sœur pour le cas où quelque malotru ferait entreprise sur elle ou qu'elle-même s'oublierait jusqu'à écouter au-delà de la politesse les propos de tel ou tel autre qui est placé beaucoup trop haut pour qu'il y ait espoir d'établissement. Le frère en question, d'ailleurs, peut très bien être un petit garçon comme moi qui ne manquera pas de rapporter aux parents, le soir même, le comportement de leur fille dans les détails. Par pure naïveté ou pour l'honneur du nom dont il se préoccupe déjà. Il y en a qui ne quittent guère les jupes de leurs sœurs quand elles sont en lieux de rencontres. Au reste, il est entendu que les enfants ont le droit d'aller partout sans déranger personne. Demeure, pour les jeunes hommes, la ressource de leur donner quelques sous à dépenser dans les boutiques à bonbons. Ils ont des chances d'en être débarrassés pendant le temps que la bombance durera.

Les pauvres ont les coudées plus franches que les riches. Au sens propre. Les déclarations d'amitié, qui sont le préliminaires obligés de toute fréquentation un peu tendre, se font volontiers sous forme de poussées ou de joyeuses bourrades ponctuées de rires qui dissimulent l'embarras ou l'émotion. D'ailleurs, garçons et filles, en public, ne se parlent jamais de près, leurs paroles peuvent toujours être entendues des passants. Et des passants, comme par hasard, il y en a toujours. Cela n'empêche pas certaines filles de se faire quelquefois serrer de très près, soit qu'elles aient la réputation de ne pas être trop difficiles d'approche, soit que leur coquetterie, consciente ou non, énerve les garçons au-delà d'une honnête mesure. Alors, il ne reste plus aux imprudentes que la ressource de sortir de leur gilet la treizième épingle, celle que le mercier ambulant, Chimig Paperez peut-être, leur aura donnée en plus de la douzaine pour qu'elles se défendent contre les amoureux trop entreprenants. Elles n'hésitent pas à utiliser cette arme contre laquelle il n'y a pas de parade connue et qui met fin à toute entrevue. Mais les plus finaudes manœuvrent de façon à ce que l'épingle ne soit vue de personne et sentie seulement par l'intéressé. Ainsi l'honneur est-il sauf des deux côtés.

Les filles se promènent souvent trois par trois, bras dessus bras dessous. Celle du milieu est souvent la plus provocante parce qu'elle sent ses flancs protégés par les deux autres. Et puis à trois on se défend mieux. Si l'une d'elles veut marivauder avec un galant, il en reste deux pour la surveiller. Une seule ne suffirait pas, précisément parce qu'elle serait seule et donc elle-même exposée. Or, les garçons sont entreprenants surtout quand ils reviennent du service militaire qui est leur première grande aventure. Ils ont assez tremblé de ne pas la connaître, assez redouté ce fameux conseil de révision, à Plogastel Saint-Germain. N'allait-on pas leur trouver une maladie cachée, un vice physique inconnu d'eux-mêmes? Ils seraient déclarés inaptes, renvoyés chez eux, traités de *boued yer* (pitance à poules), raclures de balayage, autant dire rien de bon. Et aucune jeune fille ne se laisserait plus approcher par eux. Adieu le mariage, du moins dans le pays. Avoir une infirmité visible vaut cent fois mieux. C'est avec appréhension que les parents attendent le retour des conscrits qui affrontent l'épreuve au chef-lieu de canton. Le fils refusé au service, c'est une humiliation encore pire qu'une fille malade de la poitrine. Mais, quand le faraud a fait son temps dans une infanterie ou une artillerie, aucune fille ne peut plus lui faire baisser les yeux, d'autant plus que l'épreuve suivante sera le mariage.

Et les filles, de leur côté, apprennent à se mettre en valeur autrement que par le costume, le visage et la démarche. Le plastron raide qui leur écrase la poitrine bandée à outrance, se desserre d'une année à l'autre, soulignant des seins naguère réservés au seul allaitement maternel et qui vont bientôt enrichir l'arsenal des « allumettes du diable ». Bientôt apparaîtront les soutiens-gorge et une grand-mère pourra dire avec stupéfaction, en brandissant cette parure de sa petite fille : c'est bien la première fois que je vois mettre du lait dans des paniers!

Les progrès que fait un jeune homme dans la fréquentation d'une jeune fille et les chances qu'il peut avoir d'envoyer sans risque l'entremetteur au père de celle-ci sont marqués par des familiarités successives dont chacun peut être juge. S'il est sans grande conséquence d'inviter trois filles, ou même deux, à boire un petit verre de boisson douce, il n'en est pas de même quand la fille est seule. Les langues commencent à battre si elle autorise son soupirant à lui acheter des noix dans quelque boutique de pardon. Mais à ce stade, rien n'est encore fait. Il y a sûrement accord entre les deux parties quand on voit le jeune homme marcher d'un air conquérant auprès de la jeune fille et portant le parapluie de celle-ci la pointe en l'air. Il ne lui reste plus qu'à lui faire accepter une belle épingle à foulard et les jeux sont faits. La demande est faite aussi. Peut-être même la date du mariage est-elle arrêtée. Ce n'est pas pour tout de suite, bien sûr, parce que de tels grands jours ne s'improvisent pas.

Il faut prévoir, en effet, une semaine entière de cérémonie, mangeailles, réjouissances et politesses diverses. Donc une semaine perdue pour le travail. Quand ce travail presse, particulièrement en temps de moisson, il n'est pas question de marier les gens. On a besoin de tous les bras. L'un ne veut pas lâcher sa fille ni l'autre son gars. Le plus pressé des deux beaux-pères est celui chez qui s'installera le jeune couple, car il disposera d'un travailleur ou d'une travailleuse de plus. Il propose donc de faire le mariage au temps de Pâques puisqu'on ne se marie pas pendant le Carême ni pratiquement avant les Rameaux. M. le recteur s'en fâcherait. L'autre préfère garder sa fille ou son gars jusqu'à la fin d'août. On s'arrange toujours sur un compromis : la fille aura un coin de jardin pour y faire pousser des fleurs, le gars pourra retourner huit jours chez ses parents pour les aider au plus fort de la moisson. Quant aux simples domestiques, ils profitent du congé de la « vieille semaine », les seuls huit jours francs de l'année pour se marier entre eux. Car le deux janvier il faudra qu'ils se remettent au travail jusqu'à la Noël suivante sans dételer.

Le mariage est un événement important, que l'on soit riche ou pauvre, parce qu'il resserre les liens familiaux autant et même plus qu'un enterrement. Car un enterrement réduit la famille tandis qu'un mariage l'augmente par alliance, l'ouvre sur de nouveaux cousinages avec lesquels il faudra compter. En fait, il est difficile de savoir exactement où s'arrête la famille. Et pourtant, il faut en faire un inventaire précis quand il s'agit d'aller inviter les gens. Les mères de deux fiancés doivent procéder à ces invitations en personne, chacune accompagnée d'une parente. Et à chaque visite ou presque, il y a la cérémonie du café ou de l'omelette dans les maisons qui respectent le vieil usage. L'expédition dure de huit à quinze jours. Et cependant, les deux fiancés se rendent ensemble auprès des proches des deux côtés pour se présenter l'un l'autre. La poste ne sert qu'à inviter ceux qui ont dû quitter le pays. Il serait malséant d'envoyer une lettre à ceux que l'on peut visiter. Une femme devant qui on s'étonnait qu'elle ne fût pas venue aux noces d'une cousine issue de germaine répondit avec aigreur : je n'ai reçu de celle-là qu'un morceau de papier et pourtant j'habite à deux lieues de chez elle.

Mieux que l'enterrement, le mariage est aussi la pierre de touche qui permet de savoir si tel ou tel est encore en parenté ou hors de parenté. Il est hors de parenté, bien sûr, quand il ne donne plus de ses nouvelles tout en étant bien vivant, quand il ne fréquente plus sa famille, quand il la dédaigne à cause de l'orgueil qui lui a tourné la tête ou quand il est tellement déchu par sa faute qu'il n'ose plus se faire voir au pays. Alors, on le chasse des mémoires, on ne prononce plus son nom, on fait comprendre à tous qu'il est définitivement rayé de la généalogie et qu'il serait malséant de faire allusion à son existence. Bon gré, mal gré, on porte son deuil à l'intérieur. Ses trois frères et ses deux sœurs diront : nous étions cinq enfants en tout. Et ses cousins prétendront qu'il y a plusieurs familles du même nom qui n'ont aucun lien entre elles depuis avant Mathusalem. Si le coupable veut se racheter plus tard, il lui faudra faire un long purgatoire avant de rentrer en grâce et de s'asseoir de nouveau à table au milieu de son clan. Après quoi, on le fêtera comme l'enfant prodigue. Et personne ne parlera jamais plus des années qu'il aura passées hors de la parenté. Or, pour savoir s'il est *dehors* ou *dedans,* il suffit de l'inviter à un mariage. S'il vient, il est dedans.

Après les parents, il y a la *coterie*, la *compagnie*, puis les autres amis et connaissances, c'est-à-dire pratiquement toute la paroisse. Tous, d'ailleurs, à moins de fâcherie publique, se considèrent invités d'avance, il n'est pas nécessaire d'aller les trouver un par un, sinon il y faudrait six bonnes semaines à condition de faire au plus vite. C'est pourquoi, si quelqu'un, d'aventure, est un peu brouillé avec vous pour des motifs obscurs, il peut mettre fin à sa fâcherie en assistant à la noce puisque l'invitation est superflue. Si vous ne voulez pas qu'il vienne, vous vous débrouillez pour le lui faire savoir par commère interposée. C'est pourquoi aussi les pauvres bougres qui n'ont pas de vêtements décents ni l'argent qu'il faut pour payer le « fricot » peuvent rester chez eux sans honte en arguant de n'importe quel prétexte puisqu'ils n'ont pas été invités expressément. Ceux-là, d'ailleurs, les parents des nouveaux mariés s'arrangent souvent pour les prier de leur rendre service en venant servir les repas de la noce, ce qui permet aux pauvres gens de profiter des agapes au même titre que les autres avec seulement un tablier blanc sur leur meilleur costume quelques heures par jour. On leur propose même un salaire qu'ils commencent par refuser avec indignation et qu'ils n'acceptent parfois jamais. Si bien que la famille entière demeure leur obligée. Mais les plus pauvres font leurs sept possibles pour envoyer un représentant, un jeune homme ou une jeune fille, à la rigueur un adolescent (il paiera moins cher) à tous les mariages célébrés dans l'église paroissiale.

Les parents des nouveaux mariés commandent aussi le lit et l'armoire. Ils se rendent chez le menuisier qui leur offre à *boire assis* et quelquefois à manger. De même font le tailleur et la couturière qui reçoivent la commande des habits de noces. Et là encore, ce sont les parents qui choisissent le tissu. Le choix consiste tout uniment, à se décider pour le plus cher sans vaines considérations. Les jeunes gens passeront quelques jours après pour faire prendre leurs mesures et seront *régalés* à leur tour par les artisans. Toutes ces marches et ces démarches, il va sans dire, sont suivies de près par les commères qui se sont instituées, de leur propre chef, les gardiennes de la civilité.

La publication des bans donne lieu à un *rassemblement* des proches et du service d'honneur. Il ne saurait se faire sans donner lieu à un grand repas dans une auberge soigneusement choisie pour ne léser personne d'aucun côté. Chacun des convives verse son écot entre les mains du nouveau ou de la nouvelle mariée selon qu'il est invité de l'un ou de l'autre. Et l'aubergiste, pour sa part, n'aurait garde de faire payer ceux-ci, ni quelquefois leurs pères et mères quand le nombre des assistants est assez grand pour qu'il en tire un honorable bénéfice. Le rassemblement a surtout pour but de faire faire plus ample connaissance aux représentants des deux familles et chacun sait qu'il n'y a rien de mieux pour cela que de les tenir ensemble à table pendant quelques heures. Ce sont surtout les jeunes gens du service d'honneur qui s'accordent entre eux pour mettre au point les détails du cérémonial futur. L'un des plus délicats consiste à apparier les *cavaliers* et les *cavalières.* Cela demande la plus fine diplomatie. Car il ne s'agit pas de mettre la fille d'un tel avec le fils de tel ou tel autre quand on sait qu'ils ne se fréquentent pas pour de multiples raisons dont une seule suffirait à causer un incident déplorable.

Le jour de gloire est arrivé. C'est toujours un mardi que les noces ont lieu. Quand je dis le jour, c'est seulement par égard pour la cérémonie chrétienne du mariage qui se fait le mardi matin *(an eured)* car le *fricot* lui-même durera trois jours entiers et le reste de la semaine sera consacré par chacun à reprendre ses esprits. On ne parle pas d'aller au mariage, mais d'aller au *fricot.* Cela montre encore l'importance attachée à la nourriture et comment celle-ci est inséparable du sacrement, presque aussi nécessaire que lui (pardonnez-moi, Seigneur!) parce que si la religion est respectable, les rites sociaux, dont elle est d'ailleurs partie prenante, ne le sont pas beaucoup moins. A quoi il faut ajouter que nous avons eu tellement de ventres creux chez nos ancêtres que les grasses mangeailles demeurent pour nous les plus somptueuses des fêtes du corps. Et le mardi matin, quand les gens de la noce se mettent en marche de tous les côtés, ceux qui demeurent à la maison leur demandent encore, mi-railleurs, mi-envieux : avez-vous emporté votre cuillère?

Cette histoire de cuillère vient de loin. Il n'en reste plus que le souvenir, mais il est tout frais. Dans les premières années du siècle, on ne voyait guère que des cuillères de bois dans les fermes. Elles étaient plantées autour d'un porte-cuillères, également en bois, qui pendait au plafond au-dessus de la table et que l'on appelait *parailler.* J'en connais encore quelques-uns qui sont en service, mais avec des cuillères en fer pour la plupart. Chez mon grand-père le sabotier, à Kerveillant, il y a toujours des cuillères en bois qui servent à la famille et qui sont retenues par une barre de bois sur le côté du lit clos. Mais le sabotier possède sa propre cuillère en fer, un instrument qu'il a rapporté du service militaire et auquel il tient beaucoup. Il est le seul à s'en servir, ne permet pas qu'on y touche, la lave lui-même ou l'essuie contre le fond de son pantalon, ça va bien, la pose à plat sur la corniche de son lit clos sans vouloir l'accrocher avec les autres. Quand je vois servir les cuillères en bois, c'est uniquement pour manger la bouillie dans la marmite parce que, prétendent les gourmets, *la bouillie aigrit sur le fer.* Ma grand-mère Katrina le dit et elle s'y connaît aussi en bouillies, vous pouvez y aller! Elle s'y connaît aussi en cuillères de bois parce que son sabotier de mari en fait encore de temps en temps. Et il les taille, dit-il, à la mesure de la bouche de chacun. Et chacun retrouve sa cuillère personnelle à la vue, sans autre marque. C'est peut-être difficile à croire, mais il reconnaît sa propre bouche dessus.

Ces cuillères, vers mes six ans, on peut encore les acheter, dans les foires et marchés, aux boisseliers ambulants. Les menuisiers, les sabotiers, les tourneurs en fabriquent à leurs moments perdus. Les petits pâtres les taillent au couteau en gardant les bêtes. Dans chaque maison, pendant les longues veillées d'hiver, il y a toujours quelqu'un qui s'attelle à ce travail. Les plus habiles font des incrustations de bois clair ou d'étain dans une palette de bois sombre. Il paraît qu'il y a un valet de ferme pas loin, vers Mahalon, qui sculpte des chefs-d'œuvre en fait de cuillères en bois.

En vingt et un ou vingt-deux, au pardon de Penhors, je vois une de ces cuillères en action. Sous une de ces tentes à nourrir les gens qui sont plantées dans l'herbe courte de la falaise, un vieil homme à favoris a brisé du pain dans une bolée de café. Puis il a sorti sa cuillère de sa poche pour manger cette soupe après avoir fait dessus le signe de croix. C'est une cuillère de bois à manche court. Quand il a fini de manger avec, je crois bien qu'il l'a ramassée dans son mouchoir.

En tout cas, on n'emporte plus sa cuillère pour aller au *fricot*. Mais le souvenir est resté du temps pas très lointain où les plus belles étaient faites à l'occasion des noces. Les jeunes hommes les taillaient et les ornaient pour les jeunes filles de leur choix. Le cadeau de la cuillère était une étape de leur cour. Mais beaucoup d'entre elles étaient faites par les menuisiers qui venaient dans les fermes, avec leurs outils, pour fabriquer l'armoire des noces dans le chêne ou le châtaignier que le maître avait abattu et mis en réserve depuis quelques années en prévision du mariage de son fils ou de sa fille. En ce temps-là, l'habitude était de faire le *fricot* à la ferme, laquelle produisait l'essentiel de la nourriture ingurgitée. On engraissait des bêtes exprès pour cette occasion. Comme il n'y avait jamais assez de place pour asseoir les centaines d'invités, on creusait de longues fosses dans un champ. Les gens s'asseyaient sur l'herbe, les jambes dans la fosse, et mangeaient sur l'herbe devant eux. Alain Le Goff l'a fait plusieurs fois. Vers le temps de ma naissance, la mère d'un de mes amis fut demoiselle d'honneur à un pareil fricot dont voici la sèche description : il y avait au repas de noce environ mille quatre cents personnes, assises dans six longues tranchées doubles de cent mètres chacune, creusées dans un champ voisin. Il a été abattu et dépecé quatre bœufs, deux taureaux et deux génisses. On a mis en perce quatorze barriques de cidre, cinq barriques de vin et une barrique d'eau-de-vie, au total vingt barriques. Il n'en est rien resté, sauf le bois. Pendant le repas, deux tombereaux remplis de pains de dix livres circulaient sans cesse dans les allées. Le service était assuré par cent personnes, parents et amis des mariés. Les victuailles cuisaient et mijotaient dans vingt-cinq marmites monstres, alignées le long d'un talus. Le repas d'apparat a commencé à deux heures et demie de l'après-midi et s'est prolongé jusqu'à sept heures du soir. Et voilà! Est-il besoin de préciser que chacun devait emporter sa cuillère et, si possible son couteau! Et doit-on s'étonner de ce que les héritières et les gros bonnets se fissent établir de belles cuillères pliantes à leurs marques! Les petites gens, eux, allaient au *fricot* en portant glorieusement la cuillère à la ceinture, à la boutonnière du *chupenn* ou dans le velours du chapeau pour faire savoir à tous, en cours de route, qu'ils allaient se charger la panse jusqu'au nœud de la gorge.

Les premières noces auxquelles j'assiste avec ma mère sont celles de la fille d'une grande ferme située dans les terres du côté de Plogastel. Il y a peu de temps que j'ai quitté mes jupes pour des braies. Réveillé de bonne heure, j'ai hissé mon habit neuf à la mode de la ville (Charles Leduc habille bien et pas cher) et j'attends avec impatience Marie-Jeanne Le Goff qui n'en finit pas de fignoler ses coiffes neuves. Je l'attends pourquoi, je ne saurais dire puisqu'il n'est pas question que nous allions chercher la nouvelle mariée dans sa maison, c'est trop loin et c'est inutile parce qu'elle passera devant notre porte pour aller à l'église et c'est alors que nous nous joindrons au cortège. Mais je soupire en pensant que des dizaines et des dizaines de personnes sont déjà en train de festoyer chez elle pendant qu'on l'habille. Là-bas, on a préparé de solides morceaux et des *lichouseries* de première classe avec tout ce qu'il faut de boissons honorables pour les faire descendre. Les parents et les amis proches doivent se faire un fond d'estomac pour ne pas risquer d'avoir faim avant deux heures de l'après-midi. Ils s'y emploient fermement.

Je vais m'asseoir sur mon seuil pour tuer le temps. Ma mère se débat toujours avec ses nouvelles coiffes. Mais rien ne va comme elle veut parce qu'elle est de mauvaise humeur. Et pourquoi? Cette nuit, une charrette est passée devant la maison à la raser. Le conducteur et le cheval devaient dormir, à moins que le premier des deux n'eût forcé sur la bouteille. Toujours est-il que deux ou trois des hampes de roses trémières qui décorent le devant de notre maison ont été cassées dans l'aventure. Ma mère tient beaucoup à ses roses trémières. Elle assure qu'elles relèvent beaucoup notre façade et elle a sans doute raison. Elle est vexée à l'idée que les chars à bancs de la noce vont défiler tout à l'heure devant une maison « défigurée », dit-elle, et qui ne fait pas honneur à ses habitants.

Et les chars à bancs arrivent en effet. Ils apparaissent au trot dans le tournant de Pouloupri. Les sonneurs doivent siéger dans l'un d'eux car on entend le son aigrelet de la bombarde. Aussitôt, de toutes les maisons, sortent des gens habillés pour la noce et d'autres dont ce n'est pas le tour d'y aller, mais qui tiennent à en voir tout ce qu'ils peuvent. C'est à la fois un droit et un devoir.

Ce qu'il y a à voir, pour le moment, c'est que derrière le premier char à bancs où la mariée trône comme une image près de son père qui tient les rênes, il y en a d'autres qui se pressent en tumulte et sur lesquels vocifèrent joyeusement des jeunes gens debout. Mais voilà que le père se lève, étend impérieusement le bras pour calmer les ardeurs de la jeunesse. On lui obéit apparemment, les chars à bancs manœuvrent dans les hennissements des chevaux bourrés d'avoine pour se mettre sagement les uns derrière les autres et attendre le signal de la parade. Quand il juge que tout son monde est prêt à lui faire honneur ainsi qu'à sa fille, le père se rassied et laisse aller son cheval. Derrière lui s'ébranlent les autres chars, conservant entre eux assez de distance pour qu'on puisse les admirer un à un. Et c'est au pas qu'ils défilent devant mon seuil, leurs occupants plus dignes que chanoines en cathédrale. Il y en a quatorze ou seize. Une nombreuse piétaille suit. Je parie que personne ne remarquera, en passant, que les roses trémières de Marie-Jeanne Le Goff ont subi des affronts. Ces gens ne pensent qu'à la splendeur de leurs équipages. Chacun se mire en lui-même comme un chat dans une andouille.

Les chars à bancs ont été lavés et repeints pour la plupart, les chevaux brossés jusqu'au cuir, leurs sabots cirés, leurs têtières ornées de pompons et de clinquants, leurs crinières et leurs queues tressées. Hélas! Les grands habits brodés de rouge, de vert et d'or pour les hommes et les femmes ont disparu depuis la guerre. Les hommes sont en pantalons rayés, gilets de velours noir. Les femmes, mises à part les coiffes qui commencent à prendre de la hauteur, les tabliers clairs aux dessins perlés et les garnitures claires des manches, sont en noir aussi. Et sur tout ce noir tranchent des visages rieurs et des moustaches conquérantes.

Les chars à bancs sont passés, les premiers s'arrêtent déjà sur la place du bourg. Quand les gens auront mis pied à terre, chaque responsable conduira son cheval dans une cour pour le dételer. Ma mère est enfin prête. Nous descendons à notre tour vers la place où le cortège s'organise dans les cris, les appels et les rires. Le biniou et la bombarde s'accordent à grands coups de fausses notes. La journée sera dure pour eux.

Et les cloches se mettent de la partie. Le cortège procède lentement vers l'église, sonneurs en tête. A ce moment, toutes les maisons du bourg sont vidées, les seuils garnis de grappes de gens qui ne perdent pas un détail du spectacle. Les femmes surtout auront de quoi faire marcher leur langue pendant des jours et des jours au sujet des habits neufs. Tailleurs et couturières sont souvent là, aux aguets des réflexions des uns et des autres, anxieux à l'idée qu'un concurrent aurait pu trouver une nouvelle coupe ou de nouveaux ornements qui auraient la faveur publique. Auquel cas, il leur faudra se mettre dare-dare au goût du jour. Et ce goût-là ce sont les clients qui l'imposent, non pas eux.

De la messe de mariage, il n'y a pas grand-chose à dire sinon qu'elle donne lieu, comme les enterrements, à une hiérarchie dans les honneurs. Le commun des mortels est marié à dix heures sans autre prie-Dieu pour les protagonistes qu'une chaise, ce qui leur évite au moins de retourner la leur. Les riches et les importants sont unis à onze heures avec accompagnement de fauteuils et d'un tapis que l'on déroule depuis le chœur jusqu'au porche du clocher qui ne s'ouvre guère que pour les processions et les grandes théories. A neuf heures, on expédie les conjoints qui ont consommé le mariage et assuré leur descendance avant de passer devant le maire et le curé. Les coupables n'ont droit qu'à une messe minimale *(overenn blên)*. Encore heureux quand un recteur sourcilleux ne les convoque pas à l'aube pour une messe sourde *(overenn vouzar)*, sans cloches, comme le baptême des petits bâtards. Mais ces unions tardives sont rares, toute la paroisse en est déconcertée, elle perd de son prestige auprès des paroisses environnantes alors que les grands mariages d'onze heures font accourir parfois, pour saluer l'événement, des gens qui résident aux limites du canton. Le volume et la longueur du branle des cloches sont naturellement proportionnels à la gratification du bedeau et à la fatigue de ses bras. Entre le simple devoir et l'enthousiasme, il ne s'en faut souvent que d'une grosse pièce de monnaie ou d'un billet rouge de huit *réaux* (2 francs).

La sortie du cortège sur le branle est attendue par les spectateurs encore plus nombreux qu'à l'entrée. Il est autour de midi, un peu plus, un peu moins. Même les jeunes ouvriers et ouvrières qui travaillent à l'heure sont là, aucun de leurs patrons n'oserait refuser de les lâcher plus tôt quand ils le demandent, quitte pour eux à rattraper largement plus tard la demi-heure perdue. De même pour les servantes du bourg qui reculent d'autant plus facilement le service de cuisine que leur maître ou leur maîtresse, quelquefois les deux, sont présents à la noce. Car il n'y a pas de spectacle plus apprécié de tous que les aubades de danses à travers le bourg à la sortie de la messe de mariage.

Dès que les nouveaux mariés débouchent de l'église, ils sont cueillis par une sorte de marche nuptiale que les sonneurs assaisonnent à leur manière, ou quelque mélodie composée par des prêtres organistes de la fin du XIXe siècle quand elle n'a pas été empruntée par eux au Pays de Galles dont nous ne savons plus, ou pas encore, que leurs habitants sont nos frères, encore que dans le canton sud il y ait des pasteurs protestants qui sont gallois. Cela s'appelle « l'air pour sortir de l'église ». C'est grave et compassé comme il convient pour ménager la transition entre le sacré et le profane. Car le profane va désormais réclamer ses droits. En effet, suivant les instructions reçues, les sonneurs emmènent en grande pompe le cortège vers la prochaine auberge. Un peu avant d'y arriver, ils changent d'air. C'est la rupture avec le sacré. Le cortège l'entend bien ainsi, qui commence à prendre certaines libertés avec la discipline d'apparat. On parle plus fort, on s'interpelle, les coqs de village brûlent de commencer leur numéro. L'aubergiste a sorti devant sa porte deux chaises pour les sonneurs. Au moins deux chaises. Quelquefois, il a établi trois ou quatre planches sur des tonneaux pour servir d'estrade dans le vieux style. Les sonneurs vérifient leurs intruments une dernière fois avant d'attaquer la première danse, le temps pour l'aubergiste ou l'un des garçons d'honneur de leur apporter à boire. Car un sonneur de biniou qui a soif ne peut pas nourrir convenablement de son souffle sa poche de cuir. Et un sonneur de bombarde à la gorge sèche, c'est encore pis : il n'arrive pas à détacher ses notes, à tenir le rythme, à soulever les danseurs de terre avec en délire aigu, de quoi entraîner irrémédiablement à la saltation toute créature bien née. On attend les sonneurs à la première aubade *(abadenn)* des mariés qui comporte trois danses : une gavotte, un *jibidi stoupig* et un *jabado.* Si elle est exécutée avec tout le brio désirable, on augure bien de la suite. Sinon, les sonneurs risquent leur réputation. Ils le savent si bien, du reste, que le bombardier *(talabarder)* qui est le chef d'orchestre interviendra plus tard pour faire changer le couple de tête, celui qui mène la danse, s'il estime qu'il est inférieur à sa tâche. Pour le moment, il n'en est pas question car, pour le tour du bourg, ce sont les mariés qui mènent droit et par devoir. Et cependant, ils peuvent céder la place sous un prétexte ou un autre, celui de payer à boire par exemple.

Les gens de la noce sont pratiquement les seuls à danser pendant cette phase. Les autres assistants se tiennent sur le pourtour de la place ou les côtés de la rue, ne perdant pas une miette du spectacle. Mais ils ne se contentent pas de regarder. Ils encouragent de la voix le meneur qui parade en tête, faisant tourner si prestement sa cavalière qu'il communique un maelstrom aux lourdes jupes jusqu'à faire découvrir en un éclair le jupon blanc brodé d'une dentelle à trous. Et les rubans des coiffes, plus légers, tournent autour du menton en sens inverse. Mais quand le danseur, emporté par sa fougue, oublie de mettre sa danseuse en valeur, il y a toujours quelqu'un pour lui crier : faites-la donc se pavaner! Alors l'homme, d'un coup de poignet, fait avancer la fille d'un demi-pas pour mieux la présenter. L'élégance, l'adresse et la grâce sont l'apanage des femmes tandis que les garçons se signalent de leur mieux par la vigueur, la franchise et la hauteur de leurs sauts. Ni les uns ni les autres ne s'amusent encore, ils sont en représentation.

Il est rare aussi que les gens âgés prennent part à ces premières aubades. Leur heure n'est pas encore venue. La civilité veut qu'ils entrent dans l'estaminet pour boire un coup au comptoir et offrir une tournée. Et là ils s'entretiennent de leurs affaires jusqu'à ce que l'un des garçons d'honneur paraisse sur le seuil et crie : Nous allons maintenant devant chez N...! Ne restez pas à traîner!

Les sonneurs, abreuvés de nouveau, sont déjà en route pour le débit de boisson suivant. Les gens de la noce leur emboîtent le pas dans un joyeux désordre. On recommence à danser pour l'honneur et à boire pour la politesse avant de repartir pour l'étape suivante. Il y en a quatre ou cinq, soigneusement choisies pour contenter les cabaretiers chez qui les deux familles en cause font leurs dépenses ordinaires. Pour le reste, on verra le lendemain ou peut-être jeudi si le *chemin du fricot* n'est pas terminé. Cependant, le premier garçon d'honneur calcule sur sa montre le temps que l'on reste à danser devant chaque débit. Il ne faut pas qu'on puisse lui reprocher d'avoir favorisé les uns aux dépens des autres. C'est lui aussi qui rameute les gens quand le temps est venu de repartir pour la ferme ou d'aller se mettre à table dans l'auberge du bourg où se fait le *fricot*. Ce n'est pas une tâche facile car il y a des discoureurs attablés devant tous les comptoirs, certains d'entre eux avec une bonne chaleur aux oreilles. Les femmes s'emploient à raisonner leurs hommes. Les simples spectateurs sont déjà partis. On les reverra ce soir après le travail.

Le *fricot* du mariage d'aujourd'hui se fait à la ferme du *fils nouveau* ou de la *fille nouvelle,* c'est ainsi que l'on appelle les mariés. Mais cet usage chez les riches de recevoir chez eux des centaines de convives commence à se perdre. C'est trop de train et de tracas pour l'honneur qu'on en a et le bénéfice qu'on en tire. Evidemment l'étable, la porcherie, la basse-cour, les greniers, le four à pain lui-même fournissent à bon compte les nourritures essentielles. On a tué le bœuf ou le taureau engraissé pour la circonstance. Les granges vides avant la moisson, la charretterie, la cour aussi par beau temps permettent de dresser assez de tables sur tréteaux pour asseoir un nombre de gens qu'un aubergiste ne pourrait pas caser à leur aise dans les salles, les chambres, les réduits, les galetas mêmes dont il dispose. On a engagé des bouchers, des cuisinières, des sommeliers et des filles de service pour vaquer à tous les besoins, emprunté à droite et à gauche vaisselles, marmites et chaudrons à faire cuire les pâtées des animaux. La grange où se tient la table d'honneur a été tendue de draps blancs rehaussés de bouquets de fleurs. Tout cela est très flatteur pour le maître de maison et sa famille. Au soir du premier ou du second jour, les convives viendront le payer, avec des compliments, à sa place où il siège en dignité et les plus aisés lui laisseront « pour les nouveaux mariés » la monnaie qu'il aurait à leur rendre. Il les remerciera peut-être en leur présentant des cubes de pain ou de gâteau dans un tamis. C'est égal. Les soucis et les fatigues sont trop grands, surtout avec le temps de la moisson. Allons! Il faudra bientôt se résigner à inviter moins de monde et à charger un aubergiste de pourvoir à tout. Le dernier *fricot* à la ferme se fera deux ou trois ans plus tard, à Saoudua, tout près du bourg. Et adieu les grandeurs!

Ma mère et moi, nous avons laissé la jeunesse, les parents et les proches des deux côtés faire le tour des débits, comme je l'ai dit, en dansant leurs aubades. Nous avons gagné la ferme à pied, une demi-lieue à peine, pour y attendre le cortège des chars à bancs qui doit revenir tout à l'heure au trot et au galop. Peut-être, ce n'est pas sûr. Cet usage-là commence aussi à se perdre. Avant la guerre, il était de règle, mais il y avait des accidents parce que les conducteurs, un peu énervés, essayaient toujours de se dépasser sur les mauvais chemins. A ce jeu-là, il était arrivé que l'on perdît la mariée elle-même, déversée dans quelque champ par-dessus le talus quand la roue de son char descendait dans le fossé. En fait, précédé par les accents de la bombarde et du biniou sonnant l'*Air des Chevaux*, le cortège débouche dans la cour au petit trot et encore voit-on bien que c'est pour sauver les apparences et sacrifier à la tradition. Autour de moi, les vieux soupirent. La grande époque est passée. Puis ils discutent pour savoir si c'est un mal ou un bien. Pour conclure que la guerre a bien changé les choses.

Quoi qu'il en soit, ce jour-là comme dans les *fricots* d'auberge auxquels j'assisterai dans les années suivantes, je suis stupéfait de voir combien un ventre d'homme ou même de femme peut contenir de nourriture. Tous les plats repassent deux fois, quelquefois trois, et j'ai l'impression que ceux qui rechignent ne sont pas les plus nombreux. On a beau dire qu'on reprend de tout par politesse, encore faut-il avoir assez de place entre les côtes pour le mettre. Soupe, pâté de tête que nous appelons *fromage* (le fromage au lait nous étant parfaitement inconnu), andouilles à la purée, tripes, ragoût, rôti, riz au four, far, gâteau-de-beurre, toutes choses consistantes et qui ne descendent pas toutes seules, font successivement leur apparition sur les longues tables pour disparaître peu après avec l'aide de solides rasades de vin blanc (les femmes préfèrent le *mœlleux*) et de vin rouge, ce dernier évoquant immanquablement pour les hommes les tranchées. Il n'est déjà plus séant de servir du cidre dans les repas de *fricot*, encore que beaucoup de fermiers présents ne se fassent pas faute de vanter les qualités du leur, mais le cidre est à usage domestique, entendez-vous !

Cela dure trois ou quatre heures, rien de sérieux ne peut se faire à moindre temps. Il n'y a guère d'homme qui n'éprouve le besoin d'aller de temps à autre vider sa *boutique à eau* à l'ombre d'une haie, derrière un talus ou un pailler, bref, dans tous les endroits de plein air favorables au recueillement. A l'intérieur, cependant, les sonneurs se lèvent pour saluer d'un air l'arrivée des plats principaux, généralement l'andouille et le rôti, ainsi que du café arrosé de *lambig* qu'on appelle aussi *loufog*. Le lambig inspire l'homme à la bombarde qui exécute en solo un air *pour faire pleurer la mariée*. Pendant que celle-ci écrase une larme, imitée par les femmes de sa parenté et par ceux des convives dont la boisson est montée jusqu'aux yeux, le sonneur, pour casser l'émotion (point trop n'en faut !) annonce un air pour encourager le marié à supporter sa belle-mère. Il le joue et le mime en même temps de son mieux. Alors, la liesse se déchaîne, l'esprit de satire réclame ses droits et s'élève l'air préféré des hommes, *Julig ar Ververo* (1) :

Je croyais, un'fois marié,
Jul'de la Verveine,
N'avoir du tout à travailler

(1) En breton, bien entendu.

Julivertonti, Julivertonton,
Jul'de la Verveine,
Les yeux pleurant de peine.

Alors que je dois faire tout
Jul'de la Verveine,
Des crêp's à la bouillie au roux
Julivertonti, Julivertonton,
Jul'de la Verveine,
Les yeux pleurant de peine.

Et ce qui est le plus ardu,
Jul'de la Verveine,
Broyer l'ajonc sous mes pieds nus
Julivertonti, Julivertonton,
Jul'de la Verveine,
Les yeux pleurant de peine.

Certaines femmes protestent, clamant bien haut qu'elles ne réduisent pas leur homme en esclavage, mais que ce Julig est un propre à rien qui se laisserait vivre si on ne le tenait un peu serré comme on doit faire, en vérité, avec la plupart des maris, n'est-ce pas, Corentine! Et quelques-unes, à voix claires, reprennent les couplets avec une variante fort déplaisante pour l'orgueil masculin :

Julivertonti, Julivertonton,
Jul'de la Verveine,
Aux yeux de hanneton... taine.

Là-dessus, un autre gaillard entreprend de débiter d'autres couplets sur le bonheur du célibat et les désagréments du mariage, des couplets dont certains sont assez lestes pour inciter les femmes à chasser, à coups de serviettes, leurs enfants dehors pour voir si leurs parents y sont. Et une commère, la coiffe en bataille, nasille les malheurs de la triste épouse d'un ivrogne. Tumultes, rires jaunes. On fait la paix en vociférant ensemble la chanson du Chiffonnier. Il n'y a d'offense pour personne dans la compagnie puisqu'on est en Cornouaille et que le Chiffonnier est Léonard. De La Feuillée exactement. Dans le silence poussif qui suit, la mariée, à l'instigation de sa mère ou de son mari, se lève pour interpréter une chanson d'amour qu'elle a soigneusement mise au point pour la circonstance, une chanson de clerc ou de malmariée, qu'importe, elle a tous les droits. Des clameurs enthousiastes la récompensent au-delà de son talent quel qu'il soit. On entend une femme dire à qui veut l'écouter : heureusement que les jeunes sont plus sages que les vieux ! Et de fait, les jeunes n'arrêtent plus de se relayer pour détailler le plus bellement qu'ils peuvent, c'est-à-dire d'une voix de tête et avec des tas de notes ornementales, des chansons de sentiment qui font sombrer une partie des gens du *fricot* dans la tendresse. Mais le plus gros succès est pour ceux qui connaissent les airs et les paroles de Théodore Botrel, le meilleur professeur de français pour le moment. Quel homme, celui-là ! On ne comprend pas bien tout ce qu'il dit, mais il dit encore mieux ce qu'on ne comprend pas. On dirait qu'il parle breton en français.

Déjà, dans la cour ou aux portes de la salle, ont paru des gens aux mains dans les poches, des gens qui ne sont pas de la noce et qui ont fini leurs occupations de la journée. Ils attendent la seconde série d'aubades de danses auxquelles ils ont droit de participer. Le droit et le devoir. Les jeunes gens du service d'honneur font sortir tout le monde ou à peu près. Restent à table, bousculés et morigénés par les servantes qui doivent débarrasser et remettre les couverts pour tout à l'heure, quelques hommes engagés dans une discussion de *Blancs* et de *Rouges* ou dans l'évocation de leur guerre. Impavides, indifférents aux rebuffades, ils attendent ainsi le repas de la nuit, sacrant de temps à autre parce qu'ils n'ont plus la moindre bouteille sous le nez. Ordre des femmes pourries.

J'en ai assez de ma journée bien que je sois sorti à plusieurs reprises avec d'autres camarades de mon âge pour me dégourdir les jambes et inventorier les ressources des environs. A chaque fois, nous avons vu, du côté du talus contre lequel fument les marmites énormes, une demi-douzaine de mendiants et de pauvres-chers qui s'occupent furieusement à vider des écuelles et des plats. Quelques-uns d'entre eux sont venus d'autres paroisses, certains d'avoir grasse provende. Par intervalles, on les entend marmotter une prière « pour la chance des nouveaux mariés ». C'est aussi pour cette chance qu'on n'ose rien leur refuser. Sur cette ambassade de la Cour des Miracles règne Maï Zall qui est en somme notre mendiante municipale. Quand nous sortons pour aller à la danse, elle dévore toujours en reprochant aigrement aux autres miséreux de lui dérober sa part.

Dans la grande cour, les sonneurs préludent déjà, la première gavotte se met en place. Le temps n'est plus où la mariée allait chercher un mendiant à danser. Mais n'importe quel homme présent peut la requérir désormais, de même que les autres danseuses. Les gars de la noce, alourdis par les nourritures et les libations, laissent volontiers la place aux nouveaux arrivants. Parmi ceux-ci il y a de fins danseurs qui sont venus parfois de loin et qui brûlent de faire voir leur virtuosité, ayant déjà remporté brillamment des concours de danses pour avoir gavotté avec une bouteille en équilibre sur le chapeau comme ce *gars-au-dé* si agile qu'il a gagné le surnom de « tailleur volant ».

A ces danses du soir prennent également part les vieilles gens qui sont encore capables de se faire obéir de leurs membres ainsi que les enfants, même en jupes, qui apprennent ainsi, dès leur âge tendre, à célébrer le rite qui resserre le mieux les liens de leur communauté particulière en traçant les pas de la gavotte bigoudène de Pouldreuzic qui est, comme chacun le sait à moins d'être de mauvaise foi, plus élégante que celle de Plozévet (un peu mièvre, disent les gars de Plozévet, mais ce sont des « grossiers ») et plus réservée que celle qui se pratique à deux lieues au sud, là où les filles sont volontiers plus provocantes qu'il ne sied de l'être (de leur côté, les filles en question nous traitent de « culs-étroits », allez donc savoir pourquoi, l'ont-elles seulement vu à l'air, notre cul?). Tout jeunes, les enfants apprennent donc à danser avec leurs mères ou leurs grandes sœurs. Celles-ci ne se privent pas de les morigéner et même de se fâcher contre eux quand ils ne prennent pas assez vite le style qui est le nôtre :

– Vous n'avez pas honte! Vous faites la gavotte comme à Tréguennec.

On voit des fillettes de sept à huit ans qui corrigent des garçons de quatre à cinq ans plus âgés qu'elles. Les finaudes savent déjà pointer et ramener la jambe juste comme il faut, rien de moins, rien de trop. Elles savent aussi que la pudeur qu'elles doivent tenir leur commande de danser bas, en rasant presque la terre, tandis que les garçons doivent danser haut pour honorer les braies qu'ils portent. Et elles se moquent de leurs cousins trop timides ou trop empotés pour soulever les genoux à la hauteur des épaules :

– Vous dansez comme une fille. Je dirai à votre mère de vous mettre une robe.

Les jeunes garçons de mon âge sont déjà habillés à la mode de la ville (Saint-Rémy habille mieux et meilleur marché) alors qu'elles portent encore presque toutes la *guise* de leurs mères et surtout la coiffe dont elles savent déjà l'inclinaison exacte qu'elle doit avoir pour les distinguer des filles des paroisses d'alentour. Ah mais! Et sur les miaulements aigus de la bombarde, sur la mouture sonore du biniou qui déverse ses notes comme des grains d'un tamis, elles encouragent leurs cavaliers à chanter la gavotte en breton :

Combien as-tu de garçons, Jean,
Combien as-tu de garçons.
Quatre et dix, quatre et dix
Et ma femme fait cinq et dix.

Quand on attaque le jibidi, qui est la seconde danse de la triade avant le jabadao, beaucoup de danseurs, et même ceux qui ne connaissent que deux mots de la langue des villes, soulignent énergiquement le rythme en chantant, en français s'il vous plaît :

Jibidi, Jibida
On dit qu'elle est malade.
Jibidi, jibida
On dit qu'elle mourra pas.

Ainsi, toutes générations mélangées, se livre-t-on à la vieille magie de la danse communautaire, étant bien entendu que les riches, qui doivent tenir leur rang, dansent avec componction et sans gesticuler inutilement, tandis que les pauvres se déchaînent si bien qu'ils semblent vouloir attraper la lune avec les dents.

A propos de lune, justement, voilà que la nuit tombe. Un lascar s'écrie à la cantonade :

– Attention ! Voilà le recteur de Landudec !

Le recteur de la paroisse voisine est un homme terrible qui ne supporte pas que l'on danse après la nuit tombée car le diable, dit-il, se glisse alors parmi les danseurs. Même quand une noce se fait dans une ferme éloignée de son église, il épie le biniou et la bombarde qui s'entendent au moins sur un quart de lieue. Si le bruit persiste après le coucher du soleil, il se rue hors de son presbytère, se hâte vers l'aire de danse, la soutane retroussée, et disperse furieusement les danseurs. Notre recteur à nous ne va pas jusque-là, mais il interdit les danses de nuit sous peine de damnation éternelle. Il en veut surtout au *jabadao,* réputé immodeste. Les prêtres, en général, tiennent à l'œil les sonneurs que condamnait déjà la *Vieille Coutume de Bretagne.* Ils sont toujours, aussi bons chrétiens qu'ils semblent être, les recruteurs jurés du Diable. Le soleil couché, les femmes proclament les premières qu'il est temps de finir. Les mères, bien entendu. Mais les jeunes gens trouvent toujours d'excellents prétextes pour obtenir une danse ou deux de plus. Dans ce but, ils vont jusqu'à soudoyer les sonneurs qui se laissent faire sans trop de réticence, surtout s'ils sont de Plozévet. Dans ce pays-là, celui de mon père, on est plus libéral. Il y en a un qui est aveugle et qui demande toujours si le soleil est couché, prêt à remettre consciencieusement son instrument dans le sac de tricot blanc à longues franges qui lui pend au côté, insigne même de sa profession. Alors, les petits frères sont priés de se tenir à côté de lui. Et quand il pose la question, ils répondent immanquablement :

– Il y a encore du rouge sur la mer du côté de Penhors.

Donc le temps d'une aubade de plus. Et le sonneur aveugle embouche de nouveau son instrument. On ne saura jamais s'il est dupe. Quelle importance!

Les gens de la noce ont de nouveau soif et faim. On se remet à table et le second repas commence, un peu moins copieux que le premier, mais guère. Seulement il va plus vite, les femmes pressant les serveuses de se dépêcher car elles doivent ramener les enfants à la maison par les chemins de nuit. Les enfants et peut-être bien le mari. Les enfants dorment déjà debout. Et demain, il faudra recommencer, à moins qu'on n'ait prévenu, avec bonnes raisons à l'appui, qu'on ne resterait qu'un jour. Et dans ce cas, on a déjà payé à l'hôte si l'on est à la ferme ou à l'aubergiste qui passe le long des tables avec une grande boîte à biscuits vide pour ramasser l'argent. Après minuit, il y aura encore du monde par les chemins, on entendra encore des débris de couplets de *Julig ar Ververo* à travers la campagne. Les derniers noctambules auront bien du mal à se séparer.

Je ne retournerai pas demain. C'est trop fatigant pour mon âge et trop cher pour la bourse de mes parents qui ne sont pas assez proches de l'une ou l'autre famille pour être obligés d'assister à toutes les festivités. Mais je serai réveillé par les sonneurs qui lanceront à travers le bourg leur indicatif. Le *fricot* recommencera, avec ses deux grands repas et ses deux séances de danses dans la cour, mais sans le pèlerinage des débits du bourg cette fois. Et les femmes profiteront du temps libre pour aller prendre le café chez leurs amies, visiter leurs parents qui ne sont pas de la noce.

Le soir, tard dans la nuit, il y aura la cérémonie burlesque de la *soupe au lait*. Vers la fin du second repas, les jeunes gens apparaîtront devant l'assemblée, portant une soupière pleine d'un mélange où le pain et le lait n'entrent que pour le prétexte. Au milieu des rires, des plaisanteries gaillardes, ils obligeront les mariés à goûter cette mixture où sont entrés tous les ingrédients indéfinis élus par la fantaisie du service d'honneur, le chapelet de croûtons réunis par du fil à coudre étant la formule la plus classique. Quelle joie quand le couple se débattra avec cette attrape! Il s'y emploiera de son mieux et avec le sourire. On ne refuse pas la *soupe au lait* que les sonneurs accompagnent vigoureusement d'un air spécial.

En réalité, on commence à oublier le symbole de cette soupe dont les vieux rappellent que le lait marque les douceurs de la vie conjugale tandis que le sel, le poivre, l'ail, le vinaigre largement dispensés signifieront les aigreurs, les querelles, les scènes de ménage et les misères de cette vie. Ils rappellent aussi que, naguère, on la portait en cortège aux nouveaux mariés quand ils étaient au lit, au cours de la seconde nuit seulement, la première étant consacrée à la Vierge Marie, ce qui faisait obligation aux époux de dormir chacun de son côté. Donc, la seconde nuit, couchés tout habillés dans leur lit clos, ils attendaient l'arrivée du service d'honneur accompagnant la soupière, sonneurs en tête. Ils devaient manger un peu de soupe, non pas faire semblant, en écoutant les couplets du chant avant de se retrouver seuls. Plus tard devenu jeune homme, je porterai moi-même cette soupe au lait à deux ou trois de mes amis mariés. Mais la cérémonie aura perdu tout caractère symbolique pour n'être plus qu'une scène burlesque. *Sic transit...*

Le troisième jour de *fricot*, le jeudi, ne rassemble plus que la jeunesse et la très proche parenté. Il n'y a qu'un seul repas, mais les sonneurs sont toujours là et généralement on s'en va danser à la campagne, dans quelque auberge de carrefour où il arrive que l'on rencontre une autre noce d'une autre paroisse. Et alors, les vieux antagonismes aidant, on en vient aux défis, aux injures, aux coups et quelquefois aux batailles rangées. Chacun pour l'honneur de son clan et pour le plaisir de raconter plus tard ses exploits.

Et les deux derniers jours de la semaine, pour les jeunes gens qui ont permission de leurs parents, se passent à se remettre de leurs émotions en vaguant à travers le pays par petits groupes. Ils sont invités ici et là, les cavaliers chez les cavalières et réciproquement (au cas où ils se plairaient pour de bon, n'est-ce pas!). Et souvent l'aubergiste qui a servi le fricot les invite à manger les restes qu'on ne peut pas jeter.

Lundi matin recommencera la vie dure. Finies les grasses galimafrées, on refera pénitence à la bouillie d'avoine, à la grosse galette, au lait écrémé, à l'eau de puits, en ruminant le souvenir des riches nourritures. Ce n'est pas tous les jours fête et c'est très bien ainsi. Qui va au *fricot* tous les jours, celui-là ne peut plus reconnaître le dimanche des jours de semaine. Et les jours de semaine, il faut bien le dire, on a bien d'autres satisfactions avec eux quand on est fils de bonne mère.

VIII

LE
NOUVEAU
TESTAMENT

La langue est le ciment des actes; non seulement elle les rend explicites, mais elle en conserve l'empreinte... Le contenu des faits culturels et le contenu de la langue ressortissent à des domaines d'exploitation scientifique différents, mais comme les deux faces d'un même objet; il est impossible de pénétrer l'une sans aboutir à l'autre.

André LEROI-GOURHAN.

Je suis reçu aux bourses. Cet événement mettrait ma famille au comble de l'exultation s'il n'y avait pas derrière une sombre inquiétude. Comment fera-t-on pour envoyer cet enfant « dans les grandes écoles »? Et comment le garder à la maison alors qu'il a montré qu'il était capable d'aller plus loin? Voilà de pauvres gens bien embarrassés. Monsieur Gourmelon assure qu'en raison de mon rang à l'examen, la bourse sera entière et il dit vrai. Mais il faudra m'habiller, payer le car ou le train-carottes-berniques pour me faire revenir à la maison aux vacances et, le reste du temps, ne pas me laisser totalement sans argent au milieu de camarades qui en seront largement pourvus. Mes parents ont tendance à croire que la plupart des lycéens sont fils de millionnaires. De fait, tous ceux que nous connaissons dans le pays, sans être riches, sont mieux pourvus que moi. Il paraît qu'en s'adressant comme il faut à la mairie, on pourrait avoir une sorte d'aide, de secours, je ne sais pas quoi ni comment. Mais mon père refuse d'aller à la mairie. Ni dette ni aumône de ce côté.

Alain Le Goff compte et recompte les sous de sa pension. Peut-être bien qu'ils suffiront après tout. Il est prêt à sacrifier le tabac de sa pipe, mais ma mère s'y oppose formellement. Elle a élaboré un plan d'austérité dont elle sera la première et la seule victime, comme d'habitude. Mais la fierté de voir son fils sous la casquette frappée des palmes académiques la payera de tous ses sacrifices. Et peut-être que, plus tard, il sera bachelier. Ainsi se berce-t-elle de toutes les illusions. La casquette me fait envie, à moi aussi. Elle est plus belle que celle des fils de Blancs qui font leurs études à Saint Gabriel de Pont-l'Abbé. Leur casquette à eux porte les deux initiales S.G. De là leur vient le sobriquet de Singes-Gomme (?) qui les met en fureur et que les Rouges ne sont pas les seuls à leur donner.

D'ailleurs, j'ai déjà été reçu à un examen d'agriculture qui m'a valu un second prix départemental et un livret de Caisse d'Epargne de trente francs. Grand-père prétend que j'aurais sûrement eu le premier prix (et allez donc!) si nous avions été assez riches pour avoir une ferme. Mais voilà! Je suis allé passer l'oral à l'Ecole d'Agriculture de Bréhoulou-en-Fouesnant. Et là, il a fallu que je dise l'âge d'un taureau en regardant ses dents pendant que deux employés le tenaient du mieux qu'ils pouvaient. Le taureau n'était pas content de montrer son âge. Peut-être me suis-je un peu trompé. Quoi d'étonnant! Nous n'avons pas de taureau. Toujours est-il que cette expédition lointaine et, somme toute, glorieuse, a fortement soulevé l'ambition de ma mère qui m'accompagnait. Pensez donc! Elle a mangé sous sa plus belle coiffe dans un réfectoire de l'école, au milieu d'une assemblée de messieurs-dames instituteurs et institutrices. Il y avait même quelques inspecteurs parmi eux. Et l'un d'entre eux, qui avait l'air d'être le maître de tous les autres, lui a dit qu'elle avait bien de la chance d'avoir un fils pareil. C'est ce jour-là que j'ai commencé à lui rembourser une partie de mes dettes.

Advienne que pourra, il est décidé que j'irai au lycée de Quimper avec un bon camarade aussi désargenté que moi mais qui promet aussi. Monsieur Gourmelon, de contentement, n'arrête pas de se caresser la barbe. Mais quand arrive, du lycée La Tour d'Auvergne, la liste interminable du trousseau qu'il faut fournir, le moral de la famille se trouve pendant quelques jours au plus bas. Comment peut-on demander à un petit bonhomme d'avoir tant de chemises, de mouchoirs marqués à son numéro, le 291, sans compter un uniforme complet de couleur bleu marine avec un petit gilet obligatoire et une malle pour mettre le tout. A-t-on besoin d'une telle masse d'habillements pour vivre comme il faut? Qu'est-ce que c'est, un gant de toilette? Et une pâte dentifrice? A la maison c'est la consternation. Puis ma mère s'essuie les yeux et se met en devoir de pourchasser ces vêtements, ce linge, ces objets dont le nombre lui étourdit la tête. Elle file à pied à Plozévet pour se renseigner auprès de Catherine Le Moal qui a déjà un fils au lycée. Elle passe des nuits à tailler et ravauder sous sa lampe à pétrole. Le gros morceau, c'est l'uniforme. Trop cher. Elle achète un sachet de teinture et mon costume marron, le seul que je possède et qui me suffit bien, vire au noir, le bleu marine refusant de digérer le marron. Mais le tailleur me confectionne un petit gilet de la bonne couleur. A force de se démener, Marie-Jeanne Le Goff arrive à rassembler à peu près ce qu'il faut à l'exception de la pèlerine, de la casquette et de la malle. Profitant d'une occasion, sa fortune au fond de sa poche, elle m'emmène à Quimper pour ces trois gros achats, les derniers heureusement puisque l'année dernière j'ai été pourvu d'une paire de chaussures neuves, d'une bonne pointure trop grandes comme il se doit. La pèlerine et la casquette achetées, les petits sous qui restent ne suffisent pas à payer la moindre malle. Tant pis, dit ma mère, nous mettrons vos affaires dans la cantine de votre oncle Jean Le Goff. Elle n'est pas assez grande pour tout, mais le linge ira dans un sac de toile qui est resté après l'un de vos oncles marins, je ne sais plus lequel.

Je vais donc au lycée accompagné d'une cantine d'officier et d'un sac de quartier-maître. Comme nous sommes, dans les pays, une bonne douzaine de garçons et de filles, *Rouges* et *Blancs* mélangés, à rejoindre divers établissements publics ou confessionnels, les parents ont affrété spécialement un car qui nous brinqueballe vers Quimper, chargé à couler bas des écoliers et de leurs mères, les bagages formant, sur la galerie du toit, une montagne instable aux flancs de laquelle gesticulent joyeusement des soldats et des marins retour de permission. D'autres malles et d'autres sacs remplissent une remorque à deux roues tirée par le car et qui sert habituellement au transport des porcelets les jours de foire. A Quimper, le car fait la tournée des établissements scolaires et décharge devant chacun ce qui lui revient. Après les formalités nécessaires au lycée, des messieurs en chapeau et cravate, sévères et affairés, nous invitent à dégager la place jusqu'au repas du soir. Et me voilà reconduisant ma mère jusqu'à la place Saint Mathieu d'où elle doit repartir tout à l'heure pour Pouldreuzic. Silencieux tous les deux, le cœur mal à l'aise, trouvant à peine le courage d'échanger quelques mots en breton : travaillez-bien dit-elle. Après tout, ce n'est peut-être pas si difficile que ça. Et en montant dans le car, elle ajoute : « Ne nous faites surtout pas honte! » Le car s'en va, laissant trois ou quatre orphelins en terre étrangère sur la place Saint Mathieu.

Nous vaguons à la queue leu leu pendant une ou deux heures par les trottoirs de la ville en ayant bien garde de prendre nos repères pour pouvoir retrouver le lycée. Nous chuchotons du breton entre nous, pressentant déjà qu'il faudra nous en passer demain et peut-être jusqu'aux prochaines vacances dans trois mois. De bouche à oreille, nous nous faisons nos dernières confidences dans la langue de notre liberté. Désormais, nous devrons fabriquer des phrases françaises à longueur de journées. A leur casquettes palmées d'or, nous reconnaissons de futurs condisciples exilés du Cap, des Montagnes Noires, du canton de Fouesnant ou d'autres lieux dont nous n'avons pas idée. Nous nous dévisageons en silence d'un trottoir à l'autre sans nous décider à sourire ni à grimacer. Il est encore trop tôt pour faire ami-ami et quant à se battre, il y faut au moins un prétexte. En ce qui me concerne, je suis en train de vivre difficilement le moment qui passe quand j'avise un énorme parapluie rouge, grand ouvert, sur la place des Vieilles Halles. Entouré d'un cercle de jeunes gens recueillis, il dégage des flonflons de musique et des éclats de voix. Je ne sais pas pourquoi, j'ai tout de suite l'impression que c'est là le poste de douanes où je dois me présenter pour passer de Bretagne en France. J'y vais tout droit, j'y entraîne même les autres. Et je passe vraiment la douane, bien que personne ne me demande si j'ai quelque chose à déclarer. Et pourtant, j'ai en moi mon petit trésor, toutes mes économies depuis ma naissance jusqu'à mes onze ans et demi. Or, je ne sais pas encore, ni les autres non plus, quelle valeur il a. Et puisqu'on ne fait payer de droits que sur les marchandises viles, les choses d'importance étant toujours invisibles, je passe la frontière avec tout mon breton bourdonnant dans ma tête cependant que, pour le faire taire, je braille à pleine gorge *Mont'là d'sus, tu verras Montmartre*. Cette affaire me coûte pourtant quelques sous, le prix d'une poignée de papier bon marché qui porte l'image d'un homme souriant, avec un chapeau de paille si plat qu'il fait pitié. Quand on ouvre chaque feuille, pliée trois fois, on trouve à l'intérieur une demi-douzaine de chansons, certaines anciennes et célèbres paraît-il, parmi elles les dernières fabriquées à Paris, avec la musique s'il vous plaît.

Vous avez deviné que ce parapluie rouge est le pavillon léger des modernes troubadours en plein vent. Des marchands de chansons françaises. Il y a là-dessous une pièce de femme entrelardée grassement qui s'est dessiné des lèvres en peinture rouge sur ses lèvres de chair pour les rétrécir de moitié. Quand elle a vendu une brassée de feuilles à travers la foule, elle s'attaque à mugir un couplet après l'autre dans une sorte d'entonnoir bosselé. Et c'est proprement stupéfiant de voir briller des dents d'or de part et d'autre de sa bouche factice, d'entendre sortir une voix de taureau de ses deux pétales de rose. Elle est accompagnée par un gentilhomme morose qui martyrise un accordéon sans daigner soulever une fois de sa chaise un arrière-train délicat. Ceux qui savent lire suivent de leur mieux l'air et les paroles sur la feuille de papier, les autres les boivent sur les lèvres incertaines de la chanteuse. Il y a de l'émotion dans les cœurs et des larmes dans les yeux, surtout à cause de certains vers qu'on ne comprend pas bien. A beau mentir qui vient de loin. Le français a des résonances plus insolites, pour nos oreilles, que n'en aura plus tard un négro-spiritual.

Ce soir-là, je suis enfermé au lycée de Quimper pour sept ans, condamné à parler et à entendre du français continuellement sauf dans mes rêves, quand le fantôme de la Boédenn me chante ses complaintes en breton. Et croyez-moi, c'est autre chose que *Mont'là d'sus, tu verras Montmartre.* Quant à exorciser la Boédenn, les sept ans n'y suffiront pas. Ils y suffiront d'autant moins que tous les ans, en juillet et août, dans l'usine de Jean Hénaff, elle nous chantera son répertoire entier sans oublier un seul couplet et peut-être en y ajoutant. Donnant donnant. Pendant qu'elle chante, nous lui effilochons ses haricots verts.

Allons, courage petit! Vous reverrez le *plou* de saint Drozic le Mystérieux et le *lan* de saint Paban qui fut pape à Rome ou ne l'a pas été, quelle importance! Mais, pour le moment, il est question d'aller voir Montmartre.

Les messieurs-dames du lycée de Quimper sont à la fois sévères et gentils à notre égard. Ils font leur besogne de leur mieux, ces gens-là. La sévérité ne nous gêne pas, nous en avons vu d'autres. Nous sommes même un peu surpris de ne plus recevoir de gifles ni de coups d'aucune sorte. Dire que cela nous manque serait exagéré, mais nous préférons payer nos bêtises ou nos fautes avec notre peau. C'est une monnaie qui n'a pas cours ici. Alors nous ne sommes jamais quittes. Toutes nos erreurs sont comptabilisées sur des registres sous forme de consignes, suppressions du Tableau d'Honneur, avertissements, blâme et au bout c'est la porte après un dernier Conseil de Discipline. Quelques-uns s'arrangent d'ailleurs tout de suite pour accumuler les punitions de façon à se faire renvoyer dans leur Keribilbeuz natal et adieu! Mais la plupart travaillent d'arrache-pied, s'efforcent d'obéir au doigt et à l'œil, et surtout à la voix. Silence! En rang par deux! Entrez! Assis! Debout! Allez! S'efforcent de sauter de leur lit sur le parquet à pieds joints, tous ensemble, à six heures du matin, quand le concierge à la jambe de bois fait résonner le tambour sur son ventre comme il le fera résonner heure par heure au cours de la journée. Tout cela est facile. Mais comment faire pour rester impassible quand les voyous de la ville ou d'ailleurs proclament dans la cour que les femmes bigoudènes sont fendues en travers dans l'entre-cuisse comme les boîtes aux lettres. L'honneur vous commande de leur sauter dessus et de leur bourrer la gueule sans vous préoccuper du pion. Et c'est vous qui êtes punis parce que vous avez commencé à frapper, les coups comptant plus que les injures. Comment faire pour ne pas cogner quand des saletés d'externes vous traitent de *ploucs* sous prétexte qu'ils habitent un appartement pompeux sur les quais ou un galetas autour du Champ de Foire, quand ils vous tournent en dérision parce que vous avez dit : fermer la porte qu'il faut faire, alors qu'eux coassent : yaka feamer la poate! Et la dégelée de consignes, une fois de plus, est pour vous. Vous êtes des paysans, des violents, des sauvages, des Bonnets Rouges. C'est d'ailleurs un peu vrai quand on nous pousse à bout. Nous avons à choisir entre la rébellion et l'humilité. L'humilité n'est pas notre vertu cardinale. Et la rancune n'est pas non plus notre défaut majeur pourvu qu'on nous laisse vider nos querelles sur-le-champ. Il y a des pions qui le comprennent, qui détournent la tête jusqu'à ce que l'affaire se gâte un peu trop. Ces quelques coups échangés ont fait du bien à tout le monde.

En fait, notre agressivité vient, pour une bonne part, de ce que nous avons encore du mal avec le français. Les élèves de la ville, eux, parlent sans doute un mauvais français (et bientôt nous serons les premiers en cette matière) mais ils le parlent très facilement. Ils ont du bagout, des plaisanteries de villes qui nous laissent pantois, ils utilisent un argot qui nous met en fureur parce que nous n'y *entravons que dalle.* Pour qu'il y ait égalité de chances, il faudrait que nous puissions utiliser notre langue maternelle et alors ces « culs-étroits » en prendraient pour leur grade. Mais il n'en est pas question. Nous sommes punis pour parler breton. Pour un peu, on nous donnerait *la vache.*

Et puis, on oublie toujours que nous sommes des transplantés, des immigrés malgré nous dans une civilisation qui n'est pas la nôtre. Non seulement nous traduisons encore, vaille que vaille, de notre langue orale dans le français des livres, mais notre art de vivre tout entier, notre comportement quotidien du réveil au coucher a le don d'énerver les autres ou de leur donner à rire. Notre politesse de campagne passe auprès d'eux pour de la balourdise et nous, nous observons leurs grimaces citadines avec stupéfaction. J'apprends, une fois pour toutes, que le bourgeois le plus miteux se croit supérieur au paysan le plus fin. Malentendu qui n'est pas près de se dissiper. Ajoutez à cela que nous sommes parmi les plus pauvres. Pour jouer au ballon dans la cour, les autres ont des souliers de cuir, nous avons des sabots de bois retenus à la cheville par une ficelle. Mais il arrive que la ficelle casse, le sabot vole dans une fenêtre, la vitre s'abat à grand bruit. Il faut la payer, bien sûr, ce qui est déjà une forte dépense pour certains de nous, mais nous sommes gratifiés d'un violent sermon assorti d'une consigne. Nous nous moquons éperdument d'être consignés le dimanche puisque personne ne vient jamais nous faire sortir. Mais il y a un papier qui arrive chez nos parents et pour les pauvres gens c'est toujours une affaire de recevoir un papier à en-tête, une sorte de procès-verbal de gendarmerie qui condamne leur fils à je ne sais quoi pour indiscipline. « Il va attraper quand il reviendra », dit le père, humilié et furieux. Le papier n'explique jamais, au grand jamais, que la ficelle s'est cassée, que nous nous sommes battus jusqu'au sang pour défendre nos femmes ou laver une injure, toutes choses qu'ils n'auraient aucune peine à comprendre. Indiscipline, mauvaise tête, c'est tout.

Laissons là nos querelles d'enfants qui ne tarderont d'ailleurs pas à prendre fin, du moins à s'estomper presque entièrement à mesure que nous assimilerons les manières de la ville tout en maîtrisant le français au point de devenir redoutables pour les francisants de naissance. Et revenons aux messieurs-dames du lycée, c'est-à dire à toutes les grandes personnes qui nous encadrent, depuis le brave concierge à la jambe de bois jusqu'à Monsieur le Proviseur. Le concierge lui aussi a du mal avec le français. Le breton transparaît derrière toutes ses phrases, bien qu'il ne le parle jamais quand il vient vendre ses bonbons et ses chocolats dans la cour. Service et jugulaire. Mais dans sa loge, avec sa petite bonne femme qui porte la coiffe de Quimper, il renseigne abondamment en breton les parents d'élèves qui ont des difficultés avec le français et généralement tous les gens de la campagne qui s'adressent à lui de préférence avant d'affronter les « grands maîtres » devant lesquels ils se sentent toujours humbles ou coupables selon les circonstances, il n'y a pas de milieu. Le proviseur est un homme de haute taille, strictement habillé comme un militaire en civil, une sorte d'officier de cavalerie corseté avec une étonnante moustache à trois pointes. Imposant mais pas méchant du tout. En somme, du concierge au proviseur, on va du poilu-tambour de deuxième classe au colonel aristocrate. Entre les deux, les agents de service, les répétiteurs, les professeurs, l'adjudant surveillant-général et l'officier-censeur représentent tous les grades. La guerre de 14 est encore là sous nos yeux, avec la hiérarchie de son échantillonnage sociologique. Mais nos pères à nous sont des deuxièmes canonniers conducteurs ou des fantassins pousse-cailloux qui ont rarement dépassé l'honneur des galons de laine. Au lycée, notre côté à nous est celui de la conciergerie, de la lingerie, de la cordonnerie, des cuisines, c'est-à-dire celui de la domesticité. Il nous faut attendre un peu de temps avant de pouvoir trahir, au profit du professeur, le brave bougre qui vient mettre du charbon dans le poêle.

Nous sentons bien que ceux qui ont la charge de notre instruction et de notre éducation, tout dévoués qu'ils soient à leur tâche et désireux de nous tirer d'affaire, nous traitent cependant avec un rien de condescendance, celle qu'on ne peut s'empêcher de manifester à des garçons dotés d'une bourse entière, assistés en somme, et élevés au-dessus de leur condition. Il va sans dire que nous ne leur en voulons pas le moindrement, mais c'est gênant pour les écorchés que nous sommes, du moins certains d'entre nous que je connais bien. Nos instituteurs aussi étaient des messieurs, mais dans notre bourg ils n'étaient que quelques-uns, étrangers au surplus, tandis que nous étions dans notre milieu. Au lycée de Quimper, c'est nous qui sommes les étrangers, livrés nuit et jour, pieds et poings liés à des messieurs et confrontés avec des externes, enfants de messieurs-dames. Parmi eux, le fils du préfet du Finistère, un garçon charmant mais qui n'est pas du tout de notre état. Quelquefois, alors que je suis en classe par temps de pluie, étudiant l'histoire grecque ou romaine, je me demande ce que je fais là tandis que ma mère, à cette même heure, doit revenir du champ de Pont-Gwennou à pied, avec une charge de choux sur l'échine et trempée de la coiffe aux sabots. Traversant Quimper pour aller en promenade, le jeudi et le dimanche, je vois bien qu'il y a encore beaucoup de femmes en coiffes dans le menu peuple, et qui ne semblent pas trop gênées de déambuler parmi les bourgeois du commerce ou les nobles que l'on appelle ici « les gens de la rivière ». Nobles et bourgeois sont en costumes de ville, à la mode de Paris. J'ai l'impression de voir en eux des Romains régnant assez débonnairement sur les Gaulois que nous sommes. Il y a des historiens qui ont fait des thèses là-dessus. J'en veux à Vercingétorix de s'être fait battre par Jules César à Alésia. Et savez-vous ce qui m'arrive, au milieu de ma cinquième? Je suis, jusque-là, dans la section B qui ne fait pas de latin. Mais il s'avère déjà que je suis parmi les meilleurs en français. Le conseil des professeurs décide qu'avec de pareilles aptitudes je ne peux pas rester en B. Il faut donc que je rejoigne la section A, celle des classiques et de la grande culture. Je ferai donc du latin l'année prochaine, comme le souhaitait Monsieur Le Bail. Un de mes professeurs se propose pour me donner gratuitement des leçons de rattrapage. Et voilà le petit Gaulois livré aux Romains. Le petit paysan gaulois aimerait jouer de la flûte. Mais les leçons de musique sont payantes et la moindre flûte est hors de prix.

Nous portons tous les jours des costumes rapiécés. Chez nous, cela n'avait pas d'importance, riches et pauvres étaient accoutrés de même façon. Ici, la plupart des externes ont des costumes tout entiers du même tissu, sans le moindre morceau dedans. Nous savons pourtant que quelques-uns au moins sont aussi pauvres que nous. Ils sont culottés court, à la mode. Nous, les sans-culottes, nous portons des braies qui nous arrivent à mi-mollets parce que nous avons grandi trop vite. Le reste du trousseau est à l'avenant. La lingère se plaint du mauvais état de notre linge, du petit nombre de nos chemises. Le surveillant-général, une terreur tonitruante, quand il nous passe en revue avant la promenade, nous prend d'un air dégoûté par un revers de notre veston sans couleur bien définie : « C'est ça que vous appelez un uniforme ? » Il a raison, cet homme. Nous ne faisons pas honneur à l'établissement. Mais il doit savoir pourquoi.

La première année, éperdu de cafard, j'aimerais bien rentrer chez moi pour les congés de la Toussaint. J'aimerais retrouver mon lit clos car je m'habitue difficilement au lit de fer, au lit ouvert du dortoir dans lequel je me trouve exposé à tous les périls, outre que j'ai l'impression d'y avoir froid. J'aimerais manger des galettes aux pommes, des crêpes, de la bouillie et du pain noir, sur ma toile cirée, sous la lampe à pétrole. Au lycée, il faut s'accommoder, dans le même repas, de plusieurs nourritures dont certaines insolites. Il y en a que l'on appelle *hors-d'œuvre,* quel drôle de nom ! Et que ces gens des villes sont compliqués ! Nous mangeons sur des tables de marbre à pieds de fonte vissés au sol. Le soir, le gaz nous siffle aux oreilles dans ses manchons. Il continue à siffler dans mes rêves. Ah! Rentrer au bercail! Je n'ai pas dépensé un sou. J'ai de quoi me payer l'autocar pour aller à Pouldreuzic. Oui, mais voilà. Il n'y a pas d'autocar ni de train pour rentrer. Il ne me reste qu'à compter les jours jusqu'aux vacances de Noël. Elles arrivent enfin. Je me gorge de tout ce que j'aime en racontant mes aventures à mes parents. Mais le retour au lycée est encore plus pénible que la première fois. A l'approche du Mardi-Gras, je ne peux plus y tenir. Est-il possible que je ne sois pas dans ma maison pour manger le seul gâteau de l'année! Mes camarades sont aussi malades que moi. Alors, nous décidons de partir, advienne que pourra. Nous n'avons pas l'argent du car, nous irons à pied. Vingt-deux kilomètres, ce n'est pas une telle affaire. Nos parents seront fâchés de nous voir arriver, peut-être même nous ferons-nous tanner le cuir, mais qu'importe! Il y en a d'autres qui méditent le même coup.

Les pions nous conduisent, en rang par deux, vers la place de Brest, le Champ de Bataille, la place Mathieu et d'autres endroits d'où partent les autocars qui desservent nos communes respectives. Ils nous laissent là. Et nous voilà une demi-douzaine rasant les murs pour rejoindre la route de Pouldreuzic par le faubourg de Bourlibou. L'un d'entre nous doit trouver sa ferme natale quelque part dans les terres, il ne sait pas trop où. Tout seul. Les autres au moins habitent dans des bourgs. Nous sommes deux à mettre le cap sur Pouldreuzic, Louis Le Coz et moi. Jusqu'à Pluguffan, à deux lieues de Quimper, nous marchons allégrement. A la sortie du bourg, Louis s'assoit sur une borne et enlève souliers et chaussettes. Le temps est sec et doux. « Nous marcherons pieds nus, dit Louis, et nous n'userons pas nos semelles. » C'est vrai. Les chaussures attachées au cou par les lacets, nous trottinons jusqu'au carrefour de Tourne-ici. Là, il y a une auberge. Une femme qui nettoie une bassine sur le seuil nous fait entrer à l'intérieur et nous donne à chacun un grand bol de lait. Qu'elle aille au Paradis, cette femme-là!

Les deux dernières lieues seraient faciles à faire si nous n'étions pas inquiets de la réception qui nous attend. Il fait nuit noire quand j'arrive sur le seuil de ma maison. La porte est barrée depuis longtemps. Un chien se déchaîne avec rage quelque part du côté de la place. Dire qu'on a tué le veau gras pour mon arrivée serait mentir. Mais enfin cela ne s'est pas trop mal passé pour nous deux, surtout quand on a vu que nous avions épargné le cuir de nos chaussures. Nous rentrerons par le train-carottes et le train-berniques après avoir juré de ne pas recommencer une pareille équipée qui aurait pu tourner à la catastrophe si la pluie ou la tempête s'étaient mises de la partie.

Nous ne recommencerons pas. Un autre lycéen, un grand de troisième ou de seconde, a voulu rejoindre sa maison, quelque part du côté de Douarnenez, en suivant la ligne du chemin de fer. Il est tombé entre les griffes d'un chef de gare qui a téléphoné au lycée. Désormais, il nous faudra une autorisation spéciale des parents pour quitter le lycée à l'occasion des petits congés. Les pions devront nous mettre dans les cars et attendre que nous soyons partis.

Or, à mesure que passera le temps, la nostalgie se fera moins forte. Nous nous acclimaterons progressivement. L'éducation bourgeoise du lycée aura raison de notre rusticité native. Aux vacances, nous retrouverons notre pays et nos gens avec le même contentement profond, mais entre-temps nous vivrons comme des grimauds de collèges, acculturés, presque assimilés. Dans les grandes classes, à condition de ne pas gratter trop fort, il n'y aura plus guère de différence entre les petits bourgeois et nous. Le greffon français, du moins en apparence, aura eu raison du sauvageon bretonnant. Quelques-uns même commenceront à renier plus tôt leurs origines. Au bout du long hall appelé les Pas Perdus qui donne sur la cour des moyens par de grands vitrages aveugles, il y a une seule vitre claire à hauteur du regard. Quand paraît derrière cette vitre une femme en coiffe qui vient voir son fils, et que l'un des agents crie le nom de ce fils dans la cour, il arrive que celui-ci aille se cacher derrière les pissotières qui ornent le préau du fond. Il ne veut pas que l'on sache qu'il est le fils d'une paysanne. Il va la rejoindre en passant par la cour des grands ou celle des petits. Il y en a un qui a pratiquement interdit à sa mère de venir le voir. Celui-là ne saura jamais ce que c'est que l'orgueil, même s'il est promis aux plus hautes destinées.

Au cours de mon année de philosophie, le jour même où meurt un nommé Aristide Briand, on doit m'opérer à chaud d'une mauvaise appendicite avec complications. L'opération coûte horriblement cher. Aucune assurance d'aucune sorte. A la maison, il est question de vendre la vache. Et puis ma mère fait des prodiges pour réunir la somme avec l'aide d'Alain Le Goff qui donne ses quelques écus d'économie jusqu'au dernier, mon père fait un contrat de domestique pour la saison et la clinique est payée rubis sur l'ongle un quart d'heure avant que je n'en sorte. Je n'ai jamais autant effiloché de haricots verts dans l'usine de Jean Hénaff que pendant les vacances de cette année-là. A la rentrée, quand je pars pour la Khagne de Rennes, il y a l'électricité à la maison. Ma mère achète même un abat-jour en verre tout dentelé qui fait l'admiration du voisinage. Le premier soir où elle manœuvre le bouton, nous arrivons à peine à manger notre soupe tellement il fait clair dans la maison qui paraît beaucoup plus grande, trop grande pour nous qui avons l'habitude de vaquer à nos occupations dans le cercle de la lampe à pétrole. Il faudra que nous apprenions d'autres gestes, que nous mesurions plus largement nos pas. Nous sommes presque riches maintenant. J'ai un poids de moins sur la conscience. Depuis mon opération, je me sens coupable d'avoir failli mener la famille à la ruine à cause de mon ventre qui ne fonctionnait pas comme il faut. Le lendemain, Marie-Jeanne Le Goff, qui n'a presque pas fermé l'œil de la nuit, se lève à quatre heures du matin pour faire ses coiffes sous l'abat-jour dentelé. Et toute la journée, elle nous déclare que ses coiffes sont beaucoup plus droites sur sa tête parce qu'elle les voit maintenant tout entières dans son miroir. Depuis qu'elle a commencé à les mettre, à l'âge de six ans, elle les a toujours dressées

récurait si bien les soupières et les plats à chaque *fricot* où elle était obligatoirement invitée. Les repas de noces sont toujours abondants mais déjà plus raffinés. Les vieilles serveuses me disent que les gens mangent moins, qu'on ne finit même plus les restes. Elles savent bien pourquoi. Les gens ont le ventre plein tous les jours et plein de bonnes choses, des choses nourrissantes. Pas tous, il est vrai, pas tous. Les pauvres dévorent toujours, les moins pauvres font déjà des manières. Il y a des hommes qui n'osent plus se servir de leur propre couteau.

Sur beaucoup de maisons du bourg, il y a maintenant des portes vitrées que l'on ferme pendant le jour, voyez-vous ça! Il faut frapper dessus avec le dos de la main pour qu'on vous ouvre. On ne vous ouvre pas toujours. Et quand on vous ouvre, on ne vous dit pas toujours d'entrer à l'intérieur. Pourquoi donc? Ou alors, c'est le contraire, on vous fait tout visiter en détail, les nouvelles installations, les nouveaux meubles. Sur le sol, on a fait mettre du ciment à la place de la terre battue, « l'argile à crapaud ». La cheminée a été fermée à moitié par une porte derrière laquelle demeurent le trépied et la tuile à galettes ou à crêpes (on ne peut pas sacrifier en même temps toutes ses habitudes). L'autre moitié héberge un fourneau de fonte, une cuisinière émaillée de bleu, de vert ou de marron. Quelquefois les riches ont fait bâtir sur l'arrière de la maison une cuisine qui n'est que cuisine, avec un buffet à deux corps, étagères et tout. Les messieurs sculptent des salles à manger nouveau style qui ne sont que des salles à manger et ne serviront pas beaucoup plus qu'avant, mais c'est là un signe d'aisance et pour nous, bigoudens, la *montre* est essentielle. Ils sculptent aussi des armoires et des lits dont on trouve l'image sur les catalogues. Sans le moindre clou de cuivre dedans ni le moindre Saint-Sacrement. Que sont donc devenus les anciens meubles que l'on voit encore dans la plupart des maisons modestes et particulièrement chez moi? Les lits clos ont disparu les premiers des intérieurs, remplacés par des lits découverts. De Quimper et d'autres lieux sont venus des marchands qui en ont emporté un certain nombre depuis la fin de la guerre de 1914, en les payant soit en argent soit en lits de fer à boules de cuivre. Un lit de fer contre deux lits clos de chêne ou de châtaignier. Nécessité souvent pour les pauvres. Mais dans beaucoup d'endroits on n'a pas voulu les donner. D'abord parce qu'on est méfiant à l'égard des étrangers et ensuite parce qu'on est respectueux à l'égard des siens : ce sont les lits des parents et des grands-parents. On a préféré les reléguer dans une resserre, un grenier où ils perdent leur cire et l'éclat de leurs clous. Dans les fermes, on les retrouve dans les écuries, les charretteries, les granges, les poulaillers, quelquefois tout simplement dehors, à blanchir et à pourrir sous les intempéries. Les armoires à quatre ou cinq portes sont reléguées aussi, mais à l'abri car elles servent toujours à ranger n'importe quoi. Les horloges sur pied demeurent généralement en place, non pas à cause du meuble mais à cause de la mécanique sonnante qui refuse de se détraquer. Au lycée de Quimper, quand j'allais en promenade, je passais assez souvent devant la boutique de Monsieur Jacob, le frère de Max. Par beau temps, le propriétaire siégeait dans une sorte de cathèdre sur le trottoir devant la rivière. Il avait sorti de sa boutique des tas de vieilleries et d'objets de toutes sortes qui étaient à vendre. A l'intérieur, il y en avait d'autres et particulièrement des façades de lits clos, seulement des façades. Il paraît que c'est son père qui a eu le premier l'idée de les ramasser. Au-dessus de la boutique, sur une enseigne de métal, on a écrit : CURIOSITES. Et moi, je me demandais ce qu'il y avait de curieux dans un lit clos où je continuais à dormir chez moi. Maintenant, je commence à comprendre. Il y a quelque chose qui est en train de se détraquer.

Les maçons de Pouldreuzic, de plus en plus souvent, construisent des maisons à deux étages, tant dans le bourg qu'à la campagne. Entendez que le premier étage est le rez-de-chaussée. Une maison à deux étages est le signe de la richesse ou de la réussite sociale. Sa hauteur même marque l'ascension de son possesseur, commerçant prospère, officier marinier, grand-maître paysan. Peut-être un jour, nous aussi, nous aurons une maison à deux étages. Mais pour cela il faudrait acheter de la terre. Et la terre ne se vend pas, ne se vend jamais que par nécessité extrême. Quand cela se fait, elle est toujours achetée par ceux qui en ont déjà plus qu'assez. On dirait qu'ils s'entendent entre eux. Quoi qu'il en soit, quelqu'un qui s'avise de bâtir une maison à deux étages, s'il ne veut pas se mettre « sur la langue des gens », il faut qu'il ait ses justifications : sa fortune, son grade, son commerce, sa famille nombreuse (et encore!) ou le désir, s'il est cultivateur, de sortir de la boue qui envahit fatalement les rez-de-chaussée servant à tous les usages, domestiques et autres, et impossibles à tenir en état. Sinon, on l'accusera de vouloir « péter entre ses épaules » ou sa femme de désirer avoir ses chambres au second étage, hors de la vue de tous, parce qu'elle n'a pas le courage de faire les lits tous les jours. Et c'est quelquefois vrai. Au temps où les lits clos occupaient la salle commune, on avait la ressource de fermer les portes pour cacher le désordre intérieur. Maintenant on a la défense de l'escalier que les visiteurs ne montent jamais que par invitation expresse. Quant aux cabinets d'aisance, la règle est la guérite en bois, déjetée par les vents au fond du courtil, et la baille avec deux planches dessus.

Comme les petits garçons déjà, au temps de mon enfance, les fillettes maintenant sont habillées à la mode de la ville. Ma sœur née en 1922, ne porte plus le costume bigouden que pour les dimanches et les fêtes. Comme les adolescentes de son âge, elle va l'abandonner bientôt. Mais il n'est pas question pour nos mères de se *déguiser*. Les rares essais de femmes riches qui l'ont fait n'ont pas été concluants. Il s'est avéré qu'une bigoudène de quarante ans n'a que peu de chances d'arriver à une raisonnable élégance dans sa nouvelle *guise*. Auprès de ses amies restées en coiffes, elle fait l'effet d'une pauvresse. Abandonnant cet uniforme subtil qui oblige à se tenir, elle subit la dégradation de ces militaires qui tombent dans le civil et qu'avachit le complet-veston. Notre coiffe continue à prendre de la hauteur. Les femmes mûres se tiennent de plus en plus droites jusqu'à la vieillesse.

Les combattants de quatorze, d'ailleurs, n'aimeraient pas que leurs épouses tentent l'aventure du déguisement. A de très rares exceptions, eux-mêmes ont abandonné le gilet double de velours pour le chandail de laine ou le gilet ouvert sous le col et la cravate avec lesquels ils se débattent tous les dimanches matin. Le chapeau à guides a laissé la place à la casquette jockey que le béret basque commence à détrôner d'autant plus facilement que les pêcheurs de Penhors et des parages de Plozévet en portent un du même genre mais plus large et plus plat. Après quatre ou cinq ans de bleu-horizon, de calots et de casques, les hommes ont du mal à reprendre l'ancienne tenue civile, d'autant plus que la fréquentation des combattants d'ailleurs leur a donné des ouvertures et des perspectives nouvelles. Mais ils verraient d'un mauvais œil leurs femmes « tomber dans le sarrau ». Et les femmes, de leur côté, ayant assumé pendant la guerre les tâches de leurs maris et conservé de leur mieux les anciennes valeurs loin des révolutions du monde, imaginent mal qu'elles pourraient s'accommoder d'une nouvelle société où elles perdraient les insignes mêmes de leur autorité.

La « vieille semaine » des domestiques, leur semaine de gloire, s'en est allée rejoindre les vieilles lunes. Il n'y a plus guère de domestiques jeunes, de grands valets de labour dans les fermes. Restent ceux qui sont trop vieux, trop habitués à leur sort pour tenter la moindre aventure. Encore sont-ils progressivement dépossédés par les machines de leurs attributions les plus honorables, celles qui faisaient leur orgueil. Arrivent les moteurs, les moissonneuses, les lieuses, la « grand-travail », il y a maintenant des entrepreneurs de battage. Les liens communautaires se relâchent, les « compagnies » se défont peu à peu. S'estompent aussi les anciennes hiérarchies qui mettaient chacun à sa place dans notre société « paroissiale ». Le recteur n'est déjà plus le maître. Il doit céder sur les bals de nuit, les danses *ventre-à-ventre*, les mises immodestes, les sacrements mêmes. S'il stigmatise encore, du haut de la chaire, « les Francs-Maçons » (personne n'a jamais très bien su ce qu'ils étaient, ceux-là), « les hérétiques, les schismatiques et les païens », c'est dans l'indifférence à peu près générale. Il en est réduit à livrer des combats d'arrière-garde pour défendre les vêpres. Dans les dernières années trente, l'instituteur perd peu à peu son titre breton de *maître d'école* (*mestr-skol*) pour devenir un honorable petit fonctionnaire, c'est tout. La traditionnelle dichotomie entre *Blancs* et *Rouges* ne tient plus. Il y a maintenant des socialistes et des communistes à côté des radicaux, il y a une droite et un centre mouvant. Allez donc connaître la couleur des gens! Et des problèmes confus mûrissent sourdement dans les profondeurs. En 1933-1934, on entend parler des *Chemises Vertes* dont le chef est un certain comte d'Halluin qui se fait appeler Dorgères. Et les *Chemises Vertes* livrent bataille, à Quimper, contre les gardes à cheval massés sur le champ de foire. A cheval, les pauvres, devant des hommes qui connaissent les chevaux mieux qu'eux, simples manieurs d'étrilles et de brosses de soie, volteurs de manèges. Quelqu'un raconte, sur la place de Pouldreuzic. La cavalerie se met en marche contre les paysans. Ceux-ci se mettent en marche contre la cavalerie. Déterminés, sans peur, avec un certain sourire. Ils attaquent les bêtes. Les uns empoignent les chevaux par le mors et leur assènent un coup de poing très précis à la base de l'oreille. Cheval et cavalier s'écroulent. D'autres s'agrippent aux queues des chevaux et tirent. L'animal se cramponne des quatre pattes, piétine, encense. Alors un autre paysan arrive par-devant, calcule son moment et donne un grand coup d'épaule contre l'épaule de la bête qui s'abat. Et les paysans rient comme des gosses. On parle aussi de rasoirs et de jarrets coupés, mais ce n'est peut-être pas vrai. Des jarrets de chevaux, ce serait malheureux tout de même. La cavalerie recule, se reforme, dégage les mousquetons. Les paysans se préparent à un autre combat plus dur. Ensuite, c'est la confusion. Mais il paraît que le Préfet aurait capitulé. Cette épopée, quelles que soient les opinions des gens, inquiète tout le monde. Sauf peut-être cette femme riche qui s'inquiète surtout du nivellement des états et qui dira bientôt : j'ai beau attifer mes enfants, on ne les reconnaît pas des pauvres.

Ce qu'il y a de sûr, c'est que tout bouge partout en même temps. Et de cet ébranlement nous sommes responsables, nous autres qui faisons des études au-dehors, qui revenons aux vacances avec des comportements étrangers, en pantalons de golf (le froc-banane) et la tête nue (ils n'ont pas honte!), qui tenons des propos révolutionnaires, de nature à tourner les têtes de nos amis d'enfance encore appliqués à observer les règles. Sont responsables aussi les cols bleus qui font bande avec nous et qui affrontent volontiers le qu'en-dira-t-on, ainsi que tous les enfants du pays en condition à Brest, à Nantes, à Paris ou ailleurs et que l'on revoit tous les étés, au moment des plus durs travaux, promener leur désœuvrement à la façon de ceux que l'on appelle les « touristes ».

Le premier de ces touristes, je l'ai vu il y a longtemps, un jour que je déliais des gerbes pour la batteuse qui ronflait dans l'été rouge de la moisson. Et soudain la mécanique se mit à ronfler à vide. Tous les visages se tournèrent vers le maître qui alimentait la table. Pourquoi s'arrêtait-il de nourrir la batteuse? Il regardait la barrière de la cour. Derrière la barrière, il y avait un homme entièrement vêtu de blanc, chaussé de toile blanche, portant sur la tête le chapeau de paille d'un certain Maurice Chevalier. Les manches de sa chemise étaient coupées (quel gâchis!) et il tenait une boîte noire sur l'estomac. « Un touriste » dit le maître comme il aurait dit « un veau à cinq pattes ». Et tout le monde se remit au travail. A la gerbe suivante, le phénomène avait disparu. J'ai cru longtemps que j'avais rêvé.

Nous n'avons pas encore beaucoup de touristes. Avant l'année 1936, rares sont les étrangers qui viennent passer huit ou quinze jours dans le pays quand ils trouvent une chambre à louer. On ne sait pas encore très bien ce que c'est qu'un hôtel pour l'été. A peine avons-nous ce qu'il faut pour les voyageurs de commerce. En vérité, ceux que nous appelons touristes sont pour la plupart des enfants du pays employés dans les villes et qui viennent assez régulièrement respirer l'air natal, ne se privant pas de jouer un peu les farauds, sans morgue ni mépris d'ailleurs, se sachant de condition modeste et devant s'aligner sur le rang de leur famille. Mais enfin, ils sont habillés tous les jours en bourgeois, ils arborent les derniers articles des grands magasins de Paris, ils ont tendance à s'exprimer en français pour un oui ou un non alors que la langue quotidienne demeure le breton pour tout le monde ou presque. Quant à nous, étudiants, nos camarades du pays, quand nous allons les visiter à leur travail, nous accueillent quelquefois d'un ironique : voilà les touristes! Il n'y a pas de mot breton pour signifier *vacances* dès l'instant qu'il ne s'agit plus d'écoliers. Quand on veut être poli et courtois, on dit : vous êtes venu à la maison? Voir la famille? Et l'on fait semblant de ne pas s'apercevoir que vous restez plus de deux ou trois jours. Les *permissions* des militaires ou des marins, c'est autre chose. On y est habitué depuis longtemps.

Les touristes vrais ou faux, les vrais étant uniformément appelés les « Parisiens », ont deux manies qui ne laissent pas de leur attirer des quolibets. D'abord, ils aiment se promener avec des boîtes « à tirer les portraits » qu'on appelle des kodaks. Ils sont les *kodakerien*. Ils veulent toujours vous prendre la figure quand vous êtes en train de travailler dans vos mauvais habits, ce qui n'est pas une chose à faire. Quand on veut avoir son portrait, on s'habille de son mieux (on se met « sur ses sept meilleurs ») et l'on va chez le photographe. Ou alors il y a les mariages et c'est bien suffisant. On n'est jamais à l'aise devant cette boîte qui fait clic, sept cents tonnerres! Et que va devenir votre image après? Passe encore quand ce sont vos enfants qui vous prennent, mais ce sera bientôt n'importe qui. On n'est plus maître de sa figure, putain du diable!

Ensuite, les touristes ne peuvent pas durer trois jours dans le bourg sans aller se tremper dans la mer à Penhors. Ils ne se trempent pas seulement les pieds mais tout le reste, même quand ils ne savent pas nager. Ont-ils donc le cul si sale? A ce compte, ils finiront par ne plus avoir d'odeur du tout. Et les femmes c'est pareil. Une honte. Avec seulement un maillot noir. Bientôt elles mettront tout à l'air. Et voilà les étudiants du pays, les marins en permission qui font la même chose! Nos mères ne sont pas contentes du tout quand elles nous voient filer vers la côte le dimanche et même sur la semaine. Elles ont toutes peur de la mer et le fait est qu'elle n'est pas commode avec ses rouleaux énormes et ses mauvais courants. Et puis, la mer c'est l'affaire des pêcheurs qui doivent l'affronter pour gagner leur vie, les pauvres diables. Et puis encore s'amuser à se mettre nus, à s'étendre sur le sable ou les galets pendant des heures alors que les autres travaillent, ce n'est pas bien du tout. Voulez-vous faire montrer vos parents du doigt?

Les pêcheurs de Penhors, habillés de toile bleue rapiécée, la visière sur les yeux, les mains dans les poches quand ils sont à terre, regardent tout ce nouveau remue-ménage avec un air impénétrable. Mais comme ils sont aussi paysans pour la plupart, ils ont leurs moissons à faire pendant les semaines où la grève qui s'étend interminablement vers le sud, presque jusqu'au phare d'Eckmühl, commence à se peupler d'êtres humains occupés à on ne sait quoi. Le boulanger-débitant Henri Bourdon ne quitte plus guère son comptoir pendant l'été. Et un autre débit à casse-croûte a surgi tout près de la cale, une étonnante maison à toit plat qui permet aux touristes d'admirer le panorama. Nous y allons jouer aux quilles avec de gros galets ronds. Dans certaines maisons de pêcheurs on arrange une chambre à louer pour les nouveaux clients de la côte.

Peu à peu, par les dimanches d'été, on voit des familles de paysans venir s'asseoir devant la mer, d'abord sur l'herbe de la falaise, pour regarder s'ébattre sous eux ces vacanciers dénudés dans leurs maillots à bretelles. Ils finissent par descendre sur la grève à leur tour, timidement, d'abord pour se laver les pieds durcis, les hommes d'abord, les femmes derrière. Et leurs enfants, à force, leur arrachent de quoi s'acheter des maillots qui serviront à leurs pères si ça se trouve, une fois ou deux, pour voir. Les femmes admirent ou s'inquiètent, mais ne suivent pas.

Et un jour, écoutez-moi, alors que nous sommes deux ou trois jeunes gens en train de sécher notre peau sur les galets, une jeune fille en coiffe bigoudène, toute en velours noir brodé de perles de verre, arrive près de la cale dans une automobile. Elle en sort, inspecte autour d'elle, regarde un moment la mer exceptionnellement calme, remonte dans son carrosse. Quand elle en ressort, un moment après, nous restons frappés de stupeur. Elle porte un maillot noir, mais elle a gardé sa coiffe sur la tête. Comment faire autrement! Elle court jusqu'à la mer, y entre carrément et se met à nager aussi bien que si elle était Marie-Morgane elle-même. Elle nage sur le dos, à demi-assise. Et c'est un spectacle étonnant que de voir la coiffe de la fille cingler légèrement sur la houle brillante. A n'en pas croire ses yeux.

Je ne sais pas pourquoi, mais c'est ce jour-là que se lève pour moi, devant la baie d'Audierne, à l'endroit appelé Penhors, l'aube des temps nouveaux.

D'ailleurs, à de nombreux signes, on peut s'apercevoir que l'Ancien Testament a fait son temps. Tenez! Le 22 août 1937, on inaugure à Plozévet, le pays de mon père et de la dynastie rouge des Le Bail, un monument de bronze représentant le fameux couple de sonneurs bretons, l'homme au sac-à-biniou et l'homme à la bombarde. Le monument est l'œuvre du sculpteur Quivillic, né tout près d'ici, et qui s'est d'abord essayé au couteau sur du bois en gardant ses vaches avant de devenir le plus célèbre sculpteur de monuments aux morts en Bretagne. Il y a là le ministre Jean Zay en personne, entouré de toutes les grosses têtes rouges. Mais les Blancs sont là aussi. Le pays de Plozévet est célèbre pour ses sonneurs. Il y a là les frères Pascal et Philibert Guéguen, les trois frères Alain, Guillaume et Jean Bolzer, Jean Kerloc'h, Michel Guéguen et Louis Guéguen, fils et petits-fils de Pascal, dit Yannick Dall (Petit-Jean l'Aveugle) qui est de Plouhinec le pays du sculpteur, François Lastennet dit *ar Vilfig* parce qu'il imite à la perfection le chant de la grive à la bombarde. Thomas Bourdon, François Hénaff, dit *Zoïg*, et son frère Jean-Marie, dit *Nig*, les deux derniers étant nos sonneurs de Pouldreuzic. Au festin d'inauguration, il y a de la charcuterie du pays, des crabes Quillivic (honneur à lui!), de l'andouille de Plozévet, des pommes de terre en purée, des tripes de Penmarc'h, du rôti de veau, des petits pois du Pays Bigouden, de la salade, du gâteau de la marraine, du café avec la goutte, du cidre, du vin rouge et du vin blanc à volonté et la volonté, dans mon pays, est toujours grande. Le tout pour 1 500 personnes. Je suis là, il ne m'advient rien de plus, mais le ministre doit faire chercher sa famille qui s'est égaillée dans la glorieuse kermesse.

La signification de ces fastes est l'honneur qu'il faut rendre, parce qu'il est dû, à une corporation de ménétriers qui ont célébré à grand éclat les riches heures de notre vie depuis des siècles. Des gens de caractère et d'une liberté d'esprit qui fut la constante inquiétude des autorités religieuses et quelquefois civiles. La *Vieille Coutume de Bretagne* réputait infâmes ces « rapetasseurs et thériacleurs de branles, gaillardes et vendeurs de vent à la livre ». Des gens qui furent et sont encore les dépositaires fidèles des traditions d'une société dont les règles de vie ne viennent que d'elle-même. Et de pauvres gens qui ne s'étonnent même pas d'être coulés dans le bronze, anonymement bien sûr. Mais Jean-Marie Hénaff, le *biniaouer*, me répétera souvent plus tard : « Mon pauvre Pierre, ce jour-là j'ai compris que c'en était fait de nous. Ce n'est pas parce que le métier du gars Quillivic est de faire des monuments aux morts, non. C'est parce que des fêtes pareilles ne peuvent avoir lieu qu'une fois, la dernière. Après ça, il ne reste plus qu'à ramasser le sac. » Il se trompera, d'ailleurs. Encore une quinzaine d'années et je le ferai monter glorieusement, avec son compère, sur le *poduim* des Grandes Fêtes de Cornouaille qu'il appellera *la pologne*. Et il défilera, dans Quimper, devant cent mille personnes. Mais ni l'un ni l'autre nous ne pouvons prévoir cela. Et ce sera une autre affaire. Pour le moment, et depuis longtemps déjà, Jean-Marie a dû se mettre à l'accordéon comme les autres sonneurs de biniou, tandis que les sonneurs de bombarde se mettaient à la clarinette. Au début, chacun emportait les deux instruments, l'ancien et le nouveau. Ils sonnaient les gavottes, les jibidis, les jabadaos dans les noces pour les vieux avec le biniou et la bombarde. Et puis, les jeunes réclamaient l'accordéon et la clarinette. Ils voulaient danser des one-step, des fox-trott, des valses, des tangos, des danses que les sonneurs n'avaient ni dans les doigts ni dans la tête, ni surtout dans la poitrine. Et puis est apparu le *jazz-band* avec le saxophone. Jean-Marie est allé travailler le pâté, les petits pois et les haricots verts dans l'usine de Jean Hénaff.

Voilà où en sont les choses quand éclate la Seconde Guerre mondiale.

Il ne servirait à rien, pour mon propos, de raconter cette guerre et l'occupation qui suivit puisque l'une et l'autre ont pour effet d'arrêter l'évolution que je viens de décrire comme il arrive que l'on immobilise un film sur une image avant de lui redonner libre cours. Mais il faut tout de même signaler qu'après 1942, les réquisitions des Allemands et les diverses pénuries en biens de consommation forcent les gens à reprendre leurs anciennes habitudes de frugalité quotidienne et d'économie vestimentaire. Sont même remises en honneur la vieille solidarité ainsi que l'entraide communautaire pour les gros travaux, l'absence des prisonniers se faisant durement sentir. On se replie un peu par nécessité sur la civilisation traditionnelle qui permet mieux de résister au malheur des temps. A vrai dire, il arrive que quelques cochons gras s'égarent sur des voies parallèles, que des barattées de beurre disparaissent mystérieusement alors que le pain se mange assez sec dans certaines maisons. De temps en temps, une curieuse épidémie fait que les vaches de tel ou tel endroit ne donnent plus de lait du tout, à croire qu'un génie farceur les a transformées en taureaux à pis. Ou bien elles mettent bas un veau dont personne n'entend plus jamais parler sauf les privilégiés qui ont assuré sa sépulture sans avoir besoin de creuser le sol. Un consensus majoritaire se fait autour de la Trinité Travail, Famille, Patrie et du maréchal que l'on sait. Il y a des Allemands casernés ou individuellement logés dans les lieux réquisitionnés un peu partout sur les deux paroisses ainsi qu'à proximité des blockhaus du Mur de l'Atlantique qui ont surgi au ras de la côte et à l'intérieur des terres. Le pays est en zone interdite. Mais enfin, à part quelques séjours sans conséquence dans le violon improvisé par les « doryphores » à l'école des Frères, la population ne connaît pas de conflit aigu avec les soldats occupants jusqu'au moment où ceux-ci, à l'approche de leur défaite, commencent à s'énerver de peur. Une brave femme de mon quartier paye de sa vie cet énervement lorsqu'ils battent en retraite. Peu après leur départ, en pleine nuit, une bataille navale se déchaîne devant Penhors. Les plus courageux et les plus curieux se lèvent et gagnent la côte à l'abri des talus, sous les fusées éclairantes et au mépris inconscient des obus de marine à trajectoire tendue dont certains viennent éclater à l'entrée du bourg. Il s'agit, en fait, de sept chalutiers armés en guerre par les Allemands et qui ont quitté Brest subrepticement, du moins le croient-ils, avec l'espoir de rallier Lorient. Mais trois navires alliés de fort tonnage les attendent. Ils les laissent passez le Raz de Sein et, quand ils défilent tous les sept dans la baie, les voilà pris sous un feu sans merci. Pas un seul chalutier n'en réchappe. Des dizaines et des dizaines de survivants, beaucoup d'entre eux blessés, quelques-uns devenus fous, sont faits prisonniers sur la côte par des commandos de résistants qui n'ont pas encore été à pareille fête. Après quoi, il faut songer à régler quelques comptes. Mais les délits de collaboration économique sont assez mineurs. Des dénonciations mutuelles font renvoyer dos à dos les plaignants. Les *Rouges* et les *Blancs* n'ont pas profité de l'occupation pour déterrer la hache de guerre. L'éponge est passée sans avoir trop besoin d'être tordue. Il ne reste plus qu'à attendre le retour des prisonniers.

Quelques années se passent encore avant que les changements survenus dans les mentalités n'apparaissent au grand jour sous la pression du monde extérieur qui est entré lui-même dans une ère de mutations dont certaines sont convulsionnaires et déchirantes, d'autres flatteusement illusoires derrière une façade d'abondance et de consommation effrénée. On sait bien que toute guerre est traumatisante, qu'elle ébranle, quelle que soit son issue, les sociétés les plus fermement établies. Mais cette fois-ci, l'accélération de l'Histoire est si vive qu'elle emporte les réticences de la société rurale à l'égard des nouvelles mœurs et des nouvelles inventions. Du même coup, elle emporte l'un après l'autre les retranchements derrière lesquels cette société avait patiemment élaboré son art de vivre. Et l'on s'aperçoit que l'entreprise d'assimilation et de déculturation menée par les successifs gouvernements et la France à l'égard de la Bretagne bretonnante depuis la Révolution récolte soudain tous ses fruits. Cela ne va pas sans étaler au plein jour de difficiles problèmes dont quelques-uns seulement sont nouveaux, les autres noués depuis belle lurette, mais demeurés occultes à la faveur d'un rythme d'évolution d'une rassurante lenteur.

A la sortie de la guerre, les laboureurs de terre connaissent quelques années de vaches grasses en raison, d'une part, des modestes magots de papier-monnaie que cette guerre leur a permis d'amasser régulièrement aux dépens des consommateurs, d'autre part en raison des restrictions alimentaires et de certaines plus-values qui continuent encore, la paix revenue, leur permettant de vivre à l'aise et de rattraper les retards d'équipements dont ils ont souffert avant l'an quarante. Mais surtout, l'enseignement qu'ils ont tiré de quatre ans d'occupation a été de réaliser l'importance primordiale de leur rôle dans la nation. Pendant quatre ans, ils ont été en mesure de tenir la dragée haute aux bourgeois des villes dont beaucoup, par nécessité, se sont comportés à leur endroit comme des mendiants. Cette humilité a fait disparaître le complexe d'infériorité qui était souvent le leur auparavant. Maintenant, ils prennent de l'assurance, mais ils s'empressent de réaliser les avantages qui sont à leur portée, car un vieux fonds de méfiance leur fait prévoir que la bourgeoisie, les gars du gouvernement et les fonctionnaires de tout poil ne tarderont pas à vouloir reprendre leurs privilèges. En même temps, les hommes de terre s'aperçoivent que l'essor de l'industrie est un danger croissant pour eux, non seulement parce qu'il réduira fatalement et progressivement leur rôle, mais aussi parce qu'il les obligera à changer leurs méthodes et donc leur art de vivre, ce qui n'est pas facile dans le contexte naturel qui est le leur. Même les moins pauvres d'entre eux pratiquaient jusqu'à la seconde guerre une agriculture de subsistance, il leur faudra maintenant penser au rendement, prévoir une trésorerie, comptabiliser leur travail, ce qui entraîne des conséquences auxquelles ils sont très sensibles et dont les planificateurs ne s'avisent guère : la fierté du travail bien fait, des champs bien tenus, des cultures bien calculées selon les saisons, la nature des terrains et le climat, devra s'effacer devant le souci unique du rapport, celui-ci étant fonction d'abord de la quantité; les bâtiments et les terres cesseront d'être le cadre de la vie (à la qualité duquel, écoutez-moi bien, le paysan traditionnel est plus sensible que quiconque, je sais ce que je dis) pour ne plus être qu'un chantier d'autant plus décevant que son efficacité devient plus aléatoire. A cela s'ajoutent la désertion accélérée des campagnes, l'attrait de la ville, les exils de plus en plus nécessaires, les illusions de confort et de hautes payes, l'industrie recrutant ses ouvriers parmi les paysans et encore, à l'époque des labours et des moissons, on voyait les champs peuplés de familles au travail, de « compagnies » nombreuses s'entraidant à la tâche, il n'y a plus à voir que quelques tracteurs avec un homme sur chacun d'eux, un solitaire entouré d'un vol d'oiseaux de mer quand il ouvre les sillons. Et c'est une erreur de croire que la machine remplace l'homme ou même les chevaux. Il n'y a plus beaucoup de chevaux parce qu'il y a plus de grands valets pour s'en occuper, il n'y a plus de grands valets parce qu'ils sont devenus plâtriers ou carreleurs ou hommes-de-chaînes en ville, ils le sont devenus parce que leur temps est tarifé à l'heure et non plus à l'année ou à la journée de soleil, il est tarifé à l'heure parce que la créature s'éloigne de la création. Dans les fermes écartées, c'est une aubaine quand il vient quelqu'un, encore ce quelqu'un n'est-il pas souvent assez intime pour que vous sortiez pour lui de votre mutisme. Il n'y a plus de fréquentation, plus de communauté. J'en connais un qui est réduit à parler à son tracteur comme il faisait à son cheval. Mais le tracteur ne hennit pas, le tracteur ne met jamais bas le moindre poulain. Et beaucoup de jeunes hommes, tenanciers de terres riches, n'auront jamais d'enfants parce que, les femmes étant parties les premières, ils ne trouvent pas à se marier. Une civilisation se désagrège insensiblement dans l'indifférence générale. Il n'est plus possible de gagner sa vie avec le travail de la bêche ou de la houe. Mes parents ont vidé une dernière fois la crèche à cochons, ils ont vendu la vache, remis à leurs propriétaires les deux champs et le bout de prairie, ma mère est devenue ouvrière à l'usine de conserves d'Anatole Guichaoua. Même en travaillant la nuit en pleine saison, elle se fatigue moins qu'à cultiver la terre et à s'occuper de ses bêtes. Et elle gagne beaucoup plus, tout en ayant des périodes de loisirs pendant l'hiver. Il est vrai qu'elle approche de la vieillesse. Elle trime sans arrêt depuis l'année 1900 quand elle devint mère de famille nombreuse à l'âge où les autres petites filles font leur première communion.

Avec elle ou peu après elle abandonnent le travail des champs les femmes de son âge et de sa condition. Quelques vieux ouvriers agricoles achèvent de faire leur temps. Désormais, les possesseurs et les tenanciers des fermes devront affronter seuls les problèmes nouveaux, les problèmes redoutables qui se nouent inexorablement. Quoi d'étonnant si, vers l'année 1960, Jacques Bonhomme lève ses fourches et menace de partir en Jacquerie. Mais les Jacques ne seront pas les pauvres diables à la bêche, mes ancêtres. Il n'y en a plus. Ce seront ceux que l'on appelait naguère encore des « grosses têtes », les maîtres de « Kerquelquechose » que l'on décorera bientôt du titre d'*agriculteurs*, ce qui leur fera une belle jambe. Alors, les hommes qui se prétendent d'Etat et les économistes planificateurs de tout acabit s'assembleront autour de tables rondes avec les syndicats pour tenter de résoudre un problème dont la plupart des inconnues ne peuvent s'exprimer en chiffres. Car ce qu'on appelle déjà fort justement le *malaise paysan* est la résultante obligatoire d'une mauvaise politique à l'égard des gens de la terre, certes, mais ce malaise est d'abord physique et moral. Je n'y insisterai jamais assez : une civilisation depuis longtemps menacée est en train de disparaître et il ne faudra pas s'étonner des convulsions qui accompagneront son crépuscule.

Quand je cherche à faire le point sur cette civilisation dont je suis issu et à laquelle j'appartiendrai, malgré que je puisse en avoir quelquefois, jusqu'à mon dernier jour, voici les traits qu'il me semble utile de préciser. Il me semble aussi qu'il ne faut pas être grand clerc pour s'apercevoir qu'ils apparaissent en toile de fond derrière tous les problèmes qui concernent la mutation des gens de la terre au tout début du second demi-siècle. Voici pour solde de tout compte. Je ne suis pas un économiste distingué.

Les paysans que j'ai connus n'étaient pas une classe, mais une société complète, avec toutes les luttes et les fermentations que cela suppose. Elle avait ses ouvriers, ses manœuvres, ses domestiques, ses artisans, ses bourgeois dans le vieux sens du terme, conservé dans le mot *bourg*. Elle avait ses commerçants et ses industriels. Elle avait même quelques seigneurs de grande allure, quelques intellectuels philosophes et un quarteron de féodaux. Quand vous parliez d'un paysan, c'était comme si vous disiez un poisson. Le poisson est voué à l'eau, le paysan à la terre. Mais il faut savoir de quel poisson il s'agit, et de quel paysan.

On n'a jamais eu suffisante connaissance des gens de la campagne. Jamais un homme de gouvernement n'a cherché à savoir de quelle pâte ils étaient faits au juste. Peut-être parce qu'ils étaient difficiles à découvrir et qu'il fallait y regarder à plus de deux fois. Plus sûrement parce qu'on les prenait pour des gens simples et que l'on croyait connaître leurs besoins mieux qu'eux-mêmes, du moins quand il arrivait que l'on s'inquiétât de leurs besoins. Le moindre beau parleur, le plus minable gâcheur de papier les toisait de son haut. Eux, cependant, quand ils regardaient en l'air, c'était seulement pour surveiller les nuages. Ils étaient placés au bas de l'échelle, la meilleure place pour cracher à l'aise. Leur vrai nom, c'était le *peuple. Plebs* en latin, *plou* en breton. C'est pourquoi, sans doute, on les appelait *ploucs*. Ils étaient pourtant les plus près de la noblesse de la terre, de la petite noblesse qui a planté ses racines dans notre pays et modelé son visage. Ils le savaient. Et ils savaient aussi que charbonnier est maître dans sa hutte. Le roi n'était pas souvent leur cousin. Le ministre ne l'était jamais.

La civilisation des campagnes se moquait des frontières nationales bien que l'on eût trouvé les paysans au premier rang quand il s'agissait de défendre la *patrie* où ils vivaient (le mot *matrie*, d'ailleurs, conviendrait mieux pour les Bigoudens). Mais leur première patrie était la terre, c'est-à-dire la création primitive. Ils étaient chez eux partout où il y avait de la terre à labourer, même en l'état de prisonniers de guerre. De la terre leur venait leur caractère propre, de la terre leur *sapience* révélée dans leurs proverbes et généralement dans leurs traditions orales. Leurs costumes, leurs danses, leurs instruments de musique, leur musique elle-même et leurs chants procèdent de ce fonds commun. Donc, il n'y a pas à rougir quand on prend un morceau de broderie de l'Europe Centrale pour un exemple d'art créé en Bretagne. Il s'agit d'un art paysan, c'est tout, les nuances étant l'apport des couleurs locales. Mais, pour bien juger des nuances, il faut être indigène.

Car les différences qui s'observent d'une nation à l'autre ne sont que la faible contribution de l'Histoire événementielle (les pauvres diables y comptent si peu!) tandis que celles qui distinguaient, par exemple, un gilet bigouden d'un autre de Ploaré étaient significatives, parfaitement claires et lisibles pour les habitants de l'un et l'autre canton parce qu'ils ne sont séparés que par quelques lieues. Les frontières que Jacques Bonhomme connaissait le mieux étaient celles qui étaient ainsi codifiées. Pas besoin de soldats, de douaniers ni même de chiens pour les garder. De l'autre côté, il y avait des rivaux, certes, il n'y avait pas d'ennemis. Chacun cherchait à conserver son originalité, non pas à faire plier le voisin à sa mode. C'était assez d'avoir à reconquérir la terre tous les ans. Il laissait les politiciens conquérir les hommes. Il leur laissait aussi les Affaires Etrangères. A-t-on trouvé un paysan chef d'Etat depuis Cincinnatus?

De là vient que lorsqu'on avait sorti un paysan du terroir où il avait ses mesures, on pouvait lui faire faire ce qu'on voulait qu'il fît. Ses propres affaires n'étaient plus en cause. On en a beaucoup abusé.

De là vient aussi que les paysans, repliés sur eux-mêmes, n'ont pas trouvé, au cours des siècles, d'exutoires suffisants pour leurs vertus ni pour leurs vices. Ils en étaient réduits à catéchiser ou tyranniser leur entourage, singulièrement la cellule familiale. Vus de l'extérieur, ils ne cessaient d'être soumis et passifs à l'égard de leurs maîtres que pour flamber en révoltes sans merci. On était toujours surpris de l'éruption parce qu'on ne soupçonnait même pas l'existence d'un volcan.

Or, depuis toujours, les paysans ont été portés à l'indépendance, particulièrement en Bretagne où des milliers de leurs ancêtres furent branchés aux arbres en raison de cet amour-là. Le plus humble d'entre eux aurait aimé avoir son fief, n'aurait-il consisté qu'en un toit de chaume et un champ d'ajoncs, la pâture d'une vache et une pièce de terre à patates pour faire bouillir la marmite. Un bois de pins et deux cochons par-dessus le marché et voilà notre homme devenu seigneur. Regardez nos campagnes! La plus pauvre métairie, au milieu de ses terres maigres, apparaît comme une place forte. Il vous faut traverser un petit désert de silence avant d'arriver devant la barrière. Ensuite, vous devez vous aventurer dans une cour vide pendant que le chien donne l'alarme. Epreuve assez redoutable. D'autres fois, vous êtes conduit jusqu'aux piliers par une allée d'arbres à châtaignes. Au bout de l'allée, il n'y a qu'une masure, une crèche et une charretterie, mais vous avez honte de vous présenter là sans le moindre carrosse tiré à deux chevaux blancs. Alors, vous revient le souvenir des hobereaux bretons qui ceignaient l'épée, il n'y a pas si longtemps, pour mener la charrue, de ceux qui se découvraient de mauvaise grâce devant le duc ou le roi. Les manoirs sont tombés en roture, mais chaque bicoque entourée de terres s'est érigée en manoir. Véritablement. Et plus les fermes sont distantes les unes des autres, plus fort est l'esprit d'indépendance des fermiers.

Cette indépendance ainsi que l'art de vivre qui en est le corollaire, la vieille génération des paysans d'aujourd'hui est décidée à la préserver au prix de sacrifices qui sembleraient lourds à d'autres mais qu'ils acceptent avec sérénité. L'un d'eux, déjà sur l'âge et dont je sais qu'il vit très pauvrement dans une ferme réputée riche il n'y a pas trente ans, me dit à peu près ceci : « Que voulez-vous ! Un homme ne peut pas tout avoir. Pour moi, je fais maigre plus souvent que le vendredi, mais au moins je suis chez moi. Et je peux mettre bas culotte dans un champ qui m'appartient sans me soucier de l'odeur. Mon fils a une automobile et la télévision, près de Paris. J'ai été le voir, cette année. Il est très bien. Mais ils vivent plus de cent dans une haute maison qui tiendrait facilement dans ma cour. Si j'étais plus jeune, je ne dis pas. A mon âge, je préfère rester regarder ma cour, vide, avec le ciel pardessus et les champs autour. Je sais bien que je suis riche, avec tant de terres pour moi tout seul. C'est pourquoi je dois vivre pauvrement. »

Pauvrement et solitairement, même si la commune lui a fait une belle route goudronnée pour aller chez lui. L'indépendance de naguère n'était pas du tout une solitude parce que la société paysanne était telle que les gens se fréquentaient assidûment comme je l'ai dit. La campagne était un véritable lacis de petits chemins, presque des pistes, qui permettaient d'aller d'une ferme à l'autre, d'un *penn-ti* à l'autre, souvent en longeant les talus ou en circulant carrément dessus pour éviter la boue. Et sur ces pistes, il y avait toujours quelqu'un, parfois des familles entières à la queue leu leu. Maintenant les sentiers ont disparu, mangés par l'herbe, les ronces, les orties, ou bien rendus à la culture au mépris des relations coutumières. La première fois que je suis monté dans un avion de club pour survoler mon pays à basse altitude, j'ai été surpris de distinguer encore nettement leur réseau serré. Mais de la terre, déjà, ils n'étaient plus visibles.

« Il n'y a plus d'amitié entre les hommes » me dit Tin ar G... vers le temps de Pâques de l'année soixante. Mon voisin Louis C... qui habite à cinq cents pas de moi, je le rencontre maintenant à Quimper. Nous allons dans un débit boire deux coups et quelquefois un troisième tellement nous avons de choses à nous dire. Je lui fais reproche. Pourquoi ne venez-vous plus me voir, Louis? Et il me répond : Et vous Tin? Autrefois, il n'y a pas encore dix ans, nous étions souvent rendus l'un chez l'autre pour un oui, pour un non.

S'il y a encore des intérêts communs, il n'y a plus de « compagnie », plus de société. Je crois avoir fait comprendre que naguère, entre l'ouvrier agricole qui possédait une « maison sèche » avec une vache ou deux pâturant sur des terres louées au maître et le maître lui-même, il n'y avait guère de différence sauf en ce qui concernait le bien, la possession de la terre. Ils étaient compagnons de travail, vivaient de la même vie, ne se mesuraient pas leur temps l'un à l'autre. Qu'importait le temps! Ce n'était pas une idylle arcadienne, loin de là, mais les temps difficiles l'étaient pour tous et, quand on attelait le char à bancs pour aller aux fêtes, on embarquait tout le monde sans distinction. Le pauvre ne dépensait pas d'argent parce qu'il n'en avait pas, le riche n'en dépensait pas non plus parce que l'argent s'épargnait pour la terre. Le pauvre n'avait pas l'impression d'être misérable, c'est-à-dire qu'il ne l'était pas. Et le riche menait une vie de pauvre, sa richesse dormant dans les actes notariés. Voilà maintenant qu'une minorité de riches campagnards dispose de toutes les commodités de la vie moderne. Quand ils vont se promener dans leur voiture automobile, il n'y a pas de place pour le pauvre paysan sur les coussins. L'inégalité des conditions est devenue éclatante. Ce n'est pas la faute des riches toujours, c'est le drame des temps nouveaux. Les derniers ouvriers agricoles sont proprement déclassés, les exploitants familiaux aussi. Ils le savent, s'en irritent, en prennent de l'humiliation, se referment dans leur rancœur et vaguent, le dimanche, dans les bistrots à vin rouge puisque les anciennes visites de bonne compagnie ne se font plus guère. Chacun chez soi, chacun à sa place et crève qui veut. C'est vraiment un mauvais moment à passer, le temps pour la vieille génération de disparaître.

Mais c'est le pauvre, tout compte fait, qui s'est le mieux tiré d'affaire parce qu'il s'est résigné le premier. On commence à rencontrer, au bord des routes et des chemins de campagne, ces maisons isolées dont le toit s'écroule entre les pignons. Celles qui sont encore habitées n'abritent plus que des vieux dont les enfants sont partis. Le fils du « tieg » est fonctionnaire du gouvernement ou coiffeur à New York. C'est là sa promotion d'exil et l'honneur du père et de la mère est d'avoir promu les enfants. J'en connais beaucoup (je dis bien : beaucoup) qui se sont saignés aux quatre veines pour tenir leurs enfants aux écoles car ils étaient intelligents et ambitieux. Je parle des parents. Assez intelligents pour comprendre que la marche du monde déclasserait leurs enfants beaucoup plus qu'eux-mêmes. Ambitieux non pas pour leur propre destin, mais pour leur descendance, en quoi ils demeuraient paysans. Ils ont réalisé que l'instruction était une promotion qui équivalait presque à la possession de la terre. Je les ai vus modifier radicalement leur façon de se tenir et de parler dès qu'ils avaient un fils bachelier, une fille institutrice. C'était une véritable mue. Ils se dépouillaient visiblement de leur ancienne condition bien que leur propre sort, matériellement, ne changeât en rien. Les uns étaient de farouches républicains, des *Rouges* qui tenaient à honneur de profiter des bienfaits de la République. Les autres, les *Blancs*, donnaient leurs enfants aux séminaires ou aux couvents. De toutes façons, l'agriculture était perdante. Mais le « tieg », avant de disparaître, avait gagné pour sa descendance. Il arrivait même que son fils épousât la fille de ses maîtres.

Car déjà la condition paysanne était telle, aux approches de la seconde guerre, que les enfants des maîtres de ferme prenaient le large comme on s'enfuit. Ils en avaient assez de travailler sous le père qui ne voulait pas relâcher son autorité avant la vieillesse, partir sur sa « réservation » comme on disait, et qui ne se souciait pas d'affecter un salaire à ses enfants-domestiques, même quand ceux-ci étaient mariés. A peine s'ils avaient un coin pour eux seuls dans certains endroits. La ferme finissait par revenir à l'un d'entre eux, généralement l'aîné, qui devait engager une partie de son existence pour payer la part de ses frères et sœurs. Le mirage des villes, grandes et petites, agissait déjà puissamment sur une jeunesse privée de toutes les aises que procurent le courant électrique, le gaz et l'eau sur l'évier. Combien de filles largement dotées ont préféré deux pièces au sixième sur la cour à Paris et faire le ménage d'un petit fonctionnaire ou d'un employé plutôt que de rester sur un domaine prétendu riche et y mener une vie de labeur incessant dans le quadrilatère étables-champs-cuisine-puits! Combien se sont sauvées en épousant un marin pour s'établir « en chambre » à Brest ou à Toulon! Si bien que les propriétaires, les grands valets de labour ayant cherché fortune ailleurs et les ouvriers agricoles disparaissant peu à peu avec l'âge, ont commencé par ne plus trouver de servantes. Maintenant, ils ne trouvent même plus de femmes.

Il y en a un qui a dépassé les quarante ans. Dans sa ferme, il y a tout ce qui rend la vie facile. Même l'eau courante sur l'évier, chaude et froide. Et ce n'est pas l'argent qui manque non plus. Il manque une femme. Ce n'est pas faute d'avoir cherché. Mais, dans sa première jeunesse, déjà, les filles préféraient fuir la campagne au bras d'un quartier-maître-chef ou d'un garde-républicain. Il a rabattu ses prétentions, cherché des filles d'artisans et de journaliers. Mais celles-ci, quand elles n'étaient pas déjà institutrices ou postières, avaient choisi de travailler à l'usine et de vivre tous leurs dimanches sans avoir de vaches à garder ni à traire. Et pourtant, le vieux garçon a toutes les qualités qu'on peut raisonnablement demander à un homme baptisé. On dit aussi que, dans un garage élevé au bas de la cour, il y a une automobile toute neuve qui attend sa maîtresse depuis des années. Mais la maîtresse ne vient pas. Elle ne viendra jamais.

Dans les campagnes, cependant, et même dans le bourg où je suis né, la langue quotidienne est toujours le breton. Presque tout le monde sait aussi « faire avec le français », certains même fort bien. Mais le français demeure, pour la plupart, une langue parallèle dont on ne fait un usage constant qu'à l'égard de ceux qui ne savent pas le breton ou lorsqu'on se rend à la ville. Analyser les circonstances d'emploi des deux langues nous mènerait trop loin. Quelques-uns ont entrepris de s'adresser à leurs enfants uniquement en français, mais les enfants baignent encore dans le breton. Cependant, il faut avouer qu'au milieu de la désagrégation de la société bretonnante, les gens de la campagne se trouvent assis entre deux chaises. Le français qu'ils ont appris à l'école ne trouve guère à s'enrichir dans le milieu familial et professionnel. Le vocabulaire de la vie quotidienne et celui de la terre est le breton pour longtemps encore parce que le breton exprime excellemment, et pour cause, une civilisation particulière et originale que le langage français n'arrive pas encore à signifier convenablement. L'atmosphère traditionnelle, toujours vivace, dans laquelle ont vécu les bretonnants qui ont aujourd'hui entre quarante et cinquante ans, a empoisonné longtemps ceux qui avaient vocation de cultivateurs. Cela n'eût pas été un mal, au contraire, si on leur avait enseigné leur langue maternelle dont ils n'ont qu'une connaissance d'usage oral. Mais on a écarté délibérément cette langue de l'enseignement sous un prétexte d'unification nationale dont la vanité s'est avérée depuis longtemps. Et l'on assiste à ce paradoxe un peu dérisoire : des bretonnants, éminents professeurs de langues vivantes, qui ne savent même pas lire ni écrire leur langue maternelle! Passe encore pour ceux-là. Ils peuvent combler cette lacune à peu de frais. Mais les paysans ont vu dans cette interdiction du breton à l'école une condamnation formelle de leur langue, une preuve de non-validité. Ils en ont contracté un complexe qui dure encore. On ne cesse de rencontrer des bretonnants honteux. Quand ils sont bourgeois ou citadins, il n'y a de mal que pour eux, mais quand ils vivent en milieu bretonnant, c'est-à-dire quand ils sont laboureurs de terre, ils se trouvent déclassés dans les deux sens : d'une part, ils n'ont pas une connaissance raisonnée de leur langue, d'autre part ils ne peuvent acquérir la maîtrise du français par manque de pratique en milieu francisant. Or, le français gagne déjà les affaires rurales et même les foires et marchés, le français règne dans la presse avec son attirail de mots abstraits devant lesquels le bretonnnant est mal assuré. Le bretonnant de petite instruction a conscience de ne pas être à la hauteur, il en conçoit parfois de la méfiance et de la hargne. Il s'isole lui-même et les autres le relèguent. Il est repoussé comme un lépreux sur la frange de la nation francophone. Il est oublié. Il se défend mal. Quoi d'étonnant quand la science submerge déjà les autres! Il n'est pourtant pas moins intelligent que ceux-là, mais il est plus mal armé. Il en serait autrement s'il connaissait sa propre langue d'abord. M. de Guébriant, fondateur d'un célèbre syndicat agricole dont les réalisations sont incontestables, l'a nettement affirmé à l'envoyé du journal *le Monde* : « Je considère que le bilinguisme a contribué à leur évolution (des agriculteurs du Finistère). La transposition constante de la pensée du breton en français exige une gymnastique intellectuelle qui s'apparente par plus d'un trait à celle que nous avons pratiquée lorsque nous assimilions le grec et le latin. » Fort bien. Encore faut-il connaître le breton. J'ai souvenance que les notables finistériens de naguère le connaissaient parfaitement et le pratiquaient tous les jours. Quelques-uns des meilleurs bretonnants que j'ai connus étaient des conseillers généraux ou des parlementaires.

Ces mêmes notables, qui ont tiré un juste bénéfice de leur bilinguisme et qui en savaient l'importance dans l'intérêt de leurs électeurs, ont signé plusieurs projets de loi pour l'enseignement du breton. Si on les avait écoutés plus tôt, le malaise économique de la paysannerire bretonne (qui n'est pas mon sujet) ne se doublerait pas du malaise moral et social que j'ai essayé d'analyser. C'est peut-être, en dépit de la primauté actuelle de l'économique, le plus grave des deux. Et sa solution n'est pas pour demain. Bonne chance, hommes de gouvernement! Et je vous laisse pester contre vos prédécesseurs qui étaient déjà trop intelligents pour comprendre les choses simples.

Enfin, il y a le rythme de la terre auquel les laboureurs se sont pliés depuis des siècles par une sorte de mimétisme si parfait que leurs attitudes, leurs gestes les plus anodins dénoncent l'un des plus vieux métiers du monde. Et cette curieuse noblesse dans le comportement physique, ce temps qu'ils prennent pour négocier avec l'espace, cette harmonie naturelle, les font paraître de plus en plus balourds à mesure que l'énervement gagne le commun des mortels.

Je connais des gens irrités par la lenteur des paysans qui circulent dans leur ville. Peut-être feraient-ils mieux de s'irriter de leur propre hâte. Nous arriverons à Noël ensemble.

En ville, le paysan marche à son pas, c'est-à-dire au rythme de sa vie quotidienne, la vie des champs. Les chemins creux, les terres labourées, les prés même ne s'arpentent pas comme un trottoir de rue. Et il faut d'autres chaussures que des escarpins vernis, d'autres talons que des aiguilles.

Sauf le cas de foire ou marché, et encore! le paysan en ville est un flâneur, une espèce de touriste. Il marche, il s'arrête, il observe comme un touriste sérieux. Le spectacle de la ville est son délassement et son étude à la fois. Et soyez sûr qu'il n'y voit pas les mêmes choses que vous. C'est qu'il n'a pas les mêmes yeux. Les siens sont plus neufs. Toujours.

Cette lenteur paysanne, cette admirable économie du corps qui n'est ni lourdeur ni gaucherie, est imposée par le rythme des travaux. Et ce rythme est celui du temps lui-même. L'unité de mesure est le jour, non pas l'heure. On voit rarement un paysan tirer sa montre. Il se lève avec le soleil, il finit son travail avec lui. Je sais encore des fermes où les moments des repas sont marqués par l'angélus. J'en ai fréquenté une, autrefois, où la fermière appelait les hommes à la galette ou à la bouillie en soufflant dans une corne. Les hommes revenaient sans se presser. Quand on se presse, c'est qu'il y a nécessité, urgence grave, un orage qui se prépare ou quelque chose qui brûle quelque part. Il y a trois sonneries de cloches avant la grand'messe pour donner le temps de se préparer, de se mettre en route et d'arriver sans cette hâte qui compromettrait le recueillement dominical.

Et puis, l'essentiel est ailleurs. L'essentiel est que la terre ne se presse pas. Il lui faut son temps. On lui confie des semences et on attend qu'elles lèvent, fassent des tiges, nouent des fruits. On attend l'août pour moissonner. Peut-être, un jour, les hommes de science trouveront-ils le moyen de faire produire dix récoltes par an. Alors, les femmes feront des enfants en six semaines. En attendant, attendons! Attendre, le maître mot.

On ne saurait sans injustice reprocher aux paysans d'être restés en arrière délibérément par mauvaise volonté, étroitesse d'esprit ou incapacité de s'adapter. C'est qu'ils travaillent sur le vif, eux. La terre est vivante et fragile comme un ventre de femme. Les animaux, les végétaux sont vivants. Il est relativement facile de tirer, de plus en plus vite, une automobile d'un bloc de métal. Le métal se laisse faire par plus fort que lui. Mais essayez donc de transformer un porcelet en cochon gras sous huit jours! Ce n'est que lorsqu'il est engraissé et tué que vous pouvez le débiter sous trente-six formes dans une chaîne électro-mécanique. Mais à quand votre usine à faire des porcs! Et quand remplacera-t-on le pain? Avec quoi?

Ensuite, la plupart des techniques de progrès ont été

trouvées par les gens des villes et pour leur usage. Il y a fort peu de temps que les ingénieurs se sont attaqués aux problèmes des paysans. Le moins qu'on puisse dire, c'est que leurs réussites ne sont pas éclatantes. Ils font ce qu'ils peuvent, bien sûr. Mais il est apparemment plus facile de creuser un tunnel sous la Manche que de normaliser l'agriculture. Et plus facile, peut-être de construire un radôme à Pleumeur-Bodou que de mettre en valeur les Monts d'Arrée.

Mais aujourd'hui déjà, l'avez-vous remarqué! les jeunes paysans ne marchent plus comme leurs pères. C'est qu'ils ont des chaussures, des routes goudronnées, moins de talus. Ils ne se tiennent plus comme les vieux. C'est qu'ils travaillent avec d'autres outils. Ils vont plus vite parce que les tracteurs ont changé leur rythme millénaire et que le temps, désormais, pour eux aussi, c'est de l'argent. Ils ont des montres au poignet et ils savent être à l'heure. Leurs pères étaient toujours en avance et en retard.

En regardant marcher les jeunes industriels de la terre, on comprend que l'un des plus vieux métiers du monde est en train de vouloir se mettre à l'heure de la fusée. Mais la terre suivra-t-elle? Des ingénieurs, des agronomes à grosses têtes parlent de remembrer les terres sans faire entrer en ligne de compte les facteurs humains, ce qui leur vaudra bien des déboires. Ils parlent d'araser les talus sans se douter, apparemment, qu'ils attentent à un équilibre naturel péniblement établi au cours des siècles à force d'observation patiente et d'accomodements avec les forces élémentaires. Et pourtant les plus savants d'entre ces apprentis-sorciers sont parfaitement incapables de modifier le moindrement le régime des vents ou des pluies.

Les vieux se replient, laissant les jeunes prendre en charge la difficile partie qui s'annonce. Mais j'en sais quelques-uns qui tiennent bon, assiégés par le monde moderne dans les fermes croulantes et sans aucun confort. Tout ce qu'ils espèrent, c'est d'y mourir dans le lit de leur naissance avant d'en être réduits à vendre. Ils ressemblent exactement à ces gentilshommes que je connais aussi et qui vivotent à petit feu, à petits revenus, dans leurs manoirs délabrés dont ils savent bien qu'après leur mort, ils sont destinés à devenir des maisons de vacances. Jacques Bonhomme et son seigneur sont logés à la même enseigne, victimes du même dépassement et voués à la même résignation.

La dernière épreuve que l'homme à la bêche s'apprête à subir de son vivant, c'est la destruction de son jardin. Car les paysans sont les véritables jardiniers de la terre, les seuls qui soient à l'échelle de la géographie. Leur travail patient a minutieusement établi la plupart des paysages sur lesquels nous reposons nos yeux. Ce faisant, certes, ils n'étaient pas menés par un souci artistique, encore qu'ils aient toujours su admirer les beautés de la nature aussi bien que le premier Jean-Jacques Rousseau venu. N'ayant d'autres moyens que leurs bras, quelques outils rudimentaires et quelques animaux domestiques, il leur fallait bien s'accomoder du relief, laisser les hauteurs aux végétations sauvages ou à la nudité, cultiver les pentes en respectant les courbes de niveau, aménager les vallées en fonction des cours d'eau. En somme, la terre et le ciel demeuraient leurs maîtres. Ils alignaient leurs travaux sur la matière première qui leur était donnée. Ils se gardaient bien de la violer, sachant par expérience que toute violation amène des catastrophes. Le résultat de cette sagesse obligée a été de conserver aux paysages l'essentiel de l'ordre et de l'harmonie qu'ils devaient aux grandes forces de la création. C'est à peine si les cultures, sacrifiant de larges pans de forêts, ont causé quelques touches baroques dans la grave diversité des plaines et des versants. Les villes et les villages eux-mêmes choisissaient leur place aux carrefours des voies de terre et d'eau.

Les jardiniers s'en vont, avec les houes, les paniers, les faucilles et les chevaux paisibles, rejoindre les vieilles lunes tombées d'un ciel où se tracent, désormais, les routes futures. Des machines géantes tranchent directement dans le gâteau des collines et livrent à l'herbe les vieux chemins qui faisaient le tour sans se presser. Des cantons entiers retournent à la sauvagerie pendant qu'ailleurs d'énormes usines font place nette pour le béton, les poteaux électriques et les fumées jaunes. Des lacs apparaissent derrière des barrages imposés aux torrents, des lacs où tinteront bientôt, aux oreilles attentives de la légende, les cloches des villages engloutis. Le visage du monde se farde de plus en plus. L'artifice l'envahit à mesure que l'homme s'en rend maître. Faut-il le déplorer? Non, mais espérer qu'une nouvelle beauté surgira un jour de tout ceci, pourquoi pas! Et tirer le chapeau à l'ancienne paysannerie, les jardiniers du monde.

Les quinze années que nous venons de vivre ont vu éclater de toutes parts les dernières assises de la civilisation dont j'essaie de faire le bilan en évaluant midi à ma porte sans me préoccuper de considérations économiques ou politiques autrement que dans la mesure où elles sous-entendent fatalement l'évolution dont il s'agit. Comme dit à peu près Monsieur de Montaigne, je n'enseigne pas, je raconte.

Et précisément, la période récente vaut d'être racontée au point de vue qui est le mien car, en même temps qu'elle achève de brader les témoignages d'un art de vivre révolu, elle cherche désespérément à en susciter un autre à partir des témoignages en question comme on va chercher dans les musées, en méditant devant des débris séculaires, des inspirations susceptibles d'humaniser les temps à venir. Ce n'est pas la première fois que l'on s'avise de ce recours. Les civilisations disparues retrouvent souvent leurs chances. Mais il leur faut attendre quelquefois des siècles avant que la pérennité de leur leçon ne resurgisse dans la trame de l'actualité. Cette fois, la révolution du monde est si forte, son ébranlement si profond, si grande l'appréhension de l'avenir et si précaire le temps présent que les hommes se raccrochent aux dernières valeurs durables qu'ils ont connues, méconnues, quelquefois reniées, et qu'ils viennent seulement de reconnaître, c'est-à-dire d'admettre comme valeurs de refuge dans le contexte d'aujourd'hui. Il est heureux qu'ils n'aient pas trop tardé, les nécessités de plus en plus pressantes faisant loi. Encore quelques années d'inconscience et ils risquaient de tout perdre.

Mais la partie n'est pas gagnée pour autant. Et, d'autre part, si la civilisation de nos campagnes retrouve un avenir avant d'avoir disparu, il est évident aussi qu'elle devra incorporer l'actif et le passif des sociétés scientifiques et techniques qui se sont développées hors d'elle et à ses dépens. Autrement dit, si elle bénéficie d'un avatar nouveau, elle ne sera plus qu'une partie prenante dans cet avatar, outre que les cartes du jeu seront redistribuées d'autre manière sans que les atouts changent de main. Tout se passe comme si le roi devenait le sept, étant entendu que le sept gagne désormais sur le roi.

Il me faut revenir à l'un des phénomènes les plus considérables des temps modernes qui est le tourisme. C'est lui qui, par ses vagues successives agissant comme des coups de boutoir, a changé la vie des campagnes et d'abord des rivages de mer dans mon Pays Bigouden comme ailleurs. Les premiers touristes des années vingt, en canotiers et chapeaux-cloches, qui paradent l'été dans les rues de mon bourg, apparaissent encore comme des *déguisés* au milieu d'une population qui porte toujours sa *guise* sans le moindre complexe et même avec une certaine fierté. La plupart d'entre eux sont des enfants du pays qui ont dû partir en ville précisément parce qu'ils sont de trop petite condition pour vivre honorablement chez eux. C'est dire que leur influence est à peu près nulle sur une population qui prend ses modèles de grandeur dans sa propre société et non pas chez les bourgeois. Les *touristes* le savent si bien qu'ils n'hésitent pas à tomber le complet-veston pour revêtir de vieilles frusques afin de participer aux travaux de la moisson. Et ceux qui ne le font pas nourrissent si bien l'esprit satirique des paroissiens qu'ils en arrivent à passer pour les idiots du village.

Et puis, après l'année trente-six, c'est la vague des *congés payés.* Leur nombre est de plus en plus grand. Ils viennent par familles entières s'installer pour une quinzaine de juillet ou d'août chez les pères-mères, les oncles-tantes, les cousins, les anciens voisins mêmes qui acceptent de leur céder une pièce moyennant rétribution. Ils amènent avec eux des amis, ouvriers ou employés, qui sont de véritables citadins sans la moindre parenté à la campagne et qui désirent, eux aussi, aller se tremper dans la mer, faire bénéficier leurs enfants des bienfaits et des libertés de la vie naturelle. Pour sympathique qu'elle soit, et distrayante même pour les habitants du bourg et de la campagne, cette invasion de désœuvrés dans la période des plus durs travaux ne laisse pas d'irriter un peu le cuir des gens du pays qui n'ont pas encore pris l'habitude, qu'ils soient riches ou pauvres, de prendre des vacances et qui ne pourraient que difficilement le faire pendant l'été. La présence des *congés payés* modifie sensiblement l'état d'esprit de la jeunesse locale, ce qui est inévitable, mais aussi celui de la génération installée dans son destin traditionnel. Ceux-là savent bien faire la distinction entre l'argent que l'on a, c'est-à-dire les biens de famille, l'argent que l'on gagne, c'est-à-dire les salaires et les bénéfices qui rémunèrent des travaux quotidiens contrôlables par tous, et l'argent que l'on touche, c'est-à-dire les pensions, les retraites, les soldes ou traitements de fonctionnaires ou assimilés, ce dernier argent étant toujours un peu suspect et de nature, par le seul fait qu'il est octroyé sous forme de mandats en papier, à fournir le meilleur aliment aux jalousies. On connaît le prix de tout ce que l'on vend ou que l'on achète, on sait à combien s'élèvent les contrats de domestiques, combien sont payées les heures à l'usine, on ignore les chiffres des mandats, l'origine exacte des sous que dépensent les gens qui ne sont pas d'ici. On se figure qu'ils sont pourris d'argent, d'un argent prélevé sur la peine des autres par les gars du gouvernement. Et maintenant, voilà que l'on paye des bougres à ne rien faire pendant des quinze jours et des trois semaines. Pourquoi ne leur prendrait-on pas, à ceux-là, un peu de laine sur le dos! Tout doucement s'installe l'idée que les touristes sont des clients pour un peu tout le monde. Et l'on s'emploie à soulager leur escarcelle. Honnêtement, bien sûr, mais sans défaillance et sans traitement de faveur pour les cousins. Ils ne sont plus de la *compagnie* et la *compagnie* elle-même commence à relâcher sérieusement ses liens. D'ailleurs, pourquoi les paysans devraient-ils avoir des égards pour ces « oiseaux d'août » qui ont une fâcheuse tendance à se croire supérieurs à eux, et qui viennent pour la mer plutôt que pour la campagne. Ils s'habillent volontiers en pêcheurs d'opérette, arborent des vareuses de toile rouge à Penhors où les pêcheurs ne connaissent que la toile bleue. Mais a-t-on jamais vu un touriste s'habiller en paysan!

Dans les années qui suivent la Seconde Guerre mondiale, c'est la ruée des vacanciers qui ont déjà perdu leur nom de *touristes* pour devenir des *estivants*. Les touristes, désormais, sont ceux qui vont voyager au loin, qui passent les frontières. Ce sont aussi des étrangers. Le mot *tourisme* s'inscrit sur les enseignes officielles on non, il s'étale dans les journaux aux premières pages, il développe ses problèmes dans des chroniques plus fournies que celles de la pêche ou de l'agriculture, il tourne vertigineusement dans les rêves des conseillers généraux. Il désigne une industrie qui est la première ou la seconde du département, on ne sait pas très bien, comment voulez-vous vérifier les chiffres des gars du gouvernement qui sont toujours faux, les chiffres et les gars. Mais la publicité du mot est telle, les foules qu'il remue si importantes et si disparates que son épidémie finit par gagner les bourgs les plus traditionnels, son ivresse par saouler les plus sédentaires des campagnards. Les cars du Pays Bigouden, partant de l'extrémité du vieux monde, commencent à sillonner les routes de France et d'Europe avec des chargements d'aventuriers dont certains ne connaissent que le breton. Après tout, me dit une vieille femme qui vient de faire le tour de l'Italie la coiffe en tête et en s'efforçant de converser aimablement en breton avec les indigènes de Florence, Rome ou Venise, quand on est sorti de la France, on est aussi avancé que ceux qui parlent français puisque eux non plus, je l'ai bien remarqué, ne parlent pas l'italien. Et elle me confie son projet de prendre l'avion pour aller aux Baléares (ce sont des îles au milieu de la mer, mon pauvre Pierre!). Elle a été très flattée de l'intérêt qu'elle a suscité un peu partout avec sa haute coiffe et tout le velours qu'elle avait sur elle. Une vedette, en somme. L'appétit du touriste banal, son pain quotidien, c'est la couleur locale. Mais je conviens que photographier une vraie bigoudène sur son trente et un devant la Tour Penchée de Pise a dû constituer un rare privilège pour tout un échantillonnage d'Européens. La même bigoudène pourtant, il y a seulement quelques années, n'aurait pas accepté de se faire photographier par des *kodakeurs*, elle aurait détourné ou masqué sa figure pour ne pas se la faire prendre, comme font encore la plupart des autres. Plus anciennement, peut-être aurait-elle appelé à la rescousse ses frères ou son mari et le *kodak* du touriste aurait-il fini sous les sabots des hommes comme cela s'est produit plusieurs fois vers les années trente. Mais maintenant, mon pauvre Pierre, dit-elle, les gens font n'importe quoi quand ils ne sont pas chez eux. Il n'y a plus de honte. Et comment faire pour les empêcher? Je lui raconte alors que l'un de mes amis a trouvé la riposte. Quand il se promène, l'été, avec sa mère bigoudène, et que des touristes s'avisent de braquer leur appareil sur celle-ci, il braque vivement le sien sur eux. Cela suffit généralement pour les dissuader. Elle éclate de rire. C'est vrai, dit-elle, que la plupart d'entre eux sont habillés en mardi-gras. Et puis elle se fâche tout d'un coup : nous ne sommes pas des bêtes curieuses, quand même! Ces gens-là se prennent pour les nouveaux messieurs et ils ne seraient même pas capables d'offrir à leurs femmes la coiffe que j'ai sur la tête. Vous savez combien je l'ai payée, mon pauvre Pierre (elle me dit le prix qui est coquet). Cela fait cher du centimètre et elle en mesure trente-deux. Des coiffes comme celle-ci j'en ai presque une douzaine. Est-ce que leurs femmes à eux ont une douzaine de chapeaux? Là-dessus, elle me salue et s'éloigne d'un pas décidé, les yeux terribles, les narines frémissantes d'indignation. Gare au premier qui voudra lui prendre la figure. Il entendra des litanies qui ne sont pas marquées dans le livre de messe.

Si je cite l'exemple de cette femme, c'est qu'il illustre assez bien une constatation que l'on peut faire dans les années cinquante et qui est double : d'une part les citadins, de si médiocre condition soient-ils, s'obstinent dans leur vanité naïve, à considérer les gens de la campagne comme une classe inférieure, sympathique sans doute, mais un peu demeurée; au contraire, les gens de la campagne ont déjà laissé tout complexe, ne se sentent plus du tout voués au service des bourgeois (les bonnes à tout faire, c'est fini!), auraient même tendance à leur tenir la dragée haute parce qu'ils prennent conscience de la valeur de leur civilisation particulière et qu'ils parlent désormais le français autant qu'homme de France tout en conservant leur langue maternelle qui leur sert au moins à se moquer des autres sans que les autres en sachent rien. Et c'est là le signe qu'une mutation importante est en cours.

Dès la fin de la Seconde Guerre, on voit se créer un peu partout, mais particulièrement dans la Bretagne Bretonnante, des *Cercles Celtiques*, groupes de jeunes gens qui se donnent pour but de remettre en honneur les costumes, les chants, les danses, les jeux de leur tradition paysanne, visiblement en perdition. De ces groupes, au bout de dix ans, on peut compter plusieurs centaines. En même temps, sous l'action persévérante de quelques pionniers, d'autres jeunes gens se mettent à prendre leçon auprès des derniers sonneurs professionnels qui finissent mélancoliquement leur existence. Et les vieux sonneurs reprennent leur sac à vent, retaillent leurs anches. Les anciens airs sont répertoriés avec soin, de nouveaux sont créés sur les vieilles formules. La bombarde bretonne, l'instrument-roi des allégresses, est conservée, mais on emprunte aux Ecossais leur cornemuse pour les marches et les défilés. Car le couple de sonneurs traditionnel s'efface désormais derrière des formations de vingt-cinq à trente exécutants qui ébranlent les airs de leurs accents triomphaux, ameutant les foules sur leur passage et proclamant à tous les échos qu'une prise de conscience se fait dans la jeunesse, timide encore et obscure, mélange adultère de motivations diverses dont certaines n'ont rien à voir avec la défense et l'illustration d'un patrimoine culturel. Mais enfin, il faut bien commencer à se reconquérir, même si on ne connaît pas encore très bien la valeur de la conquête. Quoi qu'il en soit, les *Grandes Fêtes de Cornouaille*, fondées à Quimper en 1948, vont prendre en quelques années des dimensions extraordinaires puisqu'elles présenteront régulièrement de trois à quatre mille danseurs, sonneurs et chanteurs devant des foules évaluées par la police elle-même à plus de cent mille spectateurs. Un peu plus tard, à Brest, le *Festival des Cornemuses* fournit aux *bagadou* (ainsi appelle-t-on les formations de sonneurs) un cadre exceptionnel pour la manifestation de leur dynamisme et d'une passion déjà sous-tendue en profondeur par un constant souci politique qui s'explicitera de plus en plus à mesure que les problèmes généraux du monde, et particulièrement ceux de la jeunesse, prendront de l'acuité. Et comment veut-on que des milliers de jeunes gens qui pratiquent des arts traditionnels dans un contexte où la tradition est à la fois vivante et menacée, condamnée même, n'en viennent pas à contester la nouvelle société qu'on leur propose sans qu'ils puissent en disposer le moindrement? Même si beaucoup ne font que faire semblant, ils ne laissent pas de s'imprégner de la civilisation diffuse dont ils se font les hérauts sans trop savoir où ils vont, mais en sachant fort bien qu'ils ne sont pas d'accord avec ce qui se passe, qu'il doit y avoir d'autres moyens de rendre justice à l'homme, d'autres manières de changer la vie et qu'à tout prendre, puisque les politiciens professionnels se plaisent à prendre leurs références dans le passé, peut-être ferait-on bien de ne pas toujours sacrifier les Gaulois au profit des Romains, les Incas au profit des Espagnols, les colonisés au profit des colonisateurs et la civilisation populaire des Bretons au profit d'une culture prétendue élitaire dont l'effet le plus radical est d'assurer la domination économique de ceux qui s'en servent comme cheval de bataille. Qu'on n'aille pas s'y tromper. La politique n'est pas seulement affaire de partis, de syndicats, de campagnes électorales, de manifestes, de défilés à pancartes. Avant d'en arriver là, et après en être arrivée là, elle se noue dans les profondeurs de chacun, dans ses tripes comme disent les uns, dans son âme selon les autres, dans quelque chose, en tout cas, qui vient de plus loin que toutes les philosophies.

Les hommes politiques le savent si bien, et leurs mandants aussi, qu'ils ne cessent pas de déconsidérer les manifestations culturelles du peuple. Ils ne procèdent point par oukases ni interdictions, la vieille peur des jacqueries les habite toujours. Leur souci est d'enlever à ces manifestations tout caractère et toute signification autre que de divertissement aimable et sympathiquement nostalgique. Et leur triomphe a été de s'emparer du mot *folklore* et de ses dérivés pour les vider de tout potentiel révolutionnaire. Ils l'ont d'ailleurs fait, il faut l'avouer, avec la complicité du peuple lui-même. Alors, avant d'aller plus loin, peut-être est-il bon de s'entendre là-dessus.

Parlons donc de folklore. Le train du monde étant ce qu'il est, ce malheureux mot n'a pas une signification plus précise, pour la plupart des gens, que l'adjectif français *formidable*, devenu un cache-misère de la pire espèce. Au sens propre, si j'ose dire, la bombe atomique est *formidable*, mais au sens platement courant, le homard à la moutarde l'est aussi, de même qu'une nouvelle lessive ou le dernier vociférateur catapulté dans l'actualité avec une guitare en guise de béquille. De même que n'importe quoi.

Au sens propre, le folklore est la totalité de la civilisation populaire en ce qu'elle a de spécifique, mais une bonne part de nos contemporains ne désignent par ce mot que certaines danses traditionnelles en costumes de terroir dont le touriste moyen fait son dessert de couleur locale plus ou moins frelatée. En somme, ce que Morvan Lebesque appelle, quelque part, la *chienlit folklorique*. Pour d'autres, folklore est synonyme de gentillesse, de naïveté bon-enfant, de sous-développement artistique, de nostalgie pastorale, de veillées des chaumières, de retardement intra-veineux et, en tout état de cause, de facilité, confusion et pagaille. Et François Mauriac s'indigne d'entendre qualifier la religion de *folklore,* tandis que les farfelus les plus échevelés passent pour des personnages *folkloriques* et qu'à propos d'un congrès mal organisé ou d'une contre-vérité flagrante on écrit froidement : c'est du *folklore.*

Ce n'est point par hasard si de tels contresens ont pu s'instaurer au sujet d'un mot assez insolite, je le reconnais, mais auquel le premier reproche adressé, dès son apparition en Angleterre (1846), fut précisément d'être trop scientifique. Il est composé de deux mots anglais : *folk,* peuple et *lore,* science. Le moins qu'on puisse dire, c'est qu'il ne trompe pas sur la marchandise dès l'instant qu'on se donne la peine d'ouvrir un dictionnaire. Il nous suffira de rappeler les grandes lignes de la définition sur laquelle tous les spécialistes dignes de ce nom sont tombés d'accord : le *folklore,* c'est tout ce qui forme la civilisation propre à une population donnée, historiquement et socialement rassemblée sur un territoire défini et se manifestant sous des aspects spirituels et matériels. Les aspects spirituels sont une psychologie collective exprimée par la langue, le dialecte ou le patois, la littérature orale ou écrite, la musique et ses instruments, les danses et les chants, les modes vestimentaires, les jeux et exercices physiques, les fêtes traditionnelles, les croyances et coutumes, les droits et usages juridiques, les traditions sociales. Les aspects matériels sont les techniques de construction d'habitations et de navires, de fabrication d'outils et d'instruments, de métiers artisanaux, de culture et d'élevage, de navigation et de pêche, de nutrition et de médecine populaire. Tous faits qui, bien qu'en continuelle mouvance, ne cessent d'être marqués par la conscience collective traditionnelle propre à cette population.

En réalité, la majorité de nos contemporains sont des individus folkloriques. Je veux dire par là qu'ils ne peuvent se résoudre à abandonner certaines formes de vie qui correspondent à leurs tendances profondes . Et je veux dire enfin qu'il est une réaction de défense contre un avenir qui, malgré toutes ses promesses, ne laisse pas d'inquiéter le fils de l'homme. Je dis qu'il est devenu une contestation permanente, ce qu'il n'a jamais été dans le passé.

On fête toujours le bout de l'an avec des vœux et des étrennes. On fête les Rois, le Mardi-Gras, Pâques, la Saint-Jean et dix autres jours de l'année qui étaient folklorisés bien avant le christianisme. On a même institué partout un Père Noël (?), et pas pour le seul profit du commerce, croyez-le bien. On érige des sapins à bougies, en obscure mémoire de l'Arbre de Lumière des Celtes. Essayez donc de supprimer cela! Essayez seulement de décrocher les petites vacances scolaires des fêtes religieuses! Vous serez honni par les mécréants eux-mêmes. Je ne parle pas du Carnaval de Nice, du défilé du 14 Juillet, du ruban coupé pour inaugurer n'importe quoi, de la bouteille de champagne écrasée contre la proue des bateaux neufs, des avocats et des juges en robe, des têtes-ceci et des têtes-cela, des écoliers et des médailles. Difficile de laisser tout cela, pas vrai! Et pourtant, c'est le Moyen Age quand on y pense bien, c'est aussi incongru que le *western*, ses diligences et ses cow-boys sous la présidence de Monsieur Nixon. C'est éternel, quoi!

Le folklore continue à se faire sous nos yeux. Ses formes évoluent, bien sûr, de plus en plus vite dans le monde qui est le nôtre. Il s'accommode. Il y a déjà un folklore du tiercé et du football comme il y en a un de la vieille loterie et de la soule. On bénit les tracteurs et les transformateurs électriques comme on célébrait naguère le pardon des chevaux. Et saint Christophe, désormais, protège les automobilistes, tandis qu'un morceau du voile de la mariée frémit au bout de l'antenne radio qui jaillit de la tôle. Ce sont encore les automobilistes qui célèbrent la minuit du 31 décembre, à Paris, par un concert d'avertisseurs. Il y a des gens qui n'en finiront jamais de se faire conter Versailles avec un défilé de majorettes pour finir. Moquez-vous du folklore après cela!

Le vrai folklore n'a rien à voir avec la mode. Il en est le contraire. Le temps d'une vie ne suffit pas à l'établir. Sa démarche est parfois difficile à suivre. Mais il représente toujours une permanence de l'homme. Or, aujourd'hui, c'est l'humanité même qui joue son destin. Ce qui est montré, dans les fêtes folkloriques, ce sont les images d'une époque où la main prévalait sur la machine, où l'on pouvait boire l'eau des rivières, où l'on n'abattait les arbres que pour le toit ou le feu, où l'on se distinguait des autres par le costume. De nos jours, on détruit froidement le milieu naturel, on n'a d'autre souci que de faire comme tout le monde, c'est-à-dire de se rendre esclaves des mêmes normes de vie imposées par la nouvelle civilisation. Au début de ce siècle, les fêtes folkloriques étaient des manifestations spontanées. Aujourd'hui, elles ne servent plus qu'à représenter certaines valeurs que nous sommes en train de perdre et dont nous savons désormais qu'elles sont essentielles. Les têtes politiques ont beau en faire fi, elles ont plus de portée que bien des discours et autant de chansons. Remarquons simplement, et sans autre commentaire, que les jeunes Bretons qui ont pris la plus claire conscience des problèmes de leur pays, c'est dans les Cercles Celtiques et dans les Bagadou qu'on les trouve. Tout cela est appelé à disparaître un jour, nous le savons. Mais il en sortira autre chose et les historiens devront rendre justice à la contestation permanente du mouvement folklorique depuis la Deuxième Guerre mondiale, bien avant les guitares, les cheveux longs, les chaînes, les colliers et les clinquantes chemises des futurs Baladins du Monde Occidental.

Aux siècles passés, quand les rois ou les grands personnages daignaient visiter leurs sujets de province, les gouverneurs et les préfets ne manquaient pas de leur offrir le spectacle de danse paysannes entraînées par des instruments rudimentaires. Il faut lire les relations de ces fêtes, toujours dues à des plumes nobles ou bourgeoises, pour se rendre compte à quel point les visiteurs les regardaient avec une condescendance amusée, persuadés qu'ils étaient de leur supériorité sur les manants par la grâce de Dieu et le privilège de la naissance. Le bon peuple, lui, s'en moquait bien. Il était nourri et payé pour danser devant les grands, pour leur montrer des visages rassurants pendant le temps d'une journée de fête. C'était autant de gagné. Il attendait le lendemain pour appréhender la famine et ruminer la jacquerie. Chaque chose en son temps.

Aujourd'hui, on fait bien des reproches aux fêtes folkloriques. Certains les considèrent comme des divertissements de valeur artistique très médiocre, bons pour le menu peuple des HLM. Ils n'y mettraient les pieds pour rien au monde, eux qui vont voir les ballets de Béjart, sans trop en comprendre l'argument, il est vrai, mais pour s'exclamer d'admiration, au retour, devant le *whisky on ice.* Ah! la Messe pour le Temps Présent! Ceux-là ne sentiront jamais qu'une fête folklorique est aussi présente que la Messe en question. Ce sont les nouveaux nobles et les nouveaux bourgeois qui se mirent dans leurs propres ongles sans se douter le moins du monde qu'ils sont assis sur un volcan. Le sommeil du volcan, c'est la fête folklorique. Ne vous y fiez pas. Son réveil, c'est le barrage de routes et la défenestration du sous-préfet. Chaque chose en son temps.

D'autres s'en vont clamant que le folklore est l'opium du peuple. Il ne montre que ses divertissements, non pas ses problèmes. C'est l'éternelle pastorale du paysan rose, faite pour masquer la disparition prochaine de la paysannerie et le drame qu'elle est en train de vivre. Mais sans le paysan rose, le paysan noir saurait-il qu'il est noir? Certains vont même jusqu'à dire que la civilisation paysanne se prostitue sur les planches et dans les défilés devant des spectateurs qui ont payé leur place. Ils n'ont raison qu'en apparence. La fête folklorique est le seul théâtre du peuple. Or, le théâtre est toujours contestataire par essence, même quand il se veut conservateur. Plus il est naïf et plus il s'en dégage de leçons. Il fait prendre conscience de l'évolution du monde sans qu'il soit besoin de discours. Et comment mesurer cette évolution sans le témoignage du passé proche, celui qui n'est pas encore entré dans l'histoire et dont le présent conserve non pas la nostalgie mais un héritage qu'il a bien du mal à liquider. Avant de dépouiller le vieil homme, il faut savoir comment il est fait. Il y a beaucoup de gens qui s'y refusent parce qu'ils ne veulent pas être des rois nus.

La vérité est qu'en Bretagne les grandes fêtes folkloriques dont les organisateurs ont longuement mûri et amélioré la formule, ne sont pas un simple divertissement ni un hommage servile rendu aux touristes considérés comme autant d'impératrices Eugénie et d'empereurs Napoléon III. Si le tourisme est une industrie et un commerce, cela n'importe aux défenseurs de la civilisation populaire que dans la mesure où les « juilletistes » et les « aoûtiens » leur fournissent d'innombrables témoins, et des témoins populaires, d'une culture paysanne qui n'a d'autre moyen de se manifester que le spectacle qu'elle donne d'elle-même puisque les inspirations qu'elle ne cesse de fournir aux écrivains et aux artistes sont généralement attribués au génie de ceux-ci, même s'ils proclament très haut leurs emprunts. On a beau faire, la littérature l'emporte toujours sur les « oratures » et l'artiste sur les artisans. C'est au point que, pour nous borner à un seul exemple, les frères Le Nain et plus tard Millet ne seront jamais classés parmi les très grands peintres parce qu'ils souffriront du discrédit culturel qui s'attache à cette condition paysanne qu'ils ont timidement tenté d'exprimer. Le nu académique et le pompiérisme gagneront toujours jusqu'au moment où gagnera le cérébralisme. Et la nature des Impressionnistes sera mise au compte d'un raffinement de l'art, même si les paysans la voient depuis toujours d'un même œil que ces peintres-là. Mais les paysans n'auraient pas l'idée de peindre, sauf avec des mots que le vent emporte. Comme il emporte cette image que j'ai entendue dans la bouche d'un paysan parlant du déduit qu'il a pris avec la femme aimée et ne trouvant d'autre moyen de qualifier la partie de la personne où le dos perd son nom que de l'appeler « les joues de la nuit » *(chodou an noz)*. Poètes, à vos luths! Et passons!

Chaque fois que j'entre en conversation avec quelqu'un qui porte encore le costume de son terroir, et je recherche toujours cette occasion, je ne manque pas de lui demander : que pensez-vous des Cercles Celtiques? Voilà des jeunes gens qui revêtent vos costumes pour aller danser devant le public au son des instruments qui ont célébré les grands jours de votre jeunesse. Ont-ils raison ou tort? Et n'êtes-vous pas gênés vous-mêmes d'être habillés autrement que la plupart de vos contemporains, même ceux de votre village?

C'est à la seconde question qu'ils répondent d'abord. Ils ne sont pas gênés du tout. Ce qui les gênerait, c'est de se mettre à la mode de la ville, d'autant plus qu'elle change par ordre venu d'ailleurs, alors que leur mode à eux vient du consentement qu'ils apportent aux innovations de quelqu'un de leur compagnie auquel ils reconnaissent une compétence de représentation. Et puis, les femmes ont peur d'être fagotées. L'une d'elles me dit : mon corps a pris ses habitudes. Si je me déguisais, j'aurais l'air d'un sac de linge qui s'en va tout seul au lavoir. La même avoue qu'elle ne pourrait pas abandonner sa coiffe pour aller tête nue : les grandes dames, elles ont beau aller chez la coiffeuse presque tous les jours que Dieu fait, je suis quand même plus propre qu'elles. J'approuve avec vigueur. Une très vieille femme me dit d'une petite voix maigre : la mode de la ville est bonne pour tout le monde. De mon temps, nous n'étions pas n'importe qui. Un *glazig* (1) ronchonne dans le crin de sa moustache : les gens ne savent plus s'habiller selon leur condition. Paysan je suis, paysan je reste. Adieu! Et chacun des autres a ses raisons, mais aucun n'est gêné sauf quand on le dévisage comme une bête curieuse ou qu'on le photographie à la sauvette. Certains prennent d'ailleurs de belles revanches. J'en connais un dont le plaisir est de venir en ville, pendant l'été, pour regarder l'accoutrement des touristes : de beaux épouvantails, dit-il avec un rire silencieux. Il s'installe sur un banc du boulevard de Kerguélen et il se régale du spectacle.

En général, les Cercles Celtiques ont leur assentiment. Ils comprennent fort bien que leur but est d'honorer

(1) Petit bleu : nom du costume d'homme de Quimper.

leurs parents. Je ne puis rapporter toutes leurs opinions, mais écoutez plutôt : « C'est moi qui arrange ma fille pour aller danser avec le Cercle, dit Marie. Je veux être sûre qu'elle n'a pas une épingle de travers sur le corps, on peut la regarder de près. Seulement, je ne l'habille pas comme j'étais habillée à son âge, mais comme je m'habillerais aujourd'hui si j'avais encore vingt ans et si on portait encore la coiffe. Je lui modifie son costume pour qu'il aille avec le temps qui court. »

– Et comment faites-vous, Marie?

– Je jette un coup d'œil autour de moi. Cela suffit.

Une autre regarde passer devant elle le défilé des Fêtes de Cornouaille. Elle est gonflée d'orgueil, mais elle a de l'eau dans les yeux.

– Tous ces costumes, je les ai vus sur des gens qui sont morts aujourd'hui. Je retrouve leur visage sous la coiffe ou le chapeau. C'est toute ma vie qui passe devant moi.

– Toute votre vie, Catherine? Et vos misères?

Elle me jette un regard de reproche :

– Ce ne sont pas des choses à montrer, voyons! On ne l'a jamais fait quand on pouvait faire autrement.

Dans les premières années cinquante, les jeunes gens des Cercles sont souvent accompagnés de personnes d'âge moyen ou avancé qui vivent et s'habillent encore selon la tradition. C'est une garantie d'autant plus sérieuse que ces gens-là ne badinent pas avec le style dont ils sont naturellement imprégnés. Certains Cercles de la montagne sont uniquement constitués de paysans et de paysannes qui n'ont aucune rupture dans leurs manifestations festivales. L'authenticité de leurs danses et de leurs chants est éclatante, outre qu'ils parlent tous un breton qui coule de source. C'est particulièrement le cas du Cercle de Poullaouen qui, sous l'impulsion de mon ami Loeiz Ropars, popularise inlassablement des suites de danses chantées à deux voix selon la formule appelée *kandiskan* (chant et déchant) qui présidait, tout récemment encore, aux *festou-noz* (fêtes de nuit) par lesquelles se concluaient les grands travaux en commun. C'est sans doute ce qu'il y a de plus original et de plus spectaculaire à la fois dans le patrimoine de la Basse-Bretagne. La vogue des *festou-noz* à la mode de la montagne fera rage dans toute la Bretagne, mais seulement après 1970. On y verra encore un peu du meilleur et beaucoup du pire. Mais c'est déjà une autre histoire qui n'est pas ici de mon propos.

Et les Cercles Celtiques se mettent à proliférer un peu au hasard des initiatives et des occasions, la meilleure de celles-ci étant une tournée à l'étranger qui permet aux jeunes de faire à bon compte du tourisme à l'envers. Et puis la tradition s'éloigne à mesure que disparaissent les vieux danseurs. Des innovations apparaissent qui ne sont pas toujours heureuses et qui peuvent difficilement l'être parce que les sociétés paysannes se défont à toute allure et que l'uniformisation accélérée du monde n'épargne pas les cantons les plus reculés. Si ce n'est pas la faute de tous, ce n'est la faute de personne. Mais c'est la faute de tous si, dans les cercles bretonnants, la langue bretonne se perd aussi.

Les civilisations paysannes éclatées laissent matériellement des champs de ruines sur lesquels s'abattent les antiquaires, les brocanteurs, les rapetasseurs, les amateurs de tout poil. La Bretagne entière devient un immense entrepôt de « curiosités » qui doit faire se retourner dans sa tombe le frère de Max Jacob. Il y a tant d'armoires, de lits clos, de pendules sur pieds, de bancs à dossier, de berceaux, de rouets, de colliers de chevaux, de n'importe quoi fait de main d'homme qui ne demandent qu'à servir, même pour les usages les plus imprévus. Et à défaut d'usage, ils servent d'ornements comme ces roues de charrettes immobilisées hors fonction dans une barrière de jardin qui tourne au lieu de rouler, comme ces margelles de puits, monuments de granit posés à plat-cul en guise de pots de fleurs sur un gazon peigné. La lanterne d'écurie trône dans le salon près d'un moyeu de tombereau monté en lampe de chevet et d'un plastron bigouden encadré sur un fond de velours noir comme un tableau de maître. Avant d'aller vous asseoir sur un siège de char à bancs mangé des vers, vous pouvez déposer votre parapluie dans la baratte de l'entrée et vous recoiffer en écartant les portes d'une façade de lit clos collée contre la cloison et qui habille (?) une glace. Ah! Ces lits clos, quelle aubaine!

Il m'arrive d'en rencontrer qui sont transformés en vestiaire dans les vestibules, en bibliothèque dans le bureau, en buffet ou en boutique à boissons dans la salle de séjour, en boîte à musique où se combinent tourne-disque, radio et télévision. J'en ai même trouvé un qui fonctionne en cabinet de toilette pour la plus grande satisfaction de ses usagers sinon pour leur plus grande commodité. Un autre, chez un tailleur, sert de salon d'essayage. Un autre encore dissimule, derrière ses portes, un écran de cinéma familial. Enfin, celui qui a reçu le plus d'honneur est devenu le cadre d'une toile de grand maître qui vaut plusieurs millions.

Or, je proclame que c'est très bien. A condition que la façade du monument ne soit pas mise en pièces ou martyrisée à la scie, cela vaut mieux que de le voir pourrir dans quelque grange où il tient lieu de réserve à pommes de terre. Le meuble le plus symbolique de nos ancêtres continue ainsi à servir après avoir été « reconverti » selon les nécessités de notre époque. Et je dois avouer que la plupart de ceux qui possèdent un lit clos en tirent un certain orgueil. Il y en a même qui vont jusqu'à coucher dedans. Parole d'honneur!

Seulement, moi, je suis né dans un lit clos. J'y ai digéré mes fatigues et nourri mes rêves jusqu'à ma quinzième année et même un peu plus tard. Et puis j'ai connu l'aventure des lits de fer dans les collèges, des lits de hasard dans les hôtels d'Europe et d'Afrique, des lits de série, des lits de style et même, si j'ai bonne mémoire, d'un lit historique dans un manoir médiéval. A part le confort quelquefois, aucun de ces lits n'a valu le lit clos à mes yeux. Le lit clos est (j'en sais beaucoup qui n'ont jamais cessé de servir) un réduit fermé à l'intérieur de la salle, comme je l'ai dit, un coffre-fort à sommeil, une forteresse dont les ponts-levis sont les panneaux coulissants frappés du monogramme du Christ, de l'ostensoir ou du Saint-Esprit; une cellule de moine parfois tapissée d'images saintes et qui bourdonne, chaque soir, du bredouillis des prières en breton. Un domaine réservé dans une salle commune. La corniche sert de table de nuit, le banc de coffre à linge, de descente de lit, de réserve à sel, à bougie, à tabac; le côté de support à cuillères et de panneau d'affichage pour les portraits de famille et l'almanach des Postes. Et par-dessus le marché, la menuiserie est souvent belle. C'est pourquoi, je ne m'étonne pas, aujourd'hui, de voir le lit clos servir à tous les usages. C'est sa destination.

Alors, on me demande quelquefois si j'aimerais encore dormir dans un lit clos. La réponse est non, cent fois non. A moins qu'on ne me rende ma jeunesse et le monde total qui m'entourait, celui que le temps a détruit. Il y a quarante ans et plus que je suis sorti, pour la dernière fois, de mon armoire à sommeil, que je me suis mis à plat-ventre sur la terre battue, à la recherche de mon sabot gauche qui avait toujours tendance à s'évader sous le banc-coffre. Et il m'arrivait de me coincer la tête entre la terre et le bas du banc. Je sortais de ce piège avec une oreille sale et meurtrie. Mais j'étais ravi de ramener, en même temps que le sabot fugitif, une balle de chiffon brodée en rouge, vert et jaune. C'était le cadeau d'une jeune fille de neuf ans qui avait dérobé, pour l'amour de moi, des restants de fil sur la table du brodeur Tist Alanou. Une autre fois, c'était un bouton de *chupenn,* un merveilleux bouton de verre cerclé de cuivre, une sorte de kaléidoscope où luisaient doucement des débris d'arc-en-ciel. Des boutons comme celui-là, vous pouvez en voir encore dans les musées. Une demi-douzaine de balles brodées à la bigoudène sont enfermées dans une vitrine, comme des bijoux précieux, chez un collectionneur que je connais. La jeune fille de neuf ans est aujourd'hui grand-mère si elle vit encore. Elle s'appelait Yvonne ou Maria, peu importe.

Je ne coucherai plus dans un lit clos, pour rien au monde. Pour la simple raison qu'il me manquerait l'état de grâce et que j'aurais, en outre, l'impression d'offenser les Mânes, les Lares et les Pénates. C'est tout. A moins que tel vieil homme que je connais ne me propose de dormir dans un de ses lits clos qui n'a jamais cessé de servir de lit. Et encore je dirais sans doute non parce que je ne suis plus à la mesure de ce lit ni de son propriétaire. Indigne, pour tout avouer. Je ne sais pas si je me fais bien comprendre. Ni regret ni nostalgie. Simplement je suis dépassé. Je suis resté en arrière en croyant aller de l'avant. Et j'ai vendu mon droit d'aînesse pour un plat de lentilles. Cette fois-ci, c'est vraiment tout.

De ma civilisation première, il ne reste que des épaves. Des arbres encore, mais plus de forêt. Pour m'en tenir aux objets, dès qu'ils sont dispersés, ils n'ont plus guère de signification. On en a fait des musées, tâchant parfois, avec un soin touchant, de reconstituer exactement une salle de ferme ou de penn-ti. Mais cette salle ne vit plus, ne travaille plus. Encore heureux quand on n'a pas jugé bon d'y placer des mannequins pour figurer les habitants. Navrant. A tout prendre, mieux vaut mettre les objets en vitrine. Au moins, c'est de l'honnête archéologie, et qui intéresse tout le monde, sauf ceux-là précisément qui reconnaissent dans cette archéologie leur propre histoire. Car le goût des vieilles choses n'est pas un plaisir de paysans mais de bourgeois.

Le goût des vieilleries est une manie de notre temps. Nostalgie d'une époque où les moindres objets étaient fabriqués de main d'homme ou compensation d'une mode qui n'arrête pas de nous pousser au changement d'une saison à l'autre? Réflexe de défense contre les matières synthétiques, fort commodes sans doute, mais incapables de susciter l'attachement que nous portons au bois sculpté, au fer forgé, à la pierre taillée, à l'osier tressé, marchandises de série destinées à grossir très vite quelque dépotoir public et dont le pullulement même menace de nous engloutir un jour dans nos propres déchets? Ou bien aveu que nos prédécesseurs, si misérablement sous-développés qu'ils fussent par rapport à nous, avaient un certain sens de la beauté à la mesure humaine? Ou bien culte du souvenir, respect condescendant pour l'armoire d'une grand-mère qui n'est pas toujours la nôtre? Ou désir de transformer notre salon en musée pour notre satisfaction personnelle ou l'ébaubissement des visiteurs? Ou snobisme du jour qui nous impose d'avoir un vieil appareil téléphonique à support de bois pour notre *standing?* Ou arrière-pensée de spéculation? Ou je ne sais quoi.

Toujours est-il que le goût du vieux est un mal moderne. Personne ne pourrait dire combien de temps il durera. En attendant, on garde tout pour le cas où cela prendrait de la valeur. On s'en veut d'avoir jeté, naguère, les objets invalides et les meubles fourbus relégués au grenier. Quiconque possède un phono à pavillon ou un moulin à café datant de l'ère artisanale lui confère, dans son imagination, un prix qui approche de son poids d'or. On installe sous vitrine les pièges à souris, astiqués et vernis, appelés à la dignité d'œuvres d'art. Et l'on devient méfiant, méfiant, on n'ose plus rien mettre au rebut dès que ce rien a cinquante ans d'âge parce qu'on ne sait jamais. Avez-vous entendu l'histoire de ce vieux bonhomme qui disait à ses enfants : « Quand je ne serai plus bon à rien, envoyez-moi à l'hôpital! » Et sa bru lui demanda, perplexe : « Oui, mais comment saurons-nous que vous n'êtes plus bon à rien? »

On tourne en dérision ces pauvres paysans qui troquaient naguère leurs lits clos et leurs vaisseliers à clous contre des lits de fer à boules de cuivre et des armoires à glace. Quels benêts, disent les bons apôtres. Se faire rouler de la sorte! Or, ces gens avaient l'impression de faire une bonne affaire (et, dans l'état où ils se trouvaient, ils en faisaient une), d'accéder à une certaine bourgeoisie et de suivre le progrès du temps. Peut-on vraiment leur donner tort? Et pourquoi auraient-ils raison, les bourgeois qui recherchent aujourd'hui les meubles paysans?

Les monuments du passé qui sont parvenus jusqu'à nous, on sait bien qu'ils sont faits de pièces et de morceaux. On a élevé du gothique sur du roman et la Renaissance a coiffé le tout jusqu'à ce que le style classique trouve le moyen de se faire une place quelque part dans les vieux murs. Cela démontre bien que chaque époque préférait le neuf au vieux, au moins jusqu'au dix-neuvième et même beaucoup plus tard. Si elle a conservé une part de vieux, c'est bien parce qu'elle n'avait pas assez de finances pour tout refaire à neuf. Et s'il nous reste encore d'anciens manoirs bretons debout, c'est souvent parce que le propriétaire n'était pas assez riche pour abattre le vieux logis et le remplacer par une bâtisse au goût du jour, comme beaucoup l'ont fait au cours des âges.

Où voulez-vous nous mener, me dira-t-on. Moi? Nulle part. Que voulez-vous prouver? Moi? Rien du tout. A qui donnez-vous tort et à qui raison? Ni aux uns ni aux autres. Je fais seulement un constat d'huissier pour en venir à cette réflexion d'un notaire qui vient de disperser aux enchères un mobilier de ferme.

– C'est quand même étonnant. La cuisinière à butane et les tables, les chaises en formica ont été achetées par les paysans des environs. Mais les vieux meubles à clous, même mangés des vers, ont fait le bonheur des bourgeois riches. Quand je dis que c'est étonnant, vous me comprenez bien. C'est le contraire qui m'étonnerait.

Hé oui, maître. Vous savez aussi que les hautes maisons de construction récente, à la campagne, attirent la clientèle des gens du pays tandis que le plus misérable *penn-ti* où même la ruine qu'il en reste se disputent à prix d'or entre des citadins qui viennent souvent de très loin pour s'en rendre acquéreurs et les transformer à grands frais en *résidences secondaires.* Chacun envie ce qu'il n'a pas encore ou ce qu'il n'a plus. Les paysans pauvres en sont réduits à vendre leur bien de famille parce qu'ils ne peuvent pas rester chez eux, faute de travail. Et les citadins un peu à l'aise cherchent à se constituer un refuge à la campagne parce que la vie quotidienne en ville devient intenable. Si bien qu'à la limite du mouvement, s'il n'y a pas de révolution, tous les pauvres paysans seront parqués dans les HLM des villes tandis que les bourgeois, techniciens et technocrates, les chefs d'industrie et les P.-D.G. de toutes sortes, les promoteurs de tours et même les hommes politiques résideront à la campagne, à la montagne ou sur les bords de mer dans les fermettes, les mas, les bastides, les burons aménagés par leurs soins avec tout le confort moderne. Et là, habillés de velours à côtes, ils s'occuperont à tondre, arroser, planter, écheniller des jardins sortis tout armés des revues de luxe. Car ce sont eux les nostalgiques et les *retros*, non pas les paysans qui s'occuperont désormais à méditer leurs jacqueries dans les clapiers de béton.

Déjà, sur ma baie d'Audierne où règnent la pluie et le vent plus souvent que le soleil, des escadres de maisons nouvelles se dressent d'une saison à l'autre entre les étangs d'eau saumâtre, les *loc'hiou*, dans le quadrillage des murs de pierre sèche qui protégeaient autrefois de maigres champs de pommes de terre. C'est à peine si les anciens *tis* des pêcheurs et des paysans se reconnaissent au milieu des nouvelles villas de style prétendument breton. Ils ont été retapés, refigurés pour la messe du temps présent. Les habitants de mon bourg qui ont quelque fortune se pourvoient même d'une résidence secondaire sur leur propre côte, à trois kilomètres de leur maison principale. Une nécessité, peut-être. Et pourquoi pas eux? Ils « habiteront » mieux un pays qu'ils connaissent que ne pourraient le faire des étrangers qui auraient bien du mal à cesser de l'être. Il est plus facile d'être de son temps que d'être de quelque part. Quant aux étrangers de passage, ils se consoleront en achetant des poupées-miniatures en costume bigouden, des biniou-baromètres, des meubles en réduction, des bijoux celtiques à bon marché, des cartes postales légendées en breton, toute la pacotille folklorique à l'usage du touriste militant, conscient et organisé. Ils dégusteront des crêpes de sarrazin, de la bouillie d'avoine, des fruits de mer (quel drôle de nom!), du pain noir (très à la mode, le pain noir), de la soupe de poisson dans les ports bigoudens. Ils iront même jusqu'à goûter le *chouchenn* dans leurs jours d'audace. Et tout le monde sera content. C'est ce qu'il faut. A la bonne vôtre!

En cela, ils seront d'ailleurs imités par les gens du pays

qui retrouvent leurs sources sous l'impulsion du phénomène touristique. C'est désormais une entreprise désespérée que de vouloir leur faire lâcher un des meubles traditionnels qu'ils ont naguère dégradés eux-mêmes. Si c'est bon pour les touristes, c'est bon pour eux aussi. Et ils sont assez riches pour garder ce qu'ils ont. Et il y a leurs enfants qui n'ignorent plus la valeur de leur patrimoine. Les plus aisés en viennent à bâtir des maisons modernes à dallages de marbre et escaliers en fer forgé pour accueillir les meubles du grand-père. C'est le fin du fin. Ils dépoussièrent les vieilles photos de famille bourrées de coiffes et de chapeaux à guides pour les établir dans leurs salles en forme de galeries d'ancêtres. Ce n'est pas pour rien que les Bigoudens sont nés sous le signe de la Plume de Paon. Les nourritures de misère sont remises en honneur, mais plus grasses il est vrai. Pour certains banquets ou repas en commun, on reprend les menus des anciennes noces, on s'essaie de nouveau à de splendides galimafrées, des *koaniou-braz,* des *koaniou-freillou* (1), la nouvelle mystique de la bouffe aidant. A nous, la consommation, le gaspillage, la décadence de l'Empire romain! On organise des battages aux fléaux, aux locomobiles, avec dégustation de bouillie d'avoine dans des cuillères de bois. L'artisanat refleurit partout, les sabotiers, les bourreliers, les tisserands, les potiers, les sculpteurs à couteaux de poche voient refleurir un âge d'or. Dans les carrefours écartés, les auberges qui ne sont pas devenues des crêperies ou des *night-clubs* deviennent des ateliers d'artistes. On crée un Parc d'Armorique avec des restaurations d'ensembles comme dans le bon vieux temps qui n'était pas bon et qui n'est pas vieux. Des réserves, disent les mauvaises langues. *Vade retro, Satanas!*

Ce que j'en pense? Je n'en pense rien. Ce n'est plus mon affaire. Pour les gens de mon âge et de ma condition première qui essaient depuis trente ans de faire rendre justice à la civilisation paysanne, c'est un peu tard, c'est un engouement dont l'arrière-plan n'est pas très clair et c'est

(1) Grands-soupers – soupers des fléaux.

peut-être une manière de se donner bonne conscience. Mieux vaut tard que jamais, mieux vaut un temple avec des marchands que pas de temple du tout, mieux vaut une bonne conscience en action qu'une mauvaise inopérante. Et l'essentiel n'est-il pas que l'on reconnaise la valeur d'une culture que presque personne, il y a trente ans, pas même les antiquaires ni les brocanteurs qui en bradaient les témoignages à tout va, n'aurait osé décorer de ce mot!

Il n'en est pas moins vrai que les plus solides assises de cette culture lui font maintenant défaut. Sans parler de la mutation de l'agriculture dont les analyses pertinentes rempliraient une bibliothèque, bornons-nous à voir où en sont les deux formules invoquées au début du siècle par ceux qui s'étaient institués les mainteneurs patentés de la société bretonnante contre l'entreprise des jacobins. La première est :

Ar brezoneg hag ar feiz	Le breton et la foi
A zo breur ha c'hoar e Breiz.	Sont frère et sœur en [Bretagne.

et la seconde :

Hep brezoneg, Breiz ebed	Sans le breton, pas de Bre- [tagne

Le moins qu'on puisse dire est que la foi ne pourrait plus soulever des montagnes. Naguère encore, un naguère déjà historique, parmi les jours marquants de ma paroisse, il y avait ceux où un enfant du pays, passé au séminaire pour le grand honneur de ses parents, disait sa première messe en grande pompe. Les séminaires sont mis en vente pour manque de clercs. Il n'y a plus de vocation parce que le terreau des vocations a été délavé par trop d'orages. Il y a beau temps que le recteur ne dirige plus grand-chose s'il expédie encore les affaires courantes que sont les baptêmes, les mariages et les enterrements. Et s'il vient à manquer, s'il doit se partager entre plusieurs paroisses, les consciences chrétiennes ne sont pas troublées par cet état de choses depuis que la soutane et la barrette sont allées au chiffonnier avec la cornette des sœurs. Dans l'église de Saint-Faron et de Saint-Fiacre, la chaire à prêcher où tonnèrent nos prêtres et nos missionnaires sur des générations de pécheurs humiliés a été décrochée de son pilier, laissant sur le granit des cicatrices blanches. Les grands anges de l'autel ont pris leur vol pour on ne sait quel empyrée. Et il me semble bien que saint Eloi a fini par referrer son cheval pour chevaucher vers d'autres fortunes. Le grand pardon de Penhors tient toujours, la maison de Mme Marie est en bon état sous le regard d'opulentes villégiatures, mais combien d'autres chapelles se meurent d'abandon, se résignent à l'écroulement dès la première brèche de leur toit! Et les fidèles regardent le désastre avec les yeux de l'indifférence. Ils ont bien d'autres soucis. Et, comme dit Per G... : qu'importe la coquille de l'œuf quand il n'y a plus ni de jaune ni de blanc dedans! Per G... parle un peu comme ce moine auprès duquel je m'inquiète du danger couru par certains livres précieux, uniques, qu'il laisse à la disposition de qui veut les voir. Vous n'avez pas peur qu'ils disparaissent, mon père? – Quelle importance? Nous en avons une photocopie.

Ils ont peut-être raison tous les deux. Les œuvres d'art ne valent peut-être que par l'esprit qui les a fait naître. Otez l'esprit ou que l'esprit s'en aille et la lettre est morte.

C'est comme la chasse aux vieux saints qui s'est ouverte en Bretagne depuis dix ans. Une chasse organisée, semble-t-il, et sans commune mesure avec les menus chapardages que nous avons connus depuis le début du siècle. Les statues de bois et de pierre sont subtilisées dans les chemins déserts, abattues des calvaires, dénichées au furet dans les chapelles. Et elles aboutissent toujours dans une gibecière qui est un coffre de voiture. Est-ce pour servir de trophées sur les murs d'amateurs indélicats ou pour être vendues au marché noir?

Se peut-il que les tableaux de pierre de Tronoen devant lesquels j'ai souvent pèleriné, qui se patinent au vent de la palud depuis un demi-millénaire, s'en aillent enrichir le parc tropical d'un milliardaire sud-américain? Il pourrait me répondre que les dieux incas, hindous ou africains sont bien venus habiter malgré eux dans les salons privés ou publics d'Europe. Dès qu'un symbole sacré devient simplement une œuvre d'art, il tombe au rang d'objet et le commerce s'en empare. C'est ainsi que les morceaux de granit et de chêne taillés, qui sont en vérité notre galerie d'ancêtres, subissent le sort de tous les débris de civilisations disparues dont s'enorgueillissent naïvement les grands musées. Est-ce à dire que la vieille Bretagne a fait son temps?

Avec l'autorité de ses quatre-vingt-dix ans, Marie-Corentine me souffle à l'oreille :

– Et si les saints s'en allaient tout seuls! Ce ne serait pas étonnant. On ne sait plus à quoi ils servent. On ne connaît même plus leurs noms. On passe devant eux sans les saluer. Il y en a un, pas loin d'ici, qui a quitté sa niche il y a quatre ans. Et personne, vous entendez, personne ne s'en est aperçu.

– Sauf vous-même, Marie-Corentine.

– Oh, moi, j'allais lui porter des fleurs quelquefois dans une boîte en fer-blanc. Celui-là m'avait délié la langue à mon âge de cinq ans. Sans lui j'aurais été muette, moi qui aime tant parler.

Mais Marie-Corentine non plus ne fait pas un drame de la disparition du saint de bois. Déplorer des choses pareilles, c'est bon pour les gens instruits et les artistes qui confondent la proie et l'ombre. Ceux-là n'ont pas porté de fleurs au saint. Peut-être même ne croient-ils pas qu'il ait existé? Ce sont seulement des idolâtres du bois et de la pierre taillés. Marie-Corentine, elle, a versé des sous après la guerre de 1914, pour acheter une belle statue en plâtre de sainte Thérèse de l'Enfant Jésus. Et elle ne connaît pas saint Sulpice.

L'immense musée religieux de plein air que constitue la Bretagne s'appauvrit tous les jours par mutilations, accaparements, vols, dégradations naturelles sans que l'ensemble des fidèles s'en soucie autrement que pour constater, en les déplorant du bout des lèvres, les changements qui interviennent dans la vie courante. Certains prêtres les ont d'ailleurs habitués à voir reléguer les vieux saints à la sacristie, sinon dans la chambre des cloches. Et d'autres vendent les vieilles images pour aider à installer le chauffage central dans l'église. Pourquoi serait-on plus pastoral que le pasteur? Le temps est peut-être venu de jeter au bûcher les idoles, de remplacer les saints guérisseurs par la seule Notre-Dame de la Sécurité Sociale. Le peuple n'a pas attendu le poète pour savoir que les civilisations sont mortelles, que les saints vont en enfer et que les dieux eux-mêmes meurent en même temps que leurs zélateurs. Ce n'est pas à lui que viendrait l'idée saugrenue de faire des musées. Pendant des siècles, la vie de Jacques Bonhomme a tellement peu changé qu'il vivait avec l'héritage de ses pères et le transmettait à ses enfants, un point c'est tout. Quand il remplaçait un objet par un autre, c'est que le premier ne pouvait plus servir. Non seulement, il ne valait plus rien, mais il était encombrant. A dégager! On en gardait pourtant ce qui était utilisable, un peu plus que rien. C'est ça, la tradition. Seulement, l'utilité d'un objet s'étendait sur plusieurs générations, parfois sur plusieurs siècles, ce qui donnait l'impression d'une imperturbable continuité et même d'un retardement. Il en était de même des saints personnages, c'est-à-dire des dieux. Pareils aux hommes, ils avaient une jeunesse triomphante et puis ils vieillissaient, ils finissaient par mourir en léguant leur héritage à leurs enfants divins. La seule différence est qu'ils atteignaient souvent l'âge de Mathusalem, c'est-à-dire une modeste éternité. Le dieu successeur se contentait de mettre ses armoiries sur les monuments de la dynastie précédente. Une croix, les instruments de la Passion sur un menhir, par exemple, ou un oratoire sur une fontaine. Infidélité, non. De changer de roi n'empêche pas de rester royaliste. Et il vient un moment où les rois ne sont plus à la page. Alors, on change de dynastie parce qu'il le faut. Michel L... se plaint amèrement devant moi :

– Pourquoi ne fait-on pas de nouveaux saints? Les

vieux ne savent plus s'occuper de nos affaires. Qu'est-ce qui se passe?

Peut-être croit-il que j'y peux quelque chose, avec cette râtelée de science que j'ai dans la tête. C'est lui aussi qui se persuade que l'ouverture du Pays Bigouden à tout le monde a pour résultat d'affaiblir la puissance de Notre-Dame de Penhors et des innombrables Notre-Dame qui assuraient jusqu'ici la protection d'une paroisse ou d'un canton. Maintenant, c'est Notre-Dame de Paris qui commande, Notre-Dame du Gouvernement. Les saints ne sont plus que de petits maires et de petits conseillers pas du tout généreux. Le ciel, de plus en plus, est à l'image de la terre.

Pas si bête.

Ils sont tous étonnés du nombre de changements qu'ils ont vus au cours de leur existence. Si nos parents pouvaient être là, disent-ils, la langue leur tomberait dans la main. Etonnés et remplis d'orgueil à l'idée qu'ils ont traversé sans trop de mal tous ces avatars, partant de la bêche et de la houe pour être promus directeurs d'usines à poulets. Il leur semble même que les gars du gouvernement s'accommodent moins bien qu'eux de toutes ces secousses qui ébranlent le monde. Le député est un petit monsieur (*eun tammig aotrou*) qui manque d'envergure, sauf quand il devient ministre, et le ministre rate son coup plus souvent qu'il ne le réussit. Alors, il faut les rappeler à l'ordre, sept cents barriques! Quant au Saint Père le pape...

Les femmes surtout ont accusé durement le coup quand on s'est mis à dire la messe en français vulgaire. L'Eglise doit avoir ses raisons, bien sûr, sans doute même a-t-elle raison tout court, mais le breton et la foi ne sont-ils plus frère et sœur? Pourquoi les sépare-t-on l'un de l'autre? Lequel a démérité? Et comment fera désormais Dieu le Père pour reconnaître la prière des Bretons au milieu des marées d'oraisons qui s'élèvent vers son trône? Et comment prier convenablement dans une langue que l'on commence seulement à connaître, dont on use encore avec maladresse? Une langue dont les mots sont comme des boîtes à moitié vides, encore ne sait-on pas très bien ce qu'il y a dedans. Une langue si difficile à chanter que l'on a peur d'aller de travers, honte d'offenser le Seigneur par des coassements discordants dont il saura bien qu'ils ne viennent pas du cœur. Le prêtre lui-même, l'intercesseur, n'est pas à son aise avec ce français qui est plutôt l'apanage des *Rouges* que celui des *Blancs.* Ainsi les *Rouges* ont gagné. Il y a des *Rouges* dans l'Eglise, dit-on. Bientôt, on ira à la messe comme on va à l'école. Il y aura les bons et les mauvais élèves, reconnaissables à la qualité de leur jargon, à la plus ou moins grande facilité qu'ils auront de comprendre les homélies de l'officiant. Naguère, tout le monde comprenait tout de la même façon, on communiait vraiment, on savait plusieurs douzaines de cantiques qui sortaient tout seuls de vous, qui sonnaient pleinement sous les voûtes. Aujourd'hui, le chant est maigre, certains fidèles parmi les plus vieux n'osent plus s'y risquer. La messe n'est plus une allégresse, pas même un repos. Une soupe tiède et qui manque de sel, dit une commère. Et Marie-Jeanne Le Goff, en sortant de là, respire à fond pour se soulager comme après un travail dur et gâché par l'appréhension de mal faire. Elle parle pourtant bien le français, mais ce français n'est pas encore tout à fait descendu en elle. Il ne descendra jamais. Quant à la douzaine de fidèles qui ne parlent que le breton, ils ont l'impression de se faire donner la *vache* à soixante-dix ou quatre-vingts ans.

Il n'y a pas à se faire d'illusion. La trinité Bretagne-Foi-Breton a rompu son alliance. C'est un mauvais moment à passer pour ceux qui sont restés sur le même banc et ceux qui cherchent à s'asseoir entre deux chaises. Il y a des grand-mères qui ne savent que le breton, leurs enfants pratiquent les deux langues et leurs petits-enfants ne parlent plus que le français. C'est pourquoi la messe est dite en français et tant pis pour les grand-mères! De temps en temps, on leur fait l'aumône de quelque cantique en breton. Cela devrait leur suffire. Et cela leur suffit. Elles ont toujours appris à se contenter de peu. Dieu reconnaîtra les siens dans la tour de Babel.

Au surplus, les deux paroisses continuent à bretonner dans l'ordinaire de la vie. Même les petits enfants, baignés de breton, arrivent à se tirer d'affaire tant bien que mal. A la mairie, les secrétaires parlent breton quand il le faut et il le faut souvent, surtout quand il y a des papiers en jeu. Le breton s'efface très lentement, il va durer aussi longtemps qu'il sera nécessaire aux gens pour exprimer exactement ce qu'ils sont et ce qu'ils veulent. C'est une affaire strictement privée au point que les gens vous affirment que ce n'est pas le même breton que celui des gens de Plozévet ou de Plonéour. Tout se passe à leurs yeux comme s'il n'y avait pas un seul breton mais autant de variétés de sous-dialectes qu'il y a de vierges Marie et de saintes Anne dans les centaines de chapelles implantées en Bretagne et dont chacune appartient à une population ou un quartier bien définis. On sait bien qu'il n'y a qu'une Anne et une Marie, mais elles ont la complaisance de se plier aux particularités de leurs fidèles. De même le breton prend-il la couleur, l'articulation et la musique qui traduisent la personnalité de tel ou tel terroir en l'opposant au terroir voisin dont il se moque volontiers, l'autre lui rendant la pareille avec usure. Et c'est pourquoi on entend souvent dire : ceux-là n'ont pas le même breton que nous. C'est un peu vrai et c'est presque complètement faux. Mais la différence entre ce peu et ce complètement suffit pour que des bretonnants de deux cantons différents, quand ils se rencontrent, se parlent désormais en français. C'est dommage, dira-t-on, et je suis bien d'accord. Mais s'il n'y avait pas cette fragmentation dialectale, ces patoisements qui font à chacun considérer son langage comme un bien privé, je me demande s'il y tiendrait autant qu'il le fait. Autrement dit, s'il y avait un breton unique, officiel, je me demande si les bretonnants de naissance ne l'abandonneraient pas plus vite qu'ils ne le font sous la pression du français. Et cela tout simplement parce que ce breton ne serait plus leur bien privé, irréductible à tout autre.

C'est pourquoi les efforts en vue de promouvoir la langue bretonne depuis des décennies n'ont jamais mobilisé en profondeur la masse des bretonnants de naissance, pourquoi les luttes ferventes des défenseurs du breton n'ont jamais reçu de leur part qu'une molle adhésion de principe. Il y a d'autres raisons, je sais. Inutile de les énumérer, le compte en a déjà été fait. Il n'y aura pas de jacquerie pour exiger l'enseignement du breton. Cette revendication, à laquelle je m'associe de toutes mes forces, est-il besoin de le dire, est une affaire d'intellectuels issus du peuple bretonnant et d'autres intellectuels qui ont appris le breton dans les livres, ces derniers étant encore plus décidés, sinon plus convaincus, que les autres. Et de porter la question sur le terrain politique n'a pas servi à grand-chose, depuis un demi-siècle, car les politiques, eux aussi, étaient et sont des intellectuels, bien que certains se fassent un point d'honneur de refuser cette appellation. C'est que les bretonnants n'ont jamais eu conscience, dans les temps modernes, d'appartenir à une entité nommée Bretagne, à supposer qu'ils aient eu cette conscience autrefois. Ils se disent Bretons quand ils sont hors de Bretagne, mais ils ne savent pas très bien où elle finit. Ils sont d'abord *bigoudens, glaziks, meleniks, dardoups, bidars,* etc. Et ensuite ils sont *cornouaillais, léonards, trégorois, vannetais.* Et cela s'arrête là. En tant que bretonnants, ils ont un comportement de clans et de tribus. Ce qu'ils sont par ailleurs n'a rien à voir avec leur qualité de bretonnants. Mais ce comportement, à mon sens, est la meilleure garantie de la maintenance de leurs civilisations particulières en même temps qu'elle est la meilleure chance de survie pour la langue qu'ils parlent dans sa diversité dialectale. Aucun statut politique ou simplement officiel ne serait capable, actuellement, d'assurer cette survie. Peut-être même aurait-il pour effet de précipiter sa disparition. Une langue est en bien mauvaise posture quand elle a besoin d'être protégée. Elle doit s'en remettre, pour se maintenir, à ses propres vertus, c'est-à-dire essentiellement à la masse de civilisation et de culture qu'elle recèle et qui doit apparaître à ses locuteurs comme une nécessité. Le breton ignoré, méprisé, renié, abandonné, persécuté au cours de l'Histoire n'en retentit pas moins imperturbablement à l'extrémité du Vieux Monde. Et peu importe le nombre de ceux qui le parleront encore en l'an 2000. Mais je n'aimerais pas que l'on protège les derniers comme on enferme derrière des grilles les espèces d'animaux en voie de disparition. Et quand il n'y en aura plus un seul, si cela arrive, cela voudra dire que l'humanité aura bien commencé à ne plus mériter son nom. Mais ce n'est pas demain la veille.

Et quand cela serait!

Notre monde qui n'arrête pas de chasser sur ses ancres, est peuplé de gens qui voudraient rester au mouillage. Parmi eux, il y a les pusillanimes et les nantis, il y a aussi les nostalgiques et les frustrés, il y a enfin les naïfs qui n'arriveront jamais à comprendre que la meilleure façon pour une civilisation de perdurer est de se dissoudre dans le complexe fugitif d'une autre comme font le sel et le sucre. Mieux encore, de nourrir si intimement les os, la chair et le sang d'un nouveau corps que l'on ne puisse plus l'y reconnaître ni l'en dissocier. Mais voilà! Nous sommes si pétris d'égoïsme et d'orgueil que nous aimerions jalousement garder pour nous notre bretonnité. Mais, outre l'impossibilité de rester actuellement à l'écart, ce serait rendre un mauvais service à notre cause que de bouder les nécessités présentes, ce que nos ancêtres n'ont jamais fait. Cela ne les a nullement empêchés d'être des personnages d'une indépendance de caractère et d'une originalité de mœurs que nous ne retrouverons plus jamais.

Cette indépendance et cette originalité ne se proclament pas, elles se vivent. Quotidiennement, avec une telle constance qu'elles finissent par s'intégrer à notre être profond si elles n'y sont déjà. Il ne suffit pas de dire : je suis Breton, ni même : je parle breton. Il suffit encore moins de se mettre un *kabig* sur le dos, d'orner sa voiture d'un drapelet *gwenn-ha-du* et d'un BZH pour aller courir les *festou-noz.* Le premier touriste venu peut en faire autant, du moins aussi longtemps que la mode durera. Mais nous, précisément, nous n'avons rien à voir avec la mode. Nos pères étaient faits de bois debout. Ils étaient réputés d'une seule pièce, entêtés et de mauvais caractère, à ce que prétendaient ceux qui n'avaient pas de caractère du tout. Ils n'aimeraient pas voir leurs enfants se disperser en petite monnaie. Il est temps d'en finir avec la couleur locale qui n'est que cela.

Que l'on utilise cette couleur puisqu'elle existe encore, c'est de bonne guerre. Que l'on profite du phénomène de mode et du succès actuel de la marque Bretagne pour faire savoir qui nous sommes, je n'y vois aucun inconvénient. Que l'on se receltise à outrance sous le signe du *triskell* et au son de la cornemuse écossaise, et même en plantant de faux menhirs devant sa maison néo-bretonne, profitant de ce que les bulldozers qui dévastent le pays peuvent extraire facilement des blocs de cailloux bruts, ce n'est pas pour me déplaire, même si cela me fait parfois sourire. Que nos poètes et nos chanteurs, avec harpes, guitares, bombardes, orgues, cuillères, bidules et tonitruantes sonos rassemblent des foules ferventes et en arrivent même à révolutionner l'Olympia et Bobino, je m'en réjouis d'autant plus que quelques-uns d'entre eux sont vraiment des poètes au plein sens du terme, qu'ils savent pourquoi et avec quoi ils font du bruit. Je m'impatiente seulement un peu quand je vois certains vociférateurs s'affubler inutilement d'un nom super-breton alors qu'ils sont parfaitement incapables d'émettre une seule phrase dans cette langue. Il faudra sérieusement écumer le pot-au-feu si l'on veut qu'il nourrisse fortement les générations à venir.

Les bretonnants de naissance et de civilisation paysanne, c'est-à-dire les premiers (et peut-être les derniers) qui soient en droit de donner leçon bien qu'ils ne s'y hasardent que rarement, ceux-là se contentaient d'être tranquillement eux-mêmes, de « se vivre », leurs apparences ne faisaient que traduire leur réalité. Ce sont leurs enfants, nous-mêmes s'il vous plaît, qui sont exposés aujourd'hui à tous les hasards, à toutes les tentations. La tentation du snobisme, d'abord, qui entraîne certains de nous à l'accaparement de la langue pour des usages que l'on ne peut qualifier autrement que de mondains. Une caste peu nombreuse et fermée, des dames en vison et des messieurs en habits bleu-nuit qui parlent remarquablement le breton des notaires, des médecins, des conseillers généraux. Qui parlent breton entre eux, mais non plus avec les campagnards pour qui le français est assez bon. Le contraire d'Ernest Renan qui ne s'adressait en breton qu'à ses paysans de Rosmapamon. La boucle est bouclée. La tentation intellectuelle aussi, celle qui porte à créer une littérature sans grand rapport avec le vieux fonds oral, à étudier la langue sans trop avoir recours aux usagers quotidiens qui sont toujours là, à essayer de créer une langue unifiée, cartésienne, obligatoire bientôt, au mépris des inventions dialectales et des écarts qui sont la pulsation vitale du breton, sa dialectique et sa poétique. Le politique et le pédagogique l'emportent sur la créativité. Aucun déviationnisme ne serait plus permis. Cette langue millénairement libre malgré les grammairiens et les lexicologues du siècle dernier serait étroitement corsetée pour en faire quoi, je me le demande. On n'arrête pas de lui vouloir une orthographe et une seule, ce qui lui enlèverait sa dernière liberté et briderait définitivement les poètes qui croient encore aux vertus des ruptures de construction et à l'importance du choix entre une sonore et une sourde. Tel est ce souci majeur que la querelle orthographique divise encore de fort bons esprits, mobilisant en vain une activité qui trouverait à s'employer plus utilement ailleurs. Mais comme ces gens-là sont des Celtes Armoricains de bonne race, ils n'arrivent pas à s'entendre. Dirai-je que c'est heureux?

La dernière tentation est celle de l'agressivité. Elle atteint surtout les nouvelles générations qui ont eu des parents ou des ancêtres bretonnants et qui s'estiment frustrés de ne pas connaître une langue dont l'héritage devait normalement leur revenir en droite ligne ininterrompue. Je les comprends bien. Beaucoup sont victimes du complexe de *la vache* et de l'humiliation subie par leurs parents, humiliation qui a incité ceux-ci à interdire le breton à leur progéniture pour la protéger des sarcasmes. Ils croyaient bien faire, les pauvres. D'autres sont enfants de deux conjoints dont un seul était bretonnant et la langue familiale a été le français. D'autres ont vécu en milieu urbain dans des conditions telles qu'il ne leur était pas possible de prendre contact avec le breton parlé. Et d'autres sont séparés de leur langue ancestrale depuis plusieurs générations. Le complexe qu'éprouvent tous ceux-là les porte assez souvent aux plus violentes revendications linguistiques qui débouchent inévitablement sur le politique et l'économique dans le temps présent, à moins que ce ne soit l'ensemble des problèmes bretons actuels qui n'invite à faire entrer dans l'analyse la persécution linguistique et l'aliénation culturelle qui vont de pair, toutes les deux étant de type colonisateur. Quelques irréductibles cultivent soigneusement un anti-complexe qui leur commande d'interdire tout emploi du français dans leur famille. C'est *la vache* à l'envers.

Pour moi, au nombre des raisons qui m'ont fait m'intéresser sérieusement à la langue bretonne et à la civilisation populaire de mon pays, il y a celle-ci : j'étais persuadé que la mutation accélérée du monde allait entraîner, à bref délai, la disparition du milieu où avaient prospéré cette langue et cette civilisation, c'est-à-dire la paysannerie traditionnelle. Mais je savais aussi qu'une civilisation ne meurt jamais tout entière, qu'elle continue d'alimenter en profondeur, comme une eau souterraine, les générations qui succèdent à son apparente mort et qu'elle resurgit, tôt ou tard, en source libre ou en fontaine canalisée. Je savais qu'une langue, même disparue de l'usage (et c'est loin d'être le cas pour le breton), fait le souci des savants qui s'essaient à débrouiller les traits du monde actuel. Le triomphe littéraire du latin ne nous console pas de notre ignorance à peu près totale de l'étrusque. On en est réduit à fouiller le sol à la petite cuillère pour tenter de reconstituer sur des débris la vie de peuplades qui ont tenu en main, pendant des siècles, le destin du monde. Archéologie, que de châteaux de sable on élève en ton nom! Alors qu'une langue, si humble qu'elle apparaisse au temps de sa déchéance, est un champ de fouilles autrement riche que les plateaux déserts où l'on fait circuler des fantômes problématiques, hélas, et surtout muets.

Je ne m'interroge pas sur le destin du breton. Ce n'est pas mon affaire, mais bien celle des générations qui viennent. Je ne me résous pas au déluge pour autant. Je refuse aussi de m'en laver les mains. J'estime que la génération à laquelle j'appartiens, du fait même qu'elle est placée à un instant critique de l'histoire du breton, se doit de faire un inventaire de la civilisation traduite par cette langue. Cet inventaire, en tout état de cause, n'est pas un testament. Mais peut-être mes contemporains bretonnants seront-ils les derniers à avoir parlé le breton sur les genoux de leur mère. De ce fait, ils ont une responsabilité qui n'est pas la même que celle endossée par ceux qui les précédèrent ou ceux qui les suivront. Les premiers n'avaient guère d'inquiétude sur le sort de leur idiome, même s'ils le considéraient comme une voix inférieure dans le concert du monde. Les seconds pourront toujours excuser leur éventuelle impuissance en arguant de notre insuffisance à établir fermement leur héritage. Il nous revient donc de savoir et de proclamer où nous en sommes.

C'est ce que je tâche de faire ici, sans vaines illusions ni prétention aucune, mais avec la confuse espérance que de nouveaux courants civilisateurs, des mutations aujourd'hui imprévisibles, pourraient inciter les générations futures à chercher des références et peut-être des recours dans des modes de vie et de pensée que l'évolution actuelle semble condamner définitivement. Mais il semble déjà que les convulsions de la société, la destruction aveugle de la nature, le gaspillage des matières premières, la peur atomique et mille autres appréhensions poussent nos contemporains à diverses formes de ressourcement qui assureraient au progrès humain de nouveaux départs puisqu'il semble bien que nous soyons acculés à bien des impasses. Et pourquoi la civilisation bretonnante ne trouverait-elle pas sa chance dans ce nouvel avatar? C'est la raison pour laquelle tous les moyens sont bons pour la maintenir, la prolonger, la promouvoir même par une claire conscience de sa signification. C'est dans ce sens que se justifient toutes les entreprises, les combats, les revendications, les analyses, les rêves de ceux que l'on appelait, naguère encore, les clercs, et qui sont entrés tardivement en lutte pour la bretonnité après avoir démissionné pendant des siècles et bien souvent trahi. Ils pourraient arguer, bien sûr, que le peuple bretonnant lui-même n'est resté fidèle au breton qu'à son corps défendant, parce qu'il ne pouvait pas faire autrement. Quelle que soit la valeur de cette excuse, il est évident que ce peuple (dans la mesure où l'on peut encore parler de peuple) est aujourd'hui gagné au français. La conséquence de cet état de fait est que le breton, pénétré de partout par le français, voit se désagréger rapidement sa masse défensive. Langue rurale alors qu'on urbanise à outrance, langue terrienne alors que l'on industrialise à grand renfort de plans, langue naturelle alors que l'on sophistique à sigles à-tout-va et à franglais que-veux-tu, le moins qu'on puisse dire est qu'elle n'a jamais été aussi menacée que dans le moment où les gouvernants se résignent de mauvaise grâce à lui accorder quelques dérisoires faveurs dans l'enseignement, à la radio et à la télévision. Il est plus tard que l'on ne pense et il est peut-être un peu tôt parce que la perte que causerait sa disparition n'est pas encore facile à évaluer.

Un de mes amis, qui n'est pas suspect d'abandon, a fait ses comptes. En l'an 2000, dans vingt-cinq ans, les bretonnants seront vingt-cinq mille. S'il s'agit des usagers constants, quotidiens, de la langue, au train où vont les choses c'est beaucoup, car cela témoignerait d'une belle force d'inertie. S'il s'agit de ses connaisseurs par étude et de ses utilisateurs privilégiés, c'est aussi beaucoup, bien qu'il faille sans doute se résoudre, il m'en coûte de le dire, à confier le sort du breton à l'action des intellectuels et assimilés qui risquent de tarir les cours agrestes des ruisseaux pour se mirer dans un canal unique et construit de leurs mains. Mais c'est peu si, autour de ces vingt-cinq mille, il n'y a pas une foule de gens tellement imprégnés de la civilisation qui sous-tend cette langue, même perdue pour eux, qu'ils puissent à juste titre revendiquer hautement leur identité bretonne. Autrement dit, si nous réussissons en grand ce rite de passage qui consiste, par exemple, dans le village essentiellement breton de Pleumeur-Bodou, à insérer harmonieusement le radôme dans la grande ombre du château de Kerduel, témoin obscur de la Table Ronde, la presqu'île armoricaine méritera encore de s'appeler Bretagne en l'an 2000 au lieu d'être désignée minéralogiquement par quelque QX 29, banlieue excentrique de la section européenne F 75 qui s'appelait autrefois la Gaule.

Il y a un siècle déjà, Emile Souvestre écrivait un livre sur *les Derniers Bretons.* Et depuis, combien d'écrivains de toute farine ont versé des pleurs nostalgiques sur « les derniers reflets à l'Occident »! Mais il en est de ces derniers-là comme des derniers plats du chiffonnier de Brennilis. Il y a toujours d'autres derniers derrière. On s'est trop pressé de nous rouler dans le drap de chanvre qui recevait la dépouille du pauvre *Yann Gouer,* indigne de toute pourpre et charbonnier des rois vivants. Et de bonnes âmes, de bonnes volontés, ont célébré ses modestes mérites, reconstitué sa vie sur le mode idyllique. *Fortunatos nimium...* D'autres se sont ingéniés à recueillir, un peu au hasard, les pièces éparses de son héritage pour en enrichir éventuellement l'histoire de l'humanité quand ce n'était pas pour bercer leur propre nostalgie. Ils ont traqué dans les campagnes les chanteurs populaires, les détenteurs de sagesse proverbiale, les conteurs de veillées, les propagateurs de légende, tous les baladins lyriques de la tradition orale. Leur moisson a été riche, mais elle ne fait sûrement pas le centième du tout. Leur mérite a été grand car aucune considération ne leur était accordée ni promise. Ils ont pâti eux-mêmes du mépris dans lequel était généralement tenu l'objet de leur étude. Les paysans n'occupent que peu de place dans les archives écrites, inépuisable picotin des amateurs d'Histoire, qui sont surtout affaire de gens instruits et de classes dirigeantes. J'ai été assez stupéfié, feuilletant la collection du journal *rouge, la Dépêche de Brest,* en date de l'année 1924. Il y est longuement question des obsèques d'Anatole France ou des nouveaux spectacles de l'Opéra de Paris. On y fait de la publicité pour les Saltrates Rodell. Mais dans la commune de Pouldreuzic, arrondissement de Quimper, il ne se passe apparemment rien. Il est pratiquement impossible de savoir que, dans cet obscur village, les habitants parlent une autre langue que celle du journal. Et, en l'absence d'illustrations, impossible de savoir qu'ils sont habillés autrement que les bourgeois de tous les Quimper de France. Est-ce que cela compte?

Après les « voyageurs », les amateurs, les folkloristes, les curieux en tous genres qui se sont intéressés à nos mœurs sans y aller voir de trop près, nous avons vu paraître les tenants des nouvelles sciences humaines. Etait-ce l'intersigne de notre prochaine disparition? L'invitation à mettre nos affaires en ordre avant de laisser la place? Ou la preuve que notre langue et notre civilisation présentaient quelque intérêt bien que nous fussions un peu pâlots en comparaison des indigènes du centre-Afrique ou de l'Amazonie? Les nouveaux quêteurs du Graal, émouvants de bonne volonté et d'ardeur à la tâche, ont entrepris de parcourir le pays, seuls ou en groupes, chargés de mission ou élaborant quelque mémoire pour leur Université. Ils ont quadrillé les cantons et les villages, passé les fermes au peigne fin. Méthodiques, armés de plans d'enquêtes, questionnaires, grilles, statistiques, courbes, tableaux distributionnels, bardés de magnétophones et d'appareils photographiques. Bien sûr, parmi ces apprentis pêcheurs en eau profonde, il y en avait qui ne faisaient pas le poids, comme on dit : les uns manquaient de patience, les autres ne savaient pas lancer leurs filets, d'autres avaient des mailles trop larges, d'autres encore ne voulaient que des pièces calibrées à leur convenance et rejetaient le reste, d'autres enfin se croyaient plus fins que le poisson et les uns ni les autres ne connaissaient suffisamment les eaux en question pour savoir comment s'attaquer à leur mystère parce que personne avant eux ne s'était avisé d'y venir sérieusement à la pêche du menu fretin. Cependant, les nouveaux venus ont fait du bon travail, c'est certain, mais ils ont dû reconnaître que la tâche était immense et délicate, même en équipes pluridisciplinaires. Une part de l'humain, essentielle, leur a toujours échappé, s'est évadée à travers les mailles des filets les plus serrés tendus par tous les pêcheurs dont les noms finissent en *logue*, ce qui a eu le don de réjouir ce vieil homme de Plozévet (le Plodémet d'Edgar Morin) : *Ni zo bet debret gand al loged* (Nous avons été mangés par les « souris ») me dit-il. Un clin d'œil et puis : *N'eo ket êt toud ganto* (Ils n'ont pas tout emporté).

On sait bien qu'il ne suffit pas de compter, de mesurer, de mettre en fiches pour connaître les sociétés, sinon l'administration serait imbattable. Mais une carte d'identité est peu de chose, tous les imprimés que l'on fait remplir ne valent guère mieux. Ils ne recevront jamais que l'ombre des gens qui dérobent la réalité de leur être. Un notaire en saura toujours plus qu'un percepteur et un médecin moins qu'un vétérinaire. Quant au gendarme, il ne saura rien du tout à moins qu'il ne soit du pays en question, auquel cas il sera très peu gendarme. L'ethnologue, lui, quand il n'est pas pris pour un pandore, aura bien du mal à en apprendre autant que le tabellion.

C'est que nos civilisations paysannes sont plus difficiles à analyser que les autres, y compris sans doute les primitives. Ceux qu'on appelle les « sauvages » ne bougent pas beaucoup dans leur confinement, alors que les sociétés rurales de l'hexagone, particulièrement celles qui parlent un autre langage que le français, étant au contact de la grande société dont elles subissent continuellement l'agression, n'arrêtent pas d'entrer en métamorphose, tout en manifestant parfois les réactions les plus inattendues, les plus indigènes. Inattendues pour l'observateur maladroit ou prétentieux qui n'a pas toujours l'humilité d'analyser son propre indigénat. J'ai rencontré de prétendus ethnologues dont l'entreprise était vouée d'avance à l'échec du seul fait que tous leurs actes, toutes leurs paroles signifiaient clairement d'avance qu'ils se croyaient supérieurs aux populations qui faisaient l'objet de leur étude. C'est le contraire qui était vrai puisque ces populations étaient un problème pour eux qui n'en étaient pas un pour elles. A peine des objets de curiosité. A ce propos, il m'est arrivé, à plusieurs reprises, d'entendre des enquêtés faire le portrait-charge de leurs enquêteurs. Je me suis bien amusé, mais instruit encore plus. Quelle pénétration! J'en ai été moi-même victime.

Or, une longue expérience m'a convaincu que les personnages les plus représentatifs du petit peuple bretonnant, depuis la Seconde Guerre mondiale, sont les paysans pauvres. Ils sont ma droite balle. Je veux parler d'une part de ceux qui tiennent en respect la misère, la Chienne du Monde, d'autre part, de ceux qui n'ont aucune démangeaison de s'enrichir, soit qu'ils mesurent exactement leurs moyens, soit qu'ils tirent de leur état de telles satisfactions que la richesse matérielle serait impuissante à les égaler. Le misérable est en marge de toute civilisation, trop chère pour lui. Le riche n'est guère mieux loti parce que sa richesse l'entraîne presque immanquablement à vouloir s'assimiler des manières et des comportements qui ne sont pas les siens. Ni l'un ni l'autre ne représente plus grand-chose en dehors de lui-même. Et cependant, j'ai vu des chercheurs s'attacher aux misérables parce qu'ils étaient pittoresques et sans vergogne. J'en ai vu s'intéresser aux grosses têtes qui s'expliquent, se racontent avec complaisance. Le pauvre se retranche souvent derrière sa pauvreté, déclarant qu'il n'est d'aucun intérêt pour personne. Et on le croit. Il se tait et on l'abandonne pour d'autres qui parlent. Mais ce sont souvent les muets qui auraient le plus à dire. Il en est des enquêtés comme des interviewés de la radio et de la télévision. Les premiers qui se précipitent sur le micro tendu ne sont pas les informateurs les plus valables. Celui que j'appelle Jules de la Verveine, il a fallu que je l'assiège pendant près de deux ans avant de le décider à parler. Mais ensuite, j'ai été payé largement de mes peines.

Ayant accompagné assez souvent des chercheurs de tous pays en milieu rural bretonnant ou les ayant adressés sous ma caution à tel ou tel personnage capable de les renseigner, je n'ai pas manqué de les avertir qu'ils devaient se garder de sous-estimer la capacité de résistance de l'enquêté. Elle se manifeste d'abord par une fin de non-recevoir si la question est posée de travers, au mauvais endroit, au mauvais moment, si elle intéresse un aspect de la vie privée dont il est inconvenant de s'enquérir. Il y a des questions qu'on ne pose pas. Certaines autres sont esquivées, on répond à côté, on déclare ne pas savoir de quoi il s'agit, quitte à passer pour un demeuré. Ou bien on ment carrément, surtout quand il s'agit de chiffres. Et puis il y a le redoutable humour bigouden qui en a désarçonné plus d'un. Encore heureux si le questionneur ne prend pas pour des révélations tribales les histoires à dormir debout dont on lui charge les oreilles avec toutes les apparences du sérieux le plus imperturbable. De quoi rire à s'en faire mal au ventre quand on se retrouve entre amis. Dois-je avouer que j'ai été pris moi-même deux ou trois fois à ce manège! On n'est pas toujours sur ses gardes.

Outre ces dérobades, ces stratagèmes qui sont de bonne guerre, il faut s'attendre à ce que certains parmi ceux qui se prétendent les plus évolués essayent de se rapprocher de ce qu'ils croient être la norme de l'enquêteur. Et ils mentent encore. Ils ont peur que celui-ci les prenne pour des attardés, des sous-développés peut-être. Alors, ils arrangent bourgeoisement leurs réponses. Il y a de ces enrichis de fraîche date qui ne se souviennent jamais d'avoir été pauvres. D'ailleurs, ils ne se souviennent de rien de ce qui touche à leur ancien état. Ils n'ont jamais couché dans un lit clos, c'était un lit à baldaquin qui leur venait de leur père. Et combien de messieurs Jourdain sont prêts à jurer que ce père n'était point marchand drapier, mais que, connaisseur en draperies, il voulait bien en céder à ses amis pour de l'argent. Ceux-là ont remplacé le Cheval d'Orgueil par l'Anesse de la Vanité.

Mais l'obstacle le plus difficile à franchir pour espérer atteindre la vérité est celui de la langue. Je n'ai jamais compris comment on pouvait se hasarder à faire des recherches en pays bretonnant sans connaître le breton, à moins que ces recherches puissent se faire sans interroger personne. On me dira qu'il ne manque pas d'interprètes. Mais de deux choses l'une : ou l'interprète n'est pas membre de la société qu'on étudie et il est constamment exposé à commettre des faux sens à cause des nombreuses variantes dialectales; ou il en est membre actif et, bien qu'étant intégré dans la civilisation de l'enquêteur, il n'en conserve pas moins certains complexes de l'enquêté. On me dira que tous les bretonnants ou presque parlent le français. C'est exact, au *presque* près, qui excepte précisément les meilleurs informateurs. Mais je sais aussi d'expérience que les mots français, même les plus simples, n'ont pas le même sens pour beaucoup de bretonnants que pour les francisants de berceau. Veut-on un exemple? Ma mère, qui parlait très convenablement le français, quand je lui amenais, pour manger des crêpes, des amis qui s'excusaient de la surprendre à l'improviste, leur répondait avec un charmant sourire : vous ne m'intéressez pas du tout. Elle voulait dire, bien sûr : vous ne me dérangez pas du tout. Jamais elle n'a réussi à circonscrire les champs respectifs des deux verbes qui sont très près l'un de l'autre par un certain cheminement. Et si du vocabulaire on passe aux structures de langues, il est facile d'imaginer combien de malentendus peuvent fausser le sens de la demande et celui de la réponse. L'écart des deux civilisations est tel que le lexique et la grammaire de l'une et l'autre langue ne se recouvrent que très imparfaitement. L'idéal serait évidemment de ne pas poser de question et d'attendre que l'observation ou la suite d'un entretien banal amène le renseignement demandé. Mais, outre que le renseignement risquerait de ne jamais arriver, il y faudrait trop de temps. Le proverbe breton dit qu'il faut sept ans, sept jours et sept semaines avant de savoir à qui l'on a affaire.

J'ai l'air de plaider pour mon saint, de dénier toute

compétence aux non-bretonnants quand il s'agit de faire nos inventaires. C'est complètement faux. Nous avons trop besoin d'eux pour savoir exactement qui nous sommes et surtout où nous en sommes. Mais je tiens à souligner, encore une fois, les difficultés de l'entreprise, ne serait-ce que pour m'excuser moi-même de mes propres erreurs. Encore n'ai-je pas visé plus loin que mon clocher, ou guère. Que serait-ce si j'avais ambitionné de décrire toute la Basse-Bretagne! J'ai assumé pendant douze ans les émissions en langue bretonne à la radio. A chaque fois que j'avais commis une inexactitude ou simplement proféré une phrase de travers, il m'arrivait des lettres dans les deux langues pour me tancer d'importance et quelquefois durement. On m'arrêtait dans la rue pour me faire des reproches. Le Cheval d'Orgueil secouait sa crinière dans tous les Keribilbeuz. Depuis quinze ans j'ai écrit des centaines d'articles en deux langues dans le journal *Ouest-France* et l'hebdomadaire *la Bretagne à Paris* sur la matière que je traite ici. Et quand il m'est arrivé de commettre une étourderie, on n'a jamais manqué de me le faire savoir. A la rigueur, on pardonne à un ethnographe, jamais à un membre de la famille. Et les intellectuels bretonnants sont encore plus susceptibles que les autres, surtout quand on se mêle d'aventurer une idée qui n'est pas la leur. Le bénéfice de tout cela, c'est que les rectificatifs ont éclairé ma lanterne, les précisions et les témoignages enrichi ma connaissance, les polémiques affermi mes convictions. Je remercie tout le monde.

Il y a déjà une quinzaine d'années que j'ai entrepris de rassembler les témoignages concernant la civilisation dans laquelle je suis né et j'ai grandi avant d'en adopter par nécessité une autre sans pour autant renier la première. La chance, à laquelle j'ai donné un coup de pouce, a voulu que je puisse rester en contact étroit avec celle-ci. J'ai toujours vécu à proximité de mon pays natal, en mesure de parler breton tous les jours jusque dans les sanctuaires de l'Education nationale et sans la moindre peur de me faire infliger *la vache*. J'ai été assez heureux pour conserver de nombreux amis et parents bretonnants qui ont été et sont toujours pour moi des références précieuses et des informateurs auxquels je pouvais et je peux avoir recours quand ma mémoire ou mon observation se trouvaient ou se trouvent en défaut. Et puis, il y a tous les autres qui bretonnent, tout ce breton que je ne cesse d'entendre retentir autour de moi, tous ces traits de bretonnité qui se manifestent autour de moi et me nourrissent sans que j'aie autre chose à faire que d'ouvrir les yeux et les oreilles pour être rassasié. Mais ma dette la plus considérable, en ce qui concerne la matière du présent ouvrage, je l'ai contractée à l'égard de ma mère, Marie-Jeanne Le Goff, disparue en 1973 à l'âge de quatre-vingt-trois-ans, et qui évoquait inlassablement pour moi les moindres détails de mon enfance et de mon adolescence avec leur contexte, outre qu'il me suffisait de la regarder vivre quotidiennement pour me trouver replongé dans une époque où le train du monde n'avait pas encore attenté à la stabilité de la société qui était la nôtre et dont les gens de ma génération ont dû sortir bon gré mal gré. De cette époque, elle ne conservait ni regret ni nostalgie ni, est-il besoin de le dire, vergogne. Elle assumait sa vie entière sans raisonner sur le hasard ou la nécessité, sans s'interroger sur ce qu'on appelle progrès, mais sans vouloir rien abandonner de son comportement habituel tant qu'elle pouvait y persévérer et sans rien adopter du Nouveau Testament qui ne fût dans la droite ligne de sa civilisation originelle. Car elle était plus civilisée que son fils ne saurait jamais l'être. Avec cela conteuse de talent et qui se plaisait visiblement à conter comme son père Alain Le Goff et son beau-père Alain Hélias dont elle semblait avoir recueilli le double et divergent héritage de bon sens et d'humour. Mais, comme elle était femme et bigoudène, les finesses de son discours éclairaient d'une curieuse lumière l'héritage en question, équilibraient ce qu'il pouvait avoir de trop masculin. Or, dans mon pays, ce sont les femmes qui méritent de commander à force de sacrifices, d'abnégation et d'orgueil indomptable. Il n'est pas possible, sans elles, d'expliquer plus du quart de ce que nous sommes. Elles sont dépositaires de la profondeur, les hommes témoignant trop souvent de la surface, sauf quand il s'agit d'Alain Le Goff, mon premier maître, et de ses pareils qui ne sont pas légion, mais tout de même un certain nombre. Quand on les cherche, on les trouve.

Le présent livre, trois douzaines de pages mises à part, a été écrit en breton armoricain. Il ne pouvait pas en être autrement, puisqu'il s'agissait pour moi de recréer une civilisation populaire bretonnante qui n'avait guère de contact avec la civilisation française, du moins dans les douze premières années de ma vie. Que cette évocation serve à quelque chose ou ne serve à rien, elle m'a demandé un travail difficile, des enquêtes incessantes, des confrontations de témoignages, de longs recueillements et pas mal de scrupules. Le petit-fils d'Alain Le Goff et du sabotier de Kerveillant, tous deux conteurs de merveilles sur des registres différents, n'aimerait pas finir de salir du papier avec de l'encre sans dédier à leur mémoire deux contes qu'il a faits ou plutôt deux rêves qu'il a eus et qui lui semblent de nature à les réjouir dans l'autre monde, bien que la matière puisse leur paraître insolite. Mais j'espère qu'ils reconnaîtront le ton. D'ailleurs, ils ont toujours su que leur petit-fils devrait s'abreuver à d'autres sources qu'eux-mêmes. Marchez toujours!

Je vais vous dire un conte aimable
Vous le croirez, il est croyable,
Il n'y a dedans rien de faux
Sinon, peut-être, un ou deux mots.

Un jour, il se produisit, en France, un événement surprenant : les gens du gouvernement levèrent une loi au sujet du breton. J'ai bien dit et vous avez entendu juste : une loi tout entière, non pas le dernier poil d'une queue de loi, la demi-aumône que l'on fait à un fâcheux pour le renvoyer hors de présence avec un os vide, en attendant une moelle qui ne viendra jamais. Cette loi ordonnait d'enseigner le breton à quiconque voudrait apprendre notre langue aussi bien dans les petites écoles que dans les grandes et dans celles qui se trouvent entre les deux. Aucun historien n'a réussi à expliquer clairement ce qui arriva à la Chambre, ce jour-là. Certains laissent entendre qu'il faisait une chaleur rouge et que tous les députés s'étaient si bien assoupis sur leurs bancs qu'ils furent finalement gagnés par un rêve de sagesse. D'autres écrivent que l'orateur s'enflamma tellement à ses propres paroles qu'il abandonna soudain le français, à la tribune, pour se mettre au breton. Quand ils entendirent des accents si sonores et si nobles, bien que parfaitement étranges, les représentants du peuple furent si remués qu'ils donnèrent leur assentiement sans chercher plus loin. A vrai dire, ce n'était pas la première fois qu'ils votaient pour une loi dont ils ne connaissaient rien d'autre que du bruit. Quelques-uns supposent que la majorité fut assez intelligente pour avouer qu'on ne pouvait pas laisser une telle langue aller à sa perte sans appauvrir le patrimoine entier de la France. Ceux-là ont assez bonne opinion des députés. Je ne sais pas si nous devons leur accorder créance. Bah! Quoi qu'il en soit, pour une raison ou pour une autre, par hasard ou de propos délibéré, la loi fut promulguée, l'enseignement du breton organisé aussitôt, ce qui est merveilleux, et dans d'excellentes conditions, ce qui est plus merveilleux encore.

Or, à peine la nouvelle fut-elle mandée à travers le pays qu'un grand nombre de jeunes gens s'inscrivirent dans les facultés. Il n'y avait pas assez de professeurs pour leur faim d'apprendre. A Paris et à Rennes, les amphithéâtres de Celtique furent remplis jusqu'aux poutres et il fallut laisser les portes ouvertes en grand pour ceux qui restaient dehors et cherchaient à saisir quelques paroles au vol. On créa une faculté à Brest pour les seules langues celtiques. Les journaux publièrent le programme d'une agrégation de breton. Les Bretons eux-mêmes, ayant eu connaissance de la nouvelle révolution, avalèrent incontinent leur complexe d'infériorité et se jetèrent sur les livres bretonnants qui sortaient, six fois par jour, des presses. Dans les petites écoles, les enfants chantaient les quatre formes du présent du verbe *être (beza)* tout du long de la semaine et, le dimanche, les prêtres chantaient de nouveau la messe en breton. La reconnaissance officielle dévoila aux yeux de tous les vertus cachées de la langue et chacun se hâta de chanter ses louanges pour ne pas rester en arrière. Le grec fut définitivement étranglé et le latin tomba au rang du sanscrit. Les grammairiens du monde entier entreprirent de rédiger des thèses très savantes au sujet du pronom infixe dans le sous-dialecte de Keribilbeuz. L'ancienne civilisation des Celtes reçut les plus grands honneurs. Quand on se mit à bien chercher, on découvrit toute sorte de témoignages qui la placèrent au niveau de la civilisation égyptienne, en attendant mieux. Et désormais, quand il était question de « nos pères les Gaulois » à l'école, même le cancre du dernier banc était pénétré de respect : il savait qui étaient ces gens-là. Son professeur était parvenu à le savoir aussi, et pour de bon.

Au bout de peu d'années, en Bretagne, les citadins abandonnèrent le français pour s'adonner au breton. Les campagnards les suivirent et les rattrapèrent très vite parce qu'ils avaient gardé le breton dans le fond de la gorge. Le breton vainquit le français à Nantes et à Rennes, courut sur sa lancée jusqu'au Mans, remonta la Loire jusqu'à la source. Sur la rive méridionale, il rencontra l'occitan qui avait conquis la moitié de la France, à l'exception d'une aire assez importante, entre Bayonne et Bordeaux, qui avait viré au basque. Un bond jusqu'à Rouen, un autre jusqu'à Lille et voilà le breton mordant la Belgique. Le français combattait encore courageusement entre Chartres et Senlis. Mais il était très affaibli, il avait pourri par la tête comme font les poissons, le vocabulaire sans saveur, la syntaxe sans force. Les langues aussi sont mortelles. Paris bretonnait depuis longtemps. Encore un peu de temps et le dernier francisant, un clochard de l'Europe Centrale, mourut sous le Pont-Neuf en soupirant : « Orléans, Beaugency, Notre-Dame de

Cléry, Vendôme, Vendôme! » Les gens du gouvernement, bretonnants, occitans et basques, ordonnèrent de consacrer, à la langue défunte, un musée d'honneur. Ce musée fut établi dans le château des ducs de Longueil, à Maisons-Laffitte, deux lieues à l'ouest de Saint-Germain où se trouve, comme vous savez, le musée des Antiquités Gauloises. Ainsi soit-il!

Voilà le premier conte ou le premier rêve. Le second est parfaitement immoral. Afin que nul n'en ignore, selon la vieille formule, les sourds des deux oreilles porteront la nouvelle aux autres et les aveugles feront voir à tous l'endroit où s'est passé ceci :

Au cours du vingt et unième siècle fut achevée la révolution qui avait commencé avec la bombe d'Hiroshima. En Europe, les derniers paysans avaient depuis longtemps abandonné les campagnes pour se transformer, dans trois douzaines d'énormes villes, en ouvriers à la chaîne. Il n'y avait plus besoin de ravitailler les populations en produits naturels depuis que les usines suffisaient à nourrir tout le monde avec des pilules chimiques et des brouets de synthèse. Le travailleur syndiqué achetait cette provende tous les matins en même temps que son paquet de tabac, synthétique aussi, aux entrées des innombrables métros et allez donc! Quelques vieilles personnes, en ville, se souvenaient encore vaguement du goût de la pomme et de la poire, mais non de la forme de ces fruits. Dans d'immenses laboratoires, les enfants des anciens vignerons mettaient en bouteille une boisson qui ressemblait à de l'eau, mais qui n'avait jamais coulé nulle part. Le mot raisin avait disparu des dictionnaires.

Les choses étaient allées très vite. Une fois les campagnes désertées par les paysans, les villages et les bourgs étaient tombés en ruine, puis les petites villes, à mesure que les trois douzaines de métropoles pompaient les populations autour d'elles. Quant aux rivages de la mer, bétonnés d'une frontière à l'autre, hérissés de tours et aménagés en ports de plaisance, seuls les pédégés et les promoteurs y avaient accès. Ils avaient durement gagné ce privilège, assorti de quelques mètres carrés de sable artificiel à marée basse, en construisant les *achellèmes* des villes partout où il était possible de récupérer du terrain en abattant des arbres. Ces arbres, ils les faisaient peindre maintenant sur les murs, en couleurs violentes. On appelait cela de l'art abstrait. Il ne restait plus un oiseau dans le ciel des métropoles, plus le moindre poisson en deçà de cent milles des côtes. Et tous les marins, désormais, avaient des casquettes d'amiraux.

Restaient les campagnes. Là se trouvaient les nouveaux maîtres. C'étaient les citadins qui avaient le nez aussi fin que leur bourse était solide et qui étaient seuls juges de leur temps pour se garder le meilleur. Ils avaient commencé par devenir propriétaires des maisons abandonnées, des moulins en ruine qu'ils avaient restaurés pour en faire des résidences secondaires. Puis, les plus fortunés avaient acquis des fermes, des villages entiers où ils recevaient leurs amis. Mais ils ne trouvaient plus personne, autour d'eux, pour entretenir leurs biens ni pour les servir. Il leur fallut s'y mettre eux-mêmes, tondre leur gazon, tailler leurs arbres de luxe, les bleus, les rouges, les jaunes, soigner leurs chevaux, lutter contre la végétation sauvage qui s'obstinait à détruire les agencements prônés par les revues illustrées pour leur usage. Et il arriva ce qui devait arriver. Ils se prirent à aimer la terre. Ils tinrent à orgueil de faire pousser des plantes, de cueillir, de moissonner, de manger les produits de leur travail. Ils redécouvrirent le goût des fruits comme au temps du paradis terrestre. Et même le goût du pain. Comme ils étaient des gens d'affaires, l'idée leur vint de vendre aux gens des villes ces nourritures de choix. Mille francs la pomme. La résidence secondaire devint la première et la seule. Et c'est ainsi que les anciens bourgeois devinrent des paysans professionnels, tandis que les descendants de Jacques Bonhomme se consolaient, dans les métropoles, avec des jouets électroniques.

Enfin, pour vivre tout à fait tranquilles dans leurs campagnes, les nouveaux maîtres firent entourer de barbelés les monstrueux ensembles où étaient concentrés tous les pauvres diables. Ils élevèrent des miradors à mitrailleuses pour les empêcher d'en sortir. Et quand ils furent seuls entre eux, protégés du vulgaire, ces aristocrates fondèrent des clubs régionaux très fermés où il était interdit aux membres de parler autre chose que l'occitan, le basque ou le breton.

Je vous salue bien.

TABLE DES MATIÈRES

Le premier touriste. – Bains de mer. – La première nageuse autochtone. – Le monument à la gloire des sonneurs. – La guerre et l'occupation. – Accélération de Désagrégation. – Portrait de notre Jacques Bonhomme appelé Yann Gouer. – Les avatars du paysan. – Désertion des campagnes. – Bretonnants et francisants. – Le rythme de la terre. – Les jardiniers du monde. – Retour à d'anciennes valeurs. – Des congés payés *aux* estivants. *– Tourisme-industrie. – Tourisme à l'envers. – Cercles Celtiques et* Bagadou. *– Chienlit folklorique ou civilisation populaire ? – Prise de conscience. – La littérature contre les « oratures ». – La Bretagne entrepôt de « curiosité ». – Reconversion des lits clos. – L'état de grâce. – Le goût des vieilleries. – Résidences secondaires. – Retour aux sources. – Sans breton, pas de Bretagne ? – La chasse aux saints. – La tradition véritable. – La Bretagne et la foi. – Le breton des intellectuels et les autres Bretons. – Vivre sa bretonnité. – Le temps des super-celtes. – Les tentations intellectuelles. – Le complexe d'agressivité. – Conte linguistique suivi d'un conte immoral.*

TERRE HUMAINE

Terre Humaine a créé dans les sciences sociales et la littérature, depuis quarante ans, un courant novateur dont on n'a pas fini de mesurer la fécondité. Traquant la vie, cette collection de regards croisés a, d'abord, renouvelé la littérature de voyage et construit, livre après livre, une anthropologie à part entière, toute interprétation ne s'élaborant que sur une expérience vécue et même un engagement. L'exploration de l'univers n'a pas de fin. Le spectacle de la vie reste une découverte, et les théories concernant les sociétés humaines s'avèrent, les unes après les autres, toutes aussi fragiles. L'homme est un inconnu pour lui-même.

Les auteurs les plus célèbres (Zola, Lévi-Strauss, Ramuz, Segalen, Balandier, Hélias, Lacarrière, Thesiger, Ripellino, Lucas) rejoignent avec un air de famille, ouvriers, paysans, marins, les plus anonymes — certains parfois même illettrés (témoignages en direct d'autochtones) — pour faire prendre conscience au lecteur, non seulement de la complexité des civilisations et des sociétés, mais de sa propre intelligence des problèmes. Elle est stimulée par une totale indépendance des auteurs.

Dans une vivante interdisciplinarité, dans un brassage de milieux et de classes, à niveau international, Terre Humaine propose, ses lecteurs disposent.

Toujours d'avant-garde avec ses 75 ouvrages parus et tous disponibles dont 45 édités dans Terre Humaine/Poche, cette collection pionnière saluée par toute la presse et l'opinion — et qui comporte de nombreux best-sellers traduits dans le monde entier — se veut, dans un combat résolu en faveur des minorités, un appel à la liberté de pensée.

OUVRAGES PARUS DANS LA COLLECTION
TERRE HUMAINE (1955 → 1997)

Tous les ouvrages sont disponibles en édition brochée. Seule, la première édition est reliée.

* Ouvrages augmentés d'un dossier de Débats et Critiques

□ Ouvrages parus également en Terre Humaine/Poche (Pocket : nos 3000 et suivants)

Jean Malaurie. * □ – Les Derniers Rois de Thulé. *Avec les Esquimaux Polaires, face à leur destin.* 1955. Cinquième édition 1989.

Claude Lévi-Strauss. □ — Tristes Tropiques, 1955.

Victor Segalen. * □ — Les Immémoriaux. 1956. Deuxième édition 1983.

Georges Balandier. * □ — Afrique ambiguë. 1957. Troisième édition 1989.

Don C. Talayesva. * □ — Soleil Hopi. *L'autobiographie d'un Indien Hopi.* Préface : C. Lévi-Strauss. 1959. Deuxième édition 1983.

Francis Huxley. * □ — Aimables Sauvages. *Chronique des Indiens Urubu de la forêt amazonienne.* 1960. Troisième édition 1990.

René Dumont. — Terres vivantes. *Voyages d'un agronome autour du monde.* 1961. Deuxième édition 1982.

Margaret Mead. □ — Mœurs et sexualité en Océanie. I) *Trois sociétés primitives de Nouvelle-Guinée.* II) *Adolescence à Samoa.* 1963.

Mahmout Makal. * □ — Un village anatolien. *Récit d'un instituteur paysan. 1963.* Troisième édition 1985.

Georges Condominas. — L'exotique est quotidien. *Sar Luk, Vietnam central.* 1966. Deuxième édition 1977.

Robert Jaulin. □ — La Mort Sara. *L'ordre de la vie ou la pensée de la mort au Tchad.* 1967. Deuxième édition 1982.

Jacques Soustelle. * □ — Les Quatre Soleils. *Souvenirs et réflexions d'un ethnologue au Mexique.* 1967. Troisième édition 1991.

Theodora Kroeber. * □ — Ishi. *Testament du dernier Indien sauvage de l'Amérique du Nord.* 1968. Deuxième édition 1987.

Ettore Biocca. □ — Yanoama. *Récit d'une jeune femme brésilienne enlevée par les Indiens.* 1968. Deuxième édition 1980.

Mary F. Smith et Baba Giwa. * — Baba de Karo. *L'autobiographie d'une musulmane haoussa du Nigeria.* 1969. Deuxième édition 1983.

Richard Lancaster. — Piegan. *Chronique de la mort lente. La réserve indienne des Pieds-Noirs.* 1970.

William H. Hinton. — Fanshen. *La Révolution communiste dans un village chinois.* 1971.

Ronald Blythe. □ — Mémoires d'un village anglais. *Akenfield (Suffolk).* 1972. Deuxième édition 1980.

James Agee et Walker Evans. * — Louons maintenant les grands hommes. *Trois familles de métayers en 1936 en Alabama.* 1972. Deuxième édition 1983.

Pierre Clastres. * □ — Chronique des Indiens Guayaki. *Ce que savent les Aché, chasseurs nomades du Paraguay.* 1972. Deuxième édition 1985.

Selim Abou. * — Liban déraciné. *Autobiographies de quatre Argentins d'origine libanaise.* 1972. Troisième édition 1987.

Francis A. J. Ianni. — Des affaires de famille. La Mafia à New York. *Liens de parenté et contrôle social dans le crime organisé.* 1973.

Gaston Roupnel. □ — Histoire de la campagne française. Postfaces : G. Bachelard, E. Le Roy Ladurie, P. Chaunu, P. Adam, J. Malaurie. 1974. Deuxième édition 1989.

Tewfik El Hakim. * □ — Un substitut de campagne en Égypte. *Journal d'un substitut de procureur égyptien.* 1974. Troisième édition 1983.

Bruce Jackson. * — Leurs prisons. *Autobiographies de prisonniers et d'ex-détenus américains.* Préface : M. Foucault, 1975. Deuxième édition 1990.

Pierre Jakez Hélias. * □ — Le Cheval d'orgueil. *Mémoires d'un Breton du pays bigouden.* 1975. Troisième édition 1985.

Per Jakez Hélias. □ — Marh al orh. *Envorennou eur Bigouter.* 1986. (Édition en langue bretonne.)

Jacques Lacarrière. * □ — L'Été grec. *Une Grèce quotidienne de quatre mille ans.* 1976. Deuxième édition 1986.

Adélaïde Blasquez. □ — Gaston Lucas, serrurier. *Chronique du l'anti-héros.* 1976.

Tahca Ushte et Richard Erdoes. * □ — De mémoire indienne. *La vie d'un Sioux, voyant et guérisseur.* 1977. Deuxième édition 1985.

Luis Gonzalez. * — Les Barrières de la solitude. *Histoire universelle de San José de Gracia, village mexicain.* 1977. Deuxième édition 1983.

Jean Recher. * □ — Le Grand Métier. *Journal d'un capitaine de pêche de Fécamp.* 1977. Deuxième édition 1983.

Wilfred Thesiger. * □ — Le Désert des Déserts. *Avec les Bédouins, derniers nomades de l'Arabie du Sud.* 1978. Deuxième édition 1983.

Joseph Erlich. * □ — La Flamme du Shabbath. *Le Shabbath, moment d'éternité, dans une famille juive polonaise.* 1978.

C.F. Ramuz. □ — La pensée remonte les fleuves. *Essais et réflexions.* Préface de Jean Malaurie. 1979.

Antoine Sylvère. □ — Toinou. *Le cri d'un enfant auvergnat. Pays d'Ambert.* Préface : P. J. Hélias. 1980.

Eduardo Galeano □ — Les Veines ouvertes de l'Amérique latine. *Une contre-histoire.* 1981.

Éric de Rosny. * □ — Les Yeux de ma chèvre. *Sur les pas des maîtres de la nuit en pays Douala.* 1981. Deuxième édition 1984.

Amicale d'Oranienburg-Sachsenhausen. * □ — Sachso. *Au cœur du système concentrationnaire nazi.* 1982. Deuxième édition 1990.

Pierre Gourou. — Terres de bonne espérance. *Le monde tropical.* 1982.

Wilfred Thesiger. * □ — Les Arabes des marais. *Tigre et Euphrate.* 1983. Deuxième édition 1991.

Margit Gari. * □ — Le Vinaigre et le Fiel. *La vie d'une paysanne hongroise.* 1983. Deuxième édition 1989.

Alexander Alland Jr. — La Danse de l'araignée. *Un ethnologue américain chez les Abron (Côte-d'Ivoire).* 1984.

Bruce Jackson et Diane Christian. * □ — Le Quartier de la mort. *Expier au Texas.* 1985.

René Dumont. * □ — Pour l'Afrique, j'accuse. *Le journal d'un agronome au Sahel en voie de destruction.* Postfaces : M. Rocard, J. Malaurie. 1986. Deuxième édition 1989.

Émile Zola. □ — Carnets d'enquêtes. *Une ethnographie inédite de la France.* Introduction : J. Malaurie. Avant-propos : H. Mitterand. 1987.

Colin Turnbull. □ — Les Iks. *Survivre par la cruauté. Nord-Ouganda,* Postfaces : J. Towles, C. Turnbull, J. Malaurie. 1987.

Bernard Alexandre. □ — Le Horsain. *Vivre et survivre en pays de Caux.* 1988. Deuxième édition 1989.

Andreas Labba. □ — Anta. *Mémoires d'un Lapon.* 1989.

Michel Ragon. □ — L'Accent de ma mère. *Une mémoire vendéenne.* 1989.

Michel Leprieur. — Quand Rome condamne. *Dominicains et prêtres-ouvriers.* 1989.

Robert F. Murphy. □ — Vivre à corps perdu. *Le témoignage et le combat d'un anthropologue paralysé,* Postfaces de Michel Gillibert et André-Dominique Nenna. 1990.

Pierre Jakez Hélias. □ — Le Quêteur de mémoire. *Quarante ans de recherche sur les mythes et la civilisation bretonne.* 1990.

Jean Duvignaud. — Chebika *suivi de* Retour à Chebika. 1990. *Changements dans un village du Sud tunisien.* 1990.

Laurence Caillet. □ — La Maison Yamazaki. *La vie exemplaire d'une paysanne japonaise devenue chef d'une entreprise de haute coiffure.* 1991.

Augustin Viseux. □ — Mineur de fond. *Fosses de Lens. Soixante ans de combat et de solidarité.* Postface de Jean Malaurie. 1991.

Mark Zborowski et Elizabeth Herzog. * — Olam. *Dans le shtetl d'Europe centrale, avant la Shoah.* Préface d'Abraham J. Heschel. 1992.

Ivan Stoliaroff. □ — Un village russe. *Récit d'un paysan de la région de Voronej. 1880-1906.* Préface de Basile Kerblay. Postface de Jean Malaurie. 1992.

Angelo Maria Ripellino. □ — Praga magica. *Voyage initiatique à Prague.* 1993.

Philippe Descola. — Les Lances du crépuscule. *Relations jivaros. Haute-Amazonie.* 1994.

Jean et Huguette Bézian. — Les Grandes Heures des moulins occitans. *Paroles de meuniers.* 1994.

Viramma, Jean-Luc et Josiane Racine. — Une vie paria. *Le rire des asservis. Pays tamoul, Inde du Sud.* 1995.

Dominique Fernandez. Photographies de Ferrante Ferranti. □ — La Perle et le Croissant. *L'Europe baroque de Naples à Saint-Pétersbourg.* 1995.

Claude Lucas. — Suerte. *L'exclusion volontaire.* Préface du père Arnaud. Postface de Jean Malaurie. 1996.

Kenn Harper. — Minik, l'Esquimau déraciné. *« Rendez-moi le corps de mon père. »* Préface de Jean Malaurie. 1997.

Jean Malaurie. — Hummocks. *Groenland, Canada, Alaska, Sibérie*. 1997. (A paraître.)

TERRE HUMAINE □ — *COURANTS DE PENSÉE*

N° 1 : **Henri Mitterand.** — Images d'enquêtes d'Émile Zola. *De la Goutte-d'Or à l'Affaire Dreyfus.* Préface de Jean Malaurie. 1987. Deuxième édition, 1997.

N° 2 : **Jacques Lacarrière.** — Chemins d'écriture. Postface de Jean Malaurie. 1988. Deuxième édition 1991.

N° 3 : **René Dumont.** — Mes combats. 1989.

N° 4 : **Michel Ragon.** — La Voie libertaire. Postface de Jean Malaurie. 1991.

N° 5 : **Jean Duvignaud.** — Le Pandémonium du présent. 1997. (A paraître.)

ALBUMS TERRE HUMAINE

N° 1 : **Wilfred Thesiger.** — Visions d'un nomade. Plon, 1987.

N° 2 : **Jean Malaurie.** □ — Ultima Thulé. Plon/Bordas, 1990.

COLIN TURNBULL

LES IKS

Dans le nord-est de l'Ouganda, deux mille chasseurs nomades vivent affamés, depuis que, par décision gouvernementale, leur territoire de chasse est devenu parc national. Le caractère sacré de leur montagne rive ces hommes à des lieux qu'ils se refusent à abandonner, pour se convertir, sur des terres plus fertiles, en agriculteurs sédentaires : un territoire est aussi un lieu de vie spirituelle.
Parfois, un rire violent secoue leur corps famélique : un vieillard trébuchant au bord d'un ravin, affamé auquel on ravit, dans la bouche, une parcelle de nourriture, déclenche chez eux une folle gaieté. Le rire des Iks a glacé le Britannique Colin Turnbull qui, durant une année, s'est obligé à regarder l'horrible. Il fait le décompte des atrocités minant un peuple, jadis aimable et très organisé, aujourd'hui en survie. Car c'est l'étonnant : malgré la famine, le choléra, les Iks sont toujours vivants. La cruauté serait-elle donc le seul moyen de survivre ? Le " stress " renforcerait-il une société en dérive ?
Ces questions sont d'autant plus actuelles qu'en Afrique, des millions d'hommes vivent un drame identique : guerres civiles, déplacements forcés. Que penser ? Que faire ?

JOSEF ERLICH

LA FLAMME DU SHABBATH

Il existe une géographie singulière qui, depuis la Diaspora, a dispersé les Juifs aux quatre coins du monde. En Europe orientale, à la fin du siècle dernier, le foyer du peuple juif est le Schtetl, bourgade dont l'espérance, le but unique de la vie est le Shabbath. Dans ce livre, écrit en yiddish, Josef Erlich nous fait assister, minute après minute d'un rigoureux hiver, à la préparation et au déroulement de ce jour sacré. L'auteur n'est pas un romancier : né à Wolbrom (ville polonaise proche d'Auschwitz) où il a vécu jusqu'à 24 ans et dont la mémoire l'habite, c'est avec une minutie d'ethnographe qu'il décrit, sans omettre un détail, les rites très précis suivis en famille, les offices réservés aux hommes, les vêtements, les nourritures spéciales de la cérémonie. Peu à peu, on est comme envoûté; on partage l'intimité nimbée de tendresse de cette famille pauvre et courageuse. C'est avec une ferveur grave et émerveillée, dans le respect des prescriptions divines, qu'est vécu ce temps du Shabbath, moment d'éternité. Ce texte inspiré est d'un rare pouvoir d'évocation.

JEAN MALAURIE

LES DERNIERS ROIS DE THULÉ

Ce classique de la littérature polaire, traduit en seize langues et adapté à la Télévision française, est le résultat d'une courageuse et tenace expérience.

En partageant la vie implacable des Esquimaux polaires, les Inuit, en mangeant avec eux l'hiver ces oiseaux d'été qui ont pourri sous les pierres, en écoutant, durant trois mois de nuit polaire, leurs légendes d'un rare pouvoir imaginaire, quasi surréaliste, leurs récits dramatiques d'expédition au Pôle avec Peary, Cook, leurs fameuses expéditions avec Knud Rasmussen, Jean Malaurie est devenu l'interprète de la grandeur de leur civilisation. Ils ont participé activement à son travail de géomorphologue. Malaurie a observé en naturaliste l'écosystème social original des chasseurs boréaux. De la pierre à l'éboulis, de leur équilibre pétrographique fragile aux amas de pierres au pied des falaises, de l'homme, chasseur individualiste, au groupe communaliste : tel est l'itinéraire. Ce livre est aussi le témoignage vécu d'une de ces violentes confrontations de civilisation que connaît de nos jours l'Arctique.

Comme Jean Malaurie, on se sent devenir militant en découvrant que cette société du Pôle, qui vivait durement mais heureuse et libre depuis des millénaires, est agressée par une gigantesque base nucléaire. Expression multiple d'une vaste culture, ce livre n'est pas seulement l'œuvre de référence essentielle sur le peuple esquimau ; il crée, sans conteste, un genre littéraire absolument nouveau.

Imprimé en France en juin 1997
par Maury-Eurolivres S.A. – 45300 Manchecourt
Dépôt légal : septembre 1982

POCKET – 12, avenue d'Italie, 75627 Paris Cedex 13
Tél. 01.44.16.05.00